Backen mit Erfolg

Edda Meyer-Berkhout

Backen mit Erfolg

500 Rezepte für Kuchen, Torten, Plätzchen, Brot und Pikantes

Verlag Das Beste · Stuttgart · Zürich · Wien

*Redaktion: Olaf Rappold und
Joachim Wahnschaffe (Projektleitung),
Ulla Nedebock, Sabine Schulz,
Redaktionsbüro Renate Weinberger
(Mitarbeit: Melanie Rosenheimer)
Schlußredaktion: Birgit Scheel
Korrektur: Siglinde Huber
Grafik: Gabriele Stammer-Nowack
(Projektleitung), Peter Waitschies
Produktion: Hans-Peter Ullmann*

Ressort Buch
*Redaktionsdirektorin: Suzanne Koranyi-Esser
Redaktionsleiterin: Mina Langheinrich
Art Director: Rudi K. F. Schmidt*

Materialwirtschaft
*Direktor Materialwirtschaft: Joachim Forster
Leitung Produktion Buch: Joachim Spillner*

Fotografie

Studio Teubner, Füssen

*Ullrich Kopp, Füssen
Foodstyling Barbara Kopp, Rita Prechsl*

Studio Döbbelin, Schwäbisch Gmünd

*Satz: Lihs, Satz und Repro, Ludwigsburg
Druck und Binden: Brepols N.V., Turnhout, Belgien*

*© 1996 Verlag Das Beste GmbH
Das Werk einschließlich aller seiner Teile ist urheberrechtlich geschützt.
Jede Verwendung außerhalb der engen Grenzen des Urheberrechtsgesetzes
ist ohne Zustimmung des Verlags unzulässig und strafbar.
Das gilt insbesondere für Vervielfältigungen, Übersetzungen,
Mikroverfilmungen und die Verarbeitung
in elektronischen Systemen.*

*Printed in Belgium
ISBN 3 87070 640 6*

Zu diesem Buch

Das Einleitungskapitel bietet eine Fülle von praktischen Hinweisen rund um das Thema Backen.

Das darauffolgende Kapitel enthält detaillierte Schritt-für-Schritt-Anleitungen für alle Grundteigarten, die im Rezeptteil vorkommen.

Der Rezeptteil, der sowohl Vertrautes als auch neue Anregungen bietet, ist nach Gebäcksorten bzw. nach Anlässen gegliedert. An erster Stelle nennt das jeweilige Rezept Teigart, Backform und Stückzahl. Die Zutaten sind in der Reihenfolge ihrer Verwendung aufgeführt und gegebenenfalls nach Teig, Belag, Füllung, Guß und Garnitur unterteilt; dabei entsprechen die dort angegebenen Eigrößen 3 und 4 der neuen europäischen Gewichtsklasse m; die Mehltype 405 (Österreich 480) bzw. 550 (700) ist in der Schweiz als Weißmehl, die Type 1050 (1600) als Ruchmehl und die Type 1700 als Vollkornmehl in beiden Ländern im Handel. Am Ende des Rezeptes sind Einschubhöhe, Ofentemperatur und Backdauer angegeben; sind zwei oder mehr Backstufen bzw. -vorgänge erforderlich, werden sie getrennt aufgeführt. Daran schließen sich Variationsmöglichkeiten und Hinweise an.

In einem umfangreichen Register sind alle Rezepte und die wichtigen Stichwörter alphabetisch aufgeführt.

Inhalt

Seite 12–71

Bevor Sie beginnen ...

Begriffe, die Sie kennen sollten	14
Zutaten von A bis Z	16
Füllungen und Verzierungen	30
Sicher zum Erfolg	40
Aufbewahren, verpacken, einfrieren	56
Grundausstattung	62
Elektrogeräte für die Küche	64
Kleine Küchenhelfer von A bis Z	66
Öfen, Backzeiten und Ofentemperaturen	70

Seite 72–119

Grundteige Schritt für Schritt

So gelingt Ihr Rührteig	74
So gelingt Ihr Hefeteig	80
So gelingt Ihr Mürbeteig	84
So gelingt Ihre Biskuitmasse	88
So gelingt Ihr Blätterteig	92
So gelingt Ihr Strudelteig	96
So gelingt Ihr Quark-Öl-Teig	100
So gelingt Ihr Brandteig	104
So gelingt Ihr Honigkuchenteig	108
So gelingt Ihre Baisermasse	112
So gelingt Ihre Makronenmasse	116
Backen mit Fertigprodukten	118

Seite 120–157

Gebäck für alle Tage

Seite 158–185

Mit Mandeln, Nüssen oder Samen

Seite 186–205

Favoriten mit Kaffee oder Schokolade

Seite 206–315

Obst in allen Variationen

Seite 316–341

Frisches mit Joghurt oder Quark

Inhalt

Seite 342–363

Cremetorten und Sahnegebäck

Seite 364–403

Für kleine und große Feste

Seite 404–425

Die Vollwert-Backstube

Seite 426–437

Leckeres aus der Diätküche

Seite 438–457

Kuchen ohne Backen

Seite 458–519

Plätzchen für alle Gelegenheiten

Seite 520–539

Feines Konfekt

Seite 540–567

Pikante Kleinigkeiten

Seite 568–603

Pasteten, Pizzen und Wähen

Seite 604–635

Brötchen, Brezeln, Kipferl und Brot

Register 636
Bildnachweis 648

Liebe Leserin, lieber Leser,

für erfolgreiches Backen sind – neben Liebe, Freude und großer Genauigkeit – bewährte Rezepte, gute Zutaten und fundiertes Wissen die besten Voraussetzungen. Anfängerinnen und Anfänger werden sichere Erfolge mit den als einfach gekennzeichneten Rezepten erleben; für Experten mit mehr Übung sind die schwierigeren gedacht. Wenn Sie wenig Zeit haben, suchen Sie sich Anleitungen aus, die ich als schnell einstufe; ist Backen Ihr Hobby, dann werden Sie sicherlich solche Rezepte ausprobieren, die mehr Zeit in Anspruch nehmen. Für die Werktage eignet sich Gebäck, das die Bezeichnung preiswert trägt – für festliche Torten müssen Sie etwas tiefer in die Tasche greifen.

Kenntnisse über die Zutaten machen es Ihnen leichter, erstklassige Resultate zu erzielen. Deshalb informiere ich Sie z. B. darüber, wie sich unterschiedliche Zusammensetzung und Griffigkeit des Mehles beim Backen auswirken und welche Fette für die Verarbeitung am geeignetsten sind. Für die Beschaffenheit des Teiges ist die Eigröße, die stark variieren kann, oft ausschlaggebend. Wo sie von Bedeutung ist, habe ich sie angegeben. Richten Sie sich dann unbedingt danach.

Optisches Vergnügen und Gaumenfreuden sollen mit geringstem Zeitaufwand erreicht werden. Darum habe ich bei der Herstellung von Teigen, Cremes und Füllungen – wo immer möglich – Elektroquirl oder Küchenmaschine eingesetzt. Die Methoden weichen oft merklich von den *traditionellen Gebräuchen ab, doch sollten Sie diese neue – und inzwischen erprobte – Art der Teigherstellung getrost riskieren. Wer unbedingt noch mit der Hand rühren möchte, kann sich bei den Grundrezepten über die dabei abweichende Technik informieren.*

Ausschlaggebend für den Backerfolg sind auch die Backtemperaturen und die richtige Einschubhöhe. Ebenso kann die Hitzeeinwirkung von unten oder oben bei konventionellen Öfen unterschiedlich sein. Heißluftöfen bringen manchmal bessere Ergebnisse, gelegentlich sind sie ungeeignet. Dieses Buch vermittelt Ihnen das nötige Fachwissen – gleichgültig, ob Sie sich als Anfänger an einem Grundteig versuchen oder sich als Profi über ein Detail Klarheit verschaffen wollen. Darüber hinaus bekommen Sie viele Tips, die erfolgreiches Backen gewährleisten. Und je häufiger Sie backen, um so mehr wird Ihnen Ihre persönliche Erfahrung die Arbeit erleichtern.

Dank sagen möchte ich an dieser Stelle meinem Mann für seine geduldige Mitarbeit auch als kritischer Tester vieler Backwaren, ferner Marianne Hunzinger, Ute Schumacher, Hella Tischler und Sylvi Tischler, die mich beim Probebacken unterstützt haben. Wir würden uns freuen, wenn sich unsere positiven Erfahrungen und das Vergnügen, das wir bei den Tests empfanden, Ihnen mitteilen und wenn unsere Hinweise Sie dazu ermuntern, Neues auszuprobieren.

Jedem Benutzer dieses Buches, der meine Anleitungen genau befolgt, garantiere ich Freude und Erfolg beim Backen – und gebe ihm die Gewißheit, durch den Kauf einen guten Zweck zu unterstützen: Mein Honorar stifte ich für den Aufbau eines Kinderdorfes.

Edda Meyer-Berkhout

Bevor Sie beginnen...

...empfiehlt es sich, die folgenden Seiten genau anzuschauen.
Manches wird Ihnen zwar möglicherweise vertraut sein, einige
Informationen zu den Zutaten, Garnituren oder Füllungen
und mancher Profitip ist Ihnen aber vielleicht noch
unbekannt und soll Ihnen als Ergänzung der Rezepte
im Hauptteil des Buches helfen, die bestmöglichen Ergebnisse
zu erzielen.

Begriffe, die Sie kennen sollten

*Jedes Handwerk verwendet Begriffe, die dem Laien nicht immer geläufig sind.
Beim Backen handelt es sich nur um wenige solche Ausdrücke,
die häufig in den Rezepten auftauchen und die Sie daher kennen sollten.*

Abbrennen
Eine Form der Teigherstellung, die z. B. beim Brandteig angewendet wird. Die Teigzutaten werden in einem Topf auf dem Herd bei starker Hitze mit einem Holzlöffel so lange gerührt, bis sich die Masse von der Wand des Gefäßes löst und einen Kloß bildet.

Aromatisieren
Teige oder Füllungen werden durch Zufügen wohlriechender Substanzen aromatisiert. Es handelt sich hierbei um natürliche Aromastoffe wie beispielsweise das Mark der Vanilleschote oder feingeriebene Orangen- oder Zitronenschale. Die sparsame Verwendung einzelner Aromastoffe ist in der Regel besser als starkes Würzen.

Bestauben
Die Oberfläche von Plätzchen, Kleingebäck, Kuchen oder Torten wird mit einer staubfeinen Schicht aus Puderzucker, Kakao- oder Schokoladenpulver versehen. Man verwendet dafür ein feines Sieb oder einen dosenförmigen Streuer mit Siebkappe.

Blanchieren
Kurzes Garen in kochendem Wasser. Von blanchierten Früchten, Gemüse oder Mandeln läßt sich die Haut leichter abziehen. Bringen Sie zunächst etwa zehnmal soviel Wasser, wie Sie Ware auf einmal blanchieren wollen, in einem großen, zugedeckten Topf zum Sieden. Die Haut von Aprikosen oder Pfirsichen und Tomaten an dem Ende, das dem Stielansatz entgegengesetzt ist, mit einem scharfen Messer kreuzweise einritzen. Das Blanchiergut – eventuell in einem Siebeinsatz – in das siedende Wasser geben und ohne Deckel bei großer Wärmezufuhr je nach Sorte und Größe 1–4 Minuten sprudelnd kochen lassen, dann mit dem Siebeinsatz oder einer Schaumkelle herausheben. Früchte wie Aprikosen oder Pfirsiche vor dem Häuten etwas abkühlen lassen. Blanchierte Mandeln in ein Sieb geben und mit einem mehrfach gefalteten Tuch zudecken, damit sie nicht auskühlen, dann nach und nach aus der Haut drücken.

Durchpassieren
Um Mus daraus herzustellen, müssen Äpfel, Beeren, Quitten, aber auch Paprikaschoten oder Tomaten durchpassiert werden. Am schnellsten kommen Sie zum Ziel, wenn Sie die Lebensmittel mit wenig Wasser zugedeckt garen und dann mit dem Stabmixer pürieren. Anschließend den Brei in ein Sieb oder einen Durchschlag geben und mit Hilfe des Gummiteigschabers oder eines Stampfers durchdrücken. Konfitüre, zumeist von Aprikosen, wird zunächst erwärmt und dann durch ein Haarsieb passiert, damit sie sich gleichmäßig auf dem Kuchen oder den Früchten verteilen läßt.

Fritieren
Garen und Bräunen von Lebensmitteln bzw. Speisen schwimmend in heißem Fett. Bei Gebäck wendet man diese Methode z. B. bei Krapfen oder Spritzkuchen an. Zum Fritieren eignen sich nur Fette, die einen hohen Rauchpunkt haben, wie Erdnußöl, Schmalz oder Fritierfett.

Gehen lassen

Hefeteige müssen bei der Zubereitung und vor dem Backen gehen. Dabei wachsen die Hefepilze und beginnen zu gären, und es entwickelt sich der für Hefegebäck typische Geruch. Geringe Zuckermengen beschleunigen den Gärprozeß.

Der Vorgang läuft bei Temperaturen zwischen 28 und 35 °C schneller ab; stellen Sie darum den fertig gemischten Hefeteig stets an einen warmen Ort, und decken Sie ihn mit einem Geschirrtuch locker zu. So wird der Vorgang nicht durch Kaltluft unterbrochen, und der Teig fällt nicht zusammen.

In der Regel muß der fertig ausgeformte Hefeteig vor dem Backen ein weiteres Mal – ebenfalls zugedeckt – gehen. Erst wenn die Oberfläche stumpf aussieht und der Teig sich beim Drücken mit dem Finger weich wie Watte anfühlt, ist der richtige Zeitpunkt zum Backen erreicht.

Zu einer Kugel ausgeformter Hefeteig kann auch mit kaltem Wasser bedeckt in einer großen Schüssel kalt gehen – das Wasser wirkt in diesem Fall als Isolationsschicht. Läßt man Hefeteig, beispielsweise für Brioches, über Nacht im Kühlschrank gehen, werden die Poren besonders klein und gleichmäßig.

Sobald der Teig auf über 40 °C erhitzt wird, hört der Gärprozeß auf; aus diesem Grund darf die Flüssigkeit für Hefeteige nur lauwarm zugefügt werden.

Gelieren

Durch Zugabe von Gelatine oder Pektinen (pflanzliche Gelierstoffe) eine Flüssigkeit oder eine Creme, z. B. Tortenguß, Joghurt, Quark- oder Sahnecremes, halbfest erstarren lassen.

Parfümieren

Teigen, Füllungen oder Guß durch eine wohlriechende Substanz wie Likör, Rosenwasser oder Spirituosen einen besonderen Geruch oder Geschmack verleihen. Typische Beispiele sind Rum für Rührteige oder Schlagsahne, Rosenwasser für Marzipan und Arrak für Puderzuckerguß. Die Substanz sparsam dosieren, damit die Geschmacksnerven nicht abstumpfen.

Pie

Flache englische Pastete aus Mürbeteig oder Blätterteig mit süßer oder pikanter Füllung, meist mit Teigdecke.

Striezel

Österreichische Bezeichnung für ein geflochtenes oder gewickeltes Gebäck, im norddeutschen Raum auch Rolle oder Wickel. Der Striezelteig wird zu 3–5 Strängen ausgeformt und geflochten oder ausgerollt, mit einer Füllung wie z. B. Mandel- oder Mohnmasse bestrichen und aufgerollt. Gelegentlich werden Striezel eingeschnitten, so daß ein Teil des Zuckers aus der Füllung karamelisiert.

Tarte

Flache Pastete aus Blätterteig oder Mürbeteig mit süßer oder pikanter Füllung, in speziellen Tarteformen gebacken.

Tränken

Durch Tränken gewinnt Gebäck an Geschmack, wird feuchter und hält sich länger. In einem Topf erwärmt man Flüssigkeiten wie Fruchtsaft oder Wein mit Zucker, bis der Zucker geschmolzen ist. Nach Belieben kann man noch mit weiteren Zutaten abschmecken, z. B. Vanille oder Zitronenschale oder Arrak, Kirschwasser, Rum oder Sherry. Dann träufelt man die Flüssigkeit langsam auf den fertiggebackenen Kuchen oder Tortenboden. Wenn man das Gebäck zuvor einige Male mit einer Gabel einsticht, saugt es die Flüssigkeit besser auf.

Unterheben oder Unterziehen

Vorsichtiges Vermischen von Eischnee oder Schlagsahne mit einem Teig oder einer Creme, vorzugsweise mit Hilfe eines Teigspatels oder eines Löffels oder eines Teigschabers. Man muß den Eischnee oder die Sahne gleichmäßig verteilen, dabei aber darauf achten, daß die Luft nicht aus der Masse gerührt wird.

Empfindliche Eicremes gelingen am besten im Wasserbad.

Wasserbad

Ermöglicht indirekte Hitzeübertragung, so daß man Lebensmittel erwärmen oder Speisen herstellen oder Kuvertüre oder Schokolade schmelzen kann, ohne daß sie kochen, anbrennen oder gerinnen. Für ein Wasserbad füllt man in einen größeren Topf zwei Finger hoch Wasser. Dann hängt man eine Stahlschüssel so in den Topf, daß beim Erwärmen des Wassers der Dampf, nicht aber das heiße Wasser den Schüsselboden berührt.

Zutaten von A bis Z

Die vielen Rezepte dieses Backbuches basieren alle auf den elf Grundteigen, für die man nur einige wenige Bestandteile benötigt. Um diese Rezepte abzuwandeln und Gebäck für jeden Geschmack und jeden Anlaß herzustellen, ist eine Fülle von verschiedenen Zutaten erforderlich. Die folgenden Seiten beschreiben jene, die am häufigsten verwendet werden.

Eier, Fett, Mehl, Milch und Zucker sind die Zutaten, an die man sofort denkt, wenn es ums Backen geht. Und es sind ja auch die Grundbestandteile, die jeder, der gern und öfter bäckt, in stets ausreichender Menge im Haus haben sollte.

Daneben gibt es Zutaten, die relativ häufig verwendet werden, wie etwa Nüsse oder Sultaninen, während andere wiederum nur bei ganz bestimmten Gebäckarten eine Rolle spielen, beispielsweise Koriandersamen, der fast nur für die Weihnachtsbäckerei gebraucht wird.

Fast jeder von uns hat ein paar Lieblingsrezepte, auf die er immer wieder gern zurückgreift – sei es, weil sie schnell zu machen und preiswert sind, sei es, weil sie allen besonders gut schmecken. Für solche Favoriten sollte man ebenfalls einen ausreichenden Vorrat an Zutaten im Küchenschrank haben, sofern sie lagerfähig sind. Für die große Festtagstorte, für das neue Rezept, das man ausprobieren möchte, kauft man dagegen in der Regel die ungewöhnlicheren Zutaten extra ein.

Doch auch bei der besten Planung kann es vorkommen, daß etwas Wesentliches fehlt und nicht mehr rechtzeitig besorgt werden kann. So finden Sie am Ende dieses Abschnitts eine kleine Übersicht über Ersatzmöglichkeiten, die Ihnen aus der Verlegenheit helfen.

ZUTATEN 17

Ahornsirup
Er wird aus dem Saft des Zuckerahorns gewonnen, der hauptsächlich in Kanada und Vermont, USA, vorkommt. Er hat eine hohe Süßkraft und wird traditionell zu Waffeln gereicht.

Alkohol
Als Branntwein oder Likör wird er gern verwendet, um Cremes, Füllungen, Kuchen, Überzüge oder Teige zu aromatisieren.

Anis
Die aromatischen Samenkörner der im Mittelmeerraum beheimateten Anispflanze schmecken würzig-süß und sind ganz oder gemahlen bei der Brot- und Weihnachtsbäckerei wichtig. Feiner und kräftiger ist das Aroma des tropischen Sternanis, dessen bizarre Früchte gemahlen oder zerkleinert vor allem für Pfefferkuchen verwendet werden. Im geschlossenen Behälter bewahrt ungemahlene Ware das Aroma besser als Pulver.

Äpfel
Dank dem weltweiten Anbau sind sie ganzjährig erhältlich. In Mitteleuropa stellen sie die beliebteste Frucht für Obstkuchen dar; besonders geeignet sind die Sorten Berlepsch, Boskoop, Cox Orange, Glockenapfel, Gravensteiner, Golden Delicious und Jonathan.

Arrak
Dieser Branntwein aus Ostindien wird aus Reis, Palmsäften oder Zuckerrohrmelasse hergestellt. Wegen seines charakteristischen Aromas und des klaren Aussehens ist er für Puderzuckerguß sehr beliebt.

Ascorbinsäure
Eher als Vitamin C bekannt, ist sie in Pulverform in der Apotheke oder im Supermarkt erhältlich. Bei Baiser- und Makronenmassen fügt man sie dem Eischnee bei, weil das Eiweiß durch die Säure gerinnt und die Masse besser die Festigkeit behält.

Backaromen
Sie werden künstlich hergestellt oder aus Pflanzen gewonnen und verleihen dem Gebäck einen Butter-, Bittermandel-, Rum-, Vanille- oder Zitronengeschmack. Ein Fläschchen reicht für 2 kg Mehl.

Backpulver
Das Backtreibmittel, das im vorigen Jahrhundert erfunden wurde, besteht aus Natron und Kohlensäure. Unter der Einwirkung von Feuchtigkeit und Wärme entsteht Kohlendioxid, das als Gas den Teig lockert. Der Inhalt eines Beutels von 16,5 g oder 4–5 TL reicht in der Regel für 500 g Mehl.
Es muß trocken aufbewahrt werden und sollte nicht zu lange lagern. Feucht gewordenes Backpulver bildet Klumpen, verliert an Treibkraft und sollte nicht mehr verwendet werden. Wenn man Backpulver in der Nähe von Gewürzen wie beispielsweise Vanillezucker aufbewahrt, färbt es sich zwar leicht rosa, ist aber immer noch verwendbar.

Bananen
Die Früchte werden nach der Ernte gegen Fäulnis behandelt und in 10–12 Tagen bei genau 13,2 °C nach Europa verschifft. Hier reifen sie in großen Hallen, deren Luft mit Ethylen angereichert wird, in wenigen Tagen nach. Da Bananen Temperaturen unter 13 °C nicht vertragen, darf man sie niemals in den Kühlschrank legen. Die vitamin- und mineralstoffreichen Früchte haben ihren richtigen Reifegrad erreicht, wenn sich die ersten schwarzen Pünktchen auf der Schale bilden.

Beeren
Als Frischobst sind sie sehr empfindlich: Himbeeren, Brombeeren, Heidelbeeren oder Johannisbeeren halten sich z. B. höchstens 2 Tage im Kühlschrank. Sie lassen sich jedoch gut einfrieren und können dann in noch gefrorenem Zustand für Kuchen und Füllungen verwendet werden.

Belegkirschen
Das Zellwasser der Früchte wird durch Zuckerlösung ersetzt; man spricht auch von kandierten Kirschen. Damit die gefärbten Kirschen nicht hart und trocken werden, bewahrt man sie in einem verschlossenen Behälter auf.

Bittermandeln

Sie sind nur in der Apotheke erhältlich, weil sie giftige Blausäure enthalten. 5–10 rohe bittere Mandeln können den Tod eines Kindes verursachen. Beim Kochen und Backen verflüchtigt sich die Blausäure, und das Bittermandelöl, das den Mandelgeschmack verstärkt, bleibt zurück. Es ist beispielsweise ein wichtiger Bestandteil von Marzipan und den italienischen Mandelmakronen, den Amaretti.

Da Bittermandelöl aber auch aus Aprikosenkernen und als Aroma synthetisch gewonnen wird, geht der Anbau von Bittermandelbäumen deutlich zurück. Das Bittermandelaroma hat den Vorteil, daß es ungiftig ist. Auf 500 g Mehl rechnet man 30 g bittere Mandeln oder einige Tropfen Aroma.

Blockschokolade

Diese dicke Schokolade einfacher Qualität wird wie Schokoladentafeln zum Backen oder für Creme gebraucht.

Buchweizen

Das Knöterichgewächs mit den leicht bitteren Samen wird auf kargen Böden z. B. in den Niederlanden, Polen und Rußland angebaut. Es wird wegen seines nußartigen Geschmacks für Spezialitäten geschätzt. Da es kaum Kleber enthält, wird Buchweizenmehl, beispielsweise für Waffeln, meist mit Weizenmehl gemischt.

Butter

Sie verleiht dem Gebäck einen feinen Geschmack, der am stärksten im Krustenbereich zu bemerken ist. Da ihr Aroma jedoch durch längeres Backen bei sehr hohen Temperaturen verfliegt, ist der Unterschied zu Gebäck, das mit Margarine hergestellt wurde, nicht immer erkennbar. Butter, mit der die Form oder das Blech eingefettet wird, soll zwar weich, darf aber nicht flüssig oder heiß sein.

Butterschmalz

Das von Wasser und Eiweiß befreite Butterreinfett dient hauptsächlich als Koch- und Bratfett. Wird es statt Butter zum Backen verwendet, muß man je 80 g Butterschmalz 20 ml Wasser hinzufügen.

Cashewnüsse

Die Samen des Cashewapfels haben einen mandelähnlichen Geschmack und enthalten etwa 45 % Fett. Sie werden halbiert oder gehackt vor allem für Plätzchen verwendet.

Cognac

Mit dem edlen französischen Weinbrand, der möglichst lang in Eichenfässern reifen soll, verfeinert man Füllungen und Torten.

Crème fraîche

Der Fettgehalt dieses Sauerrahmprodukts schwankt zwischen 30 und 40 %. Es hat den Vorteil gegenüber Sahne, daß es nicht ausflockt, wenn es erhitzt wird, und ist daher für Sahneguß ideal.

Dekorperlen

Die Zuckerperlen mit buntem, goldenem oder silbernem Überzug sind als Verzierung für Torten und Weihnachtsgebäck beliebt. Sie werden auf das fertige Gebäck verteilt.

Dekorschnee

Er besteht aus Zucker, der mit Stärke gemischt und mit einem dünnen Fettfilm überzogen wurde. Dadurch bleibt er nach dem Aufstreuen lange Zeit weiß.

Dinkel

Diese kleberreiche Weizenart wird u. a. für Brötchen, Brote und Waffeln verwendet. Die Körner werden auch vor der vollen Reife gedörrt und zu Grünkernmehl vermahlen.

Eier

Die Rezepte beziehen sich in der Regel auf mittelgroße Hühnereier der Gewichtsklasse 3 mit 60–65 g. Diese Angaben stehen auf der Verpackung bzw. bei lose verkauften Eiern meist auf dem Preisschild. Die Färbung des Eigelbs hängt von der Zusammensetzung des Hühnerfutters ab, nicht von der Farbe der Eierschale, und sagt nichts über die Qualität aus. In einem verschlossenen Gefäß halten sich einzelne Eigelbe, mit Milch oder Wasser bedeckt, oder Eiweiße 3–4 Tage im Kühlschrank. Sie können auch mit 1 Prise Salz verschlagen eingefroren werden.

Erdnüsse

Wenn sie fürs Backen verwendet werden, sollten sie frisch geschält und nicht gesalzen sein.

Fritierfett

Zum Ausbacken bzw. Fritieren sind speziell als solche angebotene Fritierfette, pflanzliche Plattenfette oder Öl, wie z.B. hitzebeständiges Erdnußöl, am besten geeignet. Da die durchschnittliche Fritiertemperatur 180 °C beträgt, kommen nur Fette mit hohem Rauchpunkt in Betracht. Butter oder Margarine ist deshalb ungeeignet.

Altes Fritieröl darf nie in den Ausguß oder die Toilette geschüttet werden, da es die Umwelt belastet. Es muß wie jedes Altöl als Sondermüll entsorgt werden.

Fruchtzucker

Von Diabetikern wird er besser als der Haushaltszucker vertragen, enthält aber etwa 16,8 kJ/g (4 kcal/g). Er bräunt beim Backen rascher, deshalb die Backtemperatur um 20 °C reduzieren.

Garnelen

Sie sind auch als Krabben, Crevetten oder Shrimps bekannt; die sehr großen werden Riesengarnelen oder Prawns genannt. Im Meer gefangene haben ein intensiveres Aroma als in stehenden Gewässern gezüchtete. Gefrorene geschälte Ware wiegt nach dem Auftauen 35 % weniger als zuvor. Garnelen eignen sich gut als Füllung von pikantem Gebäck.

Gelatine

Gelatineblätter werden aus großen Blöcken geschnitten und auf Maschendraht getrocknet, wodurch das typische Muster entsteht. Erstklassige klare Ware ist mit der Qualitätsbezeichnung „Gold" gekennzeichnet und gut dosierbar. Gemahlene Gelatine wird in Päckchen zu 9 g für 500 ml Flüssigkeit verkauft. Sie ist wie die Gelatineblätter als glasklare weiße und als rote Gelatine erhältlich. Sofortgelatine wird in Päckchen zu 30 g für je 500 ml Flüssigkeit verkauft. Sie wird einfach in die jeweilige Masse gestreut.

Gewürzmischungen

Als Zutat für Honig- und Lebkuchen, Spekulatius und Stollen, aber auch als Curry oder Fleischgewürz werden sie industriell hergestellt. Man sollte die Mischungen nicht länger als 1 Jahr lagern, denn sie verlieren bald an Geschmack, weil die Aromastoffe sich rasch verflüchtigen.

Grappa

Der klare italienische oder Tessiner Branntwein, aus den Rückständen von Trauben bei der Weinherstellung gewonnen, wird zum Parfümieren von Teigen gebraucht.

Haferflocken

Zarte oder kernige, gewalzte Haferkörner werden für Plätzchen, Spezialkuchen und in geringen Mengen für die Brotbäckerei verwendet. Hafer enthält kein kleberbildendes Eiweiß, daher muß er stets mit Eiern oder Weizenmehl kombiniert werden.

Hagelzucker

Die Körner bestehen aus zusammengeballten Zuckerkristallen, die beim Erhitzen weiß bleiben und nicht schmelzen. Deshalb kann man sie schon vor dem Backen auf Plätzchen und Kuchen streuen.

Haselnüsse

Mit ihrem Fettgehalt von über 60 % werden sie bei Raumtemperatur rasch ranzig. Man sollte die Nüsse daher möglichst immer in der Schale oder, falls bereits geknackt, dunkel und kühl in einem verschlossenen Gefäß, am besten im Gefriergerät, aufbewahren.

Hefe

Ursprünglich ein Nebenprodukt beim Bierbrauen, wird sie heute in 1 kg schweren Hefeziegeln hergestellt, die jeweils in 24 Würfel geschnitten werden. Ein Würfel wiegt etwa 42,5 g und reicht je nach Zutaten und Zubereitungszeit als Treibmittel für 500–1000 g Mehl. Durch die Verbindung von Hefe und Zucker entstehen Alkohol und Kohlensäure, die den Teig in die Höhe treiben.
In Alufolie verpackt, sind die Würfel im Kühlschrank etwa 1 Woche haltbar. Man kann sie auch für 3 Monate einfrieren. Sie büßen dabei aber etwa 50 % ihrer Treibkraft ein und werden beim Auftauen flüssig.

Hirschhornsalz

Früher wurde das Backtreibmittel aus den Hörnern und Klauen von Hirschen gewonnen. Daher rührt der Name. Heute wird es aus Ammoniumcarbonat oder aus kohlensaurem Ammonium hergestellt. Bei 60 °C zerfällt das weiße Salz in Ammoniak, Wasser und Kohlensäure, die den Teig in die Höhe treibt.
Man nimmt Hirschhornsalz vor allem bei flachem Weihnachtsgebäck, bei dem das Ammoniak wenig zu schmecken ist. Bei hohem Gebäck können störende Ammoniakreste zurückbleiben.
Die handelsüblichen Glasröhrchen mit Hirschhornsalz sind in Supermärkten oder Apotheken erhältlich. Das Pulver muß vor Feuchtigkeit geschützt, am besten in der Verpackung, aufbewahrt werden.

Honig

Will man bei süßem Gebäck Zucker durch Honig ersetzen, wiegt man die gleiche Menge ab; die Süßkraft von Honig ist jedoch geringer. Eine einfache Qualität reicht völlig aus, da durch das Erhitzen einige wertvolle Inhaltsstoffe zerstört werden.

Ingwer

Die Wurzel einer in Südostasien beheimateten Staude wird gemahlen oder als Stücke frisch, getrocknet, kandiert oder in Zuckersirup eingelegt angeboten. Getrocknet und gerieben gibt sie würzigen Kuchen oder Plätzchen einen guten Geschmack, kandiert oder eingelegt wird sie für Teige, Füllungen oder zum Garnieren gebraucht.

Instantmehl

Es besteht aus feinen Weizenmehlteilchen, die mit Wasserdampf befeuchtet und so zu winzigen Kügelchen zusammengepreßt wurden. Mit ihm kann man Mürbeteige gut ausformen, da der damit bestaubte Teig nicht an der Unterlage oder der Kuchenrolle klebt; für Suppen oder Soßen braucht man es nicht mit Flüssigkeit anzurühren.

Instantsoßenbinder

Wie Instantmehl löst es sich sofort in Flüssigkeit auf. Beim Backen verwendet man das geschmacksneutrale Pulver, um bei wäßrigen Füllungen Feuchtigkeit zu binden.

Käse

Zum Backen eignen sich aromatische Käsesorten, die beim Erhitzen keine Fäden ziehen, z.B. geriebener alter Bergkäse, Gouda, Greyerzer, Manchego, Parmesan, Pecorino, Provolone oder Sbrinz.

Kakaopulver

Es wird aus fermentierten, gemahlenen und entölten tropischen Kakaobohnen gewonnen. Zum Backen eignet sich dunkler, stark entölter Kakao in Verbindung mit Zucker. Er muß trocken gelagert werden, damit er nicht schimmelt.

Karambole

Wegen ihrer Form oft unter der englischen Bezeichnung Starfruit (Sternfrucht) gehandelt, ist sie recht sauer, doch dekorativ. Sie wird ungeschält quer in Scheiben geschnitten.

ZUTATEN

Kardamom
Das scharfe Gewürz stammt aus Südasien und wird u. a. in Gewürzmischungen für Brot und Honigkuchen gebraucht.

Kiwis
Die lang haltbaren Früchte sind besonders reich an Vitamin C. Rohe Kiwis enthalten eiweißspaltende Enzyme und vertragen sich daher nicht mit Gelatine oder Milchprodukten. Deshalb erst im letzten Augenblick hinzufügen oder blanchieren.

Kokosflocken und -raspel
Beide Produkte, die hauptsächlich für die Weihnachtsbäckerei verwendet werden, sind zwischen Oktober und Dezember in allen Supermärkten erhältlich. Die Raspel sind im Gegensatz zu den Flocken zuckerfrei. Kokosraspel trocknen bald aus, vor allem wenn die Packung schon geöffnet wurde, und werden schnell ranzig. Man sollte sie daher rasch verbrauchen oder in einem gut verschlossenen Behälter im Gefriergerät lagern; dort sind sie 6 Monate haltbar.
Kokoslocken für exotische oder weihnachtliche Torten werden mit dem Sparschäler vom frischen Fruchtfleisch geschält; Kokosnüsse kommen im Herbst und Winter bei uns in den Handel.

Konfitüre
Sie wird aus grob zerkleinerten Früchten jeweils einer Art, Zucker, Geliermitteln und Aromastoffen gekocht und in Gläser abgefüllt. Konfitüre wird beim Backen vielseitig verwendet, so z.B. um Plätzchen zu füllen oder Gebäck zu bestreichen.

Koriander
Das Gewürz wird ganz oder zerdrückt zum Brotbacken oder für die Weihnachtsbäckerei verwendet. Die Pflanze mit den pfefferkornähnlichen Früchten kann man im Garten oder im Blumentopf selbst ziehen, um das Grün statt Petersilie zu verbrauchen.

Korinthen
Die kernlosen getrockneten blauen Trauben, nach der griechischen Hafenstadt Korinth benannt, benötigt man vor allem für Brötchen, Fruchtkuchen und Stollen. Sie sind im Gegensatz zu Sultaninen nie geschwefelt. Waschen ist unnötig, denn beim Backen werden sie ohnehin erhitzt.

Krokant
Die Masse aus karamelisiertem Zucker und kleingehackten Nüssen oder Mandeln wird industriell hergestellt. Preiswerter und geschmacksintensiver ist der selbsthergestellte Krokant (S. 33). Man muß ihn in einem sehr gut verschlossenen Gefäß lagern, da er Feuchtigkeit anzieht und dadurch weich wird.

Kümmel
Er ist ein beliebtes Gewürz aus Samen für Brötchen und Brote, das die Verdauung fördert.

Kumquats
Mit den dattelgroßen, aromatischen, orangefarbenen Zitrus-

früchten aus dem Mittelmeerraum werden Torten und Desserts dekoriert. In feuchtes Küchenpapier eingewickelt, halten sie 6 Wochen im Kühlschrank. Sie können aber auch in klaren Schnäpsen konserviert werden.
Kumquats gedeihen als sogenannte Zwergorangen in einem Topf auf der Küchenfensterbank.

Kuvertüre
Sie ist fertig zubereitet überall im Handel erhältlich. Neben der am häufigsten gebrauchten dunklen Bitterkuvertüre sind mittelbraune und weiße Sorten im Handel.
Die Kakaobutter ist in Form kleiner zusammengeballter Kügelchen eingelagert. Nur bei sorgfältigem Schmelzen (S. 34) bekommen Kuvertüreüberzüge keine stumpfe graue Oberfläche.

Lebensmittelfarben

Sie sollten grundsätzlich nur sehr sparsam verwendet werden, da viele Menschen auf sie allergisch reagieren. Als Lebensmittelfarbstoffe bezeichnet man solche, die natürlicherweise in Lebensmitteln vorkommen, z. B. Kurkumin (E 100), ein gelbes Pulver aus der Gelbwurzel.

Lebkuchengewürz

Nicht nur in der Weihnachtsbäckerei, sondern auch im Apfelkuchen oder bei der Zubereitung von Zwetschgenkuchen findet diese Gewürzmischung Verwendung. Aus gemahlenem Anis, Ingwer, Kardamom, Koriander, Muskatnuß, Piment und gemahlenen Gewürznelken selbst hergestellt, schmeckt sie frischer.

Leinsamen

Ganz oder geschrotet wird er als Backzutat für Brötchen und Brotteige verwendet. Durch seinen hohen Gehalt an Ballaststoffen regt er die Verdauung an. Außerdem enthält er wertvolles Eiweiß und hochwertiges Fett.

Liebesperlen

Mit den bunten Zuckerkügelchen dekoriert man Kuchen und Plätzchen nach dem Backen. Die sehr kleinen werden auch Nonpareille genannt.

Limetten

Diese Zitrusfrüchte geben etwa doppelt soviel Saft wie Zitronen und schmecken außerdem noch aromatischer und nicht so sauer. Die dünne grüne Schale ist häufig unbehandelt und ist deshalb eine gute Alternative zu geriebener Zitronenschale. Heute wird die Frucht, die bis vor einigen Jahren noch als exklusive Zutat galt, bei vielen Obsthändlern und sogar in manchen Supermärkten das ganze Jahr über angeboten.

Mandeln

Außer in Stollen und Lebkuchen werden sie auch als Verzierung auf dunkler Kuvertüre bei Backwaren verwendet. Geschälte Mandeln sollte man nicht zu lange lagern, da sie sonst an Aroma verlieren und wegen ihres hohen Ölgehalts ranzig werden. Am besten bewahrt man sie in einem verschlossenen Behälter im Gefriergerät auf, wo sie sich bis zu 3 Monate halten. Im Handel werden sie ganz, gehobelt, gestiftelt, gehackt und gemahlen angeboten. Durch den Röstprozeß beim Backen entwickeln sie ihr volles Aroma.

Mangos

Die an Vitamin A und C reiche Frucht hat einen süßen, sehr aromatischen Geschmack. Das kräftig gelbe Fruchtfleisch verleiht einer Creme oder einer Füllung einen Hauch von Exotik und eignet sich gut als Obstkuchenbelag.

Margarine

Die Hauptbestandteile sind Fett und Wasser. Bei Pflanzenmargarine werden pflanzliche Rohstoffe wie Sonnenblumen- und Sojaöl und Palmfett verwendet; Haushaltsmargarine mischt man auch tierische Fette bei. Die Qualität des Produkts ist von den Rohstoffen, vom Anteil an mehrfach ungesättigten Fettsäuren und den Aroma- und Vitaminzugaben abhängig. Je nach Teigart sind weiche (Rührteig) oder feste (Mürbeteig) Sorten günstig. Halbfettmargarine ist zum Backen ungeeignet, da sie mehr als 50 % Wasser enthält. Margarine, mit der man Formen einfettet, sollte weder heiß noch flüssig sein.

Marzipanrohmasse

Um die Masse, die je nach Preis aus gemahlenen Mandeln und Zucker in unterschiedlichen Anteilen besteht, vor dem Austrocknen zu schützen, lagert man sie im Kühlschrank. Da Marzipanrohmasse leicht Fremdgerüche annimmt und diese beim Backen nicht wieder ganz abgibt, schlägt man sie in Alufolie oder gut verschließbare TK-Beutel ein. Wenn sie vor der Verarbeitung gekühlt wird, läßt sie sich leicht mit der feinen oder groben Rohkostreibe raffeln.

Milch

Sie ist als frische und haltbar gemachte Kuhmilch erhältlich. Beide sind gleichermaßen zum Backen geeignet. Sauer gewordene Milchreste können Sie für Hefeteige verbrauchen.

Mohn

Das Samengewürz wird hauptsächlich für Mohnstollen und -kuchen verwendet. Mohn wird meist als Blaumohn ungemahlen angeboten. In Reformhäusern kann man ihn auch mahlen lassen. Gemahlener Mohn läßt sich maximal 3 Monate im Gefriergerät aufbewahren.

Mungobohnensprossen

Vor allem als Zutat für asiatische Gerichte bekannt, lassen sie sich für Füllungen kleiner asiatischer Frühlingsrollen oder großer Strudel verwenden. Sie sollten möglichst frisch verbraucht und immer blanchiert werden. Braune Spitzen sind ein Zeichen von zu langer Lagerung.

Muskatnüsse

Die harten Fruchtkerne eines immergrünen tropischen Baumes kommen geschält und gekalkt in den Handel. Man sollte sie trocken und kühl aufbewahren und möglichst erst kurz vor dem Gebrauch die benötigte Menge reiben, damit das volle Aroma erhalten bleibt.

Nelken

Das typische Nelkenaroma entwickelt sich erst beim Erhitzen der getrockneten Blütenknospen. Sie sollten – ob ganz oder gemahlen – luftdicht verschlossen, kühl und dunkel aufbewahrt werden.

Nougat

Die kalorienreiche Masse besteht aus sehr fein gemahlenen, gerösteten Haselnüssen, Zucker und Kakao und wird meist zum Herstellen von Nougatcremefüllungen verwendet. Durch vorsichtiges Erwärmen wird es weich und läßt sich besser verarbeiten. Nougat bewahrt man in Alu- oder Klarsichtfolie eingepackt im Kühlschrank auf.

Oblaten

Die papierdünnen eßbaren Unterlagen aus Mehl, Stärke und Wasser sind rund mit 4–9 cm Ø für Plätzchen und mit 26 cm Ø für Obstkuchen sowie rechteckig erhältlich. Sie verhindern, daß Makronen ankleben bzw. Früchte den Teig durchweichen. In feuchter Umgebung werden sie schnell weich und kleben dann aneinander.

Öl

Für süßes Gebäck nimmt man bevorzugt Öl von Maiskeimen, Sojabohnen oder Sonnenblumenkernen; für pikantes eignet sich gelegentlich Olivenöl. Hasel- oder Walnußöl ist hitzeempfindlich und wird in der Backstube nur zum Einfetten der Alufolie bei der Konfektbereitung gebraucht. Erdnußöl hat einen geringen Anteil mehrfach ungesättigter Fettsäuren, dafür aber einen hohen Rauchpunkt und wird darum beim Fritieren bevorzugt. Um Bleche und Formen einzufetten, ist Öl ungeeignet, da es verharzt.

Orangeat

Man verwendet die kandierte, d.h. mit Zucker eingekochte, Schale von Pomeranzen oder süßen Orangen ebenso als Zutat für Kuchen, Plätzchen und Stollen wie als Verzierung. Kleingewürfelte Ware trocknet wegen des 65%igen Zuckergehalts schnell aus und sollte gut verschlossen aufbewahrt werden. Unzerkleinerte Ware bleibt dagegen länger frisch.

Paniermehl

Geriebene altbackene Brötchen oder Weißbrotreste kann man als Paniermehl verwerten. Es muß trocken und luftig aufbewahrt werden.

Papayas

Das gelbfarbene Fleisch schmeckt mit Zitronensaft melonenähnlich. Es enthält eiweißspaltende Enzyme und reichlich Vitamin A und C. Möglichst nicht mit Milchprodukten oder Gelatine kombinieren. Wenn doch, zuvor blanchieren oder konservierte Ware nehmen.

Paranüsse

Die dreikantigen Früchte schmecken mandelartig und haben mit 66 % Fett und 15 % Eiweiß einen hohen Nährwert. Kurz vor der Verwendung knacken, denn sie werden bald ranzig.

Pekannüsse

Sie kommen meist aus Nordamerika und gleichen Walnüssen. Sie haben harte, glänzende Schalen. Erst vor der Verwendung knacken.

Piment

Auch Gewürzkorn genannt, wird gemahlen für die Weihnachtsbäckerei gebraucht. In geschlossenen Gefäßen aufbewahrt, behalten ganze Körner ihr Aroma 4–5 Jahre.

Pinienkerne

Die Samen von *Pinus Pinea*, einer Schirmkiefernart aus dem Mittelmeerraum, sind wegen ihrer hübschen Form und ihres feinen, etwas harzartigen Aromas eine teure, aber beliebte Zutat für Weihnachtsgebäck und Mandeltorten.

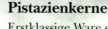

Pistazienkerne

Erstklassige Ware erkennt man an der leuchtendgrünen Farbe, der die Kerne ihre Beliebtheit als Verzierung verdanken. Unbedingt lichtgeschützt in geschlossenen Behältern aufbewahren.

Pottasche

Traditionelles Treibmittel aus der Apotheke für flaches Weihnachtsgebäck. Es besteht aus geruchlosem Calciumcarbonat, das durch Säureeinwirkung – auch durch Milchsäurebakterien der Luft – aktiviert wird. Deshalb das Pulver gut verschlossen bis maximal 2 Jahre aufbewahren. Teige mit Pottasche an der Luft nur leicht zugedeckt 1–7 Tage stehenlassen.

Puderzucker

Staubartig vermahlener Zucker mit geringen Stärkezusätzen, die das Verklumpen verzögern sollen. Stets trocken lagern. Verklumpten Puderzucker erst mit der Teigrolle in einem verschlossenen Gefrierbeutel zerdrücken und dann sieben.
Praktisch ist es, den Puderzucker in einem fest schließenden Glasgefäß aufzubewahren.
Indem man Gebäckstücke mit Puderzucker bestaubt, kann man dekorative Effekte erzielen oder

einen Backfehler verdecken. Da Puderzucker sich leicht auflöst, eignet er sich gut für Glasuren.

Roggenmehl

Das typisch nordeuropäische Brotgetreide gibt es je nach Typenzahl in unterschiedlicher Ausmahlung. Je höher die Typenzahl, um so ballaststoff-, mineralstoff- und vitaminreicher ist das Mehl, aber auch um so leichter verderblich. Das Roggenmehl unbedingt trocken lagern, es hält sich dann etwa 1 Jahr; ausschlaggebend ist das aufgedruckte Mindesthaltbarkeitsdatum. Vorzugsweise wird feines, geschrotetes Roggenmehl mit Salz- und Sauerteigzusätzen, zum Teil aber auch in Form vorgequollener ganzer Körner gebacken.

Rohzucker

Dieser Zucker, auch Farinzucker genannt, wird aus ungebleichtem Zuckerrohr oder Zuckerrüben, gelegentlich aus Palmsaft gewonnen. Die charakteristische braune Farbe rührt von Melasserückständen her, die neben geringfügigen Anteilen an Mineralstoffen und Vitaminen auch Schmutzpartikel enthalten. Der gesundheitliche Wert von Rohzucker wird häufig überschätzt.

Rosenwasser

Die Mischung aus 4 Tropfen Rosenöl auf 1 l Wasser wird verwendet, um Marzipan zu aromatisieren. Das Rosenwasser, das in Apotheken erhältlich ist, muß frisch sein, denn mit der Zeit verdunsten die Duftstoffe.
Ein dunkles Fläschchen mit 100 ml Inhalt reicht in der Regel für die jährliche Weihnachtsbäckerei.

Sahnefestiger

Hauptsächlich aus Traubenzucker und speziell behandelter, leicht löslicher Stärke hergestellt, verleiht das geschmacksneutrale Pulver geschlagener Sahne für Kuchenfüllungen über mehrere Stunden die erforderliche Festigkeit und verhindert, daß Flüssigkeit austritt.

Sauerteig

Wenn Sie ihn nicht selbst zubereiten wollen, erhalten Sie ihn entweder vom Bäcker oder in Brei- oder Pulverform im Reformhaus. Vom selbstgemachten Teig bewahren Sie einen Rest auf, verrühren ihn am Abend vor dem nächsten Backtag mit etwas Roggenbrei und lassen die Mischung über Nacht an warmer Stelle säuern.

Scampi

Heißen auch Kaisergranaten oder Langostinos und sind bei uns tiefgefroren oder in Dosen erhältlich. Bei gefrorener Ware 35 % Gewichtsverlust beim Auftauen einkalkulieren.

Schlagsahne

Sie enthält zwischen 28 und 35 % Fett. Je höher der Fettgehalt, um so leichter läßt sie sich schlagen. Sie muß kühl und verschlossen aufbewahrt werden, denn sie verdirbt rasch. Erhältlich ist außerdem Schlagsahne, die durch Erhitzen länger haltbar gemacht wurde. An heißen Sommertagen sollte nicht nur die Sahne vor dem Schlagen gekühlt sein, sondern auch der Schneebesen und die Schüssel.

Schokolade

Sie besteht zu mindestens 35 % aus Kakao oder Kakaobutter, höchstens 65 % Zucker, oft aus Milch oder Sahne und weiteren geschmackgebenden Zutaten wie Mokka oder Vanille. Erfunden wurde die Schokolade von einem Spanier, der in Mexiko Kakaomasse mit Zucker mischte. Heute wird sie mit Spezialmaschinen hergestellt und intensiv bearbeitet. Je länger der Schokoladenbrei gewalzt wird, um so feiner und teurer ist das Endprodukt. Beim Backen wird Schokolade als Zutat in

Teigen, als Überzug und als Verzierung gebraucht. Die Haltbarkeit von Schokolade beträgt 6–12 Monate. Die ideale Lagertemperatur liegt zwischen 12 und 18 °C.

Schokoladenfettglasur

Das Gemisch aus Schokolade, Zucker und Pflanzenfett, meistens Kokosfett, schmeckt nicht so gut wie Kuvertüre, ist aber preiswerter und glänzt stark. Es ist einfach zu verarbeiten, da es lediglich in einem Arbeitsgang geschmolzen werden muß und glänzend bleibt.

Schokoladenpulver

Dem Gemisch aus mindestens 32 % Zucker und Milchpulver werden meist Aromastoffe hinzugefügt. Es ist für die Teigherstellung wenig geeignet, aber für Garnierungen, da es milder schmeckt als Kakao.

Schokoladenraspel

Man kann sie fertig kaufen, aber auch leicht selbst herstellen, indem man Schokolade raspelt oder mit dem Metallspatel eine sehr dünne, fast erstarrte Kuvertüreschicht von einer glatten Unterlage schabt.

Schokoladenstreusel

Diese Verzierung für Plätzchen und Torten wird aus Milch- oder Edelbitterschokolade hergestellt. Mit weißem Film überzogene Schokoladenstreusel wurden zu warm gelagert, sind aber noch genießbar. Eventuell unter einen Rührteig mischen.

Sesamsamen

Die ölhaltigen Samen haben einen nussigen Geschmack, der durch Rösten verstärkt wird. Sie halten 6 Monate; gemahlene Samen müssen eingefroren und innerhalb 4 Wochen verbraucht werden.

Sherry

Der aromatische Dessertwein aus Südspanien verleiht Cremes und Füllungen ein feines, volles Aroma. Zum Backen reichen die preiswerten, süßen Sorten aus.

Sojabohnen

Diese Hülsenfrüchte sind ausgezeichnete Eiweißlieferanten und werden in geschroteter Form Brötchen- und Brotteigen zugesetzt. Ganze Bohnen müssen im Mixer oder mit der Rohkostreibe grob zerkleinert werden.

Sonnenblumenkerne

Als gesunde Zutat für pikantes und süßes Gebäck gewinnen sie immer mehr an Beliebtheit. Rösten verbessert den Geschmack.

Speisestärke

Aus Kartoffeln, Mais, Reis oder Weizen gewonnen, ist sie – im Gegensatz zu Mehl – frei von eiweißhaltigem Kleber. Für Backwaren verwendet man in der Regel Stärke aus Weizen; sie macht das Gebäck mürbe und sandig.

Sultaninen

Die kernlosen, getrockneten Beeren der Sultanatraube – volkstümlich als Rosinen bezeichnet – werden meist durch Schwefeln haltbar und durch einen dünnen Paraffinüberzug streufähig gemacht.
Kalifornische Sultaninen haben eine besonders dünne Schale und sind nicht wie Ware aus den Mittelmeerländern, Australien und Südafrika geschwefelt.
Unbehandelte Ware gibt es in Reformhäusern.

Süßstoff

Für Diabetiker und Übergewichtige bietet Süßstoff eine gute Möglichkeit, Kalorien zu sparen. Er kann als Ersatz für Zucker, Honig, Obstdicksäfte und Sirup verwendet werden. 1 TL Süßstoff entspricht 4 EL Zucker, 1 EL etwa 125 g Zucker.

ZUTATEN 27

Tomatenpaprika
Die roten, dickfleischigen Paprikaschoten werden beim Backen meist konserviert als Zutat für Pizzen und Pasteten verwendet. Sie haben den höchsten Vitamin-C-Gehalt aller Gemüsesorten.

Tortenguß
Das für farblose oder rote Überzüge auf Obsttorten gebrauchte Geleepulver sollte immer mit dem Holzlöffel, nie mit dem Schneebesen gerührt werden. Trocken lagern.

Trockenfrüchte
Um das appetitliche Aussehen getrockneter Äpfel, Aprikosen, Bananen, Birnen und Pfirsiche zu erhalten, werden die Früchte meist geschwefelt, Datteln, Feigen und Zwetschgen aber nicht. Kandierte Ananasstücke und Bananenchips haben einen Zuckerüberzug. Trockenfrüchte lassen sich am besten eingeweicht schneiden.

Trockenhefe
Gefriergetrocknete pulverförmige Hefe mit etwa 1jähriger Haltbarkeit. Sie wird in Päckchen zu 7 g für 250–500 g Mehl angeboten und kann direkt auf das Mehl gestreut werden. Reste aus geöffneten Beuteln innerhalb von 4 Wochen verbrauchen.

Ursüße
Auch als Sucanat bezeichnet. Sie besteht aus getrocknetem, streufähigem Zuckerrohrsaft und ist in Reformhäusern erhältlich. Mineralstoff- und Vitaminwert werden meist überbewertet.

Vanilleschoten
Die getrockneten, fermentierten Samenschoten einer Orchideenart werden, um ihr Aroma zu schützen, einzeln in Alufolie oder Glasröhrchen verpackt. Echte Vanille ist nicht mit synthetisch hergestellter zu vergleichen, die ein weniger feines Aroma und oft einen unangenehmen Nachgeschmack hat. Weiße Kristalle auf den schwarzen Schoten sind ein Gütezeichen.

Vanillezucker
Neben dem hausgemachten gibt es auch industriell gemischten Vanillezucker mit mindestens 5 g zerkleinerten Anteilen von Naturvanille in Päckchen zu kaufen. Unbedingt in verschlossenen dunklen Behältern aufbewahren.

Vanillinzucker
Ein Tütchen enthält 7,9 g Zucker und 0,1 g Vanillin, einen künstlich hergestellten Aromastoff. Nie neben Backpulver aufbewahren, da sich dieses sonst rosa verfärbt.

Walnüsse
Sie sollten möglichst kurz vor dem Gebrauch geknackt werden, da Walnüsse in der Schale ihr Aroma am besten behalten; auch ist die Gefahr, daß sie ranzig werden, geringer. Sie enthalten ungefähr 65 % hochwertiges Fett und sind daher kalorienreich. Gute Qualität wird aus Frankreich und Kalifornien eingeführt.

Weinsteinbackpulver
Der darin enthaltene Säureträger, der Weinstein, ist ein natürliches Produkt, das aus den Ablagerungen in hölzernen Weinfässern gewonnen wird. Es ist in Reformhäusern erhältlich.

Weizenmehl
Am meisten gebraucht wird die Type 405. Außerdem spielen in der Hausbäckerei die Typen 550, 1050 und 1700 eine Rolle. Der Anteil an Schalenteilen, wertvollen Ballaststoffen, Mineralstoffen und Vitaminen steigt mit höherer Typenzahl. Da beim Vollkornmehl der Type 1700 auch der ölhaltige Weizenkeim vermahlen wurde und es daher leicht ranzig wird, muß dieses Mehl entweder

schnellstmöglich verbraucht oder für höchstens 3 Monate im Gefriergerät eingelagert werden. Der Klebergehalt von Weizenmehl schwankt zwischen 9 und 14 % und ist beim Hartweizen am höchsten. Dies ist für Hefe- und Strudelgebäck vorteilhaft, weil die aus diesem Mehl hergestellten Teige elastischer sind und nach dem Aufgehen das gelockerte Gerüst besser gehalten wird, ehe es sich durch Hitzeeinwirkung verfestigt. Bei Mürbeteig sind diese Eigenschaften jedoch unerwünscht. Doppelgriffiges Weizenmehl wird aus kanadischem oder ungarischem Hartweizen gewonnen. Die Struktur von diesem Weizendunst liegt zwischen normalem Mehl und Grieß, und er ist daher für Brioches, Strudel und zum Ausrollen sehr gut geeignet. Grundsätzlich muß Mehl dunkel und kühl aufbewahrt werden und darf keinesfalls neben stark riechenden Lebensmitteln lagern.

Zimt

Das Rindengewürz wird als Stangen oder gemahlen verkauft. Die beste Qualität kommt aus Sri Lanka, wird aber meist mit preiswerter Cassisware vermischt. In kleinen verschlossenen Gefäßen dunkel aufbewahren.

Zitronat

Die beliebte Zutat für die Weihnachtsbäckerei, im Norden auch Sukkade genannt, wird aus den Schalen der libanesischen Zitronatzitrone hergestellt. Hauptlieferanten dieser fast nur aus dicken Schalen bestehenden Zitrusfrüchte sind Indien, Kalifornien, die Mittelmeerländer, Nordafrika und Puerto Rico. Um die grün geernteten Früchte für den Transport haltbar zu machen, werden sie in den Erzeugerländern in Fässer mit Meerwasser eingelegt. Am Bestimmungsort werden sie entsalzt und durch langes Kochen in Zuckersirup konserviert. Teils gewürfelt in Blisterverpackungen, teils als hochwertige Ware in großen Stücken kommen sie in den Handel. Kleingehacktes Zitronat muß wie Orangeat in dicht schließenden Gefäßen aufbewahrt werden, sonst verliert es das feine Aroma und wird hart.

Zitronen

Seit mehr als 2500 Jahren in China kultiviert, wurden sie in Europa vor rund 1000 Jahren heimisch. Die aromatischen Öle der Schale und der vitaminreiche Saft spielen beim Backen eine große Rolle; die Schale von Früchten, die wegen der Haltbarkeit mit Diphenyl behandelt wurden, sollte nicht verwendet werden. Am besten im Gemüsefach des Kühlschranks dunkel und kühl aufbewahren.

Zucker

Ob aus Zuckerrüben oder aus dem tropischen Zuckerrohr gewonnen, besteht Zucker zu 99 % aus Kohlenhydraten. Normaler Haushaltszucker, als Raffinade bezeichnet, ist in verschiedenen Korngrößen erhältlich: grobe Sorten für Einmachzwecke, mittelfeine für den Normalgebrauch sowie feine und feinste Sorten, die auch die teuersten sind, für hochwertige Backwaren. Je feiner der Zucker, um so besser löst er sich im Teig auf.

Zuckeraustauschstoffe

Hierzu gehören u. a. Diabetikersüße und Fruchtzucker. Diese Stoffe werden vor allem für die Ernährung von Diabetikern gebraucht. Bei süßem Gebäck ist meist eine Kombination aus Diabetikersüße und Fruchtzucker zu empfehlen.

Wenn eine Zutat fehlt...

...läßt sie sich oft durch eine andere ersetzen, wobei es meist geschmackliche Veränderungen gibt. Hier eine Übersicht:

◆ *Branntwein, Obstbranntwein* Arrak und Cognac sowie Himbeergeist, Kirschwasser, Pflaumenschnaps und Rum sind untereinander austauschbar. Soll auf Alkohol verzichtet werden, etwa weil Kinder mitessen, ersetzt man ihn durch Apfel-, Orangen- oder Zitronensaft.

◆ *Butter* Margarine; bei Hefeteigen auch ein Gemisch aus $4/5$ Öl und $1/5$ Wasser

◆ *Crème fraîche* Saure Sahne; sie ist aber etwas fettärmer. Sie können auch Schlagsahne mit etwas Joghurt oder Milch und ein wenig Quark verrühren.

◆ *Honig* Importierter, sogenannter goldener Sirup aus Zuckerrohr oder inländischer Zuckerrübensirup. Diese Produkte haben etwa die gleichen Backeigenschaften, aber das für Honig typische Aroma fehlt. Kunsthonig ist aromatischer als Sirup. Apfel- oder Rübenkraut ist dagegen ungeeignet.

◆ *Joghurt* Milch und Quark zu gleichen Teilen

◆ *Kokosraspel* Gemahlene geschälte Mandeln oder Haselnußkerne oder Kokosflocken, die allerdings zuckerhaltig sind

◆ *Korinthen* Sultaninen oder Backpflaumen, die grob gehackt wurden

◆ *Lebkuchengewürz* Viel Zimt mit etwas gemahlenen Aniskörnern, geriebener Muskatnuß, gemahlenen Nelken und Pimentkörnern vermischt. Eine Prise Pfeffer verbessert den Geschmack.

◆ *Likör* Kaffeelikör und Mandellikör sowie Orangen- und Zitronenlikör können am ehesten gegenseitig ausgetauscht werden. Soll auf Alkohol verzichtet werden, z. B. weil Kinder mitessen, ersetzt man ihn durch frisch gepreßten Orangensaft oder andere Fruchtsäfte, auch durch Milch oder Wasser.

◆ *Mandeln* Cashew-, Haselnuß-, Paranuß- oder Walnußkerne

◆ *Margarine* Butter; bei Hefeteigen auch ein Gemisch aus $4/5$ Öl und $1/5$ Wasser

◆ *Milch* Vollmilch, entrahmte, frische und ultrahocherhitzte Milch können gegenseitig ausgetauscht werden. Sie können für Teige auch Mager- oder Vollmilchpulver mit der auf der Verpackung angegebenen Wassermenge anrühren. Zur Not Buttermilch, Joghurt, gesäuerte Milch oder Wasser nehmen.

◆ *Nüsse* Mandeln oder Sonnenblumenkerne

◆ *Orangeat* Getrocknete Aprikosen oder feingeriebene unbehandelte Orangenschale

◆ *Orangen- oder Zitronenschale* Vanillezucker

◆ *Paniermehl* Getrocknete Brötchen oder altes Weißbrot, gerieben

◆ *Parmesan* Alter Bergkäse, Gouda, Greyerzer, Manchego, Pecorino, Provolone oder Sbrinz

◆ *Puderzucker* Haushaltszucker, den Sie im Mixer oder mit dem Stabmixer in einem hohen Gefäß zerkleinern; dabei den Zucker auf das laufende Messer rieseln lassen. Man kann auch Dekorschnee verwenden.

◆ *Quark* Gestockte frische Milch in ein feinmaschiges, mit einem Tuch ausgelegtes Sieb geben und über Nacht die Molke abtropfen lassen.

◆ *Rohzucker* Weißer Haushaltszucker

◆ *Saure Sahne* Schlagsahne oder die etwas fetthaltigere Crème fraîche. Sie können auch Schlagsahne mit etwas Joghurt oder Milch und ein wenig Quark verrühren.

◆ *Schlagsahne* Kaum austauschbar. Der industriell hergestellte Schlagschaum schmeckt lange nicht so gut, hat aber weniger Fett. Soll die Sahne für Sahneguß oder Kuchenteige flüssig sein, können Sie sie durch weniger fettreiche saure Sahne, Joghurt oder zur Not auch durch Milch ersetzen.

◆ *Sonnenblumenkerne* Mandeln, Kürbiskerne oder Nüsse

◆ *Speisestärke* Mehl, Puddingpulver oder Vanillesoßenpulver

◆ *Sultaninen* Grobgehackte Backpflaumen oder Korinthen

◆ *Vanillezucker* Feingeriebene unbehandelte Orangen- oder Zitronenschale

◆ *Zucker* Brauner Rohzucker, Fruchtzucker, Honig oder Zuckeraustauschstoff. Für Hefeteig oder Quark-Öl-Teig können Sie die entsprechende Menge flüssigen Süßstoff nehmen.

◆ *Zwiebeln* Frühlingszwiebeln oder die weißen Teile vom Lauch

Füllungen und Verzierungen

Pikante und süße Füllungen in vielen Variationen, professionelle Verzierungen auf Torten und Plätzchen – all das gelingt ganz leicht, wenn Sie sich ein wenig Zeit nehmen. In diesem Abschnitt finden Sie in alphabetischer Reihenfolge alles, was Sie wissen müssen, damit Ihr Gebäck nicht nur gut schmeckt, sondern auch appetitlich und schön aussieht.

Buttercreme

◆ *Temperatur* Damit Buttercreme nicht gerinnt, müssen alle Zutaten die gleiche Temperatur – am besten Raumtemperatur – haben.

◆ *Einfache Vanillebuttercreme* 500 ml Milch mit 1 Päckchen Vanillepuddingpulver und 2–3 EL Zucker unter stetigem Rühren zum Kochen bringen. Den heißen Pudding von der Kochstelle nehmen und mit 2 Eigelben legieren; dann zugedeckt kalt stellen. Inzwischen 200–250 g zimmerwarme, weiche Butter und 100 g Puderzucker mit den Schneebesen des Elektroquirls oder der Küchenmaschine bei hoher Laufgeschwindigkeit etwa 5 Minuten schaumig schlagen.
Den kalten Pudding – er darf keinesfalls Kühlschranktemperatur haben – durch ein Sieb streichen und teelöffelweise unter die schaumige Butter-Zucker-Masse mengen; sie muß dabei fortwährend bei hoher Laufgeschwindigkeit geschlagen werden. Fügen Sie nach Belieben 2 EL Himbeergeist, Kirschwasser, Orangenlikör oder Rum hinzu.

◆ *Schokoladenbuttercreme* Schmelzen Sie gleich zu Beginn 100 g zerbröckelte Edelbitterschokolade mit der Milch.

◆ *Mokkabuttercreme* Geben Sie zu Beginn 2 TL Instantkaffee in die Milch.

◆ *Feine Buttercreme* Verschlagen Sie 250 g zimmerwarme, weiche Butter mit 100 g feinstem Zucker oder Puderzucker in einer Schüssel mit den Schneebesen in etwa 3–4 Minuten zu einer weißschaumigen Masse. Unter stetigem Schlagen 1–2 legefrische Eigelbe hinzufügen. Wegen Salmonellengefahr kann man die Eigelbe weglassen, bzw. man muß die Creme unbedingt kühl halten und am Tag der Herstellung verbrauchen. Je nach Geschmack geben Sie dann das Mark von $1/2$ aufgeschlitzten Vanilleschote oder 1 TL feingeriebene unbehandelte Orangen- oder Zitronenschale und 1–2 EL Orangen- oder Zitronensaft löffelweise zu der Masse.

FÜLLUNGEN UND VERZIERUNGEN 31

◆ *Tip* Geronnene Buttercreme retten Sie, indem Sie nochmals 1–2 legefrische Eigelbe und 1–2 EL Zucker schlagen und die geronnene Masse dann teelöffelweise unter stetigem Schlagen der Eigelb-Zucker-Mischung beifügen.

Cremes

◆ *Echte Vanillecreme* 6–7 Eigelbe und 125 g Zucker mit den Schneebesen des Elektroquirls schlagen, bis die Masse dicklich ist, und 40 g Speisestärke dazugeben.
1/2 Vanilleschote der Länge nach aufschlitzen, diese mit 1 Prise Salz in 500 ml Milch zum Kochen bringen und 5 Minuten ziehen lassen. Die Vanilleschote dann herausnehmen.
Die Milch zur Eigelbmasse geben und diese dabei fortwährend gleichmäßig schlagen. Den Schüsselinhalt in den Topf zurückgießen und unter ständigem Rühren erwärmen, bis die Masse glatt und dick wird. Sie darf nicht kochen!
Die Creme zugedeckt erkalten lassen und durch ein Sieb passieren. Zum Schluß nach Belieben 200 g Sahne steifschlagen und dann löffelweise in die erkaltete Creme geben.

◆ *Puddingcreme* Bereiten Sie aus 500 ml Milch, 4 EL Zucker und 1 Päckchen Vanillepuddingpulver nach Packungsanweisung einen Vanillepudding zu, den Sie nach Belieben mit 1–2 Eigelben legieren. 2–3 eingeweichte weiße Gelatineblätter unter die heiße Masse rühren, den Pudding zugedeckt erkalten lassen, durchpassieren und eventuell mit 200 g steifgeschlagener Sahne vermengen.

Eiweiß

◆ *Eischnee* Schüsseln und Schneebesen müssen absolut fettfrei und sauber sein; der Fettgehalt selbst geringer Eigelbreste verhindert die Schlagfähigkeit. Eiweiß sollte nie mit Aluminium in Berührung kommen, sonst wird es grau. Kaltes Eiweiß läßt sich besser schlagen als warmes. 1 EL kaltes Wasser pro Eiweiß erhöht das Volumen. Durch geringe Säurebeigaben – wie z. B. Ascorbinsäure oder Gelierpulver oder Zitronensaft – bleibt der Eischnee länger schnittfest. Zunächst das Eiweiß mit den Schneebesen des Elektroquirls oder der Küchenmaschine bei niedriger Laufgeschwindigkeit schlagen, dann die Geschwindigkeit nach und nach erhöhen; so erreicht man das größte Volumen. Richtig geschlagener Eischnee ist schnittfest. Flockiger Eischnee wurde zu lange geschlagen.

Eischnee ist richtig geschlagen, wenn er schnittfest ist.

Wenn Eischnee zu lange in der Wärme steht, fällt er zusammen. Soll er nicht gleich verwertet werden, stellen Sie ihn zugedeckt in den Kühlschrank, und schlagen Sie ihn vor Gebrauch nochmals kurz auf.
Mit Eischnee versetzte Teige und Cremespeisen sollten sofort weiterverarbeitet werden. Das Zellgerüst muß durch Hitze oder Gelatinezusätze gefestigt werden, sonst wird das Eiweiß flüssig.

◆ *Verzierungen aus Eischnee* Wenn Eischnee mit je 60 g feinem Zucker, 1/2 TL Speisestärke und Zitronensaft pro Eiweiß vermischt wird, entsteht Baisermasse. Diese können Sie mit dem Spritzbeutel und einer Sterntülle rauten- oder wellenförmig auf Obstkuchen spritzen und bei 220 °C etwa 10 Minuten überbacken.

◆ *Reste* Eischneereste können Sie mit Mandeln oder Nüssen zu Makronenmasse verwerten oder einen Silberkuchen (S. 428) daraus backen.
Eiweiße können Sie im gut verschlossenen Gefäß bis zu 8 Tage im Kühlschrank und etwa 12 Monate im Gefriergerät aufbewahren. Die Behälter sollten Sie immer mit der genauen Mengenangabe beschriften.

Gelatine

◆ *Gemahlene Gelatine* Sie wird in der auf der Verpackung angegebenen Wassermenge eingeweicht und dann darin geschmolzen.

◆ *Sofortgelatine* Sie wird als feines Pulver in die Creme oder Schlagsahne gestreut und muß vorher nicht extra vorbereitet werden. Ein Beutel entspricht 6 Gelatineblättern und reicht für 500 ml Flüssigkeit.

◆ *Gelatineblätter* Im Gegensatz zu gemahlener Gelatine haben Gelatineblätter den Vorteil, daß sie genauer dosierbar sind. In der Regel benötigen Sie für 500 ml Masse etwa 6 Gelatineblätter, bei ziemlich dicker Masse, z.B. mit Obst oder Quark, genügen meist schon 4–5 Gelatineblätter.

◆ *Gelatine quellen lassen* Vor dem Schmelzen muß die Gelatine mindestens 10, besser 30 Minuten quellen. 6 Blätter nehmen dabei etwa 40 ml Flüssigkeit auf. Verwenden Sie zum Einweichen reichlich kaltes Wasser, geben Sie die Blätter einzeln hinein, damit sie nicht aneinanderkleben. Sie sollen so lange quellen, bis sich die Blätter an keiner Stelle hart anfühlen, dann abtropfen lassen.

Blattgelatine quillt in reichlich kaltem Wasser und ist leicht zu dosieren.

◆ **Gelatineblätter schmelzen** Bei größeren Mengen heißer Flüssigkeit wie Saft oder Wein kann man die bereits gequollene Gelatine ohne weitere Behandlung direkt darin schmelzen. Sie darf nie kochen!
Die Flüssigkeit, die Sie sonst beim Schmelzen hinzugeben, muß richtig bemessen sein: 2–4 EL Fruchtsaft, Milch, Sahne, Wein oder Zitronensaft auf 6 Gelatineblätter reichen aus.
Den Schmelzprozeß nicht zu früh abbrechen, aber auch die Gelatine nicht zu lange und vor allem nicht zu stark erhitzen oder gar kochen. Die geschmolzene Gelatine muß beinahe klar aussehen; Schlieren dürfen nicht sichtbar sein.
Kleine Mengen ausgedrückter Gelatineblätter legen Sie zum Schmelzen in eine Suppenkelle und halten diese in einen Topf mit kochendem Wasser.
Größere Mengen werden in einem kleinen Topf unter geringer Wärmezufuhr auf dem Herd erwärmt. Am besten mit dem Zeigefinger rühren, denn dabei kann man leicht fühlen, ob die Gelatine gelöst ist oder zu heiß wird. Sie darf dabei keinesfalls kochen, da sie sonst leimig schmeckt.
Gelatine können Sie auch im Mikrowellengerät bei 600 W in 50–60 Sekunden je 6 Blatt schmelzen. Sie brauchen dafür lediglich ein mikrowellengeeignetes Gefäß, z. B. ein Litermaß aus feuerfestem Glas. Lassen Sie zunächst die Gelatine in diesem Gerät quellen, das erspart Arbeit.
Das Auflösen der Gelatine wird gleichmäßiger, wenn Sie den Vorgang einmal unterbrechen und die Mischung umrühren. Ist die Gelatine nicht völlig geschmolzen, kann man sie mit etwas Flüssigkeit wieder erhitzen.

◆ **Mit anderen Zutaten vermischen**
Die Masse, in die die Gelatine hineinkommt, darf nie sehr kalt sein, weil sonst die Gelatine erstarrt, ehe sie sich verteilt hat. Es bilden sich harte Klumpen.
Flüssige Gelatine immer durch ein Sieb in die Creme oder in die Flüssigkeit geben. Während die Gelatine hineinläuft, muß die Masse gleichzeitig mit dem Schneebesen geschlagen werden.
Eischnee oder Sahne heben Sie erst dann unter die Gelatinemasse, wenn sie durch anschließendes Kühlen fest zu werden, also zu gelieren, beginnt. Wenn man mit dem Löffel durch die Masse fährt, muß eine Straße sichtbar bleiben, sonst setzt sich der Eischnee oder die Sahne an der Oberfläche des unteren Gelees ab.
Frische Ananas, Kiwis und Papayas enthalten eiweißspaltende Enzyme, die der Bindefähigkeit entgegenwirken. Darum bei solchen frischen Zutaten nie mit Gelatine arbeiten. Bei diesen Früchten, wenn roh verarbeitet, sollten Sie Agar-Agar, ein Algenprodukt aus dem Reformhaus, alternativ zu Gelatine verwenden oder die Früchte blanchieren. Konserviertes Obst ist unproblematisch.

Erst wenn die Gelatine geliert, hebt man die Sahne oder den Eischnee unter.

◆ **Tip** An Sommertagen müssen Sie beachten, daß Gelatine bei Temperaturen von mehr als 30 °C schmilzt. Nehmen Sie dann 2–3 Blätter mehr, damit Sie die gewünschte Festigkeit erreichen.

Guß

◆ **Marzipanguß** ½ Vanilleschote längs aufschlitzen und das Mark herauskratzen. Das Mark, die Schote und 200 ml Milch in einem Topf bei geringer Wärmezufuhr 5 Minuten zugedeckt ziehen lassen, dann die Schote herausnehmen.

Kleine Mengen Gelatine kann man in einer Suppenkelle schmelzen.

FÜLLUNGEN UND VERZIERUNGEN 33

Noch einmal 50 ml Milch mit 1½ EL Speisestärke oder Vanillepuddingpulver verrühren und mit 4–5 EL Zucker in die Milch geben. Unter Rühren 2–3 Minuten kochen.
100 g Marzipanrohmasse kühlen, reiben und gut unter die Masse schlagen.
3 Eier teilen, den Pudding mit den Eigelben legieren und dann nicht mehr kochen lassen.
Die Eiweiße zu steifem Schnee schlagen und unter die heiße Masse heben, dann den Guß sofort auf den Kuchen streichen.

◆ **Puderzuckerguß** Wenn Sie Kuchen oder Torten dünn mit durchpassierter Aprikosenkonfitüre bestreichen, bevor Sie den Puderzucker auftragen, krümelt die Oberfläche nicht, und der Guß dringt nicht so tief ein. Puderzuckerguß darf erst kurz vor der Verarbeitung zubereitet werden, weil er sonst eine harte Kruste bekommt. Durch die Zugabe von etwa 5 g geschmolzenem Kokosfett wird er glänzend.
200 g Puderzucker, falls klumpig, durchsieben und mit 4–5 EL Flüssigkeit verrühren. Wenn der Guß zu dünn ist, kann man noch etwas Puderzucker zufügen.
Für einen weißen Guß können Sie Arrak, Kirschwasser, weißen Rum, Wasser oder Eiweiß nehmen, für einen farbigen durchpassierten roten Johannisbeer-, Orangen- oder Zitronensaft. Mit Lebensmittelfarben, die in flüssiger Form in winzigen Fläschchen angeboten werden, intensivieren Sie die Farben. Geben Sie aber stets nur 1 Tropfen zu, und verrühren Sie die Masse gut, ehe Sie weitere Farbtropfen hineinträufeln. Orange entsteht durch je 1 gelben und 1 roten Tropfen.
Kinder greifen gern zu Gebäck, das mit bunt gefärbtem Zuckerguß überzogen wurde. Puderzuckerguß mit Eiweiß hat für Torten die größte Deckkraft und wird sehr hart. Damit sich der Guß nicht verfärbt, feine Torten erst mit durchpassierter, erwärmter Aprikosenkonfitüre bestreichen, dann mit Marzipan umhüllen. Mit Eiweißguß lassen sich auch Hexenhäuser zusammenkleben sowie Lebkuchen und Plätzchen garnieren.
Das Gebäck muß ausgekühlt sein, bevor die weiße Puderzuckerglasur aufgetragen wird, sonst bröckelt sie und wird transparent.

◆ **Sahneguß** Geben Sie 250 g Schlagsahne, wahlweise auch saure Sahne oder Crème fraîche, 4 EL Zucker, 1 Päckchen Vanillezucker, 4–5 Eier und nach Belieben 100 g gemahlene Mandeln oder Haselnußkerne in ein Gefäß, und schlagen Sie die Masse etwa 1 Minute mit den Schneebesen des Elektroquirls oder der Küchenmaschine.
Bei pikantem Gebäck ersetzen Sie Zucker, Vanillezucker und Mandeln oder Nüsse durch etwas Reibkäse, Pfeffer und Salz.
Diese Gußmenge reicht für 1 Blech oder 2 Springformen.

Krokant

◆ **Grundrezept** Am besten schmeckt Krokant, wenn die verwendeten Mandeln, Nüsse, Sesamsamen oder Sonnenblumenkerne zuvor im Ofen leicht angeröstet wurden.
In einem Topf mit großer Bodenfläche etwa 20 g Butter schmelzen. Zuviel Fett macht Krokant stumpf und ölig. Statt Butter kann man auch geschmacksneutrales Öl nehmen.
Zunächst nur die Hälfte des Zuckers flach in den Topf streuen und dann bei mittlerer Hitze ohne Rühren schmelzen lassen.

Krokant darf nicht zu dunkel werden, da er sonst bitter schmeckt.

Wenn der Zucker geschmolzen ist, fügt man die zweite Hälfte hinzu und rührt gleichmäßig mit einem Lochlöffel. Der Zucker soll von der Bodenfläche gelöst werden und nicht an den Topfwänden festkleben.
In die hellgelbe Zuckermasse wer-

den die Mandeln oder Nüsse gegeben, während man kräftig weiterrührt.
Sobald die Masse eine goldgelbe Farbe bekommt, verteilt man den sehr heißen Krokant auf einem gefetteten Blech.
Nach dem Abkühlen zerdrückt man den Krokant mit der Hand oder im Gefrierbeutel mit der Teigrolle.
♦ *Aufbewahren* Da Krokantmasse Luftfeuchtigkeit anzieht und dadurch klebrig wird, bewahrt man sie in sehr gut verschlossenen Behältern auf.
Krokantplätzchen wie Florentiner oder Konfekt kann man nach Belieben mit Gummiarabikumlösung dünn bestreichen, um sie vor Feuchtigkeit zu schützen. Dieses Pflanzenprodukt wird aus verschiedenen Akazienarten hergestellt und ist schon seit dem Altertum z. B. als Binde-, Klebe- und Emulgiermittel bekannt.

Kuvertüre

♦ *Fertigkuvertüre* Erwärmen Sie unter Rühren etwa zwei Drittel der grob zerbröckelten Kuvertüre in einem Gefäß über einem Wasserbad auf 38 °C, und nehmen Sie die Schüssel heraus. Dann den Rest der Kuvertüre in die flüssige Masse geben, um sie herunterzukühlen. Nach wenigen Minuten die Mischung erneut unter Rühren auf 33 °C erwärmen und sofort auf das Gebäck geben.
Durch ein kleines Stück – etwa 5 g – Kokosfett können Sie den Glanz erhöhen.
Zum Schmelzen im Mikrowellengerät die Kuvertüre zunächst grob zersplittern, zwei Drittel davon in einem Gefäß auf den Drehteller stellen und bei 600 W zwei- bis dreimal jeweils 1 Minute erwärmen; dabei zwischendurch immer wieder umrühren und Standzeiten berücksichtigen. Dann die Masse auskühlen lassen, den Rest der Kuvertüre hinzufügen und wieder erwärmen.
Kuvertüre darf beim Schmelzen nie zu heiß werden, sonst wird sie grau und glänzt nicht mehr so schön.
Wenn das Wasser unter der Schüssel mit der Kuvertüre sehr stark kocht und den Schüsselboden berührt, beginnt die Masse zu krümeln. Sie können sie nicht mehr als Kuvertüre verwenden, sondern lediglich verwerten, indem Sie sie beispielsweise in einen Rührteig mischen.
Auch wenn Wasser in die erwärmte Masse kommt, wird die Kuvertüre unwiderruflich grießig.
♦ *Reste* Sachgemäß erwärmte Kuvertürereste können Sie mit der doppelten Menge frischer Kuvertüre immer wieder schmelzen.

Mandeln, Nüsse und Samen

♦ *Knacken* Geben Sie die Nüsse für 20 Minuten in kochendes Wasser; anschließend lassen sie sich meist leichter öffnen. Bei Para- und Walnüssen kann die Zugabe von Kochsalz dazu beitragen, daß die harte Schale einfacher zu knacken ist.
Die Nußkerne bleiben ganz, wenn Sie vorsichtig mit einem Hammer auf die seitliche Bruchkante der Schale klopfen – das kann vor allem bei Walnußkernen wichtig sein, die häufig als Dekoration verwendet werden.
♦ *Abziehen* Die Mandeln in kochendem Wasser einmal aufkochen lassen, dann mit kaltem Wasser abschrecken. Danach läßt sich die braune Haut leicht abziehen. Man kann auch 100 g Mandeln, knapp mit Wasser bedeckt, für 2–3 Minuten bei 300 W im Mikrowellengerät blanchieren.

Wenn Sie Haselnußkerne auf einem Backblech 10–15 Minuten im 200 °C heißen Ofen erwärmen, können Sie die Häute leicht entfernen. Gelegentlich umrühren und zum Schluß in einem Tuch reiben (siehe auch *Rösten*).

In einem Geschirrtuch reibt man die restliche Schale von den Nüssen.

♦ *Trocknen* Wenn Sie die überbrühten und geschälten Mandeln nicht gleich weiterverarbeiten, müssen sie ausgebreitet auf einem Blech im Ofen oder über der Zentralheizung getrocknet werden, da sie sonst leicht schimmeln und ungenießbar werden.

Im Ofen getrocknete, geschälte Mandeln können länger aufbewahrt werden.

Man kann die Mandeln aber notfalls auch in einer Pfanne, ohne Zugabe von Fett und unter ständigem Rühren, rösten.

FÜLLUNGEN UND VERZIERUNGEN 35

◆ *Zerkleinern* Mandeln und Nüsse, aber auch trockene Brot-, Kuchen- und Plätzchenreste lassen sich problemlos zerkleinern, wenn man sie in einen Gefrierbeutel steckt, den Beutel gut verschließt und mit der Teigrolle oder einer Flasche kräftig darüber walzt. Größere Mengen von Mandeln oder Nüssen in der Küchenmaschine, mit der Mandelmühle, im Mixbecher oder mit dem Stabmixer zerkleinern.

Mit der Teigrolle kann man trockene Nüsse schnell zerkleinern.

◆ *Hacken* Mandeln oder Nüsse, die beim Hacken leicht davonrollen, verarbeiten Sie am einfachsten auf einem Holzbrett. Wenn Sie 1 TL Zucker darauf streuen, springen die Nüsse nicht vom Brett. Glatte Kunststoffbretter oder Steinplatten sind für das Zerkleinern harter Früchte oder Samen nicht zu empfehlen, auch weil die Schneidwerkzeuge schnell stumpf werden.
Sie können die Kerne auch sehr rasch mit einem Blitz- oder Glokkenhacker, einem asiatischen Hackmesser oder einem Wiegemesser grob zerkleinern.
Für größere Mengen lohnt es sich, die elektrische Rohkostreibe der Küchenmaschine einzusetzen. Wählen Sie dann dafür die grobe Lochscheibe.

◆ *Blättchen oder Stifte schneiden* Mandeln oder Nüsse dürfen nicht spröde sein. Sie sollten deshalb nur frische, gerade enthäutete Mandeln nehmen: sie sind weich und aus diesem Grund leichter zu bearbeiten.
Blättchen können Sie mit dem Hobelzusatz der Küchenmaschine herstellen. Die Blättchen werden damit nicht so fein und gleichmäßig wie die industriell hergestellten, sind aber dafür viel preiswerter.
Stifte zu schneiden erfordert viel Geduld und Mühe. Frisch enthäutete Mandeln schneiden Sie mit einem scharfen Küchenmesser zunächst in Scheiben und dann in Stifte.

◆ *Rösten* Durch Rösten werden Mandeln und Nüsse knackiger, und das Aroma wird intensiver. Das schmeckt man auch im fertigen Gebäck oder Brot. Rösten Sie Mandeln und Nüsse, die anschließend noch gebacken werden, jedoch immer nur sehr schwach, da sie sonst später verbrennen und bitter schmecken. Zum Rösten geben Sie die Mandeln oder Nüsse – ganz oder zerkleinert – auf ein Blech und erwärmen sie im Ofen bei 200 °C so lange, bis sie sich leicht goldgelb färben. Zwischendurch sollten Sie die Nüsse oder Mandeln mindestens einmal wenden.
Im Mikrowellengerät können Sie die Mandeln oder Nüsse, flach auf einem hitzebeständigen Teller ausgebreitet, bei 300 W einige Male 1–2 Minuten rösten. Zwischendurch die Mandeln oder Nüsse umrühren, damit sie gleichmäßig braun werden, und Standzeiten einrechnen. Zerbrechen Sie gelegentlich eine Mandel oder Nuß, um den Röstzustand im Inneren zu überprüfen, denn dort bräunen sie am stärksten.

Im Mikrowellengerät rösten Nüsse schneller als im Ofen.

Nach dem Rösten die Nüsse in einem Geschirrtuch abreiben, um die Schalenreste zu entfernen (siehe auch *Abziehen*).

◆ *Mahlen* Mandeln, Marzipanrohmasse, Mohn, Nüsse oder Schokolade werden beim Mahlen oder auch Reiben durch die Wärme leicht schmierig. Das können Sie verhindern, wenn Sie die Lebensmittel und eventuell sogar die Geräte zunächst mindestens 20 Minuten im Gefriergerät lagern. Dann sollten Sie sie in möglichst kühler Umgebung schnell mahlen oder reiben.

◆ *Aufbewahren* Durch den Kontakt mit dem Sauerstoff der Luft werden die zerkleinerten Mandeln, Nüsse oder Samen infolge ihres hohen Fettgehalts bald ranzig. Bewahren Sie Reste dieser Lebensmittel, gleichgültig ob fertig gekauft oder selbst zerkleinert, immer in gut verschlossenen Behältern auf, und verbrauchen Sie sie möglichst innerhalb 2 Wochen. Wenn Sie die Vorräte länger aufbewahren möchten, stellen Sie sie für 1–2 Monate ins Gefriergerät. Die niedrige Temperatur verhindert, daß die Zutaten schnell ranzig werden und austrocknen. Um langes Suchen und zu langes Lagern zu vermeiden, die Behälter stets sorgfältig beschriften.

Marzipan

◆ *Selbst gemacht* 400 g geschälte süße Mandeln und 50 g geschälte bittere Mandeln wie auf S. 35 beschrieben zweimal mahlen, anschließend 100–200 g Puderzucker und 2–4 EL Rosenwasser mit den zerkleinerten Mandeln verkneten. Das ergibt etwa 500 g Marzipanrohmasse, die preiswerter und geschmackvoller als gekaufte Ware ist. Die Masse möglichst 3 Tage vor der weiteren Verarbeitung lagern. Sorgfältig in Folie verpackt, hält sich Marzipan 3 Wochen im Kühlschrank.

Da bittere Mandeln, in größeren Mengen genossen, giftig sind und bei Kleinkindern sogar zum Tod führen, können Sie statt dessen auch durch Zufügen einiger Tropfen künstlich hergestellten Bittermandelaromas den typischen Geschmack erzielen.

Für Verzierungen wie Figuren oder Rosen das Marzipan portionsweise mit wenigen Tropfen Speisefarbe durchkneten. Die bunte Masse können Sie beispielsweise in Formen oder Springerlemodel pressen oder mit Holzspateln und Löffeln zu Rosenblättern formen.

Mohn

◆ *Mahlen* Mit einer Getreide- oder Mohnmühle können Sie Mohn fein mahlen. Vorher muß er allerdings im Gefriergerät gekühlt werden. Durch seinen hohen Fettgehalt wird er sonst bei Zimmertemperatur klebrig und ölig. Reste stets einfrieren, denn sie werden sonst bald ranzig. Sie können den Mohn auch im Reformhaus gleich nach dem Kauf mahlen lassen. In Supermärkten bekommen Sie mit anderen Zutaten fertig gemischte Mohnmasse, die Sie ohne weitere Bearbeitung für Füllungen nehmen können. Der Zuckergehalt ist allerdings immer sehr hoch.

Nüsse siehe Mandeln

Sahne

◆ *Schlagsahne* 2–3 Tage nachdem Sahne abgefüllt wurde, läßt sie sich am besten schlagen. Sie hat dann den richtigen Reifegrad erreicht. Je höher der Fettgehalt der Sahne und je kühler sie ist, um so schneller wird sie steif.

Bevor Sie anfangen zu schlagen, sollten Sie möglichst auch den Schlagbecher oder die Schüssel und die Schneebesen des Elektroquirls oder der Küchenmaschine kühlen, damit die Sahne die richtige Standfestigkeit erhält. Beginnen Sie stets mit niedriger Laufgeschwindigkeit, und decken Sie den Becher oder die Schüssel mit einem Stück Alufolie oder dem passenden Deckel zu, da die flüssige Sahne zunächst etwas herausspritzt. Steigern Sie dann langsam die Tourenzahl, um am Ende wieder mit geringer Laufgeschwindigkeit aufzuhören.

Während des Schlagens mit dem Elektroquirl das Gerät kreisend im Becher oder in der Schüssel bewegen. So wird die Sahne vermischt und wird gleichmäßig steif. Fertiggeschlagene Sahne hat ihr Volumen verdoppelt und behält, wenn man sie zugedeckt im Kühlschrank aufbewahrt, etwa 12 Stunden ihre Konsistenz. Man sollte sie später dann aber nicht mehr aufschlagen.

Schlagsahne zum Dekorieren festlicher Torten oder zu Obstkuchen schmeckt man vorzugsweise mit etwas Zucker oder Vanillezucker ab. Diabetiker ersetzen den Zucker durch flüssigen Süßstoff.

FÜLLUNGEN UND VERZIERUNGEN

Für festliche Gelegenheiten fügen Sie der fertiggeschlagenen Sahne wahlweise 1–2 EL Cognac, Fruchtsaft oder Likör, etwas Krokant, Obstpüree, unbehandelte, feingeriebene Orangen- oder Zitronenschale bei.

◆ *Tip* Wenn sich bei warmer Witterung das Fett von der Flüssigkeit trennt und die Sahne gerinnt, ehe sie steif wird, verwerten Sie sie für Saucen und Suppen.

◆ *Sahnefüllungen* Für Kuchen und Torten werden sie zusätzlich mit Gelatine oder Sahnefestiger vermischt, wenn man sie länger aufhebt. Für 200 g Schlagsahne reicht 1 Päckchen Sahnefestiger. Rechnen Sie für 500 g Sahne je nach Jahreszeit 4–6 Gelatineblätter oder 1 Päckchen Sofortgelatine oder gemahlene Gelatine.

◆ *Sahneverzierungen* Sie geben vielen Torten ein festliches Aussehen. Mit dem Spritzbeutel und einer größeren Sterntülle gelingen sie leichter als mit einer kleinen Sahnespritze aus Kunststoff. Für Garnituren mit der glatten Lochtülle ist schon etwas mehr Übung erforderlich, da hier eventuelle Unebenheiten leichter erkennbar sind. Berechnen Sie zum Dekorieren die Sahnemenge stets großzügig.

◆ *Reste* Für Sahnereste, die beim Backen anfallen, belegen Sie ein kleines Brett oder Tablett mit einem Stück Alufolie. Geben Sie mit dem Spritzbeutel Sahnetupfen oder Rosetten darauf, und gefrieren Sie diese vor dem endgültigen Verpacken zunächst 3 Stunden im Gefriergerät.
Diese Verzierungen können gefroren sehr gut für Torten und Desserts verwendet werden. Sie lassen sich einfach handhaben und tauen je nach Größe und Zimmertemperatur in 5–20 Minuten auf.

Sahnereste können als Verzierungen für Desserts und Torten eingefroren werden.

Diese Methode ist besonders für kleine Haushalte sehr praktisch. Für 1–2 Personen lohnt es sonst kaum, Sahne zu schlagen, und erst recht nicht, einen Spritzbeutel und eine Tülle zu benutzen.

Samen siehe Mandeln

Schokolade

◆ *Reiben* Schokolade läßt sich leichter reiben, wenn sie etwa 30 Minuten vor der Bearbeitung im Gefriergerät gekühlt wurde. Für kleine Mengen genügt die Handreibe. Für größere Mengen nehmen Sie die Mandelmühle oder die feine Rohkostreibe Ihrer Küchenmaschine.

◆ *Borkenschokolade und Schokoladenraspel* Mit dem Sparschäler können Sie von kühler Kuvertüre oder Schokoladentafeln kleine Schokoladenraspel herunterschaben. Etwas größer werden die Raspel, wenn Sie mit einer glatten Messerklinge an der unteren flachen Seite der Schokoladentafel entlangschaben.

◆ *Große Raspel* Sie müssen Kuvertüre oder dunkle Schokolade zunächst schmelzen und dann etwa 1 mm dick auf eine Granit- oder Marmorplatte oder ein glattes Kunststoffbrett streichen. Die Schicht muß sehr dünn sein und fast auskühlen. Dann können Sie mit einem breiten Metallspatel aus dem Malerfachgeschäft große Locken und Raspel von der erkalteten Masse herunterschaben.

◆ *Schokoblättchen* Geben Sie zunächst auf eine Granit- oder Marmorplatte bzw. auf ein Stück leicht geölte Alufolie eine etwa 2–3 mm dicke Schicht geschmolzener Kuvertüre oder Schokolade. Stechen Sie dann mit Hilfe einer kleinen Form die gewünschten Blätter aus der beinahe erkalteten Schokoladenschicht. Mit dieser Methode können Sie auch andere phantasievolle Formen zaubern.

Natürlicher und filigraner wirken die Blattadern bei der zweiten Möglichkeit, die es gibt, Schokoblättchen herzustellen. Ziehen Sie recht ledrige, feste Blätter mit der Unterseite durch die noch flüssige Kuvertüre oder Schokolade, und lassen Sie diese dann auf einem Stück Alufolie erkalten. Wenn Sie die Blätter anschließend sehr vorsichtig von der Schokolade lösen, prägen sich die Blattrippen in die Oberfläche ein.

Mit Blättern aus Kuvertüre oder Schokolade lassen sich Torten festlich garnieren.

Für Verzierungen, wie sie auf S. 30 abgebildet sind, bestreichen Sie zunächst eine Granit- oder Marmorplatte oder ein großes Stück Alufolie dünn mit Öl.
Die flüssige Schokolade in eine Spitztüte aus Pergamentpapier geben. Das Ende der Tüte etwas abschneiden, dann die gewünschten Muster spritzen. Die fertigen Verzierungen erst nach völligem Erkalten vorsichtig von der Unterlage lösen.
Eventuelle Reste der Schokolade können Sie als Linsen aufspritzen oder 2 mm dick glatt auf die Unterlage streichen. Glätten Sie die Masse sorgfältig mit dem Spatel, und schneiden Sie sie vor dem endgültigen Erkalten in Dreiecke oder Quadrate. Sie können diese Formen auch ausstechen.

◆ *Schokoladenfettglasur* Zum Verbrauch fertige Glasur wird in der Verpackung im Wasserbad geschmolzen und über den Kuchen gegeben. Wahlweise kann man die Glasur auch im Mikrowellengerät erhitzen.

◆ *Schmelzen* Brechen Sie die Schokoladentafel in grobe Stücke, legen Sie diese in eine Schüssel, und gießen Sie vorsichtig kochendheißes Wasser an den Rand der Schüssel, nie aber als scharfen Strahl direkt auf die Schokolade. Nach 2–3 Minuten können Sie das Wasser abgießen; die geschmolzene Schokolade bleibt zur weiteren Verwendung in der Schüssel zurück.
Sie können die zerbröckelte Schokolade ebenso in einer Suppenkelle oder einem kleinen Gefäß über Wasserdampf schmelzen. Dabei sollten Sie die Masse gelegentlich rühren. Wurde die Schokolade vorher grob gerieben, geht es noch schneller.
Für größere Mengen bröckeln Sie 100 g Schokolade in ein mikrowellengeeignetes Gefäß, decken Sie es zu, und erwärmen Sie den Inhalt bei 600 W zweimal für jeweils 30 Sekunden. Bei zweifacher Menge die Zeit verdoppeln. Die Schokolade schmilzt in der Mikrowelle sehr schnell, deshalb sollte man die Masse zwischendurch einmal umrühren.
Kleine Mengen Schokolade geben Sie am besten in einen Gefrierbeutel, verschließen diesen gut durch einen Gefrierclip, Gummiband oder Knoten, so daß kein Wasser in den Beutel kommt, und legen ihn kurz in kochendes Wasser. Sobald die Schokolade geschmolzen ist, den Beutel herausnehmen, eine feine Spitze abschneiden und die Masse zum Verzieren auf die Plätzchen oder Torte drücken.

Kleine Schokoladenmengen kann man im Gefrierbeutel im Wasserbad schmelzen.

◆ *Selbstgemachte Schokoladenglasur* Sie ist preisgünstiger als Schokoladenfettglasur, Kuvertüre oder reine Schokolade. Kuchen, die mit dieser Glasur überzogen werden, schmecken außerdem besser und bleiben länger feucht. Gelegentlich hilft sie auch, kleine Fehler zu vertuschen, beispielsweise wenn ein Teil der Kruste abgeplatzt ist oder der Kuchen sich nicht vollständig aus der Form löste und beschädigt ist.
Erhitzen Sie in einem kleinen Topf 125 ml Wasser, 200 g feinen Zucker sowie 150 g grob zerbröckelte Edelbitterschokolade, und lassen Sie den Topfinhalt 5 Minuten unter Rühren sprudelnd kochen, bevor Sie die dickflüssige Masse mit einem Löffel über den Kuchen geben. Wenn die Masse zu fest wird, wärmen Sie sie noch einmal mit 1 EL Butter auf. Dann wird die Glasur geschmeidiger und obendrein flüssiger.

◆ *Schokoladenguß* Für einen einfachen Guß rühren Sie 200 g Puderzucker mit 2 EL dunklem Kakao und 4–5 EL heißem Wasser glatt. Statt Wasser können Sie Eiweiß, Himbeergeist, Kirschwasser oder Rum nehmen. Mit zusätzlich 5 g geschmolzenem Kokosfett bekommt der Guß einen appetitlichen Glanz.

FÜLLUNGEN UND VERZIERUNGEN 39

Streusel

◆ **Grundrezept** 250 g Weizenmehl Type 405, 150 g Zucker, 150 g Butter oder Margarine, 1 Päckchen Vanillezucker und 2 TL gemahlenen Zimt in einer Schüssel mit einer Gabel, den Fingerspitzen oder den Rührbesen des Elektroquirls oder der Küchenmaschine zu einer krümeligen Masse vermengen. Sie können zusätzlich auch 50 g geschälte feingehackte oder gemahlene Mandeln daruntermischen. Diese Menge reicht im Normalfall für 1 Blech oder 2 Springformen.

Streusel passen vor allem zu Kuchen mit säuerlichem Obstbelag.

◆ **Tip** Da sich Streusel gut einfrieren lassen, empfiehlt es sich, die doppelte Menge herzustellen. Später die Streusel gefroren auf den Teig geben.

Vanillezucker

◆ **Selbstgemacht** Für selbstgemachten Vanillezucker teilen Sie eine Vanilleschote der Länge nach, schneiden die beiden Hälften in 4–5 Stücke und geben diese zusammen mit dem Zucker in ein verschließbares Glas. Bereits nach 3 Tagen können Sie den Zucker zum Backen verwenden. Wenn Sie das Mark aus der Schote kratzen und in den Zucker geben, bekommt er mehr Geschmack.

Um ein intensives Aroma zu erhalten, kratzt man das Mark aus der Vanilleschote.

Zuletzt lassen Sie die Schoten für Vanillesauce oder Pudding noch einmal in heißer Milch ziehen.

Zitrusfrüchte

◆ **Zesten schneiden** Damit die Zesten nicht so rasch austrocknen, die Früchte zunächst waschen und einölen. Dadurch behalten die Zesten auch länger ihr glänzendes Aussehen.
Mit einem Zestenschneider ist die Herstellung der Zesten denkbar einfach: Sie brauchen nur mit leichtem Druck auf der Frucht hin- und herzufahren.
◆ Die Zitrusschalen können Sie auch zunächst mit dem Sparschäler abschälen und die dünnen Streifen anschließend für feine Zesten längs oder quer in schmale Streifen schneiden. Allerdings sind diese nie so lang und gleichmäßig wie die geschabten.
◆ **Reiben** Wenn Sie nicht ganz sicher sind, ob die Orangen und Zitronen, die Sie gekauft haben, unbehandelt sind, waschen Sie die Früchte mit lauwarmem Wasser, bevor Sie die Schale abreiben. Haben Sie keine spezielle Zitronenreibe, so genügt auch eine feine Rohkostreibe.

Mit einem Pinsel entfernt man die Reste von Zitronenschalen aus der Reibe.

Wenn Sie eine größere Portion unbehandelter Zitrusfrüchte haben, reiben oder schälen Sie die Schalen und geben sie in ein gut verschließbares Glas. Wenn Sie die Schalen mit Alkohol oder Zucker bedecken und an dunkler Stelle aufbewahren, hält sich die Mischung etwa 12 Monate. Das erspart Ihnen Kosten und Zeit.

Sicher zum Erfolg

Auf den folgenden Seiten finden Sie nützliche Hinweise, in der Reihenfolge des Backvorgangs geordnet, die Ihnen helfen werden, gute Ergebnisse zu erzielen, Zeit zu sparen und kleine Pannen zu beheben, die auch dem Erfahrensten unterlaufen können. Oft sind es nur Kleinigkeiten, die es zu beachten gilt, aber genau davon hängt der Erfolg beim Backen ab.

Rezepte

◆ *Umgang mit Backrezepten* Die Grundvoraussetzung für befriedigende Backergebnisse sind erprobte Rezepte und klare Anleitungen; im zweiten und dritten Teil dieses Buches werden Sie sie in Hülle und Fülle finden. Doch damit allein ist es nicht getan, denn ebenso wichtig ist es, das Rezept, das Sie ausgewählt haben, genau durchzulesen, und zwar von vorn bis hinten vor Arbeitsbeginn.

Dies mag selbstverständlich klingen, aber viele Pannen und Enttäuschungen sind tatsächlich darauf zurückzuführen, daß beispielsweise eine Zutat fehlt oder vorher hätte erwärmt oder gar aufgetaut werden müssen. Auch wer die Mengen einfach schätzt, statt die Zutaten genau abzuwiegen oder abzumessen, oder einfach etwas wegläßt, weil es gerade nicht greifbar ist, darf sich nicht wundern, wenn der Backerfolg ausbleibt. Deshalb hier zu Beginn der Rat: Nehmen Sie sich die Zeit, die Zutatenliste so weit im voraus durchzulesen, daß Sie Dinge, die fehlen, noch besorgen können. (Sollten Sie trotzdem beim Backen eine unangenehme Überraschung erleben, helfen die Vorschläge für Ersatzmöglichkeiten auf S. 29 aus der Verlegenheit.)

Bevor Sie mit der Teigherstellung beginnen, prüfen Sie das Rezept daraufhin, ob Sie alle Arbeitsschritte zügig hintereinander erledigen können. Wenn dies der Fall ist, sollten Sie die Zutaten gleich griffbereit aufstellen. Sind zwischendurch Wartezeiten erforderlich, damit z. B. der Teig gehen oder kühl gestellt werden kann, brauchen Sie manches erst in diesen Arbeitspausen zu erledigen. Wer vorher den Arbeitsablauf überlegt, spart Zeit und vermeidet Pannen.

Die Arbeitsanleitung sollten Sie ebenfalls sorgfältig durchlesen, damit Sie beispielsweise die Zutaten rechtzeitig temperieren oder die Küchenmaschine mit den erforderlichen Teilen bereitstellen können. So können Sie sich auf die zügige Zubereitung des Teiges konzentrieren, der in den allermeisten Fällen an Qualität einbüßt, wenn man ihn stehenlassen muß, um schnell etwas Fehlendes zu holen.

◆ *Arbeitsparende Rezepte* Falls Sie für die Weihnachtsbäckerei wenig Zeit zur Verfügung haben, suchen Sie Plätzchenrezepte aus, bei denen man z. B. den Teig auf dem Blech ausrollen und dann in Quadrate, Rauten oder Rechtecke ausrädeln kann.

Zeit- und arbeitsparend sind auch die Plätzchenteige, die mit einem Teelöffel auf ein Blech gesetzt werden; dazu gehören Makronen und Haferflockenplätzchen. Manche Teigarten kann man zu Rollen formen, die dann einfach in Scheiben geschnitten werden – auch eine gute Möglichkeit, die Zeit besser zu nutzen.

Geräte

◆ *Ofen* Sie sollten den Ofen stets rechtzeitig einschalten und auf die erforderliche Temperatur vorheizen, damit Sie den fertigen Teig ohne Verzögerung hineinschieben können. Je nach Ofentyp dauert die Aufheizphase unterschiedlich lang. Es empfiehlt sich, vor allem bei einem neuen Ofen, einmal die Zeit zu messen, die er braucht, um beispielsweise eine Temperatur von 200 °C zu erreichen. So müssen Sie einerseits den fertigen Teig nicht stehenlassen, bis der Ofen heiß genug ist, andererseits verschwenden Sie keine Energie durch zu frühes Einschalten.

◆ *Küchenmaschine* Mit einem Elektroquirl geht es schneller, als wenn Sie alles von Hand rühren; eine Küchenmaschine spart jedoch erheblich mehr Zeit, denn während sie die Zutaten für den Teig bearbeitet, können Sie z. B. Bleche oder Formen einfetten oder mit Backpapier auslegen, den Belag oder die Füllung vorbereiten oder sogar mit dem Aufräumen beginnen.

Trotzdem ist es nicht immer sinnvoll, die große Küchenmaschine

TIPS UND PANNENHILFE

einzusetzen. Der Elektroquirl kann z. B. bei Mehlmengen bis 500 g verwendet werden. Kleine Mengen flüssiger Teige, etwa für Waffeln, werden mit dem Elektroquirl im hohen Mixbecher geschlagen, denn dann kann man den Teig direkt aus dem Gefäß auf das Waffeleisen gießen. Auch um kleine Mengen Eischnee von 1–2 Eiweißen oder bis zu 100 g Schlagsahne zu schlagen, ist oft der Elektroquirl geeigneter; die geringeren Reinigungsarbeiten machen den größeren Arbeitsaufwand wieder wett.

◆ **Waage** Eine Zuwiegewaage, ob digital oder herkömmlicher Art, bietet eine Arbeitserleichterung. Mit diesem Gerät müssen Sie die Zutaten nicht mehr einzeln abwiegen und die Waagschale jedesmal leeren und eventuell säubern. Die bereits mit einer Zutat beladene Waage stellt man einfach wieder auf Null, gibt dann die nächste Zutat dazu, stellt erneut auf Null usw., bis alle Zutaten, die zusammengerührt werden, beieinander sind.

Mit der Zuwiegewaage müssen die Zutaten nicht mehr einzeln abgewogen werden.

◆ **Löffelmaß** Nicht alle Tee- und Kaffeelöffel sind dazu geeignet, Zutaten abzumessen, da sie in den meisten Fällen nicht genormt sind, sondern auf dem Eßtisch sowohl einen funktionellen als auch einen dekorativen Zweck erfüllen sollen. Beim Backen kann es deshalb manchmal zu kleinen Pannen kommen, weil zwar die angegebene Zahl der Teelöffel stimmt, nicht jedoch die Menge der Zutat. Vor allem bei altem Silberbesteck sind die Löffel sehr großzügig bemessen.

Deshalb empfiehlt es sich, bei einem bestimmten Löffel genau zu messen, wieviel er faßt, und ihn dann beim Backen immer zu verwenden. Hier als Orientierungshilfe: 1 TL faßt in der Regel 5 ml, 1 EL 15 ml.

Wenn in einem Rezept nichts anderes angegeben ist, gelten fast immer gestrichene Maße; wenn gehäufte Löffelmaße erforderlich sind, sollte sich der Löffelinhalt nur geringfügig wölben.

Erhältlich sind auch genormte Meßlöffel.

Zutaten

◆ **Bereitstellen** Backpulver, das zu lange oder unsachgemäß gelagert wurde, geschmackgebende Zutaten, die an Aroma verloren haben, ein verdorbenes Ei, ranziges Fett, ranzige Mandeln oder Nüsse – dies alles mindert die Qualität des Gebäcks oder macht es sogar ungenießbar. Es gibt keine Möglichkeit, einen solchen Teig oder Kuchen zu retten, und man muß ihn wegwerfen.

Damit solche Pannen vermieden werden, prüfen Sie sorgfältig alle Zutaten, bevor Sie sie verarbeiten. Sichten Sie auch regelmäßig Ihre Vorräte an Backzutaten wie Gewürze, Backpulver und Vanillezucker, und ersetzen Sie rechtzeitig diejenigen, die nicht mehr frisch sind.

◆ **Temperatur** Zutaten, die zimmerwarm sein müssen, z. B. für Buttercreme, Hefe- oder Strudelteig, sollten Sie immer so frühzeitig aus dem Kühlschrank nehmen, daß sie bei Arbeitsbeginn die erforderliche Temperatur erreicht haben. Sie vermeiden dadurch Wartezeiten. Die Ingredienzien für Blätter- und Mürbeteig können dagegen direkt aus dem Kühlschrank verarbeitet werden.

◆ **Wiegen und messen** Wenn häufig betont wird, daß man die Zutaten für einen Kuchen oder ein anderes Gebäck sorgfältig abwiegen oder abmessen soll, hat dies seinen guten Grund. Verändert man nämlich ein Rezept willkürlich, verschiebt sich womöglich das Verhältnis zwischen flüssigen und trockenen Bestandteilen, und die Konsistenz des Teiges stimmt nicht mehr.

Tassenmaße oder Meßbecherwerte sind relativ ungenau und beispielsweise lediglich für einfache Hefeteige geeignet. Bei aufwendigeren Rezepten und feinen Teigen müssen Sie die Zutaten unbedingt abwiegen. Siehe dazu auch *Löffelmaß*.

◆ **Mehl** Da maschinell abgefülltes Mehl keine Steine, Fasern von Säcken oder andere Verunreinigungen enthält, braucht es nur gesiebt zu werden, wenn es feucht gelagert wurde und klumpt. Für Biskuitmasse und Brandteig sollten Sie allerdings das Mehl immer sieben.

Das Mehlsieb muß nicht immer abgewaschen werden; es genügt, wenn man es ausklopft.

◆ **Vollkornmehl** Wer auf gesunde Ernährung achtet, verwendet gern Vollkornmehle, beachtet aber oft nicht, daß beim Backen mehr Flüssigkeit erforderlich ist, damit der Teig geschmeidig wird. Ist im Rezept Vollkornmehl vorgesehen, wird auch die entsprechende Menge Flüssigkeit angegeben. Ersetzt man normales Mehl durch Vollkornmehl, muß die Flüssigkeitsmenge erhöht werden, wobei es leider nicht möglich ist, genaue Angaben für alle Mehltypen zu machen. Als Faustregel gilt jedoch: je dunkler und feingemahlener das Mehl, desto mehr Flüssigkeit nimmt es auf. Richten Sie sich im Zweifelsfall nach der Beschaffenheit der jeweiligen Teigart, wie sie in den entsprechenden Grundrezepten auf S. 72–119 jeweils beschrieben ist. Zu beachten ist auch, daß der Teig durch Vollkornmehl etwas schwerer wird, langsamer quillt und nicht so leicht aufgeht.

◆ *Paniermehl* Man sollte immer einen Vorrat haben, beispielsweise um eingefettete Backformen auszustreuen, muß es aber nicht immer fertig kaufen. Werfen Sie z. B. altes Toastbrot nicht weg, sondern lassen Sie es ausgebreitet gründlich trocknen. Dann können Sie es im laufenden Mixbecher zu Paniermehl zerkleinern. Achten Sie aber bitte darauf, daß das Brot noch nicht schimmelt, was sowohl bei hellem als auch dunklem Toastbrot schnell geschehen kann.

◆ *Zucker* Wenn Sie Zucker durch Honig oder Ahornsirup ersetzen, denken Sie daran, daß die Süßkraft von Honig und Ahornsirup geringer ist als die des normalen Haushaltszuckers.

◆ *Puderzucker* Da sich Puderzucker beim Kontakt mit dem warmen Fett in der Kruste des Gebäcks verfärbt und schmilzt, sollte er erst im letzten Moment und immer nur auf kalte Kuchen gestreut werden.
Ein Guß aus Puderzucker bleibt auch länger strahlend weiß, wenn Sie den Kuchen zunächst aprikotieren, d. h. mit Aprikosenkonfitüre, die zuvor durch ein Sieb passiert wurde, bestreichen und dann mit einer Schicht Marzipan überziehen. Erst darauf wird der Guß gegeben.

◆ *Backpulver* Ein Päckchen Backpulver enthält 4–5 TL und reicht in der Regel für 500 g Mehl. Wird von einem Päckchen nicht der ganze Inhalt benötigt, mißt man die entsprechende Menge mit dem Teelöffel genau ab, verschließt das Tütchen danach gut und notiert darauf, wieviel entnommen wurde. Backpulver sollte immer kühl und trocken in einer extra dafür vorgesehenen, gut verschließbaren Dose aufbewahrt werden. Lagert man es zusammen mit Gewürzen wie Zimt oder Vanillezucker, verfärbt es sich rosa. Das beeinträchtigt zwar seine Triebkraft nicht, sieht aber nicht schön aus.

◆ *Hefe* Wenn die Hefe nicht aufgeht, kann es mehrere Ursachen haben: Möglicherweise ist sie nicht frisch. Es kann aber auch sein, daß sie bzw. die Flüssigkeit, die zugegeben wurde, zu kalt oder zu heiß war, so daß die Hefezellen sich nicht vermehren oder sogar absterben. Frische Hefe sollte Raumtemperatur haben; die Flüssigkeit wird lauwarm zugefügt. Wenn man Hefe einfriert und wieder auftaut, wird sie flüssig. Damit sie nicht davonläuft, läßt man sie in der im Rezept angegebenen Flüssigkeit auftauen.

◆ *Butter* Harte Butter aus dem Kühlschrank wird schnell weich und verarbeitungsfähig, wenn man sie in Stücke teilt und im Mikrowellengerät erweicht. 100 g Butter benötigen bei 300 W 5–10 Sekunden. Anschließend lassen Sie die Butter noch etwa 30 Minuten auf Zimmertemperatur abkühlen, und beginnen Sie erst dann mit der Teigherstellung.

◆ *Fritieröl* Es sollte immer frisch sein, sonst wird der Geschmack des Gebäcks beeinträchtigt; mehr als zehnmal verwendetes Fritierfett enthält auch gesundheitsschädliche Stoffe.
Altes Fritieröl muß wie Altöl entsorgt werden. Geben Sie das Fett in einem verschlossenen Glas bei der Sondermüllsammelstelle ab. Es sollte nie in den Ausguß oder die Toilette gegossen werden, da es dort unter Umständen erhärtet, sich an den Rohrwandungen absetzt und mit der Zeit eine Rohrverstopfung verursacht. Wenn es weitergelangt, belastet es unnötig die Kläranlage.

◆ *Eier* Bei Backrezepten werden die Mengen in der Regel auf handelsübliche Eier in durchschnittlicher Größe abgestimmt. Wenn Sie ungewöhnlich große oder kleine Eier verwenden, verändern Sie damit das Verhältnis der Zutaten zueinander, was zum Mißlingen des Backwerks führen kann. Heute ist es in der Regel nicht mehr erforderlich, Eier zunächst in einer Tasse aufzuschlagen, um den Frischegrad zu prüfen, weil Eier mit Lege- und Verpackungsdatum geliefert werden.
Ist beim Trennen der Eier Eigelb ins Eiweiß geraten, entfernen Sie die Eigelbspuren wegen eventueller Salmonellengefahr nie mit einer Eierschale, sondern holen Sie

Da Eigelb verhindert, daß Eischnee fest wird, muß es gleich entfernt werden.

sie sorgfältig mit einem Teelöffel heraus.
Schalenreste können Sie ebenfalls mit dem Löffel entfernen oder mit Küchenpapier heraustupfen. Läßt sich das Eigelb nicht vollständig entfernen, sollten Sie am besten neue Eier nehmen und die verunglückten für Pfannkuchen- oder Rührteig verwenden, denn diese Eigelbreste verhindern, daß das Eiweiß beim Schlagen steif wird.
Damit Eiweiße steifgeschlagen werden können, müssen auch Schüssel und Schneebesen völlig fettfrei sein.
Man sollte die Eiweiße nie zu früh schlagen, da der Eischnee nach kurzer Zeit wieder zusammenfällt. Bis zur Fertigstellung des Teiges muß er unbedingt an kühler Stelle aufbewahrt werden. Zusammengefallener Eischnee, den man erneut schlägt, wird niemals so steif wie zuvor.

Früchte

◆ *Äpfel* Äpfel werden mit dem Sparschäler erst spiralartig geschält, dann halbiert oder geviertelt und entkernt.
Wenn es besonders schnell gehen soll, können Sie die Früchte für einen Belag grob reiben, statt sie in schmale Schnitze oder Spalten zu schneiden.
Verwendet man Apfel- oder Quittenmus für einen Belag, läßt man es vorher in einem breiten Topf unter Rühren einkochen, damit ein Teil des enthaltenen Wassers verdampft.
Apfelkuchen wird besonders saftig, wenn Sie ein Stück Backpapier in entsprechender Größe auf einer Seite mit Butter oder Margarine einfetten und mit der Fettschicht nach unten über die Äpfel legen, bevor Sie die Form oder das Blech in den Ofen schieben.

Mit eingefettetem Backpapier zugedeckt, wird Apfelkuchen besonders saftig.

Entfernen Sie das Papier dann einige Minuten vor Ende der Backzeit.
◆ *Beerenobst* Diese empfindlichen Früchte sollten Sie möglichst nicht waschen, sondern nur verlesen und nicht einwandfreie Früchte aussortieren. Waldheidelbeeren müssen grundsätzlich wegen der Gefahr des Fuchsbandwurms vor dem Verzehr blanchiert werden.
◆ *Kiwis* Frische Kiwis bereiten in der Küche oft Schwierigkeiten. Sie enthalten ein eiweißspaltendes Enzym, das Gelatine und Tortenguß wäßrig werden läßt. In Verbindung mit Milch und Milchprodukten, z. B. Joghurt oder Quark, entwickeln Kiwis nach kurzer Zeit einen bitteren Geschmack.

Blanchieren Sie frische Kiwis, ehe sie mit Milchprodukten in Berührung kommen.

Um die Wirkung des Enzyms zu neutralisieren, muß man die geschnittenen Früchte mit kochendem Wasser oder Zuckerwasser blanchieren, oder man verwendet statt dessen Dosenware. Wenn Sahne- bzw. Cremetorten gleich nach der Fertigstellung verzehrt werden, kann man auf das Blanchieren verzichten.
◆ *Kokosfleisch* Da fertig gekaufte Kokosraspel bald austrocknen, wenn die Packung einmal aufgemacht wurde, und auch schnell ranzig werden, empfiehlt es sich, sie selbst aus frischem Fruchtfleisch herzustellen. Das Fruchtfleisch wird auf der Rohkostreibe zu feinen Raspeln verarbeitet. Kokoslocken – größere Späne – für exotische Tortendekorationen werden mit dem Sparschäler hergestellt. Die Kokosnüsse sind bei uns im Herbst und Winter im Handel erhältlich, also rechtzeitig für die Weihnachtsbäckerei.

Kokosraspel kann man auf der Rohkostreibe selbst herstellen.

◆ *Kirschen* Wenn Sie keinen handelsüblichen Kirschentkerner besitzen, stecken Sie einfach eine Haarnadel in einen Flaschenkorken. Mit der Haarnadelrundung stechen Sie an der Stelle, an der der Stiel angesetzt war, in die Kirsche hinein und heben den Kern heraus.

◆ **Frisches Obst** Wenn frische Früchte zu feucht sind, sinken sie während des Backens im Teig auf den Boden. Deshalb sollten sie so trocken wie möglich sein, wenn sie in den Teig gegeben werden. Gewaschenes bzw. in Stücke geteiltes Obst – z. B. Kirschen, Aprikosen oder Pfirsiche – muß sehr sorgfältig auf Küchenpapier getrocknet und eventuell mit etwas Mehl bestaubt werden.

◆ **Konserviertes Obst** Geben Sie Obst aus dem Glas oder der Dose in ein Sieb, und lassen Sie es sehr gut abtropfen. Dabei empfiehlt es sich, das Sieb einige Male aufzustoßen, damit die Flüssigkeit besser heraustropfen kann. Die Flüssigkeit kann man auffangen und unter Umständen verwenden, beispielsweise um einen Guß anzurühren.

◆ **Tiefgekühlte Früchte** Man darf die Früchte nicht auftauen, da sie dabei weich und unansehnlich werden, sondern man verteilt sie immer in noch gefrorenem Zustand auf dem Teig oder dem Tortenboden. Kuchen müssen dann sofort gebacken werden, bei Torten überzieht man das Obst sogleich mit einem Tortenguß.

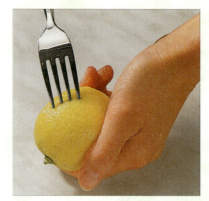

Man sticht eine Gabel in die Zitrone und kann den Saft tropfenweise ausdrücken.

◆ **Zitronen** Sie lassen sich leichter auspressen, wenn man sie 30 Sekunden im Mikrowellengerät bei 600 W erhitzt oder mit der Handfläche ein paarmal auf dem Tisch kräftig hin- und herrollt. Wenn man nur wenig Saft benötigt, sticht man mit einer Gabel hinein oder schneidet ein kleines Loch in die Zitronenschale und drückt den Saft tropfenweise heraus. So trocknet die Frucht nicht aus; allerdings muß sie gleich in Alufolie verpackt und in den Kühlschrank gelegt werden.
1 Zitrone ergibt etwa 1 EL Schale und 4–5 EL Saft.

Trockenfrüchte und kandierte Früchte zerkleinert man am besten mit der Schere.

◆ **Trockenfrüchte und kandierte Früchte** Belegkirschen, Korinthen, Sultaninen, Orangeat und Zitronat brauchen Sie nicht zu waschen. Die Ware, die in den handelsüblichen Verpackungen angeboten wird, ist hygienisch einwandfrei.
Wer nicht auf das Waschen verzichten will, muß die Korinthen oder Sultaninen anschließend auf Küchenpapier gründlich trocknen und mit Mehl bestauben, sonst sinken sie beim Backen auf den Boden.
Kandierte oder getrocknete Früchte sind fast immer klebrig und bleiben beim Zerkleinern am Messer hängen. Leichter geht die Arbeit von der Hand, wenn Sie das Messer zwischendurch immer wieder in heißes Wasser tauchen. Zum Zerteilen der Früchte können Sie statt eines Messers eine Küchenschere nehmen; auch diese wird ab und zu in heißes Wasser getaucht.

◆ **Mandeln und Nüsse** Wenn Sie industriell gemahlene Mandeln

TIPS UND PANNENHILFE 45

Nüsse springen beim Zerkleinern nicht weg, wenn man Zucker auf das Brett streut.

und Nüsse verwenden, sparen Sie Zeit und Mühe. Sie sind oft nicht teurer als ganze Ware, allerdings schmecken frisch gemahlene Mandeln oder Nüsse besser. Wenn Sie Mandeln und Nüsse mit dem Messer zerkleinern, verwenden Sie ein Holzbrettchen, und streuen Sie etwas Zucker darauf. Er verhindert, daß die Ware unter dem Druck der Klinge wegspringt.

Teigherstellung

◆ *Baiser* Die Eischaummasse muß sofort nach dem Schlagen gebacken werden, damit die Luft nicht daraus entweicht. Enthält die Masse zuwenig Luft, wird sie im Ofen fest und klebrig.

◆ *Biskuit* Halten Sie sich möglichst genau an die im Rezept angegebenen Zeiten für das Schlagen von Biskuitmasse, damit die richtige Menge Luft in den Teig gelangt. Dies ist besonders wichtig, wenn Sie die Masse mit dem Schneebesen des Elektroquirls oder der Küchenmaschine bearbeiten.
Wenn der Teig zu kurz geschlagen wird, enthält er nicht genügend Luft, und das Gebäck wird nicht so locker, wie es sein soll. Rührt man die Masse zu lange mit dem Mehl, entweicht zuviel der untergeschlagenen Luft, und das Gebäck fällt anschließend beim Backen zusammen.

◆ *Blätterteig* Der Teig schrumpft während des Backens nicht so stark, wenn Sie die Teigplatte vor dem Backen einige Male mit der Gabel einstechen und einige Zeit kalt stellen – eventuell im Gefrierfach.

◆ *Hefeteig* Wenn Hefeteig besonders rasch aufgehen soll, geben Sie den Teig in eine hitzebeständige Schüssel, und decken Sie sie mit einem Teller zu. Stellen Sie nun die Schüssel für 20 Sekunden bei 300 W in das Mikrowellengerät, nehmen sie gleich wieder heraus und lassen den Teig darin 5 Minuten abkühlen. Diesen Vorgang wiederholen Sie noch zweimal, bevor Sie den Teig weiterverarbeiten. Die Angaben beziehen sich auf einen Teig aus 500 g Mehl.

◆ *Mürbeteig* Der Teig gelingt um so besser, je kälter er verarbeitet wird. Die Zutaten darf man nie zu lange miteinander verkneten, da der Teig sonst zu warm und dadurch ölig wird. Ist dies trotzdem geschehen, dann hilft nur etwas eisgekühltes Wasser, das man darunterknetet; keineswegs darf man Mehl hinzufügen.
Im Idealfall stellt man den Teig über Nacht kühl.
Da sich kleinere Teigmengen besser handhaben und leichter ausrollen lassen – die Teigplatte bricht nicht so leicht und läßt sich leichter wenden –, empfiehlt es sich, die fertige Masse entsprechend dem Bedarf zu portionieren. Die Teigkugeln drückt man flach und legt sie auf einem Teller oder in Folie gehüllt in den Kühlschrank. So kann man jeweils nur so viel Teig aus dem Kühlschrank nehmen, wie man zum nächsten Ausformen oder Ausrollen benötigt.

◆ *Fertigteige* Wenn es besonders schnell gehen soll, greifen Sie zu industriell gefertigten gekühlten oder tiefgekühlten Teigen bzw. zu fertiggebackenen Tortenböden. Backmischungen sparen zwar ebenfalls Zeit, sind allerdings unverhältnismäßig teuer, weil Sie oft Zutaten wie Eier und Fett dazukaufen müssen.

◆ *Teig auf Vorrat* Bei manchen Teigarten lohnt es sich, große Mengen herzustellen, weil sich der ungebackene Teig oder das fertige Gebäck für längere Zeit gut einfrieren läßt. Dabei fällt der zusätzliche Arbeitsaufwand kaum ins Gewicht, denn größere Mengen sind in der Regel fast genauso rasch zubereitet wie kleine Teigportionen.
Für solche Vorratshaltung eignen sich besonders frischer Blätterteig, Quarkblätterteig und Mürbeteig, da sie auch in großen Mengen zubereitet sehr gut gelingen. Eingepackt, z. B. in einem Gefrierbeutel, halten sich die rohen Teige sogar im Kühlschrank mehrere Tage.

◆ *Torteletts* Die kleinen süßen oder pikanten Tortenböden werden meist aus Mürbeteig, aber auch aus Hefe- und Blätterteig hergestellt.
Da es unzählige Möglichkeiten gibt, sie zu füllen, sind sie vielseitig verwendbar – als Snack, als Törtchen zum Kaffee, als Vorspeise und zu Bier und Wein, vor allem für Überraschungsgäste oder improvisierte Feste.
Daher empfiehlt es sich, einen nicht allzu knappen Vorrat Torteletts anzulegen; sie sind gefriergeeignet und tauen bei Bedarf schnell auf.

Teig ausrollen

◆ *Backbrett* Für Hefe-, Quark-Öl- und Strudelteig ist ein zimmerwarmes Backbrett aus Hartholz ideal, denn diese Teige mögen Wärme. Blätter- und Mürbeteig sowie Konfekt und Marzipan lassen sich auf einer kühlen Granit- oder Marmorplatte am besten verarbeiten. Fragen Sie beim Steinmetz oder bei einer Küchenfirma nach einem preiswerten Reststück – es sollte etwa 40×50 cm groß sein –, und lassen Sie, falls möglich, die Kanten polieren.

◆ *Hilfsmittel* Bestauben Sie die Arbeitsfläche und die Teigrolle mit ganz wenig Mehl. Instant- und doppelgriffiges Weizenmehl der Type 550 oder Weizendunst sind dafür ideal, weil sie nicht stauben und der Teig weniger klebt. Wird beim Ausrollen zuviel Mehl in den Teig eingearbeitet, ist das Gebäck später bröselig oder trocken.

Sie können den Teig auch zwischen zwei Lagen Backpapier oder dicker Kunststoffolie ausrollen. Da die obere Lage Papier oder Folie dabei Falten bildet, muß sie ab und zu hochgehoben und wieder glatt auf den Teig gelegt werden. Bei dieser Methode brauchen Sie wenig oder gar kein zusätzliches Mehl. Damit die untere Folien- oder Papierschicht nicht wegrutscht, kann man sie zwischen dem Körper und der vorderen Kante der Arbeitsplatte festklemmen. Statt dessen können Sie den Teig auch in einem sehr großen Gefrierbeutel ausrollen und zum Schluß die Kanten aufschneiden.

◆ *Technik* Mit gleichmäßigen Bewegungen der Teigrolle vom Körper weg läßt sich der Teig in der Regel am besten ausrollen. Nach Möglichkeit sollte man keinen Druck ausüben.

Versuchen Sie dabei, den Teig möglichst in die Form zu bringen, sei es rund, quadratisch oder rechteckig, die später für das Gebäck erforderlich ist. Wenn Sie ihn zwischen Backpapierlagen ausrollen, zeichnen Sie den Durchmesser der Torte auf die Rückseite der einen Papierlage; so können Sie die Teigplatte leichter in der richtigen Größe, d. h. der Größe der Kuchenform entsprechend, ausrollen.

Damit der Teig nicht auf der Arbeitsplatte festklebt, lösen Sie ihn ab und zu mit einer langen, dünnen Palette und wenden ihn mit Hilfe der Teigrolle oder des Backpapiers bzw. der Folie. Dabei werden Arbeitsfläche und Teigrolle gegebenenfalls erneut bestaubt.

◆ *Teigrolle* Zum Ausrollen von Blätter- oder Mürbeteig sollte die Teigrolle so kühl wie möglich sein. Legen Sie sie an sehr heißen Tagen 1–2 Stunden vor Arbeitsbeginn ins Gefrierfach. Für Hefeteige sollte die Teigrolle dagegen warm sein. Praktisch sind kunststoffbeschichtete Rollen, weil die Teige nicht daran kleben, oder die sogenannten Thermorollen, die man wahlweise mit Eisstückchen oder mit warmem Wasser füllen kann.

◆ *Ersatz für die Teigrolle* Wenn keine Teigrolle zur Hand ist, bildet eine leere Flasche, von der Sie die Etikette entfernt haben, einen vollwertigen Ersatz. Bei Teigen,

Als Ersatz für eine Teigrolle dient notfalls eine Flasche, die mit Wasser gefüllt wird.

die kühl verarbeitet werden müssen, füllen Sie die Flasche mit Wasser, und legen Sie sie 2 Stunden in den Kühlschrank oder entsprechend kürzer ins Gefriergerät. Bei Hefeteigen, die beim Ausrollen Wärme benötigen, füllen Sie die Flasche dagegen mit lauwarmem Wasser.

Teigstreifen, die Sie gitterförmig auf eine Torte, z. B. eine Linzer Torte legen wollen, wirken dekorativer, wenn sie nicht mit dem Messer geschnitten, sondern mit einem Teigrädchen ausgerädelt werden.

◆ *Teigreste* Wenn beim Ausformen von Gebäck, beispielsweise von Plätzchen, Teigreste von der Platte übrigbleiben, sollten sie sogleich kurz durchgeknetet und dann jeweils mit der folgenden Teigportion weiterverarbeitet werden. Blätterteigreste immer flach aufeinanderschichten.

Teig kühl stellen

◆ *Ausgeformtes Gebäck* Plätzchen werden mürbe und behalten besser ihre Form, wenn sie, nachdem sie geformt oder ausgestochen wurden, auf kalte Bleche gelegt und nach Möglichkeit kühl gestellt werden, bis das im Teig enthaltene Fett erkaltet ist.

Wer ein Gefriergerät mit einem Gefriertablett besitzt, kann die Plätzchen auf das mit Backpapier ausgekleidete Tablett legen und etwa 15 Minuten bei Superfrostschaltung gefrieren. Dann werden sie mit dem Backpapier auf das Blech gezogen.

◆ *Größere Mengen* Auch wenn Sie mehrere Bleche mit Plätzchen zügig hintereinander backen wollen, belegen Sie am besten große Tabletts oder Küchenbretter mit Backpapier, setzen die ausgestochenen bzw. ausgeformten Plätzchen darauf und stellen sie kühl.

TIPS UND PANNENHILFE

Plätzchen werden auf dem Backpapier auf das Blech gezogen.

Sie werden dann, eine Portion nach der anderen, mit dem Backpapier auf das Blech gezogen.

Backformen und Bleche

◆ *Vorbereiten* Bleche und Formen sollten Sie vor Arbeitsbeginn vorbereiten, d. h. einfetten und ausstreuen oder mit Backpapier belegen bzw. auskleiden.

◆ *Ausstreuen* Aus Formen mit Profil, z. B. Napfkuchenformen, löst sich der Kuchen leichter, wenn Sie sie nicht nur mit Butter oder Margarine einfetten, sondern außerdem sorgfältig mit Paniermehl oder gemahlenen Nüssen ausstreuen.

◆ *Mehrfachverwendung* Das Blech, das gerade aus dem Ofen kommt, dürfen Sie nicht sofort mit der nächsten Portion roher Plätzchen belegen. Um es rasch abzukühlen, lassen Sie kaltes Wasser über die Unterseite laufen, oder stellen Sie es auf einen kalten Fliesenboden.
Backen Sie viel und oft, lohnt es sich, 2–3 zusätzliche Bleche anzuschaffen. So haben Sie immer ein kaltes Blech zur Verfügung.

◆ *Reinigen* Auch wenn Sie Backpapier verwenden, sollten Sie Bleche und Formen gleich nach dem Backen mit einem feuchten Tuch reinigen. Starke Verschmutzungen lassen sich leichter beseitigen, wenn man die Bleche und Formen in einer Spülmittellösung einweicht.
Man sollte niemals festgebackene Teigreste mit einem Messer oder einem anderen scharfen Gegenstand abkratzen. Die Reinigung verkratzter Bleche oder Formen ist mühselig und kostet viel Zeit.

Förmchen

◆ *Ausstechförmchen* Der Teig bleibt nicht daran kleben, wenn man sie während der Arbeit ab

Damit der Teig nicht an den Ausstechförmchen klebt, taucht man sie in Mehl.

und zu in Mehl taucht. Die Teigplatte wird glatt durchtrennt, und Sie kommen schneller voran.

◆ *Platz sparen* Bei runden Plätzchen sticht man zunächst eine

Wenn man Herzen aussticht, dreht man das Förmchen bei jedem um.

ganze Reihe aus; die der zweiten Reihe werden jeweils um ein halbes Plätzchen versetzt. Bei Herzen dreht man das Ausstechförmchen bei jedem Plätzchen um. So haben Sie weniger Teigreste, die noch einmal miteinander verknetet und ausgerollt werden müssen.

Förmchen aller Art bewahrt man am besten in einem großen Gefrierbeutel auf.

◆ *Aufbewahren* Förmchen in einem großen Gefrierbeutel mit Verschlußklammer aufbewahren. So bleiben sie beieinander, die einzelnen können nicht verlorengehen, und Sie haben die Teile bei Bedarf schnell zur Hand.

◆ *Reinigen* Ausstechförmchen reibt man nach dem Backen lediglich sorgfältig mit Küchenpapier ab. Man sollte sie nicht abwaschen, weil sie dann leicht rosten.

Backpapier

◆ *Vorteile* Mit diesem praktischen Hilfsmittel können Sie Zeit und Arbeit sparen: Es erleichtert die Reinigung der Bleche und Formen, an denen nichts mehr haftenbleibt, und jedes Gebäck löst sich mühelos vom Papier ab, ohne zu brechen.
Wenn Sie Plätzchen backen, können Sie das Backpapier bis zu fünfmal benutzen; unbeschichtetes Backpapier kann beidseitig verwendet werden.

◆ *Ersatz* Pergamentpapier, auch Butterbrotpapier genannt, kann als Ersatz für Backpapier genommen werden. Da es jedoch im Gegensatz zu Backpapier keine Antihafteigenschaft besitzt, muß man es vor der Verwendung gründlich mit Butter oder Margarine einfetten.

◆ *Zuschneiden* Wenn Sie mit einem scharfen Messer oder einer Haushaltsschere die ganze Rolle Backpapier vor dem ersten Gebrauch auf die Breite Ihrer Bleche durchschneiden, sparen Sie später Zeit.

◆ *Für die Kastenform* Schneiden Sie auch für Kastenformen mehrere Bogen auf Vorrat zu. Dazu setzt man die Form mit dem Boden nach unten auf den Bogen, kippt sie auf eine Seite und zeichnet den Umriß mit einem Bleistift aufs Papier. Dann stellt man die Form wieder in der Ausgangsposition aufrecht hin, kippt sie nacheinander auf die anderen drei Seiten, zeichnet deren Umrisse an und schneidet das Papier entlang den Bleistiftlinien aus.

Einen Kastenkuchen kann man mit Hilfe des Backpapiers aus der Form heben.

Wenn Sie das Papier 2 cm größer als angezeichnet ausschneiden, können Sie den Kuchen später an dem überstehenden Papier leicht aus der Form heben.

◆ *Befestigen* Damit das Backpapier nicht hin- und herrutscht, werden die Bleche oder Formen zuvor stets angefeuchtet. Ein Stückchen Butter oder Margarine erfüllt den gleichen Zweck, verursacht aber mehr Reinigungsarbeit.

Formen mit weichen Teigen füllen

◆ *Rand* Bei der Springform darf der Rand nie gefetet werden, weil sich die Masse sonst beim Backen zu schnell vom Rand löst, so daß der Kuchen zur Mitte hin zusammenrutscht und kleiner wird.

◆ *Glattstreichen* Wenn der Kuchen nach dem Backen nicht gewölbt sein soll, streichen Sie die Biskuitmasse oder den Rührteig in der Form mit der flachen Teigkarte glatt und dann ganz leicht zum Rand hin hoch.

Die Masse leicht zum Rand hin hochstreichen, damit der Kuchen flach wird.

Formen mit festen Teigen belegen

◆ *Runde Formen* Um eine runde Kuchenform mit Blätter-, Hefe- oder Mürbeteig auszukleiden, rollen Sie den Teig zunächst etwa 2–4 cm größer als die Form und möglichst kreisförmig aus. Sie bringen die Teigplatte dann unversehrt und paßgenau in die Form, wenn Sie sie über die bemehlte Teigrolle legen, vorsichtig

Mit der Teigrolle kann man den Teig hochheben und in der Form abrollen lassen.

hochheben und in der Form abrollen lassen.

Noch einfacher ist es, wenn Sie den Teig einmal zu einem Halbkreis und noch einmal zu einem Viertelkreis locker zusammenlegen und in die Form heben. Der Teig wird dann wieder auseinandergefaltet und auf den Boden und an den Rand gedrückt.

Sie können den Mürbeteig auch in eine große und eine kleine Kugel teilen. Mit der großen Kugel verfahren Sie wie oben beschrieben, rollen den Teig aber nur so groß aus, daß er den Boden der Form bedeckt. Die kleine Kugel rollen Sie portionsweise zu langen Wülsten aus und drücken diese an den Rand der Form.

In manchen Fällen ist es auch möglich, den mürben Teig zu einer Kugel zu formen und diese einfach mit der geschlossenen Faust so in die Springform zu drücken, daß Boden und Rand geformt werden. Diese Schnellmethode hat jedoch den Nachteil, daß der Teig nicht ganz glatt wird.

◆ *Rand abschneiden* Einen zu hohen oder überstehenden Rand schneidet man mit einem Teigrädchen oder einem Küchenmesser ab. Dazu legt man Rädchen oder Messer an einer Stelle an und dreht vorsichtig die Form.

TIPS UND PANNENHILFE

Zu hohe Teigränder werden vor dem Backen abgeschnitten.

◆ *Einstechen und kühlen* Zum Schluß sticht man den Boden einige Male mit der Gabel ein. Bevor man ihn belegt, wird er etwa 20 Minuten – möglichst im Gefriergerät – gekühlt. Dadurch verhindert man, daß sich Luftblasen bilden, und der Teig zieht sich weniger stark zusammen.

Blindbacken

◆ *Technik* Zum Blindbacken müssen Sie die Pie-, Torten- oder Springform zunächst mit dem vorbereiteten Blätter- oder Mürbeteig auslegen. Dann belegen Sie den Teig mit Backpapier, geben Reis oder getrocknete Hülsenfrüchte wie Bohnen, Erbsen oder Kichererbsen darauf und backen ihn 10–12 Minuten im Ofen. Dabei

Beim Blindbacken wird der Teig mit Hülsenfrüchten beschwert.

wird der Teig vorgegart und so weit gefestigt, daß die Ränder nicht mehr zur Mitte fallen und der Boden flach bleibt.
Die Methode ist für Obsttorten, Pasteten und Pies besonders geeignet.

◆ *Fertigbacken* Die Hülsenfrüchte oder den Reis und das Backpapier entfernen, dann den Teig belegen oder füllen und fertigbacken.

◆ *Hülsenfrüchte aufbewahren* Da man die Hülsenfrüchte immer wieder zum Blindbacken verwenden kann, läßt man sie auskühlen und füllt sie in einen passenden Behälter, den man entsprechend beschriftet.

Teig ausformen

◆ *Schnellmethode* Um Mürbe- und Nußteige für Plätzchen schneller auszuformen, geben Sie den Teig in einen Gefrierbeutel, formen ihn darin zu einem etwa 2 cm starken Block und legen ihn über Nacht kühl. Den Beutel an zwei Enden aufschlitzen, den Block herausnehmen und zuerst längs in Streifen, dann diese quer in 5 mm dicke Scheiben schneiden. Die so entstandenen Ziegel auf das Blech legen.

Beläge und Füllungen

◆ *Frische Früchte* Es läßt sich nicht völlig vermeiden, daß der Boden eines Obstkuchens durchweicht, vor allem wenn man frische Früchte verwendet, die sehr saftreich sind. Wenn man jedoch ein paar Dinge beachtet, kann man Abhilfe schaffen: Man sollte beispielsweise niemals überreife Früchte nehmen.
Frische Früchte muß man gut trocknen.
Auf dem rohen oder gebackenen Boden trägt man eine feuchtigkeitsbindende Schicht auf, etwa

aus leicht geschlagenem Eiweiß, flüssiger Kuvertüre oder Schokolade, Konfitüre, Gelee, Vanillepudding, Marzipan, Haferflocken, Tortenoblaten, Paniermehl oder Plätzchen- bzw. Zwiebackkrümeln.

Wenn man einen Tortenboden z. B. mit Gelee bestreicht, weicht er nicht durch.

◆ *Zuckerkuchen* Die Butter für den Belag wird vorher tiefgekühlt. Mit den Fingern drückt man Mulden in den Hefeteig und legt dann die Butterflöckchen hinein. So kann die Butter während des Backens tief in den saugfähigen Teig ziehen und schwimmt nicht obenauf.

◆ *Käsekuchen* Daß die Käsemasse leicht einsackt, läßt sich nicht ganz vermeiden. Deutlich bessere Ergebnisse erzielt man jedoch, wenn man nach 20 Minuten Back-

Beim Käsekuchen löst man die Füllung mit einem spitzen Messer vom Teigrand.

zeit mit einem spitzen Messer zwischen dem Teigrand und der Käsefüllung entlangfährt und den Kuchen dann fertigbäckt.

Bräune

◆ *Der richtige Platz* Setzen Sie Backformen niemals auf den Ofenboden, weil dort die Unterseite des Gebäcks zu dunkel wird. Stellen Sie die Formen immer auf einen Rost.

◆ *Oben zu dunkel* Wenn die Oberseite des Kuchens im Ofen zu schnell dunkel wird, deckt man ihn nach der halben Backzeit mit Alufolie oder Backpapier zu oder schiebt ein zweites Blech auf die darüberliegende Leiste. Manchmal hilft es auch, wenn man entweder eine geringere Oberhitze einstellt oder eine tiefere Einschubhöhe wählt. Man kann auch einfach die Backzeit bei hohen Kuchen verkürzen, dann muß man aber unbedingt eine Garprobe machen.

◆ *Unten zu dunkel* Wenn der Ofen unten zu stark heizt, schiebt man ein zusätzliches Blech auf die untere Leiste, oder man legt, beispielsweise bei reichhaltigen englischen Fruchtkuchen, zwischen Form und Ofenrost mehrere Schichten Zeitungspapier.

◆ *Ungleichmäßig braun* Es sind mehrere Gründe denkbar, warum ein Kuchen auf dem Blech nicht gleichmäßig bräunt oder an einigen Stellen zu dunkel ist. Es kann sein, daß der Ofen nicht waagrecht steht oder daß die Ofentür nicht einwandfrei schließt. Möglich ist auch, daß die Heizstäbe defekt sind und der Ofen gewartet oder ersetzt werden muß.

◆ *Bräunung fördern* Damit Mürbeteig- oder Blätterteiggebäck eine appetitliche braune Oberfläche bekommt, verschlagen Sie ein Eigelb mit Wasser und bepinseln damit das Gebäck. Nimmt man statt Wasser Milch, bewirkt der Milchzucker eine raschere Bräunung.

Fehler beim Backen

◆ *Rißbildung* Unschöne Risse, die sich während des Backens an der Oberfläche eines Rührkuchens zeigen, können verschiedene Ursachen haben: Die verwendete Form ist zu klein, der Ofen ist zu heiß, oder die Mehl- und Treibmittelmenge war zu hoch bemessen. Darum sollte man immer die im Rezept angegebene Formgröße berücksichtigen, die Zutaten genau abmessen bzw. wiegen und auf die richtige Ofentemperatur achten.

◆ *Zu hoch* Wenn der Rührteig in der Mitte zu sehr gestiegen ist, war entweder die Backpulvermenge zu groß, der Teig nicht genügend durchgeschlagen oder die Backtemperatur zu hoch. Auch hier hilft nur, sich beim nächstenmal genauer an die Angaben im Rezept zu halten oder den Thermostat justieren oder ersetzen zu lassen.

◆ *Speckige Krume* Sie entsteht, wenn der Teig in den Ofen geschoben wurde, bevor die richtige Backtemperatur erreicht war. Um dies zu vermeiden, muß man den Ofen so lange vorheizen, bis die Kontrollampe erlischt.

◆ *Klitsch* Bei zu hoher Backtemperatur verkrustet die Außenschicht, und der Kuchen kann im Inneren nicht garen. Dadurch entsteht der sogenannte Klitsch. Feucht-pappig, also klebrig, wird der Kuchen auch, wenn man zuviel Fett oder Flüssigkeit in den Teig gegeben hat. Deshalb sollte man nie die Zutatenmenge, die im Rezept angegeben wurde, willkürlich ändern und stets genau messen und wiegen.

Krustenbildung

◆ *Weiche Oberfläche* Bei manchen Kuchen, beispielsweise bei einem Biskuitboden, ist eine weiche Kruste gewünscht. In diesem Fall läßt man das Gebäck 2 Minuten in der Form auskühlen und deckt es noch mit Backpapier oder einem Blech zu. Biskuitrollen werden sogleich gestürzt und zugedeckt.

◆ *Knusprig* Die Bildung einer schönen knusprigen Kruste wird begünstigt, wenn man während des Backvorgangs ein Schälchen mit Wasser in den Ofen stellt. Außerdem kann man die Unterseite des Backpapiers befeuchten, bevor es aufgelegt wird, oder das Gebäck bzw. das Blech mit Wasser besprengen, ehe man es in den Ofen schiebt. Dies bewirkt auch, daß die Oberfläche schneller bräunt.

Brote und Kuchen, bei denen eine knusprige Kruste gewünscht wird, muß man gleich nach dem Backen aus der Form nehmen und auf einem Kuchengitter oder dem Ofenrost auskühlen lassen. Dies gilt auch für Plätzchen, die außerdem während des Auskühlens niemals aufeinander, sondern gut ausgebreitet nebeneinander liegen sollten.

◆ *Zu hart* Achten Sie auf die im Rezept angegebene Ofentemperatur. Wenn Sie eine zu hohe Temperatur wählen, kann die Kruste, vor allem bei Rührkuchen, schnell zu hart und dunkel werden.

◆ *Zu weich* Eine zu weiche Kruste läßt sich nur verhindern, wenn man den Kuchen rechtzeitig vom Blech oder aus der Form nimmt, damit das Schwitzwasser des Teiges die Oberfläche nicht aufweichen kann. Bei Pasteten und Wickeln muß man vor dem Backen Löcher oder Schlitze oben in den Teig schneiden.

TIPS UND PANNENHILFE 51

Garprobe

◆ *Stäbchenmethode* Mit einem Holzstäbchen stechen Sie möglichst an der höchsten Stelle tief in den Kuchen; vergrößern Sie gleichzeitig die Einstichstelle, indem Sie das Stäbchen leicht hin- und herbewegen, damit die Kruste nicht etwa anhaftende Teigreste abstreift, wenn es herausgezogen wird. Teigreste, die am Stäbchen hängen, sind ein Zeichen dafür, daß der Teig noch nicht gar ist. Der Vorgang wird wiederholt, bis das Stäbchen sauber bleibt.

Um die Garprobe zu machen, sticht man mit einem Holzstäbchen in den Kuchen.

Kuchen stürzen

◆ *Kuchen sitzt fest* Der Kuchenrand wird mit dem Messer vorsichtig vom Rand der Form gelöst. Legen Sie dann ein Kuchengitter auf, halten Sie Kuchen und Gitter gut fest, und drehen Sie die Form zusammen mit dem Gitter um. Breiten Sie ein mehrfach gefaltetes, feuchtwarmes Tuch über die Form, und klopfen Sie einige Male leicht darauf. Nach ein paar Minuten läßt sich der Kuchen aus der Form lösen.

◆ *Beschädigungen* Wenn Kuchenstücke in der Form hängenbleiben, löst man sie vorsichtig mit einem Messer und klebt sie mit

Eine abgebrochene Kuchenecke wird mit Aprikosenkonfitüre befestigt.

durchpassierter, erwärmter Aprikosenkonfitüre wieder fest. Um die Bruchstellen zu überdecken, wird der ganze Kuchen mit Konfitüre überzogen und mit gehackten Mandeln oder Nüssen bestreut oder mit einem Puderzuckerguß versehen.

Tortenboden

◆ *Ebener Boden* Nachdem Sie den Biskuitboden aus dem Ofen genommen haben, lassen Sie ihn 3–5 Minuten stehen. Dann trennen Sie ihn mit einem Messer vom Rand der Springform und nehmen diesen ab.
Legen Sie ein Stück Backpapier auf den Kuchen, und stürzen Sie ihn auf ein Kuchengitter. Lassen Sie das Backpapier und das Bodenblech auf dem Kuchenboden, und beschweren Sie den Kuchen leicht bis zum folgenden Tag. So erhalten Sie bei Biskuitmassen einen fast ebenen Tortenboden. Wenn die Torte gefüllt bzw. belegt wird, dient die Seite, die beim Backen unten war und meist schön glatt ist, als Oberfläche.

◆ *Waagrecht schneiden* Ritzen Sie zunächst den Tortenboden waagrecht rundherum etwa 1 cm tief ein. Legen Sie dann einen reißfesten Zwirnsfaden in die Furche, und ziehen Sie diesen langsam über Kreuz zusammen.
Sie können den Tortenboden auch mit einem langen Messer mit dünner, glatter Klinge waagrecht durchschneiden. Ein kleiner Holzklotz, der das Messer führt, sorgt für eine einheitliche Höhe.

◆ **Reste** Wenn ein Tortenboden aus Rührteig beim Backen hochgegangen ist, muß man die Kuppe abschneiden. Solche Reste können Sie durch ein Sieb drücken und für die Garnitur des Randes verwerten.

Verbrannte Stellen an einem Kuchen kann man mit einer gebogenen Reibe entfernen.

◆ **Dunkle Stellen** Hat ein Kuchen beim Backen dunkle Stellen bekommen, die bitter schmecken würden, kann man sie vorsichtig mit einer gebogenen Reibe entfernen, oder man schneidet die Stellen mit einem Sägemesser ab. Falls der Kuchen dadurch eine sehr unregelmäßige Form erhält, muß man ihn entsprechend zurechtschneiden.

Torten füllen und dekorieren

◆ **Füllen** Nachdem Sie den Kuchen in die entsprechende Anzahl Schichten geschnitten haben, setzen Sie eine Kuchenschicht mit der Kruste nach unten zunächst auf einen Tortenheber, auch Kuchenheber genannt, oder notfalls auf den Boden der Springform; dafür wählt man die Schicht, die am wenigsten schön aussieht – in der Regel diejenige, die beim Backen oben war.

Nun wird – je nach Rezept – die Schnittfläche mit Alkohol beträufelt und mit Konfitüre bestrichen. Dies verbessert den Geschmack, die Schnittfläche krümelt weniger, und die Torte hält auch länger frisch.

Anschließend legen Sie den Tortenring um den Kuchen. Tortenringe aus Edelstahl können Sie in jede gewünschte Größe zusammendrücken; da sie rostfrei sind, verfärbt sich der Kuchen nicht. Der Ring von der Springform paßt selten so gut, da der Kuchen beim Backen schrumpft; falls er nicht emailliert oder beschichtet ist, muß er zunächst innen mit Alufolie oder Backpapier ausgekleidet werden, damit sich die Füllung nicht durch den Kontakt mit dem Metall verfärbt.

Bevor die Füllung aufgebracht wird, legt man einen Tortenring um den Kuchen.

Geben Sie dann die Creme, die Früchte oder die Sahnefüllung in der im Rezept vorgesehenen Menge auf den Boden. Mit der glatten Kante der Teigkarte läßt sich die Oberfläche leichter und besser glätten als mit dem Teigschaber.

Die nächste Kuchenschicht wird darauf gelegt und etwas angedrückt.

Bevor Sie bei einer Creme- oder Sahnetorte die oberste Schicht auflegen, schneiden Sie sie in die gewünschte Stückzahl; dann quillt später die Füllung nicht mehr seitlich heraus, wenn die Torte aufgeschnitten wird. Bei der letzten Schicht sollte die Kruste in der Regel oben liegen.

Die Torte wird besonders glatt, wenn Sie ein rundes Brettchen auflegen, das beinahe so groß wie die Torte ist, und dieses etwas andrücken. Dadurch haftet auch die Creme besser.

Die Torte wird schön glatt, wenn sie mit einem runden Brett flach gedrückt wird.

◆ **Dekorieren** Nehmen Sie nun das Brettchen ab, und bestreichen Sie die Oberfläche des Kuchens zunächst dünn mit durchpassierter, erwärmter Konfitüre; dadurch werden die Krümel gebunden. Die Creme- oder Sahneschicht für den Überzug streichen Sie je nach Höhe der Torte mit der Teigkarte oder einer Palette auf. Bei Buttercreme oder Sahne empfiehlt es sich, die Karte oder Palette in heißem Wasser leicht zu erwärmen; dies bewirkt, daß die Oberfläche schön glatt wird.

Fast immer ist es ratsam, Torten anschließend 3–4 Stunden oder über Nacht zu kühlen, damit sie fest werden und sich gut schneiden lassen. Kalkulieren Sie dafür, ehe Sie mit dem Backen beginnen, genügend Zeit ein.

Bevor Sie den Springformrand oder den Tortenring abnehmen,

TIPS UND PANNENHILFE

müssen Sie die Torte mit einem Messer mit glatter Klinge vom Ring trennen. Heben Sie den Ring vorsichtig und genau senkrecht nach oben. Nun bestreichen Sie den Rand mit einem Teil der restlichen Creme oder Sahne. Bevor Sie die Garnitur aufspritzen, markieren Sie die Tortenstücke mit einem gespannten Faden oder dem Tortenteiler. Dadurch wird die gleichmäßige Verteilung erleichtert.

Ist für den Rand eine Garnitur in Form von Borkenschokolade, gerösteten Haferflocken, Kokosraspeln, Krokant, Kuchenkrümeln, gerösteten Mandelblättchen oder Schokoladenraspeln, -röllchen oder -streuseln vorgesehen, drücken Sie sie vorsichtig mit der Palette oder der Teigkarte an den Kuchen; falls etwas davon herunterfällt, kann man es meist auflesen und an anderer Stelle noch verwerten.

Randverzierungen für Torten drückt man mit der Palette an.

Zum Schluß, wenn alle Arbeiten erledigt sind, setzen Sie die Torte mit dem Tortenheber vorsichtig auf die Kuchenplatte.
◆ *Tips* Da beim Dekorieren mit Creme, Guß, Kuvertüre, Sahne u. ä. die Unterlage nie sauber bleibt, sollten Sie dazu die Torte möglichst auf einen gesonderten Untersetzer, beispielsweise den bewährten Tortenheber, geben. Erst zum Schluß, aber ehe Guß oder Kuvertüre ganz fest ist, lassen Sie die Torte vorsichtig auf eine saubere Platte gleiten.

Drehen Sie die Torte, während Sie die Garnitur aufbringen, nach und nach um 360°; das ist leichter, als wenn Sie um die Torte herumarbeiten.

Glatte Überzüge auf Gebäck und Konfekt geben

◆ *Plätzchen* Wenn Sie Plätzchen oder Konfekt mit Puderzucker- oder Schokoladenguß überziehen, legen Sie zwei große Bogen Alufolie unter das Kuchengitter. Nachdem Sie die Plätzchen in den Guß getaucht haben, setzen Sie diese auf das Gitter, wo dann der überschüssige Guß auf die Folie tropfen kann, ohne die Arbeitsplatte zu beschmutzen. Die Gußreste können Sie für Süßspeisen verwerten, und die Alufolie erspart Ihnen viel Reinigungsarbeit.

◆ *Kuchen* Auch bei Kuchen, die mit einem Guß überzogen oder mit Puderzucker bestaubt werden, legt man Alufolie unter ein Kuchengitter und setzt den Kuchen darauf.

Damit sich die Kuchenkrümel nicht mit dem Schokoladenüber-

Um die Tropfen vom Guß aufzufangen, legt man Alufolie unter das Gitter.

zug vermischen, bestreicht man die Oberfläche feiner Kuchen oder Torten zunächst mit durchpassierter, erwärmter Aprikosenkonfitüre oder mit Apfel-, Himbeer- oder Johannisbeergelee. Anschließend wird der Guß, die Schokoladenmasse oder die Kuvertüre auf die Oberfläche des Gebäcks gegeben, und zwar spiralförmig von der Mitte aus; wenn man es dabei schräg anhebt, verteilt sich die Flüssigkeit besser über die Oberfläche.

Wenn man den Kuchen schräg hält, verteilt sich der Guß über die Oberfläche.

Erst zum Schluß werden Stellen, die eventuell unbedeckt geblieben sind, mit einem Messer mit glatter Klinge oder mit einer langen Palette zugestrichen.

Kekse

◆ *Füllen* Kekse, die mit Gelee oder Konfitüre zusammengesetzt werden, sollten Sie möglichst bestreichen, solange sie noch warm sind; dann kleben sie besser zusammen.

Gebäck mit dem Spritzbeutel füllen

◆ *Tip* Damit die Füllung nicht am oberen Ende aus dem Spritzbeutel quillt, legt man das Beutelende einmal um oder verschließt es fest mit einem Tütenclip.

◆ *Üben* Für Anfänger empfiehlt es sich, die Handhabung des Spritzbeutels mit lauwarmem Kartoffelpüree zu üben. Sie werden dabei erkennen, daß gerade Linien mit der glatten Tülle sehr viel schwieriger zu spritzen sind als verschlungene Wellenlinien mit der Sterntülle. Sternchen verschiedener Größen sind für Anfänger am einfachsten.

◆ *Vorbereitung* Legen Sie zunächst den oberen Beutelrand etwa 3 Finger breit nach außen um, und geben Sie die Baisermasse, die Creme oder die Schlagsahne in den Beutel. Wenn Sie dabei den Beutel mit dem umgekrempelten Rand in ein hohes Gefäß stellen, wird der Inhalt nicht so rasch durch die Handwärme flüssig, und Sie haben beide Hände frei.
Durch ruckartige Bewegungen befördern Sie den Beutelinhalt zur Tüllenspitze und entfernen die Lufteinschlüsse.
Damit die Füllung nicht am oberen Ende aus dem Spritzbeutel quillt, schlagen Sie die Öffnung zunächst einmal in der ganzen Breite um, falten den Rand zusammen und halten ihn fest geschlossen; Sie können ihn auch je nach Beutelgröße mit einem Gefrier- oder Tütenclip verschließen.

Halten Sie den Spritzbeutel fest verschlossen und möglichst senkrecht.

◆ *Handhabung* Halten Sie beim Spritzen den Beutel möglichst senkrecht mit der rechten Hand. Die Finger der linken Hand können die Tüllenmitte fassen und sie gleichzeitig für ein schönes Muster führen. Diese richtige Haltung ist wichtig, damit die Dekoration gut gelingt.
Bei Baiser- oder Sahnerosetten fängt man außen an und hört stets in der Mitte auf; für größere Böden beginnt man mit dem Spritzen immer in der Mitte.

◆ *Feine Linien spritzen* Um Verzierungen für Torten oder für die Weihnachtsbäckerei zu spritzen, gibt man die zerbröckelte Kuvertüre oder Schokolade in einen Gefrierbeutel, verschließt ihn fest mit einem Gefrierclip oder Knoten und bringt den Inhalt zum Schmelzen. Dann schneidet man eine sehr kleine Spitze des Beutels ab und spritzt die Masse auf das Gebäck.

Für feine Linien schneidet man die Ecke eines Gefrierbeutels ab.

Sie können auch aus einem Stück Pergamentpapier in entsprechender Größe eine Spitztüte drehen. Kneifen Sie den oberen Rand zur Fixierung um, schneiden eine feine Spitze ab, füllen flüssige Kuvertüre, Schokolade oder Puderzuckerguß ein und spritzen den Inhalt aufs Gebäck.

Glasur

◆ *Glatte Oberfläche* Die Glasur bleibt glatt und haftet fest, wenn Sie das Gebäck mit durchpassierter, angewärmter Aprikosenkonfitüre oder Gelee überziehen. Den Überzug läßt man etwas einziehen, bevor man die Glasur aufträgt.

◆ *Glanz* Guß aus Puderzucker oder Schokolade wird nicht stumpf, wenn Sie bei der Zubereitung 5–10 g zerlassenes Kokosfett hinzufügen.

◆ *Krümel vermeiden* Wenn ein Puderzuckerguß beim Verstreichen krümelig wird, rührt man etwas mehr Flüssigkeit in den Guß.

Gebäck lagern

◆ *Brot und Brötchen* Da Brot bei Temperaturen zwischen +7 und −14 °C am schnellsten alt wird, sollte es möglichst – eventuell leicht in Alufolie verpackt – bei kühler Raumtemperatur lagern. Brot hält sich auch gut im Steintopf, da die austretende Feuchtigkeit nicht verlorengeht. Bei hoher Luftfeuchtigkeit wird jedoch die Schimmelbildung begünstigt. Brötchen gibt man in einen großen Gefrierbeutel. Schneidet man von Baguettes vor dem Lagern die beiden Enden ab, kann feuchte Luft durch das Brot streichen, und es trocknet nicht so schnell aus.
Ehe man Brötchen oder Weißbrot am folgenden Tag aufbäckt, benetzt man die Oberfläche leicht mit Wasser, um verlorene Feuchtigkeit auszugleichen, dann bäckt man sie kurz auf.

◆ *Kuchen und Torten* Kuchen mit einem hohen Anteil an Trockenfrüchten bewahrt man in fest verschließbaren Dosen auf.
Gebäck mit Creme, Früchten oder Sahne gehört wegen Salmonellengefahr und Schimmelbildung stets

zugedeckt so bald wie möglich in den Kühlschrank und muß binnen 2–3 Tagen gegessen werden. Kuchen mit rohem Eigelb sollten möglichst am Backtag aufgegessen werden.

◆ *Stollen* Weihnachtsstollen schmecken am besten, wenn sie eine Weile lagern. Deshalb sollten Sie Stollen frühzeitig backen. Den fertigen, ausgekühlten Stollen wickelt man in Alufolie, verpackt ihn dann in einen Gefrierbeutel und bewahrt ihn in einem feuchten, kühlen Raum – notfalls auf dem Küchenbalkon – auf. Das Gebäck sollte erst unmittelbar vor dem Verzehr mit Puderzucker bestaubt werden.

Kuchen teilen

◆ *Schneidetechnik* Wenn Ihr sonst gelungener Kuchen beim Schneiden bröckelt, liegt dies entweder an der Schneidetechnik oder am Messer. Schneiden Sie mit leicht sägender Bewegung, und drücken Sie nicht das Messer hinunter. Bei Creme- oder Sahnetorten setzt man die Messerspitze in der Mitte an; Profis tauchen das Messer nach jedem Schnitt in ein hohes Gefäß mit warmem Wasser. Dies empfiehlt sich besonders bei Gebäck, das mit Kuvertüre oder Guß überzogen wurde.

Tauchen Sie nach jedem Schnitt das Messer in ein hohes Gefäß mit warmem Wasser.

In der Regel ist ein Messer mit Sägeschliff am besten geeignet; mit einem Keramik- oder Elektromesser oder einem Messer mit Laserschliff erzielen Sie je nach Gebäckart besonders gute Ergebnisse. Messer mit dünnen, glatten Klingen und Laserschliff eignen sich beispielsweise für Creme- oder Sahnetorten sowie für Gebäck, das mit Guß oder Kuvertüre überzogen ist. Mit einem Keramikmesser erhält man die schönsten Schnittkanten, da es vollkommen glatt schneidet. Elektromesser sind für Baiser- und Makronengebäck sowie für gefrorene Kuchen zu empfehlen.
In noch leicht gefrorenem Zustand, solange sie noch fest sind, lassen sich Torten am besten schneiden.

◆ *Stückzahl* Kleine runde Kuchen und Torten werden in 8–12 Stücke geschnitten, große oder sehr gehaltvolle in 12–16 Stücke. Einen Blechkuchen schneiden Sie in 16–25 Stücke. 16 Stücke erhalten Sie, indem Sie ihn zunächst längs und dann quer je dreimal durchschneiden.
Für 20 Stücke schneiden Sie ihn einmal in 4, einmal in 5 Streifen. Für 25 Stücke teilen Sie den Kuchen längs und quer in 5 Streifen. Ein langes Lineal oder das Kuchengitter erleichtert bei diesen Schnitten die Führung.

Gebäck auffrischen

◆ *Kuchen* Zu trockener Kuchen wird wieder genießbar, wenn Sie ihn mit einer Mischung aus Fruchtsaft, Zucker und etwas Likör oder Schnaps tränken und dann mit Früchten und Creme bzw. Schlagsahne garnieren. Das Mischungsverhältnis von Saft und Alkohol können Sie nach Belieben wählen.
Am besten wird die Mischung vom Kuchen aufgenommen, wenn man sie erwärmt, den Kuchen mehrmals mit einer Gabel einsticht und das Gemisch teelöffelweise darauf gibt.

◆ *Plätzchen* Wenn sie durch zu langes Backen, Heizungswärme oder trockene Luft zu hart geworden sind, kann man sie für einige Tage zusammen mit einem frischen Apfel, einer Orange oder einem Stück frischem Brot in einen gut verschließbaren Behälter legen oder über Nacht auf einem Kuchengitter über der mit Wasser gefüllten Fettpfanne stehenlassen. Die Plätzchen werden auch schnell weich, wenn Sie über die Oberkante eines Gefäßes ein mit Rum oder Arrak benetztes Tuch spannen und dann den Deckel auflegen.

Für weiche Plätzchen spannen Sie ein mit Rum benetztes Tuch über die Dose.

Eine andere Möglichkeit, die aber nur an Tagen mit sehr hoher Luftfeuchtigkeit funktioniert: Sie breiten die Plätzchen auf einem Kuchengitter oder dem Ofenrost nebeneinander aus und stellen das Gitter oder den Rost auf eine mit Wasser gefüllte Fettpfanne. Dann decken Sie alles mit Alufolie zu, legen die Folienkanten an das Blech und lassen das Gebäck etwa 24 Stunden ruhen. Danach ist es schön weich.

Aufbewahren, verpacken, einfrieren

Frisch schmeckt Gebäck meist am besten. Doch manchmal bleibt etwas übrig, und praktisch ist es auch, auf Vorrat zu backen. Welche Teige und Backwaren kann man aufbewahren? Wie lange sind sie haltbar? Auf diese und auf viele andere Fragen finden Sie im folgenden die Antworten.

Aufbewahren

◆ *Faustregel* Brot und Gebäck verderben am schnellsten, wenn sie zwischen +14 und −7 °C gelagert werden. Die Feuchtigkeit wird ausgeschieden und verdampft, die Stärke, die durch den Backvorgang verkleistert war, wird wieder pulverartig – das Gebäck oder das Brot wird trocken und alt. Bei geringer Luftfeuchtigkeit spielt sich dieser Vorgang in relativ kurzer Zeit ab.
Aus diesem Grund sollten gebackene stärkehaltige Produkte nur dann im Kühlschrank bei 8–10 °C aufbewahrt werden, wenn sie mit Creme, Fisch, Fleisch, Früchten, Gemüse, Schlagsahne oder Tortenguß kombiniert sind. Sie verderben rasch und müssen kühl gelagert werden. Sonst ist eine Lagerung bei kühler Raumtemperatur besser. Gegen Austrocknen und Insekten schützen Alu- bzw. Klarsichtfolien oder wiederverwendbare Abdeckhauben. Für die verschiedenen Gebäckarten gibt es jedoch individuelle Regeln.

◆ *Brot* Es bleibt länger frisch, wenn der Teig mit Fett, Lecithin, gegarten Kartoffeln oder Quark versetzt wurde. Dabei hält es sich am besten in einem zugedeckten Steinguttopf, weil dort die Luftfeuchtigkeit höher ist.
Roggenbrot – vor allem wenn es mit Sauerteig gebacken ist – wird nicht so schnell alt wie Weizenbrot. Weizenvollkornbrot wiederum bleibt länger genießbar als Weißbrot aus ausgemahlenem Weizen. Es dauert zwar recht lange, bis die Schalen bei der Teigbereitung die Feuchtigkeit aufgenommen haben, doch hält sie sich dafür auch länger. Außerdem ist im Vollkornbrot Fett vom Keim enthalten, was der Alterung entgegenwirkt.

◆ *Baiser- und Makronengebäck* An einem trockenen Ort gelagert und in Alufolie oder in fest verschließbare Behälter verpackt, hält es sich mehrere Wochen, ohne an Qualität zu verlieren. Tiefgefrieren empfiehlt sich jedoch nicht.

◆ *Biskuitrollen oder -teilchen* Man sollte sie möglichst am Backtag verzehren. Reste werden mit Alu- oder Klarsichtfolie zugedeckt. Mit Creme oder Sahne gefülltes Ge-

AUFBEWAHREN, VERPACKEN, EINFRIEREN 57

Backwaren sollen immer zugedeckt aufbewahrt werden, denn sie trocknen sonst aus.

Brandteiggebäck wird nicht so schnell alt, wenn man es in Gefrierbeutel einpackt.

Läßt man Blätterteiggebäck einige Zeit im Ofen trocknen, hält es sich länger.

bäck sollte im Kühlschrank aufbewahrt werden.

◆ *Biskuittorten* Fertiggebackene Torten, die gefüllt werden sollen, krümeln kaum, wenn man sie bis zum nächsten Tag zudeckt und erst dann aufschneidet. Reste gefüllter Torten werden wie Biskuitrollen aufbewahrt.

◆ *Brandteiggebäck* Es schmeckt am Backtag am besten. Ungefülltes Gebäck kann in einem geschlossenen Gefrierbeutel bei Raumtemperatur – aber nicht im Kühlschrank – einige Tage aufbewahrt und dann aufgebacken werden. Es kann lange im Gefriergerät gelagert werden.

◆ *Blätterteiggebäck* Natürlich schmeckt es frisch am besten. Wenn man das Gebäck wie vorgeschrieben bei hohen Temperaturen bäckt und weitere 10–15 Minuten im Ofen bei geringeren Temperaturen trocknet, wird auch das Innere der Teilchen trocken. So schmecken sie – eventuell aufgebacken – am folgenden Tag noch recht gut.

◆ *Hefegebäck* Es schmeckt vor allem kurz nach dem Backen ganz ausgezeichnet. Wenn der Teig mit etwas Öl, Butter oder Margarine, Quark oder geriebenen gegarten Kartoffeln zubereitet wurde, bleiben Teilchen, Brot und Brötchen aus Hefeteig länger frisch. Sie können am folgenden Tag kurz im Ofen aufgebacken werden. Zum Aufwärmen im Mikrowellengerät legen Sie das Gebäck auf ein Stück Küchenpapier, damit das Schwitzwasser aufgesaugt wird. Sauerteigbrot bleibt länger frisch als reines Hefebrot.

◆ *Mürbeteiggebäck* Es hält sich einige Tage, wenn Sie es gut in Alufolie oder in einem festschließenden Behälter verpacken. Mit Creme oder Sahne gefülltes

Teige aufbewahren

◆ *Gleich verarbeiten* Teige werden in der Regel am Tag der Zubereitung weiterverarbeitet. Das gilt vor allem für Baiser-, Biskuit- und Makronenmasse, da die eingeschlossene Luft sonst entweichen würde. Rührteige werden aus diesem Grund möglichst bald nach der Zubereitung gebacken, man kann sie aber auch roh einfrieren. Brandteig bald nach der Zubereitung backen.

◆ *Am nächsten Tag backen* Sie können fertigen rohen Hefeteig, Quark-Öl-Teig und Strudelteig sehr gut eingepackt über Nacht im Kühlschrank lagern und am nächsten Tag backen. Bei Hefeteig ist das etwa für die Sonntagsbrötchen praktisch. Im Strudelteig quillt während der längeren Lagerzeit der Kleber, so daß sich der Teig dann noch besser ausziehen läßt. Bei zu langer Lagerung wird Strudelteig allerdings grau.

◆ *Nach 1 Woche backen* Blätter- und Mürbeteig sowie Honigkuchenteig lassen sich etwa 1 Woche im Kühlschrank lagern. Dazu wird der Teig sorgfältig in Alu- oder Klarsichtfolie eingepackt, so daß er weder austrocknen noch Geschmack annehmen kann. Auf diese Weise spart man bei Blätter- und Mürbeteig viel Zeit, da man sie auf Vorrat herstellen kann. Honigkuchenteig wird besser im Geschmack, weil sich das Aroma der Gewürze gleichmäßiger in der Masse verteilt.

Gebäck sollten Sie in den Kühlschrank stellen.

◆ *Quark-Öl-Teig-Gebäck* Es hat gegenüber Hefeteig den Vorteil, daß es länger frisch bleibt, wenn man es in Folie verpackt oder in einen festschließenden Behälter legt.

◆ *Rührteiggebäck* Wie lange es sich frisch hält, hängt vom Fettgehalt des Teiges ab – je fetthaltiger, um so kürzer ist die Haltbarkeit. Trockenes Gebäck, das weder Creme, Sahne noch eine andere Füllung enthält, wird in Alufolie oder einem fest schließenden Behälter bei Raumtemperatur gelagert. Gefüllte Torten müssen im Kühlschrank aufbewahrt werden.

◆ *Strudel* Unabhängig von der Art der Füllung schmecken sie lauwarm aus dem Ofen am allerbesten; später werden sie weich.

Verpacken

◆ *Richtig transportieren* Gebäck wird nicht immer dort gegessen, wo es gebacken wurde. Deshalb hier einige Tips, wie man Kuchen und Plätzchen für einen Transport sicher verpackt, damit sie unbeschädigt das Ziel erreichen.

◆ *Kuchen* Bedecken Sie die Oberfläche mit Klarsicht- oder Alufolie, bevor der Kuchen in einen größeren Behälter gestellt wird. Wenn Sie eine größere Menge, z. B. für ein Fest, transportieren müssen, können Sie bei Ihrem Bäcker entsprechende Behälter aus Pappe leihen. Achten Sie darauf, daß die Backwaren darin nicht hin- und herrutschen. Praktisch ist es auch, den Kuchen in der Form, in der er gebacken wurde, zu transportieren. Dafür bieten sich Einmalformen aus dicker Alufolie an. Buttercreme- oder Sahnetorten überstehen den Transport am besten, wenn sie auf eine Lage Kühlakkus gesetzt werden. Wenn Sie

In der Einmalform kann man den Kuchen backen und gleich transportieren.

Bei Behältern mit Sichtfenstern kann man den Inhalt schnell überprüfen.

die Kühlelemente in Küchenpapier einwickeln, bleiben die Torten sicher darauf stehen und verrutschen nicht.

Für einzelne Kuchenstücke gibt es Behälter, in deren Deckel ein Kühlelement eingepaßt werden kann.

◆ *Plätzchen* Grundsätzlich müssen alle Plätzchen vor dem Verpacken auf einem Kuchengitter völlig auskühlen, sonst werden sie durch das austretende Schwitzwasser weich und schimmeln.

Plätzchen läßt man auf einem Gitter auskühlen, bevor man sie verpackt.

Zum Verpacken von Kleingebäck eignen sich Weißblechdosen ebensogut wie Einmachgläser mit Gummiringen und Schnellbügeln oder Kunststoffbehälter. Wichtig ist, daß die Behälter aus lebensmittelechtem Kunststoff und fest zu verschließen sind. Wenn sie durchsichtig sind oder ein Sichtfenster haben, sieht man auf einen Blick, welche Vorräte man noch hat. Die Gefäße müssen innen völlig trocken sein, bevor man Plätzchen hineingibt. Wenn sie wieder leer sind, muß man sie gut reinigen.

◆ *Plätzchen mit Glasur* Gleichgültig, ob mit Puderzuckerglasur oder Schokoladenüberzug, erst wenn sie völlig abgetrocknet sind, dürfen die Plätzchen verpackt werden, denn sonst kleben sie aneinander. Sie werden am besten in breiten, flachen Weißblechdosen flach übereinandergestapelt. Durch Lagen von Alufolie, Back- oder Pergamentpapier, die man zwischen die einzelnen Schichten legt, behalten Plätzchen mit Gelee, Guß oder Puderzucker, z. B. Terrassen oder Spitzbuben, ihr appetitliches Aussehen.

◆ *Plätzchensorten trennen* Harte knusprige Plätzchen wie Mailänderli oder Mürbeteiggebäck ohne Füllung sollten Sie nicht zusammen mit weichen oder geleegefüllten Plätzchen verpacken, weil sonst die knusprigen Plätzchen weich werden.

Aromatisches Gebäck wie Leb- oder Pfefferkuchen, Spekulatius

AUFBEWAHREN, VERPACKEN, EINFRIEREN 59

Das Popcorn sorgt dafür, daß die Plätzchen beim Transport nicht zerbröseln.

Mit Gefrierclips kann man Gefrierbeutel fest verschließen und leicht wieder öffnen.

◆ **Temperatur** Für die langfristige Lagerung im Gefriergerät empfiehlt sich eine Temperatur von mindestens −18 °C. Damit die Backwaren nicht verderben, sollten sie möglichst rasch eingefroren werden. Ideal ist es, wenn man die Superfrostschaltung frühzeitig einstellt und das Gebäck dann luftdicht verpackt ins Gefriergerät legt. Auf diese Weise kühlt das Gefriergut schnell auf eine Temperatur von −18 °C oder weniger ab. Je eher diese Temperaturgrenze erreicht wird, um so geringer ist der Qualitätsverlust, und nur so kann man das Gebäck über längere Zeit aufbewahren.

◆ **Verpacken** Vor dem Einfrieren verpackt man die Backwaren sorgfältig, damit sie nicht austrocknen. Achten Sie darauf, daß dabei möglichst wenig Luft in den Behälter mit eingeschlossen wird. Praktisch, jedoch nur einmal zu verwenden, sind Gefrierbeutel aus gefriergeeigneter dicker Kunststoffolie mit dazu passenden Verschlußclips. Zu empfehlen ist auch extra-starke Alufolie; sie ist als solche gekennzeichnet und zwischen 0,025 und 0,07 mm stark. Ungeeignet hingegen sind dünne Frischhaltebeutel. Mehrfach zu benutzen sind

oder Zimtschnitten niemals mit anderen Plätzchensorten in einen Behälter einpacken, sonst schmeckt später alles gleich.

◆ **Plätzchen versenden** Schichten Sie das Gebäck dicht aneinander sortenweise ein, und streuen Sie frisches Popcorn in die wenigen Hohlräume, damit die Plätzchen nicht zerbrechen.

Einfrieren

◆ **Gefriereigenschaften** Manche Gebäckarten lassen sich besser einfrieren als andere, doch in jedem Fall büßen sie mehr oder weniger an Qualität ein. Vom zweifachen Einfrieren und Auftauen, also auch vom Einfrieren von Backwerk aus TK-Teigen, ist abzuraten, weil der Qualitätsverlust hoch ist.

◆ **Menge** Wieviel Gebäck oder Teig Sie auf einmal einfrieren können, richtet sich nicht zuletzt nach der Kapazität Ihres Gefriergerätes. Das Fassungsvermögen ist auf dem Typenschild vermerkt. Überlegen Sie sich vor dem Einfrieren, ob Sie die vorgesehene Menge auch innerhalb der möglichen Lagerdauer verbrauchen werden.

fest schließende Gefrierbehälter und notfalls Glasbehälter, die aber viel Raum einnehmen und leicht zerbrechen. Man kann auch Backformen verwenden, wenn man sie gut in Folie einwickelt.

◆ *Beschriften* Wenn man die Gefrierbeutel und -behälter mit wasserfesten Spezialstiften beschriftet, ist der Inhalt auf einen Blick erkennbar. Das garantiert auch, daß das Gefriergut rechtzeitig verbraucht wird.

So behält man den Überblick: alle Gefrierbehälter sorgfältig beschriften.

◆ *Vorfrieren* Vor allem für Kleinhaushalte ist es von Vorteil, wenn Brotscheiben einzeln zu entnehmen sind. Zu diesem Zweck friert man sie vor. Man legt die Scheiben flach nebeneinander auf ein Tablett und gibt sie ins Gefrier-

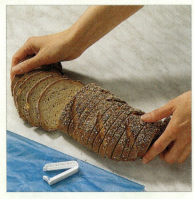

Wenn man die Brotscheiben vorfriert, kann man sie einzeln entnehmen.

Gefriereigenschaften

◆ *Teige* Blätter- und Quarkblätterteig, Hefe-, Mürbe- und Strudelteig lassen sich roh einfrieren. Sie können dabei entweder nur den Teig oder das fertige, ausgeformte, aber ungebackene Gebäck mit Auflagen und Füllungen in das Gefriergerät geben. Vor dem Backen sollten Sie dieses Gefriergut nach Möglichkeit auftauen.
Bei den übrigen Teigarten lohnt das Einfrieren nicht, weil sie entweder eine sehr geringe Zubereitungszeit haben oder die Qualitätseinbußen zu groß sind.

◆ *Teigböden* Im allgemeinen gut einzufrieren sind ungefüllte Biskuit- und Mürbeteigböden für Obsttorten, Käsekuchen, gedeckte Obstkuchen, Pasteten, Rührkuchen, Salzgebäck und Stollen.

◆ *Gebäck* Brot, Brötchen, Hefe-Blechkuchen, Quark-Öl-Teig- und Fritiergebäck lassen sich ebenso wie Brandteig- und Blätterteiggebäck gut einfrie-

gerät. Spätestens nach 3 Stunden sollte man sie wieder zu einem Laib zusammenfügen, in einen Gefrierbeutel packen und einlagern. Die Scheiben dürfen dabei nicht auftauen. Manche Hersteller von Gefriergeräten liefern ein spezielles Gefriertablett mit. Auch Buttercreme- oder Sahnetorten sollte man etwa 5–6 Stunden lang vorfrieren, weil sie sich im gefrorenen Zustand viel besser verpacken und – sofern gewünscht – portionieren lassen.

ren, besonders wenn sie nur zu 90 % gebacken wurden.
Sahne- und Buttercremetorten oder -rollen kann man ebenfalls tiefgefrieren. Am besten taut man diese Torten bei Raumtemperatur auf. Wegen der möglichen Salmonellengefahr sollte man sie danach sofort verzehren.

◆ *Plätzchen* Die meisten Plätzchen haben vorzügliche Gefriereigenschaften und schmecken nach dem Auftauen wie frisch. Plätzchen mit Glasuren aus Puderzucker oder Schokolade, mit Nonpareille- oder Smarties-Verzierungen sowie Makronengebäck verlieren ihr appetitliches Aussehen oder werden zu weich.

◆ *Weniger geeignet* Nicht gut einfrieren lassen sich Makronen, Baisers, sehr saftige Obstkuchen, Obstkuchen mit klarem Gelatine- oder Tortenguß, Kuchen mit Pudding, fertiggebackene Strudel, Torten mit Schokoladen- oder Puderzuckerglasuren.

◆ *Lagerdauer* Vollkornbrot hält sich tiefgefroren 12 Monate, Brötchen 8 Monate und Weißbrot 4–5 Monate. Für das übrige Backwerk gilt, daß es nach 3–5 Lagermonaten verzehrt werden sollte. Je fetthaltiger ein Gebäck ist, um so früher soll es wieder aufgetaut und dann sofort verbraucht werden. Eine extrem lange Lagerung eines Lebensmittels kostet überdies Energie und belastet den Geldbeutel mit rund 10 Pfennig pro Monat und Liter Gefriergut.

Auftauen

◆ *Sofort verbrauchen* Wie für das Einfrieren gibt es auch für das Auftauen einige Grundregeln. Nach dem Auftauen altern Brot und Kuchen sehr schnell. Man sollte deshalb immer nur die Portionen aus dem Gefriergerät nehmen, die man sofort verbrauchen möchte.

◆ *Nicht wieder einfrieren* Grundsätzlich gilt: was Sie einmal dem Gefriergerät entnommen haben, dürfen Sie nicht wieder hineinlegen. Durch das Auftauen kommen in den Lebensmitteln chemische Prozesse in Gang. Dadurch verderben sie schnell und werden ungenießbar.

◆ *Überlagerung* Kontrollieren Sie in regelmäßigen Abständen, ob das Gefriergut noch innerhalb der Haltbarkeitszeit liegt. Überlagertes muß man vernichten. Deshalb sollten Sie alles, was Sie einfrieren, mit Inhaltsangabe und Datum beschriften.

◆ *Stromausfall* Rufen Sie sofort den Kundendienst an, und halten Sie das Gerät geschlossen. Alle Geräte haben eine Kältereserve, die allerdings je nach Gerätetyp sehr unterschiedlich sein kann. Brot, fettarmen Kuchen und fettarmes Gebäck können Sie in der Regel wieder einfrieren, wenn die Gerätereparatur nicht gar zu lange gedauert hat.
Vorsicht aber bei Sahne- und Buttercremegebäck: Nur wenn es wirklich noch frisch riecht, darf man es wieder einfrieren. Im Zweifelsfall ist es besser, die an- oder aufgetauten Nahrungsmittel zu vernichten.

◆ *Bei Raumtemperatur* Wenn Sie Gebäck bei Raumtemperatur auftauen, müssen Sie zwar etwas länger warten, bis es genießbar ist, verbrauchen aber keine zusätzliche Energie. Je fester, kompakter

Eine tiefgefrorene Biskuittorte läßt sich mit einem Keramikmesser zerteilen.

und dicker das Gefriergut ist, um so mehr Zeit ist dafür nötig. Gefrorenes Sahne- und Cremegebäck bei Raumtemperatur nur antauen lassen, denn leicht gefroren läßt sich solches Gebäck am besten schneiden.
Eine gefüllte Biskuitrolle kann man ohne Bedenken mit einem Laser- oder Elektromesser auch gefroren schneiden. Sie können die Scheiben, die Sie gerade auftauen möchten, abschneiden und den Rest – wieder sorgfältig eingepackt – gefroren in das Gerät zurücklegen.

◆ *Mit Wärme auftauen* Bis auf Gebäck mit Buttercreme oder Sahne kann gefrorenes Backwerk in kurzer Zeit durch Zufuhr von Hitze aufgetaut werden.

◆ *Mit dem Toaster* Zum Auftauen von einzelnen Brot- oder Kuchenscheiben nehmen Sie am besten den Toaster.

◆ *Im Ofen* Man legt das Gebäck auf einen Rost in den auf 200 °C vorgeheizten Ofen. Je nach Umfang bzw. Dicke des Gebäcks ist es nach etwa 5–10 Minuten aufgetaut und fertig zum Verzehr.

◆ *Im Mikrowellengerät* Hier taut Backwerk oder Brot sehr gut und vor allem schnell auf – immer vorausgesetzt, es ist weder Buttercreme noch Sahne darauf oder darin. Am besten funktioniert das Auftauen so: einen mikrowellengeeigneten Teller oder eine entsprechende Platte mit Küchenpapier belegen, das Gebäck darauf legen, nicht zudecken und kurze Zeit im Gerät lassen. Das Papier saugt die entstehende Feuchtigkeit zum größten Teil auf.

Auftauen im Mikrowellengerät: unter den Kuchen legt man ein Stück Küchenpapier.

Neben der reinen Auftauzeit muß die beim Mikrowellengerät übliche Standzeit, die aber ebenfalls kurz ist, einkalkuliert werden. Da Mikrowellengeräte sehr unterschiedlich gehandhabt werden, sollten Sie sich über die genauen Auftauzeiten in der Betriebsanleitung informieren. Zu viele Faktoren spielen eine Rolle, so daß man ohne Kenntnis des Gerätetyps keine genauen Auftauzeiten angeben kann. An zwei Beispielen läßt sich jedoch das Auftautempo demonstrieren:

◆ *Superschnell aufgetaut* In einem Mikrowellengerät mit 600 W taut ein gefrorenes Brötchen in nur 30 Sekunden auf; rechnen Sie dann anschließend mit etwa 5 Minuten Standzeit.
Für 500 g Brot oder einen ziemlich festen Kuchen müssen Sie lediglich etwa 4 Minuten im Mikrowellengerät und 10 Minuten Standzeit vorsehen.

Grundausstattung

Einige Küchenutensilien sind unerläßlich für das Backen zu Hause. Sie haben sich als praktisch erwiesen und erleichtern die Arbeit ungemein, indem sie beim Backen viel Zeit und Kraft sparen helfen.

Kuchenbleche

Es lohnt sich, beim Ofenkauf zwei weitere Bleche sowie zum Backen saftiger Kuchen zusätzlich eine Fettpfanne zu bestellen.

Backformen

Die Anschaffung von je einer Kasten-, einer Spring- und einer Napfkuchenform ist sinnvoll.

♦ *Kastenformen* gibt es zwischen 14 und 30 cm Länge. Bei manchen Fabrikaten läßt sich die Größe verändern.

♦ *Springformen* haben Durchmesser zwischen 16 und 30 cm.

♦ *Napfkuchenformen* fassen 1,5–3 l Inhalt. Die Rippen der Napfkuchenform sollen tief und der Kamin recht groß sein, dann kann der Kuchen gleichmäßig garen.

♦ *Multiformen* sind praktisch für Brötchen, kleine Kuchen und für die Verwertung von Teigresten.

♦ *Brioche- und Tortelettförmchen* vervollständigen mit Tortenbodenformen das Sortiment. Backformen werden aus verschiedenen Materialien hergestellt:

♦ *Weißblech* ist preiswert und eignet sich für Gasöfen. Es wird jedoch schnell unansehnlich.

♦ *Schwarzblech* erzeugt in Elektroöfen die beste Kruste, verliert aber nach und nach die Lackschicht und beginnt dann zu rosten.

♦ *Aluformen* sind für alle Öfen geeignet. Allerdings lösen sich die Kuchen nicht so leicht wie z. B. von Weiß- oder Schwarzblech.

♦ *Kunststoffbeschichtungen* ersparen das Einfetten, doch bräunt das Gebäck nicht so schön, und die meisten Beschichtungen sind nicht schnittfest.

♦ *Gußeisenformen* sind schwer und rosten leicht. Die Kuchen bräunen gut darin, brauchen aber länger.

♦ *Kupferformen* backen zwar sehr gut, sind aber schwer zu reinigen.

♦ *Glasformen* lassen den Garzustand des Gebäcks gut erkennen. Allerdings bräunt der Kuchen darin am Rand schneller als auf der Unterseite. Das Gebäck können Sie nach dem Backen gleich auf dem schnittfesten Glasboden servieren.

♦ *Keramikformen* erzeugen eine gute Kruste, erfordern jedoch eine längere Backzeit.

♦ *Kunststoffformen* werden neben Glasformen für Mikrowellengeräte angeboten. Sie müssen gut eingefettet und ausgestreut werden. Für Öfen sind sie ungeeignet.

♦ *Einmalformen* aus Aluminium eignen sich zum Einfrieren von Gebäck oder Teigen. Da es sie in verschiedenen Größen gibt, leisten sie auch bei der Verwertung von Teigresten gute Dienste.

GRUNDAUSSTATTUNG

◆ **Papierbackformen** sind sehr praktisch für kleine Kuchen, für Reiseproviant, für Gartenpartys und Picknicks.

◆ **Pralinenkapseln** werden aus farbigem Pergament und für flüssige Inhalte aus Alufolie angeboten.

◆ **Gut zu wissen** Auf ein Blech paßt etwa die doppelte Teigmenge einer großen Springform; zwei Springformen mit 18–20 cm ⌀ entsprechen einer mit 28 cm ⌀. Bei Rühr- und Hefeteigen sollen die Formen in der Regel zu zwei Drittel gefüllt sein.

Back-, Teig- oder Nudelbretter

Teige lassen sich auf einer harten glatten Unterlage, die keine Schnittspuren aufweist, am besten kneten, ausrollen oder ausformen. Bewährt haben sich dafür die althergebrachten Bretter aus Hartholz. Da im Lauf der Zeit Schnittrillen und sonstige Unebenheiten entstehen, sollte man die Brettoberfläche ab und zu mit Schleifpapier oder einem Schwingschleifer bearbeiten. Dadurch wird das Brett wieder glatt. Wenig zu empfehlen sind Kunststoffbretter. Sie sind nicht schnittfest und werden sehr schnell unansehnlich und rauh.

Ideal, vor allem für Teige, die auf einer kühlen Arbeitsfläche am besten gelingen, sind Marmor- oder Granitplatten. Manchmal kann man beim Steinmetzen oder bei einem Küchenhersteller ein preisgünstiges Reststück erstehen, das auf die eigene Arbeitsfläche gelegt wird. Sonderanfertigungen solcher Platten sind teuer.

Kuchengitter

Mindestens zwei dieser Gitter – es gibt sie rund oder eckig – sollte man haben. Beim Backen sind sie unentbehrlich, weil der Kuchen nur auf einem Gitter rundum so auskühlen kann, daß die Kruste nicht durch Schwitzwasser aufgeweicht wird.

Rührschüssel

Bei Küchenmaschinen wird eine Rührschüssel mitgeliefert; es gibt sie auch separat zu kaufen. Qualitativ hochwertige Kunststoffschüsseln verbiegen sich nicht, haben einen festen Stand und können dank eines an der Unterseite eingelassenen Gummirings nicht verrutschen.

Schüsseln aus Edelstahl sind zwar teuer, aber sie sind unverwüstlich und pflegeleicht. Wenn man einen Satz mit drei oder vier Schüsseln in verschiedenen Größen anschafft, paßt eine der kleineren sicher auf einen vorhandenen Topf, so daß man sie für ein Wasserbad verwenden kann.

Alufolie

Es gibt sie in unterschiedlichen Stärken, und man braucht sie für viele Zwecke: zudecken, verpacken, Bleche abteilen oder mehrfach gefaltet als Rand, um zu verhindern, daß ein Kuchen zu sehr auseinanderläuft.

Backpapier

Wenn Sie Bleche und Kastenformen mit Backpapier belegen, sparen Sie Reinigungsarbeit, und das Gebäck klebt nicht an. Bedrucktes Backpapier kann nur von einer Seite benutzt werden, unbedrucktes von beiden Seiten. Für Kleingebäck kann man es 3–4mal verwenden.

Elektrogeräte für die Küche

Unter den vielen Geräten, die die Haushaltwarengeschäfte anbieten, gibt es einige, die sich wirklich bezahlt machen. Wenn man beim Einkauf eine sinnvolle Auswahl trifft, leisten sie oft jahrelang gute Dienste.

Küchenmaschine

Solche Maschinen gibt es in so vielen Ausführungen, daß man keine Modellempfehlungen aussprechen kann. Am besten ist es, Sie lassen sich in einem guten Haushaltwarengeschäft oder Kaufhaus individuell beraten.

Allgemein lassen sich Modelle, bei denen die Rührschüssel keinen sogenannten Schornstein hat, besser handhaben, weil man die Schüssel leichter entleeren und reinigen kann.

Ob eine kleine oder eine größere Maschine sinnvoll ist, hängt davon ab, wie intensiv man sie nutzt. Eine kleine Kompaktmaschine reicht in der Regel für einen Normalhaushalt aus. Sie verarbeitet problemlos bis zu 1 kg Mehl und beansprucht so wenig Platz, daß man sie stets griffbereit auf der Arbeitsplatte stehenlassen kann.

Schon zu preiswerten Geräten wird praktisches Zubehör wie z.B. ein Schnitzelwerk mitgeliefert. Beachten Sie beim Gebrauch, daß Sie grundsätzlich zunächst die geringste Tourenzahl wählen, damit die Zutaten nicht aus der Schüssel geschleudert werden.

Da man je nach Fabrikat bei der Herstellung des Teiges unterschiedlich vorgehen muß, sollten Sie die Bedienungsanleitung Ihrer Maschine nach dem Kauf und dann von Zeit zu Zeit immer wieder einmal genau durchlesen, denn die Rezepte enthalten nur generelle Hinweise.

Mixer

Dieses Gerät können Sie beim Backen und Kochen vielseitig einsetzen. So lassen sich etwa Früchte, Gemüse und andere Zutaten damit pürieren. Mandeln, Nüsse oder Zucker können Sie darin zerkleinern, indem Sie die Zutaten in kleinen Mengen bei höchster Laufgeschwindigkeit durch die kleine Deckelöffnung auf das laufende Messer schütten. Damit kein öliger Brei entsteht, müssen Sie den Becher oft genug leeren. Puderzucker kann man so aus normalem Haushaltszucker selbst herstellen; man muß ihn aber zum Schluß sieben.

Stabmixer

Er hat die gleiche Funktion wie ein Mixer, verfügt jedoch über den Vorteil, daß man die Zutaten gleich in der Schüssel oder im Topf zerkleinern kann. Dadurch spart man Zeit, und man muß hinterher weniger Gefäße reinigen.

Elektroquirl

Dieses Gerät, auch als Handrührgerät bezeichnet, sollte man zusammen mit dem Zubehör immer greifbar in der Küche haben. Damit lassen sich schnell kleinere Mengen Eiweiß, Creme oder Schlagsahne schlagen; man kann aber auch einen Teig mit maximal 500 g Mehl damit kneten.
Je höher die Wattzahl des Gerätes ist, um so länger ist in der Regel die Haltbarkeit. Nach einer Laufzeit von höchstens 10 Minuten braucht der Quirl eine Pause; daher ist er für einen Dauereinsatz nicht geeignet. Der Motor darf nie heiß oder feucht werden.

Küchenwaage

Die Auswahl ist groß, aber man sollte sich für eine Qualitätswaage entscheiden, denn genaues Wiegen ist für das Gelingen des Backwerks unverzichtbar. Meßbecher mögen zwar etwas Zeit sparen; sie sind jedoch nicht so präzise wie eine Waage.
Einfache Federwaagen gibt es – platzsparend mit Wandbefestigungen – preisgünstig zu kaufen. Elektronisch gesteuerte, sogenannte Digital-Zuwiegewaagen, bewähren sich beim Backen. Nachdem man die Rührschüssel aufgesetzt hat, tippt man auf 0, gibt dann die vorgeschriebene Menge einer Zutat hinein und drückt erneut auf 0. So kann man nacheinander alle Ingredienzen für einen Teig in eine Schüssel geben. Achten Sie beim Einkauf darauf, daß die Skala gut lesbar und die Standfläche genügend groß für Ihre Rührschüssel ist. Wenn Sie diese zum Kauf mitnehmen, ist gewährleistet, daß sie paßt.

Friteuse

Dieses Gerät zum Ausbacken bzw. Fritieren hat gegenüber dem althergebrachten eisernen Topf den Vorteil, daß die Fettemperatur von 180 °C dank eines Thermostats genau eingestellt und gehalten werden kann.
Im Angebot sind kleine Modelle für den normalen Haushalt, die zum Teil auch mit einem Fettdunstfilter ausgestattet sind. Halten Sie sich unbedingt an die Gebrauchsanweisung des Herstellers, und achten Sie darauf, daß Kinder nicht mit dem heißen Fett in Berührung kommen.

Waffeleisen

Man kann ein Waffeleisen in der Küche ebensogut wie auf dem Balkon oder auf der Terrasse benutzen. Daher eignet es sich für viele Einladungen und Feste. Es gibt Eisen mit rechteckigen oder Herzchenwaffeln und Spezialeisen für dünne Neujährchen, die aufgerollt und nach Belieben gefüllt werden.

Getreidemühlen

Für das Mahlen von Getreide oder Mohn gibt es Metall- oder Steinmühlen.
Wenn Sie nur selten frisch gemahlenes Korn verarbeiten, lohnt sich die Anschaffung einer Mühle kaum. Getreide in kleinen Mengen bekommen Sie im Reformhaus gemahlen. Für den gelegentlichen Gebrauch genügt ein Vorsatzgerät zur Küchenmaschine, für den häufigen Gebrauch ist eine separate Steinmühle die teuerste, aber auch beste Lösung.

Kleine Küchenhelfer von A bis Z

Oft sind es die kleinen Mängel in der Küchenausstattung, die einen Arbeitsvorgang beim Backen erschweren. Deshalb finden Sie hier die wichtigen kleinen Geräte, die in einem Haushalt, in dem gern gebacken wird, nicht fehlen sollten.

Apfelausstecher

Wenn man z. B. für Äpfel im Schlafrock das Kerngehäuse aus einem ganzen Apfel entfernen will, erleichtern solche Geräte die Arbeit. Auch aus Scheiben von Äpfeln, Ananas oder Birnen können Sie die Mitte damit sauber entfernen. Mit einem Küchenmesser ist das sehr mühselig.

Ausstechförmchen

Es gibt sie das ganze Jahr über in Haushaltwarengeschäften zu kaufen, in der Adventszeit ist die Auswahl jedoch am größten. Sterne, Weihnachtsbäume, Herzchen und Halbmonde sind beliebte Motive, denn durch die klaren Konturen gelingen die Plätzchen damit leicht. Bei komplizierten Figuren verwischen manchmal die Ränder beim Backen, wenn der Teig im Ofen auseinanderläuft.

Backpinsel

Davon brauchen Sie immer mehrere, denn Sie sollten für jeden Zweck einen eigenen Pinsel benutzen. Die Holz- oder Kunststoffstiele der Pinsel lassen sich gut mit einem wasserfesten Stift mit „Fett", „Ei", „Schokolade" usw. beschriften. Wenn man nämlich die Pinsel verwechselt, läßt sich z. B. mit dem Fettpinsel eine Glasur nicht mehr optimal auftragen, weil in den Borsten noch Fetteilchen haften. Die Pinsel müssen immer gut gereinigt werden; manche Fabrikate sind spülmaschinenfest. Fettpinsel dürfen nicht überhitzt werden, denn Hitze schädigt die Naturborsten. Zum Einfetten von heißen Waffeleisen nimmt man daher besser eine Speckschwarte.

Blitzhacker

Mit diesen Geräten, manchmal Glockenhacker genannt, kann man sehr schnell Mandeln, Nüsse und Trockenobst zerkleinern, aber ebensogut auch Zwiebeln. Die Unterlage muß schnittfest sein. Der Hacker sollte nach jedem Gebrauch zerlegt und gut gereinigt werden.

Cremespritzen

Sie braucht man nur für sehr kleine Mengen von Creme, Guß, Kuvertüre oder Schlagsahne. Für das Füllen von Krapfen gibt es lange Einfüllspritzen.

Mit speziellen Einfüllspritzen wird die Marmelade in die Krapfen gefüllt.

Dekorierspritzen

Wenn man Gebäck mit Puderzucker- oder Schokoladenglasur dekorieren will, kann man selbst kleine Dekorierspritzen anfertigen. Dazu füllt man die Masse in einen Gefrierbeutel, dreht das Ende des Beutels so zusammen, daß die Luft entweicht, und verschließt ihn mit einem Gummiband oder einem Gefrierclip. Schneiden Sie zunächst nur eine sehr kleine Spitze ab, und probieren Sie die Spritze aus.

KLEINE KÜCHENHELFER 67

Elektromesser

Mit ihnen kann man nicht nur Braten schneiden, sondern auch Rollen, Pasteten und Torten. Ideal sind sie für Produkte aus Baiser- bzw. Makronenmasse oder Blätterteig und gefrorenes Backwerk.

Gabeln und Löffel

Sie sind ohnehin in jeder Küche vorhanden. Um Pudding oder schaumige Teige zu rühren, benötigen Sie einen Kochlöffel, am besten mit einem Loch in der Mitte, den man auch Lochlöffel nennt. Kochlöffel und große Gabeln aus Kunststoff sind hygienischer als aus Holz gefertigte, weil auf ihrer glatten Oberfläche nichts haftenbleibt. Holzlöffel und -gabeln liegen allerdings besser in der Hand. Bei der Konfektherstellung leistet eine feine, sehr lange, zwei- oder dreizinkige Gabel gute Dienste. Zum Schlagen fester Teige ist eine große Holzgabel nützlich.

Glasurmesser

Mit einem Glasurmesser, auch als Palette bezeichnet, können Sie Teige und Massen gleichmäßig auf einem Blech verteilen. Cremes, Füllungen, Puderzuckerguß oder Kuvertüre lassen sich mit der biegsamen Palette glatt auf der Tortenoberfläche verstreichen. Man kann damit auch gut Plätzchen oder Strudel vom Blech heben.

Holzmodel

Solche Formen brauchen Sie beim weihnachtlichen Backen für Honigkuchen, Spekulatius oder Springerle.

Keramikmesser

Diese Messer sind rasierklingenscharf, so daß Fisch- oder Fleischpasteten, aber auch Cremeoder Sahnetorten völlig glatte Schnittflächen bekommen. Sofern man sie nicht verkantet, werden sie nie stumpf. Allerdings zerbrechen sie, wenn sie hinunterfallen.

Knoblauchpressen

Damit kann man nicht nur Knoblauchzehen zu einer musähnlichen Masse zerdrücken, sondern auch Nüsse oder Marzipanrohmasse zerkleinern. Das Gerät muß natürlich immer gründlich gereinigt werden, damit der Knoblauchgeruch nicht übertragen wird.

Küchenscheren

Es gibt sie in unterschiedlichen Ausführungen. Fürs Backen empfiehlt sich ein solides Modell aus nichtrostendem Stahl, mit dem Sie z. B. kandierte Früchte zerkleinern oder Brandteiggebäck aufschneiden können.

Kurzzeitmesser

Sie erinnern zuverlässig an das Ende der Backzeit. Es werden mechanisch oder mit Batterien betriebene Modelle im Handel angeboten.

Litermaße

In Gefäßen aus hitzebeständigem Glas kann man nicht nur Zutaten abmessen, sondern auch Eiweiß, Sahne, schaumige Teige oder Cremes schlagen. Im Mikrowellengerät kann man darin Gelatine oder Schokolade schmelzen. Wenn sie mit einem passenden Deckel ausgestattet sind, lassen sich die Zutaten im gleichen Behälter aufbewahren.

Mandelmühlen

Damit kann man Mandeln, Nüsse oder Schokolade reiben. Für größere Mengen gibt es praktische Vorsätze für Küchenmaschinen. Bei den kleinen Geräten müssen Sie darauf achten, daß sie sich gut befestigen lassen. Nach Gebrauch mit einem in Öl getränkten Küchenpapier ausreiben, sonst rosten sie leicht.

Mit einem Glasurmesser läßt sich die Kuvertüre glatt auf dem Kuchen verstreichen.

Meßlöffel

Sie sind sehr nützlich zum Abmessen kleiner Zutatenmengen.

Pizzaschneider

Im Gegensatz zu einem Teigrädchen haben Pizza- oder Teigschneider eine glatte Scheibe, die scharf geschliffen ist. Damit kann man gebackene Pizzen sauber durchschneiden, Kuchen portionieren oder auch rohe Teige glatt durchtrennen.

Roher Teig läßt sich mit einem Pizzaschneider gut in Portionen teilen.

Rohkostreiben

Es gibt einfache flache Reiben oder solche in Kastenform mit verschiedenen Schnittflächen sowie Reibmaschinen mit Hand- oder Elektroantrieb.
Zu einer Maschine gehören immer verschiedene Reibvorsätze, mit denen nicht nur Gemüse gerieben werden kann, sondern auch Mandeln, Nüsse, Schokolade und trockenes Weißbrot für Paniermehl.

Schaumlöffel

Dieses Gerät benötigen Sie z.B. zum Blanchieren, also um Obst wie Aprikosen oder Pfirsiche in siedendes Wasser zu tauchen. Mit dem Löffel können Sie auch fertig fritiertes Gebäck gefahrlos aus dem Fett heben.

Schnapsgläser

Sie sind auf 1 oder 2 cl, d.h. 10 oder 20 ml, geeicht und erleichtern das genaue Abmessen kleiner Flüssigkeitsmengen.

Schneebesen

Man sollte sie in 2–3 Größen kaufen. Sinnvoll sind Geräte mit einem hitzebeständigen, spülmaschinengeeigneten Griff.

Schöpflöffel

Eine kleine Kelle leistet gute Dienste, wenn Sie z.B. geringe Mengen Gelatine oder Schokolade im Wasserbad erhitzen wollen. Dazu legen Sie den Löffel in ein flaches, nur knapp mit Wasser gefülltes Gefäß; das siedende Wasser sollte aber nicht in die Kelle schwappen.

Siebe

Man benötigt sie in verschiedenen Größen. Zum Abtropfen von Früchten oder zum Passieren dient ein größeres Haarsieb. Für kleine Mengen Backpulver, Kakao oder Puderzucker ist ein Teesieb nützlich. Mit einem Sieb mit Vorratsdose kann man gut fertige Kuchen und Plätzchen mit Puderzucker bestauben.

Sparschäler

Fast alles, was eine Schale hat, kann man mit dem Spar- oder Kartoffelschäler schälen, angefangen von Äpfeln, Birnen, Kiwis sowie anderen Früchten bis hin zu Gurken oder Möhren. Die Schalen von Zitrusfrüchten lassen sich mit dem Schäler ganz dünn abschälen. Mit einem guten Modell können Sie dekorative Raspel von Kuvertüre oder Schokolade abziehen.

Spicknadeln

Damit können Sie die Garprobe bei hohen Kuchen oder Broten machen. Sie können auch eine dünne Stricknadel oder einen feinen Schaschlik- bzw. Wurstspieß aus Holz oder Metall benutzen.

Spritzbeutel

Sie müssen kochfest und groß genug sein, um etwa 250–500 g geschlagene Sahne aufzunehmen. Die Nähte sollten gut verklebt sein oder nach außen zeigen. In der Regel benötigen Sie eine glatte und zwei Sterntüllen, am besten aus rostfreiem Stahl.

Teigkämme

Es gibt sie mit schmalen und breiten Einkerbungen. Wenn Sie damit über eine Glasur oder Creme streichen, entstehen dekorative Muster.

Mit einem Teigkamm kann man eine Cremetorte mit Zickzacklinien verzieren.

Teigrädchen

Damit rädelt man runde oder rechteckige Taschen aus. Auch Teiggitter mit gezackten Rändern für die Linzer Torte und Obstkuchen lassen sich damit leicht her-

KLEINE KÜCHENHELFER 69

Mit einem Teigrädchen bekommt der Teig einen dekorativen gezackten Rand.

stellen. Achten Sie beim Kauf auf eine gute Führung des Rädchens.

Teigrollen

Sie werden auch als Nudel-, Roll- oder Wellholz bezeichnet. Eine Teigrolle aus schwerem Hartholz, die auf einem Kugellager rollt, ist besonders gut zu handhaben. Neben den verschiedenen Modellen aus Holz gibt es auch Rollen mit einer Kunststoffbeschichtung und außerdem sogenannte Thermorollen, die für Mürbeteig mit kaltem und für Hefeteig mit warmem Wasser gefüllt werden. Teigrollen sollten nur feucht abgerieben werden, sie dürfen nie im Spülwasser liegen.

Teigschaber

Das Gerät hat eine glatte und eine abgerundete Seite. Damit können Sie Zutaten vorsichtig unterziehen bzw. vermengen oder Teig, Creme, Eischnee oder Schlagsahne aus der Rührschüssel kratzen.

Teigspatel oder Teigkarten

Sie sind aus lebensmittelechtem Kunststoff hergestellt. Man kann damit schwere Teige aus der Schüssel heben und Teige, Füllungen oder Glasuren glattstreichen.

Tortenheber

Diese dünnen runden Platten aus Aluminium, Kunststoff oder rostfreiem Stahl heißen auch Kuchenheber. Torten lassen sich darauf gut dekorieren und gleiten zum Schluß auf die Servierplatte.

Tortenringe

Damit lassen sich Torten mit Füllungen und glatten Rändern fertigstellen. Die Füllungen verlaufen nicht breit, und die Torten können zum Schluß leicht vom Ring geschnitten werden. Den aus rostfreiem Stahl gefertigten Ring können Sie der Tortengröße stufenlos anpassen, und er wird nicht, wie dies häufig bei den Ringen der Blechformen der Fall ist, durch die Säure von Früchten oder Cremes angegriffen.

Tortenteiler

Sie erleichtern es, Torten in genau gleich große Stücke aufzuteilen. Das Gerät lohnt sich aber nur, wenn Sie sehr häufig viele Gäste bewirten und Wert darauf legen, Ihre Torten auf professionelle Art zu teilen.

Zestenschneider

Mit diesem Gerät können Sie für Dekorationszwecke sehr feine Streifen aus der Schale von ungespritzten Zitrusfrüchten, Gurken und Paprikaschoten reißen.

Zitruspressen

Es gibt sie in verschieden aufwendigen Varianten. Da man zum Backen meist nur eßlöffelweise frischen Zitronen- oder Orangensaft benötigt, genügt eine einfache Presse aus Glas oder auch Edelstahl, die schnell zur Hand und vor allem leicht zu reinigen ist.

Zuckerthermometer

Sie werden hauptsächlich von Profis bei der Konfektherstellung benutzt. Mit dem Gerät kann man die Temperatur der heißen Zuckermasse bis zu einer Hitze von 180 °C genau prüfen. Das ist wichtig, weil die Beschaffenheit der Masse von der Temperatur abhängt.

Ein Zuckerthermometer hilft, die Temperatur beim Zuckerkochen einzuhalten.

Öfen, Ofentemperaturen und Backzeiten

*Wenn man mit Erfolg backen will, genügt es nicht,
die besten Zutaten zu verwenden und den Teig nach Vorschrift herzustellen.
Man muß auch seinen Ofen gut kennen und genau auf Backzeit
und Temperatur achten. Dazu hier einige Tips.*

◆ *Elektro* Diese Öfen heizen mit Ober- und Unterhitze, und es darf pro Backvorgang nur 1 Blech oder 1 Rost eingeschoben werden, auf dem die Formen stehen.
Der Kuchen sollte so in den Ofen geschoben werden, daß sich die Kuchenmitte in der Ofenmitte befindet. In den Rezepten ist jeweils die Einschubhöhe angegeben, doch als Faustregel gilt: hohe Kuchen werden unten eingeschoben, Kleingebäck, Kuchen mit Baiserhauben und solche zum Gratinieren weit oben.
Die Vorheizzeit dauert zwischen 5 und 25 Minuten; allerdings unterscheidet sie sich oft sogar bei gleichen Ofentypen. Deshalb rechtzeitig vorheizen.

◆ *Heißluft-Elektro* Sie werden auch Umluftöfen genannt. Bei diesen Öfen wird die heiße Luft ständig mit einem Ventilator umgewälzt.
Im Gegensatz zum konventionellen Elektroofen müssen hier Ofen- und Kuchenmitte nicht unbedingt übereinstimmen.
In einen Heißluftofen können Sie mehrere Bleche oder Roste mit Formen gleichzeitig einschieben. Dabei dürfen sogar pikante und süße Backwaren zusammen gebacken werden, ohne daß Geschmack oder Geruch übertragen würden.
Lassen Sie zwischen den Blechen stets 10–15 cm freien Raum, damit sich die Teige ausdehnen können und die Luft gut zirkulieren kann. Es empfiehlt sich, die Bleche oder Roste nach der Hälfte der Backzeit zu vertauschen.
Die Backzeit verlängert sich, je mehr Backgut gleichzeitig ge-

Erfolgreiches Backen hängt nicht zuletzt davon ab, wie gut man die Backeigenschaften des Ofens kennt.

backen wird. Bei voller Ausnutzung des Ofens können dennoch bis zu 30 % Energie gespart werden. Allerdings bildet sich weniger Kruste auf den Backwaren, wenn man die Kapazität des Umluftofens ganz ausnützt.
Bei Heißluftöfen rechnet man mit einer Vorheizzeit von 5–20 Minuten. Die im Rezept angegebene Temperatur muß um 15–25 °C niedriger eingestellt werden als bei konventionellen Öfen.

◆ *Kombinationsgerät* So werden Elektroöfen bezeichnet, die wahlweise beide zuvor beschriebenen Systeme bieten.
Je nach Ausstattung des Ofens können außerdem ein Grill oder Mikrowellen zugeschaltet werden. Die Ergänzung durch Mikrowellen ist günstig für Kuchen mit Quark, Früchten oder für Pasteten mit saftigem Inhalt oder Belag.

◆ *Mikrowellengerät* Bei diesen Geräten fällt das Backergebnis meistens sehr unbefriedigend aus. Das Mehl hat zuwenig Zeit zum Quellen, und zudem wird der Kuchen nicht braun. Noch am besten gelingen im Mikrowellengerät Kuchen mit einem hohen Fruchtanteil oder Quarkmassen.

◆ *Gas* Bei modernen Gasöfen wird die Temperatur nach Stufen, die mit Ziffern bezeichnet sind, reguliert. Bei alten Öfen muß man die Flammengröße nach Augenmaß und persönlicher Erfahrung einstellen.
Es darf jeweils nur 1 Blech oder 1 Rost mit Formen eingeschoben werden. Die Vorheizzeit beträgt etwa 5–10 Minuten.

ÖFEN, OFENTEMPERATUREN UND BACKZEITEN

◆ **Allgemeine Tips zum Backen**
Gibt man das Gebäck in den nicht vorgeheizten Ofen, trocknet es oft aus, während der Ofen aufheizt. Das gilt auch, wenn der Ofen aus Energiespargründen vor dem Ende der Backzeit abgeschaltet und das Gebäck bei Speicherhitze fertiggebacken wird. Ein weiterer Nachteil ist, daß man die eigentliche Backzeit nur schwer kontrollieren kann, wenn man nicht vorheizt bzw. wenn man den Ofen frühzeitig abschaltet.

Richten Sie sich bei den Ofentemperaturen in erster Linie nach den Anweisungen des Herstellers. Bedenken Sie außerdem, daß das Material der Bleche oder Backformen und die Gebäckmenge die Ofentemperatur und die Backzeit beeinflussen. Ihre persönliche Erfahrung wird Ihnen die Arbeit zunehmend erleichtern.

Temperatur	Celsius	Elektro	Heißluft-Elektro	Gas Stufe	Teig- oder Gebäckart
sehr niedrig	100 °C	100–140 °C	80–120 °C	1, Tür etwas öffnen	Baiser, Makronen
niedrig	150 °C	150 °C	125 °C	1	Quarkkuchen, Sandkuchen
mäßig	180 °C	180 °C	165 °C	2	Quarkkuchen, Rührteig
heiß	200 °C	200 °C	180 °C	3	Biskuitmasse, Hefeteig, Plätzchen
sehr heiß	220 °C	220 °C	200 °C	4–5	Blätter-, Brandteig
am höchsten	250 °C	220–250 °C	200–225 °C	4–5	Pizza

Gebäckart		Einschubhöhe	Backzeit Minuten	Elektro °C	Gas Stufe
Rührteig:	Kleingebäck und Plätzchen	oben	10–15	200	3
	Blechkuchen, flaches Gebäck	Mitte	20–40	180–200	2–3
	Hohes Gebäck, Napfkuchen	unten	60–120	150–180	1–2
Mürbeteig:	Kleingebäck und Plätzchen	oben	10–20	180–200	2–3
	Blechkuchen und Tortenböden	Mitte	20–40	180–200	2–3
Strudelteig		Mitte	35–55	200–220	3–5
Blätterteig		Mitte	10–25	220	4–5
	+ Trockenzeit		5–10	150–160	1
Biskuitmasse:	Kleingebäck und Plätzchen	oben	9–11	200	3
	Blechkuchen und Rollen	Mitte	11–15	200–220	3–5
	Torten	Mitte	20–35	180–200	2–3
Hefeteig:	Pizza	oben	10–15	220–250	4–5
	Kleingebäck	Mitte	10–15	220	4–5
	Blechkuchen	Mitte	20–45	180–220	2–5
	Brötchen, mittelhohe Teilchen	Mitte	30–40	200	3
	Hohes Gebäck, Napfkuchen, Brot	unten	40–90	180–200	2–3
Brandteig		Mitte	25–35	220	4–5
	+ Trockenzeit		5–10	150–160	1
Baisermasse		Mitte	2–3	200	1, Tür etwas öffnen
	+ Trockenzeit		200–300	120–140	1, Tür etwas öffnen
			oder 8–12 Std.	0	–
Makronenmasse		Mitte	15–25	120–140	1

Grundteige Schritt für Schritt

Voraussetzung für den Erfolg beim Backen ist zunächst die richtige Zubereitung des Teiges, der den Grundbestandteil des Gebäcks bildet. Die folgenden elf Grundrezepte für alle Teigarten vom herzhaften Hefeteig bis zur luftigen Baisermasse beschreiben in klaren Schritt-für-Schritt-Folgen, wie Sie genau vorgehen müssen, und bieten zudem ergänzende Hinweise und Erläuterungen.

So gelingt Ihr Rührteig

GRUNDREZEPT • 1 NAPFKUCHENFORM (2 L INHALT) / 2 KASTENFORMEN (25–30 CM LÄNGE) / 1 BLECH

Zutaten
4 Eier
250 g Butter oder Margarine
150–250 g feiner Zucker
1 Päckchen Vanillezucker
oder 1 TL feingeriebene
unbehandelte Zitronenschale
500 g Weizenmehl Type 405
oder 550 oder 1050
1–2 Prisen Salz
1 Päckchen Backpulver
100–125 ml Flüssigkeit (Fruchtsaft, Milch, Wasser oder Weißwein)
Butter oder Margarine sowie Mehl, Paniermehl, gemahlene geschälte Mandeln oder Nüsse für die Form

Früher war der Zeitaufwand für den Rührteig beträchtlich, weil die Luft, die ihn locker macht, mühsam von Hand eingearbeitet werden mußte. Heute sorgen Backpulver und Küchenmaschine für eine schnelle, problemlose Lockerung. Wie einfach der Teig zu machen ist, zeigt hier das Grundrezept. Man kann ihn mit vielerlei Zutaten verfeinern oder den fertigen Kuchen füllen, mit Schokoladenpulver oder Puderzucker bestauben oder mit Guß oder Kuvertüre (rechts) überziehen. Für pikante Variationen ist Rührteig allerdings ungeeignet.

Ofentemperatur: 180–200 °C
Einschubhöhe: Mitte oder unten
Backzeit: für flaches Gebäck 10–15 Minuten, für Blechkuchen 20–40 Minuten, für hohe Kuchen 50–120 Minuten

RÜHRTEIG 75

1 Für den Rührteig alle Zutaten so frühzeitig bereitstellen, daß sie beim Verarbeiten Raumtemperatur haben. Ist dies nicht der Fall, bildet sich keine Emulsion, und der Teig wird grießig. Zu festes Fett können Sie im Mikrowellengerät mit 300 W in 20–30 Sekunden weich werden lassen, es darf aber nicht schmelzen. Die Zutaten genau wiegen und abmessen. Den Ofen vorheizen.

2 Die Kuchenform mit Butter oder Margarine leicht einfetten und mit Mehl, Paniermehl, gemahlenen Mandeln oder Nüssen ausstreuen. Die Form hin und her schütteln und einige Male leicht auf der Tischkante aufschlagen, um das Streugut zu verteilen. Lose Reste herausschütten. Die Eier trennen. Die Eiweiße steifschlagen und den Eischnee kühl stellen.

3 Butter bzw. Margarine und Zucker in eine Schüssel geben und mit den Schneebesen des Elektroquirls oder der Küchenmaschine bei mittlerer Laufgeschwindigkeit etwa 1 Minute schlagen, bis der Zucker nicht mehr knirscht und die Masse deutlich heller aussieht. Die Eigelbe und den Vanillezucker oder die Zitronenschale dazugeben und noch 3–4 Minuten schlagen.

4 Das Mehl mit dem Salz und dem Backpulver mischen und portionsweise, immer abwechselnd mit der Flüssigkeit, unterrühren. Die Flüssigkeitsmenge richtet sich nach der Größe der Eier und der Quellfähigkeit des Mehles; Vollkornmehle erfordern höhere Zugaben. Die Zutaten nur kurz vermengen. Die gesamte Rührzeit soll etwa 5 Minuten betragen.

5 Den Eischnee mit dem Teigspatel unterheben. Der Teig soll jetzt in Spitzen herunterhängen. Wenn vorgesehen, Sultaninen oder andere Zutaten wie Nüsse oder Schokoladenstückchen mit dem Teigspatel kurz unterheben. Nicht mehr lange rühren! Den Teig in die Form füllen; sie darf maximal zu drei Vierteln voll werden, da Rührteig beim Backen bis zu einem Viertel aufgeht.

6 Die Teigoberfläche mit der Teigkarte glätten. Die Form auf dem Rost in den Ofen schieben. Während der ersten Hälfte der Backzeit den Ofen nicht öffnen, sonst fällt der Kuchen zusammen. Gegen Ende der Backzeit die Garprobe machen (S. 78). Ist der Kuchen gar, die Form aus dem Ofen nehmen und 4–5 Minuten stehenlassen, dann den Kuchen auf ein Gitter geben.

Gut zu wissen

◆ **Fett** Für einen Rührkuchen, der mehr als 40 Minuten auf 180 °C erhitzt wird, kann man bedenkenlos Margarine verwenden, denn nur sehr geschulte Zungen können unterscheiden, ob der fertige Kuchen mit Butter oder Margarine zubereitet wurde. Der Buttergeschmack ist vor allem im Krustenbereich zu merken.
Butter- oder Margarinesorten mit der Bezeichnung „leicht" oder „weich" sind für Rührteige ungeeignet, denn sie enthalten Zusätze und etwa 50 % statt der üblichen 22 % Wasser; das Backergebnis wäre enttäuschend.

◆ **Zucker** Die Zuckermenge, die in Rührkuchenrezepten angegeben wird, können Sie nach persönlichem Geschmack verändern.
Da grober Zucker sich nur langsam auflöst, sind feine oder sehr feine Sorten für alle Rührteige günstiger.
Weißen Haushaltszucker können Sie durch braunen Rohzucker oder zur Hälfte durch Honig austauschen. Man verändert jedoch dadurch Farbe und Geschmack des Kuchens.
Diabetiker und Figurbewußte ersetzen den Zucker durch Fruchtzucker, Zuckeraustauschstoff oder flüssigen Süßstoff.

◆ **Grießiger Teig** Sollte die Masse aus Fett, Zucker und Eiern doch einmal grießig geworden sein, 2–3 EL Mehl dazugeben und weiterrühren. Oder die Schlüssel auf ein Gefäß mit heißem Wasser setzen und dann die Masse rühren.

◆ **Eischnee** Sie müssen nicht unbedingt das Eiweiß vom Eigelb trennen, denn die Schneebesen von Elektroquirl oder Küchenmaschine bringen an sich ausreichend Luft in die Teigmasse. Trennen müssen Sie die Eier jedoch immer, wenn Sie den Teig von Hand rühren oder wenn die Eizugabe sehr hoch, die Mehlzugabe hingegen sehr gering ist, z. B. bei hochwertigen Mandel-, Nuß- oder Schokoladenkuchen.
Am besten schlagen Sie gleich zu Beginn der Arbeit die Eiweiße in der Rührschüssel steif. Füllen Sie dann den Eischnee in eine andere Schüssel, die Sie in den Kühlschrank stellen. So müssen Sie die Rührschüssel nicht auswaschen, sondern können gleich die übrigen Zutaten hineingeben. Noch praktischer ist es, wenn Sie eine zweite Rührschüssel für die Küchenmaschine kaufen.

◆ **Handgerührter Teig** Hier müssen Sie das weiche Fett mit dem Zucker zunächst mit einem

Für handgerührten Teig verwendet man am besten einen Lochlöffel.

Lochlöffel oder dem Schneebesen so lange in einer Richtung rühren, bis es schaumig und fast weiß ist. Die Eigelbe dazugeben, etwa 15 Minuten weiterrühren, dann das Mehl abwechselnd mit der Flüssigkeit unterrühren. Zum Schluß den Eischnee unterheben.

◆ **Mehl** Trocken gelagertes Mehl muß man nicht sieben, weil es vor dem Verpacken gereinigt wird und nicht mehr wie früher Faserbeimischungen von den Säcken enthält. Daß durch das Sieben Sauerstoff eingeschlossen und der Kuchen dadurch luftiger wird, ist bisher nicht bewiesen. Das im Grundrezept angegebene Mehl können Sie zur Hälfte durch feines Weizenvollkornmehl Type 1700 ersetzen. Wenn Sie zur Hälfte Buchweizen-, Dinkel- oder Vollkornmehl verwenden, wird das Rührteiggebäck nicht so locker, schmeckt aber herzhafter und ist gesünder, weil diese Mehle wertvolle Ballast- und Mineralstoffe sowie Vitamine enthalten.

◆ **Stärke** Bei Sandmassen empfiehlt es sich, 25–50 % des Mehles gegen Speisestärke auszutauschen; dadurch wird der Kuchen sandiger.

◆ **Backpulver** Dieses Gemisch aus doppelkohlensaurem Natron und Säure zerfällt unter Einwirkung von Hitze und Feuchtigkeit und bildet Kohlensäure, die den Teig lockert. Ein Päckchen enthält 16 g oder 4 TL Backpulver; das reicht für bis zu 500 g Mehl zusammen mit den anderen üblichen Rührteigzutaten.

RÜHRTEIG

Es genügt, wenn Sie das Backpulver breit über das Mehl streuen und beides etwas miteinander vermischen.

Auf das Backpulver können Sie verzichten, wenn im Rezept Alkohol oder sehr viel Fett vorgesehen ist. Die Feuchtigkeit, die in Eiern und Fett enthalten ist, verdampft gegebenenfalls zusammen mit dem Alkohol und treibt den Teig in die Höhe. Der Kuchen erhält dadurch eine typische mürbe und krümelige Konsistenz.

Für feinen Rührteig und Sandmasse beispielsweise fügen Sie dem Teig 1–2 EL Arrak, Cognac oder Rum zu.

◆ *Rührzeit* Gleichgültig, ob Sie den Teig von Hand, mit dem Elektroquirl oder mit der Küchenmaschine herstellen, nach der Mehlzugabe sollten Sie den Teig nur so lange rühren, bis sich alle Zutaten gut vermischt haben. Zu langes Rühren macht den Teig zäh, und es bilden sich unerwünschte große ovale Luftblasen, weil der Kleber im Mehl aktiviert wird.

◆ *Trockenfrüchte* Dazu gehören z. B. Korinthen oder Sultaninen. Man kann sie ungewaschen in den Teig geben, weil sie vor dem Verpacken maschinell gereinigt wurden. Wenn Sie nicht auf das Waschen verzichten wollen, müssen Sie die Früchte stets auf Küchenpapier sorgfältig trocknen und dann in einem Teil des abgewogenen Mehles wenden. Noch feuchte Früchte sinken während des Backens nach unten.

◆ *Zutaten unterheben* Trockenfrüchte, Nüsse, Mandeln oder Schokoladenstückchen dürfen Sie erst zum Schluß mit den Knethaken oder einem Spatel und dann auch nur sehr kurz untermischen, damit sie ihre Form bewahren. Bei der großen Küchenmaschine genügt dafür die Momentschaltung.

◆ *Formen und Bleche* Butter und Margarine sind zum Einfetten von Kuchenformen und -blechen am besten geeignet. Butter hat den Vorteil, daß sie dem Gebäck einen feinen Geschmack verleiht. Öl ist völlig ungeeignet, denn es verharzt und bildet einen Film auf Blechen und Formen, der nur sehr schwer wieder zu entfernen ist.

Für Bleche und Kastenformen ist Backpapier empfehlenswert; es erleichtert nicht nur die Reinigung, sondern der Kuchen bleibt länger frisch, wenn man das Papier erst unmittelbar vor dem Verzehr entfernt.

◆ *Teigoberfläche* Nachdem Sie den Teig in die Form eingefüllt haben, glätten Sie die Oberfläche mit der Teigkarte. Bei Kastenformen ritzen Sie die Oberfläche mit einem Messer längs ein und streuen etwas Zucker darauf. So entstehen ein schöner Bruch und eine gute Kruste.

◆ *Ofen vorheizen* Je nach Fabrikat braucht ein Ofen zwischen 5 und 20 Minuten, um eine Temperatur von 200 °C zu erreichen. Schalten Sie also auf jeden Fall den Ofen frühzeitig ein, denn er sollte die richtige Temperatur haben, wenn der Teig hineinkommt, damit die Backzeit genau eingehalten wird.

◆ *Ofentemperatur* Beachten Sie immer die Angaben beim Rezept. Als Faustregel gilt: fetthaltige Teige oder solche mit sehr hohem Anteil von Trockenfrüchten, Mandeln, Nüssen oder Schokolade bei Temperaturen von 150–160 °C backen, fettärmere Kuchen bei 180–200 °C. Vorschriftsmäßig gebackenes Rührteiggebäck hat je nach Zutaten eine immer gleichmäßige poröse oder sandige Struktur. Der Kuchen soll außen eine appetitliche braune Farbe haben. Innen darf er keinen Wasserstreifen aufweisen und soll weder naß noch zu trocken sein.

Bei zu niedriger Ofentemperatur fällt der Teig zusammen und

Werden mehrere Kuchen zusammen gebacken, verlängert sich die Backzeit.

Hohe Rührkuchen nie ohne Garprobe mit einem Hölzchen aus dem Ofen nehmen.

Den Kuchenrand mit einem Messer von der Form lösen, damit nichts haftenbleibt.

wird trocken, weil das Eiweiß zu spät gerinnt, so daß sich das Porengerüst nicht rechtzeitig aufbaut. Bei zu hoher Temperatur verkrustet die Außenschicht so schnell, daß der Teig nicht richtig aufgehen kann und innen nicht gar wird.

Wenn die Ofentemperatur nach der Skala richtig eingestellt war, das Backergebnis aber trotzdem unbefriedigend ist, prüfen Sie die Temperatur mit einem mobilen Ofenthermometer; möglicherweise muß Ihr Gerät vom Kundendienst neu eingestellt werden.

Bei allen Ofentypen können Sie mehrere Kuchenformen nebeneinander, dabei im größtmöglichen Abstand, auf den Rost setzen. In diesem Fall verlängert sich die Backzeit.

Heißluftöfen sind für Rührteige vor allem dann günstig, wenn zur gleichen Zeit 2 Roste oder Bleche eingeschoben werden; sie kommen jeweils auf die oberste und die zweitunterste Einschubleiste. Nach der Hälfte der Backzeit sollten Sie die Teile austauschen, damit gewährleistet ist, daß beide gleichmäßig gebacken werden.

◆ *Garprobe* Die Sichtprobe genügt bei hohem Gebäck nicht. Machen Sie immer auch eine Garprobe, indem Sie ein langes Hölzchen oder eine Stricknadel in den Kuchen stecken und wieder herausziehen. Wenn keine Teigreste mehr daran haften, ist der Kuchen gar.

◆ *Aus der Form nehmen* Lassen Sie den fertigen Kuchen 3–5 Minuten in der Form stehen. Dann lösen Sie mit einem Messer den Rand von der Form, damit nichts haftenbleibt. Beim Napfkuchen muß man dabei sehr vorsichtig vorgehen, sonst werden die typischen „Wellen" zerstört. Bei Kastenformen den fertigen Kuchen seitlich auf das Gitter gleiten lassen, damit er nicht bricht.

◆ *Füllen* Erst nachdem das Gebäck vollständig ausgekühlt ist – bei Torten am besten erst am nächsten Tag –, wird es mit einem großen Messer waagrecht durchgeschnitten und entsprechend dem Rezept mit Creme, Früchten, Pudding oder geschlagener Sahne gefüllt.

◆ *Überziehen* Mit Guß bzw. Kuvertüre sollten Sie den Rührkuchen immer erst überziehen, wenn er völlig ausgekühlt ist. Auf einem warmen Kuchen schmilzt der Überzug und läuft dann herunter. Damit sich die Kuchenkrümel nicht mit dem Überzug vermischen, bestreichen Sie die

Gelungener Kuchen hat eine gleichmäßige Struktur (links).

RÜHRTEIG

Den Kuchen erst überziehen, wenn er vollständig erkaltet ist.

Oberfläche mit durchpassierter, erwärmter Konfitüre. Besonders beliebt ist Aprikosenkonfitüre.

Reste verwerten

◆ *Kleine Teigmengen* Kuchenformen im Miniformat gibt es in vielen Variationen. Darin oder auch in Multiformen können Sie aus dem kleinsten Teigrest gefriergeeignete kleine Kuchen backen.

◆ *Gebäckreste* Reste von Rührkuchen, die trocken geworden sind, können Sie gut zu Obstaufläufen oder zerkrümelt und mit Butter vermischt für Kuchen ohne Backen (S. 438–457) verarbeiten.

Aufbewahren und einfrieren

◆ *Roher Teig* Grundsätzlich sollte man den Rührteig immer gleich in den Ofen schieben. Falls Sie ihn doch für ein paar Stunden stehenlassen müssen, bedecken Sie ihn mit einem eingeölten Stück Backpapier oder Folie, damit die Teigoberfläche nicht austrocknet. Dann muß er in den Kühlschrank gestellt werden, sonst wird das Backpulver durch die Wärme im Raum zu früh aktiviert.
Roher Rührteig läßt sich zwar gut einfrieren, doch wegen der kurzen Zubereitungszeit lohnt es sich kaum.

◆ *Fertiges Gebäck* Kuchen mit Creme, Obst oder Sahne verderben schnell und sollten darum so frisch wie möglich verzehrt werden. Reste heben Sie am besten abgedeckt im Kühlschrank auf, damit sie nicht schimmeln.
Trockene Rührkuchen halten sich in einer verschlossenen Weißblechdose oder unter der darüber gestülpten Backform an einem kühlen Platz je nach Witterung 3–7 Tage. Kuchen, die viele Gewürze, Mandeln, Möhren, Nüsse oder Trockenfrüchte enthalten, schmecken sogar erst 2–3 Tage nach dem Backen am besten.
Sie können jedes aus Rührteig hergestellte unglasierte Gebäck im Gefriergerät lagern. Nach dem Backen auskühlen lassen und sofort einfrieren. Das Ge-

Kuchenstücke friert man auf einem Tablett vor und verpackt sie portionsweise.

bäck hält sich je nach Zutaten bis zu 12 Monate; je mehr Fett ein Kuchen enthält, desto geringer ist die Haltbarkeit.
Scheiben friert man am besten auf einem Tablett vor und verpackt sie dann portionsweise in gut verschließbare Gefrierbeutel oder in extra-starke Alufolie. Für ganze Kuchen gibt es praktische Aluformen mit Deckel. Man läßt den Kuchen darin erkalten und gibt die Form mit dem Deckel verschlossen ins Gefriergerät. Gefrorene Rührteigkuchen können Sie mit einem Elektro- oder Sägemesser schneiden, um Teilmengen zu entnehmen.

◆ *Auftauen* Kuchen mit Sahne oder Creme immer bei Raumtemperatur langsam auftauen. Scheiben trockener Kuchen tauen bei Zimmertemperatur in 15–30 Minuten auf; größere Stücke tauen in 1–2 Minuten auf Küchenpapier ohne Abdeckung im Mikrowellengerät mit 200 W oder in 5 Minuten bei 200 °C im Ofen auf.

So gelingt Ihr Hefeteig

GRUNDREZEPT • 1 BLECH/2 SPRINGFORMEN (24–28 CM Ø)/10 TEILE

Zutaten
4 EL Öl, z.B. Maiskeim-, Sonnenblumen- oder Sojaöl, oder
50 g Butter oder Margarine
½–1 TL Salz
500 g Weizenmehl Type 405 oder 550 oder 1050
250–300 ml Buttermilch oder Milch oder Wasser
1 Würfel Hefe (42 g) oder 2 Päckchen Trockenhefe
1 TL Zucker
1 Ei
Butter oder Margarine für das Blech

Die herkömmliche Art, Hefeteig zu bereiten, nimmt relativ viel Zeit in Anspruch. Zu verführerisch duftendem süßem oder pikantem Hefegebäck kommt man jedoch ebenso mit der folgenden Schnellmethode. Sie mag ungewöhnlich erscheinen, aber sie ist sehr einfach und stets erfolgreich. Die Poren vom fertigen Gebäck sind zwar nicht ganz so klein und gleichmäßig wie bei der traditionellen Methode, die Ergebnisse schmecken aber genausogut, wie das mit verschiedenen Samen bestreute Partybrot (rechts) beweist.

Ofentemperatur: 180–200 °C
Einschubhöhe: unten, Mitte oder oben
Backzeit: für Teilchen oder Brötchen 10–15 Minuten,
für flache Kuchen 20–45 Minuten,
für hohe Kuchen oder Brote 40–90 Minuten

HEFETEIG 81

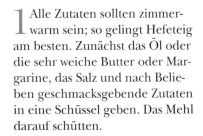

1 Alle Zutaten sollten zimmerwarm sein; so gelingt Hefeteig am besten. Zunächst das Öl oder die sehr weiche Butter oder Margarine, das Salz und nach Belieben geschmacksgebende Zutaten in eine Schüssel geben. Das Mehl darauf schütten.

2 250 ml Buttermilch, Milch oder Wasser auf ungefähr 32 °C, also angenehm lauwarm, erwärmen. Die Flüssigkeit darf nicht zu heiß werden. Hefe, Zucker und Ei zur Flüssigkeit geben, alles miteinander verschlagen und zum Mehl gießen. Die restliche Flüssigkeit beiseite stellen; sie kann bei Mehlsorten mit hohen Typenzahlen später erforderlich sein.

3 Alle Zutaten 4–5 Minuten zunächst bei niedriger, dann bei mittlerer Laufgeschwindigkeit mit den Knethaken der Küchenmaschine oder einem kräftigen Lochlöffel so lange schlagen, bis sich die Masse vom Schüsselrand löst. Den Teig mit Öl oder Wasser benetzen oder mit Mehl bestauben und mit einem Tuch abgedeckt an warmer Stelle gehen lassen; er darf nicht austrocknen.

4 Inzwischen das Blech mit einem Pinsel dünn mit Butter oder Margarine bestreichen. Die weitere Verarbeitung des Teiges richtet sich nach dem jeweiligen Rezept.

5 Für das Partybrot den Teig mit bemehlten oder sehr nassen Händen zu einer dicken Rolle formen. Mit einem Geschirrtuch oder mit Folie vor Zugluft schützen und wieder an warmer Stelle gehen lassen, bis er etwa sein doppeltes Volumen erreicht hat. Dann die Rolle mit einem großen Messer in 7 Stücke teilen.

6 Den Ofen vorheizen. Mit bemehlten Händen Brötchen formen, dicht aneinander auf das Blech setzen und mit Öl oder Wasser bestreichen. Sesam, Sonnenblumenkerne oder andere Samen darüber streuen. Die Brötchen noch einmal gehen lassen, bis sie watteweich sind, und dann backen. Zugluft vermeiden, wenn das fertige Gebäck aus dem Ofen genommen wird.

Gut zu wissen

◆ **Fett** Öl ist als Fettzugabe für Hefeteige praktisch, da es flüssig ist und sich gleichmäßig mit den restlichen Zutaten verbindet. Soweit es einen hohen Anteil mehrfach ungesättigter Fette enthält, ist es gesünder als gehärtete oder tierische Fette.
Butter und Margarine müssen weich sein; im Mikrowellengerät bekommen 250 g mit 300 W in 20–30 Sekunden die richtige Konsistenz.
Das Fett sollte man nie direkt mit der Hefe in Berührung bringen, da die Treibkraft beeinträchtigt wird.
Wenn Sie bei der Teigherstellung mit dem Fett beginnen, löst sich der Teig leichter aus der Schüssel.

◆ **Salz** Es unterbindet die Treibkraft der Hefe, darum nicht auf die Hefe, sondern vor oder mit dem Mehl in die Schüssel geben.

◆ **Mehl** Sie können bis zu zwei Drittel vom hellen Weizenmehl Type 405 durch Mehl anderer Typen ersetzen. Dabei muß man je nach Konsistenz des Teiges zusätzlich Flüssigkeit beifügen, sonst wird der Teig zu fest und geht nicht auf. Diese Flüssigkeit bald zugeben, damit der Teig nicht klumpig wird. Bei grobem Vollkornmehl dauert es länger, bis die Mehlteilchen die Feuchtigkeit aufgesogen haben und genügend gequollen sind.

◆ **Flüssigkeit** Buttermilch, Voll- oder Magermilch oder Wasser sollten lauwarm – aber nicht heißer als 36 °C – sein, um die Hefe rasch zu aktivieren.

◆ **Frische Hefe** Sie riecht angenehm obstartig, ist nicht schmierig, bricht blättrig und hat keine braunen, vertrockneten Ränder. Luftdicht verpackt hält sie im Kühlschrank etwa 2 Wochen. Im Gefriergerät läßt sich frische Hefe etwa 1 Jahr lagern. Sie verliert dabei jedoch 30–50 % ihrer Treibkraft; deshalb sollten Sie von eingefrorener Hefe knapp die doppelte Menge nehmen. Gefrorene Hefe taut binnen weniger Minuten in der lauwarmen Flüssigkeit auf und wird flüssig; erst dann löst man die Umhüllung.

◆ **Trockenhefe** 2 Päckchen Trockenhefe ersetzen einen Würfel (42 g) Frischhefe. Je nach Anweisung des Herstellers löst man diese Hefe in Flüssigkeit auf oder mischt sie gleich trocken unter das Mehl.

◆ **Zucker** Zuckerzugaben aktivieren die Tätigkeit der Hefe. Um Joule zu sparen, können Sie einen Teil des Zuckers durch flüssigen Süßstoff ersetzen. 1 TL flüssiger Süßstoff entspricht der Süßkraft von 4 EL Zucker.

◆ **Eier** Sie geben dem Teig eine appetitliche gelbe Farbe, sind aber nicht unbedingt nötig. Man sollte nie mehr Eiweiße als Eigelbe verwenden, da der Teig sonst hart und trocken wird; ein Teig mit vielen Eigelben ist besonders mürbe.
Wenn Sie zusätzliche Eier vermengen, verringern Sie die Flüssigkeitsmenge pro Ei um 2–3 EL.

◆ **Konsistenz des Teiges** Bevor er in den Ofen geschoben wird, soll er locker und weich wie Watte sein und dazu matt aussehen. Teige für Kasten- oder Kranzformen dürfen feuchter und beinahe dickflüssig sein; so ist das fertige Gebäck später feuchter und bleibt länger frisch.

◆ **Teig lagern** Ausgeformte Hefeteige – mit Alu- oder Klarsichtfolie abgedeckt – können Sie über Nacht im Kühlschrank

HEFETEIG

Roher Hefeteig kann abgedeckt über Nacht im Kühlschrank gehen.

lagern und dabei gären lassen. Dadurch wird die Porung schön gleichmäßig und klein. Das ist besonders für Brioches und Frühstücksbrötchen günstig.
◆ *Kruste* Wird eine weiche Kruste gewünscht, löst man das Gebäck vom Rand der Form, läßt es aber darin erkalten; das Schwitzwasser erweicht die Krume.

Salziger Hefeteig

Anstelle von 1 TL Salz nehmen Sie 2 TL und statt 2 EL Zucker nur 1–2 TL. Als geschmackgebende Zutaten bieten sich an: Anis, Fenchel, Kardamom, Koriander, Kümmel, Majoran und andere Kräuter oder Röstzwiebeln, entweder einzeln oder beliebig miteinander kombiniert; insgesamt nimmt man 1–3 TL. Der Teig wird wie im Grundrezept beschrieben zubereitet.

Hefeteig nach herkömmlicher Art

◆ Für den traditionell hergestellten Hefeteig benötigen Sie die Hälfte der bei der Schnellmethode angegebenen Hefemenge.
◆ Das Mehl in eine Schüssel geben, und in die Mitte des Mehlberges eine Mulde drücken.
◆ Öl, weiche Butter oder Margarine, Salz, Eier und die geschmackgebenden Zutaten auf dem Mehlrand verteilen.
◆ Die Hefe in die Mulde bröckeln, den Zucker darauf streuen. Das Hefestück mit einem Teil der lauwarmen Flüssigkeit und etwas vom Mehl zu einem Brei verrühren.
◆ Um diesen Vorteig, auch Teigansatz oder im süddeutschen und österreichischen Raum Dampferl genannt, vor Zugluft zu schützen, bestaubt man ihn mit Mehl vom Rand und legt ein Geschirrtuch über die Schüssel.

Bei der herkömmlichen Methode bereitet man einen Vorteig oder Teigansatz.

◆ Den Vorteig an warmer Stelle 20–30 Minuten gehen lassen, bis die Mehlschicht reißt.
◆ Die restliche Flüssigkeit zufügen und von der Mitte aus alle Zutaten mit den Knethaken des Elektroquirls oder der Küchenmaschine zunächst bei mittlerer Laufgeschwindigkeit etwa 2 Minuten, dann bei hoher Laufgeschwindigkeit 3–5 Minuten zu einem Teig verarbeiten. Dabei löst sich der Teig vom Schüsselrand.
◆ Sie können statt dessen auch die Zutaten kräftig mit einem Lochlöffel oder einer Holzgabel von der Mitte her vermengen. Dann mit bemehlten Händen den Teig 2–5 Minuten kräftig durchkneten und mehrmals auf die Arbeitsfläche oder in die Schüssel schlagen, um den Kleber zu aktivieren.
◆ Anschließend den Teig mit Öl oder Wasser bestreichen oder mit Mehl bestauben und mit einem Tuch abdecken. An einer warmen Stelle gehen lassen, bis sich sein Volumen beinahe verdoppelt hat. Je nach Außentemperatur und Fettgehalt dauert dieser Vorgang 30–120 Minuten.
◆ Nun das Gebäck ausformen, zum drittenmal gehen lassen, backen und fertigstellen.

Reste verwerten

◆ *Teigreste* Am besten als Brötchen oder kleine Kuchen in Multiformen backen.
◆ *Kuchenreste* Trockene Reste für Obstaufläufe verwenden.
◆ *Brotreste* Trocknen und zu Paniermehl verarbeiten oder für Hackfleischteig verwenden.

Aufbewahren und einfrieren

◆ *Roher Teig* Hefeteig läßt sich sehr gut einfrieren. Bereits ausgeformter Hefeteig hält sich 3–4 Monate im Gefriergerät. Lohnender ist es, den Teig zu 90 % fertigzubacken und dann das Gebäck einzufrieren.
◆ *Fertiges Gebäck* Fett- oder quarkhaltiges Hefegebäck bleibt länger frisch als trockenes; Hefegebäck mit Eiern wird relativ schnell trocken.
Hefegebäck mit höherem Fettgehalt ist, in Gefrierbeuteln oder -folie eingepackt, etwa 2 Monate gefrierbar, mit niedrigem Fettgehalt maximal 10 Monate.

84 MÜRBETEIG

So gelingt Ihr Mürbeteig

GRUNDREZEPT • 1 TORTE 24 CM Ø/1 TORTENBODEN 28 CM Ø/1 STRIEZEL/1–3 BLECHE KLEINGEBÄCK

Zutaten
250 g Weizenmehl Type 405 oder 550
1 Prise Salz
2–4 EL feiner Zucker oder Puderzucker
125 g Butter oder Margarine
1 Ei oder 2 Eigelb
1 Päckchen Vanillezucker oder
1 TL feingeriebene unbehandelte Zitronenschale
2–3 EL Wasser oder Weißwein

Mürbeteig – ob süß für Torten, Tortenböden, Torteletts, Wickel, Kleingebäck und Plätzchen oder salzig für Pasteten, Wähen und andere Snacks – ist, wenn er richtig zubereitet wird, feinkrümelig und zergeht förmlich auf der Zunge. Diese Eigenschaft verdankt er dem Fett und dem darin enthaltenen Wasser, das während des Backens als Dampf entweicht. Hier wurde der Grundteig zu Torteletts geformt und mit Vanillecreme und frischen Früchten gefüllt (rechts).

Ofentemperatur: 180 °C
Einschubhöhe: Mitte oder oben
Backzeit: für hohes Gebäck 35–40 Minuten, für flaches Gebäck 7–20 Minuten

MÜRBETEIG

1 Für den Mürbeteig alle Zutaten genau abwiegen bzw. abmessen und bereitstellen. Fett und Flüssigkeit (Wasser oder Weißwein) sollen kühl sein. Mehl, Salz, Zucker, Butter oder Margarine, Ei oder Eigelbe und Vanillezucker oder Zitronenschale in die Schüssel geben. Die Flüssigkeit hinzufügen.

2 Mit den Knethaken des Elektroquirls oder der Küchenmaschine zunächst bei niedriger, dann bei hoher Laufgeschwindigkeit in knapp 1 Minute alle Zutaten zu einer feinkrümeligen Masse vermengen. Die Hände unter fließendem Wasser kühlen und abtrocknen. Dann die Masse rasch zusammendrücken. Die einzelnen Bestandteile des Teiges dürfen noch erkennbar sein.

3 Den Ofen vorheizen. Für Torteletts, Kleingebäck u. ä. den Teig in 2–3 Kugeln teilen. Die Teigkugel oder -kugeln etwas flach drücken, mit Folie bedecken und für mindestens 30 Minuten – besser über Nacht – in den Kühlschrank legen. Danach Teigrolle und Arbeitsfläche leicht mit Mehl bestauben und den Teig ausrollen.

4 Zwischendurch die Teigplatte mit wenig Mehl bestauben, mit einer langen Palette oder einem breiten Messer von der Arbeitsfläche lösen und wenden. Den Vorgang 2–3mal wiederholen. Den 3–5 mm dick ausgerollten Teig in die Form heben und am Rand andrücken.

5 Den ausgeformten Teig vor dem Backen einige Male mit einer Gabel einstechen. 30 Minuten kühl stellen, damit das Gebäck mürber wird und nicht schrumpft.

6 Soll beim Backen der Rand hoch am Formrand anliegen und der Boden flach bleiben – z. B. bei Torteletts oder Tortenböden –, den Teig blindbacken. Dafür den Teigboden mit Backpapier bedecken und getrocknete Hülsenfrüchte einfüllen. Sonst wie gewohnt backen. Das fertige Gebäck auf einem Gitter auskühlen lassen und je nach Rezept füllen, belegen oder bestreichen.

Gut zu wissen

◆ **Mehl** Sie können 50–75 g helles Weizenmehl durch feines Buchweizen-, Dinkel- oder Weizenvollkornmehl Type 1700 ersetzen. In diesem Fall wird das Gebäck nicht so locker, und es ist trockener. Bei Vollkornmehl muß man die Flüssigkeitsmenge etwas erhöhen.
Für Plätzchen können Sie ein Drittel des Mehles durch Stärke austauschen; sie werden dadurch sandig.
◆ **Zucker** Er sollte möglichst fein sein, damit er sich gut verteilt, sonst wird das fertige Gebäck hart.
Mürbeteig, der ausschließlich mit Puderzucker zubereitet wird, hat geringeren Biß.
Diabetiker können den Zucker gegen Fruchtzucker austauschen; in diesem Fall muß die Ofentemperatur auf 160 °C reduziert und die Backzeit etwas verkürzt werden, damit der Teig nicht zu rasch bräunt. Wenn die Hälfte des Fruchtzuckers durch flüssigen Süßstoff ersetzt wird, sind die BE-Werte noch günstiger.
◆ **Fett** Mit Butter zubereiteter Teig läßt sich am besten verarbeiten. Das Gebäck hat einen feinen Geschmack und ist sehr mürbe. Butter- und Margarinesorten mit der Bezeichnung „leicht" oder „weich" sind wegen der Zusatzstoffe und des hohen Wassergehalts ungeeignet.
Benutzt man den Elektroquirl oder die Küchenmaschine, soll das Fett zwar kühl, aber nicht hart sein. Wird nur von Hand geknetet, muß das Fett etwas kälter und härter sein.

◆ **Eier** 1 mittelgroßes Ei oder 2 Eigelbe der Gewichtsklassen 2–4 genügen. Eiweiß macht den rohen Teig feucht und das Gebäck hart. Verwendet man nur Eigelbe, ist der Teig leichter zu verarbeiten, das Gebäck wird schön gelb und mürbe.
Bei Mürbeteig ohne Ei gibt man 4–6 EL sehr kalte Flüssigkeit in den Teig. Er ist dann krümeliger und kalorienärmer.
◆ **Flüssigkeit** Die Flüssigkeitsmenge richtet sich stets nach der Mehlsorte sowie der Fettemperatur und -konsistenz. Geben Sie zu Beginn 1 EL Flüssigkeit weniger als im Rezept vorgesehen dazu, und fügen Sie ihn dann nach Bedarf tropfenweise bei.
◆ **Backpulver** ½–1 TL Backpulver macht fettarme Mürbeteige mürber, beeinträchtigt aber den feinen Geschmack.
◆ **Kneten** Wenn Sie Mürbeteig zu lange kneten, schmilzt das Fett; der Teig wird brandig, bekommt ein glänzend-öliges Aussehen, bröckelt und klebt. Weitere Mehlzugaben machen ihn hart und mehlig. Um einen solchen Teig zu retten, kühlt man ihn – am besten über Nacht – und knetet dann sehr zügig 1–2 EL eiskaltes Wasser tropfenweise unter.
◆ **Handgeknetet** Für die traditionelle Zubereitung von Hand geben Sie die Zutaten in der im Grundrezept genannten Reihenfolge in eine große Schüssel oder auf ein Backbrett. In der Schüssel die Zutaten rasch mit 2 Messern zerschneiden, mit einer großen Gabel zerdrücken oder

mit den Fingerspitzen zerbröseln und zusammenkneten.
Auf dem Backbrett hacken Sie die Zutaten mit einem möglichst langen Messer, dabei gleichzeitig den Mehlberg immer wieder zur Mitte hin schieben. Dann alles mit kühlen Händen rasch zusammendrücken.
◆ **Teig kühl stellen** Wenn man die Teigkugel und später das ausgeformte Gebäck kühl stellt, wird der Kleber im Mehl desaktiviert, und das Gebäck behält besser seine Form.

Mit Eigelb und Milch bepinseltes Gebäck bekommt eine schöne Farbe.

◆ **Bepinseln** Damit das Gebäck eine appetitliche Farbe bekommt, verschlagen Sie Eigelb mit Milch, Sahne oder Wasser und bepinseln damit den Teig vor dem Backen.
Mit Milch oder Sahne zubereitet, bräunt dieser Eigelbguß schneller. Niemals Zucker hinzufügen, denn er

karamelisiert, und das Gebäck wird zu schnell dunkel.
◆ **Backen** Heißluftöfen sind für Mürbeteiggebäck praktisch, weil man 2 oder 3 Bleche zugleich backen kann. Nach der Hälfte der Backzeit tauscht man die Bleche untereinander aus. Mit herkömmlich beheizten Öfen sind die Backergebnisse besser, weil der Teig nicht austrocknet.
◆ **Auskühlen** Mürbeteiggebäck läßt man auf einem Gitter auskühlen; in der Form wird es durch das Schwitzwasser weich.
◆ **Variationen** Für feinen süßen Mürbeteig nehmen Sie 300 g Mehl, 200 g Butter oder Margarine, 1 Ei oder 4–5 EL Wasser bzw. Weißwein. Die übrigen Zutaten und die Teigherstellung richten sich nach dem Grundrezept. Für feinen Mandel- oder Nußmürbeteig ersetzen Sie 100 g Mehl durch 100–150 g gemahlene Mandeln oder Nüsse.
Für den salzigen Mürbeteig brauchen Sie ebenfalls 300 g Weizenmehl und 1 TL Salz; anstelle von Vanillezucker oder Zitronenschale und Zucker verwenden Sie 4 EL feingeriebenen Parmesan oder 1–3 TL getrocknete Kräuter, Paprikapulver oder Pfeffer, je nach Belieben.

Zum Bestreuen eignen sich Käse oder Samen. Alles Weitere richtet sich nach dem Grundrezept.
◆ **Überzüge** Fertiges süßes Gebäck sollte man erst dann mit Guß oder Kuvertüre bestreichen oder mit Puderzucker bestauben, wenn es völlig ausgekühlt ist.

Reste verwerten
◆ **Teigreste** Aus Mürbeteigresten backen Sie Plätzchen, Torteletts oder Schiffchen.
◆ **Gebäckreste** Zerbröckeltes Mürbeteiggebäck können Sie für Obstaufläufe, Süßspeisen oder für Kuchen ohne Backen (S. 438 bis 457) verwerten.

Aufbewahren und Einfrieren
◆ **Roher Teig** Im Gefrierbeutel oder in Folie verpackt, hält sich der Teig 5–7 Tage im Kühlschrank. Damit er sich später leicht ausrollen läßt und nicht zu hart und krümelig ist, nehmen Sie ihn je nach Raumtemperatur 30–60 Minuten vor der Verarbeitung heraus.
Da sich Mürbeteig hervorragend einfrieren läßt, lohnt es sich, gleich die doppelte oder dreifache Teigmenge zuzubereiten und portionsweise einzulagern. Der Teig hält

In Folie oder im Gefrierbeutel hält der Teig einige Tage im Kühlschrank.

sich im Gefriergerät ungefähr 6 Monate.
◆ **Fertiges Gebäck** Frisch gebacken schmeckt es am besten. Bei hoher Luftfeuchtigkeit verliert es rasch seine knusprige Beschaffenheit; bei feuchten Füllungen weichen die Böden auf. Plätzchen sollte man darum bald nach dem Erkalten sortenweise in fest verschließbare Dosen oder Gläser packen.
Mürbeteiggebäck ohne Kuvertüre, Torten- oder Zuckerguß läßt sich, portioniert und sorgfältig verpackt, gut einfrieren. Je nach Fett-, Mandel- und Nußgehalt hält es sich 2–6 Monate.
◆ **Auftauen** Gebäck mit Creme oder Sahne läßt man immer bei Raumtemperatur langsam auftauen. Große Kuchen mit kompakter Nuß- oder Mandelfüllung brauchen bis zu 90 Minuten, solche mit luftiger Sahnemasse etwa 30 Minuten.
Kleingebäck oder Plätzchen tauen bei Zimmertemperatur innerhalb 15–30 Minuten oder im heißen Ofen auf dem Rost in 3–5 Minuten oder in einem Mikrowellengerät mit 200 W auf Küchenpapier in 1–2 Minuten auf.

So gelingt Ihre Biskuitmasse

GRUNDREZEPT • 1 BLECH/1 SPRINGFORM (24–28 CM Ø)/1 BISKUITROLLE

Zutaten
4 Eier
120 g feiner Zucker
1 Päckchen Vanillezucker
oder 1 TL feingeriebene
unbehandelte Zitronenschale
1 Prise Salz
120 g Weizenmehl Type 405
1 TL Backpulver
Backpapier

Biskuitgebäck hat viele Vorteile. Dank Elektroquirl oder Küchenmaschine, mit deren Hilfe wir in wenigen Minuten aus Eiern und Zucker eine wunderbar schaumige Masse zaubern können, ist die Zubereitung heute ein Kinderspiel. Weniger als 30 Minuten dauert es, bis beispielsweise eine appetitliche Biskuitrolle die Kaffeetafel ziert. Für eine Torte empfiehlt es sich allerdings, den Biskuit im voraus zu backen und ihn erst am nächsten Tag aufzuschneiden und zu füllen.
Kuchen und Torten auf der Basis von Biskuitmasse sind gut bekömmlich, wenn man eine leichte Füllung und keine schwere Buttercreme nimmt. Und da Biskuit kein Fett enthält, ist sein Joulegehalt gering.
Die Biskuitmasse des Grundrezepts wurde hier für eine Torte mit einer Käsecremefüllung (oben) verwendet.

Ofentemperatur: 200–220 °C
Einschubhöhe: oben oder Mitte
Backzeit: für Rollen und flache Kuchen sowie Plätzchen 10–15 Minuten, für hohe Torten 18–35 Minuten

BISKUITMASSE

1 Den Boden der Form anfeuchten und mit Backpapier auslegen. Den Rand der Form weder belegen noch einfetten. Den Ofen vorheizen. Die Zutaten genau abwiegen bzw. abmessen. Das Gewicht von Zucker und Mehl ist in der Regel gleich.

2 Die Eier mit Zucker, Vanillezucker oder Zitronenschale und Salz mit den Schneebesen des Elektroquirls oder der Küchenmaschine zunächst bei mittlerer Laufgeschwindigkeit etwa 1 Minute und dann bei hoher Laufgeschwindigkeit weitere 1–2 Minuten schaumig schlagen. Der Zucker darf nicht mehr knirschen, und die Masse soll sehr hell, fast weiß sein.

3 Mehl und Backpulver vermischen, auf die Schaummasse sieben und vorsichtig mit dem Teigspatel unterheben, damit die Luft nicht entweicht. Den Teig in die Form füllen, aber nur zu maximal vier Fünfteln. Die Oberfläche mit der Teigkarte glattstreichen. Die Form einige Male auf die Arbeitsfläche stoßen. Für Torten den Teig zum Rand hin etwas hochstreichen.

4 Den Ofen während der ersten Hälfte der Backzeit nicht öffnen. Zum Schluß die Garprobe machen. Das fertige Gebäck aus dem Ofen nehmen und nach 5 Minuten mit einem Messer vom Rand der Form lösen. Auf eine mit Backpapier belegte Fläche stürzen; Formboden und Backpapier nicht entfernen. Den Kuchen leicht beschweren und so auskühlen lassen.

5 Vom erkalteten Gebäck das Bodenblech abnehmen und das anhaftende Backpapier abziehen. Der Kuchen ist weich und elastisch, dafür haben das Schwitzwasser und der Zucker im Teig gesorgt.

6 Mit einem großen Messer die Torte – je nach Rezept – 1–3mal waagrecht durchschneiden und füllen. Bei weichen Füllungen einen Tortenring verwenden. Die oberste Kuchenschicht zuerst in die gewünschte Anzahl Tortenstücke schneiden und dann aufsetzen (Foto S. 88).

Gut zu wissen

◆ **Eier** Wenn Sie die Biskuitmasse von Hand schlagen, müssen Sie die Eier trennen. Verwendet man Küchenmaschine oder Elektroquirl, ist dies unnötig.

◆ **Zucker** Eine feine Sorte ist geeigneter, da sich grober Zucker nur langsam auflöst. Weißen Haushaltszucker können Sie durch braunen Rohzucker oder flüssigen Honig ersetzen, Farbe und Geschmack des Gebäcks werden aber dadurch verändert. Diabetiker können den Zucker durch Fruchtzucker oder Zuckeraustauschstoff ersetzen; die Broteinheiten müssen dennoch gezählt werden.

◆ **Mehl** Für Biskuit sollte man das Mehl immer direkt auf die Eimasse sieben; so läßt sich alles leichter vermischen.
Mit Buchweizen-, Dinkel- oder Vollkornmehl zubereiteter Biskuit wird nicht so leicht und locker, schmeckt jedoch herzhafter und ist gesünder. Diese Mehlsorten stets fein mahlen und sieben. Pro 30 g Vollkornmehl 1 EL Wasser zufügen.

Das Mehl siebt man direkt auf die Eimasse. So vermischt sich alles leichter.

Bis zu 30 % vom Mehl können Sie gegen Kakao, gemahlene Mandeln, Nüsse oder Speisestärke austauschen. Bei Stärkezugabe wird das Ergebnis sandiger. Biskuitrollen mit einem hohen Anteil an Vollkornmehl oder Speisestärke brechen leichter.

◆ **Backpulver** Wenn es das Rezept nicht ausdrücklich vorschreibt und Sie den Teig wie im Grundrezept beschrieben sehr schnell zubereiten, nicht zu lang rühren und gleich in den Ofen geben, ist Backpulver nicht unbedingt nötig.

◆ **Maschinell gerührt** Für Massen aus maximal 5 Eiern verwenden Sie den Elektroquirl oder die kleine Küchenmaschine; bei größeren Mengen lohnt sich die große Küchenmaschine.

◆ **Handgerührt** Für die Biskuitmasse zuerst die Eier trennen und die Eiweiße mit einer Prise Salz zu steifem Schnee schlagen. Den Zucker dazugeben und schlagen, bis die Masse glänzt. Die Eigelbe anschließend nur kurz darunterschlagen. Das Mehl – je nach Rezept – mit Speisestärke und Backpulver mischen und darauf sieben. Dann weiter wie im Grundrezept verfahren.

◆ **Formen vorbereiten** Nur der Boden der Form wird mit Wasser befeuchtet und mit Backpapier belegt. Der Rand wird weder belegt noch gefettet, weil sich der Teig sonst zusammenzieht und die Torte zu klein wird.

◆ **Teig einfüllen** Das Blech oder die Form mit dem rohen Teig wird mehrfach auf die Arbeitsfläche gestoßen, dadurch fließt die Masse breit, und die großen Luftblasen entweichen.
Für Torten den Teig mit der Teigkarte zum Rand hin etwas hochstreichen, so ist der Boden später flach.

◆ **Ofentemperatur** Den Teig immer in den heißen Ofen schieben, damit die Backzeit kurz ist und der Teig nicht austrocknet. Daher den Ofen stets frühzeitig einschalten; erst wenn die Kontrollampe erlischt, ist die eingestellte Temperatur erreicht. Liegt die Temperatur zu niedrig, wird die Gerüstbildung verzögert, und das Gebäck trocknet aus. Bei zu hohen Temperaturen verkrustet die Außenschicht zu schnell; der Kuchen ist außen dunkel, aber innen nicht gar.

◆ **Backen** Die Masse muß sofort gebacken werden, damit die darin eingeschlossene Luft nicht entweicht.
Bei allen Ofentypen können Sie 2 kleine Formen nebeneinander auf den Rost setzen. Heißluftöfen sind für Biskuitkuchen weniger gut geeignet, da der Luftstrom die Masse austrocknet. Auf keinen Fall 2 Bleche zugleich einschieben, denn dadurch verlängert sich die Backzeit, und das Gebäck wird trocken.

◆ **Garprobe** Bei hohen Kuchen sticht man ein Hölzchen hinein und zieht es wieder heraus; es muß frei von Teigresten sein. Vorschriftsmäßig gebackener Biskuit hat eine lockere und gleichmäßig poröse Struktur, ist goldgelb gebräunt und nicht trocken. Wenn Sie leicht mit dem Finger auf die Oberfläche drücken, hören Sie ein leises Knistern; es darf keine Delle zurückbleiben.

◆ **Auskühlen** Erst die vollständig ausgekühlte Masse weiterverarbeiten. Biskuitkuchen für Schnitten auf dem Blech erkalten lassen.
Für Rollen die fertige Masse auf die mit Backpapier belegte Arbeitsfläche stürzen. Weder das Blech noch das Backpapier, mit dem das Blech ausgelegt war, entfernen; so bleibt der Teig feucht und elastisch.
Für Torten die fertige Masse ebenfalls auf Backpapier stürzen; den Formboden nicht abnehmen, sondern mit einer mit Wasser gefüllten Tasse oder einer kleinen gefüllten Konservendose beschweren, damit der Kuchen flach bleibt.

◆ **Biskuitrollen** Von der vollständig ausgekühlten Masse das obere Backpapier ablösen und gegebenenfalls harte Ränder abschneiden. Nach dem jeweiligen Rezept füllen. Um den Kuchen aufzurollen, das untere Backpapier anheben.

Mit Hilfe des Backpapiers läßt sich der fertige Biskuitteig leicht aufrollen.

◆ **Variationen** Für Wiener Biskuit hebt man zum Schluß 50 g geschmolzene zimmerwarme Butter und für Münchner Biskuit 75 g steifgeschlagene Schlagsahne unter die Biskuitmasse.
Für Eigelbbiskuit oder Goldbiskuit nehmen Sie 8 Eigelbe und 3–4 EL Wasser anstelle von 4 Eiern und mischen das Mehl mit 1 TL Backpulver.
Für cholesterinfreien Eiweißbiskuit oder Silberbiskuit tauschen Sie die 4 Eier durch 8 Eiweiße aus und mischen das Mehl mit 1 TL Backpulver.

Reste verwerten

◆ **Rohe Masse** Backen Sie Reste am besten in Portionsförmchen aus Papier oder in Multiformen.
◆ **Kuchenreste** Für Obstaufläufe oder zerkrümelt und mit Butter verknetet für Torten ohne Backen (S. 438–457) verwenden.

Aufbewahren und einfrieren

◆ **Rohe Masse** Sie kann nicht aufbewahrt werden und ist nicht gefriergeeignet, da die Schaummasse zusammenfällt.

◆ *Ungefüllte Biskuittorten* Sie halten sich in einer verschlossenen Blechdose oder unter der darübergestülpten Form je nach Witterung 3–4 Tage an einem kühlen Platz.
Sachgemäß verpackt halten sie im Gefriergerät bis zu 6 Monate.
◆ *Gefüllte Kuchen* Rollen oder Torten mit Konfitüre, Obstbelag, Puddingcreme-, Buttercreme- oder Sahnefüllung weichen auf und verderben schnell; sie sollten bald verzehrt werden. Reste zugedeckt im Kühlschrank aufbewahren.
Creme-, Mandel-, Nuß- oder Sahnegebäck nicht länger als 4 Monate im Gefriergerät aufbewahren. Unzerteilte Rollen oder Torten auf einer festen Unterlage ohne Verpackung vorgefrieren und dann endgültig verpacken. Noch gefroren lassen sie sich mit dem Elektro- oder Sägemesser gut schneiden und können portionsweise entnommen werden. Stücke von fertigen Rollen oder Torten auf einem Tablett vorgefrieren und dann in gut verschließbare Gefrierbeutel verpacken.

So gelingt Ihr Blätterteig

GRUNDREZEPT • 1 KG TEIG = 2–3 STRIEZEL/16–20 STÜCK KLEINGEBÄCK

Zutaten für Quarkblätterteig
500 g Magerquark
350 g Weizenmehl Type 405
oder 550
1 TL Salz
500 g Butter oder Margarine
Backpapier oder Folie
zum Ausrollen
1 Eiweiß zum Bestreichen
Backpapier für die Form

Beim Blätterteig werden hauchdünne Strudelteigschichten durch noch dünnere Fettschichten getrennt. Das Fett bewirkt, daß sich die Teigschichten beim Backen als Blätter anheben.

Die Zubereitung des traditionellen Blätterteigs kostet viel Zeit und Mühe, und die Gefahr, daß er mißlingt, ist groß. Dagegen wird er in vorzüglicher Qualität tiefgekühlt angeboten. Er ist zwar relativ teuer, läßt sich aber leicht verarbeiten und gelingt immer. Daher wird hier der einfache Quarkblätterteig beschrieben, der weniger fettreich, aber auch weniger stark geblättert ist als das Industrieprodukt. Die Herstellung dauert kaum 30 Minuten, die sich allerdings auf mehrere Stunden bzw. 3 Tage verteilen. Der Striezel (oben) ist eine süße Variante, mit Äpfeln gefüllt und mit Pistazien bestreut. Für pikantes Gebäck ist Blätterteig ebenso geeignet.

Ofentemperatur: 225 °C
Einschubhöhe: Mitte oder unten
Backzeit: für große Gebäckstücke 20–30 Minuten, für kleine Gebäckstücke 15–20 Minuten
und
Ofentemperatur: 160 °C
Einschubhöhe: Mitte oder unten
Trockenzeit: 5–6 Minuten

BLÄTTERTEIG

1 Den Quark über Nacht in einem feinmaschigen Sieb abtropfen lassen, damit er möglichst trocken ist. Das Blech mit Wasser befeuchten und mit Backpapier auslegen. 350 g vom trockenen Quark abwiegen. Mehl und Salz in einer Schüssel vermischen. Die Butter oder Margarine in kleinen Stücken und den Quark in kleinen Brocken dazugeben.

2 Alle Zutaten müssen gleichzeitig vermengt werden, entweder von Hand oder knapp 1 Minute mit den Knethaken des Elektroquirls oder der Küchenmaschine. Mit langsamer Laufgeschwindigkeit beginnen, damit das Mehl nicht staubt, dann höher einstellen.

3 Die Hände mit kaltem Wasser abspülen, abtrocknen und etwas Mehl darauf geben. Den Teig nun so rasch wie möglich zu einem Kloß zusammendrücken. Fett- oder Quarkstückchen dürfen noch sichtbar bleiben. Den Kloß leicht flach drücken, in Folie verpacken und 60 Minuten kühl stellen. Noch besser ist es, wenn der Teig über Nacht kühl gestellt wird.

4 Arbeitsfläche und Teigrolle leicht mit Mehl bestauben und den Teig zu einem fingerdicken, etwa 30 cm breiten und 45 cm langen Rechteck ausrollen. Dreifach zusammenlegen, dann noch einmal ausrollen und zusammenlegen. In Folie verpacken und wieder mindestens 3 Stunden, besser über Nacht, kühl legen. Man kann den Teig auch zwischen 2 Lagen Backpapier oder Folie ausrollen.

5 Den Teig erneut ausrollen und zusammenfalten. Diesen Vorgang wiederholen, dann den Teig nochmals einige Stunden oder über Nacht kühl legen. Anschließend die Tour – so nennt man das zweifache Ausrollen und Zusammenfalten – wiederholen. Es sind also 3 Doppeltouren nötig, bis der Teig zu Gebäck verarbeitet werden kann. Nun den Ofen vorheizen.

6 Den Teig je nach Rezept portionieren und ausrollen; der Striezelschnitt wird auf S. 94 beschrieben. Den Teigrand ringsum mit Eiweiß bestreichen. Die Füllung beim Striezel auf die nicht eingeschnittene Hälfte der Teigplatte geben, die andere Hälfte darüber legen und die Ränder ganz leicht aufeinanderdrücken.

Gut zu wissen

◆ **Quark** Er muß frisch und trocken sein, sonst schmeckt der Teig sauer und ist zu feucht. Trocknet man den Quark wie im Rezept angegeben, tropfen etwa 35 % der Molke ab. Daher sollte er unbedingt erst danach gewogen werden.

◆ **Mehl** Je höher der Klebergehalt des Mehles ist, um so leichter läßt sich der Blätterteig verarbeiten. Kanadisches und ungarisches Weizenmehl besitzen den höchsten Klebergehalt aller Mehlsorten – er beträgt 14 % – und sind deshalb für Blätterteig ideal. Wenn Sie Vollkornmehl verwenden, fügen Sie pro 100 g Mehl 1 EL sehr kaltes Wasser hinzu.

◆ **Fett** Butter läßt sich am besten verarbeiten und verleiht dem Teig einen feinen Geschmack. Butter- oder Margarinesorten mit der Bezeichnung „leicht" oder „weich" sind nicht geeignet. Ziehmargarine vom Bäcker ist ideal.

◆ **Tiefkühl- oder TK-Blätterteig** Backfertig kommt er in runden oder blechgroßen Teigplatten oder in kleineren rechteckigen Stücken in Packungen zwischen 200 und 500 g in den Handel. Je nach Rezept wählt man die passende Form.
TK-Blätterteig nur im Kühlschrank oder bei Zimmertemperatur auftauen. Nie den Tauvorgang im Mikrowellengerät oder Ofen beschleunigen. Aufgetauter Blätterteig, ob selbstgemacht oder fertig gekauft, muß innerhalb von 24 Stunden verarbeitet werden, sonst wird er grau.

◆ **Ausschneiden** Teigkanten sollten nie festgedrückt werden, da der Teig an den Druckstellen nicht aufgeht; daher verwendet man zum Ausschneiden oder Ausstechen ein scharfes Messer oder Förmchen mit scharfem Rand.
Benötigt man Blätterteig in einer bestimmten Größe, beispielsweise für Pasteten, sollte man die Teile immer etwas größer schneiden, als sie nach dem Backen sein sollen, da Blätterteig durch die Hitze um 5–10 % schrumpft. Kommt es auf eine besonders genaue Größe an, schneidet man die Teile erheblich größer aus. Nach dem Backen wird dann das noch heiße Gebäck mit einem scharfen Messer und sägenden Bewegungen in die gewünschte Form gebracht.

◆ **Striezelschnitt** Die Mitte der Teigplatte kennzeichnen, und die eine Hälfte der Platte zur Mitte hin zusammenklappen. Diese dann, wie im Bild rechts oben gezeigt, in Abständen von 1 cm so einschneiden, daß ein etwa 2 Finger breiter Rand bleibt. Wieder aufklappen, die Teigränder mit Eiweiß bestreichen und so weiterverfahren, wie im Rezept angegeben.

◆ **Teigplatten** Vor der endgültigen Verarbeitung sollten Sie große Platten einige Male mit der Gabel einstechen und dann 30 Minuten kühl stellen. Das Gebäck bleibt dadurch flacher und ist formbeständiger.

◆ **Ränder und Oberflächen** Will man für Taschen oder Striezel Teigplatten zusammenfügen, bestreicht man die Ränder mit Eiweiß oder mit Eigelb, das mit 2–3 EL Wasser, Milch oder Sahne verschlagen wurde.
Die Teigoberfläche wird glänzend und sieht appetitlich aus, wenn man sie vor dem Backen mit dem vorgenannten Eigelbgemisch bestreicht. Es darf die Kanten nicht verkleben, sonst geht das Gebäck nicht gut auf.

◆ **Vor dem Backen** Besonders gut gelingt Blätterteig, wenn Sie Blech und Gebäck mit 3–4 EL Wasser besprühen, bevor Sie es in den Ofen schieben.

Für den Striezelschnitt wird eine Hälfte der Teigplatte wie oben eingeschnitten.

TK-Blätterteig wird in Platten in verschiedenen Größen angeboten.

BLÄTTERTEIG 95

♦ *Ofentemperatur* Blätterteig wird immer in den vorgeheizten Ofen geschoben. Ist der gewünschte Bräunungsgrad erreicht, wird die Temperatur reduziert; dann erfolgt ein Trocknungsprozeß. Sind die inneren Teigschichten nicht richtig trocken, wird das Gebäck nach kurzer Zeit weich und speckig.

♦ *Überzüge* Nach dem Erkalten wird süßes Gebäck z. B. mit durchpassierter Aprikosenkonfitüre und mit Zuckerguß oder Kuvertüre überzogen.

Ungarischer Blätterteig

Diese Variante wurde nach den Vorgaben einer ungarischen Bäuerin entwickelt und gelingt immer. Sie kann wie der Quarkblätterteig süß oder pikant gefüllt werden. Bei der Teigherstellung wird wie folgt verfahren: 600 g Weizenmehl Type 405 oder 550, 2 TL Salz, 100 g zimmerwarme Butter, etwa 250 ml Wasser und 1 EL Weißweinessig in einer Schüssel vermengen. Die krümelige Masse zu einem Kloß zusammendrücken, rechteckig ausrollen und weitere 300 g kühlere Butter oder Margarine in dünnen Scheiben so auf die Teigplatte legen, daß ringsherum ein 2 Finger breiter Rand frei bleibt. Die Teigplatte von der Schmalseite her fest einrollen, ausrollen, wieder einrollen und den Teig in einer Folie kühl legen. Dann wie beim Quarkblätterteig noch 2 Doppeltouren ausführen und dann den Teig nach Rezept zu Gebäck verarbeiten.

Reste verwerten

♦ *Teigreste* Kneten Sie Reste niemals zu einem Teigball zusammen, weil Sie dadurch die blättrige Schichtung zerstören würden. Legen Sie statt dessen die Teigstücke, eventuell sehr dünn mit Butter bepinselt, flach aufeinander, und rollen Sie sie dann zu einer kleinen Teigplatte aus. Daraus lassen sich vielerlei süße oder pikante Plätzchen backen.

♦ *Gebäckreste* Diese können Sie trocknen und zerkleinert für Obstaufläufe oder als Semmelbrösel verwenden.

Aufbewahren und einfrieren

♦ *Roher Blätterteig* Im Kühlschrank können Sie frischen Teig in Folie 2–3 Tage aufbewahren. Selbst zubereiteter Blätterteig läßt sich hervorragend einfrieren. Möglichst rezeptgerecht portioniert und gut in Gefrierbeuteln oder Folie verpackt, hält er sich im Gefriergerät bis zu 6 Monate.

♦ *Gebäck* Bei längerer Lagerung verliert Blätterteiggebäck seine Knusprigkeit, und die feuchten Füllungen weichen die Böden durch. Wenn man mehr gebacken hat, als gleich verwendet werden soll, kann man den Überschuß nach dem Erkalten in einen verschließbaren Gefrierbeutel oder Behälter geben und je nach Füllung 2–3 Tage kühl aufbewahren; vor dem Verzehr wird das Gebäck kurz im vorgeheizten Ofen oder im Mikrowellengerät erhitzt. Fertiggebackenes Blätterteiggebäck soll man nicht einfrieren, wenn sich Puderzucker oder Guß oder Kuvertüre darauf befindet und möglichst auch nicht, wenn es aus TK-Blätterteig zubereitet wurde; ein zweifacher Gefrierprozeß vermindert die Qualität. Das Gebäck hält sich, in gut verschlossenen Gefrierbeuteln oder -behältern verpackt, je nach Fettgehalt der Füllungen 2–6 Monate im Gefriergerät. Vor dem Verzehr wird es dann 2–3 Minuten im vorgeheizten Ofen aufgebacken.

So gelingt Ihr Strudelteig

GRUNDREZEPT • 1 GROSSER STRUDEL / 2–3 KLEINE STRUDEL

Zutaten
350 g Weizenmehl Type 405 oder 550 oder Instantmehl
1 Ei, Gewichtsklasse 4
3 EL Öl, z. B. Maiskeim-, Oliven-, Soja- oder Sonnenblumenöl
¼ TL Salz
knapp 125 ml lauwarmes Wasser
1 EL Essig oder Zitronensaft
1 EL Öl, z. B. Maiskeim, Oliven-, Soja- oder Sonnenblumenöl, zum Bestreichen
150 g Butter oder Margarine zum Bestreichen und für die Form
Mehl für das Geschirrtuch
125–200 ml Milch oder
125–200 g Schlagsahne zum Begießen

Bereits um die Jahrtausendwende, als wir Mitteleuropäer noch hauptsächlich von Buchweizen- oder Hafergrütze lebten, haben die Araber aus feinem Mehl, das mehrfach durch Seidentücher gesiebt wurde, strudelähnliche Gebilde gebacken. Von den arabischen Ländern gelangte die Backkunst im Westen nach Spanien und im Osten über die Türkei nach Wien und Ungarn. Den Titel des Strudel-Weltmeisters hält der Wiener Konditor Heinrich Wittmann, der in weniger als 10 Minuten 5 perfekte Teigplatten zaubert. Meister im Ausziehen hauchdünner großer Teigplatten sind jedoch die Chinesen: Sie benötigen nicht einmal einen Tisch, sondern schwingen den Teig in der Luft.
Solche Kunstfertigkeit brauchen Sie allerdings nicht für das folgende Grundrezept, nach dem die mit Obst gefüllten Strudel (oben) gebacken wurden.

Ofentemperatur: 220 °C
Einschubhöhe: Mitte
Backzeit: 35–55 Minuten

STRUDELTEIG

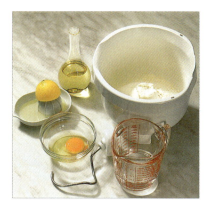

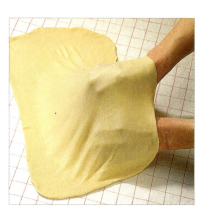

1 Die Form einfetten. Eine dickwandige Keramikschüssel oder einen Topf mit kochendheißem Wasser füllen und beiseite stellen. Die Butter oder Margarine zum Bestreichen erwärmen und auf Raumtemperatur abkühlen lassen. Für den Strudelteig Mehl, Ei, Öl, Salz, lauwarmes Wasser und Essig oder Zitronensaft in eine Schüssel geben.

2 Alle Zutaten mit den Knethaken des Elektroquirls oder der Küchenmaschine oder mit den Fingern 5–8 Minuten zu einem geschmeidigen Teig verkneten. Diesen mit dem Handballen durchwalken und ihn dabei mehrmals kräftig auf die Arbeitsfläche schlagen. Zu einer Kugel formen – für 2 Strudel den Teig teilen – und diese rundum mit Öl bepinseln.

3 Die heiße Schüssel leeren, über den Teig stülpen und diesen an warmer Stelle mindestens 30 Minuten ruhen lassen. Die Füllung zubereiten. Den Ofen vorheizen. Ein Geschirrtuch und die Teigrolle mit Mehl bestauben. Die Teigkugeln rasch tellergroß und möglichst rechteckig ausrollen, dann eine Portion auf dem Geschirrtuch von der Mitte aus über dem Handrücken ausziehen.

4 Dicke Teigränder abschneiden. Die Teigplatte mit der zerlassenen Butter oder Margarine bestreichen und eine Portion von der Füllung darauf verteilen. An einer Schmalseite bleibt der Teig 1–2 Handbreit, an den Längsseiten je 1–2 cm frei. Die freien Ränder mit Wasser bepinseln, damit sie später besser zusammenkleben.

5 An der belegten Schmalseite der Teigplatte den Tuchrand anheben und den Teig locker aufrollen, so daß die Füllung sich beim Backen ausdehnen kann. Beide Seiten der Rolle einschlagen und die Ränder fest aufeinanderdrücken, damit der Saft nicht herauslaufen kann.

6 Den Strudel in die Form setzen, die Naht nach unten. Den zweiten ebenso bereiten und in die Form geben. Beide mit Butter oder Margarine bestreichen und mit Milch oder Sahne begießen. Mit der Messerspitze einige Male in die Oberfläche stechen. Die Strudel backen, dabei jeweils nach 10 und 20 Minuten erneut bestreichen und begießen. 5 Minuten in der Form auskühlen lassen.

Gut zu wissen

◆ **Mehl** Sorten mit sehr hohem Klebergehalt (etwa 12%) verleihen dem Strudelteig die richtige Elastizität. Das ist beispielsweise bei Dinkelmehl oder doppelgriffigem Mehl aus Hartweizen der Fall. Dieses ist feiner als Grieß und gröber als glattes Mehl. Instantmehl hat eine ähnliche Konsistenz.
70–100 g vom Weizenmehl der Type 405 können Sie durch feines Dinkel- oder Weizenvollkornmehl Type 1700 ersetzen. Diese Mehle müssen Sie sieben, bevor Sie sie abwiegen.
Strudelteig aus Dinkel- oder Vollkornmehl läßt sich nicht so dünn ausziehen.
◆ **Ei** Wenn man den Strudelteig ohne Ei zubereitet, reißt er nicht so leicht ein. Als Ausgleich muß man die Flüssigkeitsmenge um etwa 3 EL erhöhen.
◆ **Flüssigkeit** Wenn Sie Dinkel- oder Weizenvollkornmehl verwenden, geben Sie 2–3 EL Flüssigkeit mehr an den Teig und kneten ihn auch 3–5 Minuten länger.
◆ **Teigbearbeitung** Der Strudelteig muß kräftig geknetet und geschlagen werden und dann ruhen, damit die Eiweißstoffe quellen und der elastische Kleber gebildet wird.
Durch die Zugabe von Essig oder Zitronensaft wird der Teig elastischer und daher reißfester.
◆ **Ausziehen** Der Teig muß rasch ausgezogen und weiterverarbeitet werden, da er sonst trocken und rissig wird und sich nicht mehr rollen läßt. Sollte ein Strudelteig sich schlecht ausziehen lassen, weil er hart und krümelig ist, pinselt man ihn mit Öl (nie mit Wasser) ein; dadurch wird er wieder weich.

Harte, krümelige Teigplatten werden wieder weich, wenn man sie mit Öl bestreicht.

Das bemehlte Geschirrtuch, auf dem man den Strudelteig auszieht, rutscht nicht, wenn man die Ecken mit Klebeband auf der Arbeitsfläche befestigt. Schmuckringe sollten Sie immer ablegen, da diese sonst den Teig verletzen könnten.
◆ **Strudelgröße** Eine größere Teigmenge läßt sich leichter verarbeiten, wenn Sie sie in 2 oder 3 Kugeln teilen. Außerdem können Sie die einzelnen Strudel verschieden füllen. Gute Kombinationen sind z. B. je 1 Apfel-, 1 Nuß- und 1 Apfel-Nuß-Strudel. Ebensogut können Sie aus einem Teig je 1 Hackfleisch-, 1 Käse- und 1 Schinkenstrudel backen. Wenn ein Teil des Teiges süß, der andere pikant gefüllt wird, müssen die Strudel in verschiedenen Behältern gebacken werden. Große gefüllte Strudel legt man in Form eines Hufeisens oder einer Spirale auf das Blech oder in die Form. Das erfordert viel Geschicklichkeit, weil der Strudel dabei leicht einreißt.
◆ **Füllung** Strudel werden pikant als Snack oder sättigendes Mittagessen oder süß zum Nachtisch oder als Kaffeegebäck gefüllt. In jedem Fall muß die Füllung stets rechtzeitig zubereitet werden, und zwar am besten, während der Teig ruht, da er hart und krümelig wird, wenn er schon ausgerollt auf die weitere Verarbeitung warten muß.
Bevor Sie Strudel mit Obst oder anderen feuchten Zutaten füllen, können Sie auf den ausgezogenen und mit Butter oder Margarine bepinselten Teig noch Eiweiß oder Konfitüre streichen. Anschließend streut man nach Belieben Kokosraspel, Mandeln, Nüsse, Paniermehl oder Plätzchen- bzw. Zwiebackkrümel darauf. So weicht der Teig nicht durch.
◆ **Backbehälter** Für saftige Strudel sind tiefe, großzügig gefettete Auflaufformen, Bleche, Bräter oder die bayerischen Bratreinen am besten geeignet. Diese Formen waren früher aus glasiertem Ton, der zwar eine längere Backzeit erfordert, aber eine gleichmäßige Wärmeverteilung gewährleistet.
◆ **Bräune** Stellen Sie während des Backens ein feuerfestes Schälchen mit etwa 100 ml heißem Wasser auf den Boden des Ofens. Das fördert die Bräunung der Strudeloberfläche.
◆ **Begießen** Strudel in tiefen Formen nach 20 Minuten Back-

zeit mit lauwarmer Milch oder Sahne begießen. Dadurch werden sie besonders saftig.

◆ *Überzüge* Süße Strudel mit Puderzucker bestauben oder mit Puderzuckerguß überziehen. Nach Belieben garnieren, z. B. mit gehackten Mandeln.

◆ *Portionieren* Schneiden Sie den Strudel am besten mit einem Elektro- oder Keramikmesser in 4–5 cm breite Scheiben. Je nach Appetit reicht 1 kleiner Strudel aus der Hälfte der im Grundrezept angegebenen Teigmenge für 3–5 Portionen.

◆ *Saucen* Zu einem warmen Strudel kann man kalte Vanille- oder Weinschaumsauce reichen; zu kaltem Strudel serviert man die Saucen warm. Leicht geschlagene, gezuckerte und mit Likör parfümierte Sahne ist eine festliche Ergänzung.

Aufbewahren und einfrieren

◆ *Roher Teig* Strudelteig, der im gut verschlossenen Gefrierbeutel verpackt wurde, hält sich im Kühlschrank 1–2 Tage; danach wird er grau.
Strudelteig kann roh, sogar auf einem Geschirrtuch ausgezogen und locker aufgerollt, eingefroren werden. Es empfiehlt sich jedoch, ihn fertig auszuformen und zu füllen und erst dann in das Gefriergerät zu legen. Wickeln Sie die Strudel einzeln in eine doppelte Lage extra-starke Alufolie. Wenn Sie vor dem Auftauen die Folie oben einschneiden und auseinanderbiegen, kann sie als Backgefäß dienen. Sie verhindert gleichzeitig, daß der Strudel während des Backens breit auseinanderläuft. Man kann den Strudel auch in der Backform oder in Gefrierfolie verpackt einfrieren.

◆ *Gebackener Strudel* Alle Strudel schmecken frisch gebacken am besten. Sehr saftreiche Strudel müssen am Tag der Herstellung gegessen werden, da der Teig sonst aufweicht. Weniger saftige kann man 1 Tag im Kühlschrank aufbewahren, sie sehen dann aber nicht mehr ganz so appetitlich aus.
Strudel, die Sie einfrieren wollen, sollten Sie nach Möglichkeit nur zu 80–90 % backen. Damit sie nicht brechen, legen Sie den ausgekühlten Strudel zunächst auf eine mit Alufolie überzogene Pappe passender Größe und verpacken ihn erst endgültig, wenn er nach etwa 2 Stunden fest geworden ist.
Nach der 2stündigen Gefrierzeit können Sie ihn aber auch in beliebige Portionsstücke schneiden und diese nach weiteren 2–3 Stunden endgültig verpacken und einfrieren.
Nicht ganz fertiggebackene Strudel sind im Gefriergerät 2–10 Monate haltbar, und zwar je nach Art der Füllung. Gebäck mit fetthaltigen Füllungen sollte man innerhalb von 2 Monaten verzehren. Zuvor wird es bei geöffneter Verpackung aufgetaut und kurz im Ofen aufgebacken oder ohne Abdeckung im Mikrowellengerät erhitzt.

Rohen Strudelteig zum Einfrieren in extra-starke Alufolie verpacken.

So gelingt Ihr Quark-Öl-Teig

GRUNDREZEPT • 2 SPRINGFORMEN (24–28 CM Ø)/1 BLECH = 12–16 STÜCK KLEINGEBÄCK

Zutaten
350 g Magerquark
400 g Weizenmehl Type 405 oder 550
1 Päckchen und 2 TL Backpulver
1 Prise Salz
5–6 EL Zucker
1 Päckchen Vanillezucker oder
1 TL feingeriebene unbehandelte Zitronenschale
1 Ei
8 EL oder 125 ml Öl, z. B. Maiskeim-, Soja- oder Sonnenblumenöl
4–5 EL Milch
Mehl zum Ausformen
Backpapier bzw. Butter oder Margarine für das Blech

Dieser Teig, eine Kombination aus Rühr- und Knetteig, ist die Erfindung einer deutschen Backpulverfirma und in anderen Ländern kaum bekannt. Er ist einfach und schnell herzustellen, und das Ergebnis schmeckt vorzüglich, ob süß zu Schnecken, Zwetschgendatschi und anderen Obstkuchen – rechts Apfelkuchen mit Streuseln – oder pikant zu Hörnchen und Zwiebelkuchen verarbeitet.

Ofentemperatur: 180 °C
Einschubhöhe: Mitte oder oben
Backzeit: für flache und kleine Gebäckstücke 15–20 Minuten, für hohe Kuchen 25–35 Minuten

QUARK-ÖL-TEIG

1 Den Quark in ein feinmaschiges Sieb geben und mindestens 6 Stunden, besser über Nacht, abtropfen lassen. Den Belag je nach Rezept vorbereiten. Vom trockenen Quark 200 g abwiegen und durch ein Sieb streichen. Das Blech befeuchten und mit Backpapier belegen bzw. mit Butter oder Margarine einfetten. Den Ofen vorheizen.

2 Mehl, Backpulver und Salz in eine Schüssel geben und gut vermischen. Nacheinander Zucker, Vanillezucker oder Zitronenschale, dann Quark, Ei, Öl und Milch hinzufügen. Alle Zutaten mit den Knethaken des Elektroquirls zunächst einige Sekunden bei geringer Laufgeschwindigkeit, dann knapp 1 Minute bei hoher Laufgeschwindigkeit vermengen.

3 Sobald die Zutaten zusammenkleben, den Elektroquirl herausnehmen und den Schüsselinhalt auf bemehlter Unterlage und mit bemehlten Händen rasch zu einem Kloß verkneten. Dabei so wenig Mehl wie möglich einarbeiten, sonst wird der Kuchen trocken. Der Teig soll weich und elastisch sein.

4 Den Teig mit einer leicht bemehlten Teigrolle auf dem eingefetteten bzw. mit Backpapier ausgelegten Backblech kleinfingerdick ausrollen. Man kann ihn aber auch auf der sparsam mit Mehl bestaubten Arbeitsfläche oder ohne Mehl zwischen zwei Lagen Kunststoffolie oder Backpapier ausrollen.

5 Den nach dem jeweiligen Rezept vorbereiteten Belag auf dem Teig verteilen. Die Apfelschnitze werden dachziegelartig dicht hintereinander in Reihen darauf gelegt.

6 Die Streusel gleichmäßig über die Äpfel streuen und den Kuchen sofort in den heißen Ofen schieben. Das fertige Gebäck gleich herausnehmen und auf einem Gitter auskühlen lassen. So wird der Boden nicht durch Schwitzwasser weich.

Gut zu wissen

◆ **Mehl** 50–100 g des im Grundrezept angegebenen Mehles können Sie durch feines Buchweizen-, Dinkel- oder feines Weizenvollkornmehl Type 1700 ersetzen. Gebäck aus Quark-Öl-Teig, der mit Buchweizen-, Dinkel- oder Vollkornmehl zubereitet wurde, ist nicht ganz so locker. Diese Backwaren schmecken jedoch herzhafter und enthalten wertvolle Ballast- und Mineralstoffe sowie Vitamine.
Wenn man Vollkornmehl verwendet, muß man die Milchmenge so weit erhöhen, daß der Teig weich und elastisch wird.
◆ **Backpulver** Da es durch Feuchtigkeit aktiviert wird, muß der Teig gleich nach der Herstellung weiterverarbeitet und gebacken werden, sonst wird er weich und klebrig.

In der verschlossenen Tüte an einem trockenen Platz aufbewahrt, halten sich Backpulverreste 2–3 Wochen.
◆ **Zucker** Bei süßen Variationen des Quark-Öl-Teiges kann er durch 2–3 EL flüssigen Honig oder 1 TL flüssigen Süßstoff ersetzt werden.
◆ **Quark** Magerquark ist geeigneter als fetthaltige Sorten. Er muß wirklich frisch sein, sonst schmeckt das fertige Gebäck unangenehm säuerlich.
Lassen Sie den Quark – wie im Grundrezept angegeben – unbedingt ausreichend abtropfen. Wenn er zu feucht ist oder zu reichlich abgewogen wurde, klebt der Teig und ist sehr schwer zu verarbeiten.
Da der Quark sehr viel Feuchtigkeit enthält, die zu etwa 30 % als Molke abtropft, kauft man entsprechend mehr und wiegt die im Rezept angegebene Menge vom abgetropften Quark ab.
◆ **Öl** Welche Ölsorte man wählt, ist Geschmackssache, wobei Olivenöl für pikante Variationen gut geeignet ist; Öle mit einem starken Eigengeschmack sollten auf etwaige Füllungen u. ä. abgestimmt sein. Für süßes Gebäck verwendet man am besten Sorten mit möglichst wenig Eigengeschmack, z. B. Sonnenblumen- oder Sojaöl. Notfalls können Sie das Öl durch 200 g zimmerwarme, weiche Butter oder Margarine ersetzen. In diesem Fall benötigen Sie 2 EL Milch weniger.
◆ **Variationen** Für einen salzigen Quark-Öl-Teig nehmen Sie 1 TL Salz statt einer Prise, lassen Vanillezucker bzw. Zitronenschale und Zucker weg und verwenden als geschmackgebende Zutat nach Belieben 2 EL feingeriebenen Parmesan. Bei allen anderen Zutaten und bei der Teigzubereitung verfahren Sie wie beim Grundrezept.
◆ **Arbeitsablauf** Den Belag oder die Füllung stets vorbereiten, bevor man mit der Teigherstellung beginnt. Wenn Quark-Öl-Teig nicht gleich weiterverarbeitet wird, beginnt das Backpulver zu arbeiten, der Teig wird immer weicher und klebt.
◆ **Kneten** Die im Grundrezept angegebene Knetzeit darf nicht überschritten werden, sonst wird der Teig klebrig.
Wenn der Teig zu krümelig zu werden scheint, gibt man etwas Flüssigkeit zu.

QUARK-ÖL-TEIG *103*

Der Einsatz der großen Küchenmaschine lohnt sich ab der doppelten Zutatenmenge. Während Sie den Teig von Hand zusammenkneten und dann ausrollen, sollten Sie möglichst wenig zusätzliches Mehl verwenden, damit das fertige Gebäck nicht trocken wird.

◆ *Backen* Da Quark-Öl-Teig beim Backen um etwa ein Drittel aufgeht, müssen Sie bei Kleingebäck darauf achten, daß genügend Abstand zwischen den Gebäckstücken bleibt. Auf einem Blech haben 8–12 mittelgroße und 12–16 kleine Stücke Platz.

◆ *Ofentemperatur* Den Ofen zum Vorheizen rechtzeitig einschalten. Wird der Teig in den Ofen geschoben, bevor die vorgeschriebene Temperatur erreicht ist, trocknet die Teigoberfläche aus.

◆ *Heißluftofen* Dieser Ofentyp hat den Vorteil, daß Sie 2–3 Bleche gleichzeitig backen können. Das Gebäck trocknet darin allerdings mehr aus als im herkömmlichen Ofen. Nach der halben Backzeit werden die Bleche ausgetauscht. Bei 2 oder 3 Blechen verlängert sich die Backzeit um 5–10 Minuten.

◆ *Garprobe* Vorschriftsmäßig gebackener Quark-Öl-Teig duftet angenehm, ist porös, außen knusprig und appetitlich gebräunt.
Bei flachem Gebäck, beispielsweise Kuchen auf dem Blech, genügt die Sichtprobe, um festzustellen, ob der Kuchen gar ist. Bei hohem Gebäck wie Gemüse- oder Nußwickeln ist die übliche Garprobe mit einem langen Hölzchen zu empfehlen.

◆ *Auskühlen* Das fertige Gebäck sollte unbedingt auf einem Gitter auskühlen, da der Boden sonst durch Schwitzwasser weich wird.

◆ *Überzüge* Sobald süßes Gebäck völlig ausgekühlt ist, kann es – je nach Rezept – mit Guß oder Kuvertüre überzogen werden. Sie können den Kuchen aber auch mit Puderzucker bestauben, allerdings möglichst erst kurz vor dem Servieren.

◆ *Portionieren* Pikantes Gebäck wird meist warm aufgeschnitten und serviert, es schmeckt jedoch kalt ebenfalls ausgezeichnet. Süße Kuchen werden erst nach dem völligen Auskühlen mit einem scharfen Messer in Quadrate, Rechtecke oder Scheiben geschnitten.

Aufbewahren und einfrieren

◆ *Roher Teig* Er läßt sich nicht aufbewahren, da er weich und klebrig wird, wenn er länger liegt.
Durch die kurze Zubereitungszeit lohnt es sich kaum, den rohen Teig einzufrieren. Falls Sie Quark-Öl-Teig trotzdem auf Vorrat zubereiten wollen oder mehr gemacht haben, als Sie gleich verwenden können, verpacken Sie ihn sofort in gut verschließbare Gefrierbeutel oder -behälter bzw. in extra-starke Alufolie und legen ihn ins Gefriergerät, bevor das Backpulver zu arbeiten beginnt.

◆ *Gebäck* Trockenes Gebäck kann man 1–2 Tage aufbewahren, da es aber an der Luft seine Knusprigkeit rasch verliert, muß es nach dem völligen Auskühlen in einen gut verschließbaren Gefrierbeutel oder -behälter verpackt werden.
Gebäck mit feuchter Füllung muß bald verzehrt werden, da der Boden schnell durchweicht. In gut verschlossenen Gefrierbeuteln oder -behältern hält Gebäck aus Quark-Öl-Teig 2–6 Monate im Gefriergerät. Die Dauer ist von der Füllung abhängig: je fetthaltiger, um so geringer die Haltbarkeit. Je schneller es nach dem Auskühlen eingefroren wird, um so besser sind Geschmack und Beschaffenheit des aufgetauten Gebäcks.
Bei Zimmertemperatur tauen Gebäckstücke in 15–30 Minuten auf, im heißen Ofen in 3–5 Minuten und auf Küchenpapier ohne Abdeckung im Mikrowellengerät mit 200 W in nur 1–2 Minuten.

Im Heißluftofen kann man 2–3 Kuchen gleichzeitig backen.

Wird das Gebäck im Mikrowellengerät aufgetaut, legt man es auf Küchenpapier.

So gelingt Ihr Brandteig

GRUNDREZEPT • 12–16 GROSSE GEBÄCKSTÜCKE/35–40 STÜCK KLEINGEBÄCK

Zutaten
150 g Weizenmehl Type 405 oder 550
250 ml Milch oder Wasser oder Weißwein
1–2 Prisen Salz
65 g Butter oder Margarine bzw. 4 EL Öl, z. B. Maiskeim-, Oliven-, Soja- oder Sonnenblumenöl
4–5 Eier, Gewichtsklasse 2 oder 3
Backpapier

Das zarte, luftige Brand- oder Brühteiggebäck verdankt seinen Namen der besonderen Herstellungsweise. Im Gegensatz zu anderen Teigarten, die aus rohen Zutaten gerührt, geknetet oder geschlagen werden, kommen einige der Zutaten für den Brandteig in einen Topf und werden auf dem Herd zu einem Kloß abgebrannt, bevor sie weiterverarbeitet werden. Der knusprige, ungesüßte Teig schmeckt mit pikanten Füllungen ebensogut wie hier die mit Sahne gefüllten Windbeutel.

Ofentemperatur: 225 °C
Einschubhöhe: Mitte
Backzeit: für große Gebäckstücke etwa 20 Minuten, bei kleinen Gebäckstücken 8–10 Minuten
und
Ofentemperatur: 180 °C
Einschubhöhe: Mitte
Trockenzeit: für große Gebäckstücke 5–10 Minuten, für kleine Gebäckstücke 2–5 Minuten

BRANDTEIG

1 Den Ofen vorheizen. Das Mehl auf ein Stück Backpapier sieben. Das Blech anfeuchten und mit Backpapier belegen. Milch, Wasser oder Wein mit Salz und Butter oder Margarine oder Öl in einem dickwandigen Topf bei geschlossenem Deckel zum Kochen bringen.

2 Sobald die Flüssigkeit zu kochen beginnt, den Deckel abnehmen und den Topf von der Kochstelle ziehen. Dann sehr zügig arbeiten: Die gesamte Mehlmenge vom Backpapier in die brodelnde Flüssigkeit schütten, dabei kräftig rühren, bis ein dicker Brei entsteht. Den Topf wieder auf die Kochstelle setzen und weiterrühren, bis sich ein Kloß bildet.

3 Wenn sich ein weißer Film auf Topfboden und -wandung abgesetzt hat (nach etwa 2 Minuten), den Topf von der Kochstelle entfernen und kalt stellen. Wenn Topf und Kloß etwas abgekühlt sind, die zimmerwarmen Eier eins nach dem anderen unterrühren, dabei das letzte zurückbehalten.

4 Die Masse gleichmäßig rühren. Die Eimenge ist richtig, wenn der Teig stark glänzt und in Spitzen vom hochgehobenen Rührgerät hängt, aber nicht breit auseinanderfließt. Nach Bedarf das letzte Ei hineinrühren.

5 Mit einem Löffel Teighäufchen auf das Blech setzen, dabei den Teig mit dem Zeigefinger oder einem zweiten Löffel abstreifen. Für Eclairs oder Windbeutel nimmt man einen Eßlöffel, für Profiteroles einen Teelöffel. Man kann den Teig auch mit Spritzbeutel und großer Sterntülle spritzen. Brandteig geht stark auf, deshalb genügend Abstand zwischen den Häufchen lassen.

6 Das Blech 10 Minuten kühl stellen, anschließend in den vorgeheizten Ofen schieben. Die Tür während der Backzeit nicht öffnen. Dann die Temperatur reduzieren und das Gebäck trocknen. Auf einem Gitter auskühlen lassen, waagrecht durchschneiden und füllen.

Gut zu wissen

◆ **Fett** Brandteig gelingt mit jeder Fettsorte, wobei Olivenöl für pikante Brandteigvariationen besonders geeignet ist.

◆ **Mehl** Kleberreiche Mehlsorten sind zu bevorzugen, denn der Kleber des Mehles begünstigt beim Backen die Bildung und Festigung der großen Luftblasen, die für diese Teigart charakteristisch sind.
Die Kleiereste von durchgesiebtem Vollkornmehl streuen Sie anstelle von Mehl auf das Blech oder verwenden sie für Müsli.

◆ **Eier** Die Eimenge ist für den Erfolg des Brandteiges entscheidend. Ist sie zu gering, geht der Teig nicht auf; ist sie zu hoch, wird der Teig zu flüssig und läuft auf dem Blech auseinander. Wenn Sie Vollkornmehl verwenden, ist möglicherweise ein zusätzliches Ei erforderlich. Bevor man das letzte Ei hineingibt, prüft man in jedem Fall vorsichtshalber die Konsistenz – der Teig muß in Spitzen vom Rührgerät hängen – und fügt nur bei Bedarf das Ei oder eventuell nur ein halbes hinzu.

◆ **Backpulver** Es ist in der Regel unnötig. Bei schweren Brandteigen, die Vollkornmehl bzw. Schinkenwürfel oder Reibkäse enthalten, sind 1–2 TL Backpulver allerdings zu empfehlen, damit der Teig luftig und locker wird.
Das Backpulver wird erst im letzten Augenblick in die kalte Masse hineingerührt, denn die Wärme würde es sonst vorzeitig aktivieren.

◆ **Süßen** Durch Zucker würde der Teig zu schwer werden und zu rasch bräunen. Der in der Milch enthaltene Zucker karamelisiert und reicht aus, um das Brandteiggebäck appetitlich goldbraun zu färben.
Ist eine süße Füllung vorgesehen, kann man dem Teig nach Belieben zum Schluß etwas flüssigen Süßstoff beifügen, um den Geschmack zu verbessern.

◆ **Schnellmethode** Die folgenden Zutaten reichen für 4–6 Windbeutel.
In einem Glas, das 100 ml faßt, messen Sie einmal Wasser und einmal Mehl ab. Außerdem benötigen Sie 1–2 EL Öl, 1 Prise Salz sowie 2 Eier der Gewichtsklasse 4 oder 5.
Bei der Herstellung des Teiges verfahren Sie wie im Grundrezept beschrieben.

◆ **Arbeitstechnik** Das Mehl muß in die Flüssigkeit gerührt werden, sobald sie zum Brodeln kommt. Läßt man sie zu lange, womöglich ohne Deckel, kochen, verdampft sie schnell; das Mengenverhältnis zwischen der Flüssigkeit und den restlichen Zutaten stimmt dann nicht mehr, und der Teig mißlingt.
Der Brei muß unbedingt kräftig gerührt werden; dabei wird durch die Hitzeeinwirkung die Stärke aufgeschlossen und quillt. Der Teig löst sich von der Topfwand, und es bildet sich zunächst ein Teigkloß, dann ein dünner weißer Film am Topfboden. Dieser Moment muß genau abgewartet werden. Erhitzt man den Kloß länger als 2 Minuten, wird das Gebäck zu schwer und geht nicht richtig auf.

◆ **Teig formen** Damit alle Gebäckstücke die gleiche Größe haben, markiert man die Umrisse beispielsweise von Herzen oder Kränzen mit Hilfe einer entsprechenden Ausstechform oder eines großen Glases und einem Bleistift auf der Rückseite des Backpapiers.
Wenn man, statt Backpapier zu benutzen, das Blech einfettet und mit Mehl bestaubt, kann man die gewünschten Umrisse mit einer Ausstechform oder einem Glas und einem Holzstäbchen oder einfach mit der Fingerspitze in der Mehlschicht markieren.

◆ **Backen** Der Teig sollte sofort gebacken werden. Läßt es sich jedoch gar nicht vermeiden, daß Sie ihn vor dem Backen für ein paar Stunden stehenlassen, bedecken Sie ihn mit einem eingeölten Stück Backpapier oder Folie, damit die Oberfläche nicht austrocknet oder grau wird. Der Teig darf nicht in den Kühlschrank gestellt werden.
Falls Sie Gebäckstücke unterschiedlicher Größen gleichzeitig backen, z. B. für Kleine Schwäne (Seite 347), setzen Sie die kleinen Stücke, die eine kürzere Backzeit benötigen, an den vorderen Rand des Blechs. So können Sie diese rasch herausnehmen, sobald sie fertig sind, ohne das Blech aus dem Ofen nehmen zu müssen. Dabei würden nämlich die großen Teile zusammenfallen.
Früher hieß es, man solle vor

dem Backbeginn Wasser auf den Boden des Ofens schütten. Zwar fördert der Wasserdampf die Bräunung der Kruste und treibt das Gebäck in die Höhe, die Emaillebeschichtung des Ofens kann jedoch wegen des starken Temperaturunterschieds Risse bekommen. Besser ist es, ein feuerfestes Schälchen mit etwa 100 ml heißem Wasser auf den Boden des Ofens zu stellen.

◆ *Heißluftofen* Dieser Ofentyp ist für Brandteiggebäck ideal, da der Luftstrom die Gebäckteile fortwährend umkreist und dabei trocknet.

◆ *Fritieren* Brandteig kann auch in heißem Fett schwimmend gebacken, also fritiert werden. Dafür muß der Teig allerdings eine etwas festere Konsistenz aufweisen. Um diese zu erzielen, nimmt man etwas mehr Mehl. Fritiertes Gebäck enthält mehr Kalorien.

Brandteiggebäck kann man auch in Fett schwimmend ausbacken.

◆ *Füllen* Erst wenn die Gebäckstücke völlig ausgekühlt sind, schneidet man sie mit einem scharfen Sägemesser oder einer Schere waagrecht durch und füllt sie entsprechend dem Rezept. Man kann das Gebäck auch mit einem Spritzbeutel, an dem eine spitze lange Tülle angebracht ist, durchstechen und die Füllung mit festem und gleichmäßigem Druck in den Hohlraum spritzen.

Reste verwerten

◆ *Teig* Aus übriggebliebener Brandteigmasse läßt sich eine leckere Vorspeise zubereiten. Man vermischt die Teigreste mit Käse- oder Schinkenwürfeln und macht daraus ein Soufflé, das in einer nur am Boden gefetteten Auflaufform gebacken wird. Nach Belieben auch kleine Portionsförmchen verwenden.

◆ *Gebäck* Gebackene Brandteigreste können Sie für Obstaufläufe verwerten.

Aufbewahren und einfrieren

◆ *Roher Teig* Er läßt sich zwar sehr gut einfrieren, aber wegen der kurzen Zubereitungszeit lohnt es sich kaum. Falls Brandteig doch auf Vorrat gemacht wird oder ein Rest eingefroren werden soll, verpackt man ihn in gut verschließbare Gefrierbeutel oder -behälter. Im Gefriergerät hält er bis zu 2 Monate.

◆ *Gebäck* An der Luft verliert das fertige Gebäck rasch seine Knusprigkeit, und feuchte Füllungen weichen den Boden durch. Teilchen, die erst am folgenden Tag gefüllt werden, ver-

packt man nach dem Auskühlen in einen Gefrierbeutel. Vor dem Verzehr kurz im Ofen oder im Mikrowellengerät erhitzen. Ungefülltes Brandteiggebäck läßt sich, in gut verschlossenen Gefrierbeuteln oder -behältern verpackt, bis zu 12 Monate einfrieren. Im Ofen taut es bei 200 °C in 5 Minuten auf. Um es im Mikrowellengerät aufzutauen, legt man das Gebäck auf Küchenpapier und erhitzt es ohne Abdeckung je nach Größe zweimal 1–2 Minuten.

Im Mikrowellengerät tauen die Gebäckstücke in wenigen Minuten auf.

So gelingt Ihr Honigkuchenteig

GRUNDREZEPT • 1 BLECH/1 KASTENFORM (30 CM LÄNGE)/ETWA 120 PLÄTZCHEN

Zutaten
500 g Weizenmehl Type 405 oder 550
100–150 g kleingehackte oder gemahlene Mandeln oder Nußkerne, nach Belieben
4 TL Salz
½ TL feingemahlener Kardamom
½ TL feingemahlene Nelken
1 TL feingemahlener Zimt
1 TL Hirschhornsalz
250 g Honig
125–250 g brauner oder weißer Zucker
Backpapier bzw. Butter oder Margarine für das Blech

Honig wird seit über 3000 Jahren verwendet, um Speisen und Backwerk zu süßen. Ohne die Plätzchen, Printen und Spitzkuchen, den Baumbehang und die vielen anderen Leckereien, die aus dem hier beschriebenen Grundteig hergestellt werden können, wäre die Weihnachtszeit wohl nur halb so schön.

Aroma und Farbe von Bienenhonig werden von der Art der Blüten bestimmt, aus deren Pollen er gewonnen wird. Wenn er länger lagert – in den Waben, nach der Verarbeitung durch den Imker oder im Vorratsschrank –, wird er fest. Preiswerter Konsumhonig, der aus verschiedenen Honigsorten zu einer gleichbleibenden Qualität vermischt und erhitzt wird, kristallisiert nicht mehr aus und bleibt daher flüssig. Bei der Verarbeitung werden zwar bestimmte Fermente zerstört, doch zum Backen reicht diese Qualität durchaus.

Ofentemperatur: 160–180 °C
Einschubhöhe: Mitte
Backzeit: 15–25 Minuten

HONIGKUCHENTEIG

1 Das Blech anfeuchten und mit Backpapier belegen oder einfetten. Mehl mit Mandeln oder Nüssen, Salz, Gewürzen und Hirschhornsalz in eine Schüssel geben.

2 Honig und Zucker in einem Topf unter gelegentlichem Rühren auf etwa 75 °C erhitzen, bis der Honig flüssig wird und der Zucker schmilzt. Sobald der Zucker nicht mehr knirscht, den Topf von der Kochstelle nehmen. Die Honig-Zucker-Mischung abkühlen lassen und zu den anderen Zutaten in der Schüssel hinzufügen.

3 Alles mit den Knethaken des Elektroquirls oder der Küchenmaschine zu einem gleichmäßigen Teig vermengen. Den Teig aus der Schüssel nehmen und auf der Arbeitsfläche mit dem Handballen noch einmal kräftig durchkneten und dann portionieren, um ihn bequem ausrollen zu können.

4 Zwischen 2 Lagen Backpapier oder Kunststoffolie oder auf leicht bemehlter Unterlage mit der leicht bemehlten Teigrolle den Teig portionsweise ausrollen. Je dünner die Teigplatte ist, desto knuspriger wird das Gebäck. Die Plätzchen in beliebigen Formen ausstechen.

5 Die Plätzchen nicht zu eng auf die einzelnen Bleche legen und vor dem Backen möglichst 2 Stunden stehenlassen, damit sich der Zucker gleichmäßig mit dem Mehl verbindet. Den Ofen vorheizen.

6 Die Oberfläche des Gebäcks mit Wasser bestreichen, damit sie nicht reißt, dann die Bleche in den Ofen schieben. Die Plätzchen nicht zu dunkel backen, sonst werden sie leicht bitter. Das fertige Gebäck auf einem Gitter auskühlen lassen und überziehen oder garnieren. Beliebt sind beispielsweise Kuvertüre, Puderzucker- und Schokoladenguß sowie Silberperlen.

Gut zu wissen

◆ **Honig** Honigkuchen oder Honiglebkuchen müssen Honig enthalten. Lebkuchen dagegen werden in der Regel ohne Honig, aber mit einem hohen Mandel- und Nußanteil auf Oblaten gebacken.
Von einem leicht eingeölten Löffel löst sich der Honig besser. Sie können dafür jedes geschmacksneutrale Öl verwenden.

Von einem eingeölten Löffel löst sich der Honig besser.

Im Mikrowellengerät können Sie kristallisierten Honig im offenen Glas bei 150 W schmelzen und erhitzen. Das Schmelzen dauert je 100 g Honig 2–3 Minuten, das Erhitzen 4–5 Minuten, dabei zwischendurch 1–2mal umrühren. In gleicher Weise können Sie mit der Honig-Zucker-Mischung verfahren.
Für dänische oder norddeutsche braune Kuchen kann man den Honig durch Zuckerrüben- oder Zuckerrohrsirup ganz oder teilweise ersetzen.

◆ **Gewürzmischungen** Die im Grundrezept genannten Gewürze Zimt, Nelken, Piment und Kardamom können Sie durch Gewürzmischungen ersetzen. Sie werden abgepackt als Honigkuchen- oder Lebkuchengewürz im Handel angeboten.

◆ **Hirschhornsalz** Dieses Treibmittel sollte stets trocken mit dem Mehl vermischt werden. Traditionelle Rezepte verwenden neben Hirschhornsalz auch Pottasche. Dieses weiße Salz wird in Wasser aufgelöst und in den Teig geknetet. Er soll dann, mit einem Tuch bedeckt, einige Tage lang ruhen. Dabei bilden sich durch die Einwirkung der Luft Milchsäurebakterien, die in Verbindung mit den Treibmitteln den Teig lockern. Pottasche treibt den Teig mehr in die Breite, so daß die Kanten des Gebäcks abgerundeter sind.

Pottasche wird in Wasser aufgelöst, bevor man sie dem Teig zugefügt.

Wenn Hirschhornsalz und Pottasche erhitzt werden, bilden sich scharf riechende Gase, die aber unschädlich sind. Diese Treibmittel tragen zum charakteristischen Aroma des Gebäcks bei.

Sie können statt Pottasche und Hirschhornsalz Backpulver nehmen, und zwar 1 Päckchen pro 500 g Mehl. Es hat den Vorteil, daß man den Teig nicht lagern muß, sondern gleich weiterverarbeiten kann. Das charakteristische Aroma fehlt jedoch.

◆ **Ei und Milch** Durch Zugabe von 1–2 Eiern und 3–4 EL Milch wird der Teig weicher und ist für weiche Honigkuchen auf dem Blech, dicke Pfefferkuchen oder Honigkuchen in der Kastenform besser geeignet. Die Eier werden mit der ausgekühlten Honig-Zucker-Mischung in den Teig gerührt.

◆ **Ausrollen** Je sparsamer die Mehlzugabe beim Ausrollen ist, um so besser schmecken die Plätzchen. Hohe Mehlzugaben machen sie trocken, und der Geschmack verflacht.
Man kann ganz auf Mehl verzichten, wenn man, wie im Grundrezept abgebildet, den

HONIGKUCHENTEIG

Teig zwischen 2 Lagen Backpapier oder dicker Kunststoffolie ausrollt. Da die obere Folien- oder Papierlage leicht knittert, hebt man sie zwischendurch ab und legt sie wieder glatt auf. Dann wendet man das Ganze und glättet die andere Seite.

◆ *Garnitur* Kandierte Früchte und Mandelhälften können Sie bei Kuchen auf Blechen oder in Formen bereits vor dem Backen auf die mit Milch oder Wasser bestrichene Teigplatte verteilen.

◆ *Backen* Lebkuchen sollten nicht bei zu starker Hitze gebacken werden, weil sonst der Zucker zu stark karamelisiert und das Gebäck bitter schmeckt. Außerdem werden zu scharf gebackene Lebkuchen hart.

◆ *Überzug* Für einen lackartigen Überzug 1 TL Speisestärke mit 100 ml Wasser aufkochen und damit das Gebäck kurz vor Ende der Backzeit bestreichen.

◆ *Auskühlen* Das fertige Gebäck muß man sofort vom Blech nehmen, weil es sonst durch den hohen Zuckeranteil auf den heißen Blechen schnell nachdunkelt und dadurch ebenfalls einen bitteren Geschmack bekommt.

◆ *Zuckerguß* Wenn Sie einen relativ dünnen Puderzuckerguß auf das heiße Gebäck streichen, wird er etwas transparent und bekommt feine Sprünge. Sie können die so überzogenen Plätzchen nochmals kurz bei geringer Wärmezufuhr im Ofen trocknen, damit sie nicht kleben.

◆ *Variationen* Durch die Zugabe von wahlweise 1 TL feingeriebenem Ingwer, 1 EL Instantkaffee, 1 Päckchen Vanillezucker, 2–3 EL Kakao oder 50 g kleingewürfeltem Zitronat kann man den Honigkuchenteig interessant abwandeln.
Für Printen fügen Sie dem Teig sehr fein zerkleinerten Kandis zu und tauschen den Honig durch dunklen Zuckerrübensirup aus. Etwas Kakao und feingeriebene unbehandelte Orangenschale verbessern den Geschmack.
Für Honigkuchen auf dem Blech oder in der Kastenform benötigen Sie für den Teig 50–200 g Fett. Früher verwendete man Schmalz, heute wählt man jedoch lieber gesündere Fettsorten wie Butter, Pflanzenmargarine oder Öl.

Reste verwerten

◆ *Gebäck* Aus zerbröckelten Honigkuchen können Sie Lebkuchenaufläufe bereiten. Dafür 250–400 g Gebäckreste in Milch quellen lassen und mit 2–3 Eiern, 100 g Butter oder Margarine, 50 g Zucker, 2–3 Eigelben und 2–3 EL Mehl verrühren. Dann 2–3 steifgeschlagene Eiweiße und 500 g Apfel- oder Birnenschnitze oder 250 g eingeweichte, kleingehackte Trockenfrüchte mit Mandeln oder Nüssen nach Belieben mischen und in eine gefettete Auflaufform füllen. Im Mikrowellengerät ist der Auflauf bei 400 W in 20 Minuten gar. Reichen Sie eine Rotwein- oder Weinschaumsauce dazu.

Aufbewahren und einfrieren

◆ *Roher Teig* Im Gefrierbeutel verpackt, kann er bis zu 1 Woche im Kühlschrank gelagert werden. Vor dem Backen rechtzeitig herausnehmen, damit er warm wird, und mit 3–4 EL Milch oder Wasser durchkneten; dies kann mühsam sein, denn der Teig ist hart.

◆ *Gebäck* Honigkuchen gewinnen durch mehrtägige Lagerung an Geschmack. Knuspriges Gebäck müssen Sie bald nach dem Auskühlen und Garnieren in fest verschließbare Behälter packen. Weiche Variationen werden separat verpackt.
Ist Honigkuchengebäck versehentlich durch zu scharfes Backen hart geworden, lassen Sie die Gebäckbehälter geöffnet an einer Stelle mit hoher Luftfeuchtigkeit stehen. Schneller geht es, wenn Sie die Plätzchen über einem Kuchengitter über der mit Wasser gefüllten Fettpfanne verteilen, mit einem Tuch zudecken und über Nacht stehenlassen. Sie können auch kleine Äpfel, Mandarinen oder Orangen in den Behälter geben (nach einigen Tagen entfernen, sonst schimmelt der Inhalt) oder ein mit Arrak oder Rum beträufeltes Tuch über den Rand spannen, ehe Sie den Gebäckbehälter verschließen.
Einfrieren ist möglich, aber eigentlich unnötig, da die Plätzchen ohnehin 4–6 Wochen halten. Im Gefriergerät wird das Aroma verstärkt.

So gelingt Ihre Baisermasse

GRUNDREZEPT • 2–16 GROSSE/35–40 KLEINE BAISERS

Zutaten
4 Eiweiße
1 Prise Salz
1 TL Ascorbinsäure
oder Gelierpulver
oder 1 EL Zitronensaft
120 g feiner Zucker
120 g Puderzucker
1 EL Speisestärke
sehr feiner Zucker zum Bestreuen, nach Belieben
Backpapier

Wörtlich übersetzt heißt das französische Wort *baiser* Kuß. Die Bezeichnung ist zutreffend, denn das Gebäck schmeckt tatsächlich zart und süß schmelzend wie ein Kuß. Für diese verführerische Köstlichkeit brauchen Sie nicht viel mehr als Eiweiß und Zucker – übriggebliebenes Eiweiß läßt sich auf diese Weise gut verwerten. Die süße Eischaummasse wird nicht gebacken, sondern lediglich im Ofen langsam getrocknet. So karamelisiert der Zucker nicht, und die Baisers bleiben fast rein weiß. Baisers müssen nicht sofort verzehrt werden, sondern halten sich in einem geschlossenen Gefäß mehrere Wochen. So kann man sie auf Vorrat herstellen und nach Bedarf mit oder ohne Füllung servieren. Die zartrosa Erdbeersahne (oben) ist besonders dekorativ.

Ofentemperatur für die langsame Trockenmethode: 200 °C, nach 2–3 Minuten ausschalten
Einschubhöhe: Mitte
Trockenzeit: 8–12 Stunden

BAISERMASSE *113*

1 Den Ofen vorheizen. Das Blech mit Wasser befeuchten und mit Backpapier belegen. Die Zutaten abwiegen bzw. abmessen. Die kühlschrankkalten Eiweiße und das Salz in einer großen Schüssel mit den Schneebesen des Elektroquirls oder der Küchenmaschine zunächst bei geringer, dann bei immer höherer Laufgeschwindigkeit zu steifem Schnee schlagen.

2 Ascorbinsäure oder Gelierpulver oder Zitronensaft und den Zucker dazugeben. Die Schaummasse so lange weiterschlagen, bis sie stark glänzt und der Zucker nicht mehr knirscht.

3 Den Puderzucker mit der Speisestärke mischen und auf die Schaummasse sieben. Mit dem Teigspatel vorsichtig unterheben. Auf keinen Fall rühren, sonst entweicht die in der Masse eingeschlossene Luft, und die Baisers werden fest.

4 Für Baiserschalen die Baisermasse in einen Spritzbeutel füllen. Den Beutel möglichst senkrecht halten, nicht schräg, und die Masse portionsweise auf das Blech spritzen. Darauf achten, daß keine langen Schaumspitzen entstehen, die beim Trocknen frühzeitig braun werden. Sollen die Baisers knuspriger werden, die Oberfläche mit sehr feinem Zucker bestreuen.

5 Das Blech sofort in den vorgeheizten Ofen schieben und die Tür gleich schließen. Nach 2–3 Minuten den Ofen ausschalten und 8 Stunden lang nicht mehr öffnen. Die fertigen Baisers auf ein Gitter setzen; sie lassen sich leicht vom Backpapier abnehmen, sind innen trocken und dürfen nicht gebräunt sein.

6 Für Sahnebaisers das Gebäck 1 Stunde früher aus dem Ofen nehmen und den Boden der noch leicht feuchten Teile mit dem Daumen etwas eindrücken, um Platz für die Sahne zu schaffen; im Ofen nachtrocknen lassen. Danach die nach Belieben aromatisierte Sahne jeweils in eine Baiserschale spritzen und eine zweite darauf setzen.

Gut zu wissen

◆ **Eier** Nicht legefrische, sondern 3 Tage alte, im Kühlschrank gekühlte Eier bringen bei Baisers die besten Resultate.
Selbst feine Fettreste, z.B. in der Schüssel, verhindern, daß das Eiweiß steif wird. Dies ist sogar dann der Fall, wenn sich im Eiweiß Reste des fetthaltigen Eigelbs befinden.

◆ **Ascorbinsäure** Auch als Vitamin C bekannt, ist sie im Supermarkt und in der Apotheke erhältlich. Die Säure fördert die Gerinnung des Eiweißes, so daß der Eischnee steif bleibt. Diese Wirkung erzielt man ebenfalls mit Gelierzucker oder Zitronensaft.

◆ **Zucker** Sollen die Baisers möglichst zart werden, verwenden Sie immer eine Mischung aus feinem Zucker und Puderzucker. Den Puderzucker dürfen Sie stets erst zum Schluß in die Schaummasse geben und nur vorsichtig unterheben, damit die Masse nicht zusammenfällt.

◆ **Stärke** Geringfügige Stärkezugaben erhöhen die Standfestigkeit des Eischnees. Größere Mengen verleihen den Baisers jedoch einen leicht mehligen Geschmack.

◆ **Schüssel** Sie muß vollkommen sauber und fettfrei sein, sonst wird das Eiweiß nicht steif. Verwenden Sie eine ausreichend große Schüssel, also nicht kleiner als die Rührschlüssel der Küchenmaschine. Wenn sie in einem sehr schmalen und hohen Rührgefäß, beispielsweise im Rührbecher des Elektroquirls, geschlagen wird, gelangt nicht genügend Luft in die Masse.

◆ **Witterung** In Meeresnähe, an schwülen Sommertagen oder auch wenn man gleichzeitig Speisen wie etwa Suppe kocht, die Wasserdampf abgeben, gelingen Baisers oft nicht so gut, denn durch die hohe Luftfeuchtigkeit behält das Eiweiß nicht den festen Stand.

◆ **Formen und Farben** Die Schaummasse läßt sich leicht in hübsche Formen spritzen, z.B. Rosetten, Kränzchen, Sterne oder Wellenlinien, z.B. als Verzierung für Obstkuchen.

Eine Verzierung aus Baisermasse eignet sich besonders für säuerliche Obstkuchen.

Wenn man Baisers als Weihnachtsbaumschmuck oder für Kindergeburtstage verwenden möchte, kann man sie gut mit 1–2 Tropfen roter, gelber, grüner oder blauer Speisefarbe bunt färben. Hebt man 1–2 EL Instantkaffee oder dunklen Kakao, der in 1 EL Wasser aufgelöst wurde, unter, bekommt die Masse eine appetitliche braune Farbe. Baisers im Miniformat eignen sich ausgezeichnet als Dekoration für Eisbecher, Pudding oder andere Nachspeisen. Die Winzlinge dürfen nicht zusammen mit großen Baisers getrocknet werden, sonst werden sie braun.

Mit Minirosetten lassen sich Desserts hübsch verzieren.

Baiserböden, -kränze oder -rosetten können Sie mit Mandelblättchen, bunten Nonpareille oder Pinienkernen bestreuen, bevor Sie sie in den Ofen schieben.

◆ *Tortenböden* Aus der Baisermasse können Sie preiswerte Tortenböden auf Vorrat herstellen. Sie nehmen dafür die gleichen Zutaten und stellen die Eischaummasse wie im Grundrezept her; sie reicht für 2 Tortenböden ohne Rand mit einem Durchmesser von 22–24 cm oder für 1 Boden mit Rand und einem Durchmesser von 28 cm. Auf der Rückseite des Backpapiers markieren Sie die gewünschte Größe und spritzen die Eischaummasse mit dem Spritzbeutel auf das mit dem Backpapier belegte Blech. Beginnen Sie dabei in der Mitte, verteilen Sie die Masse spiralförmig. Die Oberfläche kann man mit der Teigkarte vorsichtig glattstreichen. Wie im Grundrezept beschrieben trocknen.

◆ *Unterlage* Von Alufolie oder Backpapier lassen sich vorschriftsmäßig getrocknete Baisers leicht lösen. Wenn sie auf Pergamentpapier getrocknet wurden, müssen Sie das Papier mit Wasser anfeuchten und dann die Baisers sofort abziehen. Oblaten als Unterlage sind bei Baisers nicht erforderlich.

◆ *Trocknen* Mit der im Grundrezept erklärten langsamen Trockenmethode erhalten Sie nicht nur erstklassige Baisers, sondern Sie sparen außerdem Strom. Es gibt aber eine schnellere Methode: Den Ofen auf 100–120 °C schalten, und die Baisers in der Mitte einschieben. Nach 2–3 Stunden prüfen, ob sich das Gebäck mühelos vom Untergrund lösen läßt und getrocknet ist.

◆ *Öfen* Heißluftöfen sind ideal für Baisers, denn der Luftstrom trocknet die Schaummasse von allen Seiten. Außerdem kann man gleichzeitig mehrere Bleche einschieben. Bei herkömmlich beheizten Öfen – während der Trockenzeit sollte der eventuell vorhandene Lüftungsschieber geöffnet sein – kann immer nur jeweils ein Blech mit Baisers getrocknet werden; deshalb kann man bei dieser Ofenart nicht zu große Mengen auf einmal verarbeiten. Bei alten Öfen oder Gasöfen eventuell einen Kochlöffelstiel zwischen Rahmen und Ofentür klemmen.

◆ *Baisertorten* Baisertortenböden können Sie mit Beerenfrüchten belegen oder aus mehreren aufgeschichteten Böden festliche Creme- oder Sahnetorten herstellen. In Australien und Neuseeland verzichtet beispielsweise keine Braut auf ihre dekorative, oft mehrstöckige Baisertorte. Sie ist dort eine nationale Spezialität, die Pawlowa genannt wird zu Ehren der berühmten russischen Ballerina.

◆ *Tortenhauben* Die Eischaummasse wird auch als Dekoration auf schon fertiggebackene Kuchen mit sauren Früchten, z. B. Johannisbeeren, Rhabarber, Stachelbeeren oder Zitronen, gespritzt. Den Ofen auf 220 °C vorheizen, und die Baiserhaube auf der oberen Leiste 10–15 Minuten trocknen. Die Baisermasse ist innen noch weich und bleibt nicht lang fest, sollte also bald verzehrt werden.

◆ *Schneiden* Baisertorten zerbröckeln oder zerbrechen nicht so leicht, wenn Sie ein Elektro- oder Keramikmesser benutzen.

Reste verwerten

◆ *Gebäck* Reste zerbröckelt man über Süßspeisen wie Karamel- oder Schokoladencreme.

Aufbewahren und einfrieren

◆ *Gebäck* Baisers halten sich mehrere Wochen, wenn man sie in einem gut verschlossenen Behälter an trockener Stelle lagert. Obstkuchen mit Baiserhaube müssen bald gegessen werden, weil die Masse nach einigen Stunden zusammenfällt, zäh wird und zerfließt.
Kuchen mit Baiserhaube kann man zwar einfrieren, die Masse wird aber leicht klebrig, weich und zäh.
Baisertorten mit Eis- und Sahnefüllungen lassen sich gut einfrieren, brechen dabei aber leicht.

So gelingt Ihre Makronenmasse

GRUNDREZEPT • 12–16 GROSSE/35–40 KLEINE MAKRONEN

Zutaten
4 Eiweiß
1 Prise Salz
½ TL Ascorbinsäure
oder Gelierpulver
oder 1 TL Zitronensaft
120 g feiner Zucker
120 g Puderzucker
200–250 g Kokosraspel
oder gemahlene Mandeln
oder Nußkerne
feiner Zucker zum Bestreuen, nach Belieben
Backpapier

Die beliebten Haselnuß-, Kokos- und Mandelmakronen gehören zu den klassischen Weihnachtsplätzchen. Sie sind wie Baisermasse schnell und einfach herzustellen und relativ lange haltbar. Heute gibt es viele neue Variationen, beispielsweise Makronen mit kandierten Ananas- oder Ingwerwürfeln, mit Trockenfrüchten, geriebener Schokolade oder mit Kaffee- oder Kakaogeschmack. Bei einigen Rezepten wird das Eiweiß gegen Eigelb ausgetauscht, was das Gebäck angenehm weich macht. Makronenmasse dient außerdem zur Herstellung von mehlfreien, sehr süßen Tortenböden, die in der Fachsprache *Japonais* genannt werden.
Um das kalorienreiche Gebäck noch zu verfeinern, kann man die fertigen Makronen, wie oben abgebildet, in Kuvertüre tauchen.

Ofentemperatur: 120–140 °C
Einschubhöhe: Mitte
Trockenzeit: 15–25 Minuten

MAKRONENMASSE 117

1 Den Ofen vorheizen. Die Bleche anfeuchten und mit Backpapier belegen. Die kühlschrankkalten Eiweiße und Salz mit den Schneebesen zunächst bei geringer, dann bei immer höherer Laufgeschwindigkeit steifschlagen. Ascorbinsäure oder Gelierpulver oder Zitronensaft und Zucker dazugeben. Die Masse weiterschlagen, bis sie stark glänzt und der Zucker nicht mehr knirscht.

2 Den Puderzucker mit Kokosraspeln oder Mandeln oder Nüssen mischen, auf die Schaummasse geben und mit einem Teigspatel vorsichtig so unterheben, daß möglichst wenig Luft entweicht. Die Masse soll schaumig, weder krümelig fest noch dickflüssig sein.

3 Die Makronen entweder mit einem Eßlöffel als walnußgroße Häufchen oder mit dem Spritzbeutel als Böden, Kränzchen oder Rosetten auf das Blech geben. Soll das Gebäck knuspriger werden, bestreut man die Oberfläche leicht mit feinem Zucker. Die Bleche sofort in den Heißluftofen schieben. Im herkömmlichen Ofen läßt sich jeweils nur 1 Blech backen.

Gut zu wissen

◆ *Zucker* Makronengebäck ist durch seinen hohen Gehalt an Zucker und fetthaltigen Nüssen kalorienreich. Diabetiker und Figurbewußte können den Zucker durch eine Mischung aus 50 % Fruchtzucker und 50 % Zuckeraustauschstoff oder der entsprechenden Menge flüssigem Süßstoff ersetzen.

◆ *Ascorbinsäure* Sie enthält, wie auch Gelierpulver und Zitronensaft, Vitamin C; dieses bewirkt, daß das Eiweiß gerinnt und die Eischaummasse ihre luftige Konsistenz behält.

◆ *Unterheben* Besonders wichtig ist es, daß Sie Puderzucker und Nüsse nur vorsichtig untermischen, aber nicht rühren, sonst entweicht die Luft in der Schaummasse, und sie wird zähflüssig.

◆ *Backoblaten* Man kann die Makronen auf Backoblaten setzen, die es in verschiedenen Größen gibt. Sie sind neutral im Geschmack und halten das Gebäck längere Zeit angenehm feucht und frisch.

Reste verwerten

◆ *Makronenbruch* Streuen Sie zerbröckelte Makronen über Fruchtsalat oder Kompott, und geben Sie Schokoladen- oder Vanillecreme darauf. Außerdem eignen sich zerbröckelte Makronen vorzüglich zum Bestreuen von Strudelteigen mit süßen Füllungen.

Aufbewahren

◆ *Rohmasse* Sie kann nicht aufbewahrt, sondern muß sofort gebacken werden und ist nicht gefriergeeignet.

◆ *Kleingebäck* In einem gut verschlossenen Behälter an trockener Stelle gelagert, hält es mehrere Wochen. Es kann nicht eingefroren werden.

◆ *Kuchen* Kuchen und Torten, die mit Makronenmasse hergestellt wurden, sollten bald verzehrt werden, denn die Masse wird rasch weich und zäh.

118 FERTIGPRODUKTE

Backen mit Fertigprodukten

BACKMISCHUNGEN, GEKÜHLTE UND TIEFGEKÜHLTE TEIGE

Die halbfertigen oder fertigen Produkte, die industriell hergestellt werden, sind heute nicht mehr aus der Küche wegzudenken. Sie sind von vorzüglicher Qualität, und selbst wenn sie im Verhältnis zu Selbstgebackenem teurer sind, greift man gern darauf zurück, wenn man es sehr eilig hat oder einmal keine Lust hat, die Sonntagsbrötchen selbst zu backen.
Da die Zusammensetzung immer die gleiche ist, kann man sich auf gleichbleibend gute Backergebnisse verlassen. Das kann allerdings auf die Dauer eintönig werden, es gibt jedoch viele Möglichkeiten, solche Fertigprodukte abzuwandeln, vor allem bei den gekühlten und tiefgekühlten Teigsorten, und der Phantasie sind keine Grenzen gesetzt.

Gut zu wissen

Backmischungen

◆ **Brot** Brotbackmischungen sind in mehreren Variationen als Kiloware im Handel erhältlich. Sie sind allerdings relativ kostspielig und enthalten in der Regel – wie auch das fertig gekaufte Brot – zuviel Salz. Preiswerter und gesünder wird die Brotbackmischung, wenn man sie streckt, und zwar mit dem gleichen Teil Weizen- oder Roggenmehl beliebiger Typenzahl. Sie müssen aber in diesem Fall entsprechend mehr Treibmittel in Form von frischer Hefe sowie Flüssigkeit, z. B. Buttermilch oder Milch, zugeben. Auch mit Gewürzen, gerösteten Zwiebel- oder Speckwürfeln usw. lassen sich die Backmischungen abwandeln. Auf diese Weise kommen Sie mit geringem Aufwand zu vielen neuen Brot- und Brötchensorten, die immer gelingen.

◆ **Pizza** Es gibt zwar Backmischungen für Pizzateig, da er aber im wesentlichen aus Mehl, Salz, Wasser und etwas Hefe besteht, lohnt sich die Ausgabe nicht.

◆ **Kuchen** Marmor-, Schokoladen-, Nuß-, Gewürz-, Zitronen-, Mandel-, Russischer Zupfkuchen und mehrere Variationen von Käsekuchen sind nur einige der vielen Backmischungen im Angebot. Sie bestehen in der Hauptsache aus Mehl, Zucker, Treibmittel und Backhilfsmitteln. Da einige weitere Zutaten wie Butter und Eier dazugekauft werden müssen, sind solche Kuchen im Verhältnis wesentlich teurer als selbstgebackene.
Um den Geschmack abzuwandeln, fügt man nach Belieben Früchte, Mandeln, Nüsse oder Schokoladenstückchen hinzu.

Bei Kuchenmischungen müssen Butter und Eier dazugekauft werden.

Gekühlte Teige

◆ **Lagern und verbrauchen** Die gekühlten Teige muß man sofort nach dem Einkauf in den Kühlschrank legen und innerhalb der aufgedruckten Frist verbrauchen. Wurde die Packung geöffnet, muß der Inhalt sofort verarbeitet werden, da diese Teige rasch austrocknen.

◆ **Pizza- und Blätterteig** Sie werden besonders häufig gekauft und sind ideal für Quiches, Pasteten, Pizzen, kleine und große süße Teilchen, Striezel und Torten mit Obst, mit Mandel- oder Nußfüllung. Manche sind bereits rund ausgerollt, oft schon auf dem Backpapier, was zusätzlich Zeit und Arbeit spart.

◆ **Strudelteige** Sie werden vor allem im süddeutschen Raum und in Österreich angeboten, wo sie auch beheimatet sind. Die Teigplatte ist recht klein, trocknet schnell aus und bricht leicht.

◆ **Brötchen, Baguettes und Hörnchen** Sie kommen in Rollenform – verpackt in aluminiumkaschierten Dosen – in den Handel. Neben den Sonntagsbrötchen aus hellem Weizenmehl sind Fertigteige für Vollkornbrötchen und pikante Hörnchen immer häufiger zu finden.

◆ **Plätzchen** In der Vorweihnachtszeit werden etwa 1 Dutzend Plätzchenteige in Ziegelform und in Folie eingeschweißt angeboten. Sie lassen sich gut verarbeiten, enthalten aber sehr viel Zucker.

Tiefgekühlte Teige

◆ **Blätterteig** Er ist in Blockform oder bereits zu rechteckigen, beinahe backfertigen Platten geschnitten in Packungen mit 300–800 g erhältlich. Für manche Rezepte sind Platten praktischer, z. B. für Kleingebäck oder Apfeltaschen. Für Striezel oder große Pasteten ist Blockware günstiger. Falls Blockware einmal nicht vorrätig sein sollte, können Sie Platten verwenden. Diese bestreichen Sie mit Butter, legen sie aufeinander und rollen sie dann aus. So fügen sie sich aneinander, und der Geschmack wird zudem verbessert.

◆ **Hefeteig** Er wird nicht so häufig verlangt. Da er relativ kostspielig ist, lohnt er sich nur für Kleinsthaushalte.

Gebäck für alle Tage

Wer Kuchen nicht nur zu besonderen Anlässen auf den Tisch bringen will, braucht Rezepte, die einfach, preiswert und sicher sind und nicht allzuviel Zeit in Anspruch nehmen. Ob Windmühlen oder Madeleines, ob Butterkuchen oder Biskuitrolle, ob Brottorte oder Savarin – die Auswahl in diesem Kapitel wird jeden erfreuen, der sich öfter ein süßes Stückchen gönnen möchte.

Amerikaner

× preiswert

RÜHRTEIG • 1 BLECH = 12 STÜCK

Für den Rührteig (S. 74)
3 Eier
125 g Butter oder Margarine
125 g Zucker
1 Päckchen Vanillezucker
oder 1 TL feingeriebene
unbehandelte Zitronenschale
1 EL Arrak oder Rum
250 g Weizenmehl Type 405
oder Type 550
2 TL Backpulver
1 Prise Salz
100 ml Milch
Backpapier oder Butter
bzw. Margarine zum Einfetten

Für den Guß
150 g Puderzucker
2–3 EL Zitronensaft
50 g Edelbitterschokolade
oder dunkle Schokoladenglasur

- Das Blech befeuchten und mit Backpapier belegen oder einfetten.
- Den Ofen vorheizen.
- Die Eier teilen, die Eiweiße steifschlagen und kühl stellen.
- Für den Teig die zimmerwarmen Zutaten Fett, Zucker, Eigelbe, Vanillezucker oder Zitronenschale, Arrak oder Rum 4–5 Minuten mit den Rührbesen des Elektroquirls oder der Küchenmaschine schaumig schlagen.
- Erst das Mehl mit Backpulver und Salz mischen und abwechselnd mit der Milch, dann den Eischnee in die Masse geben. Der Teig muß schwer reißend vom Löffel fallen.
- Mit einem Eßlöffel etwa 6 cm große Häufchen Teig auf das Blech geben, dabei immer genügend große Abstände einhalten.
- Die Amerikaner im Ofen backen und dann zum Auskühlen auf ein Kuchengitter legen.
- Für den weißen Guß den Puderzucker mit dem Zitronensaft glattrühren.
- Für den dunklen Guß die Schokolade schmelzen (S. 38).
- Nach dem völligen Auskühlen die Böden der Amerikaner auf der einen Hälfte mit dem weißen Guß, auf der anderen Hälfte mit der geschmolzenen Schokolade bestreichen.
- Die Teilchen auf einem Kuchengitter trocknen lassen.

Ofentemperatur: 180 °C
Einschubhöhe: Mitte
Backzeit: 12–15 Minuten

Hinweis:
Die Amerikaner schmecken am Backtag am besten.
Variation:
Sie können auch die Böden von 6 Amerikanern dunkel, die übrigen hell glasieren. Diese Vorgehensweise ist wesentlich einfacher.
Hätten Sie's gewußt?
Das Gebäck wurde nach der gemischt schwarzweißen Bevölkerung der USA benannt.

Madeleines

RÜHRTEIG • 2 MULTI- ODER 20–24 MADELEINEFORMEN = 20–24 STÜCK

Für den Rührteig (S. 74)
5 Eier
250 g Butter oder Margarine
200 g Zucker
1 Päckchen Vanillezucker
oder 1 TL feingeriebene
unbehandelte Zitronenschale
250 g Weizenmehl Type 405
½ TL Backpulver
1 Prise Salz
Puderzucker zum Bestauben
Butter bzw. Margarine
zum Einfetten

● Die Multiformen oder die kleinen Spezialmadeleineförmchen sehr gut einfetten.
● Den Ofen vorheizen.
● Den Rührteig – wie links beschrieben – zubereiten.
● Den Teig auf die Formen verteilen. Diese höchstens zu zwei Dritteln füllen und die Oberfläche glattstreichen.
● Die Madeleines auf einem Rost im Ofen backen. Das fertige Gebäck noch 2 Minuten im Ofen lassen, dann herausnehmen, vorsichtig vom Rand der Formen lösen und zum Auskühlen auf ein Kuchengitter stürzen.
● Die ganz ausgekühlten Madeleines mit Puderzucker bestauben.

Ofentemperatur: 180 °C
Einschubhöhe: Mitte
Backzeit: 15–20 Minuten

Hinweise:
Sie können Papierförmchen in die ungefetteten Vertiefungen der Multiformen legen und den Teig dann, eventuell mit Aprikosen gemischt, in diese hineingeben. Die Madeleines werden nach dem Backen in dieser Papierumhüllung aufbewahrt. Auf diese Weise bleiben sie länger frisch und sind auf Reisen oder bei Picknicks leichter zu handhaben.

Gut zu wissen:
Madeleines werden in jeder französischen und spanischen Bäckerei angeboten, sie sind für Kinder und Kleinhaushalte ideal.
Die von uns vorgeschlagenen Multiformen sind auch für anderes Kleingebäck praktisch.

Mandel-Orangen-Küchlein

× gefriergeeignet

RÜHRTEIG • 2 MULTIFORMEN = 9–10 STÜCK

Für den Rührteig (S. 74)
175 g Marzipanrohmasse
2 Eier
75 g Butter oder Margarine
2 EL Zucker
1 TL feingeriebene
unbehandelte Orangenschale
1 TL Rosenwasser
1 TL Orangenlikör,
z. B. Grand Marnier
1–2 Tropfen Bittermandelaroma
2 EL Weizenmehl Type 550
½ TL Backpulver
1 Prise Salz
Mandelblättchen zum Bestreuen
1 große Orange
Butter bzw. Margarine
zum Einfetten

- Die Multiformen einfetten und mit Mandelblättchen ausstreuen.
- Den Ofen vorheizen.
- Die Marzipanrohmasse in Würfel schneiden und mit Eiern, Fett, Zucker, Orangenschale, Rosenwasser, Likör und Bittermandelaroma, alles zimmerwarm, 4–5 Minuten mit den Schneebesen des Elektroqirls oder der Küchenmaschine schaumig schlagen.
- Das Mehl mit Backpulver und Salz vermengen und in die Masse rühren.
- Die Orange schälen, dabei alles Weiße entfernen. Mit einem kleingezackten Messer die Orangenfilets zwischen den Trennhäuten vorsichtig herausschneiden.
- Je 1 TL Teig in die Formen geben, ein Orangenfilet darauf legen und dieses so mit Teig bedecken, daß die Form etwa 1 cm unterhalb des oberen Randes frei bleibt. Mit Mandelblättchen bestreuen.
- Die Küchlein auf einem Rost im Ofen goldgelb backen.
- Nach 3 Minuten die kleinen Kuchen vom Rand der Form lösen und auf ein Kuchengitter stürzen.

Ofentemperatur: 170 °C
Einschubhöhe: Mitte
Backzeit: etwa 20 Minuten

Variationen:
Sie können 1 EL dunklen Kakao in einen Teil des Teiges rühren oder statt der Orangenfilets jeweils eine geschälte Apfelspalte, eine kleine oder halbierte frische bzw. getrocknete Aprikose oder einige unzerkleinerte geschälte Mandeln in die Förmchen füllen.

GEBÄCK FÜR ALLE TAGE 125

Heidelbeermuffins

- einfach
- schnell
- preiswert
- gefriergeeignet

RÜHRTEIG • 2 MULTIFORMEN = 9–10 STÜCK

Für den Rührteig (S. 74)
400 g Heidelbeeren
3 Eier
120 g Butter oder Margarine
150 g brauner Rohzucker
Mark von ¼ Vanilleschote
oder 2 Päckchen Vanillezucker
300 g Weizenmehl Type 405
1 Päckchen Backpulver
1 Prise Salz
Puderzucker zum Bestauben
Butter bzw. Margarine
zum Einfetten

- Die Multiförmchen sorgfältig mit Butter oder Margarine einfetten.
- Den Ofen vorheizen.
- Die Heidelbeeren verlesen, kurz waschen und auf Küchenpapier trocknen lassen.
- Die zimmerwarmen Zutaten – wie links beschrieben – zum Rührteig verarbeiten.
- Etwa ein Viertel der Heidelbeeren mit einer Gabel zerdrücken und in den Teig rühren. Die restlichen Heidelbeeren mit der Gabel nur leicht in den Teig mischen.
- Die Masse mit einem Löffel auf die Förmchen verteilen.
- Die Muffins ungefähr 20 Minuten backen, dann die Temperatur reduzieren und die Muffins goldbraun fertigbacken.
- Die fertigen Heidelbeerküchlein nach Belieben leicht mit Puderzucker bestauben.

Ofentemperatur: 160 °C
Einschubhöhe: Mitte
Backzeit: etwa 20 Minuten
und
Ofentemperatur: 140 °C
Einschubhöhe: Mitte
Backzeit: 10–15 Minuten

Variationen:
Muffins können auch mit frischen oder konservierten, abgetropften Preiselbeeren oder schwarzen Johannisbeeren gebacken werden. Außerdem lassen sie sich mit Sultaninen, Orangeat und Zitronat statt der Beeren zubereiten.
Hinweis:
Muffins schmecken lauwarm und mit reichlich kühler Butter serviert am besten.

Rosenkuchen

- einfach
- schnell
- preiswert
- gefriergeeignet

QUARK-ÖL-TEIG • 1 SPRINGFORM (26–28 CM Ø) = 12 STÜCKE

Für den Quark-Öl-Teig (S. 100)
300 g Magerquark
400 g Weizenmehl Type 405
1 Päckchen und
2 TL Backpulver
1 Prise Salz
8 EL Öl, z. B. Sonnenblumenöl
5–6 EL Zucker
1 Ei
1 Päckchen Vanillezucker
oder 1 TL feingeriebene
unbehandelte Zitronenschale
4–5 EL Milch
Backpapier oder Butter
bzw. Margarine zum Einfetten
Mehl zum Ausrollen

Für die Füllung und die Garnitur
5 EL Butter oder Sahne
4–6 EL weißer oder brauner
Rohzucker
4–6 EL gehackte oder gemahlene
Mandeln oder Nußkerne
4–6 EL gehackte Datteln, Feigen,
Korinthen oder Sultaninen
4–6 EL kleingehacktes Orangeat
oder Zitronat

1/2–1 TL feingeriebene
unbehandelte Orangen-
oder Zitronenschale
oder feingemahlener Zimt
oder feingeriebener Ingwer
Puderzucker zum Bestauben

• Den Quark in einem feinmaschigen Sieb über Nacht gut abtropfen lassen, dann 200 g davon abwiegen. Den Rest anderweitig verwenden.
• Die Zutaten für den Teig in einer Schüssel mit den Knethaken des Elektroquirls oder der Küchenmaschine ungefähr 50 Sekunden lang miteinander vermengen.
• Den Teig mit der Hand zu einem Kloß zusammendrücken. Diesen etwa 30 Minuten zugedeckt kühl stellen.
• Den Teig auf der bemehlten Arbeitsfläche zu einem Rechteck mit etwa 30×40 cm ausrollen, mit weicher Butter oder Sahne bepinseln und Zucker, Nüsse, Trockenfrüchte und Gewürze darauf verteilen.
• Die Teigplatte von der Längsseite her locker aufrollen und in Backpapier eingepackt 20–30 Minuten im Gefriergerät kühlen, dabei zwischendurch einmal wenden.
• Den Ofen vorheizen. Den Boden der Springform mit Backpapier belegen oder einfetten.
• Die Rolle in etwa 16–18 Stücke schneiden. Nun diese „Rosen" aufrecht stehend in die Form setzen und im Ofen backen.
• Den Kuchen aus der Form lösen und auf einem Kuchengitter auskühlen lassen. Danach mit Puderzucker bestauben und wie eine Torte in 12 Stücke schneiden.

Ofentemperatur: 200 °C
Einschubhöhe: Mitte
Backzeit: 30–35 Minuten

GEBÄCK FÜR ALLE TAGE 127

Quarktaschen

QUARK-ÖL-TEIG • 2 BLECHE = ETWA 16 STÜCK

Für den Quark-Öl-Teig (S. 100)
Zutaten wie für den Rosenkuchen (siehe links)

Für die Füllung
300 g Magerquark
2 Eier
1 EL Speisestärke
oder Vanillepuddingpulver
1 EL Zucker oder Honig
1 Päckchen Vanillezucker
4 EL Korinthen
oder Sultaninen
1 TL feingeriebene
unbehandelte Orangenschale
1 TL feingeriebene
unbehandelte Zitronenschale

Für den Guß und die Garnitur
2 EL Puderzucker
1 EL Zitronen- oder Orangensaft
geröstete Mandelblättchen

• Den Teig mit 200 g abgetropftem Quark – wie links beschrieben – zubereiten und kühlen.
• Die Bleche befeuchten und mit Backpapier belegen oder einfetten.
• Den Ofen vorheizen.
• Für die Füllung den Quark mit den übrigen Zutaten mischen.
• Den Teig auf bemehlter Arbeitsfläche ausrollen und Scheiben mit etwa 12 cm Ø ausrädeln. Diese mit der Quarkmasse belegen.
• Die Ränder befeuchten, die Teigscheiben zusammenklappen und am Rand zusammendrücken.
• Die Teilchen auf die Bleche geben und im Ofen backen.
• Aus Puderzucker und Saft den Guß rühren. Die ausgekühlten Taschen damit bepinseln, beliebig Mandelblättchen darauf streuen.

Ofentemperatur: 200 °C
Einschubhöhe: Mitte
Backzeit: 15–20 Minuten

Quark-Öl-Teig-Schnecken

QUARK-ÖL-TEIG • 2 BLECHE = 16–18 STÜCK

Für den Quark-Öl-Teig (S. 100)
Zutaten wie für den Rosenkuchen (siehe links)

Für die Füllung und die Garnitur
Zutaten wie für den Rosenkuchen (siehe links)

• Den Teig – wie links beschrieben – zubereiten und kühl stellen.
• Die Bleche befeuchten und mit Backpapier belegen oder einfetten. Den Ofen vorheizen.
• Den Teig – wie links beschrieben – ausrollen, belegen und aufrollen.

• Die Rolle in 16–18 Scheiben teilen. Diese flach auf die Bleche legen, nachformen, backen und mit Puderzucker bestauben.

Ofentemperatur: 200 °C
Einschubhöhe: Mitte
Backzeit: 15–18 Minuten

GEBÄCK FÜR ALLE TAGE

Schuhsohlen

BLÄTTERTEIG • 1 BLECH = 6–8 STÜCK

Für den Blätterteig (S. 92)
300 g frischer, gekühlter, TK- oder Quarkblätterteig
Mehl und grober Zucker zum Ausrollen
Backpapier
Für die Füllung
300 g Schlagsahne
1 EL Zucker
1 Päckchen Vanillezucker

• TK-Blätterteig bei Raumtemperatur auftauen lassen.
• Das Blech befeuchten und mit Backpapier belegen.
• Den Blätterteig auf der leicht bemehlten Arbeitsplatte etwa 8 mm dick ausrollen. 12–16 Plätzchen mit gebogenen Rändern mit etwa 6 cm Ø ausstechen.
• Etwas Zucker auf die Arbeitsplatte streuen, die Plätzchen darauf legen und jeweils zum Oval ausrollen. Zwischendurch wieder Zucker aufstreuen und das Gebäck wenden.
• Die Schuhsohlen auf das Blech legen und kühl stellen.
• Den Ofen vorheizen.
• Die Teilchen im Ofen backen, nach der halben Backzeit wenden und die Temperatur während der letzten 5–10 Minuten reduzieren.
• Die Sahne steifschlagen und mit Zucker und Vanillezucker abschmecken. Nach Belieben in einen Spritzbeutel geben.
• Die Schuhsohlen auf einem Kuchengitter auskühlen lassen und danach je zwei mit der Schlagsahne zusammensetzen.

Ofentemperatur: 220 °C
Einschubhöhe: Mitte
Backzeit: 15–20 Minuten
und
Ofentemperatur: 160 °C
Einschubhöhe: Mitte
Trockenzeit: 5–10 Minuten

Schweineöhrchen

BLÄTTERTEIG • 1 BLECH = 20–25 STÜCK

Für den Blätterteig (S. 92)
300 g frischer, gekühlter, TK- oder Quarkblätterteig
Mehl zum Ausrollen
30 g Butter zum Bestreichen
grober Zucker und
1 Päckchen Vanillezucker zum Bestreuen
Backpapier

• TK-Blätterteig bei Raumtemperatur auftauen lassen.
• Das Blech befeuchten und mit Backpapier belegen.
• Den Blätterteig auf leicht bemehlter Unterlage zu einer Platte von ungefähr 30×25 cm ausrollen, mit der zimmerwarmen Butter bestreichen und mit dem groben Zucker und dem Vanillezucker bestreuen.
• Den Teig von beiden Seiten zur Mitte hin locker aufrollen, etwas flachdrücken und in Backpapier eingepackt kühl stellen, bis die Rolle schnittfest ist.
• Mit einem sehr scharfen Messer ohne Druck in knapp 1 cm dicke

GEBÄCK FÜR ALLE TAGE 129

Scheiben schneiden und diese so auf das Blech legen, daß die Teigschichten nicht zu eng aneinandergepreßt sind.
• Die Schweineöhrchen kühl stellen und den Ofen vorheizen.
• Die Teilchen im Ofen backen. Das Gebäck nach der halben Backzeit einmal wenden und die Temperatur während der letzten 5–10 Minuten reduzieren.
• Abschließend die Schweineöhrchen auf einem Kuchengitter auskühlen lassen.

Ofentemperatur: 220 °C
Einschubhöhe: Mitte
Backzeit: 15–20 Minuten
und
Ofentemperatur: 160 °C
Einschubhöhe: Mitte
Trockenzeit: 5–10 Minuten

Variation:
Genauso können Sie kleine Schweineöhrchen als Plätzchen backen. Dazu den Teig dünner und größer ausrollen, die Platte einmal längs durchschneiden, aufrollen und dann in 5 mm dicke Scheiben schneiden.
Hinweis:
Da Schweineöhrchen schnell weich werden, entweder gleich servieren oder vor dem Verzehr kurz aufbacken.

Windmühlen

BLÄTTERTEIG • 1 BLECH = 7 STÜCK

Für den Blätterteig (S. 92)
300 g frischer, gekühlter, TK- oder Quarkblätterteig
Mehl zum Ausrollen
Backpapier
Für die Füllung
7 Aprikosenhälften
Für den Guß und die Garnitur
3 EL Puderzucker
1 EL Arrak oder Rum
4–7 rote Belegkirschen

• TK-Blätterteig bei Raumtemperatur auftauen lassen.
• Das Blech befeuchten und mit Backpapier belegen.
• Den Teig auf bemehlter Unterlage etwas ausrollen. 8 Quadrate mit 10 cm Kantenlänge ausschneiden. Auf die Mitte von 7 Quadraten eine Aprikosenhälfte mit der Rundung nach oben legen.

• 7 Teilchen von den Ecken her ein Stück diagonal einschneiden, jede zweite Spitze zur Mitte biegen. Aus dem letzten Quadrat 7 Plätzchen ausstechen, mit Wasser bepinseln, mitten auf die Windmühlen legen und mit einem Hölzchen feststecken.
• Die Teilchen auf das Blech legen und kühl stellen.
• Den Ofen vorheizen.
• Die Windmühlen 15–20 Minuten backen. Dann zum Trocknen die Temperatur für 5–10 Minuten reduzieren.
• Die Hölzchen entfernen.
• Aus Puderzucker und Arrak oder Rum einen dicken Guß rühren. Die Teilchen damit bepinseln und eine ganze oder halbierte Belegkirsche auf die Mitte legen.

Ofentemperatur: 220 °C
Einschubhöhe: Mitte
Backzeit: 15–20 Minuten
und
Ofentemperatur: 160 °C
Einschubhöhe: Mitte
Trockenzeit: 5–10 Minuten

Variationen:
Man kann auch eine eingeweichte Backpflaume, Konfitüre oder Marzipanrohmasse ins Gebäck geben.

Favoriten

× preiswert
× gefriergeeignet

BLÄTTERTEIG/BRANDTEIG • 2 BLECHE = 16 STÜCK

Für den Blätterteig (S. 92)
150 g frischer, gekühlter
oder TK-Blätterteig
Mehl zum Ausrollen
Backpapier

Für den Brandteig (S. 104)
250 ml Milch oder Wasser
65 g Butter bzw. Margarine
oder 4 EL Öl, z.B. Sonnenblumenöl
2 Prisen Salz
150 g Weizenmehl Type 405
4–5 Eier, Gewichtsklasse 3 oder 4
Backpapier oder Butter
bzw. Margarine zum Einfetten
und Mehl zum Bestäuben

Für die Garnitur und die Füllung
Puderzucker zum Bestäuben
je 6–8 EL rote und gelbe
oder grüne Konfitüre

● TK-Blätterteig auftauen lassen.
● Die Bleche befeuchten und mit Backpapier belegen oder leicht einfetten und mit Mehl bestäuben.
● Den Blätterteig zwischen 2 Lagen Backpapier oder auf der bemehlten Arbeitsfläche 2–3 mm dick ausrollen. Nun etwa 8 cm lange Ovale ausstechen. Einige Male mit der Gabel in die Oberfläche der Ovale einstechen, diese auf die Bleche legen und 20 Minuten kühl stellen.
● Für den Brandteig die Milch oder das Wasser mit Butter bzw. Margarine oder Öl und Salz in einem geschlossenen Topf zum Kochen bringen.
● Das Mehl sieben. Den Topf von der Kochstelle nehmen und das Mehl auf einmal hineinschütten. Dabei kräftig mit den Knethaken des Elektroquirls oder einem Lochlöffel rühren. Den Topf wieder auf den Herd stellen und die Masse unter Rühren in 1–2 Minuten zum Kloß abbrennen.
● Die Masse auskühlen lassen. Nach und nach im Abstand von 2–3 Minuten die Eier darunterrühren, bis der Teig mit stark glänzenden Spitzen am Rührgerät hängt.
● Den Ofen vorheizen und ein feuerfestes Schälchen mit heißem Wasser auf den Boden stellen.
● Mit einem Spritzbeutel und einer Sterntülle die Blätterteigböden mit dem Brandteig in Form einer 8 dick bespritzen und wieder etwa 10 Minuten kühlen.
● Das Gebäck mit 3–4 EL Wasser besprengen und backen. Bei Heißluftöfen können 2 Bleche zugleich eingeschoben werden.
● Während der ersten 18 Minuten den Ofen nicht öffnen, dann die Temperatur reduzieren und eventuell die Positionen der Bleche vertauschen.
● Die Favoriten auf einem Gitter auskühlen lassen und mit Puderzucker bestäuben.
● In die Vertiefungen der Schleifen jeweils 1/2 TL verschieden gefärbter Konfitüre geben und das Gebäck bald servieren.

Ofentemperatur: 225 °C
Einschubhöhe: Mitte
Backzeit: etwa 18 Minuten
und
Ofentemperatur: 160 °C
Einschubhöhe: Mitte
Trockenzeit: 7–9 Minuten

Variationen:
Für kleine Aprikosen- oder Backpflaumentörtchen in jede Vertiefung eine Aprikosenhälfte oder eine Backpflaume und eine Mandel geben.

GEBÄCK FÜR ALLE TAGE 131

Schwedisches Brandteiggebäck

x preiswert
x gefriergeeignet

MÜRBETEIG/BRANDTEIG • 2 BLECHE = 12–16 STÜCK

Für den Mürbeteig (S. 84)
150 g Weizenmehl Type 405
65 g Butter oder Margarine
1 Ei
1 EL feiner Zucker
1 Päckchen Vanillezucker
1 Prise Salz
Backpapier, Mehl zum Ausrollen

Für den Brandteig (S. 104)
Zutaten wie für die Favoriten
(siehe links)

Für den Guß und die Garnitur
4 EL Puderzucker
1–2 EL Aprikosen-, Orangen-
oder Zitronenlikör
geröstete Mandelblättchen
Orangenzesten

• Für den Mürbeteig die Zutaten in einer Schüssel mit den Rührbesen des Elektroquirls oder der Küchenmaschine knapp 1 Minute vermengen, zu einer Kugel zusammenpressen und eingepackt 20–30 Minuten kühlen.

• Die Bleche befeuchten und mit Backpapier belegen.

• Den Teig zwischen 2 Lagen Backpapier oder auf der bemehlten Arbeitsplatte 4–5 mm dick ausrollen. 12 cm breite Streifen daraus schneiden, auf die Bleche legen und einige Male mit der Gabel einstechen.

• Das Gebäck erneut 20 Minuten kühl stellen.

• Den Ofen vorheizen und ein feuerfestes Schälchen mit heißem Wasser auf den Boden stellen.

• Den Brandteig – wie links beschrieben – zubereiten, mit einem Spritzbeutel und großer Sterntülle in Wellenbewegungen dick auf die Mürbeteigstreifen spritzen und kühl stellen.

• Das Gebäck mit 3–4 EL Wasser besprengen und backen.

• Während der ersten 18 Minuten den Ofen auf keinen Fall öffnen, dann die Temperatur reduzieren und das Blech unten einschieben.

• Für den Guß den Puderzucker mit dem Likör glattrühren. Das fertige Gebäck damit überziehen und dann Mandelblättchen und Orangenzesten darauf streuen.

• Vor dem Servieren das Brandteiggebäck quer in 6 cm breite Streifen schneiden.

Ofentemperatur: 225 °C
Einschubhöhe: Mitte
Backzeit: etwa 18 Minuten
und
Ofentemperatur: 160 °C
Einschubhöhe: unten
Trockenzeit: 7–9 Minuten

Biskuitrolle

✗ einfach
✗ schnell
✗ preiswert
✗ gefriergeeignet

BISKUITMASSE • 1 BLECH = 12 STÜCKE

Für die Biskuitmasse (S. 88)
3 Eier, Gewichtsklasse 4
1 EL Wasser
90 g Zucker
1 Päckchen Vanillezucker
1 Prise Salz
90 g Weizenmehl Type 405
½ TL Backpulver
Backpapier

Für die Füllung
250 g Aprikosen-, Himbeer- oder Orangenkonfitüre
Puderzucker zum Bestauben

- Das Blech befeuchten, mit Backpapier belegen und rundherum mit dem Papier einen hochstehenden Rand knicken.
- Den Ofen vorheizen.
- Für die Biskuitmasse die kühlen Eier mit kaltem Wasser, Zucker, Vanillezucker und Salz in einer großen Schüssel mit dem Elektroquirl oder der Küchenmaschine zu einer weißschaumigen Masse schlagen.
- Das Mehl mit dem Backpulver vermischen und auf die Eimasse sieben.
- Die Zutaten vorsichtig so vermengen, daß die Masse locker und luftig bleibt.
- Die Masse mit einer Teigkarte möglichst gleichmäßig auf dem Blech verstreichen und im Ofen backen.
- Die Konfitüre etwas erwärmen, nach Bedarf durchsieben und glattrühren.
- Die Teigplatte auf ein zweites Backpapier stürzen und schnell mit der Konfitüre bestreichen.
- Den Biskuit mit Hilfe des Backpapiers rasch von der Breit- oder Schmalseite her aufrollen.
- Die Rolle kühl stellen, mit Puderzucker bestauben und dann aufschneiden.

Ofentemperatur: 200 °C
Einschubhöhe: Mitte
Backzeit: etwa 12 Minuten

Variationen:
Die Konfitüre können Sie nach Belieben mit 2–3 EL Aprikosenlikör, Himbeergeist, Kirschwasser, Orangenlikör oder Zitronensaft glattrühren.
Statt die Rolle mit Puderzucker zu bestauben, können Sie diese auch mit weißem Arrak-, Rum- oder Zitronenguß oder Kuvertüre überziehen.
Hinweis:
Keine Sorge, daß die Rolle bricht. Wenn der Ofen genügend vorgeheizt wurde, trocknet sie während des kurzen Backens nicht aus.

Sandkuchen

✗ einfach
✗ schnell
✗ preiswert
✗ gefriergeeignet

RÜHRTEIG • 1 KASTENFORM (30 CM LÄNGE) = 20 SCHEIBEN

Für den Rührteig (S. 74)
250 g Butter oder Margarine
200 g Zucker
4–5 Eier
1 Päckchen Vanillezucker
oder 1 TL feingeriebene
unbehandelte Zitronenschale
2 EL Orangenlikör,
z. B. Grand Marnier, oder Rum
150 g Weizenmehl Type 405
100 g Speisestärke
1 Prise Salz
Backpapier oder Butter
bzw. Margarine zum Einfetten

Für den Guß
4 EL Puderzucker
2 EL Zitronensaft

• Die Kastenform innen befeuchten und mit Backpapier auskleiden oder einfetten.
• Den Ofen vorheizen.
• Die zimmerwarmen Zutaten – Fett, Zucker und Eier – für den Teig in eine Schüssel geben und anschließend 2–3 Minuten mit den Rührbesen des Elektroquirls oder der Küchenmaschine schaumig schlagen.
• Vanillezucker oder Zitronenschale, Likör oder Rum dazugeben.
• Das Mehl mit Stärke und Salz vermengen und darunterrühren. Dabei den Teig nicht zu schaumig rühren.
• Den Teig in die Kastenform geben. Die Oberfläche glattstreichen, einmal der Länge nach einritzen und dann den Teig im Ofen backen.
• Vor dem endgültigen Herausnehmen unbedingt die Garprobe mit dem Hölzchen durchführen.

• Nach 3 Minuten den Kuchen vom Rand der Form lösen und seitlich auf ein Kuchengitter gleiten lassen.
• Für den Guß den Puderzucker mit dem Zitronensaft verrühren und auf den ausgekühlten Kuchen gießen.

**Ofentemperatur: 150 °C
Einschubhöhe: unten
Backzeit: 60–70 Minuten**

Hinweise:
Da dieser Kuchenteig leicht zusammenfällt, darf der Ofen erst gegen Ende der Backzeit geöffnet werden. Die niedrige Backtemperatur ist die Voraussetzung für das Gelingen.
Variationen:
Der Teig kann auch in einer Springform gebacken werden.
Statt den Kuchen mit einem Zitronenguß zu begießen, können Sie ihn auch nur mit Puderzucker bestauben oder mit Kuvertüre oder Schokoladenguß überziehen. Der Guß verhindert, daß der Kuchen zu schnell austrocknet. Für festliche Anlässe dekorieren Sie den Sandkuchen mit grünen und roten Belegkirschen.
Für einen Mandelsandkuchen *verarbeiten Sie nach den gleichen Anweisungen 250 g Butter oder Margarine mit 200 g Zucker, 4–5 Eiern, 100 g gemahlenen geschälten Mandeln, 2 Tropfen Bittermandelaroma, 1 TL feingeriebener unbehandelter Orangenschale, 2 EL Orangenlikör, z. B. Grand Marnier, 200 g Weizenmehl Type 405 oder Type 550, 1/2 TL Backpulver und 1 Prise Salz.*
Hätten Sie's gewußt?
Wegen des feinen Geschmacks und der feinkrümeligen Struktur wird der Kuchen oft als Sandtorte bezeichnet.

Rührteigquartette

- ✗ einfach
- ✗ schnell
- ✗ gefriergeeignet

RÜHRTEIG • 4 KASTENFORMEN (16–18 CM LÄNGE) = JE 10–12 SCHEIBEN

Für den Rührteig (S. 74)
8 Eier
500 g Butter oder Margarine
500 g Zucker
4 EL Cognac oder Rum
4 Päckchen Vanillezucker
500 g Weizenmehl Type 405
1 TL Backpulver
2 Prisen Salz
Backpapier oder Butter
bzw. Margarine zum Einfetten
und Paniermehl zum Ausstreuen

Für den Gewürzkuchen
50 g Korinthen
1 TL feingemahlener Zimt
1 Prise feingemahlene Nelken
1 Prise gemahlene Muskatnuß
½ TL feingeriebene
unbehandelte Orangenschale

Für den Haselnußkuchen
2 EL Kakao
100 g gemahlene Haselnußkerne
2 Tropfen Rumaroma

Für den Mandelkuchen
2 Eier
100 g gemahlene
geschälte Mandeln
2 Tropfen Bittermandelaroma
1 EL Weizenmehl Type 405

Für den Mohnkuchen
80 g feingehackte
geschälte Mandeln
80 g frisch gemahlener Mohn
50 g kleingewürfeltes Zitronat
½ TL feingeriebene
unbehandelte Zitronenschale

Für den Orangenkuchen
1 Päckchen Vanillepuddingpulver
1 TL feingeriebene
unbehandelte Orangenschale
2 EL frisch gepreßter
Orangensaft

Für den Quark-Sultaninen-Kuchen
100 g Magerquark
50 g Weizenmehl Type 405
1 TL Backpulver
75 g Sultaninen
½ TL feingeriebene
unbehandelte Orangenschale

Für den Rodonkuchen
50 g gehackte geschälte Mandeln
100 g Sultaninen
50 g kleingehacktes Orangeat
50 g kleingehacktes Zitronat
3 EL Weizenmehl Type 405

Für den Schokoladen-Walnuß-Kuchen
80 g Schokoladenstückchen
50 g grobgehackte Walnußkerne

Für die Garnitur
Puderzucker zum Bestauben

- Die Kastenformen innen befeuchten und mit Backpapier auskleiden oder mit Butter bzw. Margarine einfetten und mit Paniermehl ausstreuen.
- Den Ofen vorheizen.
- Die Eier trennen, anschließend die Eiweiße steifschlagen und kühl stellen.
- Die zimmerwarmen Zutaten – Butter oder Margarine, Zucker, Eigelbe, Cognac oder Rum und Vanillezucker – für den Teig in einer Schüssel 4–5 Minuten mit den Rührbesen des Elektroquirls oder der Küchenmaschine schaumig schlagen.
- Das Mehl mit Backpulver und Salz vermengen und darunterrühren. Dann den Eischnee vorsichtig mit dem Spatel unter den Teig heben.
- Den Teig in 4 Portionen mit jeweils etwa 450 g teilen.
- Jede Portion nach Belieben mit den Zutaten für einen der angegebenen 8 Kuchen verrühren, dann die Teige in die vorbereiteten Kastenformen füllen. Danach die Oberfläche mit der Teigkarte glattstreichen und der Länge nach einmal mit einem Messer einritzen.
- Die Kuchen im Ofen backen, anschließend zum Auskühlen nach etwa 5 Minuten aus der Form auf ein Kuchengitter gleiten lassen und dann mit Puderzucker bestauben.

Ofentemperatur: 170 °C
Einschubhöhe: unten
Backzeit: 55–70 Minuten

Variationen:
Anstatt mit Puderzucker können Sie die Kuchen mit einem Guß aus Puderzucker, Arrak, Kirschwasser oder Rum oder mit geschmolzener Kuvertüre überziehen; so bleiben sie länger frisch.
Auch bei der Garnitur sind der Phantasie kaum Grenzen gesetzt. Verschönern Sie die Kuchen wahlweise mit kandierten Früchten, gerösteten und gehackten Haselnüssen, Kürbiskernen, gerösteten Mandelblättchen oder -stiften, gehackten Pistazienkernen, Orangeatwürfeln, kandierten Veilchen oder glasierten Walnußhälften.
Wenn Sie zwei Teige z. B. für Gewürz- und Haselnußkuchen bereiten, können Sie diese auch abwechselnd in zwei Kastenformen geben. Einmal mit der Gabel hindurchfahren und als Phantasiemarmorkuchen backen. Alle Teige sind kombinierbar. Außerdem können Sie je zwei dieser Teige schichtweise in eine große Springform geben und dann wie eine Torte backen.

Mandelkuchen

Schokoladen-Walnuß-Kuchen

Gewürzkuchen

Rodonkuchen

Klosterkuchen

RÜHRTEIG • 1 KASTENFORM (25 CM LÄNGE) = 16 SCHEIBEN

Für den Rührteig (S. 74)
4 Eier
150 g Edelbitterschokolade oder Schokoladenchips
100 g Butter oder Margarine
200 g Zucker
100 g gemahlene geschälte Mandeln
100 g gemahlene Haselnußkerne
200 g Weizenmehl Type 405 oder Type 550
2 TL Backpulver
1 Prise Salz
100 g Schlagsahne
Puderzucker zum Bestauben, nach Belieben
Backpapier oder Butter bzw. Margarine zum Einfetten

• Die Kastenform innen befeuchten und mit Backpapier auskleiden oder einfetten.
• Den Ofen vorheizen.
• Für den Teig die Eier trennen, die Eiweiße steifschlagen und kühl stellen. Die Schokolade in kleine Stückchen zerschneiden.
• Die zimmerwarmen Zutaten Fett, Zucker und Eigelbe 4–5 Minuten mit den Rührbesen des Elektroquirls oder der Küchenmaschine schaumig schlagen.
• Dann die Mandeln und die Nüsse dazugeben.
• Das Mehl mit Backpulver und Salz vermengen und abwechselnd mit der Sahne unter die Eimasse rühren. Zum Schluß den Eischnee und die Schokoladenstückchen oder -chips unterheben.
• Den Teig in die Form geben und die Oberfläche glätten. Backen, die Garprobe machen.
• Nach 3 Minuten den Kuchen vom Rand der Form lösen und auf ein Kuchengitter gleiten lassen.
• Nach Belieben mit Puderzucker bestauben.

Ofentemperatur: 170 °C
Einschubhöhe: unten
Backzeit: 60–70 Minuten

Variation:
Für Klosterschnitten die doppelte Teigmenge auf einem Blech backen und mit Schokoladenguß überziehen.

Bananenkuchen

RÜHRTEIG • 1 KASTENFORM (30 CM LÄNGE) = ETWA 20 SCHEIBEN

Für den Rührteig (S. 74)
400 g Bananen
1 EL Zitronensaft
4 Eier
150 g Butter oder Margarine
150 g brauner Rohzucker
1/4 TL feingeriebener Ingwer
1/4 TL feingemahlener Zimt
1 TL feingeriebene unbehandelte Zitronenschale
150 g Weizenmehl Type 405
200 g mittelfeines Weizenvollkornmehl Type 1700
2 TL Backpulver
1 Prise Salz
100 g grobgehackte Walnußkerne
Puderzucker zum Bestauben
Backpapier oder Butter bzw. Margarine zum Einfetten und Paniermehl zum Ausstreuen

• Die Kastenform mit Backpapier auskleiden oder einfetten und mit Paniermehl ausstreuen.
• Den Ofen vorheizen.
• Die Bananen schälen, in Stücke schneiden, mit Zitronensaft beträufeln und in einer Schüssel mit dem Stabmixer grob zerkleinern; dabei sollen auch noch kleine Stückchen sichtbar sein.
• Aus den übrigen Zutaten – wie oben beschrieben – einen Rührteig herstellen. Den Bananenbrei, die Nüsse und den Eischnee zum Schluß zufügen.
• Den Teig in die Kastenform geben, glattstreichen, einritzen, backen und dann unbedingt die Hölzchenprobe durchführen.
• Den Kuchen erst nach 10 Minuten aus der Form gleiten lassen und nach dem völligen Auskühlen mit Puderzucker bestauben.

Ofentemperatur: 170 °C
Einschubhöhe: unten
Backzeit: 50–60 Minuten

Hinweis:
Der Bananenkuchen hält sich durch die feuchten Zutaten lange frisch.

GEBÄCK FÜR ALLE TAGE 137

Tiroler Kuchen

- einfach
- schnell
- gefriergeeignet

RÜHRTEIG • 1 KASTENFORM (25 CM LÄNGE) = 16 SCHEIBEN

Für den Rührteig (S. 74)
4 Eier
125 g Butter oder Margarine
200 g Zucker
125 g Weizenmehl Type 405
oder Type 1050
2 TL Backpulver
1 Prise Salz
150 g Nougat
100 g gemahlene Haselnußkerne
50 g gehackte Haselnußkerne
Puderzucker zum Bestauben,
nach Belieben
Backpapier oder Butter
bzw. Margarine zum Einfetten

- Die Kastenform innen befeuchten und mit Backpapier auskleiden oder einfetten.
- Wie links beschrieben die Eimasse vorbereiten und den Ofen vorheizen.
- Das Mehl mit Backpulver und Salz vermengen und zur Eimasse geben.
- Den Nougat in Würfel schneiden und mit den Nüssen und dem Eischnee unterheben.
- Den Teig in die Kastenform geben und die Oberfläche glattstreichen.
- Den Kuchen backen, danach vom Rand der Form lösen, auf ein Kuchengitter gleiten lassen und mit Puderzucker bestauben.

Ofentemperatur: 180 °C
Einschubhöhe: unten
Backzeit: 50–60 Minuten

Hätten Sie's gewußt?
Dieser Kuchen wurde früher in Tirol für Hochzeiten hergestellt. Dafür wurde Teig aus bis zu 50 Eiern in verschieden großen runden Formen gebacken und aufeinandergesetzt.

Tiroler Kuchen

Bananenkuchen

Klosterkuchen

Backobstkuchen

einfach · schnell

RÜHRTEIG • 1 KASTENFORM (30 CM LÄNGE) = ETWA 20 SCHEIBEN

Backobstkuchen
Bananen-Schokoladen-Kuchen
Backpflaumenkuchen

Für den Rührteig (S. 74)
6 Eier
300 g Butter oder Margarine
200 g Zucker
1 TL feingeriebene
unbehandelte Zitronenschale
350 g Weizenmehl Type 405
3 TL Backpulver
1 Prise Salz
125 g getrocknete Aprikosen
125 g entsteinte Backpflaumen
100 g grobgehackte Walnußkerne
Backpapier oder Butter
bzw. Margarine zum Einfetten

Für den Guß und die Garnitur
100 g Puderzucker
1–2 EL Mandellikör, z. B. Amaretto
2 EL geröstete Mandelblättchen

- Die Kastenform innen befeuchten und mit Backpapier auskleiden oder einfetten.
- Den Ofen vorheizen.
- Die Eier trennen, die Eiweiße steifschlagen und kühl stellen.
- Die zimmerwarmen Teigzutaten Fett, Zucker, Eigelbe und Zitronenschale 4–5 Minuten mit den Rührbesen des Elektroquirls oder der Küchenmaschine schaumig schlagen.
- Das Mehl mit dem Backpulver und dem Salz vermengen und darunterrühren. Dann den Eischnee mit dem Spatel vorsichtig unterheben.
- Aprikosen und Backpflaumen kleinschneiden und mit den Nüssen in den Teig mischen.
- Den Teig in die Kastenform geben, die Oberfläche glattstreichen.
- Den Kuchen goldgelb backen und die Garprobe machen. Wenn die Oberfläche zu rasch bräunt, den Kuchen zudecken.
- 3 Minuten nach dem Backen den fertigen Kuchen aus der Form lösen, den Puderzucker mit dem Mandellikör glattrühren und den Kuchen damit bestreichen. Die Mandelblättchen darauf streuen.

Ofentemperatur: 180 °C
Einschubhöhe: unten
Backzeit: 60–70 Minuten

GEBÄCK FÜR ALLE TAGE 139

Backpflaumenkuchen

- einfach
- schnell
- preiswert
- gefriergeeignet

RÜHRTEIG • 1 KASTENFORM (25 CM LÄNGE) = ETWA 16 SCHEIBEN

Für den Rührteig (S. 74)
50 g Edelbitterschokolade
250 g entsteinte Backpflaumen
3 Eier
100 g Butter oder Margarine
100 g brauner Rohzucker
1 TL dunkler Kakao
1 TL feingeriebene
unbehandelte Orangenschale
1–2 EL frisch gepreßter
Orangensaft
100 g Weizenmehl Type 405
½ TL Backpulver
1 Prise Salz
75 g grobgehackte Walnußkerne
Backpapier oder Butter
bzw. Margarine zum Einfetten

• Die Schokolade 20 Minuten ins Gefrierfach legen und dann grob reiben. Die Backpflaumen mit einem nassen oder geölten Messer grob schneiden.
• Wie links beschrieben die Form vorbereiten, den Ofen vorheizen und den Rührteig mit Schokolade, Backpflaumen und Orangensaft zubereiten und backen.
• Bräunt der Kuchen zu schnell, nach 45 Minuten mit Backpapier zudecken.
• Erst 15 Minuten nach dem Backen den Kuchen vom Rand der Form lösen und seitlich auf ein Kuchengitter gleiten lassen.

Ofentemperatur: 160 °C
Einschubhöhe: unten
Backzeit: etwa 2 Stunden

Variationen:
Sie können den fertigen Kuchen mit geschmolzener Kuvertüre (S. 34) übergießen. Drücken Sie auf die feuchte Kuvertüre einige Backpflaumen und leicht geröstete geschälte Mandeln.
Wenn Sie den Kuchen feuchter haben möchten, kochen Sie 50 ml Wasser mit 2–3 EL Zucker auf, fügen 2 EL Cognac oder Rum zu und beträufeln damit den heißen Kuchen, nachdem Sie ihn mehrmals eingestochen haben.

Bananen-Schokoladen-Kuchen

- einfach
- schnell
- preiswert

RÜHRTEIG • 1 KASTENFORM (30 CM LÄNGE) = ETWA 20 SCHEIBEN

Für den Rührteig (S. 74)
2 Eier
1 Banane
125 g Butter oder Margarine
100 g Zucker
3 EL dunkler Kakao
1 Päckchen Vanillezucker
200 g Weizenmehl Type 405
2 TL Backpulver
1 Prise Salz
4 EL Schlagsahne oder Milch
Backpapier oder Butter
bzw. Margarine zum Einfetten
Für die Füllung
125 g Butter
125 g feiner Zucker
2 Eigelb
Mark von ¼ Vanilleschote
Für den Guß
100 g Edelbitterschokolade
50 g Schlagsahne
1 EL Orangenlikör,
z. B. Grand Marnier

• Wie links beschrieben die Kastenform vorbereiten und den Ofen vorheizen.
• Die Eier trennen, die Eiweiße steifschlagen und kühl stellen.
• Für den Rührteig die Banane mit einer Gabel fein zerdrücken und dann mit den übrigen Zutaten – wie links beschrieben – zum Teig verarbeiten, in die Form füllen, backen und auskühlen lassen.
• Für die Füllung am folgenden Tag die zimmerwarme Butter mit Zucker, Eigelben und Vanillemark mit den Schneebesen des Elektroquirls oder der Küchenmaschine in 3–4 Minuten zu einer schaumigen Creme verschlagen.
• Den Kuchen waagrecht aufschneiden und mit der Creme füllen.
• Die Schokolade zerbröckeln und mit Sahne und Likör im Topf bei geringer Wärmezufuhr vorsichtig schmelzen. Die Masse etwas auskühlen lassen, dann über den Kuchen gießen und nur ein wenig verstreichen.
• Den Kuchen kühl stellen, damit der Überzug trocknet, bald in Scheiben schneiden.

Ofentemperatur: 180 °C
Einschubhöhe: unten
Backzeit: 45–55 Minuten

Sultaninenkuchen

- einfach
- schnell
- preiswert
- gefriergeeignet

RÜHRTEIG • 1 KASTENFORM (30 CM LÄNGE) = 20 SCHEIBEN

Für den Rührteig (S. 74)
175 g Sultaninen
2 EL frisch gepreßter Orangensaft
2 Eier
100 g Butter oder Margarine
80 g Zucker
1 Prise gemahlene Muskatnuß
1 TL feingeriebene unbehandelte Orangenschale
1 Prise feingemahlener Zimt
300 g Weizenmehl Type 405
3 TL Backpulver
1 Prise Salz
200 g grobgehackte Walnußkerne
Backpapier oder Butter bzw. Margarine zum Einfetten

Für den Guß
150 g Puderzucker
2–3 EL frisch gepreßter Orangensaft

- Die Kastenform innen befeuchten und mit Backpapier auskleiden oder einfetten.
- Den Ofen vorheizen.
- Die Sultaninen im Orangensaft quellen lassen.
- Für den Teig die Eier trennen, die Eiweiße steifschlagen und kühlen. Dann die zimmerwarmen Zutaten Fett, Zucker und Eigelb 4–5 Minuten mit den Rührbesen des Elektroquirls oder der Küchenmaschine schaumig schlagen.
- Muskatnuß, Orangenschale und Zimt zufügen.
- Das Mehl mit Backpulver und Salz vermischen und in die Masse rühren.
- Zum Schluß die gequollenen Sultaninen, die Walnußkerne und den Eischnee kurz in den Teig mengen.
- Den Teig in die Kastenform geben, die Oberfläche glattstreichen.
- Den Kuchen goldgelb backen.
- Den fertigen Kuchen nach 3 Minuten vom Rand der Form lösen und auf ein Kuchengitter gleiten lassen.
- Den Puderzucker mit dem Orangensaft glattrühren und auf den ausgekühlten Kuchen gießen.

Ofentemperatur: 180 °C
Einschubhöhe: Mitte
Backzeit: 55–60 Minuten

Hätten Sie's gewußt?
Sultaninen werden im Volksmund meist Rosinen genannt.

GEBÄCK FÜR ALLE TAGE *141*

Dundeekuchen

x einfach
x gefriergeeignet

RÜHRTEIG • 1 SPRINGFORM (20 CM ⌀) = 20 STÜCKE

Für den Rührteig (S. 74)
5 Eier
250 g Butter oder Margarine
200 g Zucker
1 TL feingeriebene
unbehandelte Zitronenschale
250 g Weizenmehl Type 405
3 TL Backpulver
1 Prise Salz
2–3 EL Milch
10 halbierte rote Belegkirschen
150 g Korinthen
150 g Sultaninen
50 g kleingehacktes Orangeat
50 g kleingehacktes Zitronat
75 g kleingehackte geschälte
Mandeln
Backpapier oder Butter
bzw. Margarine zum Einfetten
Für die Garnitur
50 g geschälte Mandeln

• Die Springform innen befeuchten und den Boden und den Rand mit Backpapier auskleiden oder den Boden einfetten. Beim Auskleiden sollte der Papierstreifen für den Rand etwa 5 cm höher als die Form und doppellagig sein.
• Den Ofen vorheizen.
• Den Rührteig – wie links beschrieben – zubereiten, dann die Trockenfrüchte, die kleingehackten Mandeln und zum Schluß den Eischnee unter den Teig heben.
• Den Teig in die Form geben und die Oberfläche glätten.
• Für die Garnitur die Mandeln flach halbieren und kreisförmig auf den Teig legen.
• Den Kuchen im Ofen backen und nach der halben Backzeit mit Backpapier zudecken. Abschließend mit einem Hölzchen die Garprobe machen.
• Den Kuchen in der Form auskühlen lassen.

Ofentemperatur: 150 °C
Einschubhöhe: unten
Backzeit: 75–90 Minuten

Hinweis:
Der Kuchen hält sich in Alufolie verpackt an einer kühlen Stelle wochenlang – vor allem wenn er nach dem Backen jede Woche mit einem Hölzchen eingestochen und mit Cognac getränkt wird.
Hätten Sie's gewußt?
Diese schottische Spezialität wurde nach der Stadt Dundee benannt und wird in hohen Formen mit 20 cm ⌀ gebacken.

Schoko-Napfkuchen mit Orangen

× einfach
× schnell
× gefriergeeignet

RÜHRTEIG • 1 NAPFKUCHENFORM (2 L INHALT) = 16–20 STÜCKE

Für den Rührteig (S. 74)
50 g Edelbitterschokolade
6 Eier, 1 Eiweiß
250 g Butter oder Margarine
200 g Zucker
1 TL feingeriebene unbehandelte Orangenschale
250 g Weizenmehl Type 405
3 EL dunkler Kakao
2½ TL Backpulver
1 Prise Salz
50 g kleingehacktes Orangeat
50 g gemahlene geschälte Mandeln
4 EL Orangenlikör, z. B. Grand Marnier
Butter bzw. Margarine zum Einfetten
Paniermehl zum Ausstreuen

Für den Guß und die Garnitur
3–4 EL bittere Orangenkonfitüre
150 g Puderzucker
2 EL frisch gepreßter Orangensaft
1 EL Orangenlikör
Orangenzesten, nach Belieben

- Die Napfkuchenform einfetten und dann mit Paniermehl ausstreuen.
- Den Ofen vorheizen.
- Die gekühlte Schokolade reiben.
- Die Eier teilen, die Eiweiße steifschlagen und kühlen.
- Für den Rührteig die Schokolade mit Fett, Zucker und Eigelben in einer Schüssel 4–5 Minuten mit den Rührbesen des Elektroquirls oder der Küchenmaschine schaumig schlagen.
- Die Orangenschale dazugeben.
- Das Mehl mit Kakao, Backpulver und Salz vermengen und in die Schaummasse rühren.
- Das Orangeat, die Mandeln und den Likör nur kurz daruntermischen. Den Eischnee nach und nach unter den Teig heben.
- Den Teig in die Napfkuchenform geben und die Oberfläche glattstreichen. Den Kuchen backen, und den Gartest mit einem Hölzchen durchführen.
- 3 Minuten nach Ende der Backzeit den Kuchen vom Rand der Form lösen und auf ein Kuchengitter stürzen.
- Die Konfitüre erwärmen und auf den Kuchen pinseln.
- Für den Guß den Puderzucker mit Orangensaft und Orangenlikör glattrühren, auf den ausgekühlten Kuchen gießen und etwas verstreichen.
- Zum Schluß den Napfkuchen mit Orangenzesten bestreuen.

Ofentemperatur: 160 °C
Einschubhöhe: unten
Backzeit: 65–75 Minuten

Variation:
Statt Orangenguß können Sie auch Schokoladenguß nehmen.

Apfelkranzkuchen

× einfach
× schnell
× preiswert
× gefriergeeignet

RÜHRTEIG • 1 NAPFKUCHENFORM (2 L INHALT) = 16–20 STÜCKE

Für den Rührteig (S. 74)
500 g aromatische Äpfel
3 EL Zitronensaft
50 g Edelbitterschokolade
5 Eier
200 g Butter
200 g Zucker
1 TL feingemahlener Zimt oder 1 Päckchen Vanillezucker
200 g Weizenmehl Type 405 oder 550
2 TL Backpulver
1 Prise Salz
50 g gemahlene ungeschälte oder geschälte Mandeln
Butter bzw. Margarine zum Einfetten

Für den Guß
50 g dunkle Kuvertüre

- Die Form sorgfältig einfetten.
- Den Ofen vorheizen.
- Äpfel schälen, kleinschneiden und mit Zitronensaft beträufeln. Die gekühlte Schokolade reiben.
- Den Rührteig wie oben beschrieben zubereiten, dann die Äpfel abwechselnd mit dem Eischnee in den Teig geben.
- Die Masse in die Form füllen und backen.
- Die Kuvertüre schmelzen (S. 34) und über den ausgekühlten Kuchen gießen.

Ofentemperatur: 200 °C
Einschubhöhe: unten
Backzeit: 50–70 Minuten

GEBÄCK FÜR ALLE TAGE 143

Gewürznapfkuchen mit Früchten

x einfach
x gefriergeeignet

RÜHRTEIG • 1 NAPFKUCHENFORM (2 L INHALT) = 16–20 STÜCKE

Für den Rührteig (S. 74)
6 Eier
250 g Butter oder Margarine
200 g Honig
oder brauner Rohzucker
1 TL feingeriebene unbehandelte
Zitronenschale
½ TL frisch geriebener Ingwer
300 g Weizenmehl Type 1050
50 g Haferflocken
50 g Hirsemehl
50 g gemahlener Leinsamen
1 TL und 1 Päckchen Backpulver
1 Prise Salz
125–150 ml Milch oder Joghurt
3 EL Rum
100 g gemischtes Trockenobst
50 g Sultaninen
80 g grobgehackte Walnußkerne
Butter bzw. Margarine
zum Einfetten
Paniermehl zum Ausstreuen
Für den Guß und die Garnitur
150 g Puderzucker
2–3 EL Arrak
2 EL kleingehackte Pistazienkerne

• Wie links beschrieben die Form vorbereiten, den Ofen vorheizen, und einen Rührteig herstellen. Zum Schluß Trockenfrüchte, Nüsse und Eischnee mit einem Spatel unter die Masse heben.

• Den Teig in die Form geben, die Oberfläche glätten und den Kuchen im Ofen backen. Unbedingt die Garprobe machen.

• Nach 3 Minuten den garen Kuchen vom Rand der Form lösen und auf ein Kuchengitter stürzen.

• Für den Guß den Puderzucker mit Arrak verrühren und auf den ausgekühlten Kuchen gießen. Den Guß mit einem Messer oder dem Pinsel etwas verstreichen und die Pistazien darauf streuen.

Ofentemperatur: 160 °C
Einschubhöhe: unten
Backzeit: 65–75 Minuten

Gewürznapfkuchen mit Früchten

Schoko-Napfkuchen mit Orangen

Apfelkranzkuchen

Hefenapfkuchen

- einfach
- preiswert
- gefriergeeignet

HEFETEIG • 1 NAPFKUCHENFORM (2 L INHALT) = 12–20 STÜCKE

Für den Hefeteig (S. 80)
4–6 EL Öl, z. B. Sojaöl
½ TL Salz
500 g Weizenmehl Type 550
250–300 ml Buttermilch, Milch oder Wasser
1 Würfel Hefe (42 g) oder 2 Päckchen Trockenhefe
1 TL Zucker
1 Päckchen Vanillezucker
3–4 Eier
100 g Sultaninen oder 50 g gehackte Mandeln
50 g kleingehacktes Zitronat
50 g kleingehacktes Orangeat
Butter bzw. Margarine zum Einfetten
12–20 Mandeln für die Form
Puderzucker zum Bestauben

• Den Teig noch einmal gut durchkneten, danach in die Form geben und zugedeckt 15–20 Minuten gehen lassen, bis er beinahe den Rand der Form erreicht.
• Den Ofen vorheizen; den Napfkuchen darin backen.
• Etwa 3 Minuten nach Ende der Backzeit das Gebäck mit einem Messer vom Rand der Form lösen und zum Auskühlen auf ein Kuchengitter stürzen.
• Abschließend den fertigen Kuchen mit Puderzucker bestauben.

Ofentemperatur: 200 °C
Einschubhöhe: unten
Backzeit: 45–55 Minuten

Variationen:
Sie können statt 100 g Sultaninen auch 50 g Sultaninen und 50 g Korinthen nehmen und den Kuchen nach dem Backen dünn mit Gelee und dann mit geschmolzener Kuvertüre oder Schokolade bestreichen. Für den Mailänder Festtagskuchen <u>Pannetone</u> *tauschen Sie 100–150 ml Flüssigkeit durch 2–3 Eier oder 4–6 Eigelb aus. Der Teig wird in Italien in schmale, hohe Spezialformen mit 16–24 cm Ø gefüllt. Für den Pannetone kleiden Sie daher eine möglichst kleine Springform innen mit einem etwa 20 cm hohen, doppelt gefalteten Streifen Backpapier aus, den Sie mit einer Büroklammer zusammenstecken.*

• Für den Hefeteig das Öl mit Salz und Mehl in eine Schüssel geben. Die lauwarme Flüssigkeit (Buttermilch, Milch oder Wasser) mit Hefe, Zucker, Vanillezucker und Eiern verschlagen und dazugießen. Diese Zutaten mit den Knethaken des Elektroquirls oder der Küchenmaschine in 4–5 Minuten zum geschmeidigen Hefeteig verarbeiten.
• Erst wenn der Teig gut geschlagen ist, die Sultaninen oder Mandeln, das Zitronat und Orangeat kurz in den Teig mengen. Der Teig sollte relativ weich sein.
• Den Teig an einer warmen Stelle zugedeckt 30–60 Minuten gehen lassen, bis sich das Volumen verdoppelt hat.
• Die Napfkuchenform einfetten und die Mandeln auf den Boden legen.

Savarin

HEFETEIG • 2 RINGFORMEN (18 CM ⌀) = JE 6–8 STÜCKE

Für den Hefeteig (S. 80)
150 g Butter oder Margarine
½ TL Salz
350 g Weizenmehl Type 550
125 ml Buttermilch, Milch oder Wasser
¾ Würfel Hefe (30 g) oder 1½ Päckchen Trockenhefe
2–3 EL Zucker
1 Päckchen Vanillezucker
4 Eier
Butter bzw. Margarine zum Einfetten

Für den Guß und den Überzug
250 ml Wasser
125 g Zucker
125 ml Weißwein
60 ml Rum
4–5 EL Aprikosenkonfitüre

Für die Füllung und die Garnitur
300 g Schlagsahne
1 EL Zucker
1 Päckchen Vanillezucker
250 g Beeren
kleingehackte Pistazienkerne

• Für den Hefeteig das weiche Fett mit den übrigen Zutaten wie links beschrieben zum fast flüssigen Hefeteig verarbeiten und an einer warmen Stelle zugedeckt gehen lassen.

• Die Formen sehr sorgfältig einfetten, den Teig hineingeben und gehen lassen, bis er beinahe den Rand der Formen erreicht.

• Den Ofen vorheizen, die Savarins darin backen; dann die Garprobe machen.

• Etwa 3 Minuten nach Ende der Backzeit die Kuchen aus den Formen lösen, einen eventuell lauwarm verpacken und einfrieren.

• Am nächsten Tag das Wasser mit dem Zucker aufkochen, den Wein und den Rum zufügen. Die Kuchen einige Male einstechen und nach und nach mit dem Guß tränken, erst 5 Minuten später stürzen.

• Die Aprikosenkonfitüre durchsieben, erwärmen und die Savarins damit bestreichen.

• Für die Füllung die Sahne steifschlagen, anschließend mit Zucker und Vanillezucker abschmecken und um den Kranz spritzen. Die Beeren vorbereiten, mit ein wenig Sahne in die Mitte geben und die Pistazien darauf streuen.

Ofentemperatur: 200 °C
Einschubhöhe: unten
Backzeit: 18–22 Minuten

Butterkuchen

× einfach
× preiswert
× gefriergeeignet

HEFETEIG • 1 FETTPFANNE = 20–25 STÜCKE

Für den Hefeteig (S. 80)
2–3 EL Öl, z. B. Sonnenblumenöl
½ TL Salz
375 g Weizenmehl Type 405
oder 550
180–220 ml Milch
1 Würfel Hefe (42 g)
oder 2 Päckchen Trockenhefe
3–4 EL Zucker
1 Päckchen Vanillezucker
1 Ei
Mehl zum Ausformen
Backpapier oder Butter
bzw. Margarine zum Einfetten

Für den Belag
6 EL Schlagsahne
125–150 g Zucker
1 TL gemahlener Zimt
75 g Mandelblättchen oder -stifte
100–125 g Butter

• Für den Hefeteig das Öl mit Salz und Mehl in eine Schüssel geben. Die lauwarme Milch mit Hefe, Zucker, Vanillezucker und Ei verschlagen und dazugießen. Diese Zutaten mit den Knethaken des Elektroquirls oder der Küchenmaschine in 4–5 Minuten zum geschmeidigen Hefeteig vermengen und kurz mit bemehlten Händen durchkneten. Befeuchtet und zugedeckt an warmer Stelle 30–50 Minuten gehen lassen.

• Die Fettpfanne befeuchten und mit Backpapier belegen oder einfetten.

• Den Teig auf der Pfanne ausrollen und mehrmals einstechen, dann erneut 20–40 Minuten gehen lassen. Den Ofen vorheizen.

• Für den Belag den Teig zunächst mit der Sahne bepinseln. Dann Zucker mit Zimt mischen und auf den Teig streuen. Die Mandelblättchen oder -stifte darauf verteilen.

• Den Teig wieder gehen lassen. Zum Schluß mit der Kuppe des Zeigefingers Vertiefungen eindrücken und Flöckchen aus der eisgekühlten Butter hineinsetzen. Den Kuchen sogleich im Ofen backen.

• Auf einem Kuchengitter auskühlen lassen und in Stücke schneiden.

Ofentemperatur: 200 °C
Einschubhöhe: Mitte
Backzeit: 25–30 Minuten

Streuselkuchen

× einfach
× preiswert
× gefriergeeignet

HEFETEIG • 1 BLECH = 20–25 STÜCKE

Für den Hefeteig (S. 80)
Zutaten wie für den Butterkuchen (siehe oben)

Für den Belag
375 g Weizenmehl Type 405
oder 550
200 g feiner Zucker
1 Prise Salz
½ TL gemahlener Zimt
225 g Butter

• Den Hefeteig wie oben beschrieben zubereiten, auf dem Blech ausrollen, gut gehen lassen; den Ofen vorheizen.

• Für den Belag das Mehl mit Zucker, Salz und dem gemahlenen Zimt vermischen.

• Die Butter schmelzen, etwas abkühlen lassen und zur Mehlmischung geben; ist die Butter weich, kann man auf das Schmelzen verzichten. Die Zutaten mit einer Gabel verkneten, bis Streusel entstehen. Diese auf dem Teig verteilen.

• Den Teig wieder etwas gehen lassen und dann im Ofen backen.

• Auf einem Kuchengitter auskühlen lassen.

Ofentemperatur: 200 °C
Einschubhöhe: Mitte
Backzeit: 25–30 Minuten

Variationen:
Für Mandelstreusel *benötigen Sie 200 g Mehl, 100 g gemahlene geschälte Mandeln, 150 g feinen Zucker, ¼ TL gemahlenen Zimt oder 1 Päckchen Vanillezucker und 175 g Butter oder Margarine.*
Für einen Quark-Streusel-Kuchen *verrühren Sie 1 kg trockenen Magerquark mit 8 EL Öl, 3 Eigelb, 1 Päckchen Vanillepuddingpulver, 175 g Zucker, 1 Päckchen Vanillezucker und 1 Prise Salz. Dann 3 steifgeschlagene Eiweiß darunterheben. Erst die Quarkmasse, danach die Streusel auf den Teig geben; den Kuchen 35–40 Minuten backen.*

Bienenstich

HEFETEIG • 1 BLECH = 20–25 STÜCKE

Für den Hefeteig (S. 80)
2–3 EL Öl, z.B. Sonnenblumenöl
½ TL Salz
500 g Weizenmehl Type 405
250–300 ml Buttermilch, Milch oder Wasser
1 Würfel Hefe (42 g) oder 2 Päckchen Trockenhefe
3–4 EL Zucker
1 Päckchen Vanillezucker
1 Ei
Backpapier oder Butter bzw. Margarine zum Einfetten

Für den Belag
100 g Butter oder Margarine
250 g Mandelstifte
200 g Zucker
1 Päckchen Vanillezucker
2 EL Milch

Für die Füllung, nach Belieben
1 Päckchen Vanillepuddingpulver
450 ml Milch
2 eingeweichte weiße Gelatineblätter
2 EL Zucker

• Für den Hefeteig das Öl mit Salz und Mehl in eine Schüssel geben. Die lauwarme Flüssigkeit (Buttermilch, Milch oder Wasser) mit Hefe, Zucker, Vanillezucker und dem Ei verschlagen und dazugießen.

• Diese Zutaten mit den Knethaken des Elektroquirls oder der Küchenmaschine in 4–5 Minuten zum geschmeidigen Hefeteig vermengen und noch kurz durchkneten. Den Teig befeuchtet und zugedeckt an einem warmen Ort etwa 30 Minuten gehen lassen.

• Das Blech befeuchten und mit Backpapier belegen oder einfetten.

• Den Teig auf dem Blech ausrollen, ihn dabei sorgfältig in die Ecken drücken und mehrmals mit einer Gabel einstechen. Dann erneut kurz gehen lassen.

• Für den Belag das Fett im Topf schmelzen. Mandeln, Zucker, Vanillezucker und Milch dazugeben, einmal aufkochen und wieder auskühlen lassen.

• Die kühle Mandelmasse auf den lockeren Teig geben.

GEBÄCK FÜR ALLE TAGE 149

- Den Ofen vorheizen, den Teig noch einmal kurz gehen lassen und dann backen.
- Den Bienenstich auf einem Kuchengitter auskühlen lassen.
- Wenn man den Bienenstich füllen will, den Plattenkuchen vierteln und waagrecht aufschneiden.
- Für die Füllung das Puddingpulver mit etwas Milch anrühren. Die übrige Milch zum Kochen bringen, das vorbereitete Puddingpulver zufügen und unter Rühren 2–3 Minuten köcheln lassen. Die Gelatine ausdrücken (S. 32) und mit dem Zucker zufügen.
- Die Masse etwas auskühlen lassen und den Kuchen damit füllen.
- Den ausgekühlten Bienenstich vorsichtig in Stücke schneiden.

Ofentemperatur: 200 °C
Einschubhöhe: Mitte
Backzeit: 30–35 Minuten

Variationen:
Statt mit Mandelstiften können Sie den Bienenstich auch mit Mandelblättchen backen, und das Mehl können Sie bis zur Hälfte durch Weizenmehl der Type 1050 ersetzen.

Sächsische Eierschecke

✗ gefriergeeignet

HEFETEIG • 1 BLECH = 20–25 STÜCKE

Für den Hefeteig (S. 80)
2–3 EL Öl, z. B. Sonnenblumenöl
½ TL Salz
375 g Weizenmehl Type 405 oder 550
180–220 ml Milch
1 Würfel Hefe (42 g) oder 2 Päckchen Trockenhefe
3–4 EL Zucker
1 Päckchen Vanillezucker
2 Eier
Backpapier oder Butter bzw. Margarine zum Einfetten

Für die Füllung
2 Eier
120 g Zucker
1 Prise Salz
1 TL feingeriebene unbehandelte Zitronenschale
500 g Schichtkäse

Für den Belag
180 g Butter oder Margarine
150 g Zucker
4 Eier
Mark von ½ Vanilleschote
30 g Weizenmehl Type 405
30 g Mandelblättchen

- Wie links beschrieben den Hefeteig zubereiten, auf dem Blech ausrollen, einige Male mit einer Gabel einstechen, an einer warmen Stelle gehen lassen; den Ofen vorheizen.
- Für die Füllung alle Zutaten miteinander schaumig rühren, dann die Masse auf den weichen Hefeteig streichen.
- Für den Belag die zimmerwarme Butter mit dem Zucker und den Eiern schaumig rühren. Das Mark der Vanilleschote zufügen. Dann das Mehl nach und nach darüber sieben und unterrühren.
- Die Butter-Eier-Masse auf den Kuchen streichen und mit den Mandelblättchen bestreuen.
- Den Teig noch einmal kurz gehen lassen und dann im Ofen backen.
- Vor dem Aufschneiden das Gebäck auskühlen lassen.

Ofentemperatur: 200 °C
Einschubhöhe: Mitte
Backzeit: 35–45 Minuten

Rotweinschnitten vom Blech

✗ einfach
✗ schnell

RÜHRTEIG • 1 BLECH = 20–25 SCHNITTEN

Für den Rührteig (S. 74)
200 ml dunkler Rotwein
½ Zimtstange
1 Nelke
100 g Edelbitterschokolade
4 Eier
200 g Butter oder Margarine
200 g brauner Rohzucker
1 TL feingeriebene
unbehandelte Orangenschale
125 g gemahlene
geschälte Mandeln
200 g Weizenmehl Type 405
½ TL Backpulver
1 Prise Salz
Backpapier oder Butter
bzw. Margarine zum Einfetten
Für den Guß und die Garnitur
200 g Puderzucker
1 TL feingemahlener Zimt
4–5 EL dunkler Rotwein
1 TL Orangenzesten zum Bestreuen

- Das Blech befeuchten und mit Backpapier belegen oder einfetten.
- Den Ofen vorheizen.
- Für den Rührteig den Rotwein mit dem Stangenzimt und der Nelke in einem Topf ohne Deckel auf die Hälfte einkochen und dann auskühlen lassen.
- Die Schokolade in kleine Stücke schneiden.
- Die Eier trennen, die Eiweiße steifschlagen und kühlen.
- Die zimmerwarmen Teigzutaten Fett, Zucker und Eigelbe zusammen mit dem gesiebten Rotwein 3–4 Minuten mit den Rührbesen des Elektroquirls oder der Küchenmaschine schaumig rühren. Dann die Schokolade, die Orangenschale und die Mandeln dazugeben.
- Das Mehl mit Backpulver und Salz vermischen und mit dem Eischnee in die Masse geben.
- Den Teig auf das Blech streichen, die Oberfläche mit der Teigkarte glätten und den Kuchen im Ofen backen.
- Das Gebäck auf dem Blech auskühlen lassen.
- Für den Guß den Puderzucker mit Zimt und Rotwein verrühren, dann auf den Kuchen gießen und mit einem Messer mit glatter Klinge verstreichen.
- Die Orangenzesten auf den noch feuchten Guß streuen.
- Den Kuchen in Quadrate, Rauten oder Rechtecke schneiden.

Ofentemperatur: 180 °C
Einschubhöhe: Mitte
Backzeit: etwa 30 Minuten

Mürbe Zimtschnitten

✗ einfach
✗ schnell
✗ preiswert
✗ gefriergeeignet

RÜHRTEIG • 1 BLECH = 20–25 SCHNITTEN

Für den Rührteig (S. 74)
3–4 Eier
150 g Butter oder Margarine
50 g Zucker
1 Päckchen Vanillezucker
1 EL Rum
200 g Weizenmehl Type 405
1 Päckchen Vanillepuddingpulver
1½ TL Backpulver
1 Prise Salz
Backpapier oder Butter
bzw. Margarine zum Einfetten
Für den Belag
100 g Butter oder Margarine
2 TL feingemahlener Zimt
100 g grobgehackte
geschälte Mandeln
200 g Zucker

- Wie oben beschrieben das Blech vorbereiten, den Ofen vorheizen, den Rührteig zubereiten und mit der Teigkarte auf dem Blech glattstreichen.
- Für den Belag das kalte Fett in Flöckchen auf den Teig setzen. Den Zimt mit den Mandeln und dem Zucker mischen und gleichmäßig auf den Teig streuen.
- Den Rührteig im Ofen goldbraun backen und nach dem Auskühlen in Rechtecke oder Rauten schneiden.

Ofentemperatur: 180 °C
Einschubhöhe: Mitte
Backzeit: 15–20 Minuten

Variationen:
Sie können die Schnitten auch mit je 100 g Weizenmehl der Type 405 und 1050 oder statt mit Mandeln mit Cashewnüssen, Haselnuß- oder Walnußkernen backen.

Joghurtschnitten

- einfach
- schnell
- preiswert
- gefriergeeignet

RÜHRTEIG • 1 BLECH = 20–25 SCHNITTEN

Für den Rührteig (S. 74)
1 Becher Joghurt
1/2 Joghurtbecher Öl
1 1/2–2 Joghurtbecher Zucker
2–3 Eier
1 TL feingeriebene unbehandelte Zitronenschale oder 1 Päckchen Vanillezucker
3 Joghurtbecher Weizenmehl Type 405
3 TL Backpulver
1 Prise Salz
40 g Mandelblättchen
Backpapier oder Butter bzw. Margarine zum Einfetten
Puderzucker zum Bestauben

- Das Blech vorbereiten, den Ofen vorheizen, den Rührteig wie links beschrieben zubereiten, auf das Blech geben und mit der Teigkarte glattstreichen.
- Die Mandelblättchen darauf verteilen.
- Den Kuchen im Ofen backen.
- Das Gebäck auskühlen lassen, anschließend nach Belieben mit Puderzucker bestauben und in Stücke schneiden.

Ofentemperatur: 180 °C
Einschubhöhe: Mitte
Backzeit: 12–15 Minuten

Hinweis:
Die Zahl der Eier richtet sich nach der Größe der jeweiligen Joghurtbecher.

Variationen:
Sie können vor dem Backen auch zusätzlich Apfel- oder Birnenschnitze, Aprikosen- oder Pfirsichhälften, Heidelbeeren, rote Johannisbeeren oder grüne Stachelbeeren, entsteinte süße oder saure Kirschen, entsteinte Zwetschgen oder Streusel (S. 39) auf den Teig verteilen. Wenn Sie Früchte als Belag verwenden, paßt am besten ein Marzipanguß (S. 32) zu den Joghurtschnitten.

Joghurtschnitten

Mürbe Zimtschnitten

Rotweinschnitten

Rumtorte

RÜHRTEIG • 1 SPRINGFORM (26–28 CM ⌀) = 12–16 STÜCKE

Für den Rührteig (S. 74)
5 Eier
250 g Butter oder Margarine
200 g Zucker
100 g gemahlene geschälte Mandeln
4 EL Rum
1 Päckchen Vanillezucker
300 g Weizenmehl Type 405
2 TL Backpulver
1 Prise Salz
Backpapier oder Butter bzw. Margarine zum Einfetten

Für die Füllung
250 g Aprikosenkonfitüre
250 g Rumtopffrüchte
1 EL Zitronensaft

Für den Guß und die Garnitur
3–4 EL Aprikosenkonfitüre
200 g Puderzucker
2–3 EL weißer Rum
rote und grüne Belegkirschen
40 g Mandelblättchen

- Den Boden der Springform befeuchten und mit Backpapier belegen oder einfetten.
- Den Ofen vorheizen.
- Die Eier trennen, die Eiweiße steifschlagen und anschließend kühl stellen.
- Die zimmerwarmen Teigzutaten Fett, Zucker und Eigelbe 4–5 Minuten mit den Rührbesen des Elektroquirls oder der Küchenmaschine schaumig schlagen, danach Mandeln, Rum und Vanillezucker dazugeben.
- Das Mehl mit Backpulver und Salz vermengen und unter die Masse rühren, dann den Eischnee nach und nach unterheben.
- Den Rührteig in die Springform geben und die Oberfläche glätten.
- Den Kuchen im Ofen backen, auf einem Kuchengitter 15 Minuten auskühlen lassen und auf die Tortenplatte geben.
- Am folgenden Tag den Kuchen waagrecht aufschneiden.
- Für die Füllung die Konfitüre mit Rumtopffrüchten und Zitronensaft pürieren, auf den Boden der Torte streichen und einziehen lassen. Den zweiten Boden mit der gebräunten Seite nach oben darauf legen und etwas andrücken.
- Die Oberseite der Torte dünn mit durchgesiebter Aprikosenkonfitüre bestreichen.
- Für den Guß den Puderzucker mit dem Rum glattrühren und von der Mitte aus mit spiralförmigen Bewegungen auf die Torte gießen; dann den Kuchen etwas anheben, so daß der Guß auch am Rand hinunterläuft.
- Die Belegkirschen halbieren und die noch feuchte Torte damit verzieren.
- Abschließend die Mandelblättchen hell rösten (S. 35) und an den Rand der Torte drücken.

Ofentemperatur: 180 °C
Einschubhöhe: Mitte
Backzeit: etwa 40–50 Minuten

Punschtorte

RÜHRTEIG • 1 SPRINGFORM (24 CM ⌀) = 12 STÜCKE

Für den Rührteig (S. 74)
7 Eier
125 g Butter oder Margarine
150 g Zucker
1 EL Rum
1 TL feingeriebene
unbehandelte Zitronenschale
4 EL Zitronensaft
200 g Weizenmehl Type 405
2 TL Backpulver
1 Prise Salz
Backpapier oder Butter
bzw. Margarine zum Einfetten

Für den Guß
4 EL Wasser
4 EL feiner Zucker
6 EL frisch gepreßter Orangensaft
4 EL Zitronensaft

Für die Füllung
200 g Marzipanrohmasse
100 g Puderzucker
1 EL Orangenlikör,
z. B. Grand Marnier
250 g Aprikosenkonfitüre

Für den Überzug
1 Eiweiß
200 g Puderzucker
einige Tropfen Zitronen-
oder Rumaroma
1 EL dunkler Kakao

• Wie links beschrieben die Form vorbereiten, den Ofen vorheizen; den Rührteig zubereiten – dabei die Eigelbe mit dem Zucker über dem Wasserbad (S. 15) abschlagen. Den Teig in die Form geben, backen und aus der Form lösen. Das Gebäck mit Backpapier und dem Boden der Springform bedeckt und z. B. mit einer Konservendose leicht beschwert auf einem Kuchengitter bis zum folgenden Tag auskühlen lassen.

• Die Torte waagrecht zweimal aufschneiden. Den weniger schönen Boden mit der Kruste nach unten auf die Tortenplatte legen.
• Für den Guß das Wasser so lange mit Zucker aufkochen, bis der Zucker nicht mehr knirscht, dann den Orangen- und Zitronensaft dazugeben. Die 3 Böden vorsichtig mit dem Guß tränken.
• Die Marzipanrohmasse reiben und mit Puderzucker und Likör verkneten. Die Masse in 2 Portionen teilen, diese jeweils zwischen 2 Lagen Backpapier kreisrund ausrollen und daraus 2 Platten in Größe der Torte schneiden.
• Den unteren Boden mit Aprikosenkonfitüre dünn bestreichen. Die erste Marzipanplatte, dann den zweiten Boden darauf legen und diesen wieder mit Konfitüre bestreichen. Nun den letzten Boden mit der gebräunten Seite nach oben auflegen und mit einem Brettchen etwas flach und gleichzeitig andrücken.

• Die restliche Aprikosenkonfitüre sieben und die Torte damit außen dünn bestreichen.
• Die zweite Marzipanplatte auflegen und etwas andrücken.
• Aus Eiweiß, Puderzucker, Zitronen- oder Rumaroma und eventuell etwas Wasser einen dickflüssigen Guß rühren, auf die Torte gießen und sie damit – auch am Rand – überziehen.
• Den Kakao mit einem Gußrest verrühren, in einen Gefrierbeutel geben und eine feine Spitze des Beutels abschneiden. Mit dieser improvisierten Spritze eine dünne Spirale auf den feuchten Kuchen spritzen. Die Spitze eines Messers abwechselnd von außen zur Mitte und von der Mitte nach außen durch den Guß ziehen. Vor dem Aufschneiden die Torte trocknen und durchziehen lassen.

Ofentemperatur: 180 °C
Einschubhöhe: unten
Backzeit: 55–65 Minuten

Gewürztorte

x einfach

RÜHRTEIG • 1 SPRINGFORM (24–26 CM ⌀) = 12 STÜCKE

Für den Rührteig (S. 74)
100 g Edelbitterschokolade
4 Eier
100 g Butter oder Margarine
200 g Zucker
50 g gemahlene Haselnußkerne
50 g feingehackter
kandierter Ingwer
1 Messerspitze
feingemahlene Nelken
1 TL feingemahlenes Piment
1 EL Rum
1 Päckchen Vanillezucker
1 EL feingemahlener Zimt
300 g Weizenmehl Type 405
3 TL Backpulver
1 Prise Salz
etwa 100 ml Milch
Backpapier oder Butter
bzw. Margarine zum Einfetten

Für den Guß und die Garnitur
150 g Puderzucker
1 TL Instantkaffee
2–3 EL Wasser
Schokoladenraspel
oder Schokoladenstreusel

• Den Boden der Springform befeuchten und mit Backpapier belegen oder einfetten.
• Den Ofen vorheizen, die Schokolade schmelzen.
• Die Eier trennen, die Eiweiße steifschlagen und kühl stellen.
• Die zimmerwarmen Zutaten Fett, Zucker und Eigelbe 4–5 Minuten mit den Rührbesen des Elektroquirls oder der Küchenmaschine schaumig schlagen. Die Schokolade mit Haselnußkernen, Ingwer, Nelken, Piment, Rum, Vanillezucker und Zimt in die Masse geben.

• Das Mehl mit Backpulver und Salz vermengen und abwechselnd mit der Milch in die cremige Masse rühren. Schließlich den Eischnee unterheben.
• Den Teig in die Form geben, die Oberfläche glattstreichen.
• Den Kuchen backen und etwa 3 Minuten nach Ende der Backzeit vom Rand der Form lösen.
• Das Gebäck mit Backpapier zugedeckt auf einem Kuchengitter bis zum folgenden Tag auskühlen lassen.
• Den Puderzucker mit Instantkaffee und heißem Wasser zu einem dickflüssigen Guß glattrühren.
• Den erkalteten Guß mit spiralförmigen Bewegungen auf den Kuchen gießen und vorsichtig mit einem großen Messer verstreichen. Den Rand mit Schokoladenraspel oder -streusel garnieren.

Ofentemperatur: 180 °C
Einschubhöhe: Mitte
Backzeit: 45–55 Minuten

Hinweis:
Diese Gewürztorte schmeckt auch Tage nach dem Backen noch immer ausgezeichnet, weil sich dann das Aroma der Gewürze besser in dem Kuchen verteilt und sich so stärker entfaltet hat.

Variationen:
Sie können den Kuchen auch erst am darauffolgenden Tag waagrecht teilen, mit 300 g geschlagener Sahne, die mit Zucker und Vanillezucker abgeschmeckt wurde, füllen und anschließend mit dem Guß überziehen.
Für Gewürzschnitten stellen Sie die doppelte Teigmenge her und backen den Teig anschließend auf einem Blech. Für den Guß benötigen Sie dann 250 g Puderzucker und etwas mehr Wasser.

Linzer Torte

x *gefriergeeignet*

MÜRBETEIG • 1 SPRINGFORM (24–26 CM ⌀) = 12 STÜCKE

dazugeben. Die Masse zu einem Teigkloß zusammenpressen, flach drücken und zugedeckt 30 Minuten kühl stellen.
- Den Boden der Springform befeuchten und mit Backpapier belegen oder einfetten.
- Etwa zwei Drittel des Teiges auf dem Boden der Form ausrollen und dabei einen 2 cm hohen Rand bilden. Den Teig einige Male einstechen und kühl stellen.
- Den Ofen vorheizen.
- Den Belag nach Wahl mit dem Zitronensaft vermischen und auf den Tortenboden streichen.
- Den übrigen Teig auf einer bemehlten Unterlage 5–6 mm dick rund ausrollen, 10–14 Streifen rädeln und gitterartig auf den Kuchen legen. Den Rand mit den Zinken einer Gabel garnieren.
- Die Torte im Ofen backen und erst kurz vor dem Verzehr mit Puderzucker bestauben.

Ofentemperatur: 180 °C
Einschubhöhe: Mitte
Backzeit: 40–50 Minuten

Für den Mürbeteig (S. 84)
200 g Weizenmehl Type 405
1 Prise Salz
200 g Butter oder Margarine
200 g Zucker
1 Ei, Gewichtsklasse 4
200 g gemahlene Haselnußkerne
1 Prise feingeriebene Muskatnuß
½–1 TL feingemahlener Zimt
½–1 TL feingeriebene unbehandelte Zitronenschale
2 EL Paniermehl, nach Bedarf
Mehl zum Ausrollen
Backpapier oder Butter bzw. Margarine zum Einfetten

Für den Belag
250 g Himbeerkonfitüre, Johannisbeerkonfitüre, konservierte Preiselbeeren oder Pflaumenmus
4 EL Zitronensaft
Puderzucker zum Bestauben

- Für den Mürbeteig alle kühlen Zutaten in eine Schüssel geben und mit den Knethaken des Elektroquirls oder der Küchenmaschine knapp 1 Minute vermengen. Bei warmem Wetter oder zu weichem Fett etwas Paniermehl

Variationen:
Statt der Haselnußkerne können Sie auch Mandeln nehmen. Aus der Linzer Torte wird das Schweizer Pendant, die St. Galler Klostertorte, *wenn Sie statt Muskat 80 g Schokoladenpulver und 1 TL Backpulver zufügen und nur Johannisbeerkonfitüre verwenden.*

Gut zu wissen:
In Alufolie verpackt und kühl gelagert, gewinnt die Torte an Geschmack und hält sich 2 Monate. Deshalb lohnt es sich auch, gleich mehrere zu backen.

Ingwerkuchen

RÜHRTEIG • 1 SPRINGFORM (24 CM ⌀) = 12 STÜCKE

Für den Rührteig (S. 74)
100 g Butter oder Margarine
6 Eier
200 g Marzipanrohmasse
175 g Zucker
2 Eigelb
200 g Ingwerknollen in Zuckersirup
2–3 EL dunkler Kakao
1 EL Cognac oder Rum
1 Prise geriebene Muskatnuß
1 TL feingemahlener Zimt
1 Prise Salz
1 Päckchen Vanillezucker
100 g Weizenmehl Type 405
Backpapier oder Butter bzw. Margarine zum Einfetten

Für die Garnitur
50 g weiße Schokolade
1 Ingwerknolle in Zuckersirup

• Den Boden der Springform befeuchten und mit Backpapier belegen oder einfetten.
• Den Ofen vorheizen.
• Für den Rührteig die Butter oder Margarine schmelzen und etwas auskühlen lassen.
• Die Eier teilen, die Eiweiße steifschlagen und kühl stellen.
• Die kühle Marzipanrohmasse mit der Rohkostreibe reiben und mit dem Zucker und allen 8 Eigelben in einer Schüssel über einem Wasserbad (S. 15) mit den Rührbesen des Elektroquirls cremig schlagen.
• Die Ingwerknollen kleinhacken und mit Kakao, Cognac oder Rum, Gewürzen, Salz und Vanillezucker sowie dem gesiebten Mehl in die Masse geben.
• Dann zuerst das erkaltete, aber immer noch flüssige Fett und danach den Eischnee unterheben.
• Den Teig in die Springform geben. Die Oberfläche glattstreichen, die Form mehrmals auf die Arbeitsplatte stoßen.
• Den Kuchen im Ofen backen. Etwa 3 Minuten nach Ende der Backzeit den Kuchen vom Rand der Form lösen und auf einem Kuchengitter auskühlen lassen.
• Die Schokolade in einen Gefrierbeutel geben, diesen gut verschließen und zum Schmelzen der Schokolade in heißes Wasser legen. Eine feine Spitze des Beutels abschneiden und mit dieser improvisierten Spritze den Inhalt mit unregelmäßigen, spiralförmigen Bewegungen von der Mitte aus auf den Kuchen spritzen.
• Die Ingwerknolle abtropfen las-

GEBÄCK FÜR ALLE TAGE 157

sen, in dünne Scheiben schneiden und diese gleichmäßig auf dem Kuchen verteilen.

Ofentemperatur: 160 °C
Einschubhöhe: Mitte
Backzeit: 60–70 Minuten

Gut zu wissen:
Die für diesen Kuchen benötigten, in Zuckersirup eingekochten Ingwerknollen erhalten Sie in Feinkost- und Süßwarengeschäften.
Da Ingwer stark belebend wirkt, ist der Kuchen für Kinder ungeeignet und sollte nur in kleinen Mengen und nie abends gegessen werden.
Hätten Sie's gewußt?
Ingwer ist ein feuchtigkeitsliebendes tropisches Gewächs, dessen verdickte Wurzelknollen in der asiatischen Küche eine sehr große Rolle spielen.

Tessiner Brottorte

RÜHRTEIG • 1 SPRINGFORM (26 CM ⌀) = 16–20 STÜCKE

Für den Rührteig (S. 74)
250 g trockenes rindenloses Weißbrot
100 g Amaretti, bittere Mandelmakronen (S. 476)
1 l Milch
250 g Sultaninen
50 g kleingehacktes Orangeat
50 g kleingehacktes Zitronat
100 g kleingehackte Mandeln
20 g Butter oder Margarine
100 g Zucker
3 Eier
75 g Edelbitterschokolade
1 TL feingeriebene unbehandelte Zitronenschale
1 TL feingemahlener Zimt
¼ TL feingeriebene Muskatnuß
Backpapier oder Butter bzw. Margarine zum Einfetten
Alufolie

Für die Garnitur
50 g Mandelstifte zum Aus- und Bestreuen

● Das Brot würfeln und mit den zerdrückten Amaretti in eine Schüssel geben. Die Milch erhitzen und darüber gießen. Dann die Masse verrühren und über Nacht zugedeckt quellen lassen.
● Sultaninen, Orangeat, Zitronat und Mandeln dazugeben und weitere 60 Minuten ziehen lassen.
● Den Boden der Springform befeuchten und mit Backpapier belegen oder einfetten. Danach den Boden mit einem Teil der Mandelstifte ausstreuen.
● Den Ofen vorheizen.
● Für den Rührteig wie links beschrieben die Butter oder Margarine mit Zucker und Eiern cremig verrühren. Die Schokolade in kleine Stückchen schneiden und mit der Zitronenschale und den Gewürzen darunterrühren. Dann die Brotmasse dazugeben und alle Zutaten mit den Knethaken vermischen.
● Den Teig in die Springform geben und die Oberfläche glätten.
Dann die übrigen Mandelstifte darauf streuen.
● Den Kuchen im Ofen backen, dabei die Oberfläche nach 100 Minuten mit der Alufolie zudecken, damit sie nicht zu dunkel wird. Nach dem Backen die Torte erst nach etwa 10 Minuten vom Rand der Form lösen.
● Die Torte auf einem Kuchengitter auskühlen lassen. Frühestens am folgenden Tag in sehr schmale Stücke schneiden.

Ofentemperatur: 150 °C
Einschubhöhe: Mitte
Backzeit: 150–180 Minuten

Mit Mandeln, Nüssen oder Samen

Für Kleinhaushalte sind die Rezepte auf den folgenden Seiten besonders geeignet, denn Gebäck mit Mandeln, Nüssen aller Art oder Samen bleibt lange frisch und ist in der Regel gefriergeeignet. Beliebt ist es auch bei allen, die gern Herzhaftes essen.

Krokanttörtchen

MÜRBETEIG • 10 FÖRMCHEN (10–12 CM ⌀) = 10 STÜCK

Für den Mürbeteig (S. 84)
250 g Weizenmehl Type 405
1 Prise Salz
125 g Butter oder Margarine
4 EL Zucker
1 Ei oder 2 Eigelb
1 Päckchen Vanillezucker
Butter bzw. Margarine
zum Einfetten
eventuell Mehl zum Ausrollen
Backpapier
Hülsenfrüchte zum Blindbacken

Für die Füllung
300 g gemischte Mandeln und Nüsse, z. B. Cashewnuß-, Haselnuß-, Pinien- und Walnußkerne
20 g Butter
60 g Zucker
100 g Honig

- Für den Mürbeteig die kühlen Zutaten mit den Knethaken des Elektroquirls oder der Küchenmaschine knapp 1 Minute verkneten, dann zum Teigkloß zusammendrücken und diesen abgeflacht und eingepackt 30 Minuten kühl stellen.
- Den Boden der Förmchen einfetten, den Ofen vorheizen.
- Den Teig auf bemehlter Unterlage oder zwischen 2 Lagen Backpapier 4–5 mm dick ausrollen, runde Plätzchen mit 12–14 cm ⌀ ausschneiden und in die Formen drücken. Mehrmals mit der Gabel einstechen und 10 Minuten im Gefriergerät kühlen.
- Die Torteletts mit Backpapier belegen, mit Hülsenfrüchten füllen und auf dem Rost im Ofen etwa 10–12 Minuten backen. Dann die Hülsenfrüchte und das Backpapier entfernen.
- Für den Belag die Nüsse nach Belieben grob hacken. Die Butter mit dem Zucker und Honig ohne Rühren in einem dickwandigen Topf erhitzen, bis der Zucker zu schmelzen beginnt. Erst dann die Masse kräftig rühren.
- Wenn die Masse nach etwa 2 Minuten goldbraun ist, die Nüsse dazugeben und alles mischen, bis die Zutaten gut miteinander verbunden sind.
- Die helle Krokantmasse schnell auf die Böden verteilen, die Törtchen erneut 12–15 Minuten lang backen. Dann aus den Förmchen nehmen.
- Das Gebäck auf einem Kuchengitter auskühlen lassen und in einem gut verschließbaren Behälter zwischen Lagen von Alufolie oder Pergamentpapier aufbewahren.

Ofentemperatur: 180 °C
Einschubhöhe: Mitte
Backzeit: 10–12 Minuten
und
Ofentemperatur: 180 °C
Einschubhöhe: Mitte
Backzeit: 12–15 Minuten

Leipziger Lerchen

x gefriergeeignet

MÜRBETEIG • 12–14 FÖRMCHEN (10–12 CM ⌀) = 12–14 STÜCK

Für den Mürbeteig (S. 84)
Zutaten wie für die Krokanttörtchen (siehe oben)

Für die Füllung
4 EL Himbeerkonfitüre
100 g Weizenmehl Type 405
1 Prise Salz
80 g Butter
125 g feiner Zucker
1 Ei
125 g feingehackte geschälte Mandeln
2 Tropfen Bittermandelaroma
4 EL Milch
2 EL Rum

Für den Guß
1 Eigelb
1 EL Milch

- Den Mürbeteig wie oben beschrieben zubereiten, ausrollen, ausschneiden und in die Förmchen drücken. Die Oberfläche mehrmals mit einer Gabel einstechen, jeweils etwa 1 TL Konfitüre hineingeben und dann den Teig 10 Minuten im Gefriergerät kühlen. Den Ofen vorheizen.
- Für die restliche Füllung die zimmerwarmen Zutaten mit den Rührbesen des Elektroquirls oder der Küchenmaschine in 2–3 Minuten schaumig schlagen.
- Die Masse auf die Konfitüre in die Förmchen geben.

MIT MANDELN, NÜSSEN ODER SAMEN *161*

- Aus Teigresten Sternchen ausstechen und auf die Füllung legen oder Streifen ausrädeln und diese kreuzweise auf die Füllung geben.
- Das Eigelb mit der Milch verschlagen und die Teigränder und Verzierungen damit bepinseln.
- Die Törtchen backen, aus den Formen lösen und auf einem Kuchengitter auskühlen lassen.

Ofentemperatur: 180 °C
Einschubhöhe: Mitte
Backzeit: etwa 25 Minuten

Variation:
Den Teig können Sie auch als großen Kuchen in einer Tortenform mit Backpapier und Hülsenfrüchten belegt zunächst 10–12 Minuten blindbacken, dann füllen und wieder 15–20 Minuten backen.

Mandeltörtchen

✗ gefriergeeignet

MÜRBETEIG • 10 FÖRMCHEN (10–12 CM ⌀) = 10 STÜCK

Für den Mürbeteig (S. 84)
Zutaten wie für die Krokanttörtchen (siehe links)

Für die Füllung
75 g Zucker
2 Eier
150 g Schlagsahne
25 g kleingehacktes Zitronat
150 g gemahlene
ungeschälte Mandeln
2–3 zerdrückte Zwiebäcke
½ TL Backpulver, ½ TL Zimt

Für die Garnitur
5 rote oder grüne Belegkirschen
10 Mandelhälften

- Den Ofen vorheizen. Den Mürbeteig wie links beschrieben zubereiten, die Förmchen damit auskleiden und blindbacken.
- Für die Füllung alle Zutaten miteinander verrühren.
- Die Masse auf die Böden verteilen und mit den halbierten Belegkirschen und den Mandelhälften garnieren.
- Die Törtchen noch einmal 15–20 Minuten backen.
- Die Mandeltörtchen nach dem Backen auf einem Kuchengitter auskühlen lassen und zwischen Lagen von Alufolie oder Pergamentpapier in einem verschließbaren Behälter aufbewahren.

Ofentemperatur: 180 °C
Einschubhöhe: Mitte
Backzeit: 10–12 Minuten
und
Ofentemperatur: 180 °C
Einschubhöhe: Mitte
Backzeit: 15–20 Minuten

Variation:
Aus den Zutaten können Sie auch eine große Mandeltorte backen.

Krokanttörtchen

Leipziger Lerchen

Mandeltörtchen

Böhmische Kolatschen

× einfach
× gefriergeeignet

HEFETEIG • 2–3 BLECHE = 18–20 STÜCK

Für den Hefeteig (S. 80)
2–3 EL Öl, z. B. Sonnenblumenöl
½ TL Salz
500 g Weizenmehl Type 405 oder 550 oder 1050
250–300 ml Milch
1 Würfel Hefe (42 g)
oder 2 Päckchen Trockenhefe
3–4 EL Zucker
1 Ei
1 TL feingeriebene unbehandelte Zitronenschale
Mehl zum Ausrollen
Backpapier oder Butter bzw. Margarine zum Einfetten

Für den Quarkbelag
500 g Quark oder Schichtkäse
60 g Butter oder Margarine
125 g Zucker
2 Eier
2 EL Speisestärke
1 EL Rum

Für den Mohnbelag
250 g frisch gemahlener Mohn
250 ml Milch
2 EL Paniermehl
100 g Zucker
1 Päckchen Vanillezucker

Für die Garnitur
6–8 EL Pflaumenmus
2 EL Aprikosenkonfitüre
2 EL geröstete Mandelstifte

• Für den Hefeteig das Öl mit Salz und Mehl in eine Schüssel geben. Die lauwarme Milch mit der Hefe, dem Zucker, Ei und der Zitronenschale verrühren und dazugießen. Diese Zutaten mit den Knethaken des Elektroquirls oder der Küchenmaschine in 4–5 Minuten zum geschmeidigen Teig vermengen und dann kurz durchkneten. Den Teig befeuchten und mit einem Tuch zugedeckt an einem warmen Ort bis zum doppelten Volumen gehen lassen.

• Die Bleche befeuchten und mit Backpapier belegen oder einfetten.

• Für den Quarkbelag den Quark oder Schichtkäse mit den restlichen Zutaten verrühren.

• Für den Mohnbelag den Mohn mit den übrigen Zutaten aufkochen und 2–3 Minuten ausquellen lassen.

• Den Teig auf der leicht bemehlten Arbeitsplatte zu einer Rolle formen und in Stücke von jeweils etwa 50 g schneiden. Diese zu Kugeln rollen und dann zu flachen Scheiben mit etwa 12 cm Ø ausziehen, dabei einen kleinen Rand formen.

• Mit einem Teelöffel abwechselnd 3 Quark- und 3 Mohnhäufchen auf jede Kolatsche setzen und etwas Pflaumenmus in die Mitte geben.

• Den Ofen vorheizen.

• Die Kolatschen noch einmal gehen lassen, bis der Teig locker und weich ist, dann goldbraun backen.

• Die Aprikosenkonfitüre erwärmen, das noch warme Gebäck dünn damit bepinseln und die Mandelstifte darauf streuen.

Ofentemperatur: 200 °C
Einschubhöhe: unten
Backzeit: 25–30 Minuten

Variation:
Sie können die Füllung auch streifenweise auf ein ausgerolltes Hefeteigrechteck geben, dann den Kuchen von beiden Längsseiten her zur Mitte hin aufrollen, auf die Mitte einen Streifen Pflaumenmus geben und so die Zutaten zu einem großen Striezel verarbeiten.

Gut zu wissen:
Sie brauchen sich nicht zu sorgen, daß der Mohn süchtig macht, denn nur Extrakte aus dem opiumhaltigen Saft der Pflanzen sind gefährlich.

MIT MANDELN, NÜSSEN ODER SAMEN 163

Mohnstriezel

x einfach

HEFETEIG • 1 RECHTECKIGE AUFLAUFFORM/BRÄTER = 12–20 STÜCKE

Für den Hefeteig (S. 80)
Zutaten wie für die Böhmischen Kolatschen (siehe links)

Für die Füllung und die Garnitur
250 g frisch gemahlener Mohn
500 ml Milch
10 g Butter oder Margarine
5 EL Zucker
1 Päckchen Vanillezucker
4 EL Hartweizengrieß
4 feingehackte geschälte
bittere Mandeln oder
einige Tropfen Bittermandelaroma
50 g feingehackte
geschälte Mandeln
1 TL feingeriebene
unbehandelte Zitronenschale
1 Eigelb
Puderzucker zum Bestauben

• Wie links beschrieben einen Hefeteig zubereiten, der jedoch etwas fester sein sollte. Den Teig gehen lassen und die Form oder den Bräter gründlich einfetten.
• Für die Füllung den Mohn mit der Milch 5 Minuten kochen. Die übrigen Zutaten bis auf das Eigelb hinzufügen und weitere 3 Minuten quellen lassen. Die Masse etwas abkühlen lassen und mit dem Eigelb legieren.
• Den Teig zu einem ungefähr 30×40 cm großen Rechteck ausrollen und gleichmäßig mit der lauwarmen Füllung bestreichen. Von den beiden Längsseiten her zur Mitte hin locker aufrollen.
• Den Ofen vorheizen.

• Den Striezel in die Auflaufform oder den Bräter geben. Den Teig dann noch einmal gehen lassen, bis sich das Volumen knapp verdoppelt hat.
• Den Striezel im Ofen goldbraun backen.
• Nach dem Backen den Striezel mit Puderzucker bestauben.

Ofentemperatur: 200 °C
Einschubhöhe: unten
Backzeit: 50–60 Minuten

Variation:
Sie können das Rechteck auch zu einer Rolle aufwickeln, dann daumendick aufschneiden und in 15–20 Minuten als Schnecken backen.

Vollwertnußkranz

QUARK-ÖL-TEIG • 1 BLECH = 10–12 SCHEIBEN

Für den Quark-Öl-Teig (S. 100)
200 g Magerquark
200 g Weizenmehl Type 1050
100 g feines Weizenvollkornmehl Type 1700
1 Päckchen Backpulver
1 Prise Salz
6 EL Öl, z. B. Sonnenblumenöl
4 EL Zucker
1 Päckchen Vanillezucker oder 1 TL feingeriebene unbehandelte Zitronenschale
5–6 EL Milch
Backpapier oder Butter bzw. Margarine zum Einfetten

Für die Füllung
5 EL Butter oder Sahne
200 g gemahlene Haselnußkerne
4 EL brauner Rohzucker
1 Ei
3–4 Tropfen Bittermandelaroma
1/4 TL feingemahlener Zimt
1/2 TL unbehandelte, feingeriebene Orangenschale

Für den Guß
1 Eigelb
2 EL Wasser

- Den Quark zugedeckt in einem feinmaschigen Sieb über Nacht gut abtropfen lassen, dann 150 g davon abwiegen. Den Rest anderweitig verwerten.
- Den Quark und die restlichen Zutaten mit den Knethaken des Elektroquirls oder der Küchenmaschine knapp 1 Minute miteinander vermengen.
- Den Teig von Hand zu einem Kloß zusammendrücken, 30 Minuten zugedeckt kühl stellen.
- Das Blech mit Backpapier belegen oder einfetten.
- Den Ofen vorheizen.
- Den Teig zwischen zwei Lagen Backpapier zu einem etwa 30×45 cm großen Rechteck ausrollen und die weiche Butter oder die Sahne darauf verteilen.
- Die restlichen Zutaten der Füllung verrühren und auf den Teig streichen. Den Teig aufrollen und als Kranz auf das Blech legen.
- Das Eigelb mit dem Wasser verschlagen, das Gebäck sorgfältig damit bestreichen.
- Eine etwa 1 cm tiefe Zickzacklinie einschneiden und die Spitzen etwas nach oben biegen.
- Den Nußkranz im Ofen backen, dann in Scheiben schneiden.

Ofentemperatur: 200 °C
Einschubhöhe: Mitte
Backzeit: 35–40 Minuten

Nußstriezel

QUARK-ÖL-TEIG • 1 BLECH = ETWA 16 SCHEIBEN

Für den Quark-Öl-Teig (S. 100)
Zutaten wie für den Vollwert-Nußkranz (siehe oben), jedoch nur Weizenmehl der Type 405 nehmen

Für die Füllung und die Garnitur
8 EL Butter oder Sahne
4–6 EL weißer Zucker oder brauner Rohzucker
10–12 EL gehackte oder gemahlene Hasel- oder Walnußkerne
1/2 TL feingeriebene unbehandelte Orangen- oder Zitronenschale oder feingemahlener Zimt oder feingeriebener Ingwer
Puderzucker zum Bestäuben

- Den Quark-Öl-Teig wie oben beschrieben zubereiten, kühl stellen und zwischen 2 Lagen Backpapier zum 30×45 cm großen Rechteck ausrollen. Das Blech vorbereiten, und den Ofen vorheizen.
- Die Teigplatte großzügig mit Butter oder Sahne bepinseln und mit Zucker, Nüssen und dem Gewürz bestreuen. Dann die Platte mit Hilfe des unteren Backpapiers von der Längsseite her aufrollen und die Teigränder andrücken.
- Den Striezel so auf das Blech geben, daß die Naht unten liegt.
- Den Kuchen im Ofen backen.
- Das Gebäck auskühlen lassen und mit Puderzucker bestauben.

Ofentemperatur: 200 °C
Einschubhöhe: Mitte
Backzeit: 25–30 Minuten

Variation:
Für einen Schwedischen Nußkranz schneiden Sie den gefüllten Striezel in daumendicke Scheiben und legen diese dachziegelartig kranzförmig auf ein gefettetes Blech. Während des Backens karamelisiert die Füllung.

MIT MANDELN, NÜSSEN ODER SAMEN

Nußkuchen vom Blech

× einfach
× schnell
× gefriergeeignet

RÜHRTEIG • 1 BLECH = 20–25 STÜCKE

Für den Rührteig (S. 74)
4 Eier
150 g Butter oder Margarine
100 g Zucker
1 EL Mandellikör, z. B. Amaretto, oder Rum
1 Päckchen Vanillezucker
300 g Weizenmehl Type 405 oder 1050
1 Päckchen Backpulver
1 Prise Salz
80 ml Milch
oder 80 g Schlagsahne
Backpapier oder Butter bzw. Margarine zum Einfetten

Für den Belag
100 g Butter oder Margarine
200 g feiner Zucker
2 EL Schlagsahne
200 g grobgehackte Haselnußkerne
½ TL feingemahlener Zimt, nach Belieben

- Das Blech befeuchten und mit Backpapier belegen oder einfetten; den Ofen vorheizen.
- Die Eier trennen und die Eiweiße zu Schnee schlagen.
- Die zimmerwarmen Teigzutaten Fett, Zucker, Eigelbe, Likör oder Rum und Vanillezucker 4–5 Minuten mit den Rührbesen des Elektroquirls oder der Küchenmaschine schaumig schlagen.
- Das Mehl mit Backpulver und Salz vermengen und abwechselnd mit der Milch oder Sahne darunterrühren.
- Zum Schluß den Eischnee mit einem Spatel unterheben.
- Den Teig auf das Blech geben und mit einer angefeuchteten Teigkarte glattstreichen.
- Für den Belag alle Zutaten in einem Topf unter Rühren erwärmen. Anschließend den Belag auf den Teig geben und glattstreichen.
- Den Kuchen im Ofen mittelbraun backen.
- Nach dem Auskühlen den Kuchen in Quadrate oder in Rechtecke schneiden und bald servieren.

Ofentemperatur: 180 °C
Einschubhöhe: Mitte
Backzeit: 20–25 Minuten

Variationen:
Backen Sie die Schnitten gelegentlich mit Kokosflocken, gehackten Mandeln oder Walnußkernen anstelle der Haselnüsse.
Die Schlagsahne kann auch durch Crème fraîche ersetzt werden.

MIT MANDELN, NÜSSEN ODER SAMEN 167

Krokantkuchen vom Blech

× einfach
× schnell

RÜHRTEIG • 1 BLECH = 20–25 STÜCKE

Für den Rührteig (S. 74)
Zutaten wie für den Nußkuchen vom Blech (siehe links)

Für den Belag
200 g Butter oder Margarine
200 g Zucker
3 EL Schlagsahne
3 EL Weizenmehl Type 405
250 g Mandelblättchen

- Wie links beschrieben das Blech vorbereiten, den Ofen vorheizen, den Rührteig herstellen und auf das Blech streichen.
- Dann den Teig in den vorgeheizten Ofen schieben.
- Inzwischen die Zutaten für den Belag außer den Mandelblättchen in einem kleinen Topf einmal aufkochen. Dann die Mandelblättchen darunterrühren und die Masse auf den vorgebackenen Teig streichen.
- Den Kuchen wieder in den Ofen schieben und fertigbacken.
- Das Gebäck auf einem Kuchengitter auskühlen lassen und mit einem scharfen Messer in Quadrate oder Rechtecke schneiden.

Ofentemperatur: 180 °C
Einschubhöhe: Mitte
Backzeit: 10–15 Minuten
und
Ofentemperatur: 180 °C
Einschubhöhe: Mitte
Backzeit: 10–15 Minuten

Variationen:
Der Kuchen schmeckt noch besser, wenn Sie den Teig zusätzlich mit etwa 250 g säuerlicher Konfitüre oder Preiselbeeren bestreichen, ehe Sie die Krokantmasse darauf geben.
Mit der Hälfte der Zutaten können Sie den Kuchen für einen kleineren Personenkreis in einer Springform backen.
Sie können den Teig auch in Portionsförmchen – etwa in eine Multiform oder in Papierförmchen – geben und nach dem Vorbacken mit einer Mischung aus je 200 g Haselnuß- oder Mandelblättchen, braunem Rohzucker und saurer oder Schlagsahne bedecken. Bei den kleinen Förmchen ist die Backzeit etwas kürzer.

MIT MANDELN, NÜSSEN ODER SAMEN

Nußsahnerolle

✗ gefriergeeignet

BISKUITMASSE • 1 BLECH = 12–14 STÜCKE

Für die Biskuitmasse (S. 88)
3 Eier, Gewichtsklasse 4
1 EL Wasser
90 g Zucker
1 Päckchen Vanillezucker
90 g Weizenmehl Type 405 oder 550
½ TL Backpulver
1 Prise Salz
Backpapier

Für die Füllung und die Garnitur
100 g gemahlene Hasel- oder Walnußkerne
2 EL grobgehackte Hasel- oder Walnußkerne
300–400 g Schlagsahne
2 EL Zucker
1 EL Sahnefestiger, nach Belieben

• Ein Blech mit Backpapier belegen, rundum einen hochstehenden Rand knicken, den Ofen vorheizen.

• Für die Biskuitmasse die Eier samt Wasser, Zucker und Vanillezucker mit dem Elektroquirl zu einer weißschaumigen Masse schlagen.

• Das Mehl mit Backpulver und Salz vermischen und auf die Eimasse sieben.

• Diese Zutaten vorsichtig so vermengen, daß die Masse schaumig bleibt.

• Die Biskuitmasse mit der Teigkarte gleichmäßig auf dem Blech verstreichen und im Ofen backen, bis der Biskuit goldbraun ist und sich beim Fingerdruck fest anfühlt.

• Die Biskuitplatte auf ein zweites Backpapier stürzen und mit dem Backpapier und dem Blech bedeckt auskühlen lassen.

• Für die Füllung und die Garnitur die Nüsse sortenweise getrennt hell rösten (S. 35).

• Die Schlagsahne steifschlagen und mit den gemahlenen Nüssen sowie dem Zucker vermischen. Wenn bis zum Verzehr noch einige Zeit vergeht, nach Belieben Sahnefestiger unterschlagen.

• Das Blech und das Papier von der Biskuitplatte lösen und drei Viertel der Sahne mit der Teigkarte auf die Platte streichen.

• Den Biskuit mit Hilfe des unteren Backpapiers aufrollen.

• Die Rolle außen mit der restlichen Sahne bestreichen und abschließend mit den grobgehackten Nüssen bestreuen.

Ofentemperatur: 200 °C
Einschubhöhe: Mitte
Backzeit: etwa 12 Minuten

Variationen:
Die Füllung können Sie zusätzlich mit etwas Mandel- oder Nußlikör oder aufgelöstem Instantkaffee abschmecken.

Mandelrolle mit Sahne

✗ gefriergeeignet

BISKUITMASSE • 1 BLECH = 12–14 STÜCKE

Für die Biskuitmasse (S. 88)
Zutaten wie für die Nußsahnerolle (siehe oben), jedoch 40 g des Mehles durch 50 g gemahlene geschälte oder ungeschälte Mandeln austauschen

Für die Füllung und die Garnitur
300–400 g Schlagsahne
2 EL Zucker
1 Päckchen Vanillezucker
1½ Päckchen Sahnefestiger und Mandelblättchen, nach Belieben

• Das Blech wie oben beschrieben vorbereiten, den Ofen vorheizen, und die Mandeln hell rösten (S. 35).

• Die Biskuitmasse wie oben beschrieben zubereiten. Dabei die gemahlenen Mandeln mit Mehl, Backpulver und Salz unter die Masse heben. Die Masse im Ofen backen.

• Für die Füllung die Schlagsahne steifschlagen und mit Zucker und Vanillezucker abschmecken. Nach Belieben Sahnefestiger unterschlagen.

• Die Rolle wie oben beschrieben fertigstellen.

• Nach Belieben die Mandelblättchen rösten und die Rolle damit dekorieren.

Ofentemperatur: 200 °C
Einschubhöhe: Mitte
Backzeit: etwa 12 Minuten

MIT MANDELN, NÜSSEN ODER SAMEN 169

Nußrolle mit Himbeersahne

✗ *gefriergeeignet*

BISKUITMASSE • 1 BLECH = 12–14 STÜCKE

Für die Biskuitmasse (S. 88)
Zutaten wie für die Nußsahnerolle, (siehe links), jedoch 40 g Mehl durch 50 g gemahlene Haselnußkerne austauschen

Für die Füllung und die Garnitur
300–400 g Schlagsahne
4–5 EL Zucker
1 Päckchen Vanillezucker
1½ Päckchen Sahnefestiger, nach Belieben
300 g frische oder TK-Himbeeren

• Das Blech wie links beschrieben vorbereiten, dann den Ofen vorheizen und die Haselnüsse hell rösten (S. 35).

• Die Biskuitmasse wie links beschrieben zubereiten und backen, dabei die gemahlenen Haselnüsse mit dem Mehl, dem Backpulver und dem Salz unter die Masse heben.

• Für die Füllung die Schlagsahne steifschlagen und mit Zucker und Vanillezucker abschmecken. Nach Belieben Sahnefestiger darunterschlagen.

• Die Himbeeren verlesen, TK-Himbeeren gefroren verwenden.

• Die Rolle wie links beschrieben fertigstellen, dabei zuerst etwa vier Fünftel der Sahne auf die Biskuitplatte streichen, dann die meisten Himbeeren darauf verteilen.

• Die fertige Rolle mit Sahnerosetten aus der restlichen Sahne verzieren und zusätzlich einige Himbeeren als Garnitur darauf legen.

Ofentemperatur: 200 °C
Einschubhöhe: Mitte
Backzeit: etwa 12 Minuten

Variation:
Die Füllung können Sie zusätzlich mit 2 EL Himbeergeist abschmecken.
Gut zu wissen:
Elektro- oder Keramikmesser sind ideal für das Aufteilen von Biskuitrollen, sogar gefrorene können damit geschnitten werden.

Nußrolle mit Himbeersahne

Nußsahnerolle

Mandelrolle mit Sahne

Mohnstrudel

STRUDELTEIG • 1 BLECH/1 FORM = 12 STÜCKE/PORTIONEN

Für den Strudelteig (S. 96)
350 g doppelgriffiges Weizenmehl Type 405 oder 550
¼ TL Salz
1 Ei oder 2 Eigelb, Gewichtsklasse 4
3 EL Öl, z. B. Sonnenblumenöl
1 EL Essig oder Zitronensaft
etwa 125 ml warmes Wasser
Butter bzw. Margarine zum Einfetten
Mehl für das Geschirrtuch

Für die Füllung
250 g frisch gemahlener Mohn
300 ml Milch
2 mittelgroße Äpfel
100 g gehackte Mandeln oder Haselnußkerne
4–6 EL Zucker oder Honig
1 Prise Salz
100 g Sultaninen
1 TL feingeriebene unbehandelte Zitronenschale
150 g Butter bzw. Margarine zum Bestreichen

Für den Guß und die Garnitur
100 ml Milch oder 100 g Schlagsahne, nach Belieben
2–3 EL Puderzucker
1 Päckchen Vanillezucker

- Eine Schüssel oder einen Topf anwärmen.
- Für den Teig die Zutaten in einer zweiten Schüssel mit den Knethaken des Elektroquirls oder den Fingerspitzen vermengen. Den Teig 10 Minuten kräftig von Hand kneten und schlagen, 2–3 Kugeln formen und mit Wasser oder Öl bepinseln.
- Die Teigkugeln mit dem angewärmten Gefäß bedecken und an einem warmen Ort mindestens 30 Minuten quellen lassen.
- Das Blech oder die Form einfetten; den Ofen vorheizen. Ein Schälchen mit heißem Wasser auf den Boden stellen, um die Bräunung zu fördern.
- Für die Füllung den Mohn in eine Schüssel geben. Die Milch kochen, darüber gießen, und den Mohn quellen lassen. Die Äpfel schälen, grob reiben und dazugeben. Mandeln oder Nüsse, Zucker oder Honig, Salz, Sultaninen und Zitronenschale zufügen. Die Zutaten miteinander verrühren, die Masse soll gut streichfähig sein.
- Den Teig portionsweise auf einem bemehlten Geschirrtuch ausrollen, dann mit den Handrücken papierdünn rechteckig ausziehen.
- Die Butter oder die Margarine zerlassen und den Teig mit einem Teil davon bestreichen.
- Die Füllung so auf dem Teig verteilen, daß die Seiten und der hintere Rand frei bleiben. Die Ränder anfeuchten.
- Die Strudel mit Hilfe des Tuches aufrollen und so auf das Blech oder in die Form gleiten lassen, daß die Nahtstellen unten liegen. Die Ränder zusammendrücken und die Oberfläche einige Male einstechen.
- Die Strudel mit der restlichen zerlassenen Butter oder Margarine bestreichen, im Ofen backen und nach Belieben alle 10 Minuten mit Milch oder Sahne begießen.
- Nach Ende der Backzeit die Strudel 5 Minuten ruhenlassen. Den Puderzucker mit Vanillezucker mischen und darüber streuen. Das Gebäck zum Schluß in etwa 5 cm breite Stücke schneiden.

Ofentemperatur: 225 °C
Einschubhöhe: Mitte
Backzeit: 35–40 Minuten

Hinweise:
Reichen Sie zu diesem Strudel eine leicht gebundene Rotwein- oder Rumsauce, die nach Belieben mit Zimt, Zitronensaft und Zucker abgeschmeckt wurde.
Auch mit Orangenlikör aromatisierte Schlagsahne ist eine beliebte Ergänzung.
Kaufen Sie den Mohn am besten frisch gemahlen im Reformhaus. Wenn Sie ihn selbst mit der Getreide- oder Mandelmühle oder mit dem Fleischwolf mahlen, müssen Sie ihn zuvor 30 Minuten ins Gefrierfach legen, damit die Masse nicht ölig wird.

Variationen:
Für einen Mohnstrudel mit Backpflaumen lassen Sie 250 g entsteinte, grob zerschnittene Backpflaumen mit 125 ml Portwein oder süßem Sherry über Nacht oder 2–3 Minuten im Mikrowellengerät quellen und geben diese mit ¼ TL Zimt unter die Mohnfüllung.
Für einen Tessiner Mohnstrudel bereiten Sie nur die halbe Menge der Füllung zu. Mischen Sie dann 500 g zerdrückten Ricotta, 500 g grobgeriebene aromatische Birnen und 2 EL Zitronensaft unter die Mohnmasse.
Für einen Mandelstrudel vermischen Sie für die Füllung 6 Eier mit 6 EL Honig oder Zucker, 300 g gemahlenen Mandeln, einigen Tropfen Bittermandelöl, 2 EL Rosenwasser, ¼ TL feingemahlenem Zimt, 1 Prise Salz und – nach Belieben – 100 g Sultaninen oder Korinthen.

Polnischer Apfelkuchen

x preiswert

RÜHRTEIG UND MAKRONENMASSE • 1 BLECH = 20–25 STÜCKE

Für den Rührteig (S. 74)
200 g Butter oder Margarine
150 g Zucker
4 Eigelb
1 TL feingeriebene
unbehandelte Zitronenschale
1–2 EL Rum
300 g Weizenmehl Type 405
1 Päckchen Backpulver
1 Prise Salz
100 ml Milch
Backpapier oder Butter
bzw. Margarine zum Einfetten

Für den Belag
150 g Korinthen
2 EL Rum
1 kg Äpfel, z. B. Boskoop
4 EL Zitronensaft

Für die Makronenmasse (S. 116)
4 Eiweiß
200 g feinster Zucker
1 TL Zitronensaft
2–3 Tropfen Bittermandelaroma
200 g grobgehackte Mandeln

- Das Blech befeuchten und mit Backpapier belegen oder einfetten.
- Den Ofen vorheizen.
- Für den Teig die zimmerwarmen Zutaten Fett, Zucker, Eigelbe, Zitronenschale und Rum 3–4 Minuten mit den Rührbesen des Elektroquirls oder der Küchenmaschine schaumig schlagen.
- Das Mehl mit dem Backpulver und dem Salz vermengen und mit der Milch unter den Teig rühren.
- Den Teig mit einer nassen Teigkarte auf das Blech streichen.
- Für den Belag die Korinthen mit dem Rum begießen und kurz erwärmen. Die Äpfel waschen, schälen, vierteln, entkernen und in Schnitze schneiden, mit Zitronensaft benetzen und auf dem Teig verteilen. Die Korinthen darauf streuen und Teig und Belag 20–25 Minuten vorbacken.
- Für die Makronenmasse inzwischen die Eiweiße schlagen, dann die Hälfte des Zuckers, den Zitronensaft und das Bittermandelaroma dazugeben. Die Masse mit dem Schneebesen so lange schlagen, bis sie stark glänzt. Bis auf 1 EL den restlichen Zucker und die grobgehackten Mandeln daruntermengen.
- Den Kuchen aus dem Ofen nehmen, die Makronenmasse gleichmäßig darauf verteilen, dünn mit dem übrigen Zucker bestreuen und den Kuchen fertigbacken.

Ofentemperatur: 180 °C
Einschubhöhe: Mitte
Backzeit: 20–25 Minuten
und
Ofentemperatur: 180 °C
Einschubhöhe: Mitte
Backzeit: etwa 20 Minuten

Mandeltorte aus Santiago

x einfach
x gefriergeeignet

RÜHRTEIG • 1 SPRINGFORM (26–28 CM ⌀) = 12 STÜCKE

Für den Rührteig (S. 74)
3 Eier
4 Eigelb
50 g Butter oder Margarine
200 g Zucker
250 g gemahlene geschälte Mandeln
1 EL Mandellikör, z. B. Amaretto
1 TL feingeriebene unbehandelte Zitronenschale
40 g Weizenmehl Type 405
2 TL Backpulver
1 Prise Salz
Puderzucker zum Bestauben
1 Jakobsmuschelschale
Backpapier oder Butter bzw. Margarine zum Einfetten

- Den Boden der Springform befeuchten und mit Backpapier belegen oder einfetten.
- Den Ofen vorheizen.
- Die Eier trennen, die Eiweiße steifschlagen und kühlen.
- Die zimmerwarmen Zutaten Eigelbe, Fett und Zucker 4–5 Minuten mit den Rührbesen des Elektroquirls oder der Küchenmaschine schaumig schlagen.
- Die Mandeln mit Mandellikör und Zitronenschale dazugeben.
- Das Mehl mit Backpulver und Salz vermengen und kurz darunterrühren. Dann den Eischnee mit dem Spatel unterheben.
- Den Teig in die Springform geben und die Oberfläche mit der Teigkarte glattstreichen.
- Den Kuchen im Ofen backen; nach 10 Minuten mit Backpapier zudecken. Unbedingt die Stäbchenprobe durchführen.
- Die fertige Torte 20 Minuten im Ofen auskühlen lassen, aus der Form lösen, mit Puderzucker bestauben und mit einer Jakobsmuschel, dem Wahrzeichen Santiagos, verzieren.

Ofentemperatur: 170 °C
Einschubhöhe: unten
Backzeit: 25–30 Minuten

Engadiner Nußtorte

x gefriergeeignet

MÜRBETEIG • 1 SPRINGFORM (26 CM ⌀) = 12–16 STÜCKE

Für den Mürbeteig (S. 84)
300 g Weizenmehl Type 405
1 Prise Salz
150 g Butter oder Margarine
2 EL Zucker
1 Ei oder 2 Eigelb
1–2 EL kaltes Wasser
oder 1–2 EL Weißweinessig
Backpapier oder Butter
bzw. Margarine zum Einfetten

Für die Füllung und den Guß
2–3 EL Zucker
200 g Honig
200 g Schlagsahne
300 g Walnußkerne
1 Eigelb
150 g dunkle Kuvertüre

• Für den Mürbeteig die kühlen Zutaten mit den Knethaken des Elektroquirls oder der Küchenmaschine etwa 45 Sekunden lang verrühren und dann mit kühlen Händen rasch zum Teig verkneten. Daraus 2 Kugeln formen, diese etwas flach drücken und in Folie eingepackt mindestens 30 Minuten kühl stellen.

• Für die Füllung den Zucker mit dem Honig, der Sahne und den Walnußkernen in einem Topf unter Rühren zum Kochen bringen und cremig einkochen. Den Topf dann sofort von der Kochstelle nehmen und für 2 Minuten in ein etwas größeres Gefäß mit kaltem Wasser stellen, damit die Wärmezufuhr unterbunden wird und die Masse nicht nachdunkelt und deshalb bitter schmeckt.

• Den Boden der Springform befeuchten und mit Backpapier belegen oder einfetten.

• Mit einer der beiden Teigkugeln den Boden und einen etwa 2 cm hohen Rand der Springform auskleiden. Mehrmals mit einer Gabel in den Teig einstechen.

• Die Walnußmasse auf dem Teig verteilen.

• Den restlichen Teig rund ausrollen, zu einer Platte passender Größe schneiden und auf die Füllung legen. Den Rand mit der Gabel andrücken und mehrmals in die Oberfläche einstechen. Eventuell aus Teigresten Sternchen oder andere Plätzchen ausstechen und diese zur Verzierung auf den Kuchen legen.

• Das Eigelb mit etwas Wasser verschlagen und den Kuchen damit bepinseln.

• Den Kuchen vor dem Backen nach Möglichkeit 30 Minuten in den Kühlschrank stellen.

• Den Ofen vorheizen und anschließend die Engadiner Nußtorte darin backen.

• Die Torte aus der Form lösen und auf einem Kuchengitter auskühlen lassen.

• Die Kuvertüre über einem Wasserbad schmelzen (S. 34) und auf die Unterseite des Kuchens streichen.

Ofentemperatur: 180 °C
Einschubhöhe: Mitte
Backzeit: 30–40 Minuten

MIT MANDELN, NÜSSEN ODER SAMEN   175

Variationen:
Statt Walnußkernen können Sie auch Haselnußkerne oder Mandeln nehmen.
Die Füllung können Sie zudem nach Belieben mit etwas feingeriebenem Ingwer, Orangen- oder Zitronenschale oder gemahlenem Zimt abschmecken.

Gut zu wissen:
Für Kleinhaushalte können Sie aus der angegebenen Zutatenmenge 2 kleine Torten mit 16–18 cm Ø in Einmalformen aus Alufolie backen. Dabei nach Belieben die zweite Füllung geschmacklich variieren und die Kuvertüre oben aufpinseln.

Pinientorte

✗ gefriergeeignet

MÜRBETEIG UND MAKRONENMASSE • 1 SPRINGFORM (26 CM Ø) = 12 STÜCKE

Für den Mürbeteig (S. 84)
200 g Weizenmehl Type 405
1 Prise Salz
125 g Butter oder Margarine
4 EL Zucker
1 Ei oder 2 Eigelb
1–2 EL kaltes Wasser
oder 1–2 EL Weißweinessig
Backpapier oder Butter
bzw. Margarine zum Einfetten

Für die Makronenmasse (S. 116) und die Garnitur
3 EL Speisestärke
¼ TL Backpulver
1 Prise Salz
125 g Butter oder Margarine
125 g Zucker
3 Eier
100 g gemahlene Mandeln
1 Päckchen Vanillezucker
½ TL feingeriebene unbehandelte Zitronenschale
einige Tropfen Bittermandelaroma
3 EL Aprikosenkonfitüre
40 g Pinienkerne

• Wie links beschrieben die Form vorbereiten, aus den Zutaten den Mürbeteig herstellen, die Form und einen 3 cm hohen Rand damit auskleiden, den Teig einstechen, kühl stellen, und den Ofen vorheizen.

• Für die Makronenmasse alle Zutaten außer der Konfitüre und den Pinienkernen mit den Schneebesen des Elektroquirls oder der Küchenmaschine in 3–4 Minuten schaumig schlagen.

• Die Konfitüre auf den Teigboden streichen, dann die Makronenmasse darüber gießen und die Pinienkerne darauf streuen.

• Den Kuchen im Ofen backen und nach 25 Minuten mit Backpapier bedecken.

Ofentemperatur: 180 °C
Einschubhöhe: unten
Backzeit: 35–45 Minuten

Japonais-Torte

MAKRONENMASSE • 2–3 BLECHE = 12 STÜCKE

Für die Makronenmasse (S. 116)
4 Eiweiß
1 Prise Salz
75 g feiner Zucker
1 TL Zitronensaft
75 g Puderzucker
50 g gemahlene Haselnußkerne
1 TL Speisestärke, nach Belieben
feiner Zucker zum Bestreuen
Backpapier

Für die Füllung
200 g Butter
150 g Puderzucker
2 TL Instantkaffee
2 EL Mandellikör, z. B. Amaretto
3–4 EL Kirschwasser
1 Eigelb und 250 ml Vanillepudding, nach Belieben

Für die Garnitur
10 g Butter
50 g Zucker
75 g kleingehackte Haselnußkerne
Alufolie

Für den Guß
2 EL Puderzucker
1 TL Kirschwasser
rosa Speisefarbe

- Auf der Unterseite von 2–3 Bogen Backpapier mit Bleistift drei Kreise mit 22 cm Ø markieren; auf Abstände achten. Die Bleche befeuchten und mit dem Papier belegen.
- Den Ofen vorheizen.
- Für die Makronenmasse die Eiweiße und das Salz mit den Schneebesen des Elektroquirls oder der Küchenmaschine sehr steif schlagen, dann mit dem Zucker und dem Zitronensaft glänzend schlagen.
- Den Puderzucker, die Nüsse und nach Belieben Stärke darauf geben und alles vorsichtig mit einem Teigspatel so vermengen, daß die Masse schaumig bleibt.
- Die Masse in einen Spritzbeutel mit glatter Tülle füllen und damit von der Mitte aus drei runde Böden auf die Bleche spritzen und dünn mit Zucker bestreuen.
- Die Makronenböden im Ofen trocknen und ohne Papier auf Kuchengittern auskühlen lassen.
- Für die Füllung die zimmerwarme Butter mit Puderzucker, Instantkaffee, Likör und Kirschwasser schaumig schlagen. Nach Belieben Vanillepudding nach Packungshinweis zubereiten, mit Eigelb legieren, durchpassieren und dann teelöffelweise hinzufügen.
- Die drei Böden mit der Mokkabuttercreme zusammensetzen und die Torte von außen damit gleichmäßig bestreichen.
- Für die Garnitur aus Butter, Zucker und Nüssen Krokant zubereiten (S. 33) und auf einem mit gebutterter Alufolie belegten Brett abkühlen lassen. Dann in einen Gefrierbeutel geben, mit der Teigrolle fein zerdrücken und auf die Torte streuen.
- Aus Puderzucker, Kirschwasser und Speisefarbe einen dickflüssigen rosa Guß rühren, als großen Kleks auf die Mitte der Torte geben und gut trocknen lassen.
- Bis zum Verzehr kühl stellen. Mit einem Elektro-, Laser- oder Keramikmesser schneiden.

Ofentemperatur: 140 °C
Einschubhöhe: Mitte
Trockenzeit: 60–90 Minuten

MIT MANDELN, NÜSSEN ODER SAMEN *177*

Japonais-Torte mit Schokolade

MAKRONENMASSE • 2–3 BLECHE = 12 STÜCKE

Für die Makronenmasse (S. 116)
Zutaten wie für die Japonais-Torte (siehe links)

Für die Füllung und die Garnitur
200 g Edelbitterschokolade
100 g Vollmilchschokolade
25 g Kokosfett
36 geschälte Mandeln
600 g Schlagsahne
2 EL Puderzucker
1 Päckchen Vanillezucker
3 Päckchen Sahnefestiger, nach Belieben

• Drei Makronenböden wie links beschrieben herstellen, im vorgeheizten Ofen trocknen und auskühlen lassen.

• Die beiden Schokoladensorten zerbröckeln und mit dem Kokosfett über einem Wasserbad (S. 15) schmelzen, dabei gelegentlich umrühren.

• Die Mandeln in das Schokoladenbad tauchen und dann zum Trocknen einzeln auf Backpapier legen.

• Die Böden sehr vorsichtig mit der restlichen Schokolade bestreichen.

• Die Schlagsahne mit den Schneebesen des Elektroquirls oder der Küchenmaschine steifschlagen, mit Puderzucker und Vanillezucker abschmecken und nach Belieben mit Sahnefestiger vermischen. Etwa 6 EL davon in einen Spritzbeutel mit Sterntülle geben.

• Mit der restlichen Vanillesahne die Tortenböden zusammensetzen und außen bestreichen.

• Die Torte mit 12 kleinen Sahnerosetten garnieren und in jede Rosette 3 Schokoladenmandeln setzen. Dann den Kuchen bis zum Verzehr kühl stellen.

Ofentemperatur: 140 °C
Einschubhöhe: Mitte
Trockenzeit: 60–90 Minuten

Hinweis:
Für müheloses Aufschneiden mit tadellosem Schnitt eignen sich Elektro-, Laser- und Keramikmesser.

Zuger Kirschtorte

MAKRONEN- UND BISKUITMASSE • 1–2 BLECHE UND 1 SPRINGFORM (24 CM ⌀) = 12 STÜCKE

Für die Makronenmasse (S. 116)
3 Eiweiß
1 Prise Salz
50 g feiner Zucker
1 TL Zitronensaft
50 g Puderzucker
75 g gemahlene Haselnußkerne oder Mandeln
1 TL Speisestärke, nach Belieben
feiner Zucker zum Bestreuen
Backpapier

Für die Biskuitmasse (S. 88)
30 g Butter
3 Eier
90 g feiner Zucker
1 Päckchen Vanillezucker
1 Prise Salz
90 g Weizenmehl Type 405

Für die Füllung
250 g Butter
200 g Puderzucker
3 EL Kirschwasser
einige Tropfen rote Speisefarbe
250 ml Vanillepudding und 2 Eigelb, nach Belieben

Für den Guß
50 ml Wasser
3 EL feiner Zucker
100 ml Kirschwasser

Für die Garnitur
50 g geröstete Mandelblättchen
Puderzucker zum Bestauben

- Auf der Unterseite von 1–2 Bogen Backpapier mit Bleistift zwei Kreise mit 22 cm ⌀ markieren. Die Bleche befeuchten und mit dem Papier belegen. Zudem den Boden einer Springform befeuchten und mit Backpapier belegen.
- Den Ofen vorheizen.
- Für die Makronenmasse die Eiweiße und das Salz mit den Schneebesen des Elektroquirls oder der Küchenmaschine sehr steif schlagen.
- Den Zucker mit dem Zitronensaft dazugeben und die Masse schlagen, bis sie stark glänzt.
- Dann den Puderzucker, die Nüsse oder Mandeln und nach Belieben die Stärke auf die Schaummasse geben und mit einem Teigspatel vorsichtig vermengen, so daß die Masse schaumig bleibt.
- Aus der Makronenmasse zwei runde Böden auf die Bleche streichen, dünn mit Zucker bestreuen, und im Ofen trocknen. Dabei nach der Hälfte der Trockenzeit die beiden Bleche miteinander vertauschen.
- Die Böden sogleich vom Papier lösen und auf Kuchengittern auskühlen lassen.
- Für die Biskuitmasse die Butter schmelzen und abkühlen lassen. Die Eier mit Zucker, Vanillezucker und Salz 5 Minuten mit den Schneebesen des Elektroquirls oder der Küchenmaschine schlagen, das Mehl darauf sieben und mit dem Spatel unterheben. Dann die Butter dazugeben.
- Die Masse in die Springform geben, die Form einige Male aufstoßen, in den Ofen schieben und den Boden backen.
- Den Biskuitboden 3 Minuten nach Ende der Backzeit aus der Form lösen, mit dem Backpapier und dem Springformboden bedeckt und leicht beschwert bis zum folgenden Tag auf einem Kuchengitter auskühlen lassen.
- Am nächsten Tag für die Cremefüllung die zimmerwarmen Zutaten mit dem Elektroquirl schlagen, bis die Masse weich und schaumig ist. Nach Belieben nach Packungshinweisen Vanillepudding kochen, mit den Eigelben legieren, abkühlen, durchpassieren und nach und nach hinzufügen.
- Für den Guß das Wasser mit dem Zucker aufkochen, abkühlen lassen und Kirschwasser zufügen.
- Die Makronenböden auf die Größe der Form zurechtschneiden und den weniger schönen Boden mit einem Drittel der Buttercreme bestreichen. Einen Tortenring herumlegen.
- Den Biskuitboden vom Papier lösen, darauf legen, etwas andrücken und mit dem Kirschguß beträufeln. Dann das zweite Drittel der Creme darauf streichen.
- Die Hälfte der restlichen Creme auf den zweiten Makronenboden streichen und diesen oben auf die Torte legen.
- Dann vorsichtig den Tortenring lösen und den Rand der Torte mit der restlichen Creme sorgfältig bestreichen. Die gerösteten Mandelblättchen darauf drücken.
- Zum Schluß den Kuchen dick mit Puderzucker bestauben und mit einem langen Messer ein Rautenmuster einritzen.
- Die festliche Torte bis zum Verzehr zugedeckt im Kühlschrank aufbewahren.

Für die Makronenböden
Ofentemperatur: 140 °C
Einschubhöhe: Mitte
Trockenzeit: 60–90 Minuten

Für den Biskuitboden
Ofentemperatur: 200 °C
Einschubhöhe: Mitte
Backzeit: 30–35 Minuten

Eistorte mit Mandeln

RÜHRTEIG • 1 SPRINGFORM (24 CM ⌀) = 12 STÜCKE

Für den Rührteig (S. 74)
4 Eier
150 g Butter oder Margarine
100 g Zucker
200 g gemahlene
ungeschälte Mandeln
2 EL dunkler Kakao
1 EL Weizenmehl Type 405
1 TL Backpulver
1 Prise Salz
Backpapier oder Butter
bzw. Margarine zum Einfetten

Für die Füllung und die Garnitur
500 g entsteinte, gehäutete,
frische, konservierte oder
TK-Aprikosen
1 l Mokka- oder Nußeiscreme
300 g Schlagsahne
1 EL Zucker
1 Päckchen Vanillezucker
2 EL Eierlikör
2–3 EL feingehackte
Pistazienkerne

- Den Boden der Springform befeuchten und mit Backpapier belegen oder einfetten.
- Den Ofen vorheizen.
- Die Eier trennen, die Eiweiße steifschlagen und kühlen.
- Die zimmerwarmen Zutaten Fett, Zucker und Eigelbe 4–5 Minuten mit den Rührbesen des Elektroquirls oder der Küchenmaschine schaumig schlagen.
- Die Mandeln mit dem Kakao dazugeben, dann das Mehl mit Backpulver und Salz vermengen und darunterrühren. Zuletzt den Eischnee mit dem Spatel unterheben.
- Den Teig in die Form geben und die Oberfläche mit der nassen Teigkarte glattstreichen, dabei etwas zum Rand hochstreichen.
- Den Rührteig im Ofen backen.
- Den Kuchen 3 Minuten nach Ende der Backzeit vom Rand der Form lösen und den Rand abnehmen. Den Kuchen mit einem zweiten Backpapier belegen, stürzen und mit Backpapier und Bodenblech bedeckt auskühlen lassen.
- Den Kuchen möglichst erst am folgenden Tag waagrecht in zwei Böden teilen.
- Die Aprikosen gut abtropfen lassen und jede Hälfte in etwa 3 Schnitze schneiden. Das Eis etwas antauen lassen und mit den Früchten verrühren; dabei einige Schnitze für die Dekoration beiseite legen.
- Einen Tortenring um den weniger schönen Boden legen und die Eismasse darauf streichen. Den zweiten glatten Boden in 12 Segmente schneiden und mit der gebräunten Seite nach oben auf das Eis legen, dann die Torte in das Gefriergerät stellen.
- Nach etwa 3 Stunden die Schlagsahne steifschlagen und mit Zucker, Vanillezucker und Eierlikör abschmecken. Etwas Sahne in einen Spritzbeutel mit einer Sterntülle geben.
- Den Tortenring von der Torte abnehmen. Den Kuchen rundherum mit der Sahne bestreichen, oben am Rand entlang die Pistazienkerne aufstreuen und dann mit

MIT MANDELN, NÜSSEN ODER SAMEN 181

der Sahne im Spritzbeutel garnieren. Die restlichen Aprikosenschnitze darauf verteilen.
• Die Torte erneut für 10–15 Minuten in das Gefriergerät stellen und erst danach – am besten mit Hilfe eines Elektromessers – aufschneiden.

Ofentemperatur: 170 °C
Einschubhöhe: Mitte
Backzeit: 25–30 Minuten

Variationen:
Die Mandeln können Sie gegen gemahlene Haselnußkerne oder Cashewnüsse austauschen. Außer Mokka- oder Nußeiscreme können Sie auch andere Sorten nehmen.

Haselnußsahnetorte

✗ gefriergeeignet

RÜHRTEIG • 1 SPRINGFORM (24 CM ⌀) = 12 STÜCKE

Für den Rührteig (S. 74)
Zutaten wie für die Eistorte mit Mandeln (siehe links), dabei den Kakao durch 60 g Haselnußkrokant ersetzen

Für die Füllung
200 g Haselnußkerne
600 g Schlagsahne
8 eingeweichte weiße Gelatineblätter
2 EL Milch
100 g Puderzucker
1 EL Mandellikör, z. B. Amaretto

Für den Überzug und die Garnitur
300 g Marzipanrohmasse
125 g Puderzucker
1 EL Rosenwasser
100 g Schlagsahne
1 Päckchen Vanillezucker
12 Haselnußkerne

• Wie links beschrieben die Form vorbereiten, den Ofen vorheizen und den Teig herstellen – dabei statt des Kakaos Haselnußkrokant daruntergeben. Den Teig in die Form füllen, backen, auskühlen lassen, waagrecht aufschneiden; um den weniger schönen Boden einen Tortenring legen.
• Für Füllung und Garnitur die Haselnußkerne hell rösten (S. 35) und bis auf 12 fein mahlen. Dann die Schlagsahne steifschlagen.
• Die Gelatineblätter ausdrücken, mit der Milch schmelzen (S. 32) und mit Puderzucker und Nüssen unter die Sahne schlagen. Mit Mandellikör abschmecken und auf den Tortenboden geben. Die Oberfläche glattstreichen.
• Den zweiten Boden mit der gebräunten Seite nach oben darauf legen. Die Torte bedecken und z. B. mit einem Brettchen leicht beschwert mindestens 4–5 Stunden kühl stellen.
• Die Marzipanrohmasse mit Puderzucker und Rosenwasser verkneten und zwischen zwei Lagen Backpapier zu einer Platte mit etwa 34 cm ⌀ ausrollen. Dabei das Backpapier gelegentlich ablösen. Zum Schluß das obere Papier abnehmen und das Marzipan mit Hilfe des zweiten Papiers auf die Torte stürzen. Das Papier abziehen; das Marzipan oben mit der Teigrolle und an den Seiten mit einem geradwandigen Glas behutsam an die Torte drücken. Die überstehenden Ränder abschneiden.
• 12 runde Plätzchen mit gebogten Rändern aus den Resten ausstechen und auf die Torte legen.
• Zum Garnieren die Sahne steifschlagen, mit Vanillezucker abschmecken und mit dem Spritzbeutel 12 Rosetten auf die Marzipanplätzchen spritzen. In die Mitte jeder Rosette eine Haselnuß drücken; die Torte bis zum Verzehr kühlen.

Ofentemperatur: 170 °C
Einschubhöhe: unten
Backzeit: 25–30 Minuten

Mohnkuchen mit Johannisbeerglasur

RÜHRTEIG • 1 SPRINGFORM (26 CM ⌀) = 12 STÜCKE

Für den Rührteig (S. 74)
200 ml Milch oder Wasser
250 g frisch gemahlener Mohn
7 Eier
150 g Butter oder Margarine
200 g Zucker
1 EL Rum
2 Päckchen Vanillezucker
1 TL feingeriebene
unbehandelte Zitronenschale
2 EL Weizenmehl Type 405
2 TL Backpulver
1 Prise Salz
Backpapier oder Butter
bzw. Margarine zum Einfetten

Für den Guß und die Garnitur
250 g Johannisbeergelee
½ Päckchen roter Tortenguß
2 EL Himbeergeist
oder Kirschwasser
Zitronenzesten, nach Belieben

• Die Milch oder das Wasser in einem kleinen Topf zum Kochen bringen, den Mohn dazugeben und bei stark reduzierter Wärmezufuhr etwa 10 Minuten quellen lassen; dann abkühlen lassen.
• Den Boden der Springform befeuchten und mit Backpapier belegen oder einfetten.
• Den Ofen vorheizen.
• Die Eier trennen, die Eiweiße steifschlagen und kühlen.
• Für den Rührteig die zimmerwarmen Zutaten Fett, Zucker und Eigelbe 4–5 Minuten mit den Rührbesen des Elektroquirls oder der Küchenmaschine schaumig schlagen.
• Den Rum mit Vanillezucker und Zitronenschale dazugeben.
• Das Mehl mit Backpulver und Salz vermengen und kurz darunterrühren.
• Den Mohn dazugeben, dann den Eischnee mit dem Spatel unterheben. Die Masse in die Springform füllen, mit der Teigkarte glattstreichen und im Ofen backen.
• Den Kuchen etwa 3 Minuten nach Ende der Backzeit vom Rand der Form lösen, aber in der Form auskühlen lassen.
• Für den Guß das Gelee mit Tortengußpulver im Topf verrühren und erwärmen, dabei mit einem kleinen Kochlöffel rühren. Keinen Schneebesen nehmen, sonst entstehen Luftblasen, die den Guß trüb werden lassen. Zum Schluß Himbeergeist oder Kirschwasser zufügen.

MIT MANDELN, NÜSSEN ODER SAMEN

- Den Guß auf den Kuchen gießen, mit einer Teigkarte verstreichen, die Oberfläche mit den Zitronenzesten garnieren.
- Den Guß erst wenn er erstarrt ist mit einem Messer von der Form lösen.

Ofentemperatur: 180 °C
Einschubhöhe: unten
Backzeit: etwa 40–45 Minuten

Hinweise:
Mohn sollten Sie vor dem Mahlen ungefähr 30 Minuten gefrieren oder frisch gemahlen im Reformhaus kaufen.
Gemahlener Mohn wird schnell ranzig, deshalb Reste immer einfrieren. Diese Mohntorte schmeckt auch am folgenden Tag noch gut, weil sie sehr feucht ist.

Mohnkuchen mit Orangen

× einfach
× schnell

RÜHRTEIG • 1 SPRINGFORM (24 CM ∅) = 12 STÜCKE

Für den Rührteig (S. 74)
200 g Mohn
2 EL Rum
6 Eier
150 g Butter oder Margarine
200 g feinster Zucker
50 g kleingehacktes Orangeat
1 TL feingeriebene unbehandelte Orangenschale
80 g Weizenmehl Type 405
1 TL Backpulver
1 Prise Salz
Backpapier oder Butter bzw. Margarine zum Einfetten

Für die Garnitur
2 EL Schokoladenpulver
Orangenzesten, nach Belieben

- Den Springformboden erst befeuchten, dann mit Backpapier belegen oder einfetten.
- Den Ofen vorheizen.
- Den Mohn mahlen und in dem Rum 10 Minuten quellen lassen. Dann aus den Zutaten den Rührteig wie links beschrieben fertigstellen und den Mohn zufügen.
- Den Teig in die Springform geben und anschließend mit einer angefeuchteten Teigkarte glattstreichen. Die Form einige Male auf der Arbeitsplatte auf ein zusammengelegtes Tuch stoßen, damit große Luftblasen entweichen. Den Teig im Ofen backen; mit einem Hölzchen die Garprobe machen.
- Den Kuchen etwa 10 Minuten nach Ende der Backzeit vom Rand der Form lösen und auf einem Kuchengitter auskühlen lassen.
- Vor dem Servieren Schokoladenpulver auf den Kuchen sieben und Orangenzesten aufstreuen.

Ofentemperatur: 160 °C
Einschubhöhe: Mitte
Backzeit: 50–55 Minuten

Walnußbaisertorte

BAISERMASSE • 1 BLECH UND 1 SPRINGFORM (24 CM ⌀) = 8–10 STÜCKE

Für die Baisermasse (S. 112)
3 Eiweiß
1 Prise Salz
1/2 TL Ascorbinsäure
oder Gelierpulver
oder 1 TL Zitronensaft
90 g feiner Zucker
90 g Puderzucker
1/2 TL Speisestärke, nach Belieben
Alufolie oder Backpapier

Für die Füllung und die Garnitur
150 g Walnußkerne
400 g Schlagsahne
1 EL Zucker
2 EL Cognac
dunkler Kakao zum Bestauben

- Ein Blech befeuchten und mit Alufolie oder Backpapier belegen; den Ofen vorheizen.
- Für die Baisermasse die Eiweiße zusammen mit dem Salz mit den Schneebesen des Elektroquirls oder der Küchenmaschine sehr steif schlagen.
- Ascorbinsäure oder Gelierpulver oder Zitronensaft und den Zucker dazugeben und die Masse schlagen, bis sie stark glänzt.
- Dann den Puderzucker nach Belieben mit der Stärke mischen, auf die Masse sieben und alles mit einem Teigspatel vorsichtig vermengen, ohne dabei die Luft herauszurühren.
- Die Baisermasse mit einem Eßlöffel auf der Alufolie oder dem Backpapier verteilen.
- Das Blech schnell in den Ofen schieben und die Tür sofort wieder schließen. Falls vorhanden, den Lüftungsregler öffnen.
- Die Wärmezufuhr nach 2 Minuten ausschalten. Den Ofen während der ersten 6 Stunden der Trockenzeit geschlossen halten.
- Danach das Gebäck aus dem Ofen nehmen, vorsichtig von der Alufolie oder dem Backpapier lösen und auf einem Kuchengitter noch etwas ruhenlassen. Es sollte vollständig trocken sein. Dann das Gebäck grob zerdrücken und etwa ein Viertel davon auf den Boden einer Springform geben.
- Für die Füllung die Walnußkerne rösten (S. 35) und hacken.
- Die Sahne steifschlagen, mit Zucker, Cognac, Nüssen und etwa der Hälfte der Baiserbröckchen mischen. Diese Mischung in die Springform geben und die Oberfläche glattstreichen.
- Die restlichen Baiserbröckchen auf der Oberfläche verteilen. Die Form mit einem flachen Teller oder Alufolie bedecken und dann 1 Stunde im Kühlschrank kühl stellen.
- Die Baisertorte leicht mit dem Kakao überstauben und schließlich vorsichtig vom Rand der Form lösen.

**Ofentemperatur: 200 °C
nach 2 Minuten ausschalten
Einschubhöhe: Mitte
Trockenzeit: 7–9 Stunden**

Variationen:
Statt Walnuß- können Sie Haselnußkerne und statt der selbst bereiteten Baisers 200 g fertige Baisers nehmen.

Hinweis:
Um die Torte aufzuschneiden, benutzt man am besten ein Elektro- oder Keramikmesser.

Geeiste Makronentorte Romanoff

MAKRONENMASSE • 2 BLECHE = 8 STÜCKE

Für die Makronenmasse (S. 116)
3 Eiweiß
1 Prise Salz
1/2 TL Gelierzucker
oder 1 TL Zitronensaft
90 g feiner Zucker
90 g Puderzucker
1/2 TL Speisestärke, nach Belieben
120 g gemahlene Haselnußkerne
feiner Zucker zum Bestreuen
Backpapier

Für die Füllung und die Garnitur
100 g konservierte Ananaswürfel
400 ml Vanilleeiscreme
1 Gläschen Kirschwasser
4 EL frisch gepreßter Orangensaft
200 g Schlagsahne
1 Päckchen Vanillezucker
80–150 g Erdbeeren
Puderzucker zum Bestauben
Orangenzesten, nach Belieben

- Mit Bleistift auf der Rückseite von 2 Bogen Backpapier zwei Kreise mit etwa 22 cm Ø markieren. Die Bleche befeuchten und mit dem Backpapier belegen.
- Den Heißluftofen vorheizen.
- Aus den Zutaten die Makronenmasse wie links bei der Baisermasse zubereiten und zum Schluß die Haselnüsse vorsichtig unterheben.
- Daumendicke Böden in die Kreise streichen und aus dem Rest mit einem Eßlöffel Häufchen seitlich auf die Bleche geben.
- Die Makronenmasse dünn mit Zucker bestreuen, die Bleche schnell in den Ofen schieben, dann, falls vorhanden, den Lüftungsregler öffnen.
- Die Wärmezufuhr nach 2–3 Minuten ausschalten. Den Ofen während der nächsten 7 Stunden geschlossen halten.
- Nach dem Ende der Trockenzeit das Gebäck von den Blechen lösen.
- Für die Füllung die Ananasstückchen noch etwas zerkleinern und die kleinen Makronen grob zerkrümeln. Das Eis antauen lassen und mit Ananaswürfeln, Makronenbröckchen, Kirschwasser und Orangensaft verrühren.
- Einen der beiden Böden auf eine Tortenplatte geben, einen Tortenring herumlegen und die Eiscreme darauf streichen. Dann die Torte gefrieren.
- Inzwischen die Sahne mit dem Vanillezucker steifschlagen, in einen Spritzbeutel mit großer Sterntülle füllen und kühlen.
- Die Erdbeeren waschen, putzen und auf Küchenpapier trocknen.
- Die Torte aus dem Gefriergerät nehmen, den Tortenring mit dem Messer lösen und abnehmen. Dann den zweiten Boden darauf legen, die Torte mit Puderzucker bestauben und einen Rand aus Schlagsahne spritzen.
- Die Erdbeeren in der Mitte arrangieren und nach Belieben mit Orangenzesten bestreuen.

Ofentemperatur: 200 °C
nach 2–3 Minuten ausschalten
Einschubhöhe: Mitte
Trockenzeit: 8–10 Stunden

Hinweis:
Wenn Sie keinen Heißluftofen haben, müssen Sie die Zutatenmenge teilen, denn Sie können jeweils nur einen Boden zubereiten und backen.

Favoriten mit Kaffee oder Schokolade

Die dunklen Verführer sind hier nicht die Hauptsache, sondern Zutaten – aber dafür ganz besondere. Ob im Teig oder in der Füllung, ob als Guß oder als Garnitur, die süße Schokolade macht den Genuß vollkommen. Kaffee setzt den feinen Akzent.

Schokoladeneclairs

BRANDTEIG • 2 BLECHE = 12–16 STÜCK

Für den Brandteig (S. 104)
250 ml Milch oder Wasser
65 g Butter oder Margarine
oder 4 EL Öl, z. B. Maiskeimöl
2 Prisen Salz
150 g Weizenmehl Type 405
4–5 Eier, Gewichtsklasse 3 oder 4
Backpapier

Für den Guß und die Füllung
100 g dunkle Kuvertüre
10 g Kokosfett
1 EL kleingehackte Pistazienkerne
400 g Schlagsahne
2 EL feiner Zucker
1 Päckchen Vanillezucker
oder Mark von 1/4 Vanilleschote

- Auf der Rückseite von 2 Bogen Backpapier mit Bleistift insgesamt 12–16 Streifen mit breiteren Enden und 7–8 cm Länge in genügend Abstand markieren. Die Bleche befeuchten und mit dem Papier belegen.
- Für den Brandteig die Milch oder das Wasser mit der Butter oder der Margarine oder dem Öl und dem Salz in einem geschlossenen Topf zum Kochen bringen.
- Das Mehl sieben. Den Topf von der Kochstelle nehmen und das Mehl auf einmal hineinschütten; dabei kräftig mit den Knethaken des Elektroquirls oder einem Lochlöffel rühren. Anschließend den Topf wieder auf den Herd stellen; die Masse unter Rühren in 1–2 Minuten zu einem Kloß abbrennen.
- Den Topfinhalt erkalten lassen. Im Abstand von jeweils 2–3 Minuten die Eier darunterrühren, bis der Teig mit stark glänzenden Spitzen am Rührgerät hängt.
- Innerhalb der vorgezeichneten Muster mit einem Spritzbeutel und einer großen Sterntülle aus der Masse jeweils dicht nebeneinander 2 Streifen auf die Bleche spritzen. Zum Schluß einen dritten Streifen mit breiten Enden in der Mitte längs darauf spritzen und den Teig etwa 10 Minuten kühl stellen.
- Den Ofen vorheizen, und ein feuerfestes Schälchen mit heißem Wasser auf den Boden stellen.
- Das Gebäck mit 3–4 EL Wasser besprengen und backen; dabei den Ofen auf keinen Fall öffnen. Dann das Gebäck bei reduzierter Temperatur trocknen lassen.
- Die gebackenen Teilchen auf einem Gitter auskühlen lassen.
- Die Kuvertüre mit dem Kokosfett schmelzen (S. 34). Das Gebäck waagrecht halbieren, außen mit der Kuvertüre überziehen und mit den Pistazien bestreuen.
- Für die Füllung die Sahne steifschlagen und mit Zucker und Vanillezucker oder Vanillemark abschmecken. Die Schlagsahne dann mit wellenartigen Bewegungen großzügig auf die Böden spritzen.
- Die Deckel auflegen und die Eclairs bald servieren, damit sie nicht aufweichen.

Ofentemperatur: 225 °C
Einschubhöhe: Mitte
Backzeit: 16–18 Minuten
und
Ofentemperatur: 180 °C
Einschubhöhe: unten
Trockenzeit: 7–10 Minuten

Variationen:
Statt Vanilleschlagsahne können Sie auch Vanillepudding oder Vanillesahnepudding in die Eclairs füllen.
Für Mokka-Eclairs ersetzen Sie die Kuvertüre durch einen Mokkaguß aus Puderzucker, Instantkaffee und etwas heißem Wasser und schmecken dann die Schlagsahne mit Mokkaextrakt ab.

FAVORITEN MIT KAFFEE ODER SCHOKOLADE 189

Schokoladenprofiteroles

BRANDTEIG • 2 BLECHE = 35–40 STÜCK

Für den Brandteig (S. 104)
Zutaten wie für die Schokoladen-Eclairs (siehe links)
Für die Füllung und die Garnitur
400 g Schlagsahne
2 EL feiner Zucker
1 Päckchen Vanillezucker
oder Mark von ¼ Vanilleschote
100 g Schokolade
100 g Schlagsahne
Mandelblättchen, nach Belieben

- Die Bleche wie links beschrieben vorbereiten, und den Brandteig herstellen.
- Mit einem Löffel oder Spritzbeutel und großer Sterntülle 35–40 knapp walnußgroße Häufchen mit genügend Abstand auf die Bleche setzen und kühlen.
- Den Ofen vorheizen.
- Den Teig wie links beschrieben mit Wasser besprengen, backen, trocknen und auf einem Kuchengitter auskühlen lassen.
- Für die Füllung die Sahne steifschlagen, mit Zucker und Vanillezucker oder -mark abschmecken und in den Spritzbeutel füllen.
- Mit der Spitze der Tülle die Profiteroles durchstechen und die Hohlräume unter gleichmäßigem Druck mit der Sahne füllen.
- Die Profiteroles zu einer oder mehreren hohen Pyramiden auftürmen. Die Schokolade mit der Sahne schmelzen (S. 38) und über das Gebäck gießen.
- Nach Belieben die Mandelblättchen rösten und darüber streuen.

Ofentemperatur: 225 °C
Einschubhöhe: Mitte
Backzeit: 18 Minuten
und
Ofentemperatur: 180 °C
Einschubhöhe: unten
Trockenzeit: 7–10 Minuten

Variationen:
Die Schlagsahne können Sie auch mit Kirschwasser oder Orangenlikör parfümieren oder den Zucker für die Sahne mit 2 EL dunklem Kakao oder 1 EL Instantkaffee mischen. Für Profiteroles Moskauer Art *werden die Teilchen ebenfalls zur Pyramide aufgehäuft, dann jedoch mit einer dicken, heißen Weinschaumsauce aus 6 EL Weißwein, 2 Eigelben und 4 EL Zucker übergossen und zusätzlich mit roten Belegkirschen garniert.*

Mokkasahnerolle

x gefriergeeignet

BISKUITMASSE • 1 BLECH = 12–14 STÜCKE

Für die Biskuitmasse (S. 88)
3 Eier, Gewichtsklasse 4
90 g Zucker
1 TL feingeriebene
unbehandelte Orangenschale
1 EL frisch gepreßter Orangensaft
1 Prise Salz
90 g Weizenmehl Type 405
1/2 TL Backpulver
Backpapier

Für die Füllung und die Garnitur
100 g Mokkaschokolade
400 g Schlagsahne
1 EL Instantkaffee
2 EL Puderzucker
1 1/2 Päckchen Sahnefestiger,
nach Belieben
50 g kleingehackte
geschälte Mandeln
Schokoladenpulver
Borkenschokolade oder Dekorblüten oder Schokoladenmokkabohnen, nach Belieben

• Das Blech befeuchten und mit Backpapier belegen. Die Ränder des Papiers rundherum 3 cm hochknicken.
• Den Ofen vorheizen.
• Für die Biskuitmasse die kühlen Eier zusammen mit Zucker, Orangenschale, Orangensaft und Salz mit dem Elektroquirl zu einer weißschaumigen Masse schlagen.
• Mehl mit Backpulver vermischen und auf die Eimasse sieben.
• Die Zutaten so vermengen, daß die Masse schaumig bleibt.
• Die Biskuitmasse mit einer nassen Teigkarte gleichmäßig auf dem Blech verstreichen.
• Die Masse im Ofen backen, bis der Biskuit goldbraun ist und sich bei Fingerdruck fest anfühlt.
• Den Biskuit auf ein zweites Backpapier stürzen und mit Backpapier und Blech bedeckt auskühlen lassen.
• Für die Füllung die Schokolade schmelzen (S. 38).
• Die Sahne steifschlagen, dann die abgekühlte, aber noch flüssige Schokolade nach und nach mit Kaffee, Puderzucker und nach Belieben Sahnefestiger dazugeben. Etwa 6 EL der Schokoladensahne in einen Spritzbeutel mit Sterntülle geben; die Mandeln unter den Rest heben.

FAVORITEN MIT KAFFEE ODER SCHOKOLADE 191

- Das Blech und das Papier vom Biskuit entfernen und drei Viertel der Schokoladen-Mandel-Sahne auf die Teigplatte streichen.
- Den Kuchen mit Hilfe des unteren Papiers von der schmalen oder breiten Seite her aufrollen.
- Die Rolle außen mit der restlichen Sahne bestreichen.
- Mit dem Spritzbeutel kleine Rosetten aufspritzen, und den Kuchen leicht mit Schokoladenpulver bestauben. Nach Belieben mit Borkenschokolade, Dekorblüten oder Schokoladenmokkabohnen garnieren.

Ofentemperatur: 200 °C
Einschubhöhe: Mitte
Backzeit: 12–14 Minuten

Variationen:
Statt der Mandeln können Sie die Sahne mit etwas mehr Instantkaffee und Kaffeelikör oder Kirschwasser abschmecken.

Gut zu wissen:
Die Teigplatte darf nicht austrocknen, darum den Ofen stets gut vorheizen und die Teigplatte mit Papier und Blech bedeckt auskühlen lassen.

Schokoladenrolle mit Aprikosen

× preiswert
× gefriergeeignet

BISKUITMASSE • 1 BLECH = 12–14 STÜCKE

Für die Biskuitmasse (S. 88)
3 Eier, Gewichtsklasse 4
90 g Zucker
1 Prise Salz
1/2 TL Backpulver
45 g Weizenmehl Type 405
2 EL dunklen Kakao
Backpapier, Alufolie

Für die Füllung und die Garnitur
100 g Crème double
350 g Sahnequark (40 % Fett i.Tr.)
2–3 EL Zucker
1 Päckchen Sofortgelatine
1 EL Aprikosenschnaps
300 g frische
oder konservierte Aprikosen
Puderzucker zum Bestauben

- Das Blech vorbereiten, den Ofen vorheizen, aus den Zutaten wie links beschrieben den Biskuit zubereiten, backen und zugedeckt auskühlen lassen. Das Blech und das obere Backpapier abnehmen.
- Die Crème double mit Quark, Zucker, Sofortgelatine und Aprikosenschnaps verrühren; die Quarkcreme so auf dem Kuchen verteilen, daß der hintere Rand etwa 4 cm frei bleibt.
- Frische Aprikosen blanchieren, häuten, halbieren und die Steine herauslösen. Konservierte Früchte abtropfen lassen. Dann kleinschneiden, auf dem Quark verteilen und leicht hineindrücken.
- Den Kuchen mit Hilfe des unteren Papiers von der Breitseite her aufrollen. Dann die Rolle auf einem kleinen, mit Alufolie belegten Tablett für ungefähr 20 Minuten ins Gefriergerät stellen.
- Vor dem Servieren den Kuchen mit Puderzucker bestauben.

Ofentemperatur: 200 °C
Einschubhöhe: Mitte
Backzeit: 12–14 Minuten

Variationen:
Wer einen hohen Cholesterinspiegel hat, nimmt statt der 3 Eier 7 steifgeschlagene Eiweiße.
Die Schokoladenrolle können Sie auch mit Himbeer- oder Schokoladenquarkcreme füllen.
Statt frische oder konservierte Aprikosen zu verwenden, können Sie auch 200 g getrocknete Aprikosen über Nacht einweichen, dann diese mit 100 ml frisch gepreßtem Orangensaft 10 Minuten garen, pürieren und mit Zucker abschmecken.

Rehrücken

RÜHRTEIG • 1 REHRÜCKENFORM = 15–20 STÜCKE

Für den Rührteig (S. 74)
6 Eier
100 g Butter oder Margarine
180 g feiner Zucker
100 g gemahlene ungeschälte Mandeln
2 EL Arrak oder Kirschwasser
50 g dunkler Kakao
1 Messerspitze feingemahlener Ingwer
½ TL feingeriebene unbehandelte Orangenschale
1 Päckchen Vanillezucker
½ TL feingemahlener Zimt
100 g Weizenmehl Type 405
50 g Speisestärke
1 TL Backpulver
1 Prise Salz
Butter bzw. Margarine zum Einfetten
Paniermehl zum Ausstreuen

Für den Guß und die Garnitur
100 g Aprikosenkonfitüre
200 g Puderzucker
50 g dunkler Kakao
3–4 EL Wasser
20 g Kokosfett
75 g Mandelstifte

• Die Rehrückenform sehr gründlich einfetten und dann leicht mit Paniermehl ausstreuen.
• Den Ofen vorheizen.
• Die Eier trennen, die Eiweiße steifschlagen und kühl stellen.
• Die zimmerwarmen Zutaten Fett, Zucker und Eigelbe 4–5 Minuten mit den Rührbesen des Elektroquirls oder der Küchenmaschine schaumig schlagen.
• Mandeln, Arrak oder Kirschwasser, Kakao, Ingwer, Orangenschale, Vanillezucker und Zimt dazugeben.
• Das Mehl mit Stärke, Backpulver und Salz vermengen und darunterrühren. Den Eischnee mit dem Spatel unterheben.
• Den Teig in die Form geben und die Oberfläche glätten. Den Teig etwas zu den Seiten hin hochstreichen und längs einritzen.
• Den Kuchen backen. Dabei unbedingt die Garprobe mit dem Stäbchen machen.
• Den Rehrücken etwa 3 Minuten in der Form auskühlen lassen, dann vorsichtig seitlich auf das Kuchengitter gleiten und ganz auskühlen lassen.
• Den Kuchen mit einem Messer etwas abflachen, damit er glatt aufliegt, dann umdrehen, so daß die Rippen nach oben weisen.
• Die Aprikosenkonfitüre durchsieben, leicht erwärmen, den Kuchen damit bestreichen und trocknen lassen.
• Für den Guß den Puderzucker mit Kakao und heißem Wasser glattrühren. Das Kokosfett erwärmen und daruntermischen, damit der Guß appetitlich glänzt. Den Rehrücken sorgfältig damit überziehen.
• Solange der Guß noch nicht fest ist, den Kuchen mit den Mandelstiften spicken, dabei die Hände immer wieder waschen oder eine Pinzette verwenden.

Ofentemperatur: 170 °C
Einschubhöhe: unten
Backzeit: 25–35 Minuten

Schokoladenkuchen mit Cognac

gefriergeeignet

RÜHRTEIG • 1 KASTENFORM (30 CM LÄNGE) = 20 STÜCKE

Für den Rührteig (S. 74)
2 Eier
4 EL Öl, z. B. Sonnenblumenöl
125 g brauner Rohzucker
3 EL dunkler Kakao
1 Päckchen Vanillezucker
200 g Weizenmehl Type 405
2 TL Backpulver
1 Prise Salz

4 EL Milch
Backpapier oder Butter bzw. Margarine zum Einfetten

Für den Guß
80 g feiner Zucker
50 ml Wasser
2–3 EL Cognac oder Rum

Für die Garnitur
300 g Schlagsahne
1 EL Zucker
1 Päckchen Vanillezucker
Schokoladenröllchen

• Die Kastenform befeuchten und mit Backpapier belegen oder einfetten.
• Den Ofen vorheizen.

FAVORITEN MIT KAFFEE ODER SCHOKOLADE 193

- Wie links beschrieben, die Eier trennen, die Eiweiße steifschlagen, und aus den Zutaten den Rührteig zubereiten. Den Teig in die Form geben, glattstreichen, einritzen und schließlich den Kuchen im Ofen backen.
- Für den Guß den Zucker mit dem Wasser aufkochen, bis der Zucker nicht mehr knirscht, dann den Cognac oder den Rum zufügen.
- Den Kuchen mehrmals mit einem langen Hölzchen einstechen und nach und nach mit der Flüssigkeit begießen.

- Für die Garnitur die Schlagsahne steifschlagen und mit dem Zucker und dem Vanillezucker abschmecken.
- Ein Drittel der Sahne in einen Spritzbeutel mit Sterntülle geben, mit dem Rest den Kuchen bestreichen.
- Die Oberfläche mit den Schokoladenröllchen bestreuen.
- Anschließend an den Seiten des Kuchens mit dem Spritzbeutel ein Wellenmuster aufspritzen.
- Bis zum Verzehr den Kuchen kühl stellen.

Ofentemperatur: 160 °C
Einschubhöhe: unten
Backzeit: 45–55 Minuten

Variation:
Fügen Sie zur Abwechslung 150 g kleingeschnittene und entsteinte Backpflaumen, die Sie über Nacht in 3 EL Milch – ersatzweise auch Rum – eingeweicht haben, und 50 g grobgehackte Edelbitterschokolade zu; dadurch bekommt der Kuchen eine sehr aparte Note.
Sie können diesen Teig auch in einer Springform backen und als Torte dekorieren.

Schokoladenkuchen mit Cognac

Rehrücken

Marmorkuchen

- einfach
- schnell
- preiswert
- gefriergeeignet

RÜHRTEIG • 1 NAPFKUCHENFORM (2 L INHALT) = 16–20 STÜCKE

Für den Rührteig (S. 74)
4 Eier
250 g Butter oder Margarine
200 g Zucker
1 Päckchen Vanillezucker
350 g Weizenmehl Type 405, 550 oder 1050
1 Päckchen Vanillepuddingpulver oder 50 g Speisestärke
1 Päckchen Backpulver
1 Prise Salz
3–4 EL Milch
2 EL dunkler Kakao
2 EL Zucker
2 EL Mandellikör oder Milch

Butter bzw. Margarine zum Einfetten
Paniermehl zum Ausstreuen
Puderzucker zum Bestauben

- Eine Napfkuchenform sehr sorgfältig mit weicher Butter oder Margarine einfetten und mit Paniermehl ausstreuen.
- Den Ofen vorheizen.
- Für den Rührteig die Eier trennen, die Eiweiße steifschlagen und kühl stellen.
- Die zimmerwarmen Zutaten Fett, Zucker, Eigelbe und Vanillezucker 4–5 Minuten mit den Rührbesen des Elektroquirls oder der Küchenmaschine schaumig schlagen.
- Das Mehl mit Puddingpulver oder Stärke, Backpulver und Salz vermengen; abwechselnd mit der Milch darunterrühren. Der Teig soll schwer reißend vom Rührgerät fallen. Dann den Eischnee mit dem Spatel unterheben.
- Etwa zwei Drittel des Teiges in die Form einfüllen.
- Unter das letzte Drittel den Kakao mit Zucker und Likör oder Milch rühren. Den Scholadenteig auf den hellen Teig geben, dann mit einer Gabel einmal mit spiralförmigen Bewegungen durch den Teig fahren.
- Den Kuchen im Ofen goldgelb backen und erst 5 Minuten nach Ende der Backzeit aus der Form lösen, dann auf einem Kuchengitter auskühlen lassen.
- Den ausgekühlten Kuchen mit Puderzucker bestauben.

Ofentemperatur: 200 °C
Einschubhöhe: unten
Backzeit: 50–60 Minuten

Variationen:
Statt Kakao geben Sie 2–3 TL Instantkaffee unter das Teigdrittel. Wenn Sie zusätzlich 50 g gemahlene geschälte Mandeln und 2 weitere EL Likör oder Milch unter die Schokoladenmasse rühren, wird der Kuchen noch schmackhafter.
Für Marmorkuchen mit Früchten geben Sie 400 g geviertelte, abgetropfte konservierte Aprikosen, Birnen oder Pfirsiche auf den dunklen Teig.

FAVORITEN MIT KAFFEE ODER SCHOKOLADE

Napfkuchen mit Schokolade

- einfach
- schnell
- preiswert
- gefriergeeignet

RÜHRTEIG • 1 NAPFKUCHENFORM (2 L INHALT) = 16–20 STÜCKE

Für den Rührteig (S. 74)
4 Eier
250 g Butter oder Margarine
200 g Zucker
1 Päckchen Vanillezucker
450 g Weizenmehl Type 405
1 Päckchen Vanillepuddingpulver
1 Päckchen und 1 TL Backpulver
1 Prise Salz
etwa 125 ml Milch
200 g Blockschokolade
3–4 EL Aprikosenkonfitüre
Butter, Margarine zum Einfetten
Paniermehl zum Ausstreuen

• Wie links beschriebene die Form vorbereiten, den Ofen vorheizen; aus Eiern, Fett, Zucker, Vanillezucker, Mehl, Puddingpulver, Backpulver, Salz und Milch einen hellen Rührteig herstellen.
• 100 g der Blockschokolade in kleine Stückchen schneiden und dann mit Hilfe des Momentschalters der Küchenmaschine unter den Teig mengen. Den Teig in die Form geben, glattstreichen und die Form in den Ofen schieben.
• Den Kuchen goldgelb backen und unbedingt die Stäbchenprobe machen.
• 5 Minuten nach Ende der Backzeit den Kuchen aus der Form lösen und auf einem Kuchengitter auskühlen lassen.
• Die Konfitüre durchpassieren, erwärmen, die Oberfläche des Kuchens gleichmäßig damit bestreichen und antrocknen lassen.
• Die übrige Schokolade in einen Gefrierbeutel geben, diesen verschließen und die Schokolade im heißen Wasser schmelzen (S. 38). Eine Spitze abschneiden und die Schokolade über den ausgekühlten Kuchen laufen lassen. Falls nötig, den Überzug mit einem Messer mit glatter Klinge vorsichtig so verstreichen, daß keine Krümel in die Schokolade geraten.

Ofentemperatur: 200 °C
Einschubhöhe: unten
Backzeit: 50–60 Minuten

Variation:
Für den Überzug können Sie statt Schokolade auch Schokoladenfettglasur nehmen.

Donauwellen

× gefriergeeignet

RÜHRTEIG • 1 FETTPFANNE = 20–25 STÜCKE

Für den Rührteig (S. 74)
1,2 kg entsteinte frische, konservierte oder TK-Sauerkirschen
5 Eier
250 g Butter oder Margarine
200 g Zucker
1 Päckchen Vanillezucker
350 g Weizenmehl Type 405
1 TL und 1 Päckchen Backpulver
1 Prise Salz
2 EL Kakao
2 EL Rum
Butter bzw. Margarine zum Einfetten

Für die Buttercreme
1 Päckchen Vanillepuddingpulver
500 ml Milch
4 EL Zucker
200 g Butter
2–3 EL Eierlikör oder Kirschwasser

Für den Guß
200 g dunkle Kuvertüre oder Edelbitterschokolade
20 g Kokosfett

• Eine Fettpfanne einfetten, den Ofen vorheizen.
• Für den Rührteig die frischen oder konservierten Kirschen gut abtropfen lassen.
• Die Eier trennen, die Eiweiße steifschlagen und kühl stellen.
• Die zimmerwarmen Zutaten Fett, 150 g Zucker, Eigelbe und Vanillezucker 4–5 Minuten mit den Rührbesen des Elektroquirls oder der Küchenmaschine schaumig schlagen.
• Das Mehl mit Backpulver und Salz vermengen und darunterrühren. Dann den Eischnee mit dem Spatel unterheben.
• Die Hälfte des Teiges auf die Fettpfanne geben und die Oberfläche mit einer nassen Teigkarte glattstreichen.
• Unter den übrigen Teig den restlichen Zucker, den Kakao und den Rum rühren. Den Schokoladenteig auf den hellen Teig geben und ebenfalls glattstreichen.
• Die Kirschen gleichmäßig über die ganze Fläche verteilen. TK-Kirschen noch gefroren darauf geben.
• Den Teig im Ofen backen und am besten bis zum folgenden Tag zugedeckt in der Fettpfanne auskühlen lassen.
• Für die Buttercreme das Puddingpulver mit einem Teil der Milch anrühren. Die restliche Milch zum Kochen bringen, das Puddingpulver hineingeben und 3 Minuten unter Rühren köcheln lassen. Den Zucker in den heißen Vanillepudding rühren. Dann den Pudding erkalten lassen, dabei ab und zu umrühren und zum Schluß durch ein Sieb streichen.
• Die zimmerwarme Butter mit den Schneebesen des Elektroquirls oder der Küchenmaschine sehr schaumig schlagen.
• Teelöffelweise den Pudding und den Eierlikör oder das Kirschwasser dazugeben, dabei die höchste Laufgeschwindigkeit wählen. Alle Zutaten müssen die gleiche Temperatur haben, weil sich sonst die Eimasse absetzt und aussieht, als ob sie geronnen sei.
• Die Creme abschmecken und mit einer langen Palette oder der Teigkarte möglichst glatt auf den Kuchen streichen. Dabei das jeweilige Gerät ab und zu mit kaltem Wasser benetzen.
• Den Kuchen im Kühlschrank kühl stellen.
• Für den Guß die Kuvertüre oder Schokolade schmelzen (S. 34 bzw. 38), das Kokosfett hineingeben und die Mischung etwas abkühlen lassen, damit die Buttercreme nicht schmilzt.
• Die Kuvertüre oder Schokolade so breit und flach wie möglich auf den Kuchen gießen und schnell mit der Palette oder der Teigkarte so verstreichen, daß möglichst alle hellen Stellen gleichmäßig bedeckt sind.
• Bevor die Kuvertüre fest wird, mit einer breitzinkigen Gabel oder einem Tortenkamm ein Wellenmuster markieren.
• Den Kuchen am besten wieder im Kühlschrank kühl stellen, schließlich mit einem scharfen Messer mit glatter Klinge in Stücke teilen.

Ofentemperatur: 180 °C
Einschubhöhe: Mitte
Backzeit: 40–45 Minuten

Variationen:
Statt Sauerkirschen können Sie frische oder konservierte, geschälte und entsteinte festfleischige Aprikosen nehmen. Zur Abwechslung backen Sie je einen halben Kuchen mit Sauerkirschen und mit Aprikosen. Für zwei runde Torten geben Sie den Teig in zwei Springformen mit 28 cm ∅; auch hier bietet es sich an, zwei Obstsorten zu wählen.

Gut zu wissen:
Durch zweimaliges Erwärmen beim Schmelzen und durch das Kokosfett bekommt die Kuvertüre einen appetitlichen Glanz.

Caracastorte

RÜHRTEIG • 4–5 BLECHE = 12 STÜCKE

Für den Rührteig (S. 74)
7 Eier
70 g Marzipanrohmasse
125 g Zucker
60 g Butter
60 g Haselnußkrokant
1 Päckchen Vanillezucker
60 g Weizenmehl Type 405
60 g Plätzchenkrümel
¼ TL Backpulver
1 Prise Salz
Backpapier

Für die Füllung
25 g Speisestärke
250 ml Milch
3 Eigelb
200–250 g Butter
125 g Puderzucker
4 EL Orangenlikör

Für den Überzug und den Guß
300 g Marzipanrohmasse
125 g Puderzucker
1 EL Rosenwasser
200 g dunkle Kuvertüre
20 g Kokosfett

- Auf der Rückseite von 4–5 Bogen Backpapier je einen Kreis mit 24 cm Ø markieren, die Bleche befeuchten, mit dem Papier belegen; den Ofen vorheizen.
- Für den Rührteig die Eier teilen und die Eiweiße steifschlagen.
- Die Marzipanrohmasse kleinschneiden und mit dem Zucker und den Eigelben etwa 4–5 Minuten mit den Rührbesen des Elektroquirls oder der Küchenmaschine schaumig schlagen.
- Die Butter schmelzen und kühlen.
- Den Haselnußkrokant mit Vanillezucker dazugeben, das Mehl mit Plätzchenkrümeln, Backpulver und Salz vermengen und abwechselnd mit dem Eischnee unterheben, dann die Butter zufügen.
- Nacheinander mit der Teigkarte jeweils 4–5 EL Teig auf die Backpapierbogen streichen, gleich im Ofen backen und flach ausgebreitet kühlen. Dann mit Hilfe eines Topfdeckels Böden mit exakt 24 cm Ø schneiden.
- Für die Füllung die Stärke mit etwas Milch anrühren, den Rest der Milch mit der Stärke binden, 2–3 Minuten kochen und mit Eigelben legieren. Diesen Pudding kühlen und durchpassieren.
- Butter, Puderzucker und Orangenlikör mit dem Elektroquirl schaumig schlagen und teelöffelweise dem Pudding zufügen.
- Den schönsten Boden beiseite legen, die restlichen mit der Buttercreme bestreichen, zur Torte aufeinanderschichten und rundum mit Creme bestreichen. Den letzten Boden mit der glatten Fläche nach oben darauf legen, mit Backpapier belegen, mit einem Brettchen beschweren und kühl stellen.
- Die Marzipanrohmasse mit Puderzucker und Rosenwasser verkneten und zwischen 2 Lagen Backpapier zu einer runden Platte mit etwa 34 cm Ø ausrollen. Das obere Papier abnehmen, die Marzipanplatte mit Hilfe des zweiten Papiers auf die Torte legen und oben mit der Teigrolle und an den Seiten mit einem geradwandigen Glas andrücken. Das Papier abnehmen; die überstehenden Marzipanränder abschneiden.
- Die Kuvertüre mit dem Kokosfett schmelzen (S. 34). Spiralförmig von der Mitte aus auf die Torte gießen und glattstreichen. Die Torte gleich auf die Platte heben.

Ofentemperatur: 180 °C
Einschubhöhe: unten
Backzeit: je 15–20 Minuten

Wiener Sachertorte

RÜHRTEIG • 1 SPRINGFORM (24 CM ⌀) = 12 STÜCKE

Für den Rührteig (S. 74)
6 Eier
140 g Edelbitterschokolade
150 g Butter oder Margarine
150 g Puderzucker
1 Päckchen Vanillezucker
125 g Weizenmehl Type 405
1 Messerspitze Backpulver
1 Prise Salz
Backpapier oder Butter
bzw. Margarine zum Einfetten

Für den Überzug
3–4 EL Aprikosenkonfitüre
200 g Edelbitterschokolade
5 g Kokosfett

- Den Springformboden befeuchten und mit Backpapier belegen oder einfetten.
- Den Ofen vorheizen.
- Für den Rührteig die Eier trennen, die Eiweiße steifschlagen und kühl stellen.
- Die Schokolade schmelzen (S. 38) und mit Fett, Puder- und Vanillezucker und Eigelben etwa 4–5 Minuten mit den Rührbesen des Elektroquirls oder der Küchenmaschine schaumig schlagen. Das Mehl mit Backpulver und Salz vermengen und darunterrühren, dann den Eischnee mit dem Spatel unterheben.
- Den Teig in die Springform geben und die Oberfläche mit der Teigkarte glattstreichen, dabei leicht zum Rand hin hochziehen.
- Den Kuchen im Ofen backen. Unbedingt die Stäbchenprobe machen.
- Die Torte erst 5 Minuten nach dem Backen vom Rand der Form lösen, mit Backpapier belegen, mit einem Brettchen beschweren und auskühlen lassen, damit sie eine flache Form erhält.
- Die Torte umgekehrt auf den Kuchenheber stürzen.
- Die Konfitüre durchpassieren und mit etwas Wasser erwärmen. Die Oberfläche der Torte gleichmäßig damit bestreichen und trocknen lassen.
- Für den Guß die Schokolade mit dem Kokosfett schmelzen (S. 38) und die Torte damit überziehen. Noch ehe der Überzug hart wird, die Sachertorte auf eine Tortenplatte heben, weil sonst die Schokolade leicht bricht.
- Vor dem Aufschneiden möglichst über Nacht trocknen lassen.

Ofentemperatur: 160 °C
Einschubhöhe: unten
Backzeit: 60–70 Minuten

Hinweise:
Die Torte nicht verzieren, nur im Haus Sacher werden Schokoladenmedaillons darauf gelegt.
Stilecht wird zur Sachertorte viel ungesüßte, geschlagene Sahne gereicht.

Hätten Sie's gewußt?
Die Sachertorte wurde 1832 von dem 16jährigen Franz Sacher für den Fürsten von Metternich kreiert. Sie wird heute nicht nur im Hotel Sacher, in der Konditorei Demel und vielen Wiener Haushalten, sondern in der ganzen Welt gebacken. Das Originalrezept wird im Safe des berühmten Hotels verwahrt, das vorliegende und viele andere Sachertortenrezepte sind allerdings nicht minder beliebt.

Baisertorte mit Schokoladensahne

BAISERMASSE • 1 BLECH = 8–10 STÜCKE

Für die Baisermasse (S. 112)
3 Eiweiß
1 Prise Salz
90 g feiner Zucker
1 TL Zitronensaft
90 g Puderzucker
2 EL dunkler Kakao
Zucker zum Bestreuen
40 g Mandelstifte
Backpapier

Für die Füllung
4 Eigelb, ½ TL Speisestärke
1 EL Zucker
1 Gläschen Cognac
150 ml Milch
3 eingeweichte
weiße Gelatineblätter
50 g Edelbitterschokolade

Für die Garnitur
200 g Schlagsahne
1 Päckchen Vanillezucker
2–3 Ingwerknollen in Zuckersirup

• 2 Kreise mit 20 cm Ø auf der Rückseite des Backpapiers markieren. Das Blech befeuchten, mit dem Backpapier belegen; den Ofen vorheizen.

• Für die Baisermasse die Eiweiße und das Salz mit den Schneebesen des Elektroquirls oder der Küchenmaschine steifschlagen.

• Die Masse mit Zucker und Zitronensaft glänzend schlagen.

• Den Puderzucker mit dem Kakao mischen, auf die Masse sieben und mit einem Teigspatel vorsichtig vermengen, ohne dabei die Luft herauszurühren.

• Die Baisermasse mit einem Spritzbeutel spiralförmig von der Mitte aus auf die vorgezeichneten Kreise spritzen oder mit einem Löffel darauf verteilen und glattstreichen. Dünn mit Zucker und Mandelstiften bestreuen.

• Die Schokoladenbaiserböden im Ofen trocknen, dann sofort vom Papier lösen.

• Für die Füllung die Eigelbe mit Stärke, Zucker, Cognac und Milch über einem Wasserbad schlagen (S. 15), bis die Masse dicklich

FAVORITEN MIT KAFFEE ODER SCHOKOLADE 201

wird. Die Gelatine ausdrücken und einzeln darunterschlagen. Die Schokolade reiben, zufügen und schmelzen lassen. Die Creme im Kühlschrank abkühlen lassen.
• Den weniger schönen Boden mit der Schokoladencreme bestreichen, dann den anderen darauf setzen.

• Die Sahne süßen, steifschlagen, mit dem Vanillezucker vermengen und mit dem Spritzbeutel in verschlungenen Wellenlinien auf den Rand der Torte spritzen.
• Den Ingwer abtropfen lassen, in dünne Scheiben schneiden und schließlich schräg in die Sahne stecken.

Ofentemperatur: 140 °C
Einschubhöhe: Mitte
Trockenzeit: 60–75 Minuten

Hinweise:
Die Böden sind gut, wenn sie sich leicht vom Papier lösen. Böden und Creme eventuell am Vortag bereiten und kurz vor Verzehr kombinieren.

Französischer Schokoladenkuchen

✗ schnell
✗ gefriergeeignet

RÜHRTEIG • 1 SPRINGFORM (24 CM ⌀) = 12 STÜCKE

Für den Rührteig (S. 74)
3 Eier
150 g dunkle Blockschokolade
70 g Butter oder Margarine
125 g Schlagsahne
125 g Zucker
3 EL Weizenmehl Type 405
½ TL Backpulver
1 Prise Salz
Puderzucker zum Bestauben
Schlagsahne oder Vanilleeis, nach Belieben
Backpapier oder Butter bzw. Margarine zum Einfetten

• Den Boden der Springform befeuchten und mit Backpapier belegen oder einfetten.
• Den Ofen vorheizen.
• Für den Rührteig die Eier trennen, die Eiweiße steifschlagen und sofort kühl stellen.
• Die Schokolade zerbröckeln und mit Butter oder Margarine und Sahne bei mäßiger Wärmezufuhr in einem dickwandigen Topf schmelzen lassen (S. 38). Die Masse darf nicht zu heiß werden.
• Die Eigelbe mit dem Zucker in einer Schüssel etwa 3 Minuten mit den Schneebesen des Elektroquirls oder der Küchenmaschine schlagen.

• Das Mehl mit Backpulver und Salz vermischen und abwechselnd mit der Schokoladenmasse unter die Eigelbcreme geben.
• Den Eischnee nach und nach mit dem Spatel unterheben und die Masse in die Form gießen.
• Die Oberfläche glätten und den Kuchen backen, dabei nach ungefähr 5 Minuten die Temperatur reduzieren.
• Die Stäbchengarprobe machen, der Kuchen bleibt immer noch etwas feucht.

• Den Kuchen nach dem Backen ein wenig abkühlen lassen, mit Hilfe einer Backschablone mit Puderzucker bestauben und nach Belieben mit Schlagsahne oder Vanilleeis lauwarm servieren.

Ofentemperatur: 225 °C
Einschubhöhe: Mitte
Backzeit: etwa 5 Minuten
und
Ofentemperatur: 150 °C
Einschubhöhe: Mitte
Backzeit: 20–25 Minuten

Schokoladensahnetorte

RÜHRTEIG • 1 SPRINGFORM (24 CM ⌀) = 12 STÜCKE

Für den Rührteig (S. 74)
3 Eier
100 g Edelbitterschokolade
125 g Butter oder Margarine
150 g Zucker
125 g gemahlene
geschälte Mandeln
1 TL Instantkaffee
1 EL Rum
40 g Weizenmehl Type 405
1 TL Backpulver
1 Prise Salz
Backpapier oder Butter
bzw. Margarine zum Einfetten

Für den Guß
125 ml Rot- oder Weißwein
3 EL Kirschwasser oder Rum

Für die Garnitur
250 g Schlagsahne
1 EL Zucker
1 Päckchen Vanillezucker
100 g dunkle Kuvertüre
dunkler Kakao zum Bestauben

• Den Springformboden befeuchten und mit Backpapier belegen oder einfetten.
• Den Ofen vorheizen.
• Die Eier trennen, die Eiweiße steifschlagen und kühl stellen.
• Die Schokolade schmelzen (S. 38) und mit den zimmerwarmen Zutaten Eigelbe, Fett und Zucker 4–5 Minuten mit den Rührbesen des Elektroquirls oder der Küchenmaschine schaumig schlagen.
• Erst die Mandeln mit dem Instantkaffee und dem Rum, dann das Mehl mit dem Backpulver und dem Salz vermengen und unter die Schokoladenmasse rühren. Abschließend den Eischnee mit dem Spatel unterheben.
• Den Teig in die Springform geben, mit der Teigkarte glattstreichen und im Ofen backen.
• Den Wein mit dem Kirschwasser oder dem Rum erwärmen, jedoch nicht kochen lassen. Dann

FAVORITEN MIT KAFFEE ODER SCHOKOLADE

die noch heiße Torte mehrmals mit einem langen Hölzchen einstechen und nach und nach mit dem Guß tränken.

• Die Torte erst nach dem völligen Auskühlen aus der Form lösen und auf die Kuchenplatte heben.

• Die Sahne steifschlagen, mit Zucker und Vanillezucker abschmecken und entweder dick auf die Oberfläche der Torte streichen oder mit einem Spritzbeutel auf die Oberfläche und den Rand der feuchten Torte spritzen.

• Von der Kuvertüre mit dem Sparschäler Späne abschaben und auf die Sahne fallen lassen. Dann etwas Kakao über die Torte sieben.

Ofentemperatur: 180 °C
Einschubhöhe: Mitte
Backzeit: 35–40 Minuten

Gut zu wissen:
Wenn Sie die Schlagsahne dieser Schokoladensahnetorte mit etwas Sahnefestiger verschlagen, schmeckt die angenehm feuchte Torte auch am folgenden Tag noch sehr gut.

Variationen:
Wer die Torte weniger kompakt möchte, tauscht den Rührteig gegen einen – eventuell fertig gekauften – Schokoladenbiskuitboden aus. Wer über etwas Geschick verfügt, kann auch den Kuchen am folgenden Tag waagrecht aufschneiden, die beiden Böden mit dem Guß tränken und schließlich die Hälfte der Schlagsahne auf den unteren Boden streichen. Den oberen Boden vor dem Auflegen in 12 Stücke teilen, weil sonst beim Schneiden die Sahne seitlich hinausquillt. Um diese Schnitte später schnell wieder zu finden, markieren Sie die Schnittlinien an den Außenkanten mit herausragenden Hölzchen. Statt der Schokoladenspäne können Sie auch flüssige Schokolade auf die Torte spritzen. Dafür die Schokolade in einen kleinen Gefrierbeutel geben, diesen gut verschließen und in ein Gefäß mit kochendheißem Wasser legen (S. 38). Ist die Schokolade geschmolzen, eine ganz feine Spitze am Beutel abschneiden. So können Sie die flüssige Schokolade entweder in Zickzackbewegungen oder mit spiralförmigen Wellenbewegungen in feinen Linien auf die Sahne spritzen. Wenn Sie den Beutel wieder mit einem Gefrierclip verschließen, können Sie eventuelle Schokoladenreste leicht aufbewahren und bei Bedarf erneut schmelzen.

Prinzregententorte

BISKUITMASSE • 8 BLECHE = 12 STÜCKE

Für die Biskuitmasse (S. 88)
60 g Butter oder Margarine
5 Eier
3 Eigelb
170 g Zucker
2 Päckchen Vanillezucker
2 EL Rum
130 g Weizenmehl Type 405
50 g Speisestärke
1 Prise Salz
Backpapier

Für die Füllung
½ Päckchen Vanillepuddingpulver
250 ml Milch
200 g Edelbitterschokolade
200 g Butter
200 g Puderzucker
1 Päckchen Vanillezucker

Für den Guß
150 g dunkle Kuvertüre
10 g Kokosfett

- Auf der Unterseite von 8 Bogen Backpapier je einen Kreis mit 24–26 cm Ø zeichnen. Jeweils ein Papier auf ein befeuchtetes Blech legen; den Ofen vorheizen.
- Das Fett schmelzen und kühl stellen. Die Eier mit Eigelben, Zucker, Vanillezucker und Rum 4–5 Minuten schaumig schlagen. Das Mehl mit Stärke und Salz mischen und samt dem Fett unter die Eimasse rühren.
- Jeweils 3–4 EL Teig auf dem Papier zu einem runden Boden ausstreichen und nacheinander hell backen, dann auskühlen lassen.
- Für die Füllung das Puddingpulver mit etwas Milch verrühren, die übrige Milch aufkochen, zugeben, die Schokolade darin schmelzen (S. 38). Den Pudding erkalten lassen und durchstreichen.
- Die zimmerwarme Butter, Puder- und Vanillezucker mit dem Elektroquirl schaumig schlagen, dann teelöffelweise den Schokoladenpudding daruntergeben.
- Die Böden mit Hilfe eines Topfdeckels exakt rund schneiden. Den schönsten Boden beiseite legen, die restlichen mit Cremefüllung bestreichen und aufeinandersetzen. Den letzten darauf geben, den Kuchen rundum bestreichen. Backpapier und ein Brettchen auflegen und leicht andrücken, so daß die Fläche eben wird.
- Die Kuvertüre mit Kokosfett schmelzen (S. 34), etwas zurückbehalten und den Rest mit spiralförmigen Bewegungen von der Mitte aus so auf die Oberfläche gießen, daß man kein Messer zum Verteilen der Masse benötigt.
- Die Torte sofort auf die Tortenplatte heben, damit die Glasur keine Risse bekommt.
- Die restliche Kuvertüre in einen Gefrierbeutel geben, warm halten, dann eine Spitze abschneiden und die Masse in feinen Zickzacklinien auf die erstarrte Oberfläche der Torte spritzen.
- Die Torte bis zum Verzehr – am besten über Nacht – kühl stellen.

Ofentemperatur: 180 °C
Einschubhöhe: Mitte
Backzeit: je 8–10 Minuten

Hätten Sie's gewußt?
Diese bayerische Torte wurde dem Prinzen Luitpold gewidmet und besteht darum – passend zur ursprünglichen Zahl der Regionen Bayerns – aus 8 Böden.

Mokkatorte

gefriergeeignet

BISKUITMASSE • 1 SPRINGFORM (24 CM ⌀) = 12 STÜCKE

Für die Biskuitmasse (S. 88)
4 Eier
120 g Zucker
1 Päckchen Vanillezucker
1 EL Kirschwasser
oder Rum
80 g Weizenmehl Type 405
40 g Speisestärke
1 Prise Salz
Backpapier oder Butter
bzw. Margarine zum Einfetten

Für die Füllung und die Garnitur
200 ml Wasser
2 EL Instantkaffee
150 g Zucker
1 Päckchen Vanillezucker
2 Eier
200 g Butter
2 EL Schokoladenpulver
12 Schokoladenmokkabohnen

- Die Springform befeuchten und mit Backpapier belegen oder einfetten, den Ofen vorheizen.
- Wie links beschrieben aus den Zutaten eine Biskuitmasse bereiten, in der Form glattstreichen, im Ofen backen, auf ein Kuchengitter stürzen und bedeckt über Nacht auskühlen lassen.
- Für die Füllung und die Garnitur das Wasser mit Instantkaffee, Zucker und Vanillezucker in einem Topf aufkochen, bis der Zucker nicht mehr knirscht.
- Die Eier mit den Schneebesen des Elektroquirls verschlagen und den warmen Sirup in feinem Strahl dazugießen. Dabei die Masse fortwährend weiterschlagen und dann kalt stellen.
- Die zimmerwarme Butter mit dem Elektroquirl schaumig schlagen, die abgekühlte Creme nach und nach dazugeben.
- Den Kuchen waagrecht aufschneiden und mit einem Drittel der Creme füllen.
- Die Torte außen kuppelförmig mit Creme bestreichen und mit Schokoladenpulver bestauben.
- Aus der restlichen Creme 12 tropfenförmige Verzierungen auf die Torte spritzen und jeweils mit 1 Mokkabohne garnieren.
- Den Kuchen unbedingt bis zum Verzehr kühl stellen.

Ofentemperatur: 190 °C
Einschubhöhe: unten
Backzeit: 25–35 Minuten

Obst in allen Variationen

Die beliebten Obstkuchen sind nicht unbedingt eine Frage der Saison: Zwar ist einiges Obst nur im Sommer erhältlich, doch viele Früchte gibt es tiefgekühlt oder in der Dose das ganze Jahr.

Bunte Obsttörtchen

x schnell
x preiswert

VERSCHIEDENE TEIGE UND MASSEN • FÖRMCHEN ODER BLECHE

Für die Törtchen

Zutaten wie für
Grundrezept Rührteig (S. 74)
oder für
Grundrezept Mürbeteig (S. 84)
oder für
Grundrezept Biskuitmasse (S. 88)
oder für
Grundrezept frischen, gekühlten
oder TK-Blätterteig (S. 92)
oder für
Grundrezept Quark-
blätterteig (S. 92)
oder für
Grundrezept Baisermasse (S. 112)
oder für
Grundrezept Makronenmasse
(S. 116)
Backpapier oder Butter
bzw. Margarine zum Einfetten
gehackte Mandeln oder Haselnußkerne oder Mandelblättchen
zum Bestreuen, nach Belieben

- Die Teige oder Massen nach den Grundrezepten zubereiten.
- Die Förmchen einfetten und nach Belieben mit Haselnüssen oder Mandeln ausstreuen; den Ofen vorheizen.
- Den Rühr-, Mürbe- oder Blätterteig oder die Biskuitmasse in den Förmchen backen.
- Baiser- oder Makronenmasse als 8–10 cm große Törtchen auf die mit Backpapier belegten Bleche spritzen und trocknen.
- Die Törtchen nach dem Backen nebeneinander auf Kuchengittern auskühlen lassen, dann bis zum Verzehr zwischen Pergamentpapier in festschließenden Dosen aufbewahren.

Zur Isolierung, nach Wahl

- Backoblaten (6–8 cm Ø) direkt auf die Kuchenböden legen.
- Gelee oder durchpassierte Konfitüre erwärmen, dann auf die Kuchenböden streichen.
- Halbbitterkuvertüre schmelzen (S. 34) und ebenfalls auf die Kuchenböden streichen.
- Mandelblättchen, gemahlene Mandeln, gemahlene Haselnußkerne, Kokosraspel, Paniermehl, Plätzchenkrümel oder Zwiebackbrösel, eventuell mit Zucker gemischt, trocken aufstreuen.

Für den Belag, nach Wahl

- Ein Belag ist nicht unbedingt nötig, verbessert jedoch den Geschmack und verhindert, daß der Teig durchweicht.
- Französische Creme aus Vanillepudding, mit Eigelben legiert, Gelatine und Schlagsahne zubereiten.
- Gelatinecreme aus Fruchtsaft, Zucker und Gelatine mit Eischnee, Joghurt oder Sahne herstellen.
- Mandel-, Schokoladen- oder Vanillepudding aus Milch, Puddingpulver, Eigelben und Zucker nach Packungsanweisung zubereiten.
- Quarkcreme aus Quark, Zucker und Vanillezucker oder Zitronenschale anrühren.

- Schlagsahne mit Zucker und Vanillezucker abschmecken, nach Belieben mit Eier-, Mandel-, Nuß- oder Orangenlikör parfümieren.

Für die Früchte
- Sie benötigen für jedes Törtchen 50–150 g Früchte, gemischt oder von einer Sorte.
- Wählen Sie je nach Jahreszeit frisches, TK- oder konserviertes Obst: Ananasscheiben oder -würfel, geschälte Aprikosenhälften, Bananenscheiben, weiche Birnenschnitze, Brombeeren, frische Datteln, Erdbeeren, Heidelbeeren, Himbeeren, rote, schwarze oder weiße Johannisbeeren, entsteinte süße oder saure Kirschen, Kiwischeiben, Kumquats, konservierte Mandarinorangen, Mangoschnitze oder -würfel, Orangenscheiben, geschälte Pfirsichschnitze, gegarte frische oder konservierte grüne Stachelbeeren, entkernte Trauben, Walderdbeeren oder entsteinte Zwetschgen.
- Damit die Früchte sich nicht verfärben, frisches Obst mit einer Mischung aus Zitronensaft und Zucker benetzen.
- Damit die Früchte nicht austrocknen und unansehnlich werden, die Törtchen erst kurz vor dem Verzehr belegen.

Für den Guß
- Durch einen Überzug bekommen die Früchte einen appetitlichen Glanz und behalten ihre Form besser.
- Halbierte Erdbeeren oder Johannisbeeren etwa 1 Stunde Saft ziehen lassen, den Saft mit 2–3 EL Johannisbeergelee und 2 EL Gelierzucker aufkochen, dann über die Früchte geben.
- Für Tortenguß 250 ml klaren Obstsaft mit 1 Päckchen klarem oder rotem Tortenguß und Zucker nach Packungsanweisung kochen. Die Masse wenig rühren. Dazu nicht den Schneebesen benutzen, sonst wird sie trüb.
- Für einen klaren Gelatineguß 250 ml klaren Obstsaft, Rosé- oder Weißwein mit 3–4 eingeweichten, geschmolzenen weißen oder roten Gelatineblättern (S. 32) und Zucker verrühren, kühlen und, sobald die Masse zu gelieren beginnt, über die Früchte ziehen. Gelatine ist nicht für frische Ananas, Kiwis oder Papayas geeignet.
- Für überbackene Baiser- oder Makronenhauben lesen Sie die Seiten 310 und 268.

Für die Garnitur
- Je nach Art und Zusammenstellung der Früchte können Sie das Obst oder die Törtchenränder garnieren mit Dekorschnee, Hagelzucker, gerösteten, gehackten Haselnußkernen, Kokosraspeln, gerösteten Mandelblättchen, gerösteten, gehackten Mandeln, gerösteten Mandelstiften, Melissen- oder Minzeblättchen, Orangen- oder Zitronenzesten, gehackten Pistazienkernen, Schlagsahnerosetten, Schokoladenraspeln oder Zuckerblümchen.
- Diese Anregungen gelten auch für große Obsttortenböden.

Obstkuchen-Dreierlei

- einfach
- schnell
- preiswert
- gefriergeeignet

QUARK-ÖL-TEIG • 1 BLECH/FETTPFANNE = 20–25 STÜCKE

Für den Quark-Öl-Teig (S. 100)
300 g Magerquark
400 g Weizenmehl Type 405
1 Päckchen und
2 TL Backpulver
1 Prise Salz
8 EL Öl, z. B. Sonnenblumenöl
5–6 EL Zucker
1 Ei
1 Päckchen Vanillezucker
oder 1 TL feingeriebene
unbehandelte Zitronenschale
4–5 EL Milch, nach Bedarf
Backpapier oder Butter
bzw. Margarine zum Einfetten

Für den Belag
1,5 kg Früchte, jeweils 500 g von
3 Sorten nach Wahl: Äpfel, Aprikosen, Birnen, Heidelbeeren, Kirschen, rote Johannisbeeren, vorgegarte Quitten, Rhabarber, Sauerkirschen oder Zwetschgen

Für die Garnitur
Mandelblättchen
oder Sesamsamen
oder Sonnenblumenkerne

• Den Quark in einem feinmaschigen Sieb über Nacht abtropfen lassen und 200 g davon abwiegen. Den Rest anderweitig verwenden.
• Das Blech oder die Fettpfanne befeuchten und mit Backpapier belegen oder einfetten.
• Die Teigzutaten mit den Knethaken des Elektroquirls oder der Küchenmaschine knapp 1 Minute miteinander vermengen, von Hand zu einem Kloß zusammendrücken und zugedeckt ungefähr 20 Minuten kühlen.
• Das Obst für den Belag vorbereiten und falls nötig auf Küchenpapier trocknen.
• Den Ofen vorheizen.
• Den Teig auf dem Blech oder der Fettpfanne ausrollen und dabei den Rand etwas hochziehen.
• Jeweils ein Drittel der Teigplatte dicht mit Früchten belegen und nach Belieben Mandelblättchen oder Sesamsamen oder Sonnenblumenkerne darüber streuen.
• Den Kuchen im Ofen backen.
• Nach dem Auskühlen den Kuchen in 20–25 Stücke teilen.

Ofentemperatur: 200 °C
Einschubhöhe: Mitte
Backzeit: 35–45 Minuten

Variationen:
Den Quark-Öl-Teig können Sie durch einen Hefeteig (S. 80) aus 350–400 g Mehl ersetzen.
Statt der Mandeln, Sesamsamen oder Sonnenblumenkerne kann man einen Marzipanguß auf die Früchte geben. Verschlagen Sie dafür 75 g geschälte feingemahlene Mandeln mit 4 EL Zucker, 1/2 TL feingeriebener unbehandelter Orangen- oder Zitronenschale, 4 Eiern und 300 g Crème fraîche oder Joghurt.
Auch Streusel (S. 39) sind auf Obstkuchen immer sehr beliebt.
Hinweis:
Bei sehr saftigem Obst den Teig zunächst dick mit Bröseln bestreuen.

Beerenkuchen mit Baiserhaube

- einfach
- schnell
- preiswert

QUARK-ÖL-TEIG/BAISERMASSE • 1 BLECH/FETTPFANNE = 20–25 STÜCKE

Für den Quark-Öl-Teig (S. 100)
Zutaten wie für Obstkuchen-Dreierlei (siehe links)

Für den Belag
1,5–2 kg Beeren, z. B. Brombeeren, Heidelbeeren, rote oder weiße Johannisbeeren

Für die Baisermasse (S. 112) und die Garnitur
3 Eiweiß
1 TL Zitronensaft
75 g feiner Zucker
75 g Puderzucker
3–4 EL Mandelblättchen oder Mandelstifte

- Den Quark-Öl-Teig wie links beschrieben herstellen und kühlen.
- Das Blech oder die Fettpfanne wie links vorbereiten, den Teig darauf ausrollen, und den Ofen vorheizen.
- Die Beeren vorbereiten, dann den Teig entweder streifenweise oder bunt gemischt dick damit belegen und 30–40 Minuten im Ofen backen, anschließend die Ofentemperatur erhöhen.
- Während der Backzeit die Eiweiße steifschlagen, den Zitronensaft sowie den Zucker bis auf 1 EL hinzufügen, und die Masse schlagen, bis sie stark glänzt und der Zucker nicht mehr knirscht; dann den Puderzucker unterheben.
- Die Baisermasse mit einem Löffel oder dem Spritzbeutel als Kleckse, Gitter oder Streifen auf dem Obst verteilen.
- Den Rest des Zuckers und die Mandeln darüber streuen.
- Den Kuchen nochmals 10–15 Minuten backen, bis sich die Spitzen in der Baisermasse leicht verfärben, dann auskühlen lassen und in Stücke teilen.

Ofentemperatur: 200 °C
Einschubhöhe: Mitte
Backzeit: 30–40 Minuten
und
Ofentemperatur: 220 °C
Einschubhöhe: oben
Backzeit: 10–15 Minuten

Variationen:
Genausogut können Sie dieses Rezept mit Hefeteig backen (S. 80) sowie mit Äpfeln, Aprikosen, Pflaumen, Rhabarber, entsteinten Sauerkirschen oder Zwetschgen abwandeln.

Hinweis:
Am Backtag schmeckt der Kuchen am besten, weil später die Baisermasse zusammenfällt und weich wird.

OBST IN ALLEN VARIATIONEN

Gemischter Obstkuchen

- einfach
- schnell
- preiswert
- gefriergeeignet

RÜHRTEIG • 1 SPRINGFORM (24–26 CM ⌀) = 12 STÜCKE

Für den Rührteig (S. 74)
3 Eier
120 g Butter oder Margarine
100 g Zucker
2 EL Himbeergeist oder Rum
1 TL feingeriebene
unbehandelte Zitronenschale
250 g Weizenmehl Type 405
3 TL Backpulver
1 Prise Salz
250 g entsteinte süße
oder saure Kirschen (frisch,
konserviert oder TK-Früchte)
2 mürbe Äpfel
2 weiche Birnen

50 g Mandelblättchen
1 TL feiner Zucker
Dekorschnee zum Bestreuen
Backpapier oder Butter
bzw. Margarine zum Einfetten

- Den Boden der Springform befeuchten und mit Backpapier belegen oder einfetten.
- Den Ofen vorheizen.
- Die Eier trennen, die Eiweiße steifschlagen und kühl stellen.
- Für den Rührteig Fett, Zucker und Eigelbe – alles zimmerwarm – in einer Schüssel 4–5 Minuten mit den Rührbesen des Elektroquirls oder der Küchenmaschine schaumig schlagen.
- Den Himbeergeist oder Rum und die Zitronenschale zufügen.
- Das Mehl mit Backpulver und Salz vermengen und darunterrühren, dann den Eischnee mit dem Spatel unterheben.
- Die Hälfte des Rührteiges in die Springform geben, und die Oberfläche glattstreichen.
- Konservierte, wenn nötig auch frische Kirschen abtropfen lassen; TK-Früchte gefroren verarbeiten.
- Die Äpfel und Birnen nach Belieben schälen, vierteln, entkernen, in schmale Schnitze schneiden und mit den Kirschen bunt gemischt auf den Teig legen.
- Den übrigen Teig darauf streichen, und die Oberfläche mit der feuchten Teigkarte glätten.
- Den Kuchen erst mit Mandelblättchen, dann mit feinem Zucker bestreuen.
- Den Kuchen im Ofen backen. Wird die Oberfläche zu dunkel, mit Backpapier abdecken. Zum Schluß unbedingt die Garprobe machen.
- Nach 5 Minuten den Kuchen vom Rand der Form lösen, zum Auskühlen auf ein Gitter heben und mit Dekorschnee bestreuen.

Ofentemperatur: 180 °C
Einschubhöhe: Mitte
Backzeit: 45–50 Minuten

Variation:
Geben Sie zur Abwechslung statt Kirschen Aprikosenhälften zu den Apfel- und Birnenschnitzen.

Joghurttorte mit Beeren

× einfach

1 SPRINGFORM (20–24 CM ⌀) = 12 STÜCKE

Für den Boden
200 g Corn-flakes
50 g Butter
Backpapier

Für den Belag
800 g Joghurt
1–1½ TL flüssiger Süßstoff
oder 4–6 EL Zucker
1 TL feingeriebene
unbehandelte Zitronenschale
8 eingeweichte weiße
Gelatineblätter
4 EL Zitronensaft
200 g Schlagsahne
2 Eiweiß
600 g gemischte frische
oder TK-Beeren

Für den Guß
1 Päckchen klarer Tortenguß
1 EL Zucker
225 ml Obstsaft

Für die Garnitur
2 EL geröstete Mandelblättchen

- Den Boden der Springform befeuchten und mit Backpapier belegen oder einen Tortenring auf die Kuchenplatte setzen.
- Die Corn-flakes mit der sehr weichen Butter vermengen, in die Form geben, mit einem zweiten Backpapier abdecken, mit der Faust andrücken und kühlen.
- Für den Belag den Joghurt mit Süßstoff oder Zucker und Zitronenschale vermischen.
- Die Gelatine ausdrücken, mit dem Zitronensaft schmelzen (S. 32) und unter fortwährendem Schlagen zum Joghurt geben.
- Die Masse etwa 20 Minuten kühlen, bis sie leicht stockt.
- Schlagsahne und Eiweiße getrennt steifschlagen, darunter mischen und eventuell noch etwas nachsüßen.
- Das obere Papier vom Boden nehmen, die Masse darauf gießen und glattstreichen, und den Kuchen wieder 5 Minuten kühlen.
- Die Beeren vorbereiten und auf die Masse geben, TK-Beeren gefroren verarbeiten. Der richtige Zeitpunkt ist dabei wichtig: Die Joghurt-Sahne-Masse sollte ganz leicht geliert sein; ist sie zu flüssig, sinken die Beeren ein, ist sie bereits zu fest, haften die Beeren nicht mehr.
- Die Torte zugedeckt wieder für 30 Minuten kühl stellen.
- Den Tortenguß mit Zucker und Obstsaft nach Anweisung zubereiten und über die Beeren geben.
- Die Torte zudecken und für mindestens 6 Stunden kühlen.
- Kurz vor dem Servieren den Tortenring mit einem Messer lösen, und den Kuchenrand mit Mandelblättchen garnieren.

Hinweis:
Den Kuchen kühl aufbewahren und bald servieren.

Exotische Fruchttorte

× einfach

MÜRBETEIG • 1 SPRINGFORM (24–26 CM ⌀) = 12 STÜCKE

Für den Mürbeteig (S. 84)
75 g Weizenmehl Type 405
50 g gemahlene Mandeln
¼ TL Backpulver
1 Prise Salz
75 g Butter oder Margarine
1 EL Zucker
1 Eigelb
¼ TL feingeriebene unbehandelte Zitronenschale
Backpapier oder Butter bzw. Margarine zum Einfetten

Für den Belag und die Garnitur
3 EL Apfel- oder Johannisbeergelee
500 g Schlagsahne
4 EL Zucker
1 Päckchen Vanillezucker
6 eingeweichte weiße Gelatineblätter
3 EL Zitronensaft
1 kleine Banane
200 g Erdbeeren
1 kleine Karambole
2–3 Kumquats
1 Mango (400 g)
200 g konservierte Ananasscheiben
1 Kiwi
200 g Papaya
80 g Pistazienkerne zum Bestreuen

- Den Boden der Springform befeuchten und mit Backpapier belegen oder einfetten.
- Für den Mürbeteig alle kühlen Zutaten mit den Rührbesen des Elektroquirls oder der Küchenmaschine etwa 1 Minute vermengen, zusammendrücken und eingepackt 10 Minuten kühlen.
- Den Teig auf dem Boden der Form ausrollen, einstechen, dann wieder 20 Minuten kühlen, den Ofen vorheizen, und den Mürbeteigboden backen.
- Den Kuchen auf einem Rost auskühlen lassen, dann mit dem leicht erwärmten Apfel- oder Johannisbeergelee bestreichen und einen Tortenring herumlegen.
- Für den Belag die Sahne mit dem Zucker und dem Vanillezucker steifschlagen.
- Die Gelatine ausdrücken, mit dem Zitronensaft schmelzen (S. 32), unter Schlagen in die Sahne geben, und die Masse kühlen.
- Konserviertes Obst sehr gut abtropfen lassen, damit der Boden nicht aufweicht. Frische Früchte von Schalen, Kernen oder Steinen befreien.
- Das Obst in Scheiben, Schnitze oder Würfel schneiden, dabei auch die Ananas zerkleinern.
- Etwas Sahne auf den Kuchenboden streichen, dann etwa die Hälfte des Obstes – mit Ausnahme der Kiwischeiben und der Papayawürfel – darauf geben und mit der restlichen Sahne bedecken.
- Die Oberfläche mit der Teigkarte glattstreichen, und die Torte zugedeckt etwa 3 Stunden kühlen.
- Wenn sich die Sahnecreme fest anfühlt, den Tortenring vom Kuchen schneiden und entfernen.
- Die restlichen Früchte – nun auch Kiwischeiben und Papayawürfel – auf der Torte dekorieren.
- Die Pistazien überbrühen, schälen, auf Küchenpapier trocknen und grob hacken, und den Rand des Kuchens damit verzieren.

Ofentemperatur: 200 °C
Einschubhöhe: unten
Backzeit: 15–20 Minuten

Variationen:
Schälen Sie zur Abwechslung mit dem Sparschäler das Fruchtfleisch einer frischen gesäuberten Kokosnuß in großen Locken ab, und lassen Sie diese auf die Torte fallen, oder drücken Sie sie an den Rand. Feine Kokosraspel verleihen auch der Sahne einen aparten Geschmack.
Statt mit exotischen Früchten können Sie diesen Kuchen ebensogut als Bunte Fruchttorte *zubereiten: Nehmen Sie knapp gegarte aromatische Apfel- oder Birnenschnitze, frische Aprikosenhälften, Brombeeren, Erdbeeren, Heidelbeeren, Himbeeren, Johannisbeeren, entsteinte Sauerkirschen oder konservierte grüne Stachelbeeren.*
Auch mit Walderdbeeren – ganz nach Belieben mit Heidelbeeren und Himbeeren gemischt – schmeckt diese Torte köstlich. Was die Kombination betrifft, sind Ihrer Phantasie keine Grenzen gesetzt. Mischen Sie, was der Markt bietet und was Ihnen am besten schmeckt.
Hinsichtlich der exotischen Früchte sollten Sie Neues probieren. Lychees, die gut dazu passen, gibt es seit vielen Jahren konserviert und nun auch frisch. Sie müssen zunächst die harte äußere Haut frischer Früchte ablösen und dann den harten braunen Kern herausnehmen.

Hinweis:
Wenn Sie die Oberfläche der Torte mit erwärmtem Apfel- oder Johannisbeergelee bepinseln, bleibt das appetitliche Aussehen der Früchte länger erhalten. Sie können die Oberfläche statt dessen aber auch mit ungefähr 80 ml Obstsaft, der mit 1 weißen geschmolzenen Gelatineblatt geliert, vor dem Austrocknen schützen.

Ananas-Blitztorte

RÜHRTEIG/MAKRONENMASSE • 2 SPRINGFORMEN (22–24 CM ⌀) = 8–12 STÜCKE

Für den Rührteig (S. 74)
90 g Butter oder Margarine
100 g Zucker
3 Eigelb
1 Päckchen Vanillezucker
150 g Weizenmehl Type 405
2 TL Backpulver
1 Prise Salz
6 EL Milch
Backpapier oder Butter bzw. Margarine zum Einfetten

Für die Makronenmasse (S. 116)
3 Eiweiß
1 Prise Salz
75 g feiner Zucker
1 TL Zitronensaft
75 g Puderzucker
½ TL Speisestärke, nach Belieben
100 g Mandelblättchen
2 TL feiner Zucker zum Bestreuen

Für die Füllung
300 g konservierte Ananaswürfel
200 g Schlagsahne
1 Päckchen Vanillezucker
1 Gläschen Eierlikör, nach Belieben

- Die Böden der Springformen befeuchten und mit Backpapier belegen oder einfetten.
- Den Ofen vorheizen.
- Für den Rührteig Fett, Zucker, Eigelbe und Vanillezucker in einer Schüssel mit den Rührbesen des Elektroquirls oder der Küchenmaschine etwa 4 Minuten schaumig schlagen.
- Das Mehl mit Backpulver und Salz mischen und abwechselnd mit der Milch hinzufügen.
- Den Teig in die beiden Formen geben und mit der Teigkarte glattstreichen.
- Für die Makronenmasse Eiweiße und Salz mit den Schneebesen des Elektroquirls oder der Küchenmaschine sehr steif schlagen.
- Den Zucker mit dem Zitronensaft dazugeben, und die Masse schlagen, bis sie stark glänzt.
- Den Puderzucker und nach Belieben die Stärke auf die Schaummasse geben und alles mit einem Teigspatel vermengen, ohne dabei die Luft herauszurühren.
- Zum Schluß die Mandelblättchen vorsichtig unterheben.
- Die Makronenmasse mit einem Löffel oder der Teigkarte auf beiden Böden verteilen und dünn mit Zucker bestreuen.
- Die Kuchen im Ofen backen, dann von den Rändern der Formen lösen und auskühlen lassen.
- Für die Füllung die Ananaswürfel in einem Sieb abtropfen lassen und kleinschneiden.
- Die Sahne steifschlagen, mit Vanillezucker und nach Belieben mit Eierlikör vermischen. Anschließend die Fruchtwürfel daruntermengen.
- Einen Kuchen auf eine Tortenplatte legen, dabei kann die Makronenschicht je nach Wunsch unten oder oben liegen, und die Ananassahne darauf streichen.
- Den zweiten Kuchenboden mit der Makronenschicht nach oben darauf legen und behutsam etwas andrücken.
- Die Ananas-Blitztorte vor dem Aufschneiden etwas durchziehen lassen.

Ofentemperatur: 180 °C
Einschubhöhe: Mitte
Backzeit: 30–35 Minuten

Variationen:
Statt der Ananaswürfel können Sie frische, konservierte oder TK-Früchte oder gemischten Fruchtcocktail nehmen – säuerliches Obst ist besonders günstig.

Gestürzter Ananaskuchen

RÜHRTEIG • 1 EISEN- ODER PIEFORM (24–26 CM ⌀) = 12 STÜCKE

Für die Fruchtmasse
30 g Butter oder Margarine
100 g brauner Rohzucker
6 konservierte Ananasscheiben
6 rote Belegkirschen
eventuell 6–12 Walnußkernhälften

Für den Rührteig (S. 74)
3 Eier
100 g Butter oder Margarine
100 g Zucker
2 EL gemahlene geschälte Mandeln
1 Päckchen Vanillezucker
250 g Weizenmehl Type 405
1 TL Backpulver
1 Prise Salz
Puderzucker zum Bestauben
Alufolie

• Die Form mit Alufolie auskleiden, und den Ofen vorheizen.
• Das Fett für die Fruchtmasse dick auf den Formboden streichen und dann gleichmäßig mit dem Zucker bestreuen.
• Die Ananasscheiben auf dem Zucker arrangieren, jeweils eine Belegkirsche in die Löcher geben.
• Die Walnüsse nach Belieben mit der Bruchseite nach oben dazwischen verteilen; sie schmecken gut, beeinträchtigen aber etwas das Aussehen.
• Für den Rührteig die Eier trennen, die Eiweiße steifschlagen und kühlen.
• Fett, Zucker und Eigelbe – alles zimmerwarm – in einer Schüssel 4–5 Minuten mit den Rührbesen des Elektroquirls oder der Küchenmaschine schaumig schlagen.
• Erst die Mandeln mit Vanillezucker, dann das Mehl mit dem Backpulver und Salz vermengen und darunterrühren, anschließend den Eischnee unterheben.
• Den Teig auf die Ananasscheiben geben und mit der nassen Teigkarte glattstreichen.
• Den Kuchen im Ofen backen, bis er goldbraun ist, und die Garprobe machen.
• Den Kuchen erst nach 20 Minuten mit einem Messer vom Formrand lösen. Einen Kuchenteller auflegen, und den Kuchen rasch stürzen. Die Form und die Alufolie herunternehmen.
• Den Kuchen völlig ausgekühlt mit Puderzucker bestauben.

Ofentemperatur: 180 °C
Einschubhöhe: Mitte
Backzeit: 55–60 Minuten

Variationen:
Dieser Kuchen schmeckt auch mit Äpfeln, Aprikosen, Kirschen und Zitronenscheiben köstlich.

Apfel im Schlafrock

- einfach
- schnell
- preiswert
- gefriergeeignet

BLÄTTERTEIG • 1 BLECH = 8 STÜCK

Für den Blätterteig (S. 92)
400 g frischer, gekühlter
oder TK- oder Quarkblätterteig
Mehl zum Ausrollen
Backpapier

Für die Füllung
8 kleine, mürbe Äpfel, z. B. Boskoop
4 EL Konfitüre
oder 2 EL Honig
und 2 EL gehackte Mandeln

Für den Guß und die Garnitur
1 Eigelb, 2 EL Wasser
Puderzucker zum Bestauben

- TK-Blätterteig auftauen lassen.
- Das Blech befeuchten und mit Backpapier belegen.
- Den Blätterteig auf leicht bemehlter Unterlage zu zwei etwa 25×25 cm großen Quadraten ausrollen und daraus jeweils 4 kleine Quadrate schneiden.
- Die Äpfel schälen, ausstechen und mit Konfitüre oder dem Mandel-Honig-Gemisch füllen, dann auf die Quadrate setzen.
- Den Teig um die Äpfel schlagen, und die Oberfläche einige Male einstechen.
- Aus den Teigresten Blättchen formen und darauf drücken.
- Das Eigelb mit Wasser verschlagen, die Teilchen damit bestreichen, auf das Blech geben und kühl stellen; den Ofen vorheizen.
- Die Äpfel im Ofen backen, danach bei reduzierter Temperatur etwa 10 Minuten trocknen lassen.
- Das Gebäck lauwarm abkühlen lassen, mit Puderzucker bestauben und servieren.

Ofentemperatur: 220 °C
Einschubhöhe: Mitte
Backzeit: 15–20 Minuten
und
Ofentemperatur: 160 °C
Einschubhöhe: Mitte
Trockenzeit: etwa 10 Minuten

Hinweis:
Zu den Äpfeln schmeckt Vanille-, Rum- oder Weinschaumsauce.

Apfelstriezel

- schnell
- preiswert
- gefriergeeignet

BLÄTTERTEIG • 1 BLECH = 8 STÜCKE

Für den Blätterteig (S. 92)
200 g frischer, gekühlter
oder TK- oder Quarkblätterteig
Mehl zum Ausrollen
Backpapier

Für die Füllung
4 kleine, mürbe Äpfel
1 EL grobgehackte Haselnußkerne
oder Mandeln
1 EL Honig oder Zucker
1 EL kleingehacktes Orangeat
oder Zitronat
1 Eiweiß zum Bepinseln

Für den Guß
2 EL Aprikosen-
oder Orangenkonfitüre
3 EL Puderzucker
1 EL Orangenlikör,
z. B. Grand Marnier

- Das Blech vorbereiten, und den Blätterteig wie oben beschrieben zu einem etwa 22×30 cm großen Rechteck ausrollen.
- Die Äpfel eventuell schälen, in schmale Schnitze teilen oder grob raffeln und mit den restlichen Zutaten für die Füllung mischen.
- Die Apfelmasse auf die eine Hälfte des Teiges geben, dabei die Ränder etwas frei lassen, dann die unbelegte Teighälfte halb zur Mitte hin zusammenlegen, von der Bruchkante her im Abstand von 1 cm etwa 4 cm tief einschneiden, und den Teig aufklappen (S. 94).
- Die freien Teigränder mit Eiweiß bepinseln, die unbelegte Teighälfte über die Apfelfüllung schlagen, und die Teigränder fest andrücken.
- Den Striezel auf das Blech legen, und das Blech kühl stellen.
- Den Ofen vorheizen, den Kuchen backen, danach bei reduzierter Temperatur trocknen lassen.
- Den Striezel lauwarm erst mit warmer, durchgesiebter Konfitüre, dann mit einem Guß aus Puderzucker und Likör bepinseln.

Ofentemperatur: 220 °C
Einschubhöhe: Mitte
Backzeit: 15–20 Minuten
und
Ofentemperatur: 160 °C
Einschubhöhe: Mitte
Trockenzeit: etwa 10 Minuten

Apfeltaschen

× einfach
× schnell
× preiswert
× gefriergeeignet

BLÄTTERTEIG • 1 BLECH = 8 STÜCK

Für den Blätterteig (S. 92)
400 g frischer, gekühlter
oder TK- oder Quarkblätterteig
Mehl zum Ausrollen
Backpapier

Für die Füllung
3–4 kleine, mürbe Äpfel
1–2 EL gehackte Mandeln
1 EL Honig

Für den Guß und die Garnitur
2 EL Johannisbeergelee
3–4 EL Puderzucker
1 EL Rum
geröstete Mandelblättchen
oder feingehackte Pistazienkerne

• Wie links beschrieben das Blech vorbereiten, den Blätterteig zu einem großen Rechteck ausrollen und 8 Scheiben mit 10–12 cm Ø ausschneiden.
• Die Äpfel vorbereiten und entweder grob reiben oder in schmale Schnitze schneiden, dann mit Mandeln und Honig mischen.
• Die Masse auf den Teig geben, die Stücke zusammenschlagen.
• Die Ränder fest andrücken, und die Oberfläche einstechen.
• Die Teilchen auf das Blech legen und kühl stellen.

• Den Ofen vorheizen, und die Taschen wie Äpfel im Schlafrock backen und trocknen.
• Die Taschen mit Gelee, dann mit einem Guß aus Puderzucker und Rum bepinseln und mit Mandeln oder Pistazien bestreuen.

Ofentemperatur: 220 °C
Einschubhöhe: Mitte
Backzeit: 15–20 Minuten
und
Ofentemperatur: 160 °C
Einschubhöhe: Mitte
Trockenzeit: etwa 10 Minuten

Apfel im Schlafrock

Apfeltaschen

Apfelstriezel

Apfelkuchen mit Streuseln

- einfach
- schnell
- preiswert
- gefriergeeignet

HEFETEIG • 1 FETTPFANNE = 20–25 STÜCKE

Für den Hefeteig (S. 80)
2–3 EL Öl, z. B. Sonnenblumenöl
¼ TL Salz
350 g Weizenmehl Type 405
150 ml Milch
1 Würfel Hefe (42 g)
oder 1½ Päckchen Trockenhefe
3–4 EL Zucker
1 Päckchen Vanillezucker
1 Ei
Backpapier oder Butter
bzw. Margarine zum Einfetten

Für den Belag
5–6 EL Paniermehl
oder Plätzchenkrümel
1,5 kg Äpfel, z. B. Gravensteiner
2 EL Zitronensaft
2 EL Wasser

Für die Streusel
200 g Weizenmehl Type 405
50 g gemahlene geschälte
Mandeln, nach Belieben
100 g Zucker
100 g Butter oder Margarine
1 Messerspitze gemahlener Zimt

- Für den Hefeteig das Öl mit Salz und Mehl in eine Schüssel geben.
- Die lauwarme Milch mit Hefe, Zucker, Vanillezucker und Ei verschlagen und dazugießen.
- Die Zutaten mit den Knethaken des Elektroquirls oder der Küchenmaschine in 4–5 Minuten zu einem geschmeidigen Teig vermengen.
- Den Teig noch kurz durchkneten, befeuchten, mit einem Geschirrtuch zudecken und an warmer Stelle etwa 30 Minuten gehen lassen.
- Die Fettpfanne befeuchten und mit Backpapier belegen oder einfetten.
- Den Teig in die Fettpfanne geben, in die Ecken drücken, einige Male einstechen, mit Paniermehl oder Plätzchenkrümeln bestreuen und zugedeckt gehen lassen.
- Unterdessen die Äpfel schälen, vierteln, entkernen und in schmale Schnitze schneiden.
- Zitronensaft mit Wasser vermischen und die Früchte damit benetzen, dann sehr dicht schuppenförmig auf den Teig legen.
- Für die Streusel die Zutaten mit den Knethaken vermischen, bis sie aneinanderkleben, und gleichmäßig über die Äpfel streuen.
- Den Ofen vorheizen.
- Den Teig wieder gehen lassen und dann im Ofen backen.

Ofentemperatur: 200 °C
Einschubhöhe: Mitte
Backzeit: etwa 30 Minuten

Variationen:
Die gleiche Zutatenmenge reicht für 2 Springformen. Mit Mürbeteig von 300 g Mehl (S. 84) oder Quark-Öl-Teig von 400 g Mehl (S. 100) fehlt dem Kuchen zwar das Hefearoma, er hält sich dafür aber länger frisch. Nehmen Sie statt Äpfeln gelegentlich festfleischige Aprikosen, Birnen, Kirschen, Rhabarber oder Zwetschgen.

OBST IN ALLEN VARIATIONEN *221*

Apfelschnitten

QUARK-ÖL-TEIG • 1 FETTPFANNE = 20–25 STÜCKE

Für den Quark-Öl-Teig (S. 100)
300 g Magerquark
400 g Weizenmehl Type 405 oder 550
1 Päckchen Backpulver
1 Prise Salz
5 EL Öl, z. B. Weizenkeimöl
100 g Zucker
1 Ei
4 EL Milch, nach Belieben
1 Päckchen Vanillezucker
1 TL feingeriebene unbehandelte Zitronenschale
Butter oder Margarine zum Einfetten
Mehl zum Ausrollen
Für den Belag
1,5 kg Äpfel, z. B. Gala
2 EL Zitronensaft
2 EL Wasser
3 EL Korinthen oder Sultaninen
Für den Guß und die Garnitur
2 Eier
600 ml Milch
40 g Grieß
1/2 Päckchen Vanillepuddingpulver
4 EL Zucker
3 EL Mandelblättchen

- Den Quark über Nacht in einem Sieb abtropfen lassen, dann 200 g davon abwiegen. Den Rest anderweitig verwenden.
- Für den Quark-Öl-Teig den Quark samt den restlichen Teigzutaten mit den Knethaken des Elektroquirls oder der Küchenmaschine knapp 1 Minute vermengen, dann zusammenkneten.
- Die Fettpfanne einfetten.
- Den Ofen vorheizen.
- Den Teigkloß mit Mehl bestauben, etwas ausrollen, in die Fettpfanne geben und ausformen, dabei einen kleinen Rand bilden.
- Die Äpfel schälen, vierteln, entkernen und in Schnitze teilen.
- Zitronensaft und Wasser mischen, die Äpfel damit benetzen, auf den Teig legen und mit Korinthen oder Sultaninen bestreuen.
- Den Kuchen etwa 25 Minuten backen.
- Für den Puddingguß die Eier trennen, und die Eiweiße zu Schnee schlagen.
- Die Milch bis auf 100 ml zum Kochen bringen.
- Den Grieß mit dem Puddingpulver und der restlichen Milch verrühren, in die Milch geben und 2–3 Minuten kochen lassen.
- Den Zucker dazugeben, den Topf von der Kochstelle nehmen, und den Pudding mit den Eigelben legieren.
- Den Eischnee unterheben.
- Die Masse sogleich über die Äpfel gießen und mit der Teigkarte glattstreichen.
- Die Mandelblättchen darauf streuen, und den Kuchen nochmals etwa 25 Minuten backen.
- Den Kuchen auf einem Kuchengitter auskühlen lassen, dann in Rechtecke schneiden.

Ofentemperatur: 180 °C
Einschubhöhe: Mitte
Backzeit: etwa 25 Minuten
und
Ofentemperatur: 180 °C
Einschubhöhe: oben
Backzeit: etwa 25 Minuten

Gedeckter Apfelkuchen

x preiswert
x gefriergeeignet

MÜRBETEIG • 1 SPRINGFORM (24–26 CM ⌀) = 12 STÜCKE

Für den Mürbeteig (S. 84)
400 g Weizenmehl Type 405 oder
550 oder 1050
2 TL Backpulver
1 Prise Salz
200 g Butter oder Margarine
3–4 EL Zucker
1 Ei oder 2 Eigelb
1 TL feingeriebene
unbehandelte Zitronenschale
Backpapier oder Butter
bzw. Margarine zum Einfetten
Backpapier und Hülsenfrüchte
zum Blindbacken, nach Belieben

Für den Belag
1,2 kg Äpfel, z.B. Boskoop
2 EL Zitronensaft
3 EL Weißwein
2–3 EL Zucker
1 Päckchen Vanillezucker
oder $1/2$ TL Zimt
2–3 EL gehackte Haselnußkerne
oder gehackte geschälte Mandeln
2–3 EL Sultaninen
1 TL feingeriebene
unbehandelte Zitronenschale

Für den Guß und die Garnitur
4 EL Puderzucker
1–2 EL Rum oder Zitronensaft
2 EL gehackte Pistazien oder
leicht geröstete Mandelblättchen

• Den Boden der Form befeuchten und mit Backpapier belegen oder einfetten.

• Den Ofen vorheizen.
• Für den Mürbeteig die kühlen Zutaten mit den Knethaken des Elektroquirls oder der Küchenmaschine etwa 45 Sekunden vermengen, rasch zu einem Teig verkneten und eingepackt ungefähr 20 Minuten kühlen.
• Zwei Drittel des Teiges ausrollen, in die Form geben, und einen 2–3 Finger hohen Rand formen.
• Den Teig einige Male einstechen, wieder 20 Minuten kühlen und nach Belieben mit Backpapier und Hülsenfrüchten bedeckt 10–12 Minuten blindbacken. So gart der Teig gleichmäßiger.
• Inzwischen die Äpfel schälen,

vierteln, entkernen und quer in schmale Scheiben schneiden, mit Zitronensaft und Wein 10 Minuten offen dünsten, auskühlen lassen und mit den restlichen Zutaten für den Belag vermischen.
• Die Apfelmasse auf den Teigboden geben und etwas andrücken.
• Den restlichen Teig rund ausrollen und als Platte in Größe der Form auf den Kuchen legen.

• Die Ränder andrücken, und die Oberfläche mehrmals mit einer Gabel einstechen.
• Nach Belieben aus Teigresten Verzierungen ausstechen, befeuchten und darauf legen.
• Den Kuchen 40–50 Minuten backen und auskühlen lassen.
• Den Puderzucker mit Rum oder Zitronensaft zu einem Guß verrühren, den erkalteten Kuchen damit bestreichen und mit Pistazien oder Mandelblättchen bestreuen, dann aus der Form lösen.

Ofentemperatur: 180 °C
Einschubhöhe: unten
Backzeit: 10–12 Minuten
und
Ofentemperatur: 180 °C
Einschubhöhe: unten
Backzeit: 40–50 Minuten

Apfelkuchen mit Bienenstich

x gefriergeeignet

MÜRBETEIG • 1 SPRINGFORM (26 CM ⌀) = 12 STÜCKE

Für den Mürbeteig (S. 84)
Halbe Zutatenmenge wie für den Gedeckten Apfelkuchen (siehe links)

Für den Belag
1,2 kg feste Äpfel, z. B. Golden Delicious
3 EL Zitronensaft
50 g Butter oder Margarine
50 g Zucker
100 g Sultaninen
1 TL feingeriebene unbehandelte Zitronenschale
2–3 EL heller Instantsoßenbinder oder Speisestärke, nach Bedarf

Für den Bienenstichguß
10 g Butter oder Margarine
75 g Zucker
1 EL Honig
60 g Mandelblättchen
2 EL Milch

• Wie links beschrieben die Form vorbereiten, den Ofen vorheizen, den Mürbeteig zubereiten, den Boden und einen 3 Finger hohen Rand der Form damit auskleiden, einstechen und kühlen.
• Inzwischen für den Belag die Äpfel schälen, vierteln, entkernen und kleinschneiden.

• Die Äpfel mit Zitronensaft benetzen und mit Butter, Zucker, Sultaninen und Zitronenschale 10 Minuten bei mäßiger Wärmezufuhr dünsten.
• Die Masse auskühlen lassen, falls sie etwas wäßrig ist, mit Soßenbinder oder Speisestärke vermischen, und auf dem Mürbeteigboden verteilen.
• Für den Bienenstich die Butter oder Margarine in einem kleinen Topf zergehen lassen, Zucker, Honig, Mandelblättchen und Milch dazugeben und alles miteinander verrühren, dann aufkochen lassen und heiß auf die Äpfel verteilen.

• Den Kuchen im Ofen backen und in der Form auskühlen lassen, anschließend vom Formrand schneiden, aus der Form lösen und auf die Tortenplatte heben.
• Vor dem Aufschneiden muß der Kuchen mindestens 6 Stunden auskühlen.

Ofentemperatur: 200 °C
Einschubhöhe: unten
Backzeit: 35–45 Minuten

Hinweis:
Zum Aufsaugen der Feuchtigkeit können Sie den Mürbeteigboden mit einer großen Tortenoblate belegen.

Apfelkuchen mit Sonnenblumenkernen

MÜRBETEIG • 1 SPRINGFORM (22–24 CM ⌀) = 10–12 STÜCKE

Für den Mürbeteig (S. 84)
100 g Weizenmehl Type 405
100 g mittelfeines
Weizenvollkornmehl Type 1700
½ TL Weinsteinbackpulver
½ TL Salz
125 g Butter oder Margarine
2 EL Honig oder brauner Rohzucker
2 Eigelb
2 EL Wasser
Backpapier oder Butter
bzw. Margarine zum Einfetten
Backpapier und Hülsenfrüchte
zum Blindbacken

Für den Belag
6–8 kleine Äpfel, z. B. Berlepsch
1 TL Zitronensaft
100 g Crème fraîche
oder Schlagsahne
2 Eier
1 Eigelb
1 EL flüssiger Honig
75 g Sonnenblumenkerne
1 Eiweiß
2–3 EL Aprikosenkonfitüre
Puderzucker zum Bestauben

- Für den Mürbeteig alle kühlen Zutaten in einer Schüssel mit den Knethaken des Elektroquirls oder der Küchenmaschine knapp 1 Minute vermengen, dann zu einem Teigkloß zusammenpressen, flach drücken und zugedeckt 30 Minuten kühl stellen.
- Den Boden der Springform befeuchten und mit Backpapier belegen oder einfetten.
- Mit dem Teig den Boden und einen etwa 1 Finger hohen Rand der Springform belegen.
- Den Teigboden einige Male mit einer Gabel einstechen, dann den Teig etwa 20 Minuten im Gefrierfach kühlen.
- Den Ofen vorheizen.
- Den Teig mit Backpapier und Hülsenfrüchten bedecken und 10–12 Minuten blindbacken.
- Inzwischen die Äpfel schälen, waagrecht teilen, und die Kerngehäuse herausstechen.
- Die runden Seiten karoartig einritzen, und die Äpfel mit Zitronensaft benetzen.
- Die Crème fraîche oder Schlagsahne mit Eiern und Eigelb verschlagen.
- Den Honig erwärmen, die Sonnenblumenkerne darin wenden.
- Den Kuchen aus dem Ofen nehmen, und die Hülsenfrüchte und das obere Papier entfernen.
- Erst Eiweiß, dann erwärmte, durchgesiebte Aprikosenkonfitüre auf den Teigboden geben.
- Die Eisahne darauf gießen, die Äpfel mit der runden Seite nach oben darauf setzen, und die Sonnenblumenkerne darüber geben.
- Den Kuchen noch einmal 25–30 Minuten backen, dann auf einem Kuchengitter auskühlen lassen und nur leicht mit Puderzucker bestauben.

Ofentemperatur: 180 °C
Einschubhöhe: unten
Backzeit: 10–12 Minuten
und
Ofentemperatur: 200 °C
Einschubhöhe: unten
Backzeit: 25–30 Minuten

Apfelkuchen mit Schokostreuseln

✗ einfach
✗ schnell
✗ preiswert
✗ gefriergeeignet

MÜRBETEIG • 1 SPRINGFORM (24–26 CM ⌀) = 12 STÜCKE

Für den Mürbeteig (S. 84)
Zutaten wie für den Apfelkuchen mit Sonnenblumenkernen (siehe links)

Für den Belag
800–1000 g mürbe Äpfel
2 EL Zitronensaft
1 TL feingeriebene unbehandelte Zitronenschale
2 EL Apfel- oder Quittengelee

Für die Streusel und die Garnitur
175 g Weizenmehl Type 405
1 EL dunkler Kakao
110 g Butter oder Margarine
100 g Zucker
Puderzucker zum Bestauben

• Wie links beschrieben den Mürbeteig zubereiten und 10–12 Minuten blindbacken.
• Die Hülsenfrüchte und das obere Papier entfernen.
• Die Äpfel schälen, vierteln, entkernen und in schmale Schnitze schneiden, dann mit Zitronensaft und Zitronenschale vermischen.
• Den Kuchen dünn mit Gelee bestreichen, und die Äpfel darauf legen.
• Für die Streusel das Mehl mit Kakao, Fett und Zucker mit einer Gabel zu Streuseln verkneten, dann auf die Äpfel krümeln.
• Den Kuchen 45–50 Minuten backen.
• Den Springformrand lösen, und den Kuchen auf einem Gitter auskühlen lassen.
• Den Apfelkuchen ganz leicht mit Puderzucker bestauben und aufschneiden.

Ofentemperatur: 200 °C
Einschubhöhe: unten
Backzeit: 10–12 Minuten
und
Ofentemperatur: 200 °C
Einschubhöhe: unten
Backzeit: 45–50 Minuten

Zürcher Pfarrhaustorte

MÜRBETEIG • 1 SPRINGFORM (24 CM ⌀) = 12 STÜCKE

x einfach
x gefriergeeignet

Für den Mürbeteig (S. 84)
250 g Weizenmehl Type 405
1 TL Backpulver
1 Prise Salz
125 g Butter oder Margarine
3–4 EL Zucker
1 Ei
1 Päckchen Vanillezucker
Backpapier und Hülsenfrüchte
zum Blindbacken
Backpapier oder Butter
bzw. Margarine zum Einfetten

Für den Belag
750 g Äpfel, z. B. Boskoop
2 EL Zitronensaft
2 Eier
3–4 EL Zucker
1 Päckchen Vanillezucker
oder ½ TL gemahlener Zimt
200 g gemahlene geschälte
oder ungeschälte Mandeln
4 EL Johannisbeer- oder
Quittengelee zum Bestreichen
Puderzucker zum Bestauben

• Die kühlen Teigzutaten mit dem Elektroquirl oder der Küchenmaschine knapp 1 Minute vermengen, zum flachen Kloß pressen und eingepackt kühlen.
• Den Boden einer Springform befeuchten und mit Backpapier belegen oder einfetten.
• Den Ofen vorheizen.
• Den Teig ausrollen, den Boden und einen 2 cm hohen Rand der Form damit auskleiden, einstechen und 20 Minuten kühlen.
• Den Teig mit Backpapier und Hülsenfrüchten bedecken und 10–12 Minuten blindbacken. Hülsenfrüchte und Papier entfernen.
• Für den Belag die Äpfel schälen, halbieren und entkernen; 1 Apfel grob reiben. Die übrigen mit Zitronensaft beträufeln, die Rundung mehrmals einritzen.

- Die Eigelbe mit dem Zucker schaumig schlagen. Vanillezucker, Mandeln und die Apfelmasse daruntermischen. Die Eiweiße steifschlagen und unterheben.
- Erst etwas Gelee, dann die Mandelmasse auf dem Boden verstreichen. Die Äpfel – Rundung oben – darauf verteilen, und den Kuchen weitere 50–60 Minuten backen.
- Den heißen Kuchen mit dem restlichen Gelee bestreichen, aus der Form lösen, auskühlen lassen und mit Puderzucker bestauben.

Ofentemperatur: 180 °C
Einschubhöhe: unten
Backzeit: 10–12 Minuten
und
Ofentemperatur: 180 °C
Einschubhöhe: unten
Backzeit: 50–60 Minuten

Schwäbischer Apfelkuchen

✗ einfach
✗ schnell
✗ preiswert
✗ gefriergeeignet

MÜRBETEIG • 1 SPRINGFORM (24–26 CM ⌀) = 12 STÜCKE

Für den Mürbeteig (S. 84)
Zutaten wie für die Zürcher Pfarrhaustorte (siehe links)

Für den Belag
75 g Mandelblättchen
750 g aromatische Äpfel
3 Eigelb
4–5 EL Zucker
150 g Joghurt oder Schlagsahne
3 TL Speisestärke
1 TL feingeriebene unbehandelte Zitronenschale
2 Eiweiß
2 EL Sultaninen
Puderzucker zum Bestauben

- Den Mürbeteig wie links beschrieben zubereiten und kühl stellen. Den Ofen vorheizen.
- Die Form vorbereiten, den Teig wie links beschrieben hineingeben, einstechen und 20 Minuten kühl stellen, dann mit Backpapier und Hülsenfrüchten belegen und blindbacken; danach Hülsenfrüchte und Papier entfernen.
- Für den Belag den Teig mit einigen Mandelblättchen bestreuen.
- Die Äpfel schälen, halbieren, entkernen, an der Rundung einritzen und mit dieser Seite nach oben auf den Boden legen.
- Die Eigelbe mit Zucker, Joghurt oder Sahne, Stärke und Zitronenschale gut verschlagen.
- Die Eiweiße steifschlagen, mit den Sultaninen dazugeben, und die Masse auf die Äpfel gießen.
- Die restlichen Mandelblättchen darauf streuen.
- Den Kuchen wieder in den Ofen schieben und nochmals 20–25 Minuten backen.
- Den Kuchen auskühlen lassen und mit Puderzucker bestauben.

Ofentemperatur: 180 °C
Einschubhöhe: unten
Backzeit: 10–12 Minuten
und
Ofentemperatur: 180 °C
Einschubhöhe: unten
Backzeit: 20–25 Minuten

Variationen:
Sie können diesen Kuchen ebensogut mit Schnitzen von weichen Birnen oder Pfirsichen zubereiten und die Sultaninen durch frische Preiselbeeren ersetzen.
Hinweis:
Da der Kuchen sehr saftig ist, mögen ihn nicht nur Kinder und Senioren besonders gern; er schmeckt auch noch am folgenden Tag vorzüglich.

OBST IN ALLEN VARIATIONEN

Versunkener Apfelkuchen

- einfach
- schnell
- gefriergeeignet

RÜHRTEIG • 1 SPRINGFORM (24–26 CM ⌀) = 12 STÜCKE

Für den Rührteig (S. 74)
150–200 g Butter
oder Margarine
100–150 g Zucker oder Honig
3–4 Eier
1 Päckchen Vanillezucker
oder ½ TL feingeriebene
unbehandelte Zitronenschale
200 g Weizenmehl Type 405 oder
550 oder 1050
2 TL Backpulver
1 Prise Salz, eventuell
2–3 EL Wasser
Backpapier oder Butter
bzw. Margarine zum Einfetten

Für den Belag
750–1000 g Äpfel, z. B. Boskoop
3–4 EL Zitronensaft
3–4 EL grobgehackte Hasel-
oder Walnußkerne oder Mandelstifte, nach Belieben
3 EL Aprikosenkonfitüre

- Den Boden der Form befeuchten und mit Papier belegen oder einfetten; den Ofen vorheizen.
- Für den Rührteig Butter oder Margarine, Zucker oder Honig, Eier und Vanillezucker oder Zitronenschale – alles zimmerwarm – 4–5 Minuten schaumig schlagen.
- Das Mehl mit Backpulver und Salz vermengen und – eventuell mit etwas Wasser – unterrühren, dann den Teig in die Form geben.
- Die Äpfel schälen, halbieren, entkernen, auf der runden Seite mehrmals einritzen, mit Zitronensaft benetzen und mit der Rundung nach oben sehr dicht nebeneinander in den Teig drücken.
- Den Kuchen 20 Minuten backen, danach die Nüsse oder Mandeln darauf streuen, und den Kuchen fertigbacken.
- Die Konfitüre durchpassieren, erwärmen und auf den heißen Kuchen pinseln, dann den Kuchen auskühlen lassen und schneiden.

Ofentemperatur: 180 °C
Einschubhöhe: unten
Backzeit: 40–50 Minuten

Apfel-Sahne-Torte

- einfach
- gefriergeeignet

RÜHRTEIG • 1 SPRINGFORM (26–28 CM ⌀) = 12–16 STÜCKE

Für den Rührteig (S. 74)
100 g weiße Schokolade
180 g Butter oder Margarine
150 g Zucker
4 Eier
250 g gemahlene
geschälte Mandeln
2 EL Kirschwasser
1 Päckchen Vanillezucker
1 EL Weizenmehl Type 405
1 TL Backpulver
1 Prise Salz
Backpapier oder Butter
bzw. Margarine zum Einfetten

Für die Füllung und die Garnitur
2–3 EL Eierlikör
6 eingeweichte weiße
Gelatineblätter
3 EL Zitronensaft
1 TL feingeriebene
unbehandelte Zitronenschale
500 g aromatisches,
wasserarmes Apfelkompott
400 g Schlagsahne, 4 EL Zucker
Haselnußkrokant zum Bestreuen

- Den Boden der Form befeuchten und mit Papier belegen oder einfetten; den Ofen vorheizen.
- Die Schokolade schmelzen (S. 38), den Rührteig wie oben beschrieben zubereiten, und die Schokolade zufügen.
- Den Teig in die Form geben, backen und auskühlen lassen.
- Den Kuchen waagrecht teilen, und den Tortenboden mit dem Eierlikör beträufeln, dann einen Tortenring herumlegen.
- Die Gelatine ausdrücken, mit Zitronensaft schmelzen (S. 32), mit der Zitronenschale unter das Apfelkompott schlagen, und das Kompott bis zum Gelieren kühlen.
- Die Sahne steifschlagen, süßen, zur Hälfte daruntermengen und auf den Tortenboden geben.
- Den zweiten Boden darauf legen, andrücken, dann kühlen.
- Den Kuchen mit der übrigen Sahne bestreichen, mit Krokant bestreuen und kühl stellen.

Ofentemperatur: 200 °C
Einschubhöhe: Mitte
Backzeit: 30–35 Minuten

Apfelrolle mit Sahne

x schnell

BISKUITMASSE • 1 BLECH = 12 STÜCKE

Für die Biskuitmasse (S. 88)
3 Eier, Gewichtsklasse 4
1 EL Wasser
90 g Zucker
1 Päckchen Vanillezucker
1 Prise Salz
90 g Weizenmehl Type 405
½ TL Backpulver
Backpapier

Für die Füllung und die Garnitur
300 g Schlagsahne
2 EL Zucker
1 TL feingeriebene
unbehandelte Zitronenschale
3 EL Zitronensaft
3–4 Äpfel, z. B. Golden Delicious
Puderzucker zum Bestauben

- Das Blech befeuchten und mit Backpapier belegen, dabei rundherum einen hochstehenden Rand knicken.
- Den Ofen vorheizen.
- Für die Biskuitmasse die kühlen Eier mit kaltem Wasser, Zucker, Vanillezucker und Salz mit dem Elektroquirl oder der Küchenmaschine schaumig schlagen.
- Mehl und Backpulver mischen, auf die Eimasse sieben, und alles vorsichtig so vermengen, daß die Luft nicht entweicht.
- Die Masse mit einer Teigkarte gleichmäßig auf dem Blech verstreichen und im Ofen backen.
- Die Biskuitplatte auf ein zweites Backpapier stürzen und mit dem Papier und dem Blech bedeckt auskühlen lassen.
- Für die Füllung die Sahne steifschlagen und süßen.
- 3–4 EL Sahne in einen Spritzbeutel mit Sterntülle geben und kühlen, den Rest mit Zitronenschale und 2 EL Saft vermengen.
- ½ Apfel vierteln, für die Garnitur quer in kleine Stücke schneiden; mit Zitronensaft benetzen. Die restlichen Äpfel schälen, mit einer groben Reibe um das Kernhaus herum in die Sahne raffeln und sogleich daruntermengen, damit sie sich nicht verfärben.
- Das Blech und das obere Papier von der Teigplatte lösen, und die Füllung auf den Biskuit streichen.
- Den Kuchen mit Hilfe des unteren Papiers aufrollen.
- Die Rolle mit der Sahne aus dem Spritzbeutel und den Apfelstückchen garnieren, bestauben und bald aufschneiden, weil sonst die Äpfel dunkel werden.

Ofentemperatur: 200 °C
Einschubhöhe: Mitte
Backzeit: 8–12 Minuten

Variationen:
Die Füllung können Sie durch Zufügen von einigen gerösteten gehackten Mandeln oder Nüssen verändern.
Hinweis:
Je nachdem, ob Sie die Biskuitplatte von der schmalen oder von der breiten Seite her aufrollen, bekommen Sie mehrere kleine oder wenige große Stücke. Entsprechend dürfen Sie den breiten oder schmalen Rand nicht mit der Apfelsahne bestreichen.

OBST IN ALLEN VARIATIONEN 231

Apfeltorte mit Nußbiskuit

x einfach
x gefriergeeignet

BISKUITMASSE • 1 SPRINGFORM (26 CM ⌀) = 12 STÜCKE

Für die Biskuitmasse (S. 88)
125 g gemahlene Walnußkerne
2 Eier, Gewichtsklasse 4
1/2 EL Wasser
60 g Zucker
1 Päckchen Vanillezucker
1 Prise Salz
60 g Weizenmehl Type 405
1/2 TL Backpulver
Backpapier oder Butter
bzw. Margarine zum Einfetten

Für den Belag und die Garnitur
500 g mürbe Äpfel, z. B. Jonathan
16–20 Walnußkernhälften
2–3 EL Aprikosen- oder
Orangenkonfitüre
1 EL Aprikosen- oder Orangenlikör
Puderzucker zum Bestauben

• Den Boden der Springform befeuchten und mit Backpapier belegen oder einfetten.
• Den Ofen vorheizen.
• Die gemahlenen Walnüsse hell rösten (S. 35).
• Die Biskuitmasse wie links beschrieben zubereiten, dabei die Nüsse mit dem Mehl und dem Backpulver vermengen.
• Die Nuß-Biskuit-Masse in die Form geben und glattstreichen.
• Die Äpfel schälen, vierteln, entkernen, auf der runden Seite einritzen und dicht nebeneinander auf den Biskuit geben.
• Die Walnußhälften in die Zwischenräume legen.

• Den Kuchen im Ofen backen.
• Die Konfitüre durchpassieren, mit Likör verrühren, erwärmen, und die Oberfläche des heißen Kuchens damit bestreichen.
• Den Kuchen erst unmittelbar vor dem Aufschneiden mit Puderzucker bestauben.

Ofentemperatur: 200 °C
Einschubhöhe: Mitte
Backzeit: 20–30 Minuten

Variationen:
Statt der Äpfel können Sie auch Aprikosenhälften, Pfirsichschnitze oder abgetropfte, entsteinte Kirschen auf dem Nußbiskuit verteilen.

Apfelstrudel bayerische Art

× preiswert
× gefriergeeignet

STRUDELTEIG • 1 BLECH/FORM = 12 STÜCKE/6–8 PORTIONEN

Für den Strudelteig (S. 96)
350 g doppelgriffiges Weizenmehl Type 405 oder 550
¼ TL Salz
1 Ei oder 2 Eigelb, Gewichtsklasse 4
3 EL Öl, z. B. Maiskeimöl
knapp 125 ml warmes Wasser
1 EL Essig oder Zitronensaft
Öl zum Bepinseln
150 g Butter oder Margarine zum Einfetten und Bestreichen
Mehl für das Geschirrtuch

Für die Füllung
1 kg aromatische Äpfel, z. B. Gala
4 EL heller Instantsoßenbinder
4 EL Zucker oder Honig
100 g Sultaninen
100 g grobgehackte Mandeln oder 100 g Sonnenblumenkerne
1 TL feingemahlener Zimt
½ TL feingeriebene unbehandelte Zitronenschale
100 g getrocknete Aprikosen oder 100 g getrocknete Feigen, nach Belieben
4 EL Makronenkrümel oder Paniermehl zum Bestreuen

Für den Guß und die Garnitur
100 ml Milch oder
100 g Schlagsahne, nach Belieben
Puderzucker
und 1 Päckchen Vanillezucker zum Bestreuen

• Eine Schüssel oder einen Topf anwärmen.
• Für den Strudelteig die Zutaten in einer zweiten Schüssel mit den Knethaken des Elektroquirls oder den Fingerspitzen vermengen.
• Den Teig 10 Minuten kräftig von Hand kneten und schlagen, zu 2–3 Kugeln formen und mit Öl bepinseln.
• Die Teigkugeln mit dem angewärmten Gefäß bedecken und mindestens 30 Minuten quellen lassen. Man kann den Teig auch in einem Gefrierbeutel an einem warmen Ort quellen lassen.
• Das Blech oder die Form einfetten, und den Ofen vorheizen.
• Ein feuerfestes Schälchen mit heißem Wasser auf den Boden des Ofens stellen.
• Inzwischen für die Füllung die Äpfel schälen, vierteln, entkernen und in schmale Schnitze teilen.
• Instantsoßenbinder, Zucker oder Honig, Sultaninen, Mandeln oder Sonnenblumenkerne, Zimt und Zitronenschale zufügen.
• Nach Belieben außerdem einige kleingeschnittene Aprikosen oder Feigen dazugeben, denn sie nehmen die Feuchtigkeit gut auf.
• Den Strudelteig portionsweise auf einem bemehlten Geschirrtuch zunächst ausrollen, dann mit den Handrücken papierdünn, möglichst rechteckig, ausziehen.
• Die restliche Butter oder Margarine zerlassen, und den Teig mit einem Teil davon bestreichen.
• Die Makronenkrümel oder das Paniermehl darauf streuen.
• Die Füllung so auf dem Teig verteilen, daß die Seiten und der hintere Rand frei bleiben, dann die Ränder anfeuchten.

OBST IN ALLEN VARIATIONEN 233

- Die Strudel nacheinander mit Hilfe des Geschirrtuches aufrollen und nebeneinander auf das Blech oder in die Form gleiten lassen, so daß die Nahtstellen unten liegen.
- Die Ränder zusammendrücken, und die Oberfläche einige Male einstechen.
- Die Strudel mit der restlichen zerlassenen Butter oder Margarine bestreichen, im Ofen backen und nach Belieben alle 10 Minuten mit Milch oder Sahne begießen, damit sie saftig werden.
- Nach dem Backen die Strudel 5 Minuten ruhen lassen.
- Den Puderzucker mit Vanillezucker mischen, darüber streuen, und die warmen Strudel in etwa 5 cm breite Stücke schneiden.

Ofentemperatur: 225 °C
Einschubhöhe: Mitte
Backzeit: 35–40 Minuten

Variation:
Bei der Füllung können Sie die Mandeln durch gehackte Walnußkerne ersetzen. Bestreuen Sie dann den Strudel 10 Minuten vor Ende der Backzeit mit je 2 EL gehackten Walnußkernen und grobem Zucker.
Hätten Sie's gewußt?
Die Österreicher bezeichnen mürbe Apfelsorten wie Boskoop oder Glockenapfel, die sich für diese Spezialität eignen, als Strudler.

Marillenstrudel

× gefriergeeignet

STRUDELTEIG • 1 FETTPFANNE/FORM = 12 STÜCKE/6–8 PORTIONEN

Für den Strudelteig (S. 96)
Zutaten wie für den Apfelstrudel, bayerische Art (siehe links)
Für die Füllung
1,5 kg Aprikosen (Marillen)
4 EL heller Instantsoßenbinder
5 EL Zucker
1 Päckchen Vanillezucker
1 TL gemahlener Zimt
1 EL Rum
1 EL Zitronensaft
100 g gehackte Haselnußkerne oder Mandeln

50 g Sonnenblumenkerne
8 EL Haselnußmakronen- oder Lebkuchenkrümel zum Bestreuen
Für den Guß und die Garnitur
Zutaten wie für den Apfelstrudel, bayerische Art (siehe links)

- Die Form vorbereiten, und den Ofen vorheizen.
- Den Strudelteig wie links beschrieben zubereiten, ausrollen und ausziehen.

- Die Aprikosen waschen, trocknen, halbieren, entsteinen und mit den übrigen Zutaten für die Füllung vermischen.
- Erst Haselnußmakronen- oder Lebkuchenkrümel auf die Teigplatten streuen, dann die Füllung darauf geben und die Strudel wie zuvor beschrieben fertigstellen.

Ofentemperatur: 225 °C
Einschubhöhe: Mitte
Backzeit: 35–40 Minuten

Aprikosenkuchen

- einfach
- schnell
- preiswert
- gefriergeeignet

RÜHRTEIG • 1 SPRINGFORM (24–26 CM ⌀) = 12 STÜCKE

Für den Rührteig (S. 74)
2 Eier
100 g Butter oder Margarine
5 EL Zucker
1 TL feingeriebene
unbehandelte Zitronenschale
200 g Weizenmehl Type 405
2 TL Backpulver
1 Prise Salz
3 EL Milch, nach Bedarf
Backpapier oder Butter
bzw. Margarine zum Einfetten

Für den Belag
800 g frische
oder konservierte Aprikosen
2 EL Zitronensaft
50 g Mandelstifte
Hagelzucker zum Bestreuen

- Für den Belag konservierte Aprikosen in ein Sieb geben und gut abtropfen lassen.
- Den Boden der Springform befeuchten und mit Backpapier belegen oder einfetten.
- Den Ofen vorheizen.
- Für den Rührteig die Eier trennen, die Eiweiße steifschlagen und kühl stellen.
- Das zimmerwarme Fett mit Zucker, Eigelben und Zitronenschale 4–5 Minuten mit den Rührbesen des Elektroquirls oder der Küchenmaschine in einer Schüssel schaumig schlagen.
- Das Mehl mit Backpulver und Salz vermengen und nach Bedarf mit der Milch darunterrühren, dann den Eischnee unterheben.
- Den Teig in die Form füllen, und die Oberfläche mit der nassen Teigkarte glattstreichen, dabei den Teig leicht zum Rand hochziehen.
- Frische Aprikosen 2 Minuten mit kochendem Wasser überbrühen und häuten, dann halbieren, entsteinen und mit Zitronensaft beträufeln.
- Die Aprikosen sehr dicht nebeneinander mit der Rundung nach oben auf den Teig geben, und die Mandelstifte darauf streuen.
- Den Aprikosenkuchen im Ofen goldgelb backen, anschließend auskühlen lassen.
- Vor dem Servieren den Kuchen mit Hagelzucker bestreuen.

Ofentemperatur: 180 °C
Einschubhöhe: Mitte
Backzeit: etwa 40–55 Minuten

Variationen:
Statt Mandelstiften können Sie vor dem Backen Kokosraspel, Mandelblättchen oder Streusel auf dem Kuchen verteilen.
Dieses schnelle Rezept können Sie als Apfel-, Birnen-, Heidelbeer-, Johannisbeer-, Kirsch- , Rhabarber-, Stachelbeer- oder Zwetschgenkuchen mühelos abwandeln.
Für Aprikosen-Nuß-Kuchen ersetzen Sie 100 g Mehl durch die gleiche Menge gemahlene Hasel- oder Walnüsse.

Hinweis:
Kinder und Senioren mögen den saftigen Kuchen erfahrungsgemäß besonders gern; er bleibt lange frisch.

Spiegeleierkuchen

x preiswert

RÜHRTEIG • 1 SPRINGFORM (24–26 CM ⌀) = 12 STÜCKE

Für den Rührteig (S. 74)
4 Eier
200 g Butter oder Margarine
150 g Zucker
1 Päckchen Vanillezucker
200 g Weizenmehl Type 405
2 TL Backpulver
1 Prise Salz
Backpapier oder Butter bzw. Margarine zum Einfetten

Für den Belag
250 ml Milch
1/2 Päckchen Vanillepuddingpulver
2 EL Zucker
100 g Crème fraîche
250 g frische oder konservierte Aprikosen
2 EL feingehackte Pistazienkerne

Für den Guß
250 ml Aprikosensaft
1 Päckchen klarer Tortenguß
1–2 EL Zucker

- Konservierte Aprikosen in einem Sieb abtropfen lassen.
- Wie links beschrieben die Form vorbereiten, den Ofen vorheizen, und aus den Zutaten den Rührteig bereiten.
- Den Teig in die Form füllen und glattstreichen.
- Den Teig etwa 15 Minuten backen, dann 15–20 Minuten kühlen.
- In der Zwischenzeit aus Milch und Puddingpulver nach Packungshinweis einen Pudding kochen und etwas abkühlen lassen.
- Den Zucker und die Crème fraîche darunterrühren, und die Masse in Form großer Kleckse auf dem erkalteten Kuchen verteilen.
- Den Kuchen erneut 10–15 Minuten bei gleicher Temperatur backen, dann auskühlen lassen.
- Frische Aprikosen mit kochendem Wasser überbrühen, häuten, halbieren und entsteinen.
- Die Aprikosen als „Eigelbe" auf die „Eiweiße" legen und mit den Pistazien – sie sollen Schnittlauch andeuten – bestreuen.
- Aus Aprikosensaft und Tortengußpulver sowie Zucker nach Anweisung einen Tortenguß herstellen, dabei den Guß nicht mit dem Schneebesen rühren.
- Den Guß etwas abkühlen lassen und mit einem Pinsel sehr dünn über den Kuchen geben.

Ofentemperatur: 180 °C
Einschubhöhe: Mitte
Backzeit: etwa 15 Minuten
und
Ofentemperatur: 180 °C
Einschubhöhe: Mitte
Backzeit: 10–15 Minuten

Birnenkuchen mit Krokant

x einfach
x gefriergeeignet

RÜHRTEIG • 1 BLECH/FETTPFANNE = 20–25 STÜCKE

Für den Rührteig (S. 74)
4 Eier
250 g Butter oder Margarine
150 g Zucker
80 g dunkler Kakao
4 EL Rum
1 Päckchen Vanillezucker
300 g Weizenmehl Type 405
2 EL Speisestärke
1½ Päckchen Backpulver
1 Prise Salz
Backpapier oder Butter
bzw. Margarine zum Einfetten

Für den Belag
1,2–1,5 kg knapp gegarte frische
oder konservierte Birnen
1 EL Zitronensaft
10 g Butter
3 EL feiner Zucker
100 g Mandelstifte
4 EL Aprikosenkonfitüre
1 EL Aprikosenlikör

- Die Birnen sehr gut abtropfen lassen.
- Das Blech oder die Fettpfanne befeuchten und mit Backpapier belegen oder einfetten.
- Den Ofen vorheizen.
- Die Eier trennen, die Eiweiße steifschlagen und kühl stellen.
- Fett, Zucker und Eigelbe – alles zimmerwarm – etwa 4–5 Minuten mit den Rührbesen des Elektroquirls oder der Küchenmaschine schaumig schlagen.
- Den Kakao, Rum und Vanillezucker dazugeben.
- Das Mehl mit Stärke, Backpulver und Salz vermengen und unterrühren, dann den Eischnee mit dem Spatel unterheben.
- Den Teig auf das Blech streichen und mit der feuchten Teigkarte glätten.
- Die Birnen in Schnitze teilen, mit Zitronensaft benetzen und dachziegelartig auf den Teig legen.
- Den Kuchen goldgelb backen.
- Krokant zubereiten (S. 33) und auf einem Stück gebutterter Alufolie abkühlen lassen, dann in einem Gefrierbeutel mit der Teigrolle zerkleinern.
- Die Aprikosenkonfitüre durchpassieren, erwärmen, den fertigen Kuchen damit bestreichen, dann den Krokant darauf streuen.

Ofentemperatur: 200 °C
Einschubhöhe: Mitte
Backzeit: etwa 35–40 Minuten

Hinweis:
Da Krokant schnell Feuchtigkeit aufnimmt und weich wird, schmeckt dieser Kuchen am Backtag am besten.

OBST IN ALLEN VARIATIONEN 237

Birnenkuchen mit Mandelguß

x einfach
x gefriergeeignet

MÜRBETEIG • 1 FETTPFANNE = 20–25 STÜCKE

Für den Mürbeteig (S. 84)
300 g Weizenmehl Type 405
½ TL Backpulver
1 Prise Salz
200 g Butter oder Margarine
100 g Zucker
1 Ei
1 Päckchen Vanillezucker
Backpapier oder Butter
bzw. Margarine zum Einfetten

Für den Belag
1,5 kg weiche reife Birnen
1 EL Zitronensaft
1 Eiweiß
4–5 EL Paniermehl
oder Plätzchenkrümel
1 unbehandelte Zitrone
3 EL Zucker
3 EL Wasser
Puderzucker zum Bestauben

Für den Guß
6 Eier
1 Eigelb
100 g Zucker
100 g gemahlene
geschälte Mandeln
3 EL Speisestärke
3 EL Birnenschnaps,
z. B. Williamine, oder Rum

• Für den Mürbeteig alle kühlen Zutaten in einer Schüssel mit den Knethaken des Elektroquirls oder der Küchenmaschine knapp 1 Minute vermengen, dann zu einem Teigkloß zusammenpressen, flach drücken und zugedeckt 30 Minuten kühl stellen.

• Die Fettpfanne befeuchten und mit Backpapier belegen oder einfetten, dann den Teig etwa 3 mm dick ausrollen und in die Fettpfanne geben, dabei einen etwa 1 Finger hohen Rand bilden.

• Den Teigboden einige Male mit einer Gabel einstechen, dann den Teig etwa 20 Minuten kühl stellen, und den Ofen vorheizen.

• Die Birnen schälen, vierteln, und die Kerngehäuse entfernen, anschließend die Früchte in dünne Schnitze schneiden und mit Zitronensaft benetzen. So behalten sie ihr appetitliches Aussehen.

• Für den Mandelguß die Eier mit Eigelb, Zucker, Mandeln, Stärke und Birnenschnaps oder Rum verschlagen.

• Den Teig mit Eiweiß bepinseln, mit Paniermehl oder Plätzchenkrümeln bestreuen, und die Birnenschnitze dachziegelartig darauf legen.

• Den Guß über die Früchte gießen, und den Kuchen im Ofen goldbraun backen.

• Die Zitronenschale mit dem Zestenschneider in dünnen Streifen abschaben.

• Die Zesten in Zuckerwasser etwa 4 Minuten leicht kochen und dann abtropfen lassen.

• Den fertiggebackenen Kuchen gleichmäßig mit den Zitronenzesten garnieren.

• Zum Schluß den Kuchen ganz leicht mit Puderzucker bestauben.

Ofentemperatur: 180 °C
Einschubhöhe: Mitte
Backzeit: 25–35 Minuten

Hinweis:
Zu diesem Kuchen paßt Schlagsahne, die nach Belieben mit Zucker und Birnenschnaps oder mit Zitronensaft und etwas feingeriebener Zitronenschale abgeschmeckt wurde.

Birnenkuchen mit Frischkäse

x einfach
x gefriergeeignet

MÜRBETEIG • 1 SPRINGFORM (24–26 CM ⌀) = 12 STÜCKE

Für den Mürbeteig (S. 84)
250 g Weizenmehl Type 1050
½ TL Backpulver
½ TL Salz
125 g Butter oder Margarine
2 EL Zucker
1 Ei
2 EL Wasser
1 Päckchen Vanillezucker
Backpapier oder Butter
bzw. Margarine zum Einfetten
Backpapier und Hülsenfrüchte
zum Blindbacken

Für den Belag
2 EL Aprikosenkonfitüre
5–6 weiche reife Birnen
1 EL Zitronensaft

Für den Guß
200 g Doppelrahmfrischkäse
100 g Crème fraîche
2 Eier
3–4 EL Zucker
½ Päckchen Vanillepuddingpulver
1 Prise Salz

Für die Garnitur
kleingehackte Pistazienkerne
Dekorschnee

- Für den Mürbeteig alle kühlen Zutaten in einer Schüssel mit den Knethaken knapp 1 Minute vermengen, zu einem Kloß zusammenpressen, flach drücken und zugedeckt 30 Minuten kühlen.
- Den Boden der Springform befeuchten und mit Backpapier belegen oder einfetten.
- Den Ofen vorheizen.
- Mit dem Teig den Boden und einen 2 Finger hohen Rand der Springform belegen, einstechen, etwa 20 Minuten im Gefrierfach kühlen und mit Backpapier sowie Hülsenfrüchten belegen.
- Den Teigboden 10–12 Minuten blindbacken, dann die Hülsenfrüchte und das obere Papier entfernen, und den Kuchen mit erwärmter Konfitüre bestreichen.
- Die Birnen schälen, vierteln und die Kerngehäuse entfernen.
- Die Viertel in dünne Schnitze schneiden, mit Zitronensaft benetzen und schuppenartig vom Rand zur Mitte hin in Form einer Spirale auf den Boden geben.
- Für den Guß den Doppelrahmfrischkäse mit Crème fraîche, Eiern, Zucker, Vanillepuddingpulver und Salz verschlagen, über die Birnen gießen, und glattstreichen.
- Den Kuchen backen, nach 40 Minuten kleingehackte Pistazienkerne darüber streuen und fertigbacken.
- Den Kuchen erst 5 Minuten nach dem Backen aus der Form lösen, auf einem Kuchengitter erkalten lassen und ganz leicht mit Dekorschnee bestreuen.

Ofentemperatur: 180 °C
Einschubhöhe: Mitte
Backzeit: 10–12 Minuten
und
Ofentemperatur: 180 °C
Einschubhöhe: Mitte
Backzeit: 40 Minuten
und
Ofentemperatur: 180 °C
Einschubhöhe: Mitte
Backzeit: 5–15 Minuten

OBST IN ALLEN VARIATIONEN 239

Birnentörtchen

× schnell
× preiswert
× gefriergeeignet

BLÄTTERTEIG • 1 BLECH = 12 STÜCK

Für den Blätterteig (S. 92)
400 g frischer, gekühlter
oder TK-Blätterteig
1 Eigelb
2 EL Wasser
Mehl zum Ausrollen
Backpapier

Für den Belag
6 frische
oder konservierte Birnen
1 EL Zitronensaft
100 ml Weißwein, bei Bedarf
100 g gemahlene geschälte
Mandeln
2 EL flüssiger Honig
4 EL Schlagsahne
1 EL kleingehacktes Orangeat
1 EL kleingehacktes Zitronat
12 Nelken oder Sultaninen
12 Kürbiskerne

Für die Garnitur
3–4 EL Johannisbeergelee
200 g Schlagsahne
1 Päckchen Vanillezucker
1 EL Birnenschnaps, z. B. Williamine

• TK-Blätterteig ausgebreitet auftauen lassen.
• Das Blech befeuchten und mit Backpapier belegen.
• Frische Birnen schälen, halbieren und die Kerngehäuse entfernen, harte Früchte mit Zitronensaft beträufeln und mit dem Wein in einem dickwandigen geschlossenen Topf bei mäßiger Wärmezufuhr knapp garen.
• Frische weiche Birnen nur mit Zitronensaft bepinseln; konservierte Birnen in einem Sieb abtropfen lassen.
• Für die Füllung die Mandeln mit Honig, Sahne, Orangeat und Zitronat vermischen.
• Den Teig auf bemehlter Unterlage etwa 3 mm dick ausrollen.
• Teigbirnen mit Stiel ausstechen oder -schneiden; sie sollten etwa 3 cm größer als die Früchte sein.
• Aus Teigresten Blätter schneiden, an die Stiele drücken, die Teigstücke auf das Blech legen und einstechen. Die Füllung auf der Mitte der Teilchen verteilen und mit einer Teigkarte etwas glattstreichen, dabei einen knapp fingerbreiten Rand frei lassen.
• Die Birnen auf der runden Seite einritzen und darauf legen.
• Als Blüten die Nelken oder Sultaninen, als Stiele die Kürbiskerne an die Birnen stecken.
• Das Blech 20 Minuten kühlen.
• Den Ofen vorheizen.
• Das Eigelb mit Wasser verschlagen, und die Teigränder damit bestreichen, dann die Teilchen mit Wasser besprengen und backen.
• Das Gelee etwas erwärmen, und die Früchte damit bepinseln.
• Die Sahne steifschlagen, mit Vanillezucker und Birnenschnaps abschmecken und zum lauwarmen Gebäck reichen.

Ofentemperatur: 220 °C
Einschubhöhe: Mitte
Backzeit: 15–20 Minuten

Variationen:
In eiligen Fällen legen Sie die Birnen nur auf Rechtecke aus Blätterteig. Sie können die Törtchen auch mit Äpfeln oder Pfirsichen backen.

Birnen-Brombeer-Kuchen

HEFETEIG • 1 FETTPFANNE = 20–25 STÜCKE

Für den Hefeteig (S. 80)
2–3 EL Öl, z. B. Sonnenblumenöl
½ TL Salz
500 g Weizenmehl Type 405 oder 550 oder 1050
etwa 250 ml Buttermilch, Milch oder Wasser
1 Würfel Hefe (42 g)
oder 2 Päckchen Trockenhefe
3 EL Zucker
Backpapier oder Butter bzw. Margarine zum Einfetten

Für den Belag
800 g Birnen
1 EL Zitronensaft
600 g frische oder TK-Brombeeren
Plätzchen- oder Zwiebackkrümel zum Bestreuen
100 g Apfel- oder Quittengelee
1–2 EL Wasser
Hagelzucker zum Bestreuen

- Für den Hefeteig das Öl mit Salz und Mehl in eine Schüssel geben, dann die lauwarme Flüssigkeit mit Hefe und Zucker verschlagen und dazugießen.
- Diese Zutaten mit den Knethaken des Elektroquirls oder der Küchenmaschine in 4–5 Minuten zu einem geschmeidigen Hefeteig vermengen, noch kurz durchkneten und befeuchtet und zugedeckt an warmer Stelle etwa 30 Minuten gehen lassen.
- Inzwischen die Fettpfanne befeuchten und mit Backpapier belegen oder einfetten.
- Für den Belag die Birnen schälen, vierteln und von den Kerngehäusen befreien, dann fächerartig einschneiden und mit Zitronensaft benetzen.
- Die Brombeeren verlesen, falls nötig waschen und trocknen; TK-Beeren gefroren verwenden.
- Den Teig ausrollen und in die Fettpfanne geben, dabei sorgfältig in die Ecken drücken.
- Einen kleinen Rand bilden, und den Teig mehrmals mit einer Gabel einstechen, damit er besser die Form behält.

OBST IN ALLEN VARIATIONEN **241**

- Die Oberfläche mit Plätzchen- oder Zwiebackkrümeln bestreuen.
- Den Teig nochmals etwa 30 Minuten gehen lassen, bis sich sein Volumen verdoppelt hat.
- Den Ofen vorheizen.
- Die Früchte gruppenweise auf dem Teig verteilen.
- Den Kuchen backen.
- Das Gelee mit dem Wasser erwärmen und den noch warmen Kuchen damit bepinseln, dann auf einem Gitter auskühlen lassen.
- Zum Schluß den Kuchen mit dem Hagelzucker bestreuen und vorsichtig in Stücke schneiden.

Ofentemperatur: 200 °C
Einschubhöhe: Mitte
Backzeit: 30–40 Minuten

Variationen:
Statt Hefeteig können Sie für diesen Kuchen auch Mürbeteig (S. 84) oder Quark-Öl-Teig (S. 100) nehmen.

Brombeertörtchen

MÜRBETEIG • 12 FÖRMCHEN (10 CM Ø) = 12 STÜCK

Für den Mürbeteig (S. 84)
250 g Weizenmehl Type 405
1 Prise Salz
125 g Butter oder Margarine
4 EL Zucker
1 Ei oder 2 Eigelb
1 Päckchen Vanillezucker
Butter oder Margarine zum Einfetten
Mehl oder Backpapier zum Ausrollen

Für den Belag und die Garnitur
1 Ei, 1 Eigelb
70 g Zucker
1 TL feingeriebene unbehandelte Zitronenschale
1 EL Zitronensaft
250 g Sahnequark, 40 % Fett i. Tr.
100 g gemahlene geschälte Mandeln
50 g Kokosraspel
1 EL Speisestärke
400 g frische oder TK-Brombeeren
3 EL Brombeergelee
Puderzucker zum Bestauben

- Für den Mürbeteig die kühlen Zutaten mit den Knethaken des Elektroquirls oder der Küchenmaschine knapp 1 Minute verkneten, zu einem Teigkloß zusammenpressen, flach drücken und in Backpapier oder Folie eingepackt 30 Minuten kühl stellen.
- Die Förmchen sorgfältig einfetten, und den Ofen vorheizen.
- Den Teig auf bemehlter Unterlage oder zwischen 2 Lagen Backpapier ausrollen, dann Plätzchen mit 11–12 cm Ø ausschneiden und so in die Förmchen geben, daß die Ränder etwas überstehen.
- Den Teig einige Male mit einer Gabel einstechen und 10 Minuten im Gefriergerät kühlen.
- Die Törtchen 12–15 Minuten backen und herausnehmen; die Ofentemperatur erhöhen.
- Für den Belag das Ei mit dem Eigelb, Zucker, Zitronenschale, Zitronensaft, Quark, Mandeln, Kokosraspel und Stärke verrühren und auf den Böden verteilen.
- Die Brombeeren verlesen, falls nötig waschen und trocknen, anschließend auf die Böden geben.
- TK-Beeren gefroren verwenden.
- Die Törtchen noch einmal 15–20 Minuten backen.
- Das fertige Gebäck aus den Förmchen heben und auf einem Kuchengitter auskühlen lassen.
- Das Brombeergelee erwärmen, die Früchte damit bepinseln, und die Törtchen vor dem Servieren mit Puderzucker bestauben.

Ofentemperatur: 180 °C
Einschubhöhe: Mitte
Backzeit: 12–15 Minuten
und
Ofentemperatur: 220 °C
Einschubhöhe: oben
Backzeit: 15–20 Minuten

Erdbeerkuchen mit Vanillecreme

x einfach
x schnell
x preiswert

MÜRBETEIG • 1 SPRINGFORM (24 CM ⌀) = 12 STÜCKE

Für den Mürbeteig (S. 84)
150 g Weizenmehl Type 405
1 Prise Salz
75 g Butter oder Margarine
1 EL Zucker
1 Eigelb
1–2 EL Wasser
Backpapier oder Butter
bzw. Margarine zum Einfetten

Für die Vanillecreme
250 ml Milch
½ Päckchen Vanillepuddingpulver
2 EL Zucker
2 Eigelb
4 EL Schlagsahne

Für den Belag
600 g Erdbeeren
2 EL Johannisbeergelee
1 EL Zitronensaft

• Den Boden der Form befeuchten und mit Backpapier belegen oder einfetten.
• Für den Mürbeteig die kühlen Zutaten mit den Knethaken des Elektroquirls oder der Küchenmaschine etwa 45 Sekunden vermengen, mit kühlen Händen zu einem Teig verkneten, einpacken und 20 Minuten kühl stellen.
• Mit dem Teig den Boden und einen 2 Finger hohen Rand der Form belegen, einige Male mit einer Gabel einstechen und 20 Minuten im Gefriergerät kühlen.
• Den Ofen vorheizen.
• Den Teig im Ofen backen, auskühlen lassen und auf eine Tortenplatte legen.
• Inzwischen für die Creme die Hälfte der Milch aufkochen lassen; die übrige Milch mit Puddingpulver, Zucker, Eigelben und Sahne verschlagen.
• Die Mischung in die kochende Milch gießen und 2–3 Minuten unter Rühren kochen lassen.
• Die Creme auf den Kuchenboden gießen und mit einer nassen Teigkarte glattstreichen.
• Die Erdbeeren waschen, putzen, trocknen, halbieren und in eine Schüssel geben.
• Das Gelee mit Zitronensaft erwärmen und über die Erdbeeren geben, dann die Früchte einige Male schütteln, damit sie rundherum benetzt werden.
• Die Früchte mit der Schnittfläche nach unten auf der Vanillecreme verteilen.

Ofentemperatur: 180 °C
Einschubhöhe: Mitte
Backzeit: 20–25 Minuten

Variationen:
Wenn Sie möchten, verdoppeln Sie die Vanillecrememenge.
Statt der Erdbeeren können Sie beliebige andere Früchte einer oder mehrerer Sorten verwenden.
Für einen erfrischenden Erdbeerkuchen mit Zitronen-Wein-Creme nehmen Sie statt der Milch für die Creme 200 ml Weißwein, 50 ml Zitronensaft und etwas mehr Zucker.

Erdbeerkuchen mit Mandelguß

x einfach
x schnell
x preiswert

MÜRBETEIG • 1 SPRINGFORM (24–26 CM ⌀) = 12 STÜCKE

Für den Mürbeteig (S. 84)
Zutaten wie für den Erdbeerkuchen mit Vanillecreme (siehe oben)

Für den Guß
60 g gemahlene Mandeln
3–4 EL Zucker
2 Eier

Für den Belag
600 g Erdbeeren
2 EL Johannisbeergelee
1 EL Zitronensaft
200 g Schlagsahne
1–2 EL Zucker
1 Päckchen Vanillezucker

• Wie oben beschrieben die Form vorbereiten, den Mürbeteig zubereiten und kühl stellen.
• Die Form 2 cm hoch damit auskleiden, und den Teig einstechen.
• Den Teig erneut kühl stellen.
• Den Ofen vorheizen.
• Für den Guß die Mandeln mit Zucker und Eiern verschlagen und auf den Teig geben.
• Den Kuchen im Ofen backen; dabei nach der halben Backzeit den Mandelguß einige Male mit einer Gabel einstechen.
• Den fertigen Kuchen auf einem Kuchengitter auskühlen lassen.
• Für den Belag die Erdbeeren

OBST IN ALLEN VARIATIONEN 243

waschen, putzen, auf Küchenpapier trocknen und halbieren.
• Das Johannisbeergelee mit Zitronensaft erwärmen, über die Erdbeeren geben und etwa 10 Minuten zugedeckt ziehen lassen.
• Das Obst einige Male schütteln, damit es rundherum benetzt wird, und mit der Schnittfläche nach unten so dicht wie möglich auf dem Kuchenboden verteilen.

• Die Sahne steifschlagen und mit Zucker und Vanillezucker abschmecken, dann in einen Spritzbeutel mit großer Sterntülle füllen und unmittelbar vor dem Servieren auf den fertigen Erdbeerkuchen spritzen.

Ofentemperatur: 180 °C
Einschubhöhe: Mitte
Backzeit: 25–35 Minuten

Variationen:
Sie können statt Mandeln beliebige gemahlene Nüsse nehmen und statt der Erdbeeren den Mürbeteigboden mit beliebigen anderen Früchten einer oder mehrerer Sorten belegen.
Hinweis:
TK-Früchte immer gefroren auf dem Tortenboden verteilen und danach sogleich mit Tortenguß aus dem Päckchen überziehen.

Tiramisu mit Erdbeeren

RÜHRTEIG • 1 SPRINGFORM (20–24 CM ⌀) = 10–12 STÜCKE

Für den Rührteig (S. 74)
75 g Weizenmehl Type 405
1 TL Backpulver
1 Prise Salz
100 g Butter oder Margarine
90 g Zucker
2 EL dunkler Kakao
1 Ei
1 Päckchen Vanillezucker
Backpapier oder Butter
bzw. Margarine zum Einfetten

Für die Füllung
100 ml starker Kaffee
4 EL Mandellikör, z. B. Amaretto, nach Belieben
300 g Erdbeeren
250 g Mascarpone
250 g Magerquark
3–4 EL Puderzucker
5 EL frisch gepreßter Orangensaft
3 EL Zitronensaft

Für die Garnitur
2 EL Kakao
30 g Borkenschokolade
Minzeblättchen

- Den Boden der Springform befeuchten und mit Backpapier belegen oder einfetten.
- Den Ofen vorheizen.
- Die zimmerwarmen Teigzutaten 4–5 Minuten mit den Rührbesen schaumig schlagen.
- Den Teig in die Springform geben und die Oberfläche glattstreichen, dabei leicht zum Rand hin hochziehen.
- Den Kuchen im Ofen backen, 3 Minuten danach vom Rand der Form lösen, auf einem Gitter auskühlen lassen und waagerecht aufschneiden.
- Den unteren Boden mit dem Kaffee und nach Belieben mit Mandellikör beträufeln.
- Die Erdbeeren waschen, trocknen, einige für die Garnitur beiseite legen, die restlichen halbieren und auf den Boden geben.
- Mascarpone mit Quark, Puderzucker, Orangen- und Zitronensaft glattrühren und zur Hälfte auf die Früchte streichen, dann den zweiten Boden darauf legen und mit dem Rest Creme überziehen.
- Den Kakao darauf sieben, die Schokolade darauf verteilen, und das Tiramisu kühl stellen.
- Halbierte Erdbeeren und Minze auf das Tiramisu legen.

Ofentemperatur: 180 °C
Einschubhöhe: Mitte
Backzeit: 30–40 Minuten

Erdbeer-Joghurt-Torte

× einfach

RÜHRTEIG • 1 SPRINGFORM (24–26 CM ⌀) = 12 STÜCKE

Für den Rührteig (S. 74)
Zutaten wie für das Erdbeertiramisu (siehe oben), dabei 1 EL Zucker und den Kakao durch 50 g Weizenmehl Type 405 austauschen

Für den Belag
4–5 EL Erdbeerkonfitüre
500 g Joghurt
100 g Crème fraîche
90 g Zucker
2 EL Kirschlikör, z. B. Maraschino
9 eingeweichte weiße Gelatineblätter
2 EL Zitronensaft
500 g Erdbeeren

- Wie oben die Form vorbereiten, und den Ofen vorheizen.
- Den Rührteigboden wie oben backen, auskühlen lassen und die Kuppe etwas abschneiden.
- Einen Tortenring herumlegen, und den Kuchen oben mit der Erdbeerkonfitüre bestreichen.
- Den zimmerwarmen Joghurt mit Crème fraîche, Zucker und Kirschlikör verschlagen.
- Die Gelatine ausdrücken, mit dem Zitronensaft schmelzen (S. 32), zum Joghurt geben, und die Masse kühl stellen.
- Die Erdbeeren waschen, putzen und auf Küchenpapier trocknen, große Früchte halbieren.
- Sowie der Joghurt geliert, etwa drei Viertel der Erdbeeren unterheben, dann die Masse auf den Kuchen gießen, glattstreichen und kurz kühlen.
- Ehe die Oberfläche ganz fest wird, den Kuchen mit dem Rest der Erdbeeren garnieren.

Ofentemperatur: 180 °C
Einschubhöhe: Mitte
Backzeit: 30–40 Minuten

Pawlowa

BAISERMASSE • 1 BLECH = 8–10 STÜCKE

Für die Baisermasse (S. 112)
3 Eiweiß
1 Prise Salz
½ TL Ascorbinsäure
oder Gelierpulver
oder 1 EL Zitronensaft
90 g feiner Zucker
90 g Puderzucker
½ TL Speisestärke, nach Belieben
Backpapier

Für die Füllung und die Garnitur
400 g Schlagsahne
1 Päckchen Vanillezucker
500 g Erdbeeren
Puderzucker zum Bestauben

- Auf der Rückseite des Backpapiers einen Kreis mit 26 cm Ø zeichnen.
- Das Blech befeuchten, und das Papier darauf legen.
- Den Ofen frühzeitig vorheizen.
- Für die Baisermasse die Eiweiße und Salz mit den Schneebesen des Elektroqirls oder der Küchenmaschine sehr steif schlagen.
- Ascorbinsäure oder Gelierpulver oder Zitronensaft und feinen Zucker dazugeben, und die Masse schlagen, bis sie stark glänzt.
- Puderzucker nach Belieben mit Stärke mischen, auf die Schaummasse sieben, und alles mit einem Teigspatel vorsichtig so vermengen, daß die Luft nicht entweicht.
- Die Baisermasse mit einem großen Spritzbeutel und glatter Tülle von der Mitte aus spiralförmig als dicken, runden Boden auf das Backpapier spritzen.
- Einen hochstehenden Rand aus Tupfen darauf geben, dabei den Spritzbeutel geradehalten.
- Das Blech schnell in den Ofen schieben, und die Tür sogleich wieder schließen. Soweit vorhanden, den Lüftungsregler öffnen.
- Die Wärmezufuhr nach 2 Minuten ausschalten, und den Ofen während der nächsten 8–10 Stunden geschlossen halten.
- Den Baiserboden aus dem Ofen nehmen, vorsichtig lösen und auf eine Platte geben, er soll hell und vollständig trocken sein.
- Für die Füllung die Sahne steifschlagen, mit Vanillezucker abschmecken, mit einem Spritzbeutel mit großer Sterntülle strahlenförmig auf den Boden geben.
- Die Erdbeeren waschen, putzen und auf Küchenpapier trocknen, dann sternförmig auf die Sahnestrahlen legen.
- Die Torte leicht mit Puderzucker bestauben, mit einem Elektro-, Laser- oder Keramikmesser teilen und gleich servieren.

**Ofentemperatur: 200 °C,
nach 2 Minuten ausschalten
Einschubhöhe: Mitte
Trockenzeit: 8–10 Stunden**

Variationen:
Die Erdbeeren kann man für diese nach der Ballerina Pawlowa benannten Torte durch gedünstete Aprikosenhälften, Pfirsichschnitze, Sauerkirschen und Stachelbeeren oder durch frische Brombeeren, Himbeeren, Johannisbeeren, Kiwischeiben oder Walderdbeeren ersetzen.

OBST IN ALLEN VARIATIONEN 247

Erdbeer-Sahne-Torte

gefriergeeignet

BISKUITMASSE • 1 SPRINGFORM (26 CM ∅) = 12 STÜCKE

Für die Biskuitmasse (S. 88)
2 Eier, Gewichtsklasse 4
1 EL Wasser
50 g Zucker
1 Päckchen Vanillezucker
1 Prise Salz
30 g Weizenmehl Type 405
30 g gemahlene geschälte Mandeln
¼ TL Backpulver
Backpapier

Für den Belag
1 kg Erdbeeren
6 eingeweichte weiße
Gelatineblätter
4 EL Zitronensaft
5 EL Zucker
400 g Schlagsahne
1 Päckchen Vanillezucker

• Den Boden der Springform befeuchten und mit Backpapier belegen. Den Ofen vorheizen.
• Für die Biskuitmasse die kühlen Eier mit kaltem Wasser, Zucker, Vanillezucker und Salz weißschaumig schlagen.
• Das Mehl mit Mandeln und Backpulver vermischen, auf die Eimasse sieben, und alles vorsichtig so vermengen, daß die Luft nicht entweicht.
• Die Biskuitmasse in der Form mit einer Teigkarte verstreichen – dabei am Rand leicht hochziehen – und backen, bis der Kuchen goldbraun ist und sich bei Fingerdruck fest anfühlt. Mit einem Messer den Rand der Form vom Kuchen lösen und abnehmen.
• Den Biskuit auf ein zweites Backpapier stürzen und mit Papier und Boden bedeckt sowie leicht beschwert erkalten lassen.
• Den Boden und das Papier vom Kuchen lösen, dann den Biskuit auf einen Tortenheber geben und einen Tortenring herumlegen.
• Für den Belag die Erdbeeren waschen, putzen und trocknen, etwa 500 g gleich große Früchte halbieren, 6 davon mit den Kelchblättern teilen und beiseite legen.
• Die übrigen Früchte mit dem Stabmixer pürieren.
• Die Gelatine ausdrücken, mit dem Zitronensaft schmelzen (S. 32) und unter Schlagen in das Erdbeermus geben. Das Mus mit Zucker abschmecken und kühlen.
• Die Schlagsahne mit Vanillezucker steifschlagen. Ungefähr 6 EL davon für die Garnitur in einen Spritzbeutel mit Sterntülle geben, und den Beutel kühl legen.
• Wenn das Mus zu gelieren beginnt, die Sahne unterheben, dann die Masse auf den Biskuitboden geben und glattstreichen.
• Sowie die Creme etwas fester ist, die halbierten Erdbeeren – bis auf die 12 Hälften für die Garnitur – darauf legen.
• Die Torte zugedeckt mindestens 6 Stunden im Kühlschrank durchziehen lassen.
• Den Tortenring losschneiden und abnehmen, und die Torte mit Sahne und Erdbeeren garnieren.

Ofentemperatur: 200 °C
Einschubhöhe: Mitte
Backzeit: 12–15 Minuten

Feigentorte mit Sahne

MÜRBETEIG • 1 SPRINGFORM (26–28 CM ⌀) = 12 STÜCKE

Für den Mürbeteig (S. 84)
150 g Weizenmehl Type 405
1 Messerspitze Backpulver
1 Prise Salz
75 g Butter oder Margarine
1–2 EL Zucker
1 Eigelb
1 Päckchen Vanillezucker
Mehl zum Ausrollen
Backpapier und Hülsenfrüchte zum Blindbacken
Backpapier oder Butter bzw. Margarine zum Einfetten

Für den Belag und die Garnitur
16 frische blaue Feigen
100 ml Portwein oder süßer Sherry
40 g Edelbitterschokolade
250 g Schlagsahne
2 Eiweiß
1 TL Zitronensaft
60 g feiner Zucker
1 Päckchen Vanillezucker
250 g Sahnequark (40 % Fett i. Tr.)
6 eingeweichte weiße Gelatineblätter
3 EL Wasser
3 EL Johannisbeergelee
Zitronenmelisseblättchen

• Für den Mürbeteig alle kühlen Zutaten mit den Knethaken knapp 1 Minute vermengen, zusammenpressen, flach drücken und 30 Minuten kühlen.
• Den Boden der Springform befeuchten und mit Backpapier belegen oder einfetten.
• Mit dem Teig den Boden und einen etwa 2 cm hohen Rand der Form auskleiden.
• Den Teig mehrmals einstechen, kühlen, und den Ofen vorheizen.
• Den Tortenboden mit Backpapier und Hülsenfrüchten belegen und im Ofen blindbacken.
• Den Kuchen auf einem Gitter auskühlen lassen, Hülsenfrüchte und Papier entfernen, dann auf eine Tortenplatte setzen und einen Tortenring herumlegen.
• Für den Belag die Hälfte der Feigen in Scheiben schneiden, die harten Stielansätze entfernen.

- Die geschnittenen Früchte mit Portwein oder Sherry begießen.
- Die Schokolade mit 2 EL Sahne schmelzen (S. 38), dann auf den Kuchen streichen.
- Die Feigen abtropfen lassen; die Flüssigkeit auffangen.
- Den Kuchen mit den geschnittenen Feigen belegen.
- Die Eiweiße und die restliche Sahne steifschlagen, dann den Zitronensaft und die Hälfte des Zuckers zum Eischnee fügen, und die Masse glänzend schlagen.
- Den restlichen Zucker, Vanillezucker, Quark und Sahne zufügen.
- Die Gelatineblätter ausdrücken, mit dem Wasser schmelzen (S. 32), unter die Creme schlagen; die Creme über die Feigen ziehen.
- Die Torte zugedeckt 4–5 Stunden, besser über Nacht, kühlen.
- Die restlichen Feigen in Scheiben schneiden und sternförmig auf dem Kuchen arrangieren.
- Den Feigensaft mit dem Gelee 3–4 Minuten kochen lassen, und die Früchte damit bepinseln. Mit Zitronenmelisse garnieren.

Ofentemperatur: 200 °C
Einschubhöhe: Mitte
Backzeit: 15–20 Minuten

Spanischer Feigenkuchen

MÜRBETEIG/RÜHRTEIG • 1 SPRINGFORM (26–28 CM ⌀) = 12 STÜCKE

Für den Mürbeteig (S. 84)
Zutaten wie für die Feigentorte mit Sahne (siehe links)
und zusätzlich 4–5 EL Apfel- oder Quittengelee

Für die Füllung
500 g frische Feigen

Für den Rührteig (S. 74)
125 g Butter oder Margarine
120 g Zucker
2 Eier
1 TL feingeriebene unbehandelte Zitronenschale
2 EL Mehl
½ TL Backpulver
1 Prise Salz
150 g gemahlene geschälte oder ungeschälte Mandeln
1 EL feinster Zucker zum Bestreuen

Für die Garnitur
Dekorschnee

- Den Mürbeteig wie links beschrieben zubereiten, kühlen.
- Die vorbereitete Springform und einen etwa 3 cm hohen Rand damit auskleiden.
- Den Teig einstechen, wieder kühlen und im vorgeheizten Ofen hell blindbacken.
- Hülsenfrüchte und Papier wieder entfernen, und den Kuchen mit erwärmtem Gelee bestreichen.
- Für die Füllung die Feigen, wenn unbedingt nötig, waschen und trocknen, sonst nur abreiben. Die Stielansätze abschneiden, und die Früchte längs halbieren.
- Für den Rührteig das Fett mit Zucker und Eiern mit den Schneebesen zu einer schaumigen Masse verschlagen. Anschließend Zitronenschale, Mehl, Backpulver, Salz und Mandeln unterheben.
- Die vorbereiteten Feigen mit der Schnittfläche nach unten auf den Mürbeteigboden legen, den Rührteig über die Feigen gießen, und Zucker darauf streuen.
- Den Kuchen wieder im noch heißen Ofen backen.
- Den fertigen Kuchen aus der Form lösen und auskühlen lassen, dann mit Dekorschnee bestreuen.

Ofentemperatur: 180 °C
Einschubhöhe: Mitte
Backzeit: 10–15 Minuten
und
Ofentemperatur: 180 °C
Einschubhöhe: Mitte
Backzeit: 20–25 Minuten

Heidelbeerkuchen mit Grießguß

x einfach
x gefriergeeignet

MÜRBETEIG • 1 SPRINGFORM (24–26 CM ⌀) = 12 STÜCKE

Für den Mürbeteig (S. 84)
250 g Weizenmehl Type 405 oder 550
1 TL Backpulver
1 Prise Salz
125 g Butter oder Margarine
3–4 EL Zucker
1 Ei
1 Päckchen Vanillezucker
Backpapier oder Butter bzw. Margarine zum Einfetten
eventuell Mehl zum Ausrollen
Backpapier und Hülsenfrüchte zum Blindbacken

Für den Belag
500 ml Milch
125 g Grieß
3–4 EL Zucker
2 Eier
1 TL feingeriebene unbehandelte Zitronenschale
2 EL Cognac oder Rum
2 EL Sultaninen
500 g frische Heidelbeeren

- Für den Mürbeteig alle kühlen Zutaten mit den Knethaken des Elektroquirls oder der Küchenmaschine knapp 1 Minute vermengen, zu einem Kloß zusammenpressen, flach drücken und eingepackt 30 Minuten kühlen.
- Den Boden der Springform befeuchten und mit Backpapier belegen oder einfetten.
- Den Teig zwischen 2 Lagen Backpapier oder auf bemehlter Unterlage rund ausrollen; den Boden und einen etwa 2 cm hohen Rand der Form damit auskleiden, einige Male einstechen und etwa 20 Minuten kühlen.
- Den Ofen vorheizen.
- Den Kuchen mit Backpapier und Hülsenfrüchten bedecken, 10–12 Minuten hell backen, dann die Hülsenfrüchte und das obere Papier wieder entfernen.
- Für den Belag die Milch zum Kochen bringen, Grieß und Zucker mischen, einrieseln lassen, und 3 Minuten garen.
- Die Eier trennen; den Brei mit Eigelben legieren und mit Zitronenschale und Cognac oder Rum abschmecken.
- Die Sultaninen hinzufügen und quellen lassen; die Eiweiße steifschlagen und unterheben.
- Die Heidelbeeren waschen, verlesen, trocknen und vorsichtig in den Grießbrei rühren.
- Die Masse auf den Kuchenboden streichen und glätten.
- Den Kuchen noch einmal 15–20 Minuten im Ofen backen.

Ofentemperatur 180 °C
Einschubhöhe: Mitte
Backzeit: 10–12 Minuten
und
Ofentemperatur 180 °C
Einschubhöhe: Mitte
Backzeit: 15–20 Minuten

Variationen:
Nach Belieben garnieren Sie den ausgekühlten Kuchen mit Schlagsahne. Sie können diesen Kuchen ebensogut mit roten Johannisbeeren backen.

OBST IN ALLEN VARIATIONEN 251

Heidelbeerkuchen

- einfach
- schnell
- gefriergeeignet

MÜRBETEIG • 1 SPRINGFORM (26 CM ⌀) = 12 STÜCKE

Für den Mürbeteig (S. 84)
150 g Weizenmehl Type 405
1 Messerspitze Backpulver
1 Prise Salz
75 g Butter oder Margarine
2 EL Zucker
1 Eigelb
1 EL Rum
1 Päckchen Vanillezucker
Backpapier oder Butter
bzw. Margarine zum Einfetten
Backpapier und Hülsenfrüchte
zum Blindbacken

Für den Belag
600 g frische oder TK-Heidelbeeren
4 Eier
300 g Schlagsahne
1½ EL Speisestärke
80 g Puderzucker
1 Päckchen Vanillezucker
50 g Mandelblättchen

• Wie links beschrieben aus den Zutaten einen Mürbeteig herstellen, zusammenpressen, flach drücken und kühlen.
• Die Springform vorbereiten, den Teig ausrollen, die Form damit auskleiden, den Teig einstechen, kühlen, den Ofen vorheizen, und den Teig 10–12 Minuten blindbacken.
• Für den Belag die Heidelbeeren verlesen, nur wenn unbedingt nötig waschen und dann auf Küchenpapier trocknen. TK-Beeren gefroren verarbeiten, denn sie ziehen sonst zuviel Saft.
• Die Eier mit Sahne, Stärke, Puderzucker und Vanillezucker gut verschlagen.
• Die Heidelbeeren auf dem Kuchen verteilen, die Ei-Sahne-Mischung darauf gießen, und die Mandelblättchen gleichmäßig darauf streuen.
• Den Kuchen noch einmal für 35–40 Minuten im Ofen backen.
• Den Heidelbeerkuchen auf einem Gitter auskühlen lassen, dann auf eine Tortenplatte setzen.

Ofentemperatur: 180 °C
Einschubhöhe: Mitte
Backzeit: 10–12 Minuten
und
Ofentemperatur: 180 °C
Einschubhöhe: Mitte
Backzeit: 35–40 Minuten

Variation:
Genausogut können Sie nach diesem Rezept auch eine Johannisbeertorte backen.

Heidelbeertorte mit Sahne

✗ gefriergeeignet

BISKUITMASSE • 1 SPRINGFORM (24–26 CM ⌀) = 12 STÜCKE

Für die Biskuitmasse (S. 88)
2 Eier, Gewichtsklasse 4
1 EL Wasser
60 g Zucker
1 Päckchen Vanillezucker
1 Prise Salz
60 g Weizenmehl Type 405
¼ TL Backpulver
Backpapier oder Butter
bzw. Margarine zum Einfetten

Für den Belag
500 g frische, konservierte
oder TK-Heidelbeeren
1–2 EL Himbeergeist,
nach Belieben
4 EL Himbeergelee
6–8 eingeweichte weiße
Gelatineblätter
4 EL Milch
400 g Schlagsahne
4–5 EL Zucker
2 EL Zitronensaft

Für die Garnitur
Heidelbeeren, nach Belieben

- Den Boden der Springform befeuchten und mit Backpapier belegen oder einfetten.
- Den Ofen vorheizen.
- Für die Biskuitmasse die kühlen Eier mit Wasser, Zucker, Vanillezucker und Salz mit den Schneebesen des Elektoquirls oder der Küchenmaschine weißschaumig schlagen.
- Das Mehl mit dem Backpulver vermischen, auf die Eimasse sieben, und die Zutaten vorsichtig vermengen.
- Die Masse in die Form geben, die Oberfläche mit der Teigkarte glattstreichen, und die Form einige Male auf die Arbeitsplatte stoßen, damit große Luftblasen entweichen.
- Die Biskuitmasse backen.
- Den Biskuitboden umgedreht und mit dem Backpapier und dem Boden der Form bedeckt sowie leicht beschwert bis zum folgenden Tag auskühlen lassen.
- Für den Belag konservierte Heidelbeeren in einem feinmaschigen Sieb abtropfen lassen. Frische Heidelbeeren gründlich waschen, verlesen, blanchieren und auf Küchenpapier trocknen.
- Das Bodenblech und das Papier vom Biskuitboden lösen.
- Den Kuchen nach Belieben mit Himbeergeist beträufeln.
- Das Himbeergelee erwärmen, darauf streichen, dann einen Tortenring herumlegen.
- Die Gelatine ausdrücken und mit der Milch schmelzen (S. 32).
- Die Schlagsahne steifschlagen, und den Zucker hinzufügen.
- 6–8 EL Sahne für die Garnitur in einen Spritzbeutel mit Sterntülle geben und kühlen.
- Den Rest der Sahne erst mit der Gelatine und dann mit den Heidelbeeren vermengen.
- Den Belag mit Zitronensaft und Zucker abschmecken, auf den Kuchen geben und glätten.
- Die Torte zugedeckt 3–4 Stunden kühl stellen.
- Vor dem Aufschneiden Stücke

markieren. Die Torte mit Sahne bestreichen und mit Sahnespiralen und Heidelbeeren garnieren.

Ofentemperatur: 200 °C
Einschubhöhe: unten
Backzeit: etwa 20 Minuten

Hinweis:
Um Kalorien zu sparen, können Sie beim Belag den Zucker gegen 1½ TL flüssigen Süßstoff und die Sahne durch 2 steifgeschlagene Eiweiße und 250 g Magerquark austauschen.

Gut zu wissen:
Wegen der Gefahr, die vom Fuchsbandwurm ausgeht, sollten Waldheidelbeeren vor dem Verzehr blanchiert oder aufgekocht werden. Kulturheidelbeeren braucht man im allgemeinen nicht zu waschen.

Heidelbeertorte mit Joghurt

BISKUITMASSE • 1 SPRINGFORM (20–24 CM ⌀) = 12 STÜCKE

Für die Biskuitmasse (S. 88)
Zutaten wie für die Heidelbeertorte mit Sahne (siehe links)

Für den Belag
600 g konservierte Heidelbeeren
250 g Himbeergelee
1–2 EL Himbeergeist, nach Belieben
400 g Frischkäse
500 g Joghurt
100 g Zucker
10 eingeweichte weiße Gelatineblätter
4 EL Zitronensaft
200 g Schlagsahne
2 Eiweiß

Für die Garnitur
100 g Schlagsahne
1 Päckchen Vanillezucker
geröstete Mandelblättchen

- Den Biskuitboden wie links beschrieben zubereiten, backen, auskühlen lassen und waagrecht durchschneiden.
- Für den Belag die Heidelbeeren in einem Sieb gründlich abtropfen lassen, dabei den Heidelbeersaft auffangen.
- Eventuell 2 EL schöne Früchte für die Garnitur beiseite legen und anschließend den Rest mit dem Mixstab pürieren.
- Das Gelee nach Belieben mit Himbeergeist glattrühren, erwärmen, und den unteren Kuchen damit bestreichen, den zweiten darauf geben, und einen Tortenring herumlegen.
- Den Frischkäse mit Joghurt und Zucker verschlagen.
- Die Gelatine ausdrücken, mit Zitronensaft und 50 ml Heidelbeersaft schmelzen (S. 32) und in die Creme geben, dabei die Masse fortwährend schlagen.
- Die Mischung 20–30 Minuten kühlen, bis sie leicht geliert.
- Die Schlagsahne und die Eiweiße getrennt steifschlagen und unter die gelierende Masse heben.
- Die Creme eventuell noch etwas nachsüßen, auf den Kuchen geben und glattstreichen.
- Dann das Heidelbeerpüree auf den Kuchen gießen und mit Hilfe einer Gabel so vermischen, daß ein schöner Marmoreffekt entsteht.
- Die Torte zugedeckt erneut kühl stellen – möglichst über Nacht.
- Kurz vor dem Servieren den Tortenring mit einem Messer lösen und abnehmen.
- Für die Garnitur die Sahne steifschlagen, mit Vanillezucker abschmecken, mit einem Spritzbeutel auf die Torte geben und mit den Mandelblättchen und eventuell Heidelbeeren verzieren.

Ofentemperatur: 200 °C
Einschubhöhe: unten
Backzeit: etwa 20 Minuten

Berner Himbeerwähe

einfach
schnell

QUARKMÜRBETEIG • 1 SPRINGFORM (28 CM ⌀) = 12 STÜCKE

Für den Quarkmürbeteig (S. 84)
200 g Magerquark
200 g Weizenmehl Type 405
½ TL Backpulver
½ TL Salz
60 g Butter oder Margarine
2 EL Zucker
Backpapier oder Butter
bzw. Margarine zum Einfetten

Für den Belag
8 EL Kokosraspel
300–400 g frische
oder TK-Himbeeren
3 Eier
150 g Sahnequark (40 % Fett i. Tr.)
1 EL Speisestärke
3 EL Zucker
1 Päckchen Vanillezucker
Puderzucker zum Bestauben

• Den Quark über Nacht in einem feinmaschigen Sieb abtropfen lassen. 150 g davon abwiegen, den Rest anderweitig verwerten.

• Für den Mürbeteig den Quark und die übrigen kühlen Zutaten mit den Knethaken des Elektroquirls oder der Küchenmaschine knapp 1 Minute vermengen, zu einem Kloß zusammenpressen, flach drücken und zugedeckt etwa 60 Minuten kühlen.
• Den Boden der Springform befeuchten und mit Backpapier belegen oder einfetten.
• Mit dem Teig den Boden und einen 3 Finger hohen Rand der Springform belegen, den Teig einige Male mit einer Gabel einstechen und etwa 20 Minuten im Gefriergerät kühlen.
• Den Ofen vorheizen.
• Den Teig mit 3 EL Kokosraspeln bestreuen und die verlesenen Himbeeren darauf geben, TK-Himbeeren in gefrorenem Zustand verarbeiten.
• Die Eier trennen, die Eiweiße steifschlagen.

• Die übrigen Kokosraspel mit Eigelben, Sahnequark, Stärke, Zucker und Vanillezucker gut verschlagen und den Eischnee darunterheben, auf den Beeren verteilen und glattstreichen.
• Die Wähe sogleich im Ofen backen, dann auf einem Kuchengitter auskühlen lassen.
• Die fertige Wähe leicht mit Puderzucker bestauben und in Stücke teilen.

Ofentemperatur: 180 °C
Einschubhöhe: Mitte
Backzeit: 25–35 Minuten

Variationen:
Diese Schweizer Wähe schmeckt ebensogut mit einer Mischung aus Brombeeren und Himbeeren oder roten und schwarzen Johannisbeeren.
Hinweis:
Der Boden wird besser, wenn Sie ihn erst 10–12 Minuten blindbacken.

Himbeerschnitten mit Sahne

schnell
gefriergeeignet

BISKUITMASSE • 1 BLECH = 10 STÜCKE

Für die Biskuitmasse (S. 88)
50 g gemahlene Haselnußkerne
4 Eier, Gewichtsklasse 4
120 g Zucker
1 Päckchen Vanillezucker
60 g Weizenmehl Type 405
2 EL dunkler Kakao
½ TL Backpulver
1 Prise Salz
Backpapier

Für die Füllung
200 g Himbeerkonfitüre

250 ml Milch
½ Vanilleschote
2 EL Zucker
1 Päckchen Vanillezucker
6 eingeweichte weiße
Gelatineblätter
4 EL Himbeergeist
150 g Schlagsahne
250 g frische oder TK-Himbeeren

Für die Garnitur
400 g Schlagsahne
1 EL Zucker

1 Päckchen Vanillezucker
1 Päckchen Sahnefestiger
oder ½ Päckchen Sofortgelatine,
nach Belieben
150 g frische oder TK-Himbeeren

• Das Blech befeuchten und mit Backpapier belegen.
• Den Ofen vorheizen, und die Haselnüsse darin sehr hell rösten.
• Für die Biskuitmasse die Eier

OBST IN ALLEN VARIATIONEN 255

mit Zucker und Vanillezucker mit den Schneebesen 4–5 Minuten schaumig schlagen.

• Das Mehl mit Kakao, Backpulver und Salz vermengen und darauf sieben, dann die abgekühlten Nüsse darüber streuen, und vorsichtig alle Zutaten vermischen.

• Die Masse auf das Blech streichen und im Ofen backen.

• Die Teigplatte auf dem Blech auskühlen lassen, dabei mit einem zweiten Blech zudecken, damit sie feucht bleibt. Nach dem Auskühlen das obere Blech entfernen.

• Den Kuchen vom Blech nehmen, mit der angewärmten Konfitüre bestreichen und der Länge nach in 3 Streifen schneiden.

• Für die Füllung die Milch mit der Vanilleschote, Zucker und Vanillezucker aufkochen, dann das Mark aus der Schote kratzen und die Schote herausnehmen.

• Die Gelatine ausdrücken, in der heißen Vanillemilch schmelzen (S. 32) und den Himbeergeist hinzufügen, dann alles kühlen.

• Die Sahne steifschlagen und unter die gelierende Creme heben, dann die Sahnecreme auf die Streifen streichen und die Himbeeren auf 2 Lagen verteilen; TK-Früchte gefroren verwenden.

• Die 3 Streifen aufeinanderlegen, und den Kuchen kalt stellen.

• Die Sahne für die Garnitur mit Zucker, Vanillezucker und nach Belieben mit Sahnefestiger oder Sofortgelatine steifschlagen.

• Den Kuchen dick damit bestreichen und wellenförmig der Länge nach mit 3 Streifen bespritzen.

• Die Himbeeren in 2 Streifen dazwischen legen, dann den Kuchen kühlen und quer in 3–4 cm breite Schnitten teilen.

Ofentemperatur: 200 °C
Einschubhöhe: Mitte
Backzeit: 10–12 Minuten

Berner Himbeerwähe

Himbeerschnitten mit Sahne

Makronentorte mit Himbeeren

RÜHRTEIG/MAKRONENMASSE • 1 SPRINGFORM (26 CM ⌀) = 12 STÜCKE

Für den Rührteig (S. 74)
250 g Butter oder Margarine
150 g Zucker
5 Eigelb
1 Päckchen Vanillezucker
250 g Weizenmehl Type 405
3 TL Backpulver
1 Prise Salz
Backpapier oder Butter bzw. Margarine zum Einfetten

Für die Makronenmasse (S. 116)
5 Eiweiß
100 g Zucker
1 TL Zitronensaft
100 g Mandelblättchen
½ TL feingemahlener Zimt

Für die Füllung und die Garnitur
500 g Schlagsahne
100 g feinster Zucker
2–3 Päckchen Sahnefestiger, nach Belieben
500 g Himbeeren
geröstete Mandelblättchen zum Bestreuen

• Den Boden der Springform befeuchten und mit Backpapier belegen oder einfetten; den Ofen vorheizen.

• Für den Rührteig die zimmerwarmen Zutaten Fett, Zucker, Eigelbe und Vanillezucker 4–5 Minuten mit den Rührbesen des Elektroquirls oder der Küchenmaschine schaumig schlagen.

• Das Mehl mit Backpulver und Salz vermengen und kurz darunterrühren.

• Ein Viertel des Rührteiges in die Springform geben, und die Oberfläche sorgfältig mit der Teigkarte glattstreichen.

• Für die Makronenmasse die Eiweiße steifschlagen, die Hälfte des Zuckers und den Zitronensaft dazugeben, und die Masse glänzend schlagen. Dann die Hälfte der Mandelblättchen daruntermischen.

• Ein Viertel der Masse auf dem Rührteigboden verteilen.

• Den restlichen Zucker mit den übrigen Mandelblättchen und dem Zimt mischen, und ein Viertel davon über die Makronenmasse streuen.

• Den Kuchen im Ofen backen, nach 3 Minuten vom Rand der Form lösen und auf einem Kuchengitter auskühlen lassen.

• Aus dem restlichen Teig, der Makronenmasse und der Mandelmischung 3 weitere Böden genauso backen. In Heißluftöfen kann man auf 2 Rosten gleichzeitig 2 Böden backen, muß sie aber diagonal im Ofen plazieren.

• Die Sahne steifschlagen, dann den Zucker und nach Belieben Sahnefestiger dazugeben.

• Etwas Sahne in einen Spritzbeutel mit Sterntülle geben und kühlen. Die übrige Sahne auf 3 Böden streichen und mit einem Teil der Himbeeren belegen.

• Die Torte zusammensetzen und mit Sahnerosetten, Himbeeren und Mandelblättchen garnieren.

Ofentemperatur: 180 °C
Einschubhöhe: Mitte
Backzeit: je 15–20 Minuten

Himbeertorte mit Marzipan

x gefriergeeignet

RÜHRTEIG • 1 SPRINGFORM (24–26 CM ⌀) = 12 STÜCKE

Für den Rührteig (S. 74)
100 g Marzipanrohmasse
100 g Butter oder Margarine
2–3 EL Zucker
2 Eier
75 g Weizenmehl Type 405
1 Messerspitze Backpulver
1 Prise Salz
Backpapier oder Butter bzw. Margarine zum Einfetten

Für die Füllung
500 g frische oder TK-Himbeeren
50 g Zucker
1 Päckchen Vanillezucker
7–8 eingeweichte weiße Gelatineblätter
2 EL Zitronensaft
400 g Schlagsahne

Für die Garnitur
200 g Schlagsahne
1–2 EL Zucker
12 Himbeeren
30 g geröstete Mandelblättchen

- Den Boden der Springform befeuchten und mit Backpapier belegen oder einfetten.
- Den Ofen vorheizen.
- Für den Rührteig die Marzipanrohmasse in dünne Scheiben schneiden und mit den übrigen Zutaten wie links beschrieben verrühren, dann den Teig in die Form füllen, mit der Teigkarte glattstreichen und backen.
- Den Marzipanboden aus der Form lösen, nach dem Auskühlen auf eine Tortenplatte geben und einen Tortenring herumlegen.
- TK-Früchte auftauen lassen. Die Hälfte der Beeren pürieren, durch ein Sieb streichen und mit Zucker und Vanillezucker abschmecken.
- Die Gelatine ausdrücken, mit Zitronensaft schmelzen (S. 32), unter stetigem Schlagen in das Püree geben, und die Masse an kühler Stelle gelieren lassen.
- Die Sahne steifschlagen und erst die pürierten, dann die ganzen Himbeeren unterheben.
- Die Himbeer-Sahne-Masse auf den Marzipanboden gießen, glätten, und die Torte für mindestens 4–5 Stunden zugedeckt kühlen.
- Den Tortenring mit einem Messer lösen und entfernen.
- Die Schlagsahne steifschlagen, mit Zucker abschmecken und ein Viertel davon in einen Spritzbeutel mit Sterntülle geben; mit dem Rest der Sahne den Kuchen rundum sorgfältig bestreichen.
- 12 Sahnerosetten auf die Torte spritzen und mit je 1 Himbeere garnieren.
- Die Oberfläche und den Rand mit Mandelblättchen garnieren.

Ofentemperatur: 180 °C
Einschubhöhe: Mitte
Backzeit: 25–30 Minuten

Himbeertorte mit Sahnejoghurt

BISKUITMASSE/MÜRBETEIG • 2 SPRINGFORMEN (26–28 CM ⌀) = 12–16 STÜCKE

Für die Biskuitmasse (S. 88)
2 Eier, Gewichtsklasse 4
1 EL Wasser
50 g Zucker
1 Päckchen Vanillezucker
1 Prise Salz
60 g Weizenmehl Type 405
¼ TL Backpulver
Backpapier oder Butter
bzw. Margarine zum Einfetten

Für den Mürbeteig (S. 84)
120 g Weizenmehl Type 405
½ TL Backpulver
1 Prise Salz
60 g Butter oder Margarine
2 EL Zucker
1 Eigelb
1 Päckchen Vanillezucker
Backpapier oder Butter
bzw. Margarine zum Einfetten

Für den Belag und die Füllung
40 g Edelbitterschokolade
600 g frische oder TK-Himbeeren
125–150 g Zucker
350 g Joghurt
4 EL Zitronensaft
8–9 eingeweichte weiße
Gelatineblätter
400 g Schlagsahne

Für den Guß und die Garnitur
250 ml Wasser
3 EL roter Johannisbeersaft
1 Päckchen klarer Tortenguß
2 EL Zucker
50 g Mandelblättchen

- Den Boden einer Springform befeuchten und mit Backpapier belegen oder einfetten.
- Den Ofen vorheizen.
- Für die Biskuitmasse die kühlen Eier mit kaltem Wasser, Zucker, Vanillezucker und Salz mit den Schneebesen des Elektroquirls oder der Küchenmaschine weißschaumig schlagen.
- Das Mehl mit dem Backpulver vermischen und auf die Eimasse sieben, dann alles vermengen.
- Die Biskuitmasse gleichmäßig in der Form verstreichen, dabei leicht zum Rand hochziehen, und die Masse im Ofen backen.
- Den Rand der Form mit einem Messer lösen und abnehmen.
- Den Biskuitboden auf ein zweites Backpapier stürzen und mit dem Backpapier und Formboden bedeckt sowie leicht beschwert auskühlen lassen.
- Für den Mürbeteig alle kühlen Zutaten mit den Knethaken knapp 1 Minute vermengen, zu einem Kloß zusammenpressen, flach drücken und zugedeckt kühl stellen.
- Den Boden der zweiten Springform befeuchten und mit Backpapier belegen oder einfetten.
- Den Ofen vorheizen.
- Mit dem Teig den Boden der Springform belegen, dann den Teig einstechen und kühlen.
- Den Mürbeteigboden im Ofen backen und dann auf einem Kuchengitter auskühlen lassen.
- Für den Belag die Schokolade schmelzen (S. 38) und auf den Mürbeteigboden streichen.
- Den Formboden und das Papier vom Biskuitboden abnehmen, den Kuchen mit der Kruste nach unten auf den Mürbeteigboden legen und einen Tortenring herumlegen.
- Für die Füllung frische Himbeeren verlesen. Die Hälfte pürieren – TK-Früchte kurz antauen lassen –, durch ein Sieb streichen und mit Zucker, Joghurt und Zitronensaft verschlagen.
- Die Gelatine ausdrücken, mit 6 EL Sahne schmelzen (S. 32) und unter Schlagen in die Creme geben, dann kurz kühl stellen.
- Die restliche Schlagsahne steifschlagen und in die gelierende Masse geben, dann die Himbeer-Sahne-Creme auf den Biskuitboden gießen und glattstreichen.
- Die restlichen Himbeeren nach einigen Minuten auf der gelierenden Creme verteilen, TK-Früchte gefroren verarbeiten. Ist die Masse zu flüssig, sinken die Beeren ein, ist sie zu fest, verbindet sich beides nicht gut miteinander.
- Den Tortenguß aus Wasser, Fruchtsaft, Tortengußpulver und Zucker nach Packungshinweisen zubereiten, dabei aber nicht mit dem Schneebesen rühren, weil er sonst trüb wird.
- Den Tortenguß vorsichtig über einen Löffelrücken auf die Himbeeren gießen, damit sich der lauwarme Guß nicht mit der Creme verbindet, dann die Torte zudecken und kühl stellen.
- Den Ring von der Himbeertorte schneiden und abnehmen.
- Die Mandelblättchen rösten (S. 35) und an den Tortenrand drücken.

Für die Biskuitmasse:
Ofentemperatur: 180 °C
Einschubhöhe: Mitte
Backzeit: 35–40 Minuten
und
Für den Mürbeteig:
Ofentemperatur: 180 °C
Einschubhöhe: Mitte
Backzeit: 12–15 Minuten

Quarktorte mit Holunderguß

MANDELMÜRBETEIG • 1 SPRINGFORM (24–26 CM ⌀) = 12 STÜCKE

Für den Mandelmürbeteig (S. 84)
150 g Weizenmehl Type 405
1 Prise Salz
150 g Butter
oder Margarine
3 EL Zucker
1 Eigelb
150 g gemahlene Mandeln
Backpapier und Hülsenfrüchte
zum Blindbacken
Backpapier oder Butter
bzw. Margarine zum Einfetten

Für den Belag
500 g Magerquark
75 g Zucker
1 Päckchen Vanillezucker
7–8 eingeweichte weiße
Gelatineblätter
200 g Schlagsahne

Für den Guß
200 ml Holundersaft
1 EL durchgesiebter
Zitronensaft
50 g Zucker
3–4 eingeweichte weiße
Gelatineblätter

Für die Garnitur
100 g Schlagsahne
1 Päckchen Vanillezucker
Zitronenmelisseblättchen

• Für den Mandelmürbeteig alle kühlen Zutaten mit den Knethaken des Elektroquirls oder der Küchenmaschine knapp 1 Minute mischen, zusammenpressen und zugedeckt 30 Minuten kühlen.

• Die Springform befeuchten und mit Backpapier belegen oder einfetten.

• Den Teig ausrollen und Boden und Rand der Form damit belegen, dann mehrmals einstechen und weitere 30 Minuten kühlen.

• Den Ofen vorheizen.

• Den Teig mit Backpapier und Hülsenfrüchten bedecken und hell backen; die Hülsenfrüchte und das obere Papier entfernen.

• Den Kuchen auskühlen lassen, und den Formrand abnehmen.

• Für den Belag den Quark durchpassieren und mit Zucker und Vanillezucker verschlagen.

• Die Gelatine ausdrücken, mit 2 EL Sahne schmelzen (S. 32), unter Schlagen in den Quark geben und diesen etwa 20 Minuten kühl stellen.

• Die restliche Sahne steifschlagen, unter die gelierende Masse heben und auf den Kuchen geben.

• Die Oberfläche mit der Teigkarte sorgfältig glattstreichen, und die Torte zugedeckt in absolut horizontaler Lage 3–4 Stunden in den Kühlschrank stellen.

• Den Holundersaft mit Zitronensaft und Zucker vermischen.

• Die Gelatine ausdrücken und mit 2–3 EL Saft schmelzen, dann in den restlichen Saft geben.

• Die Mischung kurz kühlen, sie darf aber noch nicht gelieren.

• Den Holundersaft über einen Löffelrücken sehr behutsam auf die Quarkmasse gießen, und die Torte wieder 1–2 Stunden kühlen.

• Für die Garnitur die Sahne mit Vanillezucker steifschlagen.

• Mit einem Spritzbeutel große Rosetten aufspritzen, dann Melisseblättchen hineinsetzen.

Ofentemperatur: 200 °C
Einschubhöhe: Mitte
Backzeit: 15–20 Minuten

OBST IN ALLEN VARIATIONEN 261

Holundertorte mit Sahne

x gefriergeeignet

MANDELMÜRBETEIG • 2 BLECHE = 12 STÜCKE

Für den Mandelmürbeteig (S. 84)
Zutaten wie für die Quarktorte mit Holunderguß (siehe links) und 2 EL gehackte Mandeln

Für die Füllung
1,5 kg Holunderbeeren
1 Stück unbehandelte Zitronenschale
3–4 EL Zitronensaft
4–5 EL Zucker
10 eingeweichte weiße Gelatineblätter
500 g Schlagsahne
1 Päckchen Vanillezucker

Für die Garnitur
Puderzucker zum Bestauben
einige Holunderbeeren

- Die Bleche befeuchten und mit Backpapier belegen oder fetten.
- Den Mandelmürbeteig wie links beschrieben zubereiten, kühlen, in 2 Portionen auf den gehackten Mandeln ausrollen und 2 runde Platten mit 25 cm Ø ausschneiden.
- Die Teigplatten auf die Bleche legen, dann eine der beiden Platten mit Wasser bepinseln und in 12 Tortenstücke teilen.
- Den Ofen vorheizen.
- Die Böden nacheinander – bei Heißluft gleichzeitig – backen und auskühlen lassen; einen Tortenring um den ganzen Boden legen.

- Für die Füllung die Holunderbeeren waschen, von groben Rispen befreien und mit Zitronenschale und -saft bei mäßiger Wärmezufuhr in einem dickwandigen Topf mit festschließendem Deckel zum Kochen bringen.
- Die Beeren etwa 20 Minuten garen, dabei eventuell etwas Wasser zufügen, dann in einem Sieb abtropfen lassen.
- 500 ml Saft abmessen und mit Zucker abschmecken.
- Die Gelatine ausdrücken, mit etwas Saft schmelzen (S. 32), zum restlichen Holundersaft geben und diesen kühlen.
- 400 g Schlagsahne steifschlagen und, sowie der Saft zu gelieren beginnt, untermischen.
- Die Creme erneut abschmecken, dann auf den Kuchen geben, und die Torte zugedeckt mindestens 3–4 Stunden kühlen.
- Die restliche Sahne mit Vanillezucker schlagen, anschließend mit einem Spritzbeutel mit großer Sterntülle 12 große Sahnetupfen auf die Holundercreme spritzen.
- Die Mandelmürbeteig-Segmente schräg nach oben weisend wie Windmühlenflügel aufsetzen und mit Puderzucker bestauben.
- Einen großen Sahnetupfen auf die Tortenmitte oder mehrere kleine auf die Flügel geben und mit Beeren garnieren.

Ofentemperatur: 200 °C
Einschubhöhe: Mitte
Backzeit: 15–20 Minuten

Hinweis:
In eiligen Fällen nehmen Sie statt frischer Früchte Fruchtsaft.

Johannisbeertörtchen

✗ preiswert

MÜRBETEIG • 6 FÖRMCHEN (10 CM ⌀) = 6 STÜCK

Für den Mürbeteig (S. 84)
250 g Weizenmehl Type 405
1 Prise Salz
125 g Butter oder Margarine
4 EL Zucker
1 Ei oder 2 Eigelb
1 Päckchen Vanillezucker
Butter oder Margarine
zum Einfetten
Mehl oder Backpapier
zum Ausrollen
Backpapier und Hülsenfrüchte
zum Blindbacken

Für den Belag
100 g Marzipanrohmasse
3 EL Orangenlikör oder Rum
700 g frische rote Johannisbeeren
3 Eiweiß
200 g feiner Zucker
1 EL Zitronensaft
2–3 EL Mandelblättchen

- Für den Mürbeteig die kühlen Zutaten mit den Knethaken des Elektroquirls oder der Küchenmaschine knapp 1 Minute verkneten, zum Kloß zusammendrücken, abflachen, einpacken und 30 Minuten kühlen.
- Den Boden der Förmchen einfetten, und den Ofen vorheizen.
- Den Teig auf bemehlter Unterlage oder zwischen 2 Lagen Backpapier ausrollen, runde Plätzchen mit etwa 12 cm ⌀ ausschneiden und diese so in die Förmchen geben, daß die Ränder überstehen.
- Die Oberfläche einige Male einstechen, und den Teig 10 Minuten im Gefriergerät kühlen.
- Die Teigböden mit etwas Backpapier und Hülsenfrüchten belegen, 10–12 Minuten hell backen und herausnehmen.
- Die Ofentemperatur erhöhen.
- Die Hülsenfrüchte und das Backpapier von den Kuchen nehmen.
- Für den Belag die Marzipanrohmasse mit Orangenlikör oder Rum verrühren und auf die Böden streichen.
- Die Johannisbeeren waschen, auf Küchenpapier trocknen, von den Rispen streifen und auf die Kuchen geben.
- Die Eiweiße steifschlagen, die Hälfte des Zuckers und den Zitronensaft dazugeben, und die Masse schlagen, bis sie stark glänzt.
- Den restlichen Zucker bis auf 2 EL darunterrühren, und die Baisermasse in einen Spritzbeutel mit Sterntülle füllen.
- Die Törtchen mit der Masse bespritzen, mit dem restlichen Zucker und den Mandeln bestreuen und auf den Rost geben.
- Die Törtchen für 15–20 Minuten auf der obersten Schiene erneut backen, bis die Oberfläche leicht goldgelb gebräunt ist.

Ofentemperatur: 180 °C
Einschubhöhe: Mitte
Backzeit: 10–12 Minuten
und
Ofentemperatur: 220 °C
Einschubhöhe: oben
Backzeit: 15–20 Minuten

OBST IN ALLEN VARIATIONEN

Schwäbischer Träubleskuchen

MÜRBETEIG/MAKRONENMASSE • 1 SPRINGFORM (24–26 CM ⌀) = 12 STÜCKE

Für den Mürbeteig (S. 84)
Zutaten wie für die Johannisbeer-Mandel-Törtchen (siehe links)

Für die Makronenmasse (S. 116)
je 3–4 EL Plätzchen- und Zwiebackkrümel
800 g frische rote oder TK-Johannisbeeren
3 Eiweiß
200 g feiner Zucker
1 EL Zitronensaft
100–150 g gemahlene geschälte Mandeln

• Für den Mürbeteig die kühlen Zutaten mit den Knethaken knapp 1 Minute verkneten, zum Kloß zusammendrücken, abflachen und eingepackt 30 Minuten kühlen.

• Den Boden der Form einfetten, und den Ofen vorheizen. Den Teig auf bemehlter Unterlage oder zwischen 2 Lagen Backpapier rund ausrollen, in die Form geben und einen 2 Finger hohen Rand formen, dann den Boden einige Male einstechen, 15 Minuten im Gefriergerät kühlen und anschließend mit Backpapier und Hülsenfrüchten belegen.

• Den Teig im Ofen 10–12 Minuten backen, herausnehmen, und die Ofentemperatur erhöhen.

• Die Hülsenfrüchte und das Backpapier entfernen, und den Kuchen mit Krümeln bestreuen.

• Die Johannisbeeren waschen, auf Küchenpapier trocknen und von den Rispen streifen.

• Die Eiweiße mit den Schneebesen des Elektroquirls oder der Küchenmaschine steifschlagen.

• Die Hälfte des Zuckers und den Zitronensaft dazugeben und schlagen, bis die Masse glänzt.

• Den restlichen Zucker bis auf 2 EL, die Mandeln und die Johannisbeeren darunter mischen.

• Die Johannisbeer-Makronen-Masse auf den Kuchen streichen und dünn mit Zucker bestreuen.

• Den Kuchen auf der obersten Schiene noch einmal 20–25 Minuten backen, bis die Oberfläche schwach gebräunt ist.

**Ofentemperatur: 180 °C
Einschubhöhe: Mitte
Backzeit: 10–12 Minuten**
und
**Ofentemperatur: 220 °C
Einschubhöhe: oben
Backzeit 20–25 Minuten**

Variationen:
Statt mit Johannisbeeren können Sie den Kuchen auch mit vorgegarten frischen oder konservierten, gut abgetropften grünen Stachelbeeren oder sehr knapp gegarten Rhabarberstücken als Schwäbischen Stachelbeer- *oder* Rhabarberkuchen *zubereiten. Nach diesem Rezept können Sie ebensogut* Träublestörtchen *backen. Das ist für Kuchenbuffets praktischer, weil das etwas schwierige Aufschneiden des Kuchens entfällt.*

Gut zu wissen:
TK-Johannisbeeren stets gefroren verarbeiten. Der zuletzt aufgestreute Zucker karamelisiert beim Backen leicht, dadurch bekommt die Oberfläche eine appetitliche knusprige Struktur.

Johannisbeerkuchen mit Sahneguß

- einfach
- schnell
- preiswert
- gefriergeeignet

HEFETEIG • 1 SPRINGFORM (26–28 CM ⌀) = 12 STÜCKE

Für den Hefeteig (S. 80)
1 EL Öl, z. B. Sonnenblumenöl
1 Messerspitze Salz
250 g Weizenmehl Type 405
100–125 ml Milch
½ Würfel Hefe (21 g)
oder 1 Päckchen Trockenhefe
1 EL Zucker
1 Päckchen Vanillezucker
1 Ei, nach Belieben
Backpapier oder Butter
bzw. Margarine zum Einfetten

Für den Belag und den Guß
50 g Mandelblättchen
750 g rote Johannisbeeren
200 g Schlagsahne
2 EL Zucker
2 Eier
2 EL Cognac oder Rum
½ TL feingeriebene
unbehandelte Zitronenschale

• Für den Hefeteig Öl, Salz und Mehl in eine Schüssel geben.
• Die lauwarme Milch mit Hefe, Zucker, Vanillezucker und eventuell Ei verschlagen und dazugießen.
• Diese Zutaten mit den Knethaken des Elektroquirls oder der Küchenmaschine in 4–5 Minuten zu einem geschmeidigen Teig vermengen, kurz durchkneten und mit Wasser benetzt und zugedeckt etwa 30 Minuten gehen lassen.
• Den Springformboden befeuchten und mit Backpapier belegen oder einfetten.
• Den Teig darauf ausrollen, den Springformrand herumlegen, und einen Teigrand hochziehen.
• Den Teigboden einige Male einstechen, mit der Hälfte der Mandelblättchen bestreuen und wieder gehen lassen; den Ofen vorheizen.
• Die Johannisbeeren waschen, trocknen, von den Rispen streifen und auf dem Teig verteilen.
• Für den Guß alle übrigen Zutaten bis auf die restlichen Mandelblättchen verschlagen, dann über die Beeren gießen.
• Die Mandelblättchen darauf verteilen und den Kuchen backen.

Ofentemperatur: 200 °C
Einschubhöhe: Mitte
Backzeit: 40–45 Minuten

Variationen:
Apfel-, *Aprikosen-*, *Brombeer-*, *Heidelbeer-*, *Rhabarber-* oder *Stachelbeerkuchen mit Sahneguß* können Sie nach der gleichen Anleitung backen.

Johannisbeerwähe

✗ einfach
✗ schnell
✗ preiswert
✗ gefriergeeignet

MÜRBETEIG • 1 SPRINGFORM (26–28 CM ⌀) = 12 STÜCKE

Für den Mürbeteig (S. 84)
250 g Weizenmehl Type 405
½ TL Backpulver
1 Prise Salz
120 g Butter oder Margarine
50 g Zucker
2 Eigelb
1 Päckchen Vanillezucker
Backpapier oder Butter
bzw. Margarine zum Einfetten
Backpapier und Hülsenfrüchte
zum Blindbacken

Für den Guß und den Belag
400 g Schlagsahne
4 Eier
100 g Zucker
1 Päckchen Vanillezucker
700 g rote Johannisbeeren
150 g rotes Johannisbeergelee

• Für den Mürbeteig das Weizenmehl mit Backpulver und Salz in eine Schüssel geben.
• Das kalte Fett in Flöckchen auf dem Mehlberg verteilen, und in eine Mulde in der Mitte Zucker, Eigelbe und Vanillezucker geben.
• Die Zutaten mit den Knethaken des Elektroquirls oder der Küchenmaschine knapp 1 Minute vermengen, rasch zu einem Kloß zusammenpressen, flach drücken, und den Teig zugedeckt 30 Minuten kühl stellen.
• Den Boden der Springform befeuchten und mit Backpapier belegen oder einfetten.
• Mit dem Teig den Boden und einen 3 Finger hohen Rand der Springform belegen.
• Den Boden einige Male einstechen und den Teig etwa 20 Minuten im Gefrierfach kühlen.
• Den Ofen vorheizen.

• Den Teigboden mit dem Backpapier und den Hülsenfrüchten belegen und im Ofen 10–12 Minuten blindbacken.
• Die Hülsenfrüchte und das Backpapier wieder entfernen.
• Für den Guß die Sahne mit Eiern, Zucker und Vanillezucker gut verschlagen und auf den Kuchen gießen.
• Den Kuchen erneut 25–30 Minuten backen, dabei unbedingt die Garprobe machen.
• Die Johannisbeeren waschen, auf Küchenpapier trocknen und von den Rispen streifen, dann auf dem Kuchen verteilen.
• Das Johannisbeergelee erwärmen, und die Beeren damit bestreichen.
• Die Wähe auskühlen lassen, aus der Form lösen und auf eine Tortenplatte gleiten lassen.

Ofentemperatur: 180 °C
Einschubhöhe: Mitte
Backzeit: 10–12 Minuten
und
Ofentemperatur: 180 °C
Einschubhöhe: Mitte
Backzeit: 25–30 Minuten

Variationen:
Diese Wähe schmeckt auch als Brombeer-Himbeer-Wähe oder gemischte Waldbeerenwähe. Sie können sie zusätzlich mit Puderzucker bestauben.

Kirschstriezel

- einfach
- schnell
- preiswert
- gefriergeeignet

QUARKMÜRBETEIG • 1 BLECH = 12 STÜCKE

Für den Quarkmürbeteig (S. 84)
150 g Magerquark
200 g Weizenmehl Type 550
100 g zarte Instanthaferflocken
1 Päckchen Backpulver
1 Prise Salz
100 g Butter oder Margarine
4 EL weißer oder brauner Zucker
1 Ei
1 Päckchen Vanillezucker
Mehl zum Ausformen
Backpapier

Für die Füllung
800 g entsteinte frische, konservierte oder TK-Sauerkirschen
roter Fruchtsaft nach Bedarf
4–5 EL Zucker
50 g Speisestärke

Für die Garnitur
2 EL Milch
1 EL Hagelzucker

- Den Quark über Nacht in einem feinmaschigen Sieb abtropfen lassen, 100 g davon abwiegen.
- Für den Quarkmürbeteig den kühlen Quark und die restlichen Zutaten in einer Schüssel mit den Knethaken des Elektroquirls oder der Küchenmaschine knapp 1 Minute vermischen.
- Den Teig mit kühlen, bemehlten Händen schnell zum Kloß verkneten, in 2 Portionen teilen und verpackt 60 Minuten kühlen.
- Ein Blech befeuchten und mit Backpapier belegen.
- Frische Sauerkirschen bei milder Hitze mit 4–6 EL Fruchtsaft und 3–4 EL Zucker aufkochen, dann die frischen oder konservierten Kirschen in einem Sieb abtropfen lassen.
- Den Saft auf 250 ml ergänzen, eventuell mit etwas Zucker abschmecken, mit der Stärke verrühren und zum Kochen bringen.
- Die Kirschen daruntermengen, TK-Kirschen gefroren verwenden. Die Kirschmasse auskühlen lassen.
- Den Ofen vorheizen.
- Jede Teigportion auf bemehlter Unterlage oder zwischen 2 Lagen Backpapier zu einem Rechteck mit 25×30 cm ausrollen.
- Jeweils die halbe Kirschmasse als 5 cm breiten Streifen längs auf die Mitte der Teigplatten geben.
- Die Teigränder mit Wasser befeuchten, beide Seiten so über die Kirschmasse schlagen, daß ein etwa 8×30 cm großer Striezel entsteht, und die Nähte andrücken.
- Die Striezel nebeneinander mit

OBST IN ALLEN VARIATIONEN 267

den Nahtstellen nach unten auf das Blech legen, mit Milch bepinseln, mit Hagelzucker bestreuen, und den Zucker etwas andrücken.
• Die Oberseite der Striezel im Abstand von 4 cm bis zur Füllung einschneiden.
• Die Striezel im Ofen backen, auskühlen lassen und jeweils in 6 Stücke schneiden.

Ofentemperatur: 200 °C
Einschubhöhe: Mitte
Backzeit: 30–35 Minuten

Variationen:
Den Zucker für die Füllung können Sie durch 1½ TL Süßstoff ersetzen. Für Apfel- oder Aprikosenstriezel die Kirschen durch die entsprechenden Früchte austauschen; für Apfelstriezel einige Nüsse hinzufügen.

Sauerkirschtaschen

MÜRBETEIG • 1 BLECH = 8 STÜCK

Für den Mürbeteig (S. 84)
250 g Weizenmehl Type 405 oder 550
1 Prise Salz
100 g Butter oder Margarine
2 EL Zucker
1 TL Essig
4 EL Wasser
Mehl zum Ausformen
Backpapier

Für die Füllung
250 g entsteinte frische oder konservierte oder TK-Sauerkirschen
2 EL Mandelblättchen
1 EL Instantsoßenbinder

Für die Garnitur und den Guß
4 EL Puderzucker
1½ EL Kirschwasser
Mandelblättchen

• Für den Mürbeteig die kühlen Zutaten wie links beschrieben vermischen, verkneten und kühlen.
• Das Blech befeuchten und mit Backpapier belegen.
• Den Ofen vorheizen.
• Frische oder konservierte Kirschen gut abtropfen lassen, TK-Früchte gefroren verwenden.
• Die Mandeln rösten (S. 35).
• Die Kirschen mit Mandeln und Soßenbinder vermengen.
• Den Teig in 2 Portionen zwischen 2 Lagen Backpapier jeweils zu einem 24 cm großen Quadrat ausrollen und daraus insgesamt 8 Quadrate von 12 cm Kantenlänge schneiden.
• Jeweils 1 EL Füllung auf die Teigmitte geben, und den Teig diagonal zusammenschlagen.
• Die Ränder mit einem bemehlten Kochlöffelstiel oder Gabelzinken zusammendrücken.
• Die Teilchen auf das Blech legen, einschneiden und backen.
• Inzwischen für den Guß den Puderzucker mit Kirschwasser glattrühren.
• Die Taschen auskühlen lassen, mit dem Guß bestreichen und mit Mandelblättchen bestreuen.

Ofentemperatur: 180 °C
Einschubhöhe: Mitte
Backzeit: etwa 20 Minuten

Variation:
Durch 1 Tropfen roter Speisefarbe wird der Guß rosa. In diesem Fall sieht es hübsch aus, wenn man statt der Mandelblättchen einige kleingehackte Pistazien auf den noch feuchten Guß streut.

Kirschkuchen vom Blech

RÜHRTEIG • 1 FETTPFANNE = 20–25 STÜCKE

Für den Rührteig (S. 74)
2 Eier
2 Eiweiß
125 g Butter oder Margarine
4 EL weißer oder brauner Zucker
100 g gemahlene geschälte oder ungeschälte Mandeln
250 g Weizenmehl Type 405
3 TL Backpulver
1 Prise Salz
Backpapier oder Butter bzw. Margarine zum Einfetten

Für den Belag
1,2–1,5 kg frische, konservierte oder TK-Kirschen, süß oder sauer
500 ml Milch
1 Päckchen Sahnepuddingpulver
2–3 EL Zucker
2 Eigelb
2 eingeweichte weiße Gelatineblätter

Für den Guß
250 ml Kirschsaft
1 EL Zitronensaft
1 EL Zucker
1 Päckchen roter Tortenguß

• Die Fettpfanne befeuchten und mit Backpapier belegen oder einfetten. Den Ofen vorheizen.
• Für den Rührteig die Eier trennen; sämtliche Eiweiße steifschlagen und kühl stellen.
• Fett, Zucker und Eigelbe – alles zimmerwarm – in einer Schüssel 4–5 Minuten mit den Rührbesen des Elektroqirls oder der Küchenmaschine schaumig schlagen.
• Die Mandeln dazugeben.
• Das Mehl mit Backpulver und Salz vermengen, darunterrühren, und den Eischnee unterheben.
• Den Teig auf die Fettpfanne streichen, mit der Teigkarte glätten und im Ofen goldgelb backen.
• Den Kuchen auf einem Kuchengitter auskühlen lassen.
• Frische Kirschen waschen und entsteinen. Konservierte, wenn nötig auch frische Früchte in einem Sieb gut abtropfen lassen. TK-Kirschen gefroren verwenden.
• Aus Milch, Puddingpulver und Zucker einen Pudding kochen und mit den Eigelben legieren.
• Die Gelatine ausdrücken und unter die heiße Masse rühren.
• Den Pudding sogleich auf den Kuchen gießen und glattstreichen.
• Die Kirschen dicht auf den Pudding legen und etwas eindrücken.
• Kirsch- und Zitronensaft mit Zucker und dem Tortenguß aufkochen und darauf gießen.

Ofentemperatur: 200 °C
Einschubhöhe: Mitte
Backzeit: 25–30 Minuten

Variationen:
Statt Kirschen können Sie auch Ananaswürfel oder -scheiben, Aprikosenhälften, Heidelbeeren oder Pfirsichschnitze auf den Pudding geben.
Hinweis:
Durch den Pudding ist dieser Kuchen angenehm feucht und wird darum von Kindern und Senioren sehr gern gegessen.

Kirschkuchen mit Makronenguß

RÜHRTEIG/MAKRONENMASSE • 1 FETTPFANNE = 20–25 STÜCKE

Für den Rührteig (S. 74)
Zutaten wie für den Kirschkuchen vom Blech (siehe oben)

Für den Belag
1,2 kg frische, konservierte oder TK-Kirschen, süß oder sauer

Für die Makronenmasse (S. 116)
3 Eiweiß
1 Prise Salz
1 TL Zitronensaft
180 g feiner Zucker
120 g gemahlene geschälte Mandeln
50 g Mandelblättchen

• Die Fettpfanne wie oben vorbereiten, und den Ofen vorheizen.
• Den Rührteig wie oben herstellen und auf die Pfanne streichen.
• Die Kirschen wie oben vorbereiten und auf dem Teig verteilen.
• Den Teig 20–25 Minuten backen, herausnehmen, und die Ofentemperatur erhöhen.
• Für die Makronenmasse die Eiweiße und Salz mit den Schneebesen des Elektroqirls oder der Küchenmaschine steifschlagen.
• Den Zitronensaft und die Hälfte des Zuckers dazugeben.
• Die Masse glänzend schlagen, dann den restlichen Zucker dazu-

geben, die gemahlenen Mandeln darunterheben.
- Die Masse auf die Kirschen streichen, mit Mandelblättchen bestreuen, erneut 10–15 Minuten backen. Die Oberfläche soll leicht gebräunt und knusprig sein.

Ofentemperatur: 200 °C
Einschubhöhe: Mitte
Backzeit: 20–25 Minuten
und
Ofentemperatur: 220 °C
Einschubhöhe: oben
Trockenzeit: 10–15 Minuten

Variationen:
Sie können diesen Kuchen, der bald verzehrt werden sollte, genausogut mit Hefe- oder Quark-Öl-Teig sowie mit anderen Früchten als Johannisbeer-, Rhabarber- oder Stachelbeer-Makronen-Kuchen backen.

Kirschkuchen mit Streuseln

- einfach
- schnell
- preiswert
- gefriergeeignet

RÜHRTEIG • 1 FETTPFANNE = 20–25 STÜCKE

Für den Rührteig (S. 74)
Zutaten wie für den Kirschkuchen vom Blech (siehe links)

Für den Belag
1,2 kg frische, konservierte oder TK-Sauerkirschen

Für die Streusel
200 g Weizenmehl Type 405
125 g Butter
oder Margarine
125 g Zucker
½ TL gemahlener Zimt

- Den Ofen vorheizen.
- Die Fettpfanne vorbereiten.
- Den Rührteig wie links beschrieben herstellen und in der Fettpfanne glattstreichen.
- Die Kirschen wie links beschrieben vorbereiten.
- Die Zutaten für die Streusel knapp 1 Minute mit den Knethaken des Elektroquirls oder der Küchenmaschine vermischen oder mit einer Gabel verkneten.

- Die Kirschen abwechselnd mit den Streuseln in schrägen Streifen auf dem Teigboden verteilen.
- Den Kuchen im Ofen backen, dann auskühlen lassen.

Ofentemperatur: 200 °C
Einschubhöhe: Mitte
Backzeit: 25–30 Minuten

Hinweis:
Den Kuchen noch am Backtag essen.

Kirschkuchen mit Streuseln

Kirschkuchen vom Blech

Kirschkuchen mit Makronenguß

Sauerkirschstrudel

x preiswert
x gefriergeeignet

STRUDELTEIG • 1 FETTPFANNE/FORM = 12 STÜCKE/6–8 PORTIONEN

Für den Strudelteig (S. 96)
350 g doppelgriffiges Weizenmehl Type 405 oder 550
¼ TL Salz
1 Ei oder 2 Eigelb, Gewichtsklasse 4
3 EL Öl, z. B. Sonnenblumenöl
knapp 125 ml warmes Wasser
1 EL Essig oder Zitronensaft
Öl zum Bepinseln
150 g Butter oder Margarine zum Einfetten und Bestreichen
Mehl für das Geschirrtuch

Für die Füllung
1,5 kg Sauerkirschen
6 EL Instantsoßenbinder
3 EL Zucker
1 TL feingemahlener Zimt
1 EL Rum
1 EL Zitronensaft
100 g gehackte Haselnußkerne oder Mandeln
8 EL Paniermehl oder Zwiebackkrümel zum Bestreuen

Für den Guß und die Garnitur
100 ml Milch oder 100 g Schlagsahne, nach Belieben
4 EL Haselnußblättchen oder Mandelstifte zum Bestreuen, nach Belieben
Puderzucker zum Bestreuen
1 Päckchen Vanillezucker

- Eine Schüssel oder einen Topf anwärmen.
- Für den Strudelteig die Zutaten in einer zweiten Schüssel mit den Knethaken des Elektroquirls oder den Fingerspitzen vermengen.
- Den Teig 10 Minuten kräftig von Hand kneten und schlagen, zu 2–3 Kugeln formen und mit Öl bepinseln.
- Die Teigkugeln mit dem angewärmten Gefäß bedecken oder im Gefrierbeutel an einem warmen Ort mindestens 30 Minuten quellen lassen. Die Fettpfanne oder Form einfetten.
- Den Ofen vorheizen, und ein feuerfestes Schälchen mit heißem Wasser auf den Boden stellen.
- Inzwischen für die Füllung die Kirschen waschen, abzupfen, entsteinen und mit Instantsoßenbinder, Zucker, Zimt, Rum, Zitronensaft und Haselnüssen oder Mandeln vermischen.
- Den Strudelteig portionsweise

OBST IN ALLEN VARIATIONEN

auf einem bemehlten Geschirrtuch ausrollen und mit den Handrücken papierdünn ausziehen.
• Das Fett zerlassen, und den Teig mit einem Teil davon bestreichen.
• Das Paniermehl oder die Zwiebackkrümel darauf streuen.
• Die Kirschen so auf dem Teig verteilen, daß jeweils die Seiten und der hintere Rand frei bleiben, dann die Ränder anfeuchten.
• Die Strudel mit dem Tuch aufrollen; mit den Nahtstellen nach unten nebeneinander auf die Fettpfanne oder in die Form geben.
• Die Ränder zusammendrücken, und die Oberfläche einstechen.
• Die Strudel mit der restlichen zerlassenen Butter oder Margarine bestreichen, im Ofen backen und nach Wunsch alle 10 Minuten mit Milch oder Sahne begießen.
• Nach Belieben 10 Minuten vor Ende der Backzeit die Strudel mit Haselnußblättchen oder Mandelstiften bestreuen.
• Nach dem Backen die Strudel 5 Minuten ruhen lassen. Etwas Puderzucker mit Vanillezucker mischen und darüber streuen.
• Zum Schluß die Sauerkirschstrudel in 5–7 cm breite Stücke schneiden.

Ofentemperatur: 225 °C
Einschubhöhe: Mitte
Backzeit: 35–40 Minuten

Variationen:
Sie können für die Füllung auch 500 g trockenen Magerquark oder 250 g Crème fraîche mit 2 Eiern und je 2 EL Speisestärke und Zucker verrühren und dann 800 g Kirschen daruntermischen.

Versunkener Kirschkuchen

✗ einfach
✗ schnell
✗ preiswert
✗ gefriergeeignet

RÜHRTEIG • 1 SPRINGFORM (24–26 CM ⌀) = 12 STÜCKE

Für den Rührteig (S. 74)
400–600 g frische, konservierte oder TK-Sauerkirschen
4 Eier
125 g Butter oder Margarine
150 g Zucker
50 g gemahlene geschälte Mandeln
1 Päckchen Vanillezucker
100 g Weizenmehl Type 1050
100 g Paniermehl
3 TL Backpulver
1 Prise Salz
2–3 EL Mandelstifte
Dekorschnee zum Bestreuen
Backpapier oder Butter bzw. Margarine zum Einfetten

• Den Boden der Springform befeuchten und mit Backpapier belegen oder einfetten.
• Den Ofen vorheizen.
• Frische Kirschen waschen und entsteinen. Konservierte oder frische Früchte abtropfen lassen. TK-Kirschen gefroren verwenden.
• Die Eier trennen, die Eiweiße steifschlagen und kühl stellen.
• Fett, Zucker und Eigelbe – alles zimmerwarm – in einer Schüssel 4–5 Minuten mit den Rührbesen des Elektroquirls oder der Küchenmaschine schaumig schlagen.
• Die Mandeln mit Vanillezucker, Mehl, Paniermehl, Backpulver und Salz vermengen und darunterrühren, dann den Eischnee mit dem Spatel unterheben.
• Den Teig in die Form füllen, und die Oberfläche glattstreichen.
• Die Kirschen auf den Teig geben, die Mandeln darüber streuen.
• Den Kuchen im Ofen backen und mit Dekorschnee bestreuen.

Ofentemperatur: 180 °C
Einschubhöhe: unten
Backzeit: 45–55 Minuten

Würziger Kirschkuchen

- einfach
- schnell
- gefriergeeignet

RÜHRTEIG • 1 SPRINGFORM (24–26 CM ⌀) = 12 STÜCKE

Für den Rührteig (S. 74)

- 600 g entsteinte frische, konservierte oder TK-Sauerkirschen
- 5 Eier
- 250 g Butter oder Margarine
- 200 g brauner Rohzucker
- 200 g gemahlene ungeschälte Mandeln
- 2–3 Tropfen Bittermandelaroma
- 1 Messerspitze gemahlene Nelken
- 2 EL Rum
- 1 Päckchen Vanillezucker
- 1 TL feingemahlener Zimt
- 200 g Weizenmehl Type 405
- 4 EL Paniermehl
- 1½ TL Backpulver
- 1 Prise Salz
- Dekorschnee zum Bestreuen
- Backpapier oder Butter bzw. Margarine zum Einfetten
- Paniermehl zum Ausstreuen

- Konservierte Kirschen sehr gut abtropfen lassen; TK-Früchte gefroren verarbeiten.
- Den Boden der Springform befeuchten und mit Backpapier belegen oder einfetten, dann mit Paniermehl ausstreuen.
- Den Ofen vorheizen.
- Die Eier trennen, die Eiweiße steifschlagen und kühl stellen.
- Butter oder Margarine, Zucker und Eigelbe – alles zimmerwarm – 4–5 Minuten mit den Rührbesen des Elektroquirls oder der Küchenmaschine schaumig schlagen.
- Die Mandeln mit Bittermandelaroma, Nelkenpulver, Rum, Vanillezucker und Zimt, dann Mehl mit Paniermehl, Backpulver und Salz mischen und jeweils darunterrühren. Den Eischnee unterheben.
- Den Teig in die Springform geben, dann die Oberfläche mit der nassen Teigkarte glattstreichen.
- Die Sauerkirschen gleichmäßig auf der Teigoberfläche verteilen, dabei den Rand etwas frei lassen.
- Den Kuchen im Ofen backen, 3 Minuten danach vom Rand der Form lösen und auf einem Kuchengitter auskühlen lassen.
- Den ausgekühlten Kuchen mit Dekorschnee bestreuen.

Ofentemperatur: 180 °C
Einschubhöhe: Mitte
Backzeit: 55–65 Minuten

Variationen:
Sie können dieses Rezept abwandeln, indem Sie statt der Kirschen Aprikosenhälften oder weiche Birnenschnitze nehmen.
Genausogut gerät der Kuchen, wenn Sie ihn mit gemahlenen Hasel- oder Walnußkernen anstelle der Mandeln backen.

Gut zu wissen:
Der Kuchen schmeckt am folgenden Tag besonders lecker, weil sich das Aroma der Gewürze besser verteilt hat. Außerdem ist er dann durch die Kirschen angenehm feucht.

Kirschkuchen mit Schokolade

- einfach
- schnell
- gefriergeeignet

RÜHRTEIG • 1 SPRINGFORM (26 CM ⌀) = 12 STÜCKE

Für den Rührteig (S. 74)
100 g Edelbitterschokolade
400–600 g entsteinte frische, konservierte oder TK-Sauerkirschen
4 Eier
100 g Butter oder Margarine
100 g Zucker
1–2 Tropfen Bittermandelaroma
100 g gemahlene Haselnußkerne
125 g Weizenmehl Type 405
1½ TL Backpulver
1 Prise Salz
Backpapier oder Butter bzw. Margarine zum Einfetten

Für den Guß und die Garnitur
250 ml Sauerkirschsaft
1 Päckchen roter Tortenguß
1 EL Zucker
200 g Schlagsahne
1 Päckchen Vanillezucker
1 Päckchen Sahnefestiger, nach Belieben

- Die Schokolade kühlen.
- Konservierte Kirschen in einem Sieb abtropfen lassen, TK-Früchte gefroren verarbeiten.
- Den Boden der Springform befeuchten und mit Backpapier belegen oder einfetten.
- Den Ofen vorheizen.
- Die Schokolade fein reiben.
- Die Eier trennen, die Eiweiße steifschlagen und kühl stellen.
- Die Schokolade mit dem Fett, Zucker und Eigelben – alles zimmerwarm – 4–5 Minuten mit den Rührbesen des Elektroquirls oder der Küchenmaschine verschlagen.
- Das Bittermandelaroma und die Nüsse dazugeben.
- Das Mehl mit Backpulver und Salz vermengen und darunterrühren, anschließend den Eischnee mit dem Spatel unterheben.
- Den Teig in die Form geben, die Oberfläche glätten, dann die Sauerkirschen darauf verteilen.
- Den Kuchen im Ofen backen, dabei nach 30 Minuten zudecken.
- 3 Minuten nach dem Backen den Rand der Form abnehmen, und den Kuchen erkalten lassen.
- Den Kirschsaft mit Tortenguß nach Gebrauchsanweisung zubereiten – dabei die Masse nicht mit dem Schneebesen schlagen, weil sie dadurch trüb wird –, süßen und über dem Kuchen verteilen.
- Die Sahne steifschlagen und mit Vanillezucker und nach Belieben Sahnefestiger vermischen.
- Mit dem Spritzbeutel und einer Sterntülle die Sahne in Wellenlinien auf den Kuchen geben.

Ofentemperatur: 180 °C
Einschubhöhe: Mitte
Backzeit: 55–65 Minuten

Gestürzter Kirschkuchen

x schnell
x preiswert

BLÄTTERTEIG • 1 EISEN- ODER PIEFORM (24–26 CM ⌀) = 12 STÜCKE

Für den Blätterteig (S. 92)
200 g frischer, gekühlter oder
TK-Blätterteig
Alufolie
Backpapier
eventuell Mehl zum Ausrollen

Für die Füllung
800 g frische, konservierte
oder TK-Sauerkirschen
2 EL weißer Zucker
oder brauner Rohzucker
40 g Butter

- TK-Blätterteig bei Raumtemperatur auftauen lassen.
- Die frischen Kirschen waschen, abzupfen und entsteinen.
- Konservierte oder frische Kirschen sehr gut abtropfen lassen; TK-Früchte gefroren verarbeiten.
- Den Ofen vorheizen.
- Die Eisen- oder Pieform mit Alufolie auslegen, dabei einen etwa 3 cm hohen Rand bilden.
- Den Zucker mit 20 g Butter in der Form verteilen, die Form in den Ofen stellen, und den Zucker in annähernd 10 Minuten schmelzen und leicht bräunen.
- Die Form herausnehmen, und die Ofentemperatur erhöhen.
- Den Teig zwischen 2 Lagen Backpapier oder auf bemehlter Unterlage zu einer runden Platte ausrollen, die 2 cm größer als der obere Durchmesser der Form ist.
- Die Teigplatte mit Backpapier bedecken und 10 Minuten im Gefriergerät kühlen.
- Die Kirschen auf dem Zucker in der Form verteilen und mit der flachen Hand leicht andrücken.
- Die restliche Butter in Flöckchen darauf verteilen.
- Die Teigplatte locker auf die Kirschen legen; dabei den Rand auf der Innenseite in den Rand der Form stecken.
- Einige Luftschlitze einschneiden, weil sonst der Dampf die Teigkruste aufweicht.
- Den Kuchen 12–15 Minuten im Ofen backen, dann die Temperatur reduzieren, und den Kuchen weitere 5–10 Minuten backen.
- Den heißen Kirschkuchen auf eine Kuchenplatte stürzen, und die Alufolie schnell abziehen.

Ofentemperatur: 180 °C
Einschubhöhe: Mitte
Backzeit: etwa 10 Minuten
und
Ofentemperatur: 220 °C
Einschubhöhe: Mitte
Backzeit: 12–15 Minuten
und
Ofentemperatur: 150 °C
Einschubhöhe: Mitte
Trockenzeit: 5–10 Minuten

Variationen:
Das Rezept können Sie mit Mürbeteig und mit zerkleinerten Ananas, Äpfeln, Aprikosen, Brombeeren, weichen Pfirsichen oder Zwetschgen abwandeln.
Halbsteifgeschlagene Sahne, Vanilleeis oder warme Vanillesauce sind beliebte Ergänzungen.

Gut zu wissen:
In dunklen Formen aus Eisen gelingt dieser französische Kuchen am besten. Beim Stürzen sind Schnelligkeit und Konzentration vonnöten, weil Sie sich sonst an dem herausfließenden heißen Saft verbrennen. Durch die besondere Herstellungsmethode ist der Kuchen sehr knusprig; genießen Sie ihn darum bald.

Kirschtorte mit Sahnehaube

x gefriergeeignet

RÜHRTEIG • 1 SPRINGFORM (26 CM ⌀) = 12 STÜCKE

Für den Rührteig (S. 74)
75 g Butter oder Margarine
50 g Zucker
1 Ei
1 Päckchen Vanillezucker
50 g Weizenmehl Type 405
50 g gemahlene Walnußkerne
1 TL Backpulver
1 Prise Salz
Backpapier oder Butter
bzw. Margarine zum Einfetten

Für den Belag und die Garnitur
800 g süße oder saure Kirschen, frisch, konserviert oder TK
100 g Edelbitterschokolade
400 g Schlagsahne
4–5 EL Zucker
2 EL Kirschwasser, nach Belieben
kleingehackte Pistazienkerne

- Den Boden der Springform befeuchten und mit Backpapier belegen oder einfetten.
- Den Ofen vorheizen.
- Für den Rührteig Fett, Zucker, Ei und Vanillezucker – alles zimmerwarm – 4–5 Minuten mit den Rührbesen des Elektroquirls oder der Küchenmaschine verschlagen.
- Das Mehl mit Nüssen, Backpulver und Salz vermengen und darunterrühren.
- Den Teig in die Springform geben, die Oberfläche glätten, dabei zum Rand leicht hochziehen, und backen.
- Inzwischen die frischen Kirschen waschen, abzupfen und entsteinen. Konservierte, wenn nötig auch frische Früchte sehr gut abtropfen lassen; TK-Kirschen gefroren verarbeiten.
- Den Rand der Form vom Kuchen schneiden und abnehmen.
- Den Kuchen auskühlen lassen, einen Tortenring herumlegen.
- Die Schokolade in einen Gefrierbeutel geben, gut verschließen, und die Schokolade in heißem Wasser schmelzen (S. 38).
- Eine kleine Spitze vom Beutel schneiden und etwa drei Viertel der Schokolade mit spiralförmigen Bewegungen von der Mitte aus auf den gebackenen Boden gießen, dann etwas verstreichen.
- Die Schlagsahne steifschlagen, mit Zucker und nach Belieben mit Kirschwasser abschmecken. Die Hälfte davon in einen Spritzbeutel mit Sterntülle geben und kühlen.
- Die restliche Sahne auf die Torte streichen und die Kirschen darauf verteilen, dann den Tortenring abnehmen, und den Kuchen auf eine Tortenplatte heben.
- Zum Schluß die Torte mit Sahnelocken bespritzen, die kleingehackten Pistazienkerne darauf streuen, und den Schokoladenrest in feinen Linien darüber geben.

Ofentemperatur: 180 °C
Einschubhöhe: unten
Backzeit: 15–20 Minuten

Variationen:
Sie können diese Torte ebensogut mit konservierten Ananaswürfeln, frischen oder konservierten Aprikosen, frischen Erdbeeren, Heidelbeeren, Himbeeren, roten Johannisbeeren oder Kiwis, Zwetschgen oder vorgegarten Stachelbeeren backen.

Sauerkirschtorte

- einfach
- schnell
- preiswert
- gefriergeeignet

RÜHRTEIG • 1 SPRINGFORM (24–26 CM ⌀) = 12–16 STÜCKE

Für den Rührteig (S. 74)
2 Eier
100 g Butter oder Margarine
5 EL Zucker
3 EL Cognac oder Rum
1 Päckchen Vanillezucker
150 g Weizenmehl Type 405
2 TL Backpulver
1 Prise Salz
Backpapier oder Butter
bzw. Margarine zum Einfetten
Für den Belag
400 g frische, konservierte
oder TK-Sauerkirschen
2 EL Paniermehl
Für den Guß
3 Eier
4–5 EL Zucker
1 TL feingemahlener Zimt
1 EL gemahlene Kokosraspel oder
gemahlene geschälte Mandeln
125 g saure Sahne
Puderzucker zum Bestauben

- Den Boden der Springform befeuchten und mit Backpapier belegen oder einfetten.
- Den Ofen vorheizen.
- Für den Rührteig die Eier trennen, die Eiweiße steifschlagen und kühl stellen.
- Für den Rührteig Fett, Zucker und Eigelbe – alles zimmerwarm – 4–5 Minuten mit den Rührbesen des Elektroquirls oder der Küchenmaschine schaumig schlagen.
- Den Cognac oder Rum und den Vanillezucker dazugeben; das Mehl mit Backpulver und Salz vermengen und darunterrühren.
- Zum Schluß den Eischnee mit dem Spatel unterheben.
- Den Teig in die Form füllen, und die Oberfläche mit der Teigkarte glattstreichen.
- Den Kuchen im Ofen ungefähr 20 Minuten backen.
- Inzwischen frische Kirschen waschen, abzupfen und entsteinen. Konservierte, wenn nötig auch frische Früchte in einem Sieb sehr gut abtropfen lassen. TK-Kirschen gefroren verarbeiten.
- Für den Guß die Eier trennen.
- Erst die Eiweiße mit den Schneebesen des Elektroquirls

oder der Küchenmaschine steifschlagen, dann in einer zweiten Schüssel die übrigen Zutaten schaumig schlagen und mit dem Eischnee mischen.
- Den vorgebackenen Kuchen mit Paniermehl bestreuen, dann die Kirschen darauf verteilen und den Guß darauf gießen.
- Den Kuchen weitere 20–30 Minuten im Ofen backen, bis der Guß gestockt und leicht gebräunt ist, dann aus der Form lösen und mit Puderzucker bestauben.

Ofentemperatur: 180 °C
Einschubhöhe: unten
Backzeit: etwa 20 Minuten
und
Ofentemperatur: 180 °C
Einschubhöhe: unten
Backzeit: 20–30 Minuten

Kirschtorte mit Marzipan

MÜRBETEIG/RÜHRTEIG • 1 SPRINGFORM (26–28 CM ⌀) = 12 STÜCKE

Für den Mürbeteig (S. 84)
½ Zutatenmenge wie für die Sauerkirschtaschen (siehe S. 267)

Für den Rührteig (S. 74)
400 g frische, konservierte oder TK-Sauerkirschen
100 g Edelbitterschokolade
200 g Butter oder Margarine
180 g Zucker
4 Eier
1 Päckchen Vanillezucker
125 g Weizenmehl Type 405
1 TL Backpulver
125 g Mandelstifte

Für die Garnitur
100 g Himbeer- oder Kirschgelee
200 g Schlagsahne
1 Päckchen Vanillezucker
150 g Marzipanrohmasse
50 g Puderzucker
12 Sauerkirschen

- Für den Mürbeteig die kühlen Zutaten in einer Schüssel mit den Knethaken des Elektroquirls oder der Küchenmaschine knapp 1 Minute vermischen, rasch verkneten und 30 Minuten kühl stellen.
- Die Form wie links vorbereiten. Den Ofen vorheizen.
- Den Teig zwischen Backpapier für den Springformboden ausrollen, in die Form geben, den Rand hochziehen, mehrmals einstechen, kurz kühlen und backen.
- Frische Kirschen waschen, abzupfen und entsteinen. Konservierte, wenn nötig auch frische Früchte sehr gut abtropfen lassen. TK-Früchte gefroren verarbeiten.
- Für den Rührteig die Schokolade kleinhacken.
- Das Fett mit Zucker, Eiern und Vanillezucker mit den Rührbesen schaumig rühren.
- Das Mehl mit Backpulver mischen und mit der Schokolade und den Mandelstiften dazugeben.
- Den Rührteig mit der Teigkarte auf dem Mürbeteigboden glattstreichen und so mit den Kirschen belegen, daß der Rand frei bleibt.
- Den Kuchen backen, aus der Form lösen und oben dünn mit etwas erwärmtem Gelee bepinseln.
- Die Sahne mit Vanillezucker steifschlagen und eine dünne Schicht davon darauf streichen.
- Das kühle Marzipan fein reiben, mit Puderzucker verkneten und zwischen 2 Lagen Backpapier rund ausrollen, dann eine Platte in Tortengröße ausschneiden.
- Mit Hilfe des unteren Backpapiers das Marzipan auf die Torte legen. Das Gelee erwärmen und gleichmäßig darauf streichen.
- Den Kuchen mit Sahnerosetten und Kirschen garnieren.

Ofentemperatur: 180 °C
Einschubhöhe: Mitte
Backzeit: 10–12 Minuten
und
Ofentemperatur: 180 °C
Einschubhöhe: Mitte
Backzeit: 35–40 Minuten

Schwarzwälder Kirschtorte

x gefriergeeignet

BISKUITMASSE • 1 SPRINGFORM (26 CM ⌀) = 12 STÜCKE

Für die Biskuitmasse (S. 88)
3 Eier, Gewichtsklasse 4
3 EL Wasser
90 g Zucker
1 Päckchen Vanillezucker
1 Prise Salz
90 g Weizenmehl Type 405
½ TL Backpulver
2 EL dunkler Kakao
Backpapier oder Butter
bzw. Margarine zum Einfetten

Für den Belag und die Garnitur
800 g frische, konservierte
oder TK-Sauerkirschen
1 EL Zitronensaft
eventuell 150 ml Kirschsaft
3 EL Speisestärke
3–4 EL Zucker
3 EL Kirschwasser, nach Belieben
6–8 eingeweichte weiße
Gelatineblätter
4 EL Milch
800 g Schlagsahne
4 EL Zucker
1 Päckchen Vanillezucker
50 g helle oder dunkle Kuvertüre

- Den Boden der Springform befeuchten und mit Backpapier belegen oder einfetten.
- Den Ofen vorheizen.
- Für die Biskuitmasse die kühlen Eier mit kaltem Wasser, Zucker, Vanillezucker und Salz mit den Schneebesen des Elektroquirls oder der Küchenmaschine ungefähr 5 Minuten schaumig schlagen.
- Das Mehl mit dem Backpulver und Kakao mischen und auf die Eimasse sieben.
- Die Zutaten mit einem Spatel vorsichtig so vermengen, daß die Masse schaumig bleibt.
- Die Biskuitmasse in die Form geben, die Oberfläche mit der Teigkarte glattstreichen, und die Form einige Male auf die Arbeitsplatte stoßen.
- Den Kuchen im Ofen backen, dann umgedreht stürzen und mit dem Backpapier und dem Boden der Form bedeckt sowie leicht beschwert bis zum folgenden Tag auskühlen lassen.
- Das Blech und das Papier vom Biskuit lösen, dann den Kuchen waagrecht zweimal aufschneiden.
- Den oberen Boden umgedreht mit der Kruste nach unten auf einen Tortenheber geben und einen Tortenring herumlegen.
- Für den Belag die frischen Kirschen waschen, abzupfen, entsteinen und – wie auch konservierte Kirschen – in einem Sieb abtropfen lassen; TK-Kirschen gefroren verarbeiten. 12 schöne Kirschen für die Dekoration beiseite legen.
- Den Zitronensaft mit Kirschsaft auf 150 ml auffüllen, mit der Speisestärke verrühren und 2–3 Minuten aufkochen.
- Die Kirschen in den heißen Brei rühren und die Masse mit Zucker und nach Belieben 1 EL Kirschwasser abschmecken.
- Die Kirschmasse noch warm auf den Tortenboden geben, und den Boden zugedeckt kühlen.
- Die Gelatine ausdrücken und mit der Milch schmelzen (S. 32).
- Die Schlagsahne steifschlagen, dann Zucker, Vanillezucker und die Gelatine darunterschlagen.
- Für die Verzierung 3–4 EL Sahne in einen Spritzbeutel mit Sterntülle geben und kühlen.
- Ein Drittel der übrigen Sahne auf die Kirschfüllung geben und glattstreichen.
- Den zweiten Boden darauf legen, mit dem restlichen Kirschwasser beträufeln und mit dem zweiten Drittel Sahne bestreichen.
- Den letzten Boden mit der Kruste nach oben darauf geben, dann ein kleines rundes Brettchen auflegen und den Boden mit der flachen Hand andrücken. Die Torte erneut zugedeckt kühlen.
- Den Tortenring losschneiden und abnehmen, und die Torte außen mit der restlichen Sahne bestreichen.
- Für die Schokoladenraspel die Kuvertüre schmelzen (S. 34) und sehr dünn auf eine glatte Steinplatte streichen. Ehe die Masse ganz kalt ist, mit einem Metallspatel feine Raspel herunterschaben und gleich auf die Torte fallen lassen; den Rest sehr behutsam an den Rand drücken.
- Die Torte mit Sahnerosetten und Kirschen festlich garnieren und bis zum Aufschneiden kühlen.

Ofentemperatur: 200 °C
Einschubhöhe: unten
Backzeit: etwa 20 Minuten

Variation:
Sie können zusätzlich aus 125 g Mehl, 50 g Butter, 2 EL Zucker, 1 EL Kakao und 1 Prise Salz einen Mürbeteigboden backen, diesen mit Johannisbeergelee bestreichen und auf den Tortenheber legen, ehe Sie den ersten Biskuitboden auflegen.

Hinweis:
Wenn die Torte bald gegessen wird, können Sie bei sehr steifer Sahne auf Gelatine verzichten.

Mandarinenherz

BRANDTEIG • 1 BLECH = 10–12 STÜCKE

Für den Brandteig (S. 104)
250 ml Milch oder Wasser
65 g Butter bzw. Margarine oder 4 EL Öl, z. B. Sojaöl
2 Prisen Salz
150 g Weizenmehl Type 405
4–5 Eier, Gewichtsklasse 3 oder 4
Backpapier

Für den Guß
4 EL Puderzucker
1 EL Mandarinenlikör

Für die Füllung
400 g konservierte Mandarinorangen (2 Dosen)
500 g Quark
1 TL feingeriebene unbehandelte Orangenschale
100 ml frisch gepreßter Orangensaft
3–4 EL Zucker
200 g Schlagsahne
2–3 EL Mandarinenlikör
1 Päckchen Sahnefestiger oder Sofortgelatine, nach Belieben
4–6 Kumquats

- Auf der Rückseite des Backpapiers ein großes Herz markieren.
- Das Blech befeuchten und mit dem Backpapier belegen.
- Den Ofen vorheizen, und ein feuerfestes Schälchen mit heißem Wasser auf den Boden stellen.
- Für den Teig Milch oder Wasser mit Butter oder Margarine oder Öl und Salz in einem geschlossenen Topf zum Kochen bringen.
- Das Mehl sieben, den Topf von der Kochstelle nehmen, und das Mehl auf einmal hineinschütten, dabei kräftig mit den Knethaken des Elektroquirls oder dem Lochlöffel rühren.
- Den Topf wieder auf den Herd stellen, und die Masse unter Rühren in 1–2 Minuten zum Kloß abbrennen, dann erkalten lassen.
- Im Abstand von jeweils 2–3 Minuten die Eier darunterrühren, bis der Teig mit stark glänzenden Spitzen am Rührgerät hängt.
- Den Teig mit einem Spritzbeutel und großer Sterntülle mit engen Wellenbewegungen dick auf das Blech spritzen und anschließend 10 Minuten kühlen.
- Das Teigherz mit 3–4 EL Wasser besprengen und backen.
- Den Ofen während der ersten 18 Minuten geschlossen halten, dann die Temperatur reduzieren und das Herz trocknen.
- Das Herz auf einem Gitter auskühlen lassen, mit einem Guß aus Puderzucker und Mandarinenlikör überziehen, trocknen lassen und erst dann waagrecht teilen.
- Für die Füllung die Mandarinorangen abtropfen lassen.

- Den Quark mit Orangenschale, Orangensaft und Zucker vermengen, dann die Sahne steifschlagen und unterheben.
- Mandarinenlikör und nach Belieben Sahnefestiger oder Sofortgelatine darunterschlagen.
- Die Mandarinen-Quark-Creme mit dem Spritzbeutel auf dem Boden des Herzens verteilen.
- Die Creme mit Mandarinorangen und dünnen Kumquatscheiben belegen, und den Deckel auf das Gebäck legen.

Ofentemperatur: 225 °C
Einschubhöhe: Mitte
Backzeit: 18 Minuten
und
Ofentemperatur: 180 °C
Einschubhöhe: Mitte
Trockenzeit: 15–20 Minuten

Mandarinen-Kokos-Torte

 gefriergeeignet

MAKRONENMASSE • 2 SPRINGFORMEN (26 CM ⌀) = 12 STÜCKE

Für die Makronenmasse (S. 116)
6 Eiweiß
120 g Zucker
½ TL Zitronensaft
1 Prise Salz
120 g Puderzucker
150 g Kokosraspel
Backpapier

Für die Füllung und die Garnitur
400 g konservierte Mandarinorangen (2 Dosen)
250 g Mascarpone oder Doppelrahmfrischkäse
1–2 EL Zucker
5–6 EL frisch gepreßter Orangensaft
200 g Schlagsahne

- 2 Springformböden befeuchten und mit Backpapier belegen.
- Den Ofen vorheizen.
- Für die Makronenmasse die Eiweiße mit den Schneebesen des Elektroquirls oder der Küchenmaschine steifschlagen.
- Den Zucker mit Zitronensaft und Salz darunterschlagen, bis die Masse stark glänzt und nicht mehr knirscht.
- Den Puderzucker und die Kokosraspel mischen, darauf geben und vorsichtig unterheben.
- Die Masse auf die Böden verteilen und im Ofen trocknen.
- Die Makronenböden vorsichtig vom Papier lösen und den weniger schönen Boden auf eine Tortenplatte legen.
- Für die Füllung die Mandarinorangen in einem Sieb abtropfen lassen.
- Den Mascarpone oder Frischkäse mit Zucker und Orangensaft glattrühren.
- Die Sahne steifschlagen, dazufügen, und die Hälfte der Masse auf den Makronenboden geben.
- Die Hälfte der Mandarinorangen darauf legen.
- Den zweiten Makronenboden darauf geben, mit dem Rest der Mascarpone- oder Frischkäsecreme bestreichen und mit den restlichen Mandarinen garnieren.

Ofentemperatur: 140 °C
Einschubhöhe: Mitte
Trockenzeit: 60–90 Minuten

Variationen:
Anstelle der Mandarinen können Sie auch Erdbeeren, Heidelbeeren, Himbeeren oder rote Johannisbeeren für Kokostorten verwenden.

Baisertorte mit Mango

BAISERMASSE • 2 BLECHE = 8–10 STÜCKE

Für die Baisermasse (S. 112)
3 Eiweiß
1 Prise Salz
½ TL Ascorbinsäure oder Gelierpulver oder 1 EL Zitronensaft
90 g feiner Zucker
90 g Puderzucker
½ TL Speisestärke, nach Belieben
Backpapier

Für die Füllung und die Garnitur
6 EL Zitronensaft
1 TL feingeriebene unbehandelte Zitronenschale
3 Eigelb
2–3 EL Zucker
1 Mango (400 g)
200 g Schlagsahne
1 Päckchen Vanillezucker
40 g Edelbitterschokolade
Zitronenmelisseblättchen

- Die Bleche schnell in den Ofen schieben und, soweit vorhanden, den Lüftungsregler öffnen.
- Die Wärmezufuhr nach 2–3 Minuten ausschalten, und den Ofen während der nächsten 8 Stunden geschlossen halten. Unter Umständen den Ofen zum Schluß nochmals kurz auf 100 °C heizen.
- Die knusprig-trockenen Baiserböden vorsichtig vom Papier lösen, und den weniger schönen Boden auf eine Tortenplatte geben.
- Für die Füllung Zitronensaft und -schale, Eigelbe und Zucker unter fortwährendem Schlagen über einem Wasserbad erhitzen, bis die Masse dicklich wird, dabei immer wieder vom Boden lösen, dann abkühlen lassen (S. 15).
- Die Mango schälen, das Fruchtfleisch lösen und pürieren.
- Die Sahne mit Vanillezucker steifschlagen, mit dem Mangopüree unter die Creme mischen, und die Creme auf den unteren Boden streichen. Den zweiten Boden darauf setzen.
- Die Schokolade in einem verschlossenen Gefrierbeutel in heißem Wasser schmelzen (S. 38).
- Eine kleine Spitze abschneiden, die Oberfläche der Torte mit feinen Streifen bespritzen, mit Zitronenmelisseblättchen garnieren.

Ofentemperatur: 200 °C, nach 2–3 Minuten ausschalten
Einschubhöhe: Mitte
Trockenzeit: 8–10 Stunden

- Auf die Rückseite des Backpapiers zwei Kreise mit je 22 cm Ø zeichnen.
- Die Bleche befeuchten und mit dem Backpapier belegen.
- Den Heißluftofen vorheizen.
- Für die Baisermasse die Eiweiße mit dem Salz sehr steif schlagen.
- Ascorbinsäure oder Gelierpulver oder Zitronensaft und Zucker dazugeben, und die Masse so lange schlagen, bis sie stark glänzt.
- Den Puderzucker nach Belieben mit der Stärke mischen, auf die Schaummasse sieben, und alles vorsichtig vermengen.
- Aus der Baisermasse zwei daumendicke Kuchenböden auf die Bleche geben.

OBST IN ALLEN VARIATIONEN 283

Makronenschnitten mit Mango

x gefriergeeignet

MAKRONENMASSE • 1 BLECH = 8–10 SCHNITTEN

Für die Makronenmasse (S. 116)
Zutaten wie für die Baisertorte mit Mango (siehe links) und 150 g gemahlene Haselnußkerne
Alufolie

Für die Füllung und die Garnitur
2 Mangos (800 g)
500 g Schlagsahne
1/2 TL feingeriebene unbehandelte Zitronenschale
1 EL Zitronensaft
1 EL Kirschlikör, z. B. Maraschino
2 EL Zucker
1 Päckchen Vanillezucker
geröstete Mandelblättchen

- Das Blech befeuchten und mit Backpapier belegen.
- Wie links beschrieben eine Baisermasse herstellen und für die Makronenmasse die Haselnüsse darunterheben.
- Die Masse mit dem Spritzbeutel und glatter Tülle als 2 etwa 12 cm breite Streifen auf das Blech geben und wie links beschrieben im Ofen trocknen.
- Für die Füllung 1 Mango schälen, dann das Fruchtfleisch vom Stein lösen und würfeln.
- Die Sahne steifschlagen und vier Fünftel davon mit Zitronenschale und -saft sowie Likör und Zucker abschmecken.
- Die Mangowürfel unterheben.
- Die Masse auf einen Streifen geben. Dazu seitlich zwei mit Alufolie umkleidete Leisten anlegen, damit die Füllung nicht verläuft.
- Die Masse im Kühlschrank 10–20 Minuten etwas fest werden lassen, dann die obere Makronenlage darauf legen.
- Die zweite Mango schälen, in schmale Schnitze schneiden und auflegen.
- Die restliche Sahne mit Vanillezucker abschmecken, mit dem Spritzbeutel und glatter Tülle die Schnitten damit garnieren, die Mandelblättchen darauf setzen.
- Den Streifen nach 1stündiger Kühlzeit mit einem Elektromesser quer in Schnitten schneiden.

**Ofentemperatur: 200 °C,
nach 2–3 Minuten ausschalten
Einschubhöhe: Mitte
Trockenzeit: 8–10 Stunden**

Mangosahnetorte

× gefriergeeignet

MÜRBETEIG • 1 SPRINGFORM (26 CM ⌀) = 12 STÜCKE

Für den Mürbeteig (S. 84)
200 g Weizenmehl Type 405
½ TL Backpulver
½ TL Salz
100 g Butter oder Margarine
2 EL Zucker
1 Ei
2 EL Wasser
1 Päckchen Vanillezucker
Backpapier oder Butter
bzw. Margarine zum Einfetten
Backpapier und Hülsenfrüchte
zum Blindbacken

Für den Belag
2 Mangos (800 g)
2 EL Zitronensaft
2 Eigelb
3–4 EL Zucker
6 eingeweichte weiße
Gelatineblätter
100 ml Apfelsaft
80 g Edelbitterschokolade
500 g Schlagsahne
1 Päckchen Vanillezucker

• Für den Mürbeteig alle kühlen Zutaten mit den Knethaken knapp 1 Minute vermengen, zu einem Kloß pressen, flach drücken und zugedeckt 30 Minuten kühlen.
• Den Boden der Springform befeuchten und mit Backpapier belegen oder einfetten.
• Mit dem Teig den Boden und einen 2 Finger hohen Rand der Form belegen, einige Male einstechen und 20 Minuten kühlen.
• Den Ofen vorheizen.
• Den Teig mit einem Stück Backpapier und Hülsenfrüchten belegen und goldbraun backen.
• Die Hülsenfrüchte und das obere Papier entfernen, den Boden auf eine Tortenplatte heben, und den Tortenring herumlegen.
• Die Mangos schälen, und das Fleisch lösen und klein würfeln.
• 12 Würfelchen für die Garnitur mit etwas Zitronensaft benetzen.
• Das restliche Fruchtfleisch mit Eigelben und Zucker pürieren.
• Die Gelatine ausdrücken, mit dem restlichen Zitronensaft und Apfelsaft schmelzen (S. 32), unter Schlagen zur Mangocreme geben. Die Creme kühlen.
• Die Schokolade schmelzen (S. 38), den Kuchen dünn mit einem Teil davon bepinseln, und

die restliche Schokolade hauchdünn auf einer Steinplatte ausstreichen und abschaben (S. 37).
• 400 g Sahne steifschlagen, unter die gelierende Mangocreme heben, und die Creme auf den Tortenboden gießen und glätten.
• Die Torte zugedeckt mindestens 5 Stunden kühl stellen.
• Die restliche Sahne mit Vanillezucker steifschlagen und als große Rosetten auf die Torte spritzen. Dann die Mangowürfel hineinsetzen.
• Die Schokoladelocken auf die Torte geben, und diese möglichst am Backtag verzehren.

Ofentemperatur: 180 °C
Einschubhöhe: Mitte
Backzeit: 15–20 Minuten

Orangentarte mit Marzipancreme

✗ schnell

MÜRBETEIG • 1 SPRINGFORM (26 CM ⌀) = 12 STÜCKE

Für den Mürbeteig (S. 84)
Zutaten wie für die Mango-Sahne-Torte (siehe links)

Für den Belag
6 EL Orangenkonfitüre
500 ml Milch
½ Vanilleschote
1 Prise Salz
½ Päckchen Mandelpuddingpulver
2 Eier
4 Eigelb
100 g Marzipanrohmasse
100 g Zucker
4–5 kleine Orangen gleicher Größe
2 EL Orangenlikör, z. B. Grand Marnier

• Den Mürbeteig wie links beschrieben herstellen und kühlen.
• Die Springform vorbereiten.
• Mit dem Teig die Form auslegen, den Teig einige Male einstechen und 20 Minuten kühlen. Den Ofen vorheizen.
• Den Teig wie links beschrieben goldbraun blindbacken.
• Hülsenfrüchte und Papier entfernen, dann den Kuchenboden mit etwas Konfitüre bestreichen und auf eine Tortenplatte heben.
• Für den Belag 400 ml Milch erhitzen, die Vanilleschote aufschlitzen, mit Salz hinzufügen, und die Milch aufkochen lassen.
• Die Schote etwas ziehen lassen, dann herausnehmen, und den Samen in die Milch kratzen.
• Das Puddingpulver mit dem Rest der Milch, Eiern und Eigelben verrühren, dazugeben, und die Vanillemilch unter Rühren 2–3 Minuten aufkochen lassen.
• Das Marzipan grob raffeln und mit dem Zucker hinzufügen.
• Die Masse unter gelegentlichem Rühren erkalten lassen, durchsieben und auf dem Mürbeteigboden glattstreichen.
• Die Orangen so schälen, daß auch die weiße Haut entfernt wird, und dann quer in 4 mm dicke Scheiben schneiden.
• Die restliche Konfitüre durchpassieren und mit dem Orangenlikör erwärmen.
• Die Orangen nach und nach darin wenden, abkühlen lassen und spiralförmig und überlappend auf die Creme geben.

Ofentemperatur: 180 °C
Einschubhöhe: Mitte
Backzeit: 15–20 Minuten

Orangen-Möhren-Torte

- einfach
- schnell
- preiswert
- gefriergeeignet

RÜHRTEIG • 1 SPRINGFORM (26 CM ⌀) = 12 STÜCKE

Für den Rührteig (S. 74)
250 g geputzte Möhren
1 Orange
4 Eier
250 ml Öl, z. B. Sojaöl
250 g Zucker
125 g gemahlene Haselnußkerne
1 TL feingeriebene
unbehandelte Orangenschale
1 TL feingemahlener Zimt
250 g Weizenmehl Type 405
2 TL Backpulver
1 Prise Salz
Backpapier oder Butter
bzw. Margarine zum Einfetten

Für die Füllung und die Garnitur
400 g Schlagsahne
2 EL Puderzucker
½ TL feingeriebene
unbehandelte Orangenschale
3 EL frisch gepreßter
Orangensaft
feine Orangenzesten

- Den Boden der Springform befeuchten und mit Backpapier belegen oder einfetten, jedoch nicht den Rand bestreichen.
- Den Ofen vorheizen.
- Die Möhren auf der Rohkostreibe sehr fein reiben.
- Die Orange schälen und das Fruchtfleisch in kleine Stücke schneiden, dabei die Kerne entfernen.
- Für den Rührteig die Eier teilen, die Eiweiße zu Eischnee schlagen und kühl stellen.
- Öl, Zucker und Eigelbe – alles zimmerwarm – in einer Schüssel 4–5 Minuten mit den Rührbesen des Elektroquirls oder der Küchenmaschine schaumig schlagen.
- Haselnußkerne, Orangenschale und Zimt darunterrühren.
- Das Mehl mit Backpulver und Salz vermengen und zu der Masse geben.
- Die geriebenen Möhren und Orangenstückchen, dann den Eischnee unter den Teig mengen.
- Die Masse in die Springform geben, dabei die Oberfläche mit einer nassen Teigkarte glattstreichen, und im Ofen backen.
- 3 Minuten danach den Kuchen vom Rand der Form lösen.
- Den Kuchen auf einem Gitter bis zum folgenden Tag auskühlen

OBST IN ALLEN VARIATIONEN 287

lassen, dann auf eine Tortenplatte heben.
• Die Sahne steifschlagen und mit Puderzucker, Orangenschale und -saft abschmecken.
• Den Kuchen waagrecht aufschneiden, und den unteren Boden mit einem Teil der Orangensahne bestreichen.
• Den oberen Boden in die gewünschte Stückzahl teilen, weil sonst beim Aufschneiden der Torte die Sahne seitlich herausquillt, dann die Stücke auflegen.
• Den Kuchenrand mit Sahne bestreichen.
• Aus dem Sahnerest Rosetten auf die Torte spritzen und diese mit feinen Orangenzesten bestreuen.

Ofentemperatur: 200 °C
Einschubhöhe: Mitte
Backzeit: 55–65 Minuten

Variationen:
Die Haselnußkerne können Sie durch gemahlene geschälte oder ungeschälte Mandeln oder Walnußkerne ersetzen. Probieren Sie dieses Rezept auch als Orangen-Kürbis-Torte.

Beschwipster Orangenkuchen

✗ einfach
✗ schnell
✗ gefriergeeignet

RÜHRTEIG • 1 SPRINGFORM (24 CM ⌀) = 12 STÜCKE

Für den Rührteig (S. 74)
3 Eier
200 g Butter oder Margarine
200 g Zucker
1 Eigelb
2 TL feingeriebene unbehandelte Orangenschale
200 g Weizenmehl Type 405 oder 1050
3 TL Backpulver
1 Prise Salz
Backpapier oder Butter bzw. Margarine zum Einfetten

Für den Guß
100 ml frisch gepreßter Orangensaft
75 ml Orangenlikör, z.B. Grand Marnier
125 g feinster Zucker
1 TL feingeriebene unbehandelte Orangenschale

• Den Boden der Springform befeuchten und mit Backpapier belegen oder einfetten.
• Den Ofen vorheizen.
• Für den Rührteig die Eier teilen, die Eiweiße steifschlagen und kühl stellen.
• Für den Teig Fett, Zucker, alle Eigelbe und Orangenschale – alles zimmerwarm – etwa 4–5 Minuten mit den Rührbesen des Elektroquirls oder der Küchenmaschine schaumig schlagen.
• Das Mehl mit Backpulver und Salz vermengen und darunterrühren, dann den Eischnee mit dem Spatel behutsam unterheben.
• Den Teig in die Springform geben, dabei die Oberfläche mit der Teigkarte glattstreichen, und im Ofen goldgelb backen.
• Für den Guß die Zutaten miteinander verrühren.
• Den heißen Kuchen mehrmals mit einer Gabel einstechen, nach und nach mit dem Guß beträufeln, auskühlen lassen, erst dann aus der Form lösen und auf eine Kuchenplatte heben.

Ofentemperatur: 180 °C
Einschubhöhe: Mitte
Backzeit: etwa 35–40 Minuten

Variation:
Sie können diesen Kuchen, der wegen seines fruchtigen Geschmacks sehr beliebt ist und dank seiner Feuchtigkeit mehrere Tage frisch bleibt, auch sehr gut als Beschwipsten Zitronenkuchen mit Zitronensaft, Zitronenlikör und Zitronenschale backen.

Orangentorte mit Quark

x einfach

1 SPRINGFORM (26–28 CM ∅) = 12 STÜCKE

Für den Boden
250 g Gebäckreste, Butterkekse, Löffelbiskuits, Makronen, Plätzchen oder Zwiebäcke
100 g Butter oder 3 EL Magerquark
Backpapier

Für den Belag
6 eingeweichte weiße Gelatineblätter
200 ml frisch gepreßter Orangensaft
500 g Magerquark
2 Eigelb
4–6 EL Zucker
1 Gläschen Orangenlikör, z. B. Grand Marnier
1 TL feingeriebene unbehandelte Orangenschale
2 Eiweiß
200 g Schlagsahne

Für die Garnitur
4–5 Kumquats
oder 2–3 TL Orangenzesten

- Boden und Rand der Springform befeuchten und mit Backpapier auskleiden.
- Für den Boden die Gebäckreste in einen Gefrierbeutel geben, gut verschließen und mit der Teigrolle oder einem Glas zu Krümeln zerdrücken.
- Die Krümel und weiche Butter oder Quark in einer Schüssel mit einer Gabel verkneten, in die Form geben und mit einem Stück Backpapier abdecken.
- Die Masse mit der Faust, einem Kartoffelstampfer oder einem Marmeladenglas gleichmäßig flach in die Form drücken, dann kühlen.
- Für den Belag die Gelatineblätter ausdrücken und mit dem Orangensaft schmelzen (S. 32).
- Den Quark mit den Eigelben, 4 EL Zucker, Orangenlikör und Orangenschale verschlagen.
- Die aufgelöste Gelatine darunterschlagen, und die Masse zugedeckt in den Kühlschrank stellen.
- Die Eiweiße und die Schlagsahne getrennt steifschlagen.
- Sowie die Quarkmasse zu gelieren beginnt, den Eischnee und die Schlagsahne vorsichtig unterheben, eventuell nachsüßen.
- Die Form aus dem Kühlschrank nehmen, das obere Backpapier abziehen und die Orangen-Quark-Creme auf den Kuchen gießen.
- Sobald die Schicht etwas fester ist, die Kumquats in Scheiben schneiden und die Torte damit garnieren. Nach Belieben die Kumquatscheiben durch schmale Orangenzesten ersetzen.
- Die Torte zudecken und mindestens 6 Stunden – besser über Nacht – kühlen.
- Die Masse mit einem Messer vorsichtig vom Formrand lösen, den Rand entfernen, und den Kuchen auf eine Tortenplatte setzen.
- Zum Schneiden ein scharfes Messer mit glatter Klinge in ein hohes Gefäß mit heißem Wasser tauchen.

Variationen:
Für entsprechende andere Quarktorten ersetzen Sie den Orangensaft wahlweise durch 200 g pürierte Aprikosen, Erdbeeren, Heidelbeeren, Himbeeren, durch Holunder-, roten Johannisbeer- oder durch Quittensaft.

Pfirsichkuchen mit Marzipanguß

x einfach
x gefriergeeignet

RÜHRTEIG • 1 SPRINGFORM (26 CM ∅) = 12 STÜCKE

Für den Rührteig (S. 74)
2 Eier, 1 Eigelb
100 g Butter oder Margarine
100 g Zucker
1 EL Rum
½ TL feingeriebene unbehandelte Zitronenschale
200 g Weizenmehl Type 405
1 TL Backpulver
1 Prise Salz
2–3 EL Milch, nach Bedarf
Backpapier oder Butter bzw. Margarine zum Einfetten

Für den Belag
1 kg geschälte frische oder konservierte Pfirsichhälften

Für den Guß
100 g Marzipanrohmasse
1 Ei
1 Eiweiß
2 Tropfen Bittermandelaroma
60 g Puderzucker
75 g Schlagsahne
2 EL Mandelstifte

OBST IN ALLEN VARIATIONEN

- Den Springformboden befeuchten und mit Backpapier belegen oder einfetten.
- Den Ofen vorheizen.
- Die Eier trennen, die Eiweiße steifschlagen und kühl stellen.
- Das Fett mit Zucker, Eigelben, Rum und Zitronenschale mit den Rührbesen schaumig schlagen.
- Das Mehl mit Backpulver und Salz mischen und abwechselnd mit der Milch in den Teig mengen, anschließend den Eischnee unterheben.
- Den Rührteig in der Form glattstreichen und 10–12 Minuten backen.
- Die Pfirsichhälften abtropfen lassen, jeweils in 4 Schnitze teilen und auf den Kuchen legen.
- Die Marzipanrohmasse zerkleinern und mit Ei, Eiweiß, Bittermandelaroma, Puderzucker und Sahne mit dem Elektroquirl zu einem dickflüssigen Guß verschlagen; anschließend über die Pfirsiche gießen. Wahlweise auch erst den Guß, dann die Früchte auf den Kuchen geben.
- Die Mandelstifte auf dem Kuchen verteilen.
- Den Kuchen in 40 Minuten fertigbacken und auf einem Kuchengitter auskühlen lassen.

Ofentemperatur: 180 °C
Einschubhöhe: Mitte
Backzeit: 10–12 Minuten
und
Ofentemperatur: 180 °C
Einschubhöhe: Mitte
Backzeit: 40 Minuten

Variationen:
Backen Sie diesen Kuchen zur Abwechslung mit Äpfeln, Aprikosen, Birnen oder Kirschen.
Hinweise:
Rohe Früchte können Sie gleich auf den Kuchenboden legen, ohne ihn vorzubacken. Für die Fettpfanne die doppelte Zutatenmenge nehmen.

Pfirsichtorte mit Weincreme

x gefriergeeignet

BISKUITMASSE • 1 SPRINGFORM (26 CM ∅) = 12 STÜCKE

Für die Biskuitmasse (S. 88)
2 Eier, Gewichtsklasse 4
1 EL Wasser
60 g Zucker
1 Päckchen Vanillezucker
60 g Weizenmehl Type 405
¼ TL Backpulver
1 Prise Salz
Backpapier oder Butter
bzw. Margarine zum Einfetten

Für den Belag
4 EL Aprikosenkonfitüre
350 ml Weißwein
2 EL Zitronensaft
150–200 g Zucker
6–8 eingeweichte weiße
Gelatineblätter
400 g Schlagsahne
1 Päckchen Vanillezucker
800–1000 g geschälte frische
oder konservierte Pfirsichhälften
50 g geröstete Mandelblättchen

- Den Boden der Springform befeuchten und mit Backpapier belegen oder einfetten.
- Den Ofen vorheizen.
- Für die Biskuitmasse die kühlen Eier mit Wasser, Zucker und Vanillezucker 4–5 Minuten mit den Schneebesen des Elektroquirls oder der Küchenmaschine weißschaumig schlagen.
- Das Mehl mit Backpulver und Salz mischen, auf die Masse sieben und unterheben.
- Die Masse in die Form geben, mit der Teigkarte glattstreichen und backen.
- Einige Minuten nach Ende der Backzeit den Formrand lösen und den Kuchen auf ein zweites Backpapier gestürzt auskühlen lassen, erst dann das Bodenblech und das Papier abnehmen.
- Die Konfitüre durchpassieren, erwärmen und etwas davon auf den Kuchen streichen, dann einen Tortenring herumlegen.
- Für den Belag 100 ml Wein mit Zitronensaft und 100 g Zucker erwärmen, aber nicht kochen lassen.
- 4–5 Gelatineblätter ausdrücken, in der heißen Flüssigkeit schmelzen (S. 32), und die Masse kühlen.
- Die Sahne mit dem Vanillezucker steifschlagen, unter die gelierende Creme heben, auf den Kuchen gießen, glattstreichen und – in absolut horizontaler Lage – im Kühlschrank kühlen.
- Die Pfirsiche abtropfen lassen, in schmale Schnitze schneiden.
- Sobald die Creme so fest ist, daß die Früchte kaum einsinken, die Pfirsichschnitze schuppenartig von außen nach innen darauf

legen, dabei die letzten Schnitze etwas zurechtschneiden.
- Den Weinrest mit 3 EL Zucker erwärmen, 2–3 Gelatineblätter darin schmelzen, abkühlen lassen.
- Kurz vor dem Stocken den klaren Guß vorsichtig über einen umgedrehten Löffel auf die Früchte geben und den Kuchen kühlen.
- Den Tortenring losschneiden und abnehmen, dann den Tortenrand mit der restlichen Konfitüre bestreichen und die Mandelblättchen darauf drücken.

Ofentemperatur: 180 °C
Einschubhöhe: unten
Backzeit: 15–20 Minuten

Variationen:
Sie können die Pfirsiche gegen beliebiges anderes Obst austauschen.

Pfirsichrolle mit Sahne

x schnell
x gefriergeeignet

BISKUITMASSE • 1 BLECH = 12–14 STÜCKE

Für die Biskuitmasse (S. 88)
3 Eier, Gewichtsklasse 4
1 EL Wasser
90 g Zucker
1 Päckchen Vanillezucker
90 g Weizenmehl Type 405 oder 550
½ TL Backpulver
1 Prise Salz
Backpapier

Für die Füllung und die Garnitur
400–500 g frische oder konservierte Pfirsiche
200 ml frisch gepreßter Orangensaft
2 EL Zitronensaft
2 EL bittere Orangenkonfitüre
1 TL feingeriebene unbehandelte Orangenschale
6–8 eingeweichte weiße Gelatineblätter
300 g Schlagsahne
3–4 EL Zucker
3–4 Kumquats, nach Belieben

- Das Blech befeuchten, mit Papier belegen; rundherum einen hochstehenden Rand knicken.
- Den Ofen vorheizen.
- Die Biskuitmasse wie links beschrieben zubereiten, auf das Blech streichen, backen, auf ein zweites Backpapier stürzen und mit dem Papier und dem Blech bedeckt auskühlen lassen.

- Für die Füllung frische Pfirsiche blanchieren, häuten und entsteinen. Konservierte Früchte abtropfen lassen; dann die Pfirsiche in Stückchen schneiden.
- Die Hälfte des Orangensaftes mit Zitronensaft sowie Orangenkonfitüre und -schale verrühren, dann die Gelatine mit dem Saftrest schmelzen (S. 32), darunterschlagen, und die Masse kühlen.
- Die Schlagsahne steifschlagen, süßen, zur Hälfte in einen Spritzbeutel geben und kühlen.
- Den Rest der Schlagsahne mit den Fruchtstückchen und dem stockenden Orangengelee vermengen und nochmals mit Zucker abschmecken.
- Das Blech und das obere Papier von der Teigplatte lösen und die Füllung darauf geben, dann die Biskuitplatte mit Hilfe des Papiers aufrollen.
- Die Rolle außen mit Sahne bespritzen, mit Sahnerosetten und nach Belieben Kumquatscheiben garnieren und kühlen.

Ofentemperatur: 200 °C
Einschubhöhe: Mitte
Backzeit: 8–12 Minuten

Preiselbeertorte

x gefriergeeignet

BISKUITMASSE • 1 SPRINGFORM (26 CM ⌀) = 12 STÜCKE

Für die Biskuitmasse (S. 88)
4 Eier, Gewichtsklasse 4
3 EL Wasser
120 g Zucker
1 Päckchen Vanillezucker
120 g Weizenmehl Type 405
½ TL Backpulver
2 EL dunkler Kakao
1 Prise Salz
Backpapier oder Butter
bzw. Margarine zum Einfetten

Für die Füllung und die Garnitur
100 ml Johannisbeersaft
oder dunkler Rotwein
1 EL Zitronensaft
1 Päckchen Vanillepuddingpulver
450 g konservierte Preiselbeeren
2 EL Kirschwasser, nach Belieben
600 g Schlagsahne
4 EL Zucker
2 Päckchen Vanillezucker
2–3 Päckchen Sahnefestiger,
nach Belieben
100 g Schokoladenraspel

• Den Boden der Springform befeuchten und mit Backpapier belegen oder einfetten.
• Den Ofen vorheizen.
• Für die Biskuitmasse die kühlen Eier mit kaltem Wasser, Zucker und Vanillezucker mit den Schneebesen des Elektroquirls oder der Küchenmaschine in etwa 5 Minuten weißschaumig schlagen.
• Das Mehl mit Backpulver, Kakao und Salz mischen und auf die Eimasse sieben.
• Die Zutaten vorsichtig so vermengen, daß die Luft nicht entweicht.
• Die Masse in der Form glattstreichen und im Ofen backen.
• Den Biskuitboden umgedreht und mit dem Backpapier und dem Springformboden bedeckt sowie leicht beschwert bis zum folgenden Tag auskühlen lassen.
• Das Bodenblech und das Papier vom Biskuit lösen, und die Torte waagrecht zweimal teilen.
• Den oberen Biskuitboden mit der gebräunten Seite nach unten auf eine Tortenplatte geben, und den Tortenring herumlegen.
• Für den Belag den Saft oder Wein mit Zitronensaft und Puddingpulver verrühren.
• Einige Preiselbeeren für die Garnitur beiseite legen, den Rest im Topf erhitzen, mit dem angerührten Puddingpulver binden und nach Belieben mit Kirschwasser abschmecken.
• Die noch warme Masse auf den Biskuitboden streichen, den zweiten Boden darauf legen, und die Torte zugedeckt kühl stellen.
• Die Sahne steifschlagen und Zucker, Vanillezucker sowie nach Belieben Sahnefestiger daruntermischen. Etwas Sahne für die Verzierung in einen Spritzbeutel mit Sterntülle geben und kühlen.
• Die Hälfte der Sahne auf den zweiten Biskuitboden streichen.
• Den dritten Boden mit der gebräunten Seite nach oben darauf legen, mit Hilfe eines Brettchens flach andrücken, und die Torte wieder kühl stellen.
• Den Tortenring abnehmen, die Torte rundum mit der übrigen Sahne bestreichen, mit Sahnerosetten sowie einigen Preiselbeeren garnieren, und die Schokoladenraspel obenauf streuen und an den Rand drücken.
• Die Torte 4–6 Stunden kühlen.

**Ofentemperatur: 200 °C
Einschubhöhe: unten
Backzeit: 20–25 Minuten**

Variationen:
Sie können die Preiselbeeren gegen Apfel- oder Birnenkompott oder frisch gepreßten Orangensaft austauschen und dann statt Kirschwasser Eier- oder Orangenlikör nehmen.

Cornflakestorte mit Preiselbeeren

x einfach
x gefriergeeignet

1 SPRINGFORM (26–28 CM ⌀) = 12 STÜCKE

Für den Boden
150 g Edelbitterschokolade
100 g Butter
150 g Cornflakes
Backpapier oder Butter
bzw. Margarine zum Einfetten

Für den Belag und die Garnitur
250 g Magerquark
2 Eigelb
100 g Zucker
1 TL feingeriebene
unbehandelte Zitronenschale
6–8 eingeweichte weiße
Gelatineblätter
4–5 EL Zitronensaft
400 g Schlagsahne
450 g konservierte Preiselbeeren
oder Preiselbeerkompott
30–40 g Schokoladenraspel

- Den Boden der Springform befeuchten und mit Backpapier belegen oder einfetten.
- Die Edelbitterschokolade grob reiben, mit der Butter bei geringer Wärmezufuhr im Topf schmelzen (S. 38), und die Cornflakes daruntermischen.
- Die heiße Masse in die Form geben und schnell mit der Teigkarte glattstreichen.
- Für den Belag den Quark mit Eigelben, Zucker und Zitronenschale vermischen.
- Die Gelatineblätter ausdrücken, mit dem Zitronensaft schmelzen (S. 32) und unter die Quarkmasse schlagen.
- Die Schlagsahne steifschlagen, darunterheben, und die Masse kühl stellen.
- Die Preiselbeeren – falls sie ziemlich flüssig sind – in einem Sieb etwas abtropfen lassen.
- Den Boden zunächst mit etwa der Hälfte der Quarksahne, dann mit den Preiselbeeren bestreichen, dabei die Früchte nicht ganz bis zum Rand darauf geben.
- Zum Schluß die gesamte Tortenoberfläche und auch den Rand mit der restlichen Quarksahne bedecken und sorgfältig glätten.
- Die Torte zugedeckt 3–4 Stunden – besser über Nacht – kühlen.
- Die Torte aus der Form nehmen und vor dem Aufschneiden mit den Raspel garnieren.

Quittenmustorte

KROKANTMÜRBETEIG • 1 SPRINGFORM (26 CM ⌀) = 12 STÜCKE

✗ einfach
✗ gefriergeeignet

Für den Krokantmürbeteig (S. 84)
200 g Weizenmehl Type 405
1 TL Backpulver
1 Prise Salz
100 g Butter oder Margarine
3–4 EL Zucker
1 Eigelb
50 g Haselnußkrokant
Backpapier oder Butter
bzw. Margarine zum Einfetten

Für die Füllung
1 kg Birnenquitten
1 Stück unbehandelte Zitronenschale, Saft von 2 Zitronen
100 g Zucker

Für den Belag
2 Eier
2 Eigelb
4 EL Zucker
½ TL feingeriebene
unbehandelte Zitronenschale
100 g gemahlene geschälte
Mandeln
4 EL Paniermehl
2 EL Zucker
2 EL gemahlene geschälte Mandeln
½ TL feingemahlener Zimt
30 g Butter
1 EL Puderzucker
zum Bestäuben

• Für den Krokantmürbeteig alle kühlen Zutaten mit den Knethaken knapp 1 Minute vermengen, zum Kloß zusammenpressen, flach drücken und 30 Minuten kühlen.
• Für die Füllung die Birnenquitten abreiben, waschen, achteln und ungeschält und mit den Kernen, mit Zitronenschale, -saft und etwas Wasser 15 Minuten im Schnellkochtopf garen.
• Die Zitronenschale herausnehmen, die Früchte durchpassieren und mit dem Zucker vermengen.
• Den Boden der Springform befeuchten und mit Backpapier belegen oder einfetten.
• Den Teig zwischen 2 Lagen Backpapier ausrollen und den Boden und einen 2 cm hohen Rand der Form damit auskleiden.
• Den Teig einstechen und etwa 20 Minuten kühlen.
• Den Ofen vorheizen.
• Für den Belag die Eier und die Eigelbe mit Zucker und Zitronenschale mit dem Elektroquirl weißschaumig schlagen, dann die Mandeln und etwa 4 EL Quittenpüree dazugeben.
• Vom restlichen Püree eine fingerdicke Schicht auf den Teig streichen, den Mandelbelag darauf geben; den Kuchen backen.
• Nach 40 Minuten das Paniermehl mit Zucker, Mandeln und Zimt vermischen, auf den Kuchen streuen, kleine Butterflöckchen darauf setzen, den Kuchen fertigbacken und ausgekühlt mit Puderzucker bestauben.

Ofentemperatur: 200 °C
Einschubhöhe: unten
Backzeit: 55–60 Minuten

OBST IN ALLEN VARIATIONEN **295**

Hinweis:
Wählen Sie für diesen Kuchen vollreife längliche Birnenquitten mit gelben Schalen, sie sind aromatischer als die runden Apfelquitten.
Nie Schale und Kerne vor dem Garen von Quitten entfernen, denn sie verleihen dem Mus das typische Aroma und die appetitliche Farbe.

Variationen:
Das Quittenmus ist durch Apfel- oder Aprikosenmus austauschbar.

Hätten Sie's gewußt?
Apfel- und Birnenquitten kommen ursprünglich aus Persien, wurden dann zunächst im arabischen sowie im Mittelmeerraum heimisch und werden heute bis Skandinavien kultiviert. Die meisten Quitten werden zu Gelee, Konfitüre oder Quittenbrot, dem Membrillo, verarbeitet.

Quittentorte

KROKANTMÜRBETEIG • 1 SPRINGFORM (26–28 CM ⌀) = 12 STÜCKE

Für den Krokantmürbeteig (S. 84)
Zutaten wie für die Quittenmustorte (siehe links)
Backpapier und Hülsenfrüchte

Für den Belag
40 g Schokolade
2 EL Schlagsahne
1 kg Quitten
6 EL Zitronensaft
400 ml Weißwein
200 g Zucker
7–8 eingeweichte weiße Gelatineblätter

- Die Springform vorbereiten.
- Den Krokantmürbeteig für den Boden wie links herstellen und kühlen; den Ofen vorheizen.
- Den Mürbeteigboden mit Backpapier und Hülsenfrüchten belegen, backen und ohne Hülsenfrüchte und Papier auf einem Kuchengitter auskühlen lassen.
- Die Schokolade mit der Sahne über dem Wasserbad (S. 15) schmelzen und auf den Kuchenboden pinseln.
- Die Quitten schälen, vierteln, und die Kerngehäuse herausschneiden, die Viertel würfeln.
- Die Quittenwürfel mit Zitronensaft, Wein, Zucker und nach Bedarf etwas Wasser weich kochen und abtropfen lassen.
- Schalen und Kerngehäuse mit wenig Wasser im Schnellkochtopf 10 Minuten kochen, abtropfen lassen, und den Saft auffangen.
- Die abgetropften Quittenwürfel auf dem Kuchenboden verteilen.
- Vom Quitten-Wein-Sud und dem Saft 500 ml abmessen.
- Die Gelatine ausdrücken, mit etwa 4 EL Saft schmelzen (S. 32), zur restlichen Flüssigkeit geben, diese im Kühlschrank kühlen und, wenn sie gerade zu gelieren beginnt, über die Quitten gießen, dann die Quittentorte zugedeckt 4–5 Stunden, besser bis zum folgenden Tag, kalt stellen.

Ofentemperatur: 200 °C
Einschubhöhe: Mitte
Backzeit: 15–20 Minuten

Variationen:
Sie können ebensogut rohe Himbeeren oder Walderdbeeren auf den mit Schokolade bestrichenen Boden legen und anschließend Weingelee darüber ziehen.

Gefüllter Rhabarberkuchen

RÜHRTEIG • 1 SPRINGFORM (24–26 CM ⌀) = 12 STÜCKE

Für den Rührteig (S. 74)
4 Eier
200 g Butter oder Margarine
150 g Zucker
1 TL feingeriebene
unbehandelte Zitronenschale
200 g Weizenmehl Type 405
oder 1050
2 TL Backpulver
1 Prise Salz
1 Obstkuchenoblate
Backpapier oder Butter
bzw. Margarine zum Einfetten

Für den Belag
750–1000 g Rhabarber
Mandelblättchen zum Bestreuen
Puderzucker zum Bestauben

- Den Boden der Springform befeuchten und mit Backpapier belegen oder einfetten.
- Den Ofen vorheizen.
- Für den Rührteig die Eier trennen, die Eiweiße steifschlagen und kühl stellen.
- Fett, Zucker, Eigelbe und Zitronenschale – alles zimmerwarm – 4–5 Minuten mit den Rührbesen des Elektroquirls oder der Küchenmaschine schaumig schlagen.
- Das Mehl mit Backpulver und Salz vermengen und darunterrühren, dann den Eischnee mit dem Spatel unterheben.
- Zwei Drittel des Teiges in die Form füllen, die Oberfläche mit der angefeuchteten Teigkarte glattstreichen, und die Obstkuchenoblate darauf legen.
- Für den Belag den Rhabarber waschen und je nach Jahreszeit schälen, dann in 3–4 cm lange Stücke schneiden und diese eng auf die Oblate legen.
- Den restlichen Teig auf den Rhabarber geben, glattstreichen, und die Mandeln darüber streuen.
- Den Kuchen im Ofen goldbraun backen.
- Den fertigen Kuchen auf einem Gitter auskühlen lassen und dann mit Puderzucker bestauben.

Ofentemperatur: 180 °C
Einschubhöhe: Mitte
Backzeit: etwa 60 Minuten

Variationen:
Dieses praktische und immer sehr beliebte Rezept können Sie mit Äpfeln, Aprikosen, reifen Birnen, Heidelbeeren, roten Johannisbeeren, Preiselbeeren, entsteinten Sauerkirschen, grünen Stachelbeeren oder entsteinten Zwetschgen abwandeln.

Hinweis:
Der Kuchen schmeckt auch am folgenden Tag noch sehr gut.

Rhabarberkuchen mit Krümeln

RÜHRTEIG • 1 SPRINGFORM (26–28 CM ⌀) = 12 STÜCKE

Für den Rührteig (S. 74)
250 g Butter oder Margarine
200 g Zucker
2 Eier
1 Päckchen Vanillezucker
500 g Weizenmehl Type 405
1 Päckchen und 2 TL Backpulver
1 Prise Salz
Backpapier oder Butter
bzw. Margarine zum Einfetten

Für den Belag und die Garnitur
50 g Mandelblättchen
750 g Rhabarber
Dekorschnee zum Bestreuen

- Wie oben beschrieben die Springform vorbereiten, und den Ofen vorheizen.
- Aus den Zutaten den Rührteig herstellen – der Teig ist recht fest – und die Hälfte davon mit der geschlossenen Faust auf den Springformboden drücken, dann Mandelblättchen darauf geben.
- Rhabarber waschen, eventuell schälen, in 3–4 cm lange Stücke schneiden und darauf verteilen.
- Den restlichen Teig wie Streusel auf den Rhabarber krümeln, den Kuchen im Ofen backen; unbedingt die Garprobe machen.
- Den fertigen Kuchen mit Dekorschnee bestreuen.

Ofentemperatur: 180 °C
Einschubhöhe: Mitte
Backzeit: 65–75 Minuten

Variationen:
Auch für Äpfel, Aprikosen, Birnen, Johannisbeeren, Mirabellen, Pflaumen, Stachelbeeren oder Zwetschgen ist dies ein Erfolgsrezept.

Rhabarberkuchen mit Baiserhaube

x einfach
x preiswert

RÜHRTEIG/BAISERMASSE • 1 SPRINGFORM (26 CM ⌀) = 12 STÜCKE

Für den Rührteig (S. 74)
125 g Butter oder Margarine
100 g Zucker
3 Eigelb
50 g gemahlene geschälte Mandeln
1 Päckchen Vanillezucker
180 g Weizenmehl Type 405
1½ TL Backpulver
1 Prise Salz
Backpapier oder Butter
bzw. Margarine zum Einfetten
eventuell Alufolie

Für die Baisermasse (S. 112)
400–500 g Rhabarber
3 Eiweiß
160 g feinster Zucker
1 Päckchen Vanillezucker
1 TL Zitronensaft

- Den Boden der Springform befeuchten und mit Backpapier belegen oder einfetten.
- Den Ofen vorheizen.
- Für den Rührteig Fett, Zucker und Eigelbe – alles zimmerwarm – 4–5 Minuten mit den Rührbesen des Elektroquirls oder der Küchenmaschine schaumig schlagen, anschließend die Mandeln und den Vanillezucker dazugeben.
- Das Mehl mit Backpulver und Salz vermengen und darunterrühren.
- Den Teig in die Springform geben, die Oberfläche mit der feuchten Teigkarte glätten, dabei ein wenig am Rand hochziehen, und den Teig 25–30 Minuten im Ofen backen.
- Inzwischen den Rhabarber waschen, nach Belieben schälen und in 3–4 cm lange Stücke schneiden.
- Die Eiweiße in einer Schüssel mit den Schneebesen des Elektroquirls oder der Küchenmaschine steifschlagen, anschließend knapp die Hälfte des Zuckers, den Vanillezucker und den Zitronensaft dazugeben.
- Die Masse glänzend schlagen, den restlichen Zucker bis auf 1 EL darunterschlagen, und die Rhabarberstückchen unterheben.
- Die Mischung auf den vorgebackenen Teig füllen und mit dem Zuckerrest leicht bestreuen.
- Den Kuchen erneut 25–30 Minuten im Ofen backen, dabei die Baisermasse nach 10 Minuten vorsichtig durch einen Bogen Alufolie vor zu starkem Bräunen schützen.
- Kurz nach dem Backen den Kuchen vom Springformrand lösen, auskühlen lassen und am gleichen Tag servieren, weil die Baisermasse schnell weich wird.

Ofentemperatur: 180 °C
Einschubhöhe: unten
Backzeit: 25–30 Minuten
und
Ofentemperatur: 180 °C
Einschubhöhe: unten
Backzeit: 25–30 Minuten

Variationen:
Sie können diesen Kuchen ebensogut mit roten Johannisbeeren, Sauerkirschen oder grünen Stachelbeeren und einer Makronenhaube backen.

OBST IN ALLEN VARIATIONEN 299

Rhabarberkuchen mit Kokoshaube

✗ einfach
✗ preiswert

RÜHRTEIG/MAKRONENMASSE • 1 SPRINGFORM (26–28 CM ⌀) = 12 STÜCKE

Für den Rührteig (S. 74)
125 g Butter oder Margarine
125 g Zucker
1 Ei
3 Eigelb
4 EL Joghurt
1 Päckchen Vanillezucker
200 g Weizenmehl Type 405
2 TL Backpulver
1 Prise Salz
1 Obstkuchenoblate
Backpapier oder Butter
bzw. Margarine zum Einfetten

Für die Obst-Makronen-Masse
750–1000 g Rhabarber
3 Eiweiß
75 g feiner Zucker
1 EL Zitronensaft
75 g Puderzucker
75 g Kokosraspel

• Wie links beschrieben die Form vorbereiten, den Ofen vorheizen, und aus den Zutaten einen Rührteig herstellen.
• Den Teig in die Form füllen, und die Obstkuchenoblate darauf legen.
• Den Rhabarber wie links beschrieben vorbereiten und auf dem Teig verteilen.
• Den Kuchen etwa 40 Minuten backen, herausnehmen, und die Temperatur höher schalten.
• Die Eiweiße steifschlagen. Zucker und Zitronensaft dazugeben, und die Masse anschließend 2–3 Minuten glänzend schlagen.
• Puderzucker darauf sieben, die Kokosraspel bis auf 2 EL darauf streuen, und alles vermengen.
• Die Makronenmasse auf dem Kuchen verteilen, und die übrigen Kokosraspel darauf streuen.
• Den Kuchen weitere 15 Minuten hell überbacken, auskühlen lassen, aus der Form lösen und noch am Backtag genießen.

Ofentemperatur: 180 °C
Einschubhöhe: Mitte
Backzeit: etwa 40 Minuten
und
Ofentemperatur: 220 °C
Einschubhöhe: oben
Backzeit: 15 Minuten

Variationen:
Mit roten Johannisbeeren, Kirschen oder grünen Stachelbeeren schmeckt dieser Kuchen ebenfalls sehr gut.

Schwarze-Johannisbeer-Torte

x einfach
x gefriergeeignet

BISKUITMASSE • 1 SPRINGFORM (26 CM ⌀) = 12 STÜCKE

Für die Biskuitmasse (S. 88)
50 g Butter
4 Eier, Gewichtsklasse 4
2 EL Wasser
120 g Zucker
2 Päckchen Vanillezucker
90 g Weizenmehl Type 405
2 EL dunkler Kakao
½ TL Backpulver
1 Prise Salz
Backpapier oder Butter
bzw. Margarine zum Einfetten

Für die Füllung und den Belag
300 g schwarze Johannisbeeren
200 ml dunkler Rotwein
1 Päckchen Vanillepuddingpulver
250 g Butter
120 g Zucker
2 Eigelb
2 EL Johannisbeerlikör, z. B. Cassis
50 g weiße Schokolade

- Den Boden der Springform befeuchten und mit Backpapier belegen oder einfetten.
- Den Ofen vorheizen.
- Für die Wiener Biskuitmasse die Butter in einem Topf zergehen, dann abkühlen lassen.
- Die kühlen Eier mit kaltem Wasser, Zucker und Vanillezucker mit den Schneebesen des Elektroquirls oder der Küchenmaschine schaumig schlagen.
- Das Mehl mit Kakao, Backpulver und Salz mischen, unterheben, und die Butter im letzten Moment hinzufügen.
- Die Masse in der Form glattstreichen und backen.
- Kurz nach dem Backen den Kuchen vom Rand der Form lösen, mit einem zweiten Backpapier bedecken und umgekehrt mit Backpapier und Boden bedeckt sowie leicht beschwert bis zum folgenden Tag kühl stellen.
- Für die Füllung die schwarzen Johannisbeeren waschen und von den Rispen streifen.
- Die Beeren mit 100 ml Rotwein aufkochen, mit dem Stabmixer pürieren, durch ein Sieb streichen und wieder zum Kochen bringen.
- Das Puddingpulver mit dem restlichen Wein anrühren, und das Beerenmus damit binden, dann kühl stellen.
- Die zimmerwarme Butter mit Zucker und den Eigelben mit den Schneebesen schaumig schlagen.
- Das erkaltete Johannisbeermus durchpassieren, teelöffelweise dazugeben, und die Buttercreme mit dem Likör abschmecken.
- Das Blech und das Papier vom Biskuitboden lösen, den Kuchen waagrecht ein- bis zweimal aufschneiden und mit der Hälfte der Creme füllen.
- Den Rest der Creme außen auf die Torte streichen.
- Aus der weißen Schokolade mit dem Sparschäler große Locken schälen und die Torte damit garnieren, dann kühl stellen.

**Ofentemperatur: 200 °C
Einschubhöhe: unten
Backzeit: 20–25 Minuten**

Variationen:
Für die Füllung können Sie auch Brombeeren, Heidelbeeren oder rote Johannisbeeren nehmen, bei süßen Früchten ersetzen Sie 50 ml Wein durch Zitronensaft.

OBST IN ALLEN VARIATIONEN

Schwarze-Johannisbeer-Eistorte

✗ gefriergeeignet

BISKUITMASSE • 1 SPRINGFORM (22 CM ⌀) = 8–10 STÜCKE

Für die Biskuitmasse (S. 88)
Zutaten wie für die Schwarze-Johannisbeer-Torte (siehe links) und 2 EL Eierlikör

Für die Füllung
400 g konservierte schwarze Johannisbeeren
300 g Schlagsahne
2 Eier
1 Prise Salz
150 g feiner Zucker
5 EL Wasser

Für die Garnitur
200 g Schlagsahne
1 Päckchen Vanillezucker
100 g Mandelblättchen

- Wie links die Springform vorbereiten, den Ofen vorheizen, die Biskuitmasse herstellen, und im letzten Moment den Eierlikör unterheben.
- Die Masse in die Form geben, dann die Oberfläche glattstreichen, und im Ofen backen.
- Kurz nach dem Backen den Kuchen vom Formrand lösen und umgekehrt auf einem mit Backpapier belegten Gitter auskühlen lassen – am besten über Nacht.
- Einige schwarze Johannisbeeren für die Garnitur beiseite legen, dann für die Füllung den Rest mit dem Stabmixer zu Mus pürieren und durch ein Sieb passieren.
- Die Sahne steifschlagen.
- Die Eier mit Salz, Zucker und Wasser über einem Wasserbad schlagen, bis die Masse dick zu werden beginnt, dann die Schüssel aus dem Bad nehmen, und die Masse kalt schlagen (S. 15).
- Erst das Beerenmus und dann die Sahne daruntermischen.
- Den Biskuit waagrecht ein- bis zweimal aufschneiden, und den weniger schönen oberen Boden mit der Kruste nach unten auf einen Tortenheber legen.
- Einen Tortenring herumlegen, dann die Böden mit der Creme zusammensetzen, dabei den unteren, glatten Boden mit der Kruste nach oben zuletzt auflegen.
- Den Kuchen über Nacht abgedeckt im Gefriergerät einfrieren.
- Die Sahne für die Garnitur mit dem Vanillezucker steifschlagen.
- Den Tortenring lösen, die Torte außen mit Sahne bestreichen, mit dem Spritzbeutel garnieren und mit den Beeren verzieren.
- Die Mandeln hell rösten (S. 35), auf den Rand der Torte drücken. Dabei darf die Torte vor dem Aufschneiden bei Raumtemperatur in 30 Minuten etwas antauen.

Ofentemperatur: 180 °C
Einschubhöhe: Mitte
Backzeit: 20–25 Minuten

Variationen:
Sie können für dieses Rezept statt des Johannisbeermuses genausogut 350 ml roten oder schwarzen Johannisbeersaft, Holunder- oder Brombeersaft verwenden.

Stachelbeertörtchen mit Mandeln

einfach
preiswert

MÜRBETEIG/MAKRONENMASSE • 10 FÖRMCHEN (12 CM ⌀) = 10 STÜCK

Für den Mürbeteig (S. 84)
250 g Weizenmehl Type 405
1 Prise Salz
125 g Butter oder Margarine
4 EL Zucker
1 Ei oder 2 Eigelb
1 Päckchen Vanillezucker
Butter oder Margarine zum Einfetten
Backpapier oder Mehl zum Ausrollen

Für die Makronenmasse (S. 116)
600 g frische oder konservierte grüne Stachelbeeren
100 ml Wasser
3 Eiweiß
200 g feiner Zucker
1 EL Zitronensaft
100–150 g gemahlene geschälte Mandeln
3–4 EL Johannisbeergelee
2 EL zarte Haferflocken

- Für den Mürbeteig die kühlen Zutaten mit den Knethaken des Elektroquirls oder der Küchenmaschine knapp 1 Minute verkneten, zu einem Teigkloß zusammendrücken, abflachen und eingepackt 30 Minuten kühl stellen.
- Die Förmchen einfetten.
- Den Teig zwischen 2 Lagen Backpapier oder auf bemehlter Unterlage 4–5 mm dick ausrollen, dann runde Plätzchen mit etwa 14 cm ⌀ ausschneiden und in die Förmchen drücken. Die Scheiben sollen etwa 2 cm größer als die Förmchen sein.
- Den Teig mehrmals einstechen und kühlen, den Ofen vorheizen, dann die Böden auf dem Rost 10–12 Minuten backen.
- Für den Belag die frischen Stachelbeeren putzen und waschen, große Früchte halbieren.
- Die Früchte mit Wasser bei geringer Wärmezufuhr in einem fest verschlossenen Topf mit dickem Boden knapp garen und – wie auch konservierte Stachelbeeren – gut abtropfen lassen.
- Die Eiweiße steifschlagen, die Hälfte des Zuckers und den Zitronensaft dazugeben und die Masse glänzend schlagen. Dann den restlichen Zucker bis auf 1 EL, Mandeln und Stachelbeeren darunterheben.
- Die Törtchen mit Gelee bestreichen, einige Haferflocken darauf geben, anschließend die Makronen-Beeren-Masse flachkegelig darauf streichen und mit dem restlichen Zucker bestreuen.
- Die Törtchen noch einmal 10–12 Minuten hell backen, dann aus den Formen lösen, kühl stellen und bald servieren.

Ofentemperatur: 180 °C
Einschubhöhe: Mitte
Backzeit: 10–12 Minuten
und
Ofentemperatur: 180 °C
Einschubhöhe: Mitte
Backzeit: 10–12 Minuten

Gut zu wissen:
Zum Backen eignen sich nur knapp reife frische oder konservierte grüne Stachelbeeren, rote sind zu hartschalig, und gelbe haben zuwenig Aroma.

Stachelbeerkuchen mit Baiser

MÜRBETEIG/BAISERMASSE • 1 SPRING-/TORTENBODENFORM (24–26 CM ⌀) = 12 STÜCKE

Für den Mürbeteig (S. 84)
Zutaten wie für die Stachelbeer-Mandel-Törtchen (siehe oben)

Für den Belag
600 g frische oder konservierte grüne Stachelbeeren
6 EL Weißwein
1 EL Speisestärke
4–6 EL Zucker
2–3 EL Johannisbeer- oder Quittengelee
2–3 EL zarte Haferflocken

Für die Baisermasse (S. 112) und die Garnitur
3 Eiweiß
150 g feiner Zucker
1 TL Zitronensaft
1–2 EL Mandelstifte

- Den Mürbeteig wie oben herstellen und 30 Minuten kühlen.
- Die Form vorbereiten, den Boden und einen etwa 3 cm hohen Rand der Springform oder die Tortenbodenform mit Teig auskleiden, einstechen und kühlen.
- Den Ofen vorheizen, dann den Teig 12–15 Minuten hell backen.

OBST IN ALLEN VARIATIONEN 303

- Den Formring lösen, bei Tortenböden den Kuchen auf ein rundes Kuchenblech geben.
- Für den Belag die frischen Stachelbeeren putzen und waschen, große Früchte halbieren.
- Die Früchte mit 4 EL Wein im geschlossenen Topf langsam und ohne zu rühren knapp garen, anschließend – wie auch konservierte Stachelbeeren – gut abtropfen lassen; den Saft auffangen.
- Den restlichen Wein mit der Stärke verrühren und 125 ml des Saftes damit binden.
- Die Früchte vorsichtig daruntermengen und die Mischung mit Zucker abschmecken.
- Den Kuchen mit Johannisbeer- oder Quittengelee bestreichen und dünn mit Haferflocken bestreuen. Dann die Stachelbeeren darauf geben und glattstreichen.
- Die Eiweiße steifschlagen, die Hälfte des Zuckers und den Zitronensaft dazugeben, und die Masse glänzend schlagen, dann den restlichen Zucker darunterrühren.
- Die Baisermasse mit Hilfe eines Spritzbeutels oder Löffels auf dem Kuchen verteilen, mit Mandelstiften und Zucker bestreuen und bei erhöhter Temperatur 12–15 Minuten trocknen.
- Den Kuchen auskühlen lassen und noch am Backtag verzehren.

Ofentemperatur: 180 °C
Einschubhöhe: Mitte
Backzeit: 12–15 Minuten
und
Ofentemperatur: 220 °C
Einschubhöhe: oben
Trockenzeit: 12–15 Minuten

Variationen:
Sie können den Kuchen auch mit roten Johannisbeeren oder Rhabarberstücken zubereiten.
Für Johannisbeeren 125 ml roten Fruchtsaft mit Speisestärke binden, dann die rohen Beeren darunterrühren und auf den Kuchen geben. Rhabarber behandeln Sie wie Stachelbeeren.

Sahnetorte mit Trauben

x einfach
x preiswert

BISKUITMASSE • 1 SPRINGFORM (24–26 CM ⌀) = 10–12 STÜCKE

Für die Biskuitmasse (S. 88)
2 Eier, Gewichtsklasse 4
1 EL Wasser
60 g Zucker
1 Päckchen Vanillezucker
60 g Weizenmehl Type 405
¼ TL Backpulver
1 Prise Salz
Backpapier oder Butter
bzw. Margarine zum Einfetten

Für den Belag und die Garnitur
4 EL Johannisbeergelee
600 g blaue Weintrauben
1–2 EL flüssiger Honig
2 EL Zitronensaft
400 g Schlagsahne
2 Päckchen Vanillezucker
2 eingeweichte weiße
Gelatineblätter
2–3 EL Milch
30 g Mandelblättchen

- Den Boden der Springform befeuchten und mit Backpapier belegen oder einfetten.
- Den Ofen vorheizen.
- Für die Biskuitmasse die kühlen Eier mit kaltem Wasser, Zucker und Vanillezucker mit den Schneebesen weißschaumig schlagen.
- Das Mehl mit dem Backpulver und Salz vermischen und auf die Eimasse sieben, dann die Zutaten vorsichtig so vermengen, daß die Luft nicht entweicht.
- Die Masse in die Form geben, und die Oberfläche glattstreichen, dann die Form einige Male auf die Arbeitsplatte aufstoßen.
- Die Biskuitmasse backen.
- Den Boden ohne Formrand, umgedreht und mit dem Papier und Springformboden bedeckt sowie leicht beschwert bis zum folgenden Tag auskühlen lassen.
- Das Blech und das Papier vom Biskuit lösen, dann den Kuchen mit Gelee bestreichen, und einen Tortenring herumlegen.
- Für den Belag die Trauben waschen, halbieren und entkernen.
- Zwei Drittel der Trauben ungefähr 2–3 Minuten in einem Topf mit dem Honig und dem Zitronensaft erwärmen und mit etwas von der Flüssigkeit auf dem Tortenboden verteilen.
- Die Sahne mit dem Vanillezucker steifschlagen.
- Die Gelatineblätter ausdrücken, mit der Milch schmelzen (S. 32) und in einem feinen Strahl unter Schlagen zur Sahne fügen.
- Die Masse kurz kühl stellen, ein wenig gelieren lassen, über die Trauben geben und mit der Teigkarte glattstreichen. Die restlichen Früchte darauf verteilen.
- Die Torte etwa 2 Stunden zugedeckt kühlen, damit sie schnittfest wird, dann die Mandelblättchen goldbraun rösten (S. 35) und auf den Tortenrand drücken.

Ofentemperatur: 200 °C
Einschubhöhe: unten
Backzeit: 20–25 Minuten

Variationen:
Diese Torte schmeckt auch sehr gut mit Ananas, Aprikosen, Erdbeeren, Himbeeren, Heidelbeeren, Mandarinorangen oder mit Pfirsichen. Damit sich die Torte später leichter schneiden läßt, sollten Sie Ananasringe und Pfirsichhälften vor dem Auflegen in kleine Stücke schneiden.

Zitronentorte mit Sahne

BISKUITMASSE • 1 SPRINGFORM (26 CM ⌀) = 12 STÜCKE

Für die Biskuitmasse (S. 88)
Zutaten wie für die Sahnetorte mit Trauben (siehe links)
Für die Füllung
250 ml aromatischer Weißwein
Schale von 1 unbehandelten Zitrone
6–8 EL Zucker
6–7 eingeweichte weiße Gelatineblätter
Saft von 3–4 Zitronen
400 g Schlagsahne
Für den Guß und die Garnitur
3 eingeweichte weiße Gelatineblätter
200 ml aromatischer Weißwein
1–2 EL Zucker
1 unbehandelte Zitrone
Minzeblättchen

- Die Springform wie links beschrieben vorbereiten, und den Ofen vorheizen.
- Für den Boden die Biskuitmasse wie links beschrieben herstellen, in die Form geben, glattstreichen, backen und mit dem Papier und Springformboden bedeckt umgekehrt auf einem Kuchengitter auskühlen lassen.
- Den Biskuitboden auf einen Kuchenheber geben, und einen Tortenring herumlegen.
- Für die Füllung 100 ml Wein mit der Zitronenschale und dem Zucker aufkochen.
- Die Zitronenschale herausnehmen, dann die Gelatine ausdrücken und in der heißen Flüssigkeit schmelzen (S. 32).
- Den Zitronensaft durchsieben, mit dem restlichen Wein zufügen, und die Masse kühl stellen.
- Die Sahne steifschlagen, mit der gelierenden Masse vermengen und auf den Biskuitboden gießen.
- Die Oberfläche glattstreichen, und den Kuchen – in absolut waagrechter Lage – zugedeckt nochmals etwa 5 Stunden kühlen.
- Für den Guß die Gelatine ausdrücken und mit der Hälfte des Weißweins schmelzen.
- Den restlichen Wein und den Zucker dazugeben, dann das Gelee kühl stellen.
- Die dicklich werdende Masse über einem Löffelrücken behutsam so auf die erstarrte Zitronencreme gießen, daß sich die Schichten nicht vermischen.
- Den Kuchen erneut zudecken und – wieder in absolut waagrechter Lage – nochmals mindestens 3 Stunden kühl stellen.
- Den Tortenring losschneiden und abnehmen, dann 12 sehr dünne Zitronenscheiben schneiden, bis zur Mitte einritzen und leicht gedreht mit den Minzeblättchen auf die Torte legen.

Ofentemperatur: 200 °C
Einschubhöhe: Mitte
Backzeit: 20–25 Minuten

Gefüllter Zitronenkuchen

RÜHRTEIG • 1 SPRINGFORM (26 CM ⌀) = 12 STÜCKE

Für den Rührteig (S. 74)
4 Eier
250 g Butter oder Margarine
200 g Zucker
1 EL Rum
1 TL feingeriebene
unbehandelte Zitronenschale
125 g Weizenmehl Type 405
125 g Speisestärke
2 TL Backpulver
1 Prise Salz
Backpapier oder Butter
bzw. Margarine zum Einfetten

Für die Füllung
400 g Schlagsahne
3–4 EL Zucker
1 TL feingeriebene
unbehandelte Zitronenschale
1 Päckchen Sofortgelatine

Für den Guß und die Garnitur
100 g Quittengelee
oder Zitronenkonfitüre
150 g Puderzucker
2–3 EL Zitronensaft
Zitronenzesten
oder kleingehacktes Zitronat

- Den Boden der Springform befeuchten und mit Backpapier belegen oder einfetten.
- Den Ofen vorheizen.
- Für den Rührteig die Eier trennen, die Eiweiße steifschlagen und kühl stellen.
- Das Fett, Zucker und Eigelbe – alles zimmerwarm – in 4–5 Minuten mit den Rührbesen des Elektroquirls oder der Küchenmaschine schaumig schlagen.
- Den Rum und die Zitronenschale dazugeben.
- Das Mehl mit Stärke, Backpulver und Salz vermengen und darunterrühren, dann den Eischnee mit dem Spatel unterheben.
- Den Teig in die vorbereitete Springform geben, und die Oberfläche mit der Teigkarte glattstreichen, dabei leicht zum Rand hin hochziehen.
- Den Kuchen im Ofen backen und 3 Minuten danach vom Rand der Springform lösen, dann gestürzt und mit Backpapier, dem Formboden und einem etwas größeren Holzbrett bedeckt auf

einem Kuchengitter bis zum folgenden Tag auskühlen lassen.
- Für die Füllung die Sahne steifschlagen und mit Zucker, Zitronenschale und Sofortgelatine vermengen.
- Den Kuchen zweimal waagrecht teilen, eventuell die Kuppe abschneiden, dann die Tortenböden mit der Sahne zusammensetzen, dabei den unteren Boden mit der Kruste nach oben zum Schluß darauf legen und etwas andrücken.
- Die Torte rundum mit Quittengelee oder durchgesiebter Zitronenkonfitüre bestreichen, damit sich die Kuchenkrümel nicht mit dem Guß mischen.
- Für den Guß den Puderzucker mit Zitronensaft so glattrühren, daß er dickflüssig von einem Löffelrücken abfließt.
- Den Guß von der Mitte aus mit spiralförmigen Bewegungen auf den Kuchen gießen, verlaufen lassen und vorsichtig mit einer Palette verstreichen.
- Die Oberfläche mit schmalen Zitronenzesten oder kleingehacktem Zitronat garnieren.

Ofentemperatur: 170 °C
Einschubhöhe: Mitte
Backzeit: 45–55 Minuten

Hinweise:
Die Torte wird angenehm feucht, wenn Sie die Teigböden zusätzlich mit etwas Zitronenlikör beträufeln. Die Zesten trocknen nicht so schnell aus, wenn die Zitrone zunächst dünn mit Öl eingerieben wurde. Auch am folgenden Tag schmeckt die Torte sehr gut, weil sich dann das Aroma der Zitrone noch besser im Kuchen verteilt hat.

Zitronenkuchen mit Walnüssen

x einfach
x schnell
x gefriergeeignet

RÜHRTEIG • 1 SPRINGFORM (26 CM ⌀) = 12 STÜCKE

Für den Rührteig (S. 74)
½ Zutatenmenge wie für den
Gefüllten Zitronenkuchen
(siehe links), zusätzlich
100 g grobgehackte Walnußkerne

Für den Guß
100 g feiner Zucker
4 EL frisch gepreßter Orangensaft
1 TL feingeriebene
unbehandelte Zitronenschale
4 EL Zitronensaft

Für die Garnitur
100 g Zucker
150 ml Wasser
1 unbehandelte Zitrone

- Den Boden der Springform befeuchten und mit Backpapier belegen oder einfetten.
- Den Ofen vorheizen.
- Wie links beschrieben den Rührteig zubereiten, dabei die Walnüsse zum Schluß daruntermengen.
- Den Teig in die Form geben, glätten und im Ofen backen, jedoch in der Form belassen.
- Für den Guß den Zucker mit Orangensaft, Zitronenschale und Zitronensaft vermengen, auf den heißen Kuchen gießen und einziehen lassen; den ausgekühlten Kuchen aus der Form nehmen.
- Für die Garnitur den Zucker mit Wasser zum Kochen bringen.
- Die Zitrone in sehr dünne Scheiben schneiden, dabei die Kerne entfernen.
- Die Zitronenscheiben 6–8 Minuten in der Zuckerlösung glasieren, abtropfen lassen und auf den Kuchen legen.

Ofentemperatur: 170 °C
Einschubhöhe: Mitte
Backzeit: 45–55 Minuten

Französische Zitronentarte

× einfach
× schnell

MÜRBETEIG • 1 TARTENFORM (26–28 CM ⌀) = 12 STÜCKE

Für den Mürbeteig (S. 84)
200 g Weizenmehl Type 405
½ TL Backpulver
1 Prise Salz
125 g Butter oder Margarine
3 EL Zucker
1 Ei
1 Päckchen Vanillezucker
Backpapier oder Butter bzw. Margarine zum Einfetten
eventuell Mehl zum Ausrollen

Für den Belag
150 g Butter
3 Eier
150 g Zucker
1 TL feingeriebene unbehandelte Zitronenschale
6 EL Zitronensaft
100 g gemahlene geschälte Mandeln

Für die Garnitur
2 unbehandelte Zitronen
4 EL Zucker
2 EL Wasser

- Für den Mürbeteig alle kühlen Zutaten mit den Knethaken des Elektroquirls oder der Küchenmaschine knapp 1 Minute vermengen, zu einem Kloß zusammenpressen, flach drücken und zugedeckt 30 Minuten kühlen.
- Den Boden der Tartenform befeuchten und mit Backpapier belegen oder einfetten.
- Den Teig zwischen 2 Lagen Backpapier oder auf bemehlter Unterlage ausrollen.
- Den Boden und einen etwa 1,5 cm hohen Rand der Form mit Teig auskleiden.
- Den Teig einige Male mit einer Gabel einstechen und etwa 20 Minuten im Gefriergerät kühlen.
- Den Ofen vorheizen.
- Für den Belag die Butter in einem Topf schmelzen und dann abkühlen lassen.
- Die Eier mit dem Zucker, Zitronenschale und Zitronensaft mit den Schneebesen des Elektroquirls oder der Küchenmaschine 3–4 Minuten schaumig schlagen.
- Die Mandeln daruntermischen.
- Die abgekühlte Butter unter die Schaummasse heben, diese sogleich auf den Mürbeteigboden gießen, und die Tarte im Ofen backen.
- Die Zitronen für die Garnitur in hauchdünne Scheiben schneiden – am besten mit der Brotschneidemaschine oder einem Keramikmesser –, mit Zucker und Wasser in einem Topf in 5–6 Minuten kandieren und kreisförmig auf den Kuchen legen.
- Die fertige Zitronentarte auskühlen lassen.

Ofentemperatur: 200 °C
Einschubhöhe: Mitte
Backzeit: 25–35 Minuten

Variation:
Sie können diesen Kuchen nach dem Auskühlen auch nur leicht mit Puderzucker überstauben und anschließend einige feine Zitronenzesten darauf streuen.

Zitronencremetorte

MÜRBETEIG • 1 BLECH = 12 STÜCKE

Für den Mürbeteig (S. 84)
150 g Weizenmehl Type 405
1 Prise Salz
75 g Butter oder Margarine
3 EL Zucker
1 Eigelb
Backpapier oder Butter bzw. Margarine zum Einfetten
eventuell Mehl zum Ausrollen

Für die Zitronencreme
3 EL Zitronengelee
3 Eigelb
125 g Zucker
125 ml Zitronensaft
75 ml Weißwein
6–8 eingeweichte weiße Gelatineblätter
3 EL Wasser
300 g Schlagsahne
1 Eiweiß

Für den Überzug
100 ml Zitronensaft
100 ml Weißwein
80–125 g Zucker
3–4 eingeweichte weiße Gelatineblätter
50 ml Wasser

Für die Garnitur
30 g geröstete Mandelblättchen

- Aus den Zutaten wie links beschrieben den Mürbeteig herstellen, das Blech vorbereiten.
- Den Teig zwischen 2 Lagen Backpapier oder auf bemehlter Unterlage rund ausrollen.
- Mit Hilfe eines Topfdeckels eine Platte mit 27 cm Ø ausschneiden und auf das Blech legen.
- Den Teigboden mehrmals mit einer Gabel einstechen und wieder etwa 20 Minuten kühlen.
- Den Ofen vorheizen.
- Den Kuchen im Ofen backen, auf einem Gitter auskühlen lassen und noch einmal genau rund nachschneiden.
- Den Kuchen mit Zitronengelee bestreichen, auf einen Tortenheber geben, und einen Tortenring herumlegen.
- Für die Zitronencreme die Eigelbe und den Zucker mit den Schneebesen des Elektroquirls oder der Küchenmaschine sehr schaumig schlagen, anschließend den durchgesiebten Zitronensaft und den Wein zufügen. Noch besser ist es, die Zutaten über einem Wasserbad aufzuschlagen (S. 15).
- Die Gelatineblätter ausdrücken, mit dem Wasser schmelzen (S. 32) und durch ein Sieb unter fortwährendem Schlagen in die Mischung geben, dann die Masse kalt stellen.
- Die Sahne und das Eiweiß getrennt steifschlagen, und beides unter die gelierende Masse heben.
- Die Zitronencreme auf den Kuchen gießen und glattstreichen, anschließend die Torte 2–3 Stunden zugedeckt kühl stellen.
- Für den Überzug den Zitronensaft aufkochen, durchsieben und mit Wein und Zucker vermengen.
- Die Gelatineblätter ausdrücken, mit dem Wasser schmelzen (S. 32) und in die Zitronen-Wein-Mischung geben.
- Die Mischung etwas abkühlen lassen, dann – ehe die Masse fest wird – ganz behutsam über einen umgedrehten Löffel so auf die Zitronencreme gießen, daß sich der Überzug nicht mit der Creme vermengt.
- Die Torte mindestens 6 Stunden – besser über Nacht – im Kühlschrank erstarren lassen.
- Den Tortenring vom Kuchen schneiden, abnehmen, und einige geröstete Mandelblättchen an den Rand der Torte drücken.

Ofentemperatur: 180 °C
Einschubhöhe: unten
Backzeit: 15–20 Minuten

Zitronentorte mit Baiserhaube

× preiswert

MÜRBETEIG/BAISERMASSE • 1 SPRINGFORM (26 CM ⌀) = 12 STÜCKE

Für den Mürbeteig (S. 84)
250 g Weizenmehl Type 405
1 Prise Salz
125 g Butter oder Margarine
3 EL Zucker
1 Eigelb
eventuell Mehl zum Ausrollen
Backpapier oder Butter
bzw. Margarine zum Einfetten

Für die Füllung
3½ EL Speisestärke
300 ml Wasser
1 Prise Salz
50 g Butter
150 g Zucker
3 Eigelb
2 TL feingeriebene
unbehandelte Zitronenschale
100 ml Zitronensaft

Für die Baisermasse (S. 112)
3 Eiweiß
1 Prise Salz
½ TL Gelierpulver
oder 1 EL Zitronensaft
120 g feiner Zucker
½ TL Speisestärke, nach Belieben
1 EL Zucker zum Bestreuen

• Für den Mürbeteig die kühlen Zutaten mit den Knethaken des Elektroquirls oder der Küchenmaschine knapp 1 Minute vermengen, zu einem Kloß zusammenpressen, flach drücken und zugedeckt 20 Minuten kühlen.
• Den Ofen vorheizen.
• Den Boden der Springform befeuchten und mit Backpapier belegen oder einfetten.
• Den Teig zwischen 2 Lagen Backpapier oder auf bemehlter Unterlage ausrollen und den Boden und einen 2–3 cm hohen Rand der Form damit auskleiden.

• Den Teig mehrmals einstechen, 10 Minuten kühlen, anschließend 20–25 Minuten backen.
• Für die Füllung die Stärke mit etwas Wasser anrühren.
• Das restliche Wasser mit Salz und Butter in einem Topf zum Kochen bringen.
• Die angerührte Stärke zufügen und alles 2–3 Minuten unter Rühren kochen, dann den Topf von der Kochstelle nehmen.
• 125 g Zucker, Eigelbe, Zitronenschale und Zitronensaft unterrühren, und den Pudding mit Zucker abschmecken.
• Den Pudding auf den Kuchenboden gießen und glattstreichen.
• Die Ofentemperatur erhöhen.
• Für die Baisermasse die Eiweiße mit Salz steifschlagen.
• Erst das Gelierpulver oder den Zitronensaft, dann den Zucker und nach Belieben die Stärke darunterschlagen.

• Die Baisermasse mit einem Eßlöffel oder mit einem Spritzbeutel mit Sterntülle auf dem Zitronenpudding verteilen, leicht mit Zucker bestreuen, und die Torte – so weit oben wie möglich – erneut 8–10 Minuten backen.
• Sowie die Oberfläche leicht Farbe angenommen hat, die Torte herausnehmen, aus der Form lösen und bald aufschneiden, weil die Haube schnell weich wird.

**Ofentemperatur: 180 °C
Einschubhöhe: unten
Backzeit: 20–25 Minuten**
und
**Ofentemperatur: 220 °C
Einschubhöhe: oben
Backzeit: 8–10 Minuten**

Variation:
Dieser typisch englische Kuchen schmeckt auch mit Orangenschale und Orangensaft.

OBST IN ALLEN VARIATIONEN 311

Glasierter Zwetschgenkuchen

- einfach
- schnell
- preiswert
- gefriergeeignet

MÜRBETEIG • 1 SPRINGFORM (24–26 CM ⌀) = 12 STÜCKE

Für den Mürbeteig (S. 84)
250 g Weizenmehl Type 405 oder 550
1 TL Backpulver
1 Prise Salz
125 g Butter oder Margarine
3–4 EL Zucker
1 Ei
1 Päckchen Vanillezucker
eventuell Mehl zum Ausrollen
Backpapier oder Butter bzw. Margarine zum Einfetten

Für den Eiguß und den Belag
75 g Weizenmehl Type 405 oder 550
1 Prise Salz
75 g weiche Butter oder Margarine
50 g Zucker
1 Ei oder 2 Eigelb
50 g gemahlene Mandeln
1 Päckchen Vanillezucker
800–900 g Zwetschgen

Für den Guß und die Garnitur
2–3 EL Apfelgelee
2–3 EL geröstete Mandelblättchen

- Für den Mürbeteig die kühlen Zutaten mit den Knethaken des Elektroquirls oder der Küchenmaschine knapp 1 Minute vermengen, zu einem Kloß zusammenpressen, flach drücken und zugedeckt 30 Minuten kühlen.
- Den Boden der Springform befeuchten und mit Backpapier belegen oder einfetten.
- Den Teig zwischen 2 Lagen Backpapier oder auf bemehlter Unterlage rund ausrollen und den Boden und einen 2–3 cm hohen Rand der Form damit auskleiden.
- Den Teig mehrmals einstechen, dann etwa 20 Minuten im Gefriergerät kühlen.
- Den Ofen vorheizen.
- Für den Eiguß die Zutaten in einer Schüssel mit den Rührbesen des Elektroquirls oder der Küchenmaschine etwa 3 Minuten schaumig schlagen und auf den Kuchenboden streichen.
- Die Zwetschgen waschen, trocknen, entsteinen, eventuell halbieren und an den Enden einritzen, anschließend kreisförmig mit den Spitzen nach oben sehr dicht nebeneinander in den Guß stecken.
- Den Kuchen im Ofen backen.
- Das Gelee erwärmen und die Zwetschgen damit überziehen, dann einen Kranz gerösteter Mandelblättchen auf den Kuchenrand streuen.

Ofentemperatur: 160 °C
Einschubhöhe: Mitte
Backzeit: 40–45 Minuten

Variationen:
Sie können diesen glasierten Kuchen ebensogut mit mürben Äpfeln, Aprikosen, weichen Birnen, Pfirsichschnitzen, Sauerkirschen oder grünen Stachelbeeren backen.

Zwetschgendatschi

- einfach
- schnell
- preiswert
- gefriergeeignet

HEFETEIG • 1 FETTPFANNE = 20–25 STÜCKE

Für den Hefeteig (S. 80)
4–5 EL Öl, z.B. Sonnenblumenöl
½ TL Salz
350 g Weizenmehl Type 405 oder 1050
150–180 ml Milch
1 Würfel Hefe (42 g)
3–4 EL Zucker
1 Päckchen Vanillezucker
1 Ei, nach Belieben
Backpapier oder Butter bzw. Margarine zum Einfetten

Für den Belag
5–6 EL Paniermehl oder Plätzchenkrümel zum Bestreuen
1,5 kg Zwetschgen
50 g Mandelsplitter
2–3 EL Zucker und
½ TL Zimt zum Bestreuen

- Für den Hefeteig Öl, Salz und Mehl in eine Schüssel geben.
- Die Milch mit Hefe, Zucker, Vanillezucker und nach Belieben 1 Ei verschlagen und dazugießen.
- Die Zutaten mit den Knethaken des Elektroquirls oder der Küchenmaschine in 4–5 Minuten zu einem geschmeidigen Hefeteig vermengen, noch kurz durchkneten und befeuchtet und zugedeckt etwa 30 Minuten an warmer Stelle gehen lassen; den Ofen vorheizen.
- Die Fettpfanne befeuchten und mit Backpapier belegen, dabei den Papierrand so hochknicken, daß der Obstsaft später nicht herunterläuft, oder einfetten.
- Den Teig auf die Fettpfanne drücken oder ausrollen, einige Male einstechen, Paniermehl oder Plätzchenkrümel darauf geben, und den Teig gehen lassen.
- Inzwischen die Zwetschgen waschen, trocknen, halbieren, entsteinen und noch einmal der Länge nach einschneiden, dann sehr dicht schuppenförmig auf den Teig legen und mit Mandelsplittern bestreuen.
- Den Teig erneut kurz gehen lassen und im Ofen backen.
- Zucker mit Zimt mischen und über den heißen Kuchen streuen.

Ofentemperatur: 220 °C
Einschubhöhe: Mitte
Backzeit: 25–35 Minuten

Variationen:
Zwetschgendatschi schmeckt auch gut mit Quark-Öl-Teig (S. 100) aus 400 g Mehl; der Teig bleibt länger frisch. Nach Belieben die Mandelsplitter durch Mandelblättchen oder Streusel (S. 39) austauschen.

Hinweise:
Frühzwetschgen sind für diesen Kuchen ungeeignet, denn sie ziehen zuviel Saft.
Bei sehr saftigen Früchten streichen Sie zuerst etwas verschlagenes Eiweiß auf den Teig und streuen die doppelte Menge Paniermehl oder Plätzchenkrümel darauf.
Die gleiche Zutatenmenge reicht für 2 Springformen.
Es lohnt sich, die doppelte Menge Kuchen zu backen und einen Teil für den Winter einzufrieren. Obstkuchen zum Einfrieren immer nur knapp backen, gewissenhaft verpacken und noch vor dem völligen Auftauen kurz im Ofen aufbacken.

Zwetschgenkuchen mit Marzipan

MÜRBETEIG • 1 SPRINGFORM (26–28 CM ⌀) = 12 STÜCKE

Für den Mürbeteig (S. 84)
200 g Weizenmehl Type 405
½ TL Backpulver
1 Prise Salz
100 g Butter oder Margarine
60 g weißer Zucker
oder brauner Rohzucker
1 Ei
1 Päckchen Vanillezucker
50 g gemahlene ungeschälte Mandeln
Backpapier oder Butter bzw. Margarine zum Einfetten

Für den Belag
1 kg Zwetschgen
2 EL zarte Haferflocken
300 g Marzipanrohmasse
2 Eigelb
100 g Puderzucker
1 Päckchen Vanillezucker
3–4 EL Pflaumenschnaps, z. B. Slibowitz

Für die Garnitur
3 EL Aprikosenkonfitüre
2 EL kleingehackte Pistazienkerne

- Den Boden der Springform befeuchten und mit Backpapier belegen oder einfetten.
- Für den Mürbeteig alle kühlen Zutaten mit den Knethaken etwa 1 Minute vermengen.
- Den Teig rasch zu einer Kugel zusammendrücken und eingepackt 30 Minuten kühlen.
- Mit dem Teig den Boden und einen etwa 2 cm hohen Rand der Form auskleiden, und den Ofen vorheizen.
- Die Zwetschgen waschen, trocknen, entsteinen und an den Enden kreuzweise einritzen.
- Den Mürbeteigboden mit Haferflocken bestreuen und dicht mit den Früchten belegen.
- Die Marzipanrohmasse mit Eigelben, Puderzucker, Vanillezucker und Pflaumenschnaps verrühren, in einen Spritzbeutel geben und spiral- oder sternförmig auf die Zwetschgen spritzen.
- Den Kuchen im Ofen backen, dabei die Oberfläche nach 20 Minuten mit Backpapier zudecken, weil sie sonst zu dunkel wird.
- Die Aprikosenkonfitüre durchpassieren und erwärmen.
- Das heiße Marzipan damit bestreichen und anschließend mit den Pistazien bestreuen.
- Den Kuchen auf einem Gitter auskühlen lassen.

Ofentemperatur: 200 °C
Einschubhöhe: Mitte
Backzeit: 30–35 Minuten

Variationen:
Dieser festliche Kuchen schmeckt auch sehr gut mit Apfelschnitzen, Aprikosenhälften, Birnen oder Pfirsichschnitzen.

Hinweis:
Zu dem Kuchen paßt Schlagsahne, die mit Zucker und Eierlikör abgeschmeckt wurde.

Zwetschgenstrudel

x preiswert
x gefriergeeignet

STRUDELTEIG • 1 FETTPFANNE/FORM = 12 STÜCKE/6–8 PORTIONEN

Für den Strudelteig (S. 96)
350 g doppelgriffiges Weizenmehl Type 405 oder 550
¼ TL Salz
1 Ei oder 2 Eigelb, Gewichtsklasse 4
3 EL Öl, z. B. Maiskeimöl
knapp 125 ml warmes Wasser
1 EL Essig oder Zitronensaft
150 g Butter oder Margarine zum Einfetten und Bestreichen
Mehl für das Geschirrtuch

Für die Füllung
1,5 kg Spätzwetschgen
6 EL Instantsoßenbinder
2–4 EL Zucker oder Honig
100 g gehackte Mandeln
½ TL feingeriebene unbehandelte Zitronenschale
½ TL feingemahlener Zimt, nach Belieben
100 g getrocknete Feigen, nach Belieben
4 EL Paniermehl oder Zwiebackkrümel zum Bestreuen

Für den Guß und die Garnitur
100 ml Milch oder Schlagsahne
2–3 EL Puderzucker
1 Päckchen Vanillezucker

- Eine Schüssel oder einen Topf anwärmen.
- Für den Strudelteig die Zutaten in einer zweiten Schüssel mit den Knethaken des Elektroquirls oder den Fingerspitzen vermengen.
- Den Teig 10 Minuten kräftig von Hand kneten und schlagen, zu 2–3 Kugeln formen und mit Wasser bepinseln.
- Die Teigkugeln mit dem angewärmten Gefäß bedecken oder in einem Gefrierbeutel an warmer Stelle mindestens 30 Minuten quellen lassen.

- Die Fettpfanne oder die Form einfetten, und den Ofen vorheizen. Ein Schälchen mit heißem Wasser auf den Boden stellen, um die Bräunung zu fördern.
- Inzwischen für die Füllung die Zwetschgen waschen, trocknen, halbieren und entsteinen.
- Den Instantsoßenbinder, Zucker oder Honig, die Mandeln und Zitronenschale zufügen. Nach Belieben Zimt und einige kleingeschnittene Feigen beigeben, sie nehmen die Feuchtigkeit gut auf.

- Den Strudelteig portionsweise auf einem bemehlten Geschirrtuch ausrollen und mit den Handrücken papierdünn ausziehen.
- Die restliche Butter oder Margarine zerlassen, und den Teig mit einem Teil davon bestreichen, anschließend Paniermehl oder Zwiebackkrümel darauf streuen.
- Die Obstmischung so auf dem Teig verteilen, daß die Seiten und der hintere Rand frei bleiben, und die Ränder anfeuchten.
- Die Strudel mit Hilfe des Ge-

OBST IN ALLEN VARIATIONEN 315

schirrtuches aufrollen und so auf die Fettpfanne oder in die Form gleiten lassen, daß die Nahtstellen unten liegen, dann die Ränder zusammendrücken, und die Oberfläche einige Male einstechen.
• Die Strudel mit der restlichen zerlassenen Butter oder Margarine bestreichen, im Ofen backen und alle 10 Minuten mit Milch oder Sahne begießen.
• Nach dem Backen die Strudel 5 Minuten ruhenlassen.
• Den Puderzucker mit Vanillezucker gemischt darüber streuen.
• Das Gebäck in ungefähr 5 cm breite Stücke schneiden und warm servieren.

Ofentemperatur: 225 °C
Einschubhöhe: Mitte
Backzeit: 35–40 Minuten

Variationen:
Für Zwetschgenstrudel mit Marzipan vermengen Sie 300 g Marzipanrohmasse mit 100 g Puderzucker und 2–3 EL Zwetschgenwasser und geben diese Mischung in Form von kleinen Flöckchen auf die Strudelblätter, ehe Sie die Zwetschgen darauf verteilen. Sie können das Marzipan auch zu einer sehr dünnen Platte ausgerollt auf den Teig legen.

Zwetschgenkuchen mit Walnüssen

× einfach
× schnell
× gefriergeeignet

RÜHRTEIG • 1 SPRINGFORM (26 CM ⌀) = 12 STÜCKE

Für den Rührteig (S. 74)
2 Eier
125 g Butter oder Margarine
80 g Zucker
1 Eigelb
3 EL Mandellikör, z. B. Amaretto
1 Päckchen Vanillezucker
50 g gemahlene Walnußkerne
2 TL Backpulver
1 Prise Salz
200 g Weizenmehl Type 405
3 EL Milch
Backpapier oder Butter bzw. Margarine zum Einfetten

Für den Belag
800 g Zwetschgen
4–6 EL Plätzchenkrümel
50 g Walnußkerne
Zucker und Zimt zum Bestreuen

• Den Boden der Springform befeuchten und mit Backpapier belegen oder einfetten.
• Den Ofen vorheizen.
• Für den Rührteigboden die Eier trennen, die Eiweiße steifschlagen und kühl stellen.
• Butter oder Margarine, Zucker und Eigelbe – alles zimmerwarm – 4–5 Minuten schaumig schlagen.
• Erst den Mandellikör, den Vanillezucker und die Walnußkerne, dann das mit Backpulver und Salz vermengte Mehl abwechselnd mit der Milch darunterrühren. Den Eischnee zum Schluß unterheben.
• Den Teig in der Springform glattstreichen und dabei etwas am Rand hochziehen.
• Die Zwetschgen waschen, trocknen, entsteinen und an den Enden einritzen.
• Den Kuchenboden mit Plätzchenkrümeln bestreuen, dann die Früchte mit den Schnittflächen nach oben in Kreisen vom Rand aus dicht gepackt auf den Teig legen.
• Die Nußhälften darauf verteilen, und den Kuchen im Ofen backen. 3 Minuten nach dem Backen vom Rand der Form lösen und mit Zimtzucker bestreuen.

Ofentemperatur: 180 °C
Einschubhöhe: unten
Backzeit: 35–45 Minuten

Variationen:
Der Kuchen schmeckt auch mit Äpfeln, Aprikosen, Birnen, Heidelbeeren, Johannisbeeren oder Kirschen.

Frisches mit Joghurt oder Quark

Nicht nur Kalorienbewußte schätzen die leichte Frische der Kuchen und Torten mit Joghurt oder Quark, die vor allem im Sommer beliebt sind. Die Grundzutaten sind bekömmlich, und das Gebäck hat den Vorteil, daß es sich mehrere Tage hält.

Biskuitomeletts mit Mascarponefüllung

BISKUITMASSE • 3 BLECHE = ETWA 10 STÜCK

Für die Biskuitmasse (S. 88)
2 Eier Gewichtsklasse 4
3 Eigelb
1 EL Wasser
100 g Zucker
1 Päckchen Vanillezucker
1 Prise Salz
80 g Weizenmehl Type 405
20 g Speisestärke
½ TL Backpulver
40 g Butter
Backpapier

Für die Füllung und die Garnitur
200 g Mascarpone
1 TL feingeriebene
unbehandelte Zitronenschale
3 EL Zitronensaft
3–4 EL Zucker
200 g Schlagsahne
Puderzucker zum Bestauben

• Auf die Rückseite der Backpapierbogen je 3–4 Kreise mit 12 cm Ø zeichnen, dann die Bleche befeuchten und mit dem Papier belegen.
• Den Ofen vorheizen.
• Für die Biskuitmasse die kühlen Eier und Eigelbe mit kaltem Wasser, Zucker, Vanillezucker und Salz in einer großen Schüssel mit den Schneebesen des Elektroquirls oder der Küchenmaschine zu einer schaumigen Masse schlagen.
• Das Mehl mit Stärke und Backpulver vermischen und auf die Eimasse sieben.
• Die Butter zerlassen, abkühlen lassen und vorsichtig unter die Biskuitmasse heben, dann die Zutaten behutsam so vermengen, daß die Masse schaumig bleibt.
• Mit einem Spritzbeutel mit glatter Tülle von der Mitte aus spiralförmig jeweils 3–4 Plätzchen mit 12 cm Ø in die vorgezeichneten Kreise auf dem Backpapier spritzen und im Ofen backen.
• Die hellen Scheiben sofort vom Papier lösen, sorgfältig zusammenklappen und auf einem Kuchengitter auskühlen lassen.
• Für die Füllung den Mascarpone mit Zitronenschale, Zitronensaft und Zucker glattrühren.
• Die Sahne steifschlagen und vorsichtig unterheben.
• Die Masse in einen großen Spritzbeutel mit großer Sterntülle geben, die Omeletts damit füllen, und das Gebäck leicht mit Puderzucker bestauben.

Ofentemperatur: 200 °C
Einschubhöhe: Mitte
Backzeit: 10–12 Minuten

Variationen:
Für die Füllung können Sie auch nur Schlagsahne nehmen, die Sie mit Zitronensaft, Zitronenschale und Zucker abgeschmeckt haben. Nach Belieben die Füllung mit Früchten wie Ananaswürfeln, Erdbeeren, Himbeeren oder Mangoschnitzen ergänzen.

FRISCHES MIT JOGHURT ODER QUARK 319

Zitronenquarkrolle

× schnell
× preiswert
× gefriergeeignet

BISKUITMASSE • 1 BLECH = 12 STÜCKE

Für die Biskuitmasse (S. 88)
3 Eier Gewichtsklasse 4
1 EL Wasser
90 g Zucker
1 TL feingeriebene
unbehandelte Zitronenschale
1 Prise Salz
90 g Weizenmehl Type 405
½ TL Backpulver
Backpapier

Für die Füllung und die Garnitur
400 g Magerquark
6–8 EL Zucker
1 TL feingeriebene
unbehandelte Zitronenschale
6 eingeweichte weiße
Gelatineblätter
4 EL Zitronensaft
400 g Schlagsahne
dunkler Kakao zum Bestauben
1 TL Zitronenzesten

• Das Blech befeuchten und mit Backpapier belegen, rundherum einen hochstehenden Rand knicken.
• Den Ofen vorheizen.
• Für die Biskuitmasse die kühlen Eier mit Wasser, Zucker, Zitronenschale und Salz mit dem Elektroquirl oder der Küchenmaschine zu einer weißschaumigen Masse schlagen.
• Das Mehl mit dem Backpulver vermischen, auf die Eimasse sieben, und die Zutaten vorsichtig vermengen.
• Die Biskuitmasse mit einem Spatel gleichmäßig auf dem Blech verstreichen.
• Den Teig im Ofen backen, bis er goldbraun ist und sich beim Fingerdruck fest anfühlt.
• Die Teigplatte auf ein zweites Backpapier stürzen und mit dem Backpapier und dem Blech bedeckt auskühlen lassen.
• Für die Füllung den Quark mit 3–4 EL Zucker und Zitronenschale verschlagen.
• Die Gelatineblätter ausdrücken, mit dem Zitronensaft schmelzen (S. 32) und unter die Quarkmasse rühren.
• Die Sahne schlagen und mit 3–4 EL Zucker abschmecken. Die Hälfte davon unter die Quarkmasse heben; diese kühl stellen.
• Das Blech und das obere Backpapier vom Biskuit entfernen.
• Den Kuchen mit der gelierenden Füllung bestreichen und mit Hilfe des Backpapiers aufrollen.
• Die Rolle außen mit der restlichen Sahne bestreichen und mit Kakao leicht bestauben.
• Das Gebäck mit feinen Zitronenzesten garnieren und bis zum Aufschneiden kühl stellen.

Ofentemperatur: 200 °C
Einschubhöhe: Mitte
Backzeit: etwa 12 Minuten

Variationen:
Geben Sie zur Abwechslung nach Wahl konservierte Ananasstückchen oder Mandarinorangen, kleingeschnittene Aprikosen, Bananen, Birnen, Erdbeeren, pürierte Heidelbeeren oder Mangos oder etwas Orangen- oder konzentrierten Holundersaft unter die Quarkmasse. Bei Obstpüree oder -saft müssen Sie zusätzlich 2–3 Gelatineblätter an die Quarkmasse geben. Zum Schluß garnieren Sie die Rolle mit den entsprechenden Früchten.

Orangenschnitten

BISKUITMASSE • 1 FORM (20 × 40 CM) = 16–32 STÜCKE

Für die Biskuitmasse (S. 88)
2 mittelgroße unbehandelte
Orangen
6 Eier
400 g Zucker
½ TL Salz
500 g gemahlene Mandeln
1 TL Backpulver
40 g Speisestärke
Backpapier oder Butter
bzw. Margarine zum Einfetten
Für den Überzug und die Garnitur
250 g Mascarpone
2 EL Zucker
1 TL feingeriebene
unbehandelte Zitronenschale
3–4 EL Zitronensaft
2 EL feingehackte geschälte
Pistazienkerne
Zitronenzesten

- Die Orangen in einem kleinen Topf mit Wasser bedeckt 60 Minuten bei milder Hitze kochen lassen, dann herausnehmen.
- Die Früchte halbieren, entkernen und im Mixer oder mit dem Stabmixer zu Püree zerkleinern, anschließend kühl stellen.
- Die Form innen befeuchten und mit Backpapier auskleiden oder einfetten.
- Den Ofen vorheizen.
- Für die Masse die kühlen Eier mit Zucker und Salz 4–5 Minuten mit den Schneebesen des Elektroquirls oder der Küchenmaschine schaumig schlagen.
- Mandeln, Backpulver, Stärke und Orangenpüree mit einem Spatel unter die Masse mengen.
- Die Masse in die Form geben, die Oberfläche glattstreichen, und die Masse im Ofen backen.
- 3 Minuten nach dem Backen den Kuchen vom Rand der Form lösen und auf ein Kuchengitter stürzen.
- Für den Überzug den Mascarpone mit Zucker, Zitronenschale und Zitronensaft cremig rühren.
- Die Masse auf den Kuchen streichen und mit Pistazien und Zitronenzesten garnieren.
- Den Kuchen in 5 cm große Quadrate oder 5 × 10 cm große Schnitten schneiden.

Ofentemperatur: 180 °C
Einschubhöhe: Mitte
Backzeit: 55–60 Minuten

Erdbeerherzen

BRANDTEIG • 2 BLECHE = 10–12 STÜCK

Für den Brandteig (S. 104)
250 ml Milch oder Wasser
65 g Butter, Margarine
oder 4 EL Öl, z. B. Sojaöl
2 Prisen Salz
150 g Weizenmehl Type 405
4–5 Eier Gewichtsklasse 3 oder 4
Backpapier
Für den Guß und die Garnitur
4 EL Puderzucker
einige Tropfen rote Speisefarbe
1 EL Zitronensaft
feingehackte Pistazienkerne
Für die Füllung
250 g Erdbeeren
500 g Quark

3 EL feiner Zucker
½ Päckchen Sahnefestiger
oder Sofortgelatine,
nach Belieben

- Auf der Rückseite der Backpapierbogen in genügendem Abstand mit einer Ausstechform oder einer Schablone und einem Bleistift je 5–6 ungefähr 12 cm große Herzen aufzeichnen.
- Die Bleche befeuchten und mit dem Papier belegen.
- Den Ofen vorheizen und ein feuerfestes Schälchen mit heißem Wasser auf den Boden stellen.
- Für den Brandteig Milch oder Wasser mit Butter, Margarine oder Öl und dem Salz in einem geschlossenen Topf zum Kochen bringen. Das Mehl sieben.
- Den Topf von der Kochstelle nehmen und das Mehl auf einmal hineinschütten; dabei kräftig mit den Knethaken des Elektroquirls oder einem Lochlöffel rühren.
- Den Topf wieder auf den Herd stellen, die Masse unter Rühren in 1–2 Minuten zum Kloß abbrennen und auskühlen lassen.
- Nach und nach im Abstand von jeweils 2–3 Minuten die Eier in die Masse rühren, bis der Teig mit

FRISCHES MIT JOGHURT ODER QUARK 321

stark glänzenden Spitzen am Rührgerät hängt.
- Den Teig mit einem Spritzbeutel und großer Sterntülle als innen offene Herzen auf das Backpapier spritzen und kühl stellen.
- Die Teilchen mit 3–4 EL Wasser besprengen und backen. Im Heißluftofen können 2 Bleche gleichzeitig eingeschoben werden.
- Den Ofen keinesfalls während der ersten 18 Minuten öffnen, dann die Temperatur reduzieren. Bei Heißluftöfen nun die beiden Bleche vertauschen.
- Die Herzen auf einem Kuchengitter auskühlen lassen.
- Für den Guß den Puderzucker mit der Speisefarbe und dem Zitronensaft verrühren.
- Die Herzen mit dem Guß bestreichen, mit Pistazien bestreuen und trocknen lassen.
- Für die Füllung die Erdbeeren waschen und von den Stielansätzen befreien.
- 12 schöne Früchte vierteln; den Rest mit dem Stabmixer zerkleinern und mit Quark, Zucker und nach Belieben mit Sahnefestiger oder Sofortgelatine verschlagen.
- Das Gebäck waagrecht teilen, und den Erdbeerquark mit einem Spritzbeutel mit großer, glatter Tülle in wellenförmigen Bewegungen auf die untere Hälfte der Herzen geben.
- Den Quark mit den geviertelten Erdbeeren garnieren, die Deckel auflegen, und die Herzen bald servieren, damit das Brandteiggebäck nicht aufweicht.

Ofentemperatur: 225 °C
Einschubhöhe: Mitte
Backzeit: etwa 18 Minuten
und
Ofentemperatur: 180 °C
Einschubhöhe: unten
Trockenzeit: 7–10 Minuten

Variationen:
Besonders fein schmecken diese Herzen, wenn Sie einige grob zerbröckelte Baisers unter die Füllung mischen. Sie können auch lediglich steifgeschlagene, mit etwas Vanillezucker gesüßte Schlagsahne mit halbierten Erdbeeren in die Herzen geben.
Für Himbeer- oder Johannisbeerherzen die Füllung aus Quark, Früchten, Zucker und Vanillezucker herstellen, dabei einige schöne Früchte zum Garnieren zurückbehalten.

Quark- oder Topfenstrudel

x preiswert

STRUDELTEIG • 1 FETTPFANNE/FORM = 12 STÜCKE/6–8 PORTIONEN

Für den Strudelteig (S. 96)
350 g doppelgriffiges Weizenmehl Type 405 oder 550
¼ TL Salz
1 Ei oder 2 Eigelb Gewichtsklasse 4
3 EL Öl, z. B. Maiskeimöl
knapp 125 ml warmes Wasser
1 EL Essig oder Zitronensaft
Öl zum Bepinseln
150 g Butter oder Margarine zum Einfetten und Bestreichen
Mehl für das Geschirrtuch

Für die Füllung
1,2 kg Quark
2 Eier
2 Eigelb
4–6 EL Zucker oder Honig
100 g Sultaninen
100 g gehackte Mandeln oder Sonnenblumenkerne
1 Päckchen Vanillezucker oder ¼ Vanilleschote
½ TL feingeriebene unbehandelte Zitronenschale
1 Prise Salz
400 g Äpfel, Aprikosen oder Birnen, nach Belieben
4 EL gemahlene geschälte Mandeln oder Paniermehl zum Bestreuen

Für den Guß und die Garnitur
100 ml Milch oder Schlagsahne, nach Belieben
Puderzucker
1 Päckchen Vanillezucker

- Den Quark für die Füllung über Nacht in einem feinmaschigen Sieb abtropfen lassen.
- Eine Schüssel oder einen Topf anwärmen.
- Für den Strudelteig die Zutaten in einer zweiten Schüssel mit den Knethaken des Elektroquirls oder den Fingerspitzen vermengen.
- Den Teig 10 Minuten kräftig mit der Hand kneten und schlagen, zu 2–3 Kugeln formen und mit Öl bepinseln.
- Die Teigkugeln mit dem angewärmten Gefäß bedecken oder in einem Gefrierbeutel an einem warmen Ort mindestens 30 Minuten quellen lassen.
- Inzwischen die Fettpfanne oder die Form einfetten.
- Den Ofen vorheizen und ein feuerfestes Schälchen mit heißem Wasser auf den Boden stellen.
- Für die Füllung den Quark mit 4 Eigelben, Zucker oder Honig, Sultaninen, Mandeln oder Sonnenblumenkernen, Vanillezucker oder dem Mark der Schote, Zitronenschale und Salz verschlagen.
- Die Eiweiße steifschlagen und unterheben.
- Die Früchte reinigen, schälen, zerkleinern und untermischen.
- Den Strudelteig portionsweise auf einem bemehlten Geschirrtuch zunächst ausrollen, dann mit den Handrücken papierdünn ausziehen.
- Die Butter oder Margarine zerlassen und den Teig mit einem Teil davon bestreichen.
- Die Mandeln oder das Paniermehl darauf streuen.
- Die Füllung so auf dem Teig verteilen, daß die Seiten und der hintere Rand frei bleiben.
- Die Ränder anfeuchten, die Strudel mit Hilfe des Tuches aufrollen und so auf die Fettpfanne oder in die Form gleiten lassen, daß die Nahtstellen unten liegen.
- Die Ränder zusammendrücken und die Oberfläche einige Male einstechen.
- Die Strudel mit der restlichen zerlassenen Butter oder Margarine bestreichen, im Ofen backen und nach Belieben alle 10 Minuten mit Milch oder Sahne begießen. Nach dem Backen die Strudel 5 Minuten ruhenlassen.
- Den Puderzucker mit dem Vanillezucker mischen und darüber streuen.
- Das Gebäck zum Schluß in etwa 5 cm breite Stücke schneiden.

Ofentemperatur: 225 °C
Einschubhöhe: Mitte
Backzeit: 35–40 Minuten

Hinweis:
Nur mit gut abgetropftem Quark laufen Quarkstrudel nicht breit auseinander. Die Molke können Sie für Brotteig verwerten.

Variationen:
Für Karibikstrudel geben Sie statt der Sultaninen kleingeschnittene Ananasstückchen, Aprikosen, Bananen, Mangos und Kokosraspel in die Quarkfüllung.

Für Rahmstrudel vermengen Sie 400 g dicke saure Sahne mit 6 EL hellem Instantsoßenbinder, 4 Eiern, 4 EL Zucker oder Honig, 100 g Sultaninen oder Korinthen, 100 g gehackten Mandeln oder Walnußkernen und 1 Päckchen Vanillezucker.

Für Stachelbeerstrudel ersetzen Sie die Sultaninen und Mandeln oder Sonnenblumenkerne durch 400 g grüne Stachelbeeren und 100 g kleingeschnittene getrocknete Aprikosen. Nur unreife grüne Stachelbeeren sind dafür geeignet; rote sind zu dickschalig, und gelbe haben nicht genug Aroma.

Aprikosenkäsekuchen

- preiswert
- gefriergeeignet

HEFETEIG • 1 BLECH = 20–25 STÜCKE

Für den Hefeteig (S. 80)
4–5 EL Öl, z. B. Maiskeimöl
½ TL Salz
350 g Weizenmehl Type 405
oder 550
150–180 ml Milch
½ Würfel Hefe (21 g)
oder ½–1 Päckchen Trockenhefe
3–4 EL Zucker
1 Päckchen Vanillezucker
1 Ei, nach Belieben
Paniermehl oder Plätzchenkrümel
für den Teig
Backpapier oder Butter
bzw. Margarine zum Einfetten

Für den Belag
1,5 kg frische
oder konservierte Aprikosen
75 g Mandeln
400 g Doppelrahmfrischkäse
1 Ei
70 g Zucker
6 EL Aprikosensaft

Für die Glasur
8 EL Aprikosenkonfitüre
20 ml Aprikosengeist oder -likör

- Für den Teig das Öl mit Salz und Mehl in eine Schüssel geben.
- Die Milch mit Hefe, Zucker, Vanillezucker und eventuell dem Ei verschlagen und dazugießen.
- Alle Zutaten mit den Knethaken des Elektroquirls oder der Küchenmaschine in 4–5 Minuten zum geschmeidigen Hefeteig vermengen und kurz durchkneten.
- Den Teig befeuchten, zudecken und an warmer Stelle gehen lassen. Den Ofen vorheizen.
- Das Blech anfeuchten, mit Papier belegen, dabei den Rand hochknicken, oder einfetten.
- Den Teig auf das Blech drücken oder ausrollen, Paniermehl oder Plätzchenkrümel darauf geben und erneut gehen lassen.
- Frische Aprikosen waschen, halbieren und entsteinen, konservierte gut abtropfen lassen.
- Die Mandeln halbieren.
- Den Frischkäse mit Ei, Zucker und Aprikosensaft verrühren und auf den Hefeteig streichen.
- Die Früchte mit der Schnittfläche nach oben darauf verteilen, und in jede Aprikosenhälfte eine halbe Mandel legen.
- Den Kuchen noch einmal gehen lassen und dann backen.
- Die Aprikosenkonfitüre erwärmen, durchsieben, mit Aprikosengeist oder -likör vermischen und auf den heißen Kuchen streichen.

Ofentemperatur: 200 °C
Einschubhöhe: Mitte
Backzeit: 45–50 Minuten

FRISCHES MIT JOGHURT ODER QUARK 325

Quarkkuchen mit Beeren

- einfach
- preiswert
- gefriergeeignet

QUARK-ÖL-TEIG • 1 FETTPFANNE = 20–25 STÜCKE

Für den Quark-Öl-Teig (S. 100)
300 g Magerquark
400 g Weizenmehl Type 405 oder 550
1 Päckchen Backpulver
1 Prise Salz
5 EL Öl, z. B. Sonnenblumenöl
150 g Zucker
1 Ei
4 EL Milch
1 Päckchen Vanillezucker
Butter oder Margarine zum Einfetten
Mehl zum Ausrollen
Paniermehl zum Bestreuen

Für den Belag und die Garnitur
1 kg Beeren, z. B. Brombeeren, Heidelbeeren oder rote Johannisbeeren
300 g Magerquark
8 EL Öl, z. B. Sonnenblumenöl
5 EL Zucker
2 Eier
2 Päckchen Vanillesoßenpulver
125 ml Milch
Puderzucker zum Bestauben

- Den Quark über Nacht in einem Sieb abtropfen lassen, dann 200 g davon abwiegen. Den Rest anderweitig verwerten.
- Für den Quark-Öl-Teig den Quark mit den übrigen Teigzutaten in einer Schüssel mit den Knethaken des Elektroquirls oder der Küchenmaschine knapp 1 Minute vermengen, dann zusammenkneten.
- Die Fettpfanne einfetten.
- Den Ofen vorheizen.
- Den Teigkloß mit Mehl bestauben, etwas ausrollen, auf die Fettpfanne geben, vollends ausformen und breitflächig mit Paniermehl bestreuen.
- Die Beeren verlesen, waschen, sehr gut abtropfen lassen und auf dem Teig verteilen.
- Den Quark mit Öl, Zucker, Eiern, Soßenpulver und der Milch verschlagen, und die Masse auf den Beeren verteilen.
- Den Kuchen im Ofen backen, auf einem Kuchengitter auskühlen lassen und mit etwas Puderzucker bestauben.

Ofentemperatur: 180 °C
Einschubhöhe: Mitte
Backzeit: 35–40 Minuten

Hinweise:
Der Quark-Öl-Teig ist durch Hefeteig austauschbar. Damit die aus den Beeren sickernde Flüssigkeit den Teigboden nicht durchweicht, können Sie den Teig auch mit großen rechteckigen Backoblaten belegen.

Schnelle Quarktorte

MÜRBETEIG • 1 TARTEFORM (26 CM ⌀) = 12 STÜCKE

Für den Mürbeteig (S. 84)
250 g Weizenmehl Type 405
1 TL Backpulver
1 Prise Salz
125 g Butter oder Margarine
60 g Zucker
1 Ei
1 Päckchen Vanillezucker
Backpapier oder Butter
bzw. Margarine zum Einfetten
Backpapier und Hülsenfrüchte
zum Blindbacken

Für die Füllung und die Garnitur
2 EL Speisestärke
50 g Butter oder Margarine
125–150 g Zucker
4 Eier
500 g Magerquark
1 TL feingeriebene
unbehandelte Zitronenschale
Puderzucker zum Bestauben

- Für den Mürbeteig die kühlen Teigzutaten in einer Schüssel knapp 1 Minute mit den Knethaken des Elektroquirls oder der Küchenmaschine vermengen, zu einer größeren und einer kleineren Kugel zusammendrücken und zugedeckt 20 Minuten kühl stellen.
- Den Boden der Form befeuchten und mit Backpapier belegen oder einfetten.
- Den Ofen vorheizen.
- Die Zutaten für die Füllung in einer Schüssel mit den Schneebesen des Elektroquirls oder der Küchenmaschine verschlagen.
- Die große Teigkugel als Boden in die Form pressen. Aus der kleinen Kugel für die Seite einen Rand formen. Die Ansatzstelle fest zusammendrücken, und den Boden mit der Gabel einstechen.
- Den Teigboden mit Backpapier und Hülsenfrüchten bedecken und blindbacken, dann die Hülsenfrüchte und das Papier wieder entfernen.
- Die Quarkmasse hineinfüllen, glätten, und die Form einige Male auf die Arbeitsplatte stoßen.
- Den Kuchen erneut backen. Nach 20 Minuten den Ofen öffnen und zwischen Quarkmasse und Teigrand einmal entlangschneiden.
- Den Ofen wieder schließen. Am Ende der Backzeit unbedingt die Hölzchenprobe durchführen.
- Die Torte im Ofen auskühlen lassen, aus der Form lösen und mit Puderzucker bestauben.

Ofentemperatur: 180 °C
Einschubhöhe: Mitte
Backzeit: 10–12 Minuten
und
Ofentemperatur: 170 °C
Einschubhöhe: unten
Backzeit: 50–60 Minuten

Variation:
Sie können zusätzlich 250 g geschälte Aprikosenhälften auf den Boden legen, ehe Sie die Quarkmasse darauf geben.

Gut zu wissen:
Von sehr feuchtem Quark sollten Sie etwa 700 g nehmen, ihn 2–3 Stunden in einem feinmaschigen Sieb abtropfen lassen, und dann die erforderliche Menge abwiegen.

Hamburger Quarktorte

MÜRBETEIG • 1 TARTEFORM (26 CM ⌀) = 12 STÜCKE

Für den Mürbeteig (S. 84)
Zutaten wie für die Schnelle Quarktorte (siehe oben)

Für die Füllung
4 Eier
75 g Butter oder Margarine
60 g Mehl Type 405
150 g Zucker
500 g Magerquark
1 TL feingeriebene
unbehandelte Zitronenschale
50 g Sultaninen

- Den Mürbeteig wie oben beschrieben zubereiten, kühlen, die Form vorbereiten, den Ofen vorheizen, Boden und Rand der Form mit dem Teig auskleiden, und den Teigboden blindbacken.
- Für die Füllung die Eier teilen; die Eiweiße zu Schnee schlagen.
- Die Butter oder Margarine zerlassen.
- Mehl, Eigelbe, Zucker, Quark und Zitronenschale mit dem Fett in eine Schüssel geben und alles

FRISCHES MIT JOGHURT ODER QUARK

mit den Schneebesen des Elektroquirls oder der Küchenmaschine verschlagen.
- Den Eischnee und die Sultaninen zum Schluß unterheben.
- Die Masse auf den Tortenboden geben und glattstreichen.
- Die Form einige Male auf die Arbeitsplatte stoßen.
- Die Torte backen, noch 15 Minuten im Ofen belassen, in der Form auf ein Gitter stürzen und auskühlen lassen, erst danach auf die Tortenplatte geben.

Ofentemperatur: 180 °C
Einschubhöhe: Mitte
Backzeit: 10–12 Minuten
und
Ofentemperatur: 170 °C
Einschubhöhe: unten
Backzeit: 50–60 Minuten

Käsekuchen mit Streuseln

✗ einfach
✗ schnell
✗ preiswert
✗ gefriergeeignet

MÜRBETEIG • 1 SPRINGFORM (26 CM ⌀) = 12 STÜCKE

Für den Mürbeteig (S. 84)
Zutaten wie für die
Schnelle Quarktorte
(siehe links),
jedoch 2 TL Backpulver

Für den Belag
100 g Butter
150 g Zucker
4 Eigelb
1 EL Grieß
1 TL feingeriebene
unbehandelte Orangenschale
1 EL Orangensaft
500 g Magerquark
1 Eiweiß

- Den Mürbeteig wie links beschrieben zubereiten und kühlen.
- Die Hälfte des Teiges auf den Boden der Form pressen, mit einer Gabel einstechen, Teigboden und restlichen Teig etwa 20 Minuten im Gefrierfach kühlen.
- Den Ofen vorheizen, und den Teigboden blindbacken.
- Für den Belag alle Zutaten bis auf das Eiweiß mit den Schneebesen des Elektroquirls oder der Küchenmaschine verschlagen.
- Das Eiweiß steifschlagen und darunterheben.
- Die Masse auf den vorgebackenen Boden geben, glattstreichen, und den restlichen Teig als Streusel darauf krümeln.
- Den Käsekuchen backen und auf einem Kuchengitter auskühlen lassen.

Ofentemperatur: 180 °C
Einschubhöhe: Mitte
Backzeit: 10–12 Minuten
und
Ofentemperatur: 170 °C
Einschubhöhe: Mitte
Backzeit: 50–60 Minuten

Käsekuchen mit Streuseln

Hamburger Quarktorte

Schnelle Quarktorte

Rhabarberkuchen mit Quark

x einfach
x schnell
x preiswert
x gefriergeeignet

RÜHRTEIG • 1 FETTPFANNE = 20–25 STÜCKE

Für den Rührteig (S. 74)
2 Eier
125 g Butter oder Margarine
100 g Zucker
1 EL Rum
1 Päckchen Vanillezucker
180 g Weizenmehl Type 405
1 Päckchen Vanillepuddingpulver
2 TL Backpulver
1 Prise Salz
Backpapier oder Butter bzw. Margarine zum Einfetten

Für den Belag und die Garnitur
1,2–1,5 kg Rhabarber
750 g Magerquark
4 EL Öl, z. B. Sojaöl
200 g Zucker
2 Eier
2 Päckchen Vanillepuddingpulver
50 g grobgehackte geschälte Mandeln
50 g Paniermehl
Puderzucker zum Bestauben

• Den Boden der Fettpfanne befeuchten und mit Backpapier belegen oder einfetten.
• Den Ofen vorheizen.
• Für den Teigboden die Eier teilen; die Eiweiße steifschlagen.
• Die Eigelbe mit den übrigen Zutaten in einer Schüssel 4–5 Minuten mit den Schneebesen des Elektroquirls oder der Küchenmaschine schaumig schlagen, dann den Eischnee unterheben, und die Masse in die Fettpfanne geben.
• Die Oberfläche mit der angefeuchteten Teigkarte glätten, und den Teig dabei am Rand etwas hochziehen.
• Den Boden etwa 10–15 Minuten im Ofen vorbacken.

• Inzwischen den Rhabarber waschen, nach Belieben schälen und in 3–4 cm lange Stücke schneiden.
• Für den Belag Magerquark, Öl, Zucker, Eier, Vanillepuddingpulver und Mandeln in einer Schüssel 2–3 Minuten mit den Rührbesen des Elektroquirls oder der Küchenmaschine cremig schlagen.
• Die Rhabarberstückchen unter die Creme mischen.
• Den Boden mit Paniermehl bestreuen, und die Masse mit der Teigkarte darauf glattstreichen.
• Den Kuchen 35–45 Minuten im Ofen backen.
• Nach Ende der Backzeit 3 Minuten warten, dann den Rhabarberkuchen zum Auskühlen auf ein Gitter gleiten lassen und ausgekühlt mit Puderzucker bestauben.

Ofentemperatur: 180 °C
Einschubhöhe: Mitte
Backzeit: 10–15 Minuten
und
Ofentemperatur: 180 °C
Einschubhöhe: Mitte
Backzeit: 35–45 Minuten

Variationen:
Je nach Angebot können Sie diesen Kuchen nicht nur mit Rhabarber, sondern ebensogut mit roten Johannisbeeren, entsteinten frischen Sauerkirschen oder grünen Stachelbeeren backen.

Hinweis:
Der Rhabarberkuchen mit Quark läßt sich leichter schneiden, wenn Sie erst eine sehr dünne Quarkschicht, dann die Rhabarberstückchen wie Grenadiere in Reih und Glied und schließlich die restliche Quarkmasse auf den Boden geben.

FRISCHES MIT JOGHURT ODER QUARK 329

Apfelkuchen mit Quark

x einfach
x preiswert
x gefriergeeignet

RÜHRTEIG • 1 SPRINGFORM (26 CM ⌀) = 12 STÜCKE

Für den Rührteig (S. 74)
Halbe Zutatenmenge wie für den Rhabarberkuchen mit Quark (siehe links)

Für den Belag
800 g Äpfel, z. B. Glockenäpfel
2 EL Zitronensaft
1 Päckchen Vanillepuddingpulver
500 g Magerquark
3 EL Öl, z. B. Sojaöl
150 g Zucker
1 Ei
1 Eigelb
½ TL feingeriebene unbehandelte Zitronenschale
50 g Korinthen
50 g Mandelstifte
Puderzucker zum Bestauben

• Die Springform wie links die Fettpfanne vorbereiten, und den Ofen vorheizen.
• Den Rührteig schlagen, in die Form streichen und vorbacken.
• Die Äpfel waschen, schälen, in schmale Schnitze schneiden und mit dem Zitronensaft benetzen.
• Puddingpulver, Magerquark, Öl, Zucker, Eier und Zitronenschale cremig schlagen.
• Die Korinthen zufügen.
• Die Masse zweimal im Wechsel mit den Äpfeln auf den vorgebackenen Boden geben, glätten und mit Mandelstiften bestreuen.
• Den Kuchen backen und erkaltet mit Puderzucker bestauben.

Ofentemperatur: 180 °C
Einschubhöhe: Mitte
Backzeit: 10–15 Minuten
und
Ofentemperatur: 180 °C
Einschubhöhe: Mitte
Backzeit: 35–45 Minuten

Variation:
Wenn Sie die Äpfel nicht in Schnitze schneiden, sondern grob reiben, sollten Sie zunächst die Apfelmasse, mit den Korinthen gemischt, und dann die Quarkmasse auf den vorgebackenen Boden geben. Um in diesem Fall zu verhindern, daß der Boden durch die Äpfel aufweicht, erst eine große Backoblate auflegen.

Mandarinenkuchen mit Quark

x einfach
x schnell
x gefriergeeignet

RÜHRTEIG • 1 SPRINGFORM (26 CM ⌀) = 12 STÜCKE

Für den Rührteig (S. 74)
400 g konservierte Mandarinorangen
4 Eier
2 Päckchen Vanillepuddingpulver
1 Prise Salz
3–4 EL Zucker
1 kg Magerquark oder Schichtkäse
50 g gemahlene geschälte Mandeln
50 g kleingehacktes Orangeat
½ TL feingeriebene unbehandelte Orangenschale
2 EL Aprikosenkonfitüre
Paniermehl zum Ausstreuen
Backpapier oder Butter bzw. Margarine zum Einfetten

- Den Boden der Springform befeuchten und mit Backpapier belegen oder einfetten und mit Paniermehl ausstreuen. Den Ofen vorheizen.
- Die Mandarinorangen abtropfen lassen; den Saft auffangen.
- Die Eier trennen, die Eiweiße zu steifem Schnee schlagen und kühl stellen.
- Die Eigelbe, Vanillepuddingpulver, Salz, Zucker, Quark oder Schichtkäse, gemahlene Mandeln, kleingehacktes Orangeat, feingeriebene Orangenschale – alles zimmerwarm – sowie 4–5 EL Mandarinensaft in einer Schüssel 4–5 Minuten mit den Rührbesen des Elektroquirls oder der Küchenmaschine schaumig schlagen.
- Zum Schluß den Eischnee unterheben.
- Die Masse in die Springform geben, die Oberfläche glätten, und die Mandarinorangen darauf verteilen.
- Den Kuchen im Ofen backen, dabei nach 20 Minuten die Temperatur erhöhen, und den Kuchen weitere 50–60 Minuten fertigbacken.
- Die Torte unbedingt im Ofen auskühlen lassen und erst dann vom Rand der Form lösen.
- Die Aprikosenkonfitüre durchpassieren, erwärmen und gleichmäßig auf die Oberfläche pinseln.

Ofentemperatur: 125 °C
Einschubhöhe: Mitte
Backzeit: etwa 20 Minuten
und
Ofentemperatur: 170 °C
Einschubhöhe: Mitte
Backzeit: etwa 50–60 Minuten

Mandarinenkuchen mit Quark

Birnenkuchen mit Quark

Nußkuchen mit Quark

FRISCHES MIT JOGHURT ODER QUARK 331

Birnenkuchen mit Quark

× einfach
× schnell
× gefriergeeignet

RÜHRTEIG • 1 SPRINGFORM (26 CM ⌀) = 12 STÜCKE

Für den Rührteig (S. 74)
400 g konservierte Birnen, z. B. Williams Christ
4 Eier
125 g Hartweizengrieß
1 Päckchen Vanillepuddingpulver
1 Päckchen Backpulver
250 g Butter oder Margarine
200 g Zucker
1 kg Magerquark oder Schichtkäse
½ TL feingeriebene unbehandelte Zitronenschale
25 g Mandelstifte
Puderzucker zum Bestauben oder 2 EL Aprikosenkonfitüre
Paniermehl zum Ausstreuen
Backpapier oder Butter bzw. Margarine zum Einfetten

- Die Springform befeuchten und mit Backpapier auslegen oder einfetten und mit Paniermehl ausstreuen. Den Ofen vorheizen.
- Die Birnen abtropfen lassen.
- Die Eier trennen, und die Eiweiße zu steifem Schnee schlagen.
- Die Eigelbe mit Grieß, Puddingpulver, Backpulver, Fett, Zucker, Quark und Zitronenschale zu einem Rührteig verarbeiten.
- Den Eischnee unterheben.
- Die Masse in die Form geben, mit Birnen belegen, mit Mandelstiften bestreuen und backen.
- Den Kuchen im Ofen auskühlen lassen, mit Puderzucker bestauben oder mit durchpassierter heißer Konfitüre bestreichen.

Ofentemperatur: 125 °C
Einschubhöhe: Mitte
Backzeit: 20 Minuten
und
Ofentemperatur: 170 °C
Einschubhöhe: Mitte
Backzeit: 50–60 Minuten

Nußkuchen mit Quark

× einfach
× schnell
× gefriergeeignet

RÜHRTEIG • 1 SPRINGFORM (26 CM ⌀) = 12 STÜCKE

Für den Rührteig (S. 74)
300 g Magerquark
6 Eier
150 g Butter oder Margarine
150 g Zucker
200 g gemahlene Haselnußkerne
½ TL feingeriebene unbehandelte Zitronenschale
1 Prise Salz
Backpapier oder Butter bzw. Margarine zum Einfetten
Für die Garnitur
2–3 EL bittere Orangenkonfitüre
weiße Schokoladenraspel

- Den Quark über Nacht in einem feinmaschigen Sieb zugedeckt abtropfen lassen.
- Den Boden der Springform befeuchten und mit Backpapier belegen oder einfetten, und den Ofen vorheizen.
- Vom Quark 200 g abwiegen und durch ein Sieb in eine Schüssel geben. Den Rest anderweitig verwenden.
- Die Eier trennen, und die Eiweiße steifschlagen und kühlen.
- Die Eigelbe mit den übrigen zimmerwarmen Teigzutaten zum Quark geben, 4–5 Minuten mit den Rührbesen des Elektroquirls oder der Küchenmaschine schaumig schlagen, dann den Eischnee unterheben.
- Die Masse in die Springform geben, die Oberfläche glätten, und den Teig im Ofen backen.
- Den fertiggebackenen Kuchen nach 3 Minuten vom Rand der Form lösen und auf einem Gitter 15 Minuten auskühlen lassen, erst dann auf die Tortenplatte stürzen.
- Den Kuchen völlig auskühlen lassen, anschließend sehr dünn mit Konfitüre bestreichen und mit Schokoladenraspel bestreuen.

Ofentemperatur: 170 °C
Einschubhöhe: Mitte
Backzeit: 40–50 Minuten

Gut zu wissen:
Nur sehr trockener Quark garantiert das gute Backergebnis. Schichtkäse oder Topfen sind für alle Quarkkuchen sehr zu empfehlen.
Hinweis:
Dieser Kuchen ist für Zöliakiepatienten geeignet und mit 100 g Fruchtzucker statt des normalen Zuckers auch für Diabetiker günstig.

Käsesahnetorte

gefriergeeignet

BISKUITMASSE • 1 SPRINGFORM (26–28 CM ⌀) = 12–16 STÜCKE

Für die Biskuitmasse (S. 88)
40 g Butter oder Margarine
2 Eier, Gewichtsklasse 4
1 EL Wasser
60 g Zucker
1 Päckchen Vanillezucker
1 Prise Salz
60 g Weizenmehl Type 405
¼ TL Backpulver
Backpapier oder Butter
bzw. Margarine zum Einfetten

Für die Füllung und die Garnitur
Mark von ½ Vanilleschote
100 ml Milch
3 Eigelb
150–200 g Zucker
7–8 eingeweichte weiße
Gelatineblätter
500 g Schlagsahne
600 g Sahnequark, 40 % Fett i. Tr.
Puderzucker zum Bestauben

• Den Boden der Springform befeuchten und mit Backpapier belegen oder einfetten. Niemals den Formrand mit Fett bestreichen.
• Den Ofen vorheizen.
• Für die Wiener Biskuitmasse das Fett in einem Topf auf dem Herd schmelzen und auskühlen lassen.
• Die kühlen Eier mit kaltem Wasser, Zucker, Vanillezucker und Salz mit den Schneebesen des Elektroquirls oder der Küchenmaschine zu einer weißschaumigen Masse schlagen.
• Das Mehl mit dem Backpulver vermischen und auf die Eimasse sieben, dann die Zutaten behutsam so vermengen, daß die Luft nicht entweicht.
• Im letzten Moment vorsichtig das nicht mehr heiße, aber noch flüssige Fett unterheben.
• Die Biskuitmasse mit der Teigkarte gleichmäßig in der Form verstreichen, dabei die Masse am Rand möglichst leicht hochziehen.
• Die Masse im Ofen goldbraun backen. Bei Fingerdruck sollte sich der Kuchen fest anfühlen, und es sollte ein leise knisterndes Geräusch entstehen.
• Nach 2–3 Minuten den Rand der Form mit einem Messer lösen, abnehmen, und den Kuchen auf ein zweites Backpapier stürzen.
• Den Kuchen mit Backpapier und Formboden zugedeckt sowie leicht beschwert bis zum nächsten Tag auskühlen lassen.
• Den Boden der Form und das Backpapier lösen, und den Kuchen waagrecht teilen.
• Die obere Hälfte mit der Kruste nach unten auf eine Tortenplatte geben, und einen Tortenring oder den mit Alufolie ausgekleideten Springformrand herumlegen.
• Für die Füllung die Vanilleschote der Länge nach aufschneiden und in der Milch bei geringer Wärmezufuhr ziehen lassen, dann die Schote herausnehmen, und das Mark in die Milch kratzen.
• Die Milch mit den Eigelben und 150 g Zucker über einem Wasserbad schaumig schlagen, bis sie dickflüssig ist. Die Masse darf auf keinen Fall Blasen werfen.

FRISCHES MIT JOGHURT ODER QUARK 333

- Die Gelatineblätter ausdrücken und nacheinander zum Schmelzen in die Eischaummasse geben.
- Die Schlagsahne steifschlagen und kühl stellen.
- Den zimmerwarmen Quark durch ein feines Sieb streichen.
- Den Quark mit einem Spatel vorsichtig mit der Eischaummasse vermischen, dann die Sahne unterheben.
- Zum Schluß die Käse-Sahne-Masse mit Zucker abschmecken.
- Die Füllung auf den unteren Boden gießen, mit der Teigkarte glattstreichen, und die Torte einige Male auf die Arbeitsplatte stoßen, so daß große Luftblasen entweichen.
- Die andere Hälfte des Kuchens in 12–16 Stücke teilen, dabei nach dem Vierteln die Messerspitze stets zuerst in der Mitte ansetzen.
- Die Kuchenstücke sogleich mit der Kruste nach oben auf die gelierende Käse-Sahne-Masse legen; diese sollte gerade so fest sein, daß die Stücke haften, aber nicht einsinken.
- Erst ein Stück Backpapier, dann kurz ein leichtes rundes Brettchen auflegen und dieses mit der flachen Hand etwas anpressen; dadurch wird die Oberfläche eben.
- Die Torte zugedeckt mindestens 6 Stunden – besser über Nacht – im Kühlschrank durchziehen lassen.
- Die Torte erst unmittelbar vor dem Servieren mit Puderzucker bestauben, weil sich sonst der weiße Puderzucker durch das im Biskuit enthaltene Fett verfärbt.

Ofentemperatur: 200 °C
Einschubhöhe: Mitte
Backzeit: 12–15 Minuten

Variationen:
Anstelle eines Biskuitbodens können Sie auch 2 Mürbeteigböden nehmen. Oder Sie pressen 250 g zerbröckelten Löffelbiskuit mit 75 g weicher Butter vermischt in die Springform und geben darauf die Käse-Sahne-Masse. Die Füllung können Sie statt mit Vanille mit Zitronensaft und Zitronenschale abschmecken.
Wer Kalorien sparen möchte, tauscht den Zucker durch flüssigen Süßstoff, den Sahnequark durch Magerquark und 200 g Sahne durch 3 steifgeschlagene Eiweiße aus.
Hinweise:
Im Sommer erhöhen Sie die Gelatinemenge um 2 Blätter, damit die Torte schnittfest ist.
Biskuitmasse schrumpft beim Backen. Damit die Böden beim Füllen genau passen und um eine gerade Kante zu erhalten, können Sie die Masse – wie das für die abgebildete Torte gehandhabt wurde – zunächst in einer etwas größeren Form backen. Schneiden Sie den erkalteten Kuchen dann vor dem Teilen mit Hilfe eines Topfdeckels genau auf die Größe einer zweiten, kleineren Springform zu. Wenn es schnell gehen muß, nehmen Sie einen industriell gefertigten Biskuitboden für diesen Kuchen.

Mascarponetorte mit Kirschen

BISKUITMASSE • 1 SPRINGFORM (26 CM ⌀) = 12 STÜCKE

Für die Biskuitmasse (S. 88)
4 Eier
120 g Zucker
1 Prise Salz
80 g Weizenmehl Type 405
40 g Speisestärke
Backpapier oder Butter
bzw. Margarine zum Einfetten

Für den Belag
400 g entsteinte frische, konservierte oder TK-Sauerkirschen
200 g Sauerkirschkonfitüre
200 g Mascarpone
4–5 EL Zucker
2 EL Kirschwasser
100–150 g Joghurt, nach Belieben

Für die Garnitur
30 g Mandelblättchen
300 g Schlagsahne
1 EL Zucker
1 Päckchen Vanillezucker
12 Sauerkirschen
40 g Edelbitterschokolade
Puderzucker zum Bestauben

- Den Boden der Springform befeuchten und mit Backpapier belegen oder einfetten.
- Den Ofen vorheizen.
- Für die Biskuitmasse die Eier mit Zucker und Salz mit den Schneebesen des Elektroquirls oder der Küchenmaschine weißschaumig schlagen.
- Das Mehl mit der Stärke vermengen, darauf sieben und unterheben.
- Die Masse in die Form geben, glattstreichen und backen.
- Etwa 3 Minuten nach Ende der Backzeit den Kuchen vom Rand der Form lösen, mit Backpapier zudecken und umdrehen.
- Den Kuchen mit dem Papier und dem Boden der Form bedeckt sowie leicht beschwert über Nacht auskühlen lassen, dann einmal waagrecht teilen.
- Die konservierten Kirschen abtropfen lassen.
- Den unteren Boden mit Sauerkirschkonfitüre bestreichen, und die Kirschen darauf verteilen.
- Den Mascarpone mit Zucker und Kirschwasser verrühren, nach Belieben etwas Joghurt dazugeben, und die Masse auf den Boden mit den Kirschen streichen.
- Den zweiten Boden darauf geben und mit einem kleinen runden Brettchen etwas andrücken.
- Für die Garnitur die Mandelblättchen hell rösten (S. 35) und erkalten lassen.
- Die Sahne steifschlagen und mit Zucker und Vanillezucker abschmecken.
- Die Torte mit einem Teil der Sahne bestreichen, den Rest mit dem Spritzbeutel und einer Lochtülle wellenförmig darauf spritzen.
- Die Mandelblättchen an den Tortenrand drücken, und die Kirschen auf der Sahne verteilen.
- Die Schokolade schmelzen (S. 38), dünn auf eine Steinplatte gießen, zu einer 1–2 mm dicken Schicht verstreichen und etwas abkühlen lassen.
- Die Schokolade mit einem Metallspachtel in dünnen Spänen von der Steinplatte schaben und vorsichtig auf die Oberfläche der Torte fallen lassen.
- Zum Schluß die Torte nur leicht mit Puderzucker bestauben.

Ofentemperatur: 200 °C
Einschubhöhe: Mitte
Backzeit: etwa 25–35 Minuten

Variationen:
Diese Torte schmeckt auch sehr gut mit Aprikosen oder mit Mandarinen.

Erdbeertorte mit Quark

x gefriergeeignet

BISKUITMASSE • 1 SPRINGFORM (26–28 CM ⌀) = 12 STÜCKE

Für die Biskuitmasse (S. 88)
Halbe Zutatenmenge wie für die Mascarponetorte (siehe links)

Für die Füllung
2 Eier
500 g Magerquark
100 g Zucker
2 EL Himbeergeist
7–8 eingeweichte weiße Gelatineblätter
300 g Schlagsahne
400 g frische, konservierte oder TK-Erdbeeren

Für die Garnitur
200 g Schlagsahne
1 EL Zucker
1 Päckchen Vanillezucker
30 g Pistazienkerne
8 Erdbeeren
1 Zweig Minze

• Wie links beschrieben die Springform vorbereiten, den Ofen vorheizen, die Biskuitmasse herstellen, in die Form geben, backen und auskühlen lassen.

• Die Eier trennen, und die Eigelbe mit Quark, Zucker und Himbeergeist schaumig schlagen.

• Die Gelatineblätter ausdrücken, mit etwas Abtropfwasser schmelzen (S. 32) und unter Schlagen dem Quark beimischen.

• Die Eiweiße und die Schlagsahne getrennt steifschlagen und unter die Quarkmasse heben.

• Einen Tortenring um den Boden legen, die Hälfte der Quarkmasse darauf streichen, dann die Erdbeeren darüber verteilen und mit dem Rest der Masse abdecken.

• Den Kuchen zugedeckt mindestens 6 Stunden kühl stellen.

• Für die Garnitur die Schlagsahne steifschlagen, mit Zucker und Vanillezucker abschmecken und auf die Torte streichen.

• Den Rand mit dem Tortenkamm garnieren. Die Oberfläche mit dem Rücken eines langen Messers rautenartig einritzen.

• Die Pistazien kleinhacken und darauf streuen. Die Erdbeeren halbieren und mit Minzeblättchen darauf legen.

• Die Torte bis zum Aufschneiden etwa 6 Stunden kühl stellen.

Ofentemperatur: 200 °C
Einschubhöhe: Mitte
Backzeit: 25–35 Minuten

Mangotorte mit Joghurt

BISKUITMASSE • 1 SPRINGFORM (24 CM ⌀) = 12 STÜCKE

Für die Biskuitmasse (S. 88)
2 Eier
60 g Zucker
1 Päckchen Vanillezucker
1 Prise Salz
40 g Weizenmehl Type 405
20 g Speisestärke
Backpapier oder Butter
bzw. Margarine zum Einfetten

Für die Füllung
250 g Preiselbeerkompott
400 g Vollmilchjoghurt
2 EL Zucker
1 TL feingeriebene
unbehandelte Zitronenschale
8 eingeweichte weiße
Gelatineblätter
Saft von 1 Zitrone
200 g Schlagsahne

Für den Guß
2 reife Mangos,
je etwa 400 g
2–3 eingeweichte weiße
Gelatineblätter
2 EL Zitronensaft
2 EL Zucker
30 g Mandelblättchen

- Den Boden der Springform befeuchten und mit Backpapier belegen oder einfetten.
- Den Ofen vorheizen.
- Für die Biskuitmasse die Eier mit Zucker, Vanillezucker und Salz mit den Schneebesen des Elektroqirls oder der Küchenmaschine weißschaumig schlagen.
- Das Mehl mit der Stärke vermengen, auf die Masse sieben und unterheben.
- Die Masse in die Form füllen, glattstreichen und backen.
- Den fertigen Kuchen vom Rand der Form lösen, mit Backpapier bedecken und umdrehen.
- Den Kuchen mit dem Papier und dem Boden der Form bedeckt sowie leicht beschwert über Nacht auskühlen lassen, dann einen Tortenring herumlegen.
- Für die Füllung Preiselbeerkompott, Joghurt, Zucker und Zitronenschale verschlagen.
- Die Gelatineblätter ausdrükken, mit dem Zitronensaft schmelzen (S. 32) und unter fortwährendem Schlagen zu der Joghurtmasse geben; anschließend die Masse kühl stellen.
- Inzwischen die Schlagsahne steifschlagen und unter die gelierende Joghurtmasse heben.
- Die Füllung auf den Boden der Form gießen und glattstreichen.
- Die Torte zudecken und mindestens 4 Stunden kühl stellen.
- Für den Guß die Mangos schälen. Das Fruchtfleisch von den Steinen lösen, mit dem Stabmixer pürieren und durchsieben.
- Die Gelatine mit dem Zitronen-

saft schmelzen und mit dem Zucker in das Mangopüree rühren.
• Die Masse bis auf einen Rest für den Rand vorsichtig über einen Löffelrücken so auf die erstarrte Füllung geben, daß sich die Schichten nicht vermischen, dann die Torte erneut kühl stellen.
• Den Tortenring abnehmen, und den Rand mit der restlichen, leicht erwärmten Mangocreme bestreichen.
• Die Mandelblättchen rösten (S. 35) und an den Rand drücken.

Ofentemperatur: 200 °C
Einschubhöhe: Mitte
Backzeit: 20–25 Minuten

Feigentorte mit Quark

✗ gefriergeeignet

BISKUITMASSE • 1 SPRINGFORM (26 CM ⌀) = 12 STÜCKE

Für die Biskuitmasse (S. 88)
Zutaten wie für die Mangotorte mit Joghurt (siehe links)

Für den Belag
2 Eier
80 g Zucker
1 TL feingeriebene unbehandelte Orangenschale
2 EL Orangenlikör, z. B. Grand Marnier
300 g Sahnequark, 40 % Fett i. Tr.
4–5 eingeweichte weiße Gelatineblätter
5 EL frisch gepreßter Orangensaft
200 g Schlagsahne
500 g frische Feigen
1 EL flüssiger Honig

• Die Springform vorbereiten, den Ofen vorheizen, die Biskuitmasse wie links beschrieben zubereiten, in die Form geben, backen und umgedreht auskühlen lassen.
• Den Boden auf eine Tortenplatte heben und einen Tortenring oder den mit Alufolie ausgekleideten Springformrand herumlegen.
• Für den Belag die Eier trennen.
• Die Eigelbe mit Zucker, Orangenschale, Orangenlikör und Quark verschlagen.
• Die Gelatineblätter ausdrücken und mit 4 EL Orangensaft schmelzen (S. 32).
• Die Gelatine unter kräftigem Schlagen in die Quarkmasse geben, und die Masse zugedeckt kühlen.
• Die Eiweiße und die Sahne getrennt steifschlagen und unter die stockende Quarkcreme heben.
• Die Creme auf den Boden gießen, und den Kuchen kühl stellen.
• Die Feigen dünn schälen, dann in Scheiben schneiden und von der Mitte aus in Kreisen – leicht überlappend – auf der gestockten Quarkcreme arrangieren.
• Den Honig mit dem restlichen Orangensaft erwärmen, und die Feigen damit dünn bepinseln, so daß sie glänzen.

Ofentemperatur: 200 °C
Einschubhöhe: Mitte
Backzeit: etwa 20–25 Minuten

Variationen:
Sie können den Quark durch Mascarpone und die Feigen durch frische Himbeeren, konservierte Pfirsichschnitze oder blaue und weiße Trauben ersetzen.

Mascarponetorte mit Aprikosen

MÜRBETEIG • 1 SPRINGFORM (24–26 CM ⌀) = 12 STÜCKE

Für den Mürbeteig (S. 84)
125 g Weizenmehl Type 405
½ TL Backpulver
1 Prise Salz
60 g Butter oder Margarine
2 EL Zucker
1 Ei oder 2 Eigelb
1 Päckchen Vanillezucker
Mehl zum Ausformen
Backpapier oder Butter
bzw. Margarine zum Einfetten

Für den Belag
400 g frische oder konservierte
Aprikosen
6 eingeweichte weiße
Gelatineblätter
300 g Schlagsahne
2 TL Speisestärke
150 ml Orangensaft
3 EL Zucker
125 g Mandelmakronen,
z. B. Amaretti
300 g Joghurt
200 g Mascarpone
2 Päckchen Vanillezucker

Für die Garnitur
6 Aprikosen
12 kleine Mandelmakronen
kleingehackte Pistazien,
nach Belieben

• Für den Mürbeteig alle kühlen Zutaten in einer Schüssel mit den Knethaken des Elektroquirls oder der Küchenmaschine knapp 1 Minute vermengen.
• Den Teig mit bemehlten Händen zu einem Kloß zusammenpressen, flach drücken, zudecken und 30 Minuten kühl stellen.
• Den Boden der Springform befeuchten und mit Backpapier belegen oder einfetten.
• Den Teig auf dem Boden der Form ausrollen, einige Male mit einer Gabel einstechen und etwa 20 Minuten im Gefrierfach kühlen. Den Ofen vorheizen.
• Den Boden backen, auf einem Kuchengitter auskühlen lassen,

auf eine Tortenplatte geben und einen Tortenring herumlegen.
- Für den Belag frische Aprikosen blanchieren, häuten, entkernen und vierteln, konservierte Früchte abtropfen lassen. Die Aprikosen auf den Tortenboden legen.
- Die Gelatine ausdrücken und mit 3 EL Sahne schmelzen (S. 32).
- Die Stärke mit 2 EL kaltem Orangensaft verrühren, und den restlichen Saft damit 2 Minuten aufkochen lassen.
- 2 EL Zucker und die Gelatine zufügen, den Saft auf die Früchte geben, und die Torte kühl stellen.
- Die Mandelmakronen grob zerdrücken.
- Joghurt, Mascarpone, 1 EL Zucker und Vanillezucker verrühren.
- Die restliche Sahne steifschlagen. Etwa 8–10 EL für die Garnitur in einen Spritzbeutel mit glatter Tülle füllen und kühl legen, den Rest mit den zerdrückten Makronen unter die Joghurt-Mascarpone-Creme heben.
- Die Masse auf die ausgekühlten Früchte geben, die Oberfläche glattstreichen, und die Torte zugedeckt mindestens 5 Stunden – besser über Nacht – kühl stellen.
- Für die Garnitur die Aprikosen waschen und halbieren.
- Die Torte mit Schlagsahne, Aprikosenhälften, Makronen und nach Belieben Pistazien garnieren.

Ofentemperatur: 180 °C
Einschubhöhe: Mitte
Backzeit: 15–20 Minuten

Variationen:
Diese Torte schmeckt auch sehr gut mit Kirschen, Mangos oder mit Mandarinorangen.
Den Mascarpone können Sie durch Doppelrahmfrischkäse ersetzen.

Beerenquarktorte

MÜRBETEIG • 1 SPRINGFORM (26 CM ⌀) = 12 STÜCKE

Für den Mürbeteig (S. 84)
200 g Magerquark
100 g Weizenmehl Type 405
½ TL Backpulver
1 Prise Salz
100 g Butter oder Margarine
1 Ei oder 2 Eigelb
Mehl zum Ausformen
1 Päckchen Vanillezucker
Backpapier und Hülsenfrüchte zum Blindbacken
Backpapier oder Butter bzw. Margarine zum Einfetten

Für den Belag und die Garnitur
400 g Joghurt
50 g feiner Zucker
5 eingeweichte weiße Gelatineblätter
50 g Schlagsahne
500–600 g gemischte frische Beeren,
z. B. Brombeeren, Erdbeeren, Heidelbeeren, Himbeeren oder Johannisbeeren
2 EL Aprikosenkonfitüre
kleingehackte Pistazien
Sprühsahne zum Garnieren

- Den Quark über Nacht in einem feinmaschigen Sieb abtropfen lassen.
- 125 g Quark abwiegen, den Rest anderweitig verwenden.
- Für den Quarkmürbeteig den Quark und die übrigen kühlen Zutaten in einer Schüssel mit den Knethaken des Elektroquirls oder der Küchenmaschine knapp 1 Minute vermengen.
- Den Teig mit bemehlten Händen zu einem Kloß zusammenpressen, flach drücken, abdecken und 30 Minuten kühl stellen.
- Den Boden einer Springform befeuchten und mit Backpapier belegen oder einfetten.
- Mit dem Teig den Boden und einen 3 Finger hohen Rand der Springform belegen.
- Den Teig einige Male mit einer Gabel einstechen und etwa 20 Minuten im Gefrierfach kühlen.
- Den Ofen vorheizen.
- Den Teig mit Backpapier und Hülsenfrüchten belegen, dabei die Hülsenfrüchte dicht an den Rand schieben. Dann den Kuchen im Ofen backen.
- Für den Belag den Joghurt mit dem Zucker verschlagen.
- Die Gelatineblätter ausdrücken, mit der Sahne schmelzen (S. 32) und in den Joghurt geben.
- Die Beeren verlesen, waschen und trocknen und bis auf wenige für die Garnitur in den Joghurt mischen.
- Die Hülsenfrüchte und das Papier vom Kuchen entfernen und diesen mit Konfitüre bestreichen.
- Die gelierende Joghurt-Beeren-Mischung darauf gießen und glattstreichen.
- Die Torte zudecken und mindestens 4 Stunden kühl stellen, dann aus der Form lösen und mit einigen frischen Beeren, Pistazien und Sprühsahne garnieren.

Ofentemperatur: 180 °C
Einschubhöhe: Mitte
Backzeit: 15–20 Minuten

Himbeertorte mit Joghurt

BISKUITMASSE • 1 SPRINGFORM (24–26 CM ∅) = 12 STÜCKE

Für die Biskuitmasse (S. 88)
3 Eier
1 EL Wasser
100 g Zucker
1 TL feingeriebene
unbehandelte Zitronenschale
1 Prise Salz
100 g Weizenmehl Type 405
¼ TL Backpulver
Backpapier oder Butter
bzw. Margarine zum Einfetten

Für die rosa Füllung
400 g frische oder TK-Himbeeren
4–5 EL Zucker
4 eingeweichte rote
Gelatineblätter
2–4 eingeweichte weiße
Gelatineblätter
4 EL Zitronensaft
200 g Schlagsahne
2 Eiweiß

**Für die weiße Füllung
und die Garnitur**
500 g Joghurt
4–5 EL Zucker
1 TL feingeriebene
unbehandelte Zitronenschale
6–8 eingeweichte weiße
Gelatineblätter
4 EL Zitronensaft
200 g Schlagsahne
2 Eiweiß
6 EL geröstete Mandelblättchen

- Den Boden der Form befeuchten und mit Backpapier belegen oder fetten. Den Ofen vorheizen.
- Für die Biskuitmasse die kühlen Eier mit kaltem Wasser, Zucker, Zitronenschale und Salz mit den Schneebesen des Elektroquirls oder der Küchenmaschine in 2–3 Minuten sehr schaumig schlagen.
- Das Mehl mit Backpulver mischen und vorsichtig so unterheben, daß die Luft nicht entweicht.
- Die Masse in die Form geben – dabei die Oberfläche zum Rand hin glätten – und goldbraun backen. Wenn sich der Kuchen vom Rand zu lösen beginnt, ist er gar.
- Den Kuchen vom Ring lösen und auf ein zweites Backpapier stürzen, dann mit Backpapier und dem Boden der Form bedeckt sowie leicht beschwert auskühlen lassen.
- Am folgenden Tag den Boden einmal waagrecht teilen.
- Den oberen Boden mit der gebräunten Seite nach unten auf eine Tortenplatte geben und einen Tortenring herumlegen.
- Die frischen Himbeeren verlesen; für die Garnitur die schönsten 12 Früchte beiseite legen.
- Für die rosa Füllung den Rest der Früchte und den Zucker mit dem Stabmixer zerkleinern.
- Die rote und die weiße Gelatine abtropfen lassen und mit dem Zitronensaft schmelzen (S. 32), dann in die Himbeermasse geben; dabei die Masse kräftig schlagen. Die Mischung kühl stellen, bis sie geliert.
- Die Sahne und die Eiweiße getrennt steifschlagen und mit der Himbeermasse vermischen. Diese rosa Füllung auf den Biskuitboden geben, glattstreichen, und die Torte kühl stellen.
- Für die weiße Füllung den Joghurt mit Zucker und Zitronenschale vermischen.
- Die abgetropfte Gelatine mit dem Zitronensaft schmelzen.
- Die Gelatine wie oben beschrieben in den Joghurt geben.

FRISCHES MIT JOGHURT ODER QUARK 341

- Die Sahne und die Eiweiße getrennt steifschlagen und mit der Joghurtmasse vermischen.
- Ein Drittel der weißen Füllung auf den Biskuit mit der inzwischen gelierten rosa Füllung geben.
- Den zweiten Biskuitboden und ein Brettchen darauf legen, und den Kuchen flach drücken. Das Brettchen wieder abnehmen.
- Weiße Creme für 12 Rosetten in einen Spritzbeutel füllen, mit dem Rest die Torte überziehen.
- Die Torte mit 12 Rosetten verzieren, und mit der Fingerspitze in jede Rosette eine kleine Vertiefung drücken.
- Die Torte vorsichtig zudecken und mindestens 6 Stunden – besser über Nacht – kühl stellen.
- Vor dem Servieren den Tortenring mit Hilfe eines Messers entfernen, und die Torte mit Himbeeren und Mandeln garnieren.

Ofentemperatur: 200 °C
Einschubhöhe: Mitte
Backzeit: 15–20 Minuten

Variationen:
Das Rezept können Sie mit kleinen Erdbeeren, Walderdbeeren oder Holundersaft abwandeln.

Beerentorte mit Joghurt

BISKUITMASSE • 1 SPRINGFORM (26 CM ⌀) = 12 STÜCKE

Für die Biskuitmasse (S. 88)
Zutaten wie für die Himbeertorte mit Joghurt (siehe links)

Für den Belag
200 g Schlagsahne
600 g Joghurt
4–6 EL Zucker
6–8 eingeweichte weiße Gelatineblätter
4 EL Zitronensaft
300–400 g frische oder TK-Beeren, z.B. Brombeeren, Erdbeeren, Himbeeren, Heidelbeeren, rote, schwarze oder weiße Johannisbeeren, Walderdbeeren oder gemischte Beeren
Puderzucker zum Bestauben

- Wie links die Form vorbereiten, den Ofen vorheizen, die Biskuitmasse schlagen, in die Form geben, backen und kühl stellen.
- Die Schlagsahne steifschlagen und mit Joghurt und Zucker vermengen.
- Die Gelatine ausdrücken, mit dem Zitronensaft schmelzen (S. 32), in den Joghurt geben, und die Masse kühl stellen.
- Backpapier und Boden vom Kuchen lösen, den Kuchen auf eine Tortenplatte geben, und einen Tortenring herumlegen.
- Frische Beeren verlesen, eventuell waschen und trocknen.
- Die Joghurt-Sahne-Masse über den Kuchen gießen und von der Mitte aus mit den vorbereiteten Beeren belegen. Dabei soll ein Teil der Beeren in die Joghurtmasse einsinken.
- Den Kuchen zugedeckt mindestens 6 Stunden – besser über Nacht – im Kühlschrank gut durchziehen lassen und vor dem Servieren leicht mit Puderzucker bestauben.

Ofentemperatur: 200 °C
Einschubhöhe: Mitte
Backzeit: 15–20 Minuten

Cremetorten und Sahnegebäck

Bei großen Gelegenheiten sind Kuchen und Torten mit Creme oder Schlagsahne die Krönung der festlichen Kaffeetafel. Auf den folgenden Seiten wird eine reiche Auswahl dieser kulinarischen Höhepunkte geboten. Aber auch die einfachen Schnitten und Biskuitrollen machen Eindruck.

Sahnebaisers

x preiswert

BAISERMASSE • 2 BLECHE = 8 STÜCK

Für die Baisermasse (S. 112)
3 Eiweiß
1 Prise Salz
90 g feiner Zucker
1/2 TL Ascorbinsäure oder Gelierpulver oder 1 TL Zitronensaft
90 g Puderzucker
1/2 TL Speisestärke, nach Belieben
Zucker zum Bestreuen
Backpapier

Für die Füllung und die Garnitur
400 g Schlagsahne
1 EL Zucker
Mark von 1/4 Vanilleschote
feingehackte Pistazienkerne
Schokoladenraspel

- Auf der Rückseite von 2 Backpapierbogen mit Bleistift je 8 etwa 8 cm lange Ovale markieren.
- Zwei Bleche anfeuchten und mit dem Papier belegen.
- Den Ofen vorheizen.
- Für die Baisermasse die Eiweiße und das Salz mit den Schneebesen sehr steif schlagen.
- Den feinen Zucker, Ascorbinsäure oder Gelierpulver oder Zitronensaft dazugeben, und die Masse schlagen, bis sie stark glänzt.
- Den Puderzucker nach Belieben mit der Stärke mischen und auf die Schaummasse sieben.
- Die Masse mit einem Teigspatel vorsichtig vermengen, ohne dabei die Luft herauszurühren.
- Die Baisermasse in einen großen Spritzbeutel mit Sterntülle füllen und 16 kuppelförmige Ovale von einem Ende aus spritzen; den Beutel gerade halten.
- Die Ovale dünn zuckern.
- Die Bleche schnell in den Ofen schieben und die Tür sogleich wieder schließen. Möglichst den Lüftungsregler öffnen.
- Den Ofen nach 2 Minuten ausschalten und während mindestens 7 Stunden geschlossen halten.
- Die Baisers aus dem Ofen nehmen, vorsichtig vom Backpapier lösen, auf ein Kuchengitter legen und unten etwas eindrücken. Das Gebäck sollte vor dem Füllen vollständig trocken sein.
- Für die Füllung die Sahne mit Zucker und dem Mark der Vanilleschote steifschlagen und in einen Spritzbeutel füllen.
- Jeweils 2 Baiserschalen mit Schlagsahne zusammensetzen, dekorieren und bald servieren.

CREMETORTEN UND SAHNEGEBÄCK 345

**Ofentemperatur: 200 °C
nach 2 Minuten ausschalten
Einschubhöhe: Mitte
Trockenzeit: 7–9 Stunden**

Variationen:
Ersetzen Sie den feinen weißen Zucker durch braunen Zucker, dadurch ändern sich Farbe und Geschmack. Sie können die Baisers auch vor dem Trocknen mit Mandelblättchen oder Nonpareille bestreuen.

Für Eisbaisers füllen Sie die Baiserschalen mit Eiscreme und garnieren sie mit Früchten und etwas Schlagsahne.
Für Schokoladen-Sahne-Baisers können Sie entweder die Baisermasse mit 1 EL dunklem Kakao vermengen und die fertigen Baisers mit Schlagsahne füllen, oder Sie füllen weiße Baiserschalen mit Schlagsahne, die Sie mit etwas geschmolzener Schokolade verfeinert haben.

Für Mokka-Sahne-Baisers geben Sie etwas aufgelösten Instantkaffee entweder unter die Baisermasse oder unter die Schlagsahne, die außerdem, wenn Sie möchten, einen Schuß Mokkalikör verträgt.
Hinweise:
Sie können Baisers auch im auf 100–120 °C vorgeheizten Ofen in 90–120 Minuten trocknen.
Baisers lassen sich bereits einige Tage vor dem Verzehr zubereiten.

Orangenbaisers

 preiswert

BAISERMASSE • 2 BLECHE = 8 STÜCK

Für die Baisermasse (S. 112)
Zutaten wie für die Sahnebaisers (siehe links), dabei den feinen Zucker nach Belieben durch braunen Rohzucker ersetzen

Für die Füllung und die Garnitur
200 g konservierte
 Mandarinorangen
400 g Schlagsahne
2–3 EL Zucker
4 EL frisch gepreßter Orangensaft
1 TL feingeriebene
 unbehandelte Orangenschale
1 Päckchen Sahnefestiger
 Orangenzesten

• Auf der Rückseite von 2 Backpapierbogen mit Bleistift je 8 Kreise mit 4–6 cm Ø markieren.
• Zwei Bleche anfeuchten und mit dem Backpapier belegen, den Ofen vorheizen, und die Baisermasse wie links zubereiten.
• Die Masse in einen großen Spritzbeutel mit Sterntülle füllen und 16 runde Törtchen auf die Bleche spritzen.

• Die Baisers wie beschrieben trocknen; die Mandarinorangen abtropfen lassen.
• Für die Füllung die Sahne schlagen. Zucker, Orangensaft und -schale sowie Sahnefestiger hinzufügen, und die Füllung in einen Spritzbeutel geben.
• Die Hälfte der Baisers mit der Sahne bespritzen.
• Die Mandarinorangen darauf dekorieren, und die übrigen Baisers darauf legen.
• Zum Schluß die Baisers mit Orangenzesten garnieren.

**Ofentemperatur: 200 °C
nach 2 Minuten ausschalten
Einschubhöhe: Mitte
Trockenzeit: 7–9 Stunden**

Variation:
Sie können die Sahne zusätzlich mit etwas Ingwersirup abschmecken und dann statt der Mandarinorangen kleingehackten kandierten Ingwer nehmen.
Hinweis:
Aus China importierten kandierten Ingwer bekommen Sie in Delikateß- und Süßwarengeschäften.

Windbeutel

× schnell
× gefriergeeignet

BRANDTEIG • 2 BLECHE = 12–16 STÜCK

Für den Brandteig (S. 104)
250 ml Milch oder Wasser
65 g Butter oder Margarine oder 4 EL Öl, z. B. Sojaöl
2 Prisen Salz
150 g Weizenmehl Type 405, 550 oder 1050
4–5 Eier, Gewichtsklasse 3 oder 4
Backpapier oder Butter bzw. Margarine zum Bestreichen und Mehl zum Bestauben

Für die Füllung und die Garnitur
500 g Schlagsahne
2 EL feiner Zucker
1 Päckchen Vanillezucker oder ¼ Vanilleschote
Puderzucker zum Bestauben

- Die Bleche befeuchten und mit Backpapier belegen oder einfetten und mit Mehl bestauben.
- Den Ofen auf 225 °C vorheizen, und ein feuerfestes Schälchen mit heißem Wasser auf den Boden stellen.
- Für den Brandteig Milch oder Wasser mit Butter, Margarine oder Öl und dem Salz in einem geschlossenen Topf zum Kochen bringen.
- Das Mehl sieben.
- Den Topf von der Kochstelle nehmen und das Mehl auf einmal hineinschütten; dabei kräftig mit den Knethaken des Elektroquirls oder dem Lochlöffel rühren.
- Das Kochgeschirr wieder auf den Herd stellen, und die Masse unter Rühren in 1–2 Minuten zum Kloß abbrennen.
- Die Masse auskühlen lassen.
- Nach und nach im Abstand von jeweils 2–3 Minuten die Eier darunterrühren, bis der Teig mit stark glänzenden Spitzen am Rührgerät hängt.
- Von der Masse mit einem Löffel oder einem Spritzbeutel und großer Sterntülle tischtennisballgroße Häufchen im Abstand von etwa 4 cm auf die Bleche setzen und 10 Minuten kühl stellen.
- Die Teilchen mit 3–4 EL Wasser besprengen und backen.
- Den Ofen während der ersten 18 Minuten unbedingt geschlossen halten, dann die Temperatur für die folgenden 7–10 Minuten reduzieren.
- Die fertiggebackenen Windbeutel vom Blech heben, auf einem Gitter auskühlen lassen und waagrecht aufschneiden.
- Für die Füllung die Sahne steifschlagen, mit Zucker und Vanillezucker oder dem Mark der Vanilleschote abschmecken und mit einem Löffel oder Spritzbeutel auf die Böden verteilen.
- Die Deckel etwas schräg darauf legen, und das Gebäck mit Puderzucker bestauben.
- Bald servieren, damit die luftigen, leicht knusprigen Gebilde nicht aufweichen.

Ofentemperatur: 225 °C
Einschubhöhe: Mitte
Backzeit: etwa 18 Minuten
und
Ofentemperatur: 180 °C
Einschubhöhe: unten
Trockenzeit: 7–10 Minuten

Variationen:

Für <u>Kleine Schwäne</u> geben Sie etwas Teig in einen kleinen Gefrierbeutel. Dann eine feine Spitze abschneiden und für die Köpfe und Hälse ein Dutzend S-förmige Gebilde spritzen. Nach dem Backen die Deckel der Länge nach einmal durchschneiden und wie Flügel auf die Sahne setzen. Die Hälse im letzten Moment hineinstecken, denn sie werden bald weich.

Für <u>Küken</u> längliche Windbeutel spritzen, dabei die Kükenform andeuten. Zusätzlich haselnußgroße Bällchen für die Köpfchen auf das Blech geben. Nach dem Backen in die Bällchen jeweils 2 Pinienkerne als Schnäbel stecken, und die Bällchen mit etwas Sahne auf die Deckel kleben. <u>Häschen</u> formen Sie auf ähnliche Weise.

Für <u>Karamelwindbeutel</u> die Deckel mit Karamelmasse überziehen. Dafür ein Blech mit Butter bepinseln. 200 g Zucker mit 10 g Butter und 2 EL Wasser in einem Topf mit großer Grundfläche aufkochen und unter Rühren erhitzen, bis sich die Masse hellgelb färbt. Den Topf sofort von der Kochstelle nehmen, die heiße Masse über die Deckel geben. Den Rest auf das Blech geben, auskühlen lassen, kleinhacken und unter die Sahne für die Füllung mischen.

Für <u>Preiselbeerwindbeutel</u> jeweils 1 EL konservierte Preiselbeeren auf die Böden geben, und die Sahne zum Füllen mit Arrak oder Kirschwasser und 1 EL Vanillezucker abschmecken. Die Preiselbeeren können Sie auch unter die Sahne mischen.

Für <u>Hagebuttenwindbeutel</u> die Schlagsahne mit Hagebuttenkonfitüre und Zitronensaft abschmecken. Außerdem Zitronensaft mit Hagebuttenkonfitüre verrühren und jeweils 1 TL mit einigen gerösteten Mandelstiften auf die Sahnefüllung geben.

Für <u>Schokoladenwindbeutel</u> oder <u>Mokkawindbeutel</u> die Sahne mit Schokoladenpulver oder -chips bzw. aufgelöstem Instantkaffee abschmecken, auf die Böden verteilen und mit Borkenschokolade garnieren. Dann die Deckel mit Schokoladenpulver oder Puderzucker bestauben.

Für <u>Exotische Windbeutel</u> die Sahne mit Arrak, Crème de Cassis oder Rum abschmecken und mit Ananasstückchen, Bananen-, Kiwi- und Mangoscheiben vermischen.

Für <u>Erdbeerwindbeutel</u> 200 g geschlagene Sahne mit ½ Päckchen Sahnefestiger oder Sofortgelatine gut verrühren, dann 200 g geviertelte Erdbeeren darunterrühren.

Für <u>Grüne Windbeutel</u> die Schlagsahne mit 250 ml durchgesiebtem Vanillepudding, 2–3 EL kleingehackten Pistazien und einigen Tropfen grüner Speisefarbe vermischen.

Für <u>Herbstwindbeutel</u> eine Trauben-Sahne-Füllung zubereiten. Zunächst 3 EL gemahlene Haselnüsse mit 3 EL feinem Zucker im Topf hell rösten, und die Masse auf Backpapier geben. Nach dem Auskühlen zerkleinern und mit 250 g Schlagsahne und 250 g halbierten, geschälten hellen Weintrauben vermischen; dabei unbedingt zuvor die Kerne aus den Trauben entfernen.

Für <u>Zitronenkränzchen</u> geben Sie die Masse mit dem Spritzbeutel als Kränzchen auf die Bleche und bestreichen die aufgeschnittenen Böden zunächst mit Zitronenkonfitüre. Die Schlagsahne zum Füllen schmecken Sie mit Zucker, Zitronenschale und -saft oder -likör ab. Auf der Sahnefüllung dekorieren Sie geviertelte Kiwischeiben, Zitronenzesten und frische Blättchen von Zitronenmelisse.

Hinweis:
Ungefüllt können Sie Windbeutel problemlos bis zu einer Dauer von 6 Monaten einfrieren.

Hätten Sie's gewußt?
Windbeutel, Ofenchuechli, Choux Chantilly oder Cream Puffs sind unterschiedliche Bezeichnungen für dieses international beliebte Gebäck.

Zitronenrolle mit Buttercreme

× gefriergeeignet

BISKUITMASSE • 1 BLECH = 12 STÜCKE

Für die Biskuitmasse (S. 88)
3 Eier, Gewichtsklasse 4
1 EL Wasser
90 g Zucker
1 TL feingeriebene Zitronenschale
1 Prise Salz
90 g Weizenmehl Type 405
½ TL Backpulver
Backpapier

Für die Füllung und Garnitur
100 ml Zitronensaft
150 ml Wasser oder Weißwein
30 g Speisestärke
2 Eigelb
200 g Butter
125–150 g feinster Zucker
1 Päckchen Vanillezucker
1 TL feingeriebene Zitronenschale
Puderzucker zum Bestauben

- Das Blech mit Backpapier belegen, rundherum einen hochstehenden Rand knicken.
- Den Ofen vorheizen.
- Für die Biskuitmasse die kühlen Eier mit Wasser, Zucker, Zitronenschale und Salz mit den Schneebesen des Elektroquirls oder der Küchenmaschine in 4–5 Minuten schaumig schlagen.
- Das Mehl mit dem Backpulver vermischen, auf die Eimasse sieben und vorsichtig so vermengen, daß die Luft nicht entweicht.
- Die Biskuitmasse mit der Teigkarte gleichmäßig auf dem Blech verstreichen, dann im Ofen backen, bis der Biskuit goldbraun ist und bei Fingerdruck leise knistert.
- Die Teigplatte auf ein zweites Backpapier stürzen und mit Backpapier und Blech zugedeckt auskühlen lassen.
- Für die Füllung den Zitronensaft mit Wasser oder Wein und Stärke verrühren, aufkochen lassen und mit den Eigelben legieren. Den Pudding zimmerwarm erkalten lassen und durchsieben.
- Die zimmerwarme Butter mit Zucker und Vanillezucker mit den Schneebesen des Elektroquirls oder der Küchenmaschine zu einer weißschaumigen Masse verschlagen. Die Zitronenschale daruntermengen.
- Den Zitronenpudding teelöffelweise unter Schlagen zufügen.

- Das Blech und das Papier vom Kuchen lösen, und die Zitronenbuttercreme darauf streichen.
- Die Biskuitrolle mit Hilfe des unteren Papiers von der Breitseite her aufrollen, mit Puderzucker bestauben und bis zum Verzehr kühl stellen.

Ofentemperatur: 200 °C
Einschubhöhe: Mitte
Backzeit: etwa 12 Minuten

Variation:
Die Füllung können Sie ebensogut mit Orangenschale und frisch gepreßtem Orangensaft zubereiten.

Hinweise:
Während des Backens darf die Teigplatte nicht austrocknen, darum den Ofen gewissenhaft vorheizen.
Die Biskuitrolle bricht nicht, weil das Schwitzwasser während des Auskühlens nicht entweichen kann und der Kuchen so seine Feuchtigkeit behält.

Himbeersahnerolle

x gefriergeeignet

BISKUITMASSE • 1 BLECH = 12 STÜCKE

Für die Biskuitmasse (S. 88)
Zutaten wie für die Zitronenrolle mit Buttercreme
(siehe links)
Für die Füllung
8 eingeweichte weiße Gelatineblätter
2 EL Zitronensaft
300 g frische oder TK-Himbeeren
500 g Schlagsahne
2–3 EL Zucker

- Das Blech wie links beschrieben vorbereiten.
- Den Ofen vorheizen.
- Die Biskuitmasse zubereiten, auf dem Blech verstreichen und backen.
- Den Biskuit auf ein zweites Backpapier stürzen und mit Backpapier und Blech zugedeckt auskühlen lassen.
- Für die Füllung die Gelatineblätter ausdrücken und mit dem Zitronensaft schmelzen (S. 32).
- Etwa 12 Himbeeren für die Dekoration beiseite legen, die übrigen mit dem Mixer pürieren.
- Die Gelatine darunterschlagen, und die Masse kühl stellen.
- Die Sahne steifschlagen und mit dem Zucker abschmecken.
- 2–3 EL Sahne in einen Spritzbeutel mit Sterntülle geben und kühl legen. Den Rest mit dem gelierenden Himbeerpüree vermengen.
- Das Blech und das Papier von der Teigplatte lösen, und auf die Teigplatte drei Viertel der Füllung streichen.
- Den Kuchen mit Hilfe des unteren Papiers aufrollen.
- Die Rolle außen mit der restlichen Himbeercreme bestreichen und mit Sahnerosetten und den Himbeeren garnieren.
- Den Kuchen vor dem Aufschneiden unbedingt kühl stellen.

Ofentemperatur: 200 °C
Einschubhöhe: Mitte
Backzeit: etwa 12 Minuten

Variationen:
Beträufeln Sie die Biskuitplatte vor dem Füllen mit etwas Likör oder Obstwasser.
Die Füllung können Sie mit Ananasstückchen, pürierten Aprikosen, Garten- oder Walderdbeeren oder frisch gepreßtem Orangensaft, kombiniert mit konservierten Mandarinorangen, abwandeln. Im Sommer ist eine mit Zitronensahne gefüllte Biskuitrolle immer ein Erfolg.
Wenn Sie die Früchte nicht pürieren, sondern nur kleinschneiden und dann unter die geschlagene und ge- süßte Sahne mischen, können Sie bei baldigem Verzehr auf die Gelatinebeigabe verzichten.
Für eine <u>Eisroulade</u>*, wie sie Kinder lieben, verteilen Sie 500 ml leicht angetaute Eiscreme auf die Biskuitplatte, rollen diese wie beschrieben auf und legen sie für 1–2 Stunden ins Gefriergerät. Mit einem Elektro- oder Sägemesser schneiden Sie von dieser Rolle problemlos so viele Scheiben ab, wie Sie gerade benötigen, und frieren den Rest anschließend wieder ein.*

Hinweis:
Bereiten Sie von der Himbeer-Sahne-Creme gleich die doppelte oder dreifache Menge zu. Sie schmeckt auch als Nachspeise und hat gute Gefriereigenschaften.

Gut zu wissen:
Biskuitrollen, gleichgültig ob mit Buttercreme-, Konfitüre- oder Sahnefüllungen, sind ausnahmslos vorzüglich zum Einfrieren geeignet. Einzelne Stücke legen Sie dafür flach auf ein mit Alufolie belegtes kleines Tablett, frieren sie ein und verpacken sie binnen 24 Stunden wie gewohnt in extra-starker Alufolie oder entsprechenden Behältern.
Von Rollen, die im Ganzen eingefroren wurden, können Sie die gewünschte Stückzahl im gefrorenen Zustand abschneiden.

Frankfurter Kranz

RÜHRTEIG • 1 FRANKFURTER KRANZFORM (1,5–2 L INHALT) = 14–20 STÜCKE

Für den Rührteig (S. 74)
4 Eier
200 g Butter oder Margarine
150 g Zucker
1 TL feingeriebene
unbehandelte Zitronenschale
1 EL Zitronensaft
250 g Weizenmehl Type 405
50 g Speisestärke
2 TL Backpulver
1 Prise Salz
Butter oder Margarine
zum Einfetten
Paniermehl zum Ausstreuen

Für die Füllungen
250 ml Vanillepudding
2 Eigelb
200 g Butter
200 g Puderzucker
Mark von ¼ Vanilleschote
3–4 EL Himbeergelee
100 g Marzipanrohmasse
3–4 EL Eierlikör

Für die Garnitur
10 g Butter
150 g Zucker
3 EL Wasser
200 g kleingehackte geschälte
Mandeln
rote Belegkirschen
Butter zum Einfetten

- Die Frankfurter Kranzform gut einfetten, mit Paniermehl ausstreuen, und den Ofen vorheizen.
- Für den Rührteig die Eier trennen, und die Eiweiße steifschlagen und kühl stellen.
- Das Fett mit Zucker, Eigelben, Zitronenschale und -saft schaumig schlagen.
- Das Mehl mit Stärke, Backpulver und Salz vermengen und unter die Schaummasse rühren.
- Den Eischnee mit dem Spatel unterheben, und den Teig in die Form füllen und backen.
- Die Garprobe machen; 5 Minuten nach Ende der Backzeit den Kuchen auf ein Gitter stürzen.
- Am nächsten Tag den Kuchen dreimal waagrecht teilen.
- Für die Füllung den Vanillepudding zubereiten, mit den Eigelben legieren und abkühlen lassen, anschließend passieren.
- Die zimmerwarme Butter mit Puderzucker und dem Mark der Vanilleschote schaumig schlagen.
- Den Pudding teelöffelweise unterrühren, und den Boden mit einem Drittel der Buttercreme bestreichen.
- Die nächste Kuchenlage darauf drücken und mit Gelee bestreichen. Dann die dritte Kuchenlage aufsetzen und leicht andrücken.
- Das Marzipan mit Eierlikör verrühren, darauf geben, und die letzte Kuchenlage darauf drücken.
- Von der Buttercreme für die Garnitur etwas in einen Spritzbeutel mit Sterntülle geben und kühl stellen. Mit dem Rest der Creme den Kranz bestreichen.
- Aus Butter, Zucker, Wasser und Mandeln Krokant bereiten (S. 33), flach auf einem gebutterten Blech ausbreiten und erkalten lassen; anschließend in einem Gefrierbeutel mit der Teigrolle zerkleinern, und den Kranz damit bestreuen.
- 14–20 Buttercremerosetten mit dem Spritzbeutel auf den Kranz

spritzen; je eine rote Belegkirsche darauf drücken.
- Den Kranz 3–4 Stunden kühlen.

Ofentemperatur: 180 °C
Einschubhöhe: unten
Backzeit: 35–45 Minuten

Variation:
Statt – wie hier beschrieben – mit Himbeergelee können Sie den Frankfurter Kranz auch mit bitterer Orangenkonfitüre füllen, die Sie zuvor mit etwas Orangenlikör glattgerührt haben.

Hinweis:
Kaloriengehalt und Kosten werden verringert, wenn Sie den Krokant durch 125 g Haferflocken ersetzen, die Sie mit 30 g Butter und 100 g Zucker unter stetigem Rühren in einer Pfanne rösten.

Buttercremetorte mit Orangen

✗ gefriergeeignet

RÜHRTEIG • 2 SPRINGFORMEN (24–26 CM ⌀) = 12 STÜCKE

Für den Rührteig (S. 74)
3 Eier
150 g Butter oder Margarine
110 g brauner Rohzucker
50 g gemahlene
geschälte Mandeln
1 TL feingeriebene
unbehandelte Orangenschale
3–6 EL Orangensaft
200 g Weizenmehl Type 405
2 TL Backpulver
1 Prise Salz
Backpapier oder Butter
bzw. Margarine zum Einfetten

Für die Füllung und die Garnitur
400 ml Milch
1 Päckchen Vanillepuddingpulver
100 g feiner Zucker
3 Eigelb
100 ml frisch gepreßter
Orangensaft
200–250 g Butter
2 EL Orangenlikör
1 TL feingeriebene
unbehandelte Orangenschale
4–6 Orangen
30 g geröstete Mandelblättchen

- Die Springformen vorbereiten, den Ofen vorheizen, den Rührteig – wie links, aber mit Rohzucker, Mandeln, Orangenschale und Orangensaft – herstellen, in den Formen glattstreichen und nacheinander backen.

- Für die Füllung aus Milch, angerührtem Puddingpulver und 50 g Zucker nach Packungshinweis einen Vanillepudding kochen.
- Den warmen Pudding mit den Eigelben legieren, mit dem Orangensaft verschlagen und zugedeckt zimmerwarm abkühlen lassen, anschließend passieren.
- Die Butter mit dem restlichen Zucker, Orangenlikör und -schale mit dem Elektroquirl sehr schaumig schlagen. Teelöffelweise den Pudding hinzufügen.
- Einen Boden mit der Hälfte dieser Buttercreme bestreichen.

- Die Orangen großzügig schälen, die Schnitze mit einem Sägemesser heraustrennen. Einige davon in die Buttercreme drücken.
- Den zweiten Tortenboden darauf geben und leicht andrücken.
- Die Torte rundherum mit Creme bestreichen, und die restliche Creme mit dem Spritzbeutel darauf geben. Die Torte mit den übrigen Schnitzen und den Mandelblättchen garnieren.

Ofentemperatur: 170 °C
Einschubhöhe: Mitte
Backzeit: 20–25 Minuten

Krokanttorte mit Buttercreme

BAISERMASSE • 2 BLECHE = 12–14 STÜCKE

Für die Baisermasse (S. 112)
3 Eiweiß
1 Prise Salz
90 g feiner Zucker
1/2 TL Ascorbinsäure oder Gelierzucker oder 1 TL Zitronensaft
90 g Puderzucker
1/2 TL Speisestärke, nach Belieben
feiner Zucker zum Bestreuen
Backpapier

Für die Buttercreme
200 g Butter
150 g Puderzucker
Mark von 1/2 Vanilleschote
250 ml Vanillepudding, nach Belieben
2 Eigelb, nach Belieben

Für den Krokant
10 g Butter
125 g Zucker
80 ml Wasser
125 g grobgehackte Mandeln
kandierte Veilchen, nach Belieben

- Auf der Rückseite des Backpapiers zwei Kreise mit etwa 22 cm Ø markieren.
- Die Bleche befeuchten und mit dem Backpapier belegen.
- Den Heißluftofen vorheizen.
- Für die Baisermasse die Eiweiße und das Salz mit den Schneebesen des Elektroquirls oder der Küchenmaschine sehr steif schlagen.
- Den Zucker, Ascorbinsäure oder Gelierzucker oder Zitronensaft dazugeben, und die Masse schlagen, bis sie stark glänzt.
- Den Puderzucker nach Belieben mit der Stärke mischen, auf die Schaummasse sieben, und alles mit einem Teigspatel vorsichtig vermengen, ohne dabei die Luft herauszurühren.
- Von der Baisermasse eine gut daumendicke Schicht auf die vorgezeichneten Kreise streichen oder mit einem Spritzbeutel von der Mitte aus mit spiralförmigen Bewegungen darauf geben.
- Die Baisers dünn mit Zucker bestreuen.
- Beide Bleche schnell in den Ofen schieben, und, falls vorhanden, den Lüftungsregler öffnen.
- Die Wärmezufuhr nach 2–3 Minuten ausschalten, und den Ofen während der nächsten 8–10 Stunden geschlossen halten. Sollte die Unterseite des Gebäcks danach noch nicht ganz trocken sein, den Ofen noch einmal für etwa 1 Stunde auf 75 °C heizen.
- Die knusprig-trockenen Böden vorsichtig vom Papier lösen.
- Für die Füllung die zimmerwarme Butter mit dem Puderzucker und dem Mark der Vanilleschote in einer Schüssel mit den Schneebesen des Elektroquirls oder der Küchenmaschine zu einer cremigen Masse verrühren.
- Wer eine reichliche und weniger mächtige Füllung wünscht, gibt teelöffelweise passierten, mit den Eigelben legierten Vanillepudding gleicher Temperatur unter Schlagen dazu.
- Etwas Buttercreme in einen Spritzbeutel geben.
- Für den Krokant (S. 33) ein Blech dünn mit Butter fetten.
- Den Zucker mit der restlichen Butter und dem Wasser in einem flachen Topf ohne Rühren schmelzen lassen, dann die Masse unter Rühren hell karamelisieren, und die grobgehackten Mandeln hineingeben.
- Sowie sich die Masse mittelbraun färbt, schnell auf dem gebutterten Blech ausbreiten und erkalten lassen, dann in einen Gefrierbeutel füllen und mit der Teigrolle zerdrücken.
- Den weniger schönen Boden mit der Hälfte der Buttercreme bestreichen und mit etwas Krokant bestreuen.
- Den zweiten Boden mit der glatten Fläche nach oben darauf legen und leicht andrücken.
- Die Ränder der Böden etwas beschneiden.
- Oberfläche und Seitenrand der Torte mit Buttercreme einstreichen, dabei etwas Creme zurückbehalten. Die Torte etwa 4 Stunden kühl stellen.
- Kurz vor dem Verzehr einen 5 cm breiten Krokantrand auf die Oberfläche streuen, und den restlichen Krokant an den Seitenrand der Torte drücken.
- Mit dem Spritzbeutel und glatter Tülle Tupfen aufsetzen, und nach Belieben kandierte Veilchen darauf verteilen.
- Ein Elektro- oder Keramikmesser ist zum – leider nicht ganz einfachen – Schneiden der Torte günstig.

**Ofentemperatur: 200 °C
nach 2–3 Minuten ausschalten
Einschubhöhe: Mitte
Trockenzeit: 8–10 Stunden**

Gut zu wissen:
Um den Tortenrand gleichmäßig mit Krokant zu bestreuen, legen Sie eine leichte, etwas kleinere Schüssel umgedreht auf den Kuchen und heben diese nach der Arbeit vorsichtig ab.

Schokobuttercremetorte

× gefriergeeignet

BISKUITMASSE • 1 SPRINGFORM (24 CM ⌀) = 12 STÜCKE

Für die Biskuitmasse (S. 88)
5 Eier
150 g Zucker
1 EL Wasser
1 Päckchen Vanillezucker
150 g Weizenmehl Type 405
3 EL dunkler Kakao
1 Prise Salz
Backpapier oder Butter
bzw. Margarine zum Einfetten

Für die Füllung und die Garnitur
150 g Himbeergelee oder
bittere Orangenkonfitüre
150 g Edelbitterschokolade
500 ml Milch
1 Päckchen
Schokoladenpuddingpulver
2 EL Zucker
2–3 Eigelb
200–250 g Butter
80–100 g Puderzucker
1 Päckchen Vanillezucker
2 EL Himbeergeist oder Orangenlikör, z. B. Grand Marnier
Puderzucker zum Bestauben

- Den Boden der Springform befeuchten und mit Backpapier belegen oder einfetten.
- Den Ofen vorheizen.
- Aus den zimmerwarmen Zutaten eine Biskuitmasse bereiten und in die Springform geben.
- Die Oberfläche mit der Teigkarte zum Rand hin glattstreichen, und die Masse backen.
- Etwa 5 Minuten nach Ende der Backzeit den Kuchen vom Rand der Form lösen, umgekehrt auf Backpapier legen, leicht beschweren und mit Papier, Springformblech und Gewicht bis zum folgenden Tag auskühlen lassen.
- Den Kuchen zweimal waagrecht teilen, und 2 Böden mit Gelee oder Konfitüre bestreichen.
- Für die Creme 100 g Schokolade zerbröckeln und daraus mit Milch, Puddingpulver und Zucker nach Packungsanweisung einen Schokoladenpudding kochen.
- Den Pudding mit Eigelben legieren, kühlen und passieren.
- Die zimmerwarme weiche Butter mit Puder- und Vanillezucker gut mit dem Elektroquirl schlagen, und den Pudding teelöffelweise dazugeben.
- Etwa die Hälfte der Creme auf 2 Tortenböden streichen, und diese aufeinandersetzen.
- Die Schnittfläche des letzten Bodens mit dem Himbeergeist oder Orangenlikör beträufeln.
- Den Boden mit der glatten Kruste nach oben auflegen und leicht andrücken, dann die Torte rundherum mit Creme einstreichen.
- Die restliche Schokolade grob raspeln. Die Torte damit garnieren und zum Schluß leicht mit Puderzucker bestauben.

Ofentemperatur: 180 °C
Einschubhöhe: Mitte
Backzeit: 30–35 Minuten

CREMETORTEN UND SAHNEGEBÄCK 355

Sherrystern

 gefriergeeignet

BISKUITMASSE • 1 STERNFORM (1,5 L INHALT) = 8–10 STÜCKE

Für die Biskuitmasse (S. 88)
2 Eier
80 g Zucker
1 Päckchen Vanillezucker
60 g Weizenmehl Type 405
30 g Speisestärke
¼ TL Backpulver
1 Prise Salz
Butter bzw. Margarine
zum Einfetten
Paniermehl zum Bestreuen

Für die Creme und die Garnitur
2 Eigelb
50 g Zucker
200 ml Milch
4–5 eingeweichte weiße
Gelatineblätter
3–4 EL Sherry
150 g Schlagsahne
1 Päckchen Vanillezucker
200 g gemischte Früchte
feingehackte Pistazienkerne

- Die Sternform sehr gründlich einfetten und sorgfältig mit Paniermehl ausstreuen.
- Den Ofen vorheizen.
- Aus Eiern, Zucker, Vanillezucker, Mehl, Stärke, Backpulver und Salz eine Biskuitmasse zubereiten und in die Sternform geben.
- Die Oberfläche glätten und etwas zum Rand hin hochstreichen.
- Die Form in den Ofen schieben, und die Masse backen.
- Den Kuchen etwa 5 Minuten abkühlen lassen, dann vom Rand der Form lösen und auf ein Kuchengitter stürzen.
- Die Form säubern und kalt ausspülen.
- Für die Sherrycreme die Eigelbe mit Zucker und Milch in einem Topf bei mäßiger Wärmezufuhr unter stetigem Schlagen mit den Schneebesen des Elektroquirls bis nahe dem Siedepunkt erhitzen. Die Masse soll dicklich sein, darf aber nie Blasen werfen.
- Die Gelatine ausdrücken und blattweise unter die heiße Creme schlagen (S. 32), den Sherry zufügen, und alles zugedeckt kühlen.
- Die Schlagsahne steifschlagen und mit Vanillezucker abschmecken. Zwei Drittel davon unter die gelierende Creme mischen und diese in die Sternform gießen.
- Die Creme 5 Minuten kühl stellen, dann den gebackenen Stern mit der Bodenfläche nach oben darauf legen und bedeckt etwa 4 Stunden kühl stellen.
- Den unteren Teil der Form kurz in warmes Wasser halten, dann den Stern stürzen und mit der restlichen Sahne, den gemischten Früchten und Pistazien hübsch garnieren.

Ofentemperatur: 180 °C
Einschubhöhe: Mitte
Backzeit: 20 Minuten

Variation:
Wenn Kinder mitessen, nehmen Sie statt Milch und Alkohol durchgesiebten, frisch gepreßten Orangensaft.

Flockentorte

BRANDTEIG • 2 BLECHE = 12 STÜCKE

Für den Brandteig (S. 104)
250 ml Milch oder Wasser
65 g Butter oder Margarine
oder 4 EL Öl, z. B. Sojaöl
2 Prisen Salz
150 g Weizenmehl Type 405
5 Eier, Gewichtsklasse 4
Backpapier

Für die Füllung und die Garnitur
350 g Preiselbeerkompott
2 EL Kirschwasser
750 g Schlagsahne
3 EL feiner Zucker
1 Päckchen Vanillezucker
oder Mark von ¼ Vanilleschote
Sahnefestiger oder Sofortgelatine, nach Belieben

- Auf die Rückseite des Backpapiers für jedes Blech 2 Kreise mit 20–24 cm Ø zeichnen.
- Die Bleche befeuchten und mit dem Backpapier belegen.
- Den Ofen vorheizen, und ein feuerfestes Schälchen mit heißem Wasser hineinstellen.
- Für den Brandteig Milch oder Wasser mit Butter oder Margarine oder Öl sowie dem Salz in einem zugedeckten Topf aufkochen.
- Das Mehl sieben.
- Den Topf von der Kochstelle nehmen und das Mehl dazugeben, dabei kräftig mit den Knethaken des Elektroquirls rühren.
- Das Kochgeschirr wieder auf den Herd stellen, den Teig unter Rühren in 1–2 Minuten zum Kloß abbrennen und auskühlen lassen.
- Nach und nach die Eier unter den Teig rühren, bis er stark glänzend am Rührgerät hängt.
- Mit einem Löffel oder Spritzbeutel mit glatter Tülle 4 Böden auf die Bleche geben.
- Die Oberflächen glattstreichen, die Böden etwa 20 Minuten kühl stellen und dann backen.
- Den Ofen während der ersten 12–14 Minuten unbedingt geschlossen halten, dann die Temperatur reduzieren.
- Die fertiggebackenen Böden auf Gittern auskühlen lassen.
- 3 der Böden auf die Größe eines Tortenrings zurückschneiden, dann 1 Boden auf eine Tortenplatte geben, und den Tortenring herumlegen.
- Für die Füllung etwa 300 g Preiselbeerkompott mit dem Kirschwasser verrühren.
- Die Sahne steifschlagen, mit Zucker und Vanillezucker oder dem Vanillemark abschmecken und nach Belieben Sahnefestiger oder Sofortgelatine zufügen.
- Den Boden zunächst mit der Hälfte der angerührten Preiselbeeren, dann mit einem Drittel der Sahne bestreichen. Den zweiten Boden darauf setzen und ebenso bestreichen.
- Den dritten Boden darauf geben und dünn mit Sahne bestreichen. Dann den letzten Boden grob zerbröseln, und die Hälfte der Brösel als Flocken auf den Kuchen legen.
- Die Torte kühl stellen.

CREMETORTEN UND SAHNEGEBÄCK 357

- Den Tortenring lösen, den Rand der Torte ebenfalls mit Sahne bestreichen und mit den restlichen Bröseln verzieren.
- Die Torte mit großen Sahnerosetten sowie Preiselbeeren garnieren und bald auftragen.

Ofentemperatur: 225 °C
Einschubhöhe: Mitte
Backzeit: 12–14 Minuten
und
Ofentemperatur: 160 °C
Einschubhöhe: Mitte
Trockenzeit: 4–5 Minuten

Variation:
Sie können für die Füllung statt des Preiselbeerkompotts 250 g frische Himbeeren nehmen, die Sie mit 1 Päckchen Sahnefestiger oder Sofortgelatine vermischen. Die Torte zum Schluß mit Himbeeren garnieren.

Flockenschnitten

BRANDTEIG • 1 BLECH = 8–10 STÜCKE

Für den Brandteig (S. 104)
Zutaten wie für die Flockentorte (siehe links)

Für die Füllung und die Garnitur
500 g konservierter Fruchtcocktail
6–7 eingeweichte weiße Gelatineblätter
2 EL Himbeergeist
500 g Schlagsahne
2 EL feiner Zucker
1 Päckchen Vanillezucker oder Mark von 1/4 Vanilleschote
Sahnefestiger, nach Belieben
Puderzucker zum Bestauben

- Das Blech befeuchten und mit Backpapier belegen.
- Den Ofen vorheizen, ein Schälchen mit heißem Wasser hineinstellen.
- Den Brandteig wie links beschrieben zubereiten.
- Den Teig mit einem Löffel oder Spritzbeutel mit großer Sterntülle auf das Blech geben, dann kühlen.
- Den Teig mit Wasser besprengen und backen, ohne den Ofen zwischenzeitlich zu öffnen.
- Den Kuchen auskühlen, den Fruchtcocktail abtropfen lassen, dabei den Saft auffangen.
- Aus dem Kuchen 3 etwa 8 cm breite und 40 cm lange Streifen schneiden, die Reste zerbröckeln.

- Die Gelatine ausdrücken, mit etwas Saft schmelzen (S. 32) und mit dem Himbeergeist zu den Früchten geben, kühl stellen.
- Die Sahne mit Zucker, Vanillezucker oder -mark und nach Belieben Sahnefestiger steifschlagen.
- Die beiden weniger schönen Teigstreifen erst mit der gelierenden Obstmischung, dann mit ungefähr drei Viertel der Sahne bestreichen und aufeinandersetzen.
- Den letzten Streifen quer in etwa 4 cm breite Stücke schneiden, darauf legen und andrücken.

- Die Seiten des Kuchens mit Sahne bestreichen.
- Die Kuchenreste an die Seiten drücken, und die Schnitten etwa 2 Stunden ziehen lassen, dann mit Puderzucker bestauben und bald servieren.

Ofentemperatur: 225 °C
Einschubhöhe: Mitte
Backzeit: etwa 12 Minuten
und
Ofentemperatur: 160 °C
Einschubhöhe: Mitte
Trockenzeit: 4–5 Minuten

Mandelschnitten mit Sahne

- einfach
- schnell
- gefriergeeignet

BISKUITMASSE • 1 BLECH = ETWA 12 STÜCKE

Für die Biskuitmasse (S. 88)
50 g gemahlene geschälte Mandeln
4 Eier, Gewichtsklasse 4
1 EL Wasser
120 g Zucker
1 Päckchen Vanillezucker
70 g Weizenmehl Type 405
½ TL Backpulver
1 Prise Salz
Backpapier

Für die Füllung
200 g Himbeerkonfitüre
250 ml Milch
½ aufgeschnittene Vanilleschote
2 EL Zucker
1 Päckchen Vanillezucker
2 Eigelb
2 Tropfen Bittermandelöl
40 g kleingehackte geschälte Mandeln
4 EL Rum
6 eingeweichte weiße Gelatineblätter
150 g Schlagsahne

Für die Garnitur
400 g Schlagsahne
1 EL Zucker
1 Päckchen Vanillezucker
1 Päckchen Sahnefestiger oder ½ Päckchen Sofortgelatine, nach Belieben
50 g Haselnußkrokant

- Das Blech befeuchten und mit Backpapier belegen.
- Den Ofen vorheizen, und die zerkleinerten Mandeln sortenweise darin sehr hell rösten, anschließend abkühlen lassen.
- Für die Biskuitmasse die Eier mit Wasser, Zucker und Vanillezucker mit den Schneebesen des Elektroquirls oder der Küchenmaschine weißschaumig schlagen.
- Das Mehl mit Backpulver und Salz vermengen und auf die Masse sieben.
- Die Mandeln darüber streuen, und vorsichtig alle Zutaten mit einem Spatel vermischen.
- Die Biskuitmasse mit der Teigkarte auf dem Blech verstreichen und im Ofen backen.
- Den Biskuit mit Backpapier und einem zweiten Blech bedeckt auskühlen lassen, so daß er feucht bleibt.
- Das obere Blech und das Papier abnehmen, die Konfitüre auf den Kuchen streichen, und die Kuchenplatte in drei lange Streifen schneiden.
- Für die Füllung die Milch mit der Vanilleschote, Zucker und Vanillezucker aufkochen.
- Die Schote wieder herausnehmen, und die Milch mit den Eigelben legieren.
- Das Mandelöl mit den Mandeln, Rum und der ausgedrückten Gelatine unterrühren (S. 32), und die Creme kühl stellen.
- Die Sahne steifschlagen, unter die gelierende Creme heben, und die Mandel-Sahne-Creme auf den Biskuit streichen.
- Die drei Streifen behutsam aufeinanderlegen, und den Kuchen kalt stellen.
- Die Sahne für die Garnitur mit Zucker und Vanillezucker und nach Belieben mit Sahnefestiger oder Sofortgelatine steifschlagen.
- Den Kuchen dick damit bestreichen sowie wellenförmig bespritzen, dann mit dem Krokant bestreuen und kühl stellen.
- Den Kuchen quer in 3–4 cm breite Schnitten schneiden.

Ofentemperatur: 200 °C
Einschubhöhe: Mitte
Backzeit: 10–15 Minuten

Baisertorte mit Orangen

BAISERMASSE • 1 BLECH = 10–12 STÜCKE

Für die Baisermasse (S. 112)
3 Eiweiß
1 Prise Salz
1/2 TL Ascorbinsäure
oder Gelierpulver
oder 1 EL Zitronensaft
90 g feiner Zucker
90 g Puderzucker
1/2 TL Speisestärke, nach Belieben
Backpapier

Für die Füllung und die Garnitur
200 g TK-Orangenkonzentrat
5 EL Orangenlikör, z. B. Cointreau
50–150 g kleingehacktes Orangeat
4 EL Zucker
6 eingeweichte weiße
Gelatineblätter
6 EL Weißwein
2 Eiweiß
500 g Schlagsahne
1–2 EL Zucker
3–4 Kumquats
Minzeblättchen

- Auf die Rückseite des Backpapiers einen 22 cm großen Kreis zeichnen. Das Blech befeuchten und mit dem Papier belegen.
- Den Ofen vorheizen.
- Für die Baisermasse die Eiweiße mit Salz steifschlagen. Ascorbinsäure oder Gelierpulver oder Zitronensaft und Zucker dazugeben.
- Die Masse glänzend schlagen, dann den Puderzucker, nach Belieben mit Stärke, darauf sieben und unterheben.
- Erst in den Kreis einen daumendicken Boden, dann den Rest der Baisermasse seitlich als Häufchen auf das Blech setzen.
- Das Blech schnell in den Ofen schieben, eventuell den Lüftungsregler öffnen. Die Wärmezufuhr nach 2 Minuten ausschalten, und den Ofen während der nächsten 8–10 Stunden nicht öffnen.
- Den trockenen Baiserboden vorsichtig vom Papier lösen, auf eine Tortenplatte geben, und einen Tortenring herumlegen.
- Das Orangenkonzentrat auftauen lassen.
- Orangenlikör und -konzentrat mischen, das Orangeat darin quellen lassen, und den Zucker darüber streuen.
- Die Gelatine ausdrücken, mit Wein schmelzen (S. 32), in den zimmerwarmen Orangensaft geben, und den Saft kühl stellen.
- Eiweiße und Sahne getrennt steifschlagen. Etwas Sahne leicht süßen, in einen Spritzbeutel geben und kühl stellen. Den Rest mit dem Eischnee und den zerbröckelten Baisers unter den gelierenden Orangensaft heben.
- Die Creme auf den Baiserboden gießen, glattstreichen, und die Torte zugedeckt kurz kühlen.
- Die Torte mit Sahne, Kumquatscheiben und Minzeblättchen garnieren, den Tortenring lösen, und die Torte bald verzehren.

**Ofentemperatur: 200 °C
nach 2 Minuten ausschalten
Einschubhöhe: Mitte
Trockenzeit: 8–10 Stunden**

Zweifruchttorte

gefriergeeignet

MÜRBETEIG • 2 BLECHE = 12 STÜCKE

Für den Mürbeteig (S. 84)
250 g Weizenmehl Type 405
1 Prise Salz
120 g Butter oder Margarine
4 EL Zucker
2 Eigelb
1 Päckchen Vanillezucker
Mehl zum Ausrollen
Backpapier oder Butter
bzw. Margarine zum Einfetten

Für den Belag und die Garnitur
500 g Magerquark
120 g Zucker
2 Päckchen Vanillezucker
1 TL feingeriebene
unbehandelte Zitronenschale
2–3 frische Eigelb, nach Belieben
6–7 eingeweichte weiße
Gelatineblätter
2 EL Zitronensaft
500 g Schlagsahne

200–400 g konservierte
Ananasstückchen
200 g Mandarinorangen
Puderzucker zum Bestauben

● Für den Mürbeteig alle kühlen Zutaten mit den Knethaken des Elektroquirls oder der Küchenmaschine knapp 1 Minute vermengen, zu einem Kloß zusammenpressen, flach drücken und eingepackt 30 Minuten kühlen.
● Die Bleche befeuchten und mit Backpapier belegen oder einfetten, dann den Teig auf bemehlter Unterlage ausrollen.
● 2 Teigböden mit 28 cm Ø ausschneiden, einstechen und etwa 20 Minuten kühl stellen.
● Den Ofen vorheizen.

● Die Teigböden backen und auskühlen lassen, dann mit Hilfe eines Topfdeckels auf 26 cm Ø nachschneiden und um 1 Boden einen Tortenring legen.
● Den Quark mit Zucker, Vanillezucker, Zitronenschale und eventuell mit Eigelben verschlagen.
● Die Gelatineblätter ausdrücken, mit dem Zitronensaft schmelzen (S. 32) und vorsichtig in einem feinen Strahl unter die Quarkmasse schlagen.
● Die Sahne steifschlagen, etwas für die Garnitur in einen Spritzbeutel füllen und kühl stellen, den Rest unter die Quarkmasse heben.
● Die Früchte abtropfen lassen und ein wenig zerkleinern, einige Mandarinorangen für die Garnitur beiseite legen.

- Die Hälfte der Quark-Sahne-Creme auf den Kuchen gießen, und die Früchte darauf verteilen.
- Den Rest der Creme darüber geben und glattstreichen.
- Den zweiten Kuchen sehr vorsichtig in Stücke schneiden und auflegen, sobald die Masse etwas fester geworden ist.
- Die Torte kühl stellen.
- Die Torte mit Puderzucker bestauben, mit Schlagsahne sowie Früchten garnieren und möglichst bald verzehren.

Ofentemperatur: 180 °C
Einschubhöhe: Mitte
Backzeit: 15–20 Minuten

Holländer Kirschtorte

BLÄTTERTEIG • 2 BLECHE = 8–12 STÜCKE

Für den Blätterteig (S. 92)
200 g frischer, gekühlter oder TK-Blätterteig
Mehl zum Ausrollen
Backpapier

Für den Überzug und den Guß
3–4 EL Johannisbeergelee
4 EL Puderzucker
1 EL Kirschwasser

Für die Füllung
400 g entsteinte frische, konservierte oder TK-Sauerkirschen
125 ml Kirschsaft
1 EL Speisestärke
4 EL Zucker
400 g Sahne
1 Päckchen Vanillezucker
1–2 Päckchen Sahnefestiger oder ½–1 Päckchen Sofortgelatine, nach Belieben

- TK-Blätterteig auf leicht bemehlter Unterlage auftauen lassen; die Bleche befeuchten und mit Backpapier belegen.
- Den Blätterteig zu 2 runden Platten ausrollen, dann mit Hilfe eines Topfdeckels 2 Böden mit etwa 24 cm Ø ausschneiden.
- Die Teigböden auf die Bleche legen, mehrmals einstechen und 30 Minuten kühl stellen.
- Den Ofen vorheizen.
- Den Blätterteig im Ofen bakken, und nach 8–10 Minuten die Temperatur verringern.
- Nach der Trockenzeit die Kuchen auskühlen lassen und rund auf 22 cm Ø nachschneiden.
- Den schöneren Boden umdrehen, eine dicke Geleeschicht darauf geben, und das Gelee gut antrocknen lassen.
- Aus Puderzucker und Kirschwasser einen Guß herstellen und auf das Gelee geben.
- Den Boden in 8–12 Stücke teilen, dabei behutsam vorgehen.
- Den zweiten Kuchenboden auf eine Tortenplatte geben, und einen Tortenring herumlegen.
- Die Kirschen abtropfen lassen.
- Den Kirschsaft mit der Stärke verrühren und aufkochen.
- Die Früchte bis auf 8–12 Stück für die Garnitur sowie 2 EL Zucker dazugeben, die Kirschen in Ringen auf den Kuchenboden legen.
- Die Sahne mit 2 EL Zucker, Vanillezucker und nach Belieben mit Sahnefestiger oder Sofortgelatine steifschlagen und bis auf 3 EL auf den Kirschen glattstreichen.
- Den geteilten Kuchenboden darauf legen, mit dem Spritzbeutel Sahnerosetten darauf spritzen, und je eine Kirsche in die Rosetten setzen.

Ofentemperatur: 220 °C
Einschubhöhe: Mitte
Backzeit: 8–10 Minuten
und
Ofentemperatur: 160 °C
Einschubhöhe: Mitte
Trockenzeit: 5 Minuten

Eierlikörtorte

gefriergeeignet

MÜRBETEIG/BISKUITMASSE • 1 BLECH/1 SPRINGFORM (26 CM ∅) = 12 STÜCKE

Für den Mürbeteig (S. 84)
100 g Weizenmehl Type 405
50 g Butter oder Margarine
1½ EL Zucker
1 Ei oder 2 Eigelb
1 Prise Salz
Backpapier

Für die Biskuitmasse (S. 88)
2 Eier
60 g Zucker
1 Päckchen Vanillezucker
1 Prise Salz
60 g Weizenmehl Type 405
½ TL Backpulver
Backpapier oder Butter
bzw. Margarine zum Einfetten

Für die Füllung und die Garnitur
3–4 EL Johannisbeergelee
200 ml Eierlikör
2 Eier
6 EL Zucker
Mark von ½ Vanilleschote
5 eingeweichte weiße
Gelatineblätter
500 g Schlagsahne
Minzeblättchen

• Die Zutaten für den Mürbeteig rasch verkneten und kühl stellen.
• Das Blech befeuchten und mit Backpapier belegen.
• Den Ofen vorheizen.
• Den Teig ausrollen, dann mit Hilfe eines Topfdeckels einen Boden mit 28 cm ∅ ausschneiden, auf das Blech legen, mehrmals einstechen und backen.
• Den Boden auskühlen lassen, dann mit Hilfe eines Topfdeckels mit 26 cm ∅ rund nachschneiden, mit dem Gelee bestreichen, und einen Tortenring herumlegen.
• Für den Biskuitboden den Formboden befeuchten und mit Papier belegen oder einfetten.
• Eier, Zucker, Vanillezucker und Salz mit den Schneebesen des Elektroquirls oder der Küchenmaschine weißschaumig schlagen.
• Mehl und Backpulver vermischen, darauf sieben und vorsichtig unterheben, dann die Masse in die Form geben und backen.
• Den Biskuit umgedreht auskühlen lassen, auf den Mürbeteigboden legen, andrücken und mit 3–4 EL Eierlikör beträufeln.
• Für die Füllung die Eier mit 4 EL Zucker und dem Mark der Vanilleschote über einem Wasserbad dicklich schlagen, aber keinesfalls kochen lassen.
• Die Gelatine ausdrücken, mit dem Eierlikör in die Masse geben und diese zugedeckt kühl stellen.
• Die Sahne steifschlagen. Die Hälfte süßen, in einen Spritzbeutel geben und kühlen, den Rest der gelierenden Creme zufügen.
• Die Creme auf den Biskuitboden gießen und glattstreichen, die Form einige Male aufstoßen.
• Die Torte zugedeckt 4–6 Stunden kühlen, dann den Ring lösen und die Torte mit Sahnespiralen und Minzeblättchen garnieren.

Ofentemperatur: 180 °C
Einschubhöhe: Mitte
Backzeit: 15–20 Minuten
und
Ofentemperatur: 200 °C
Einschubhöhe: Mitte
Backzeit: 20–25 Minuten

CREMETORTEN UND SAHNEGEBÄCK

Weincremetorte

x gefriergeeignet

MÜRBETEIG • 2 BLECHE = 14 STÜCKE

Für den Mürbeteig (S. 84)
200 g Weizenmehl Type 405
100 g Butter oder Margarine
3 EL Zucker
1 Ei oder 2 Eigelb
1 Prise Salz
Backpapier

Für den Belag und die Garnitur
3 EL Apfelgelee
4 Eigelb
150–170 g Zucker
1 TL feingeriebene
unbehandelte Zitronenschale
4 EL Zitronensaft
4 EL frisch gepreßter Orangensaft
6–7 eingeweichte weiße
Gelatineblätter
375 ml trockener Weißwein
500 g Schlagsahne
Puderzucker zum Bestauben
12 kleine Mürbeteigplätzchen

• Die Zutaten für den Mürbeteig rasch verkneten und kühl stellen.
• Die Bleche befeuchten und mit Backpapier belegen.
• Den Ofen vorheizen.
• Den Teig ausrollen, dann mit Hilfe eines Topfdeckels 2 Böden mit 26–28 cm Ø ausschneiden, auf die Bleche legen, mehrmals einstechen und backen.
• Die Böden auskühlen lassen; mit Hilfe eines 24–26 cm großen Topfdeckels nachschneiden.
• Den weniger schönen Boden mit dem Gelee bestreichen, und einen Tortenring herumlegen.
• Die Eigelbe mit 125–150 g Zucker, Zitronenschale sowie Zitronen- und Orangensaft über einem Wasserbad dicklich schlagen.
• Die Gelatineblätter ausdrücken und einzeln zufügen (S. 32), den Wein darunterheben, und die Masse zugedeckt kühl stellen.
• Die Sahne steifschlagen. Etwa ein Viertel davon süßen, in einen Spritzbeutel geben und kühlen.
• Die übrige Sahne unter die gelierende Weincreme heben.
• Die Weincreme abschmecken, auf den Boden gießen und glattstreichen, dann kurz kühl stellen.
• Den zweiten Boden behutsam in 14 Stücke schneiden, die Stücke auflegen, und die Torte bedeckt mindestens 6 Stunden kühlen.
• Die Torte mit Puderzucker, Sahne und Plätzchen verzieren.

Ofentemperatur: 180 °C
Einschubhöhe: Mitte
Backzeit: je 15–20 Minuten

Für kleine und große Feste

Ob Ostern, Weihnachten oder Silvester, ob Taufe, Geburtstag oder Hochzeit – zum festlichen Anlaß gehört ein guter Kuchen. Hier finden Sie für alle Gelegenheiten das passende Gebäck.

Neujahrskranz

HEFETEIG • 1 BLECH = 10–12 STÜCKE

x preiswert
x gefriergeeignet

Für den Hefeteig (S. 80)
1 EL Öl, z. B. Sojaöl
1 TL Salz
500 g Weizenmehl Type 405
oder 300 g Weizenmehl Type 405
und 200 g feines Weizenvollkornmehl Type 1700
150–200 ml Buttermilch
oder Milch
1 Würfel Hefe (42 g)
oder 2 Päckchen Trockenhefe
3 EL Zucker
2 Eier
2 Eigelb
Mehl zum Ausformen
Backpapier oder Butter
bzw. Margarine zum Einfetten

Für den Guß und die Garnitur
1 Eigelb
1 EL Milch
2 EL Hagelzucker
30 g Mandelstifte
1 breites rotes Band

• Das Blech befeuchten und mit Backpapier belegen oder einfetten.

• Öl, Salz und Mehl in eine Schüssel geben. Die Buttermilch oder die Milch anwärmen, mit Hefe, Zucker, Eiern und Eigelben gut verschlagen und zur Mehlmischung gießen. Alles zunächst bei niedriger, dann bei mittlerer Laufgeschwindigkeit mit den Knethaken des Elektroquirls oder der Küchenmaschine oder mit einem Löffel kräftig etwa 4–5 Minuten vermengen. Der Teig darf nicht zu weich sein, damit der Kranz nicht breit auseinanderläuft.

• Den Teig mit einem Tuch bedecken und etwa 30 Minuten an einer warmen Stelle gehen lassen. Auf bemehlter Unterlage den Teig erneut kurz durchkneten, zu einer Rolle formen, in 3–4 gleich große Stücke schneiden und diese zu möglichst langen dünnen Rollen formen.

• Von der Mitte der nebeneinandergelegten Rollen aus zu beiden Enden hin einen breiten Zopf flechten. Zum Kranz mit möglichst großer Öffnung zusammenfügen, auf das Blech legen, dabei die Ansatzstellen verbergen.

• Für den Guß das Eigelb mit der Milch verschlagen, den Kranz damit bepinseln, den Hagelzucker und die Mandelstifte darauf streuen und andrücken. Den Kranz wieder bedeckt an einem warmen Ort mindestens 30 Minuten gehen lassen.

• Den Ofen vorheizen, und ein Gefäß mit heißem Wasser auf den Boden stellen.

• Den Kranz mittelbraun backen, auf einem Kuchengitter auskühlen lassen und mit einer breiten roten Schleife schmücken.

Ofentemperatur: 200 °C
Einschubhöhe: Mitte
Backzeit: 35–40 Minuten

Variation:
Sie können den Kranz mit gehackten Mandeln, Korinthen, Sultaninen, Zitronat und Orangeat geschmacklich noch verfeinern.

Hinweis:
Bereiten Sie den Kranz am Vortag zu. Legen Sie ihn nach dem Ausformen auf Backpapier und einem runden Tablett in den Kühlschrank. Am nächsten Morgen backen.

Dreikönigskuchen

- einfach
- schnell
- preiswert
- gefriergeeignet

RÜHRTEIG • 1 NAPFKUCHENFORM (2 L INHALT) = 16–20 SCHEIBEN

Für den Rührteig (S. 74)
150 g Korinthen
150 g Sultaninen
2 EL Cognac oder Rum
250 g Weizenmehl Type 405 oder 550
1 Päckchen Vanillepuddingpulver
1 Päckchen Backpulver
1 Prise Salz
200 g Butter oder Margarine
200 g Zucker
4 Eier
1 TL feingeriebene unbehandelte Zitronenschale
etwa 6 EL Milch
50 g kleingehackte geschälte Mandeln
50 g bunte kandierte Früchte
25 g kleingehacktes Orangeat
25 g kleingehacktes Zitronat
1–2 EL Weizenmehl Type 405
2 große getrocknete weiße Bohnen
1 große getrocknete braune Bohne
Butter bzw. Margarine zum Einfetten
Paniermehl zum Ausstreuen

Für den Guß und die Garnitur
150 g Puderzucker
2 EL Zitronensaft
1 EL weißer Rum
grüne und rote Belegkirschen
kandierte Ananasstückchen
kandierter Engelwurz

- Korinthen und Sultaninen mit Cognac oder Rum begießen und quellen lassen.
- Die Napfkuchenform einfetten, mit Paniermehl ausstreuen, den Ofen vorheizen.
- Für den Rührteig das Mehl mit Puddingpulver, Backpulver, Salz, Butter oder Margarine, Zucker, Eiern, Zitronenschale und Milch 4–5 Minuten mit den Rührbesen des Elektroquirls oder der Küchenmaschine schaumig schlagen.
- Korinthen, Sultaninen, Mandeln, kandierte Früchte, Orangeat und Zitronat mit Mehl bestäuben und kurz unter den Teig mischen, diesen in die Form geben, die 3 Bohnen hineindrücken und die Teigoberfläche glattstreichen.
- Den Teig im Ofen backen; die Hölzchenprobe machen.
- 3 Minuten nach dem Backen den Kuchen von der Form lösen und auf ein Kuchengitter stürzen.
- Puderzucker mit Zitronensaft und Rum zum dickflüssigen Guß glattrühren, auf den ausgekühlten Kuchen gießen und verlaufen lassen. Dann den Kuchen mit den kandierten Früchten garnieren.

Ofentemperatur: 160 °C
Einschubhöhe: unten
Backzeit: 65–75 Minuten

Variation:
Statt der Bohnen können Sie Münzen oder kleines Spielzeug in Alufolie wickeln und im Teig verstecken.

Hätten Sie's gewußt?
Wer am Kaffeetisch in vergnügter Runde eine weiße oder eine braune Bohne – Symbole für die Drei Könige – findet, muß eine zuvor bestimmte Aufgabe erfüllen.

Valentinsherz

RÜHRTEIG • 1 HERZFORM (1,5 L INHALT) = 8–10 STÜCKE

Für den Rührteig (S. 74)
6 Eier
100 g Marzipanrohmasse
250 g Butter oder Margarine
150 g Zucker
2 Tropfen Bittermandelaroma
1 Päckchen Vanillezucker
120 g Weizenmehl Type 405
80 g Speisestärke
½ TL Backpulver
1 Prise Salz
Butter bzw. Margarine zum Einfetten

Für den Überzug
125 g Johannisbeer- oder Quittengelee
150 g Marzipanrohmasse
75 g Puderzucker
1 EL Kirschwasser

Für den Guß und die Garnitur
200 g Puderzucker
1 Eiweiß
1 EL Kirschwasser
kandierte Veilchen
Zuckerschrift

- Die Herzform einfetten; den Ofen vorheizen.
- Die Eier trennen, die Eiweiße steifschlagen und kühl stellen.
- Das Marzipan kleinschneiden und mit zimmerwarmem Fett, Zucker und Eigelben 4–5 Minuten mit den Schneebesen des Elektroquirls oder der Küchenmaschine schaumig schlagen. Bittermandelaroma und Vanillezucker zufügen.
- Das Mehl mit der Speisestärke, dem Backpulver und Salz mischen und darunterrühren, zum Schluß den Eischnee unterheben.
- Den Teig bis knapp 1 Fingerbreit unter den Rand in die Herzform füllen, die Oberfläche mit der Teigkarte glätten und leicht zum Rand hin hochstreichen.
- Das Herz backen.
- Nach dem Backen 5 Minuten abkühlen lassen, dann vom Rand der Form lösen, auf ein Kuchengitter geben und kühl stellen.
- Den Kuchen mit einem Messer etwas abflachen und anschließend umdrehen. Das Gelee erwärmen und das Herz dünn damit bestreichen.
- Die Marzipanrohmasse grob reiben, mit Puderzucker und Kirschwasser verkneten und zwischen 2 Lagen Backpapier etwa 10 cm größer als das Herz ausrollen. Das obere Papier abziehen und die Marzipanplatte auf das Kuchenherz stürzen, dann oben mit der Teigrolle und an den Rändern mit einem geradwandigen Glas andrücken. Dazwischen das zweite Papier abziehen und überstehendes Marzipan abschneiden.
- Für den Guß Puderzucker mit Eiweiß und Kirschwasser dickflüssig verrühren, auf das Herz gießen und glattstreichen. Sowie er beginnt, fest zu werden, die Veilchen darauf drücken und mit Zuckerschrift die Buchstaben aufspritzen.

Ofentemperatur: 180 °C
Einschubhöhe: Mitte
Backzeit: 35–45 Minuten

Mokkaherz

× gefriergeeignet

RÜHRTEIG • 1 HERZFORM (1,5 L INHALT) = 8–10 STÜCKE

Für den Rührteig (S. 74)
3 Eier
100 g Butter oder Margarine
75 g Zucker
1 Päckchen Vanillezucker
150 g Weizenmehl Type 405
30 g Speisestärke
1½ TL Backpulver, 1 Prise Salz
Butter bzw. Margarine
zum Einfetten

Für die Füllung und die Garnitur
2 EL Mandellikör, z. B. Amaretto
100 g Mokkaschokolade
400 g Schlagsahne
1 TL Instantkaffee
2 EL Puderzucker
Schokodekorblätter
Schokoladenraspel

- Die Herzform sehr gut einfetten, und den Ofen vorheizen.
- Die Eier trennen, die Eiweiße steifschlagen und kühl stellen.
- Das zimmerwarme Fett mit Zucker, Eigelben und Vanillezucker etwa 4–5 Minuten mit den Rührbesen des Elektroquirls oder der Küchenmaschine in einer Schüssel schaumig schlagen.
- Mehl mit Speisestärke, Backpulver und Salz vermengen und darunterrühren, den Eischnee mit einem Spatel unterheben.
- Den Teig in die Herzform geben, die Oberfläche mit der Teigkarte glätten, leicht zum Rand hin hochstreichen und backen.
- Das Herz nach dem Backen etwa 5 Minuten abkühlen lassen, dann aus der Form lösen und auf ein Kuchengitter geben.
- Den ausgekühlten Kuchen eventuell etwas abflachen, das Herz waagrecht aufschneiden und die Schnittfläche des unteren Bodens mit Mandellikör beträufeln.
- Die Schokolade schmelzen (S. 38) und etwas abkühlen lassen. Die Sahne steifschlagen, dann die Schokolade, den in 1 EL Wasser gelösten Instantkaffee und den Puderzucker darunterschlagen.
- Die Hälfte der Mokka-Schokoladen-Sahne auf den Boden streichen, die zweite Kuchenhälfte darauf legen und mit einem Brettchen leicht andrücken. Die restliche Sahne mit dem Messer und einem Tortenkamm oder Spritzbeutel auf der Oberfläche und den Seiten des Kuchens verteilen.
- Abschließend das Herz mit Schokodekorblättern garnieren, Schokoladenraspel an den Rand drücken, den Kuchen kühl stellen.

Ofentemperatur: 180 °C
Einschubhöhe: Mitte
Backzeit: 30–35 Minuten

Variationen:
Dieses Herz können Sie ebensogut mit Beerensahne garnieren. Dafür 200 g dunkelrote Früchte pürieren und mit 5–6 eingeweichten und geschmolzenen weißen oder roten Gelatineblättern binden und kühlen. Wenn die Masse geliert, 300 g geschlagene Sahne und 100 g Zucker zufügen. Das Beerenherz zum Schluß mit frischen Früchten dekorieren.

Brandteigküchlein

- einfach
- schnell
- preiswert
- gefriergeeignet

BRANDTEIG • FRITEUSE • 12–16 STÜCK

Für den Brandteig (S. 104)
225 ml Milch oder Wasser
80 g Butter, Margarine
oder 4 EL Öl, z. B. Sojaöl
2 Prisen Salz
175 g Weizenmehl Type 405, 550
oder 1050
4–5 Eier, Gewichtsklasse 3 oder 4
Ausbackfett bzw. Öl zum Fritieren
Küchenpapier
feiner Zucker

Variationen:
Für <u>Bananenkissen</u> *oder* <u>Kiwiküsse</u> *schneiden Sie aus Backpapier 10–12 cm große Quadrate. Geben Sie dann mit einem Spritzbeutel mit Sterntülle auf jedes Backpapierquadrat ein rundes Brandteigplätzchen. Eine dicke Bananen- oder Kiwischeibe darauf legen und erneut Brandteigmasse aufspritzen. Die Teilchen fritieren und nach dem Auskühlen mit Puderzucker bestauben.*
Hätten Sie's gewußt?
In Bayern werden die Küchlein während des Faschings mit heißer Rotwein- oder Weinschaumsauce gegessen. Kinder mögen dazu lieber Schokoladen- oder Vanillesauce.

- Für den Brandteig Milch oder Wasser mit Butter oder Margarine oder Öl und Salz in einem geschlossenen Topf zum Kochen bringen.
- Das Mehl sieben. Den Topf vom Herd nehmen, das Mehl auf einmal hineinschütten, dabei kräftig mit den Knethaken des Elektroquirls oder einem Lochlöffel rühren. Den Topf zurück auf den Herd stellen und die Masse unter Rühren in 1–2 Minuten zum Kloß abbrennen.
- Die Masse erkalten lassen, dann nach und nach die Eier darunterrühren, bis der Teig mit glänzenden Spitzen am Rührgerät hängt.
- Das Fett zum Fritieren erhitzen. Mit einem Eßlöffel knapp mandarinengroße Häufchen – immer nur 3–4 zugleich – ins heiße Fett geben und goldgelb ausbacken, dabei das Gebäck einmal wenden.
- Die Küchlein auf einem Gitter sehr gut abtropfen lassen, dann auf Küchenpapier entfetten.
- Zum Schluß die Fastnachtsspezialität in Zucker wenden.

Fettemperatur: 180 °C
Fritierzeit: je 6–8 Minuten

FÜR KLEINE UND GROSSE FESTE

Apfelküchli Schweizer Art

x einfach
x schnell
x preiswert

BRANDTEIG • 1 BLECH = 12–16 STÜCK

Für den Brandteig (S. 104)
Zutaten wie für die Brandteigküchlein (siehe links), nach Belieben 75 g Mehl durch 75 g feines Weizenvollkornmehl Type 1700 ersetzen
Backpapier

Für die Füllung und die Garnitur
500 g dickes Apfelmus
2 EL feiner Zucker
½ TL feingemahlener Zimt
½ Päckchen Sofortgelatine
Puderzucker zum Bestauben

• Das Blech befeuchten und mit Backpapier belegen.
• Den Brandteig wie links beschrieben zubereiten.
• Mit einem Löffel oder einem Spritzbeutel tischtennisballgroße Häufchen mit genügend Abstand auf das Blech setzen und kühl stellen.
• Den Ofen vorheizen, und ein feuerfestes Schälchen mit heißem Wasser auf den Boden stellen.
• Die Küchli mit 3–4 EL Wasser besprengen und backen, dabei auf keinen Fall den Ofen öffnen. Dann die Temperatur reduzieren, das Blech auf die unterste Schiene schieben und die Teilchen im Ofen trocknen lassen.
• Das fertige Gebäck auf einem Gitter auskühlen lassen und waagrecht aufschneiden.
• Für die Füllung das Apfelmus süßen, mit Zimt würzen, mit Sofortgelatine verrühren und kühl stellen. Sobald es geliert, das Apfelmus auf die Böden der Küchli verteilen. Dann die Deckel vorsichtig auflegen und mit Puderzucker bestauben.
• Die Apfelküchli bald verzehren, damit sie nicht durchweichen.

Ofentemperatur: 225 °C
Einschubhöhe: Mitte
Backzeit: 18 Minuten
und
Ofentemperatur: 180 °C
Einschubhöhe: unten
Trockenzeit: 7–10 Minuten

Eberswalder Spritzgebäck

BRANDTEIG • FRITEUSE = 12–16 STÜCK

Für den Brandteig (S. 104)
225 ml Milch oder Wasser
80 g Butter oder Margarine
oder 4 EL Öl, z. B. Sonnenblumenöl
2 Prisen Salz
150 g Weizenmehl Type 405
oder 550 oder 1050
4–5 Eier, Gewichtsklasse 3 oder 4
Backpapier
Öl bzw. Ausbackfett zum Fritieren

Für die Garnitur oder den Guß
feiner Zucker und Vanillezucker
oder gemahlener Zimt
oder 4 EL Puderzucker
und 1–2 EL Arrak oder weißer Rum

- Aus dem Backpapier 12 cm große Quadrate schneiden.
- Milch oder Wasser mit Butter oder Margarine oder Öl und Salz in einem geschlossenen Topf zum Kochen bringen.
- Das Mehl sieben.
- Den Topf von der Kochstelle nehmen und das Mehl auf einmal hineinschütten, dabei kräftig mit den Knethaken des Elektroquirls oder einem Lochlöffel rühren.
- Den Topf zurück auf den Herd stellen und die Masse unter Rühren in 1–2 Minuten zum Kloß abbrennen.
- Die Masse erkalten lassen, dann nach und nach die Eier darunterrühren. Der Teig soll mit stark glänzenden Spitzen am Rührgerät hängen.
- Aus dem Brandteig mit einem Spritzbeutel und einer Sterntülle Kränzchen mit etwa 6 cm Ø in doppelter Lage auf die Backpapierquadrate spritzen.
- Das Fritierfett erhitzen. Dann immer nur 3–4 Ringe mit dem Backpapier hineingeben und goldgelb fritieren, dabei die Ringe einmal wenden.
- Das Gebäck erst auf einem Gitter sehr gut abtropfen lassen, dann auf Küchenpapier entfetten.
- Die abgekühlten Ringe in einer Mischung aus Zucker und Vanillezucker oder Zucker und Zimt wälzen oder aus Puderzucker und Arrak oder Rum einen Guß rühren und die Ringe hineintauchen.

Fettemperatur: 180 °C
Fritierzeit: je 6–8 Minuten

Variationen:
Für *Nußkrapfen* fügen Sie dem Brandteig 2–3 EL feingemahlene Hasel- oder Walnußkerne, für *Mandelkrapfen* die gleiche Menge gemahlene Mandeln zu.

Hätten Sie's gewußt?
Oft kann man auf spanischen Jahrmärkten beobachten, wie man den Teig für Churros durch einen Metalltrichter mit spiralförmigen Bewegungen zum Ausbacken in das Fett gibt.

Hinweis:
Wegen des hohen Fettgehalts ist dieses Gebäck für Diabetiker, Gallen- und Leberkranke und für Übergewichtige ungeeignet.

Schweizer Quarkkrapfen

MÜRBETEIG • 1 FRITEUSE = 12 STÜCK

Für den Mürbeteig (S. 84)
250 g Weizenmehl Type 405
1 TL Backpulver
1 Prise Salz
125 g Butter oder Margarine
60 g Schlagsahne
oder 4 EL Milch
Öl bzw. Ausbackfett
zum Fritieren
Backpapier oder
Mehl zum Ausrollen

Für die Füllung und die Garnitur
150 g Magerquark oder Ricotta
90 g Zucker
4 Eier
100 g gemahlene
geschälte Mandeln
1/2 TL feingeriebene
unbehandelte Zitronenschale
1 EL Zitronensaft
3 EL Sultaninen
1/2 TL gemahlener Zimt

- Für den Mürbeteig die kühlen Zutaten knapp 1 Minute mit den Knethaken des Elektroquirls oder der Küchenmaschine vermengen, dann zu einer Kugel formen und zugedeckt 20 Minuten kühlen.
- Das Fritierfett erhitzen.
- Für die Füllung den Quark oder den Ricotta – falls er sehr naß ist – in einem feinmaschigen Sieb zugedeckt etwas abtropfen lassen,

FÜR KLEINE UND GROSSE FESTE 373

dann mit 60 g Zucker, Eiern, Mandeln, Zitronenschale und -saft mit den Schneebesen des Elektroquirls oder der Küchenmaschine verschlagen. Anschließend die Sultaninen zufügen.
- Den Teig zwischen 2 Lagen Backpapier oder auf leicht bemehlter Unterlage zu einem etwa 30×40 cm großen Rechteck ausrollen und in 12 Quadrate mit 10 cm Kantenlänge teilen.
- Die Füllung auf die Mitte der Plätzchen geben, diese zu Dreiecken zusammenlegen und die Taschen an den Rändern mit einer bemehlten Gabel sorgfältig zusammendrücken.
- Je 2–3 Taschen im heißen Fett ausbacken, dabei einmal wenden.
- Das heiße Gebäck auf einem Kuchengitter, dann auf Küchenpapier abtropfen lassen und in einer Zucker-Zimt-Mischung wälzen.

Fettemperatur: 180 °C
Fritierzeit: je 6–8 Minuten

Mutzemandeln

MÜRBETEIG • FRITEUSE = ETWA 100 STÜCK

Für den Mürbeteig (S. 84)
350 g Weizenmehl Type 405
1½ TL Backpulver
1 Prise Salz
100 g Butter oder Margarine
60 g Zucker
2 Eier
1 EL Mandellikör, z.B. Amaretto, oder Rum
1 TL feingeriebene unbehandelte Zitronenschale
Öl bzw. Ausbackfett zum Fritieren
Backpapier oder Mehl zum Ausrollen
Puderzucker zum Bestauben

- Aus den Zutaten den Mürbeteig wie links beschrieben zubereiten und kühlen, dann das Fett erhitzen.
- Den Mürbeteig in 2–3 Portionen jeweils zwischen 2 Lagen Backpapier oder auf einer leicht bemehlten Unterlage gut 1 cm dick ausrollen und mit dem Spezialausstecher die Mutzemandeln ausstechen.
- Den Teig portionsweise nach und nach im heißen Fett ausbacken. Niemals eine zu große Portion der Mutzemandeln zugleich in das heiße Fett geben, damit die Temperatur nicht zu stark sinkt.
- Die goldbraunen Plätzchen auf Kuchengittern flach nebeneinander liegend abtropfen lassen, anschließend auf Küchenpapier legen.
- Die ausgekühlten Mutzemandeln mit Puderzucker bestauben.

Fettemperatur: 180 °C
Fritierzeit: je 4–5 Minuten

Schweizer Quarkkrapfen

Eberswalder Spritzgebäck

Mutzemandeln

Osterkränzchen

MÜRBETEIG • 1 BLECH = 8 STÜCK

Für den Mürbeteig (S. 84)
375 g Weizenmehl Type 405
1½ TL Backpulver
1 Prise Salz
150 g Butter oder Margarine
125 g Zucker
1 Ei
1 EL Essig
2 EL Rum
Backpapier oder Butter
bzw. Margarine zum Einfetten

Für die Garnitur und den Guß
8 ausgeblasene Eier
1 Eigelb
2 EL Wasser
8 gefärbte Ostereier

- Für den Mürbeteig das Mehl und die übrigen kühlen Zutaten mit den Knethaken des Elektroquirls oder der Küchenmaschine etwa 1 Minute verkneten, zu einer Kugel formen und eingepackt 30 Minuten kühl stellen.
- Das Blech mit Wasser befeuchten und mit Backpapier belegen oder einfetten.
- Den Teig zwischen 2 Lagen Backpapier etwa 1 cm dick ausrollen und in 16 Streifen schneiden. Diese zu dünnen Rollen nachformen.
- Je 2 Teigröllchen miteinander verschlingen und zum Kranz zusammenlegen, dabei die Enden so zusammendrücken, daß man sie nicht mehr erkennen kann. In die Mitte jeweils ein ausgeblasenes Ei drücken und das Gebäck erneut 15 Minuten zugedeckt kühlen.
- Den Ofen vorheizen.
- Das Eigelb mit Wasser verschlagen, die Kränzchen damit bepinseln und dann im Ofen goldbraun backen.
- Die Kränzchen auf einem Kuchengitter auskühlen lassen, und die ausgeblasenen Eier durch bunte Ostereier austauschen.

Ofentemperatur: 200 °C
Einschubhöhe: Mitte
Backzeit: 15–20 Minuten

Variation:
Wenn Sie geschickt sind, können Sie etwas Teig zurückbehalten und daraus Hasenköpfe mit langen Ohren sowie Stummelschwänze formen. Vor dem Backen mit Eigelb an die Kränze kleben. Das Gebäck nach dem Auskühlen mit Kuvertüre (S. 34) überziehen und den Hasen mit Hilfe von Liebesperlen und Mandelstiften ein Gesicht geben.

FÜR KLEINE UND GROSSE FESTE 375

Osterlämmchen

RÜHRTEIG • 1 SPEZIALFORM (750 ML INHALT) = 10 SCHEIBEN

Für den Rührteig (S. 74)
125 g Butter oder Margarine
125 g Zucker
2 Eier
1 Päckchen Vanillezucker
oder 1 TL feingeriebene
unbehandelte Zitronenschale
1 EL Orangenlikör, z.B. Grand
Marnier, oder Rum
125 g Weizenmehl Type 405
1 Prise Salz
Butter bzw. Margarine
zum Einfetten
Paniermehl zum Ausstreuen
Backpapier

Für die Garnitur
2 Eiweiß
1/2 TL Zitronensaft
60 g Zucker
1 TL Speisestärke
60 g Puderzucker
1 buntes Band
1 Glöckchen
2 Liebesperlen

• Die Lämmchenform gut einfetten, sorgfältig mit Paniermehl ausstreuen, den Ofen vorheizen.
• Für den Rührteig das zimmerwarme Fett mit Zucker, Eiern, Vanillezucker oder Zitronenschale, Likör oder Rum 2–3 Minuten mit den Rührbesen des Elektroquirls oder der Küchenmaschine nicht zu schaumig schlagen. Dann das Mehl mit Salz vermengen und daruntermischen.
• Den Teig bis 1 cm unterhalb des Randes in die Form geben und glattstreichen, dann die Form einige Male auf die Arbeitsplatte stoßen, damit die Luftblasen entweichen.
• Den Kuchen backen, dabei die Garprobe mit dem Hölzchen machen.
• Etwa 3 Minuten nach dem Backen den Kuchen aus dem Ofen nehmen und vom Rand der Form schneiden, die Klammern lösen und das Lämmchen auf ein Kuchengitter geben und auskühlen lassen. Danach die Standfläche abflachen.
• Die Ofentemperatur erhöhen.
• Für die Garnitur die Eiweiße steifschlagen, Zitronensaft und Zucker zufügen und schlagen, bis die Masse glänzt. Die Stärke mit dem Puderzucker vermengen, darunterheben und die Masse in einen Spritzbeutel mit glatter Tülle füllen.
• Ein Blech mit Backpapier belegen, das Lämmchen darauf setzen und mit Locken verzieren, dabei die Baisermasse am Kopf etwas glattstreichen. Im Ofen trocknen.
• Vorsichtig ein buntes Band mit einem Glöckchen um den Hals binden und zwei Liebesperlen als Augen eindrücken.

Ofentemperatur: 160 °C
Einschubhöhe: unten
Backzeit: 35–45 Minuten
und
Ofentemperatur: 200 °C
Einschubhöhe: Mitte
Trockenzeit: 10–15 Minuten

Pariser Osternest

BLÄTTERTEIG UND BRANDTEIG • 1 BLECH = 12 STÜCKE

Für den Blätterteig (S. 92)
150–200 g frischer, gekühlter
oder TK-Blätterteig
Mehl zum Ausrollen
Backpapier

Für den Brandteig (S. 104)
125 ml Milch oder Wasser
35 g Butter oder Margarine
oder 2 EL Öl, z. B. Sonnenblumenöl
1 Prise Salz
75 g Weizenmehl Type 405
2–3 Eier, Gewichtsklasse 3 oder 4
½ Eigelb
und 1 TL Wasser zum Bestreichen
4 EL Mandelblättchen
Puderzucker zum Bestauben

Für die Füllung
40 g Speisestärke
500 ml Milch
2 Eigelb
4 EL Zucker
1 Päckchen Vanillezucker
oder Mark von ¼ Vanilleschote
3 eingeweichte
weiße Gelatineblätter
200 g Schlagsahne
500 g Früchte (Ananasscheiben,
Aprikosen- und Pfirsichhälften,
Erdbeeren, Kiwis, Mandarinorangen)
2 EL Quitten- oder Zitronengelee
1 EL Zitronensaft
2 EL Orangenlikör,
z. B. Grand Marnier

- Das Blech befeuchten und mit Backpapier belegen.
- TK-Blätterteig im Kühlschrank oder bei Zimmertemperatur auftauen lassen. Den Teig auf leicht bemehlter Unterlage etwa 3 mm dick ausrollen und eine eiförmige Platte mit rund 40 cm Länge und 30 cm Breite ausschneiden.
- Den Blätterteigboden auf das Blech legen, einige Male einstechen und kühl stellen.
- Für den Brandteig Milch oder Wasser mit Butter oder Margarine oder Öl und Salz in einem geschlossenen Topf zum Kochen bringen.
- Das Mehl sieben. Dann den Topf von der Kochstelle nehmen und das Mehl auf einmal hineinschütten, dabei kräftig mit den Knethaken des Elektroquirls oder einem Lochlöffel rühren.
- Das Gefäß wieder auf den Herd stellen und die Masse unter Rühren in 1–2 Minuten zu einem Kloß abbrennen.
- Die Masse erkalten lassen, dann nach und nach so viele Eier darunterrühren, daß der Teig mit stark glänzenden Spitzen am Rührgerät hängt.
- Mit einem Spritzbeutel und großer Sterntülle aus dem Brandteig auf den Blätterteigboden einen Rand in Form großer Tupfen spritzen.
- Das Eigelb mit Wasser gut verschlagen, den Rand damit bepinseln, mit Mandelblättchen bestreuen, mit Puderzucker leicht bestauben und den Teig erneut kühl stellen.
- Den Ofen vorheizen; ein feuerfestes Schälchen mit heißem Wasser auf den Boden stellen.
- Das Gebäck mit 3–4 EL Wasser besprengen und 18 Minuten backen. Den Ofen während der Zeit nicht öffnen, dann die Temperatur reduzieren und das Gebäck 7–10 Minuten trocknen lassen.
- Den Boden auf einem Kuchengitter auskühlen lassen.
- Für die Füllung die Stärke mit etwas Milch verrühren. Die übrige Milch in einem kleinen Topf zum Kochen bringen und mit der Stärke unter Rühren binden.
- Diese Masse mit den Eigelben legieren und mit Zucker und Vanillezucker oder dem Mark der Vanilleschote abschmecken.
- Die Gelatineblätter ausdrücken und einzeln in die heiße Creme geben. Diese kühl stellen und danach durch ein Sieb streichen.
- Die Sahne schlagen, mit der abgekühlten Vanillecreme vermischen und mit dem Spatel oder Spritzbeutel auf den Boden geben.
- Die Früchte vorbereiten: Ananasscheiben vierteln, Aprikosen und Pfirsiche in Schnitze schneiden, Erdbeeren halbieren, Kiwis in Scheiben schneiden und Mandarinorangen abtropfen lassen.
- Das Gelee mit Zitronensaft und Likör in einen kleinen Topf geben und erwärmen. Die Früchte darin wenden und dann bunt gemischt auf der Vanillecreme arrangieren.

Ofentemperatur: 225 °C
Einschubhöhe: unten
Backzeit: 18 Minuten
und
Ofentemperatur: 180 °C
Einschubhöhe: unten
Trockenzeit: 7–10 Minuten

Variationen:
Außerhalb der Osterzeit können Sie diese Torte auch als runden Obstkorb mit einem Henkel aus Brandteig, der auf ein zweites Blech gespritzt wurde, herstellen. Die Früchte variieren Sie entsprechend der Saison.

Muttertagsherz

x einfach
x schnell
x preiswert

RÜHRTEIG • 1 HERZFORM (1 L INHALT) = 8–10 STÜCKE

Für den Rührteig (S. 74)
2 Eier
100 g Butter oder Margarine
75 g Zucker
1 TL Arrak oder Rum
1 TL feingeriebene
unbehandelte Zitronenschale
1 EL Zitronensaft
125 g Weizenmehl Type 405
1½ TL Backpulver
1 Prise Salz
Butter zum Einfetten

Für den Saft- und Puderzuckerguß
50 g feinster Zucker
Saft von 1½ Zitronen
Saft von 1 Orange
200 g Puderzucker
½–1 Eiweiß

Für die Garnitur
rote Belegkirschen, Engelwurz,
Kürbiskerne, Zuckerschrift

- Die Form sehr sorgfältig einfetten, und den Ofen vorheizen.
- Die Eier trennen, die Eiweiße steifschlagen und kühl stellen.
- Das zimmerwarme Fett mit Zucker und Eigelben 4–5 Minuten mit den Rührbesen des Elektroquirls oder der Küchenmaschine schaumig schlagen. Arrak oder Rum, Zitronenschale und -saft dazugeben.
- Das Mehl mit Backpulver und Salz vermengen und darunterrühren. Zum Schluß den Eischnee unterheben.
- Den Teig bis 1 cm unterhalb des Randes in die Herzform geben und die Oberfläche glätten.
- Den Kuchen im Ofen backen. Einige Minuten danach das Herz vom Rand der Form lösen, auf ein Kuchengitter stürzen und dieses auf ein Blech stellen.
- Den Zucker mit dem Saft von 1 Zitrone und 1 Orange verrühren. Das Herz mit einem Hölzchen mehrfach einstechen und den Saftguß mit einem Pinsel nach und nach auftragen.
- Den Puderzucker mit Eiweiß und dem restlichen Zitronensaft zu Puderzuckerguß verrühren, auf den Kuchen gießen und seitlich hinunterlaufen lassen.
- Das Muttertagsherz mit halbierten Belegkirschen, Engelwurz, Kürbiskernen und Zuckerschrift nach Belieben bunt garnieren.

Ofentemperatur: 180 °C
Einschubhöhe: Mitte
Backzeit: 25–35 Minuten

FÜR KLEINE UND GROSSE FESTE 379

Schweizer Muttertagskuchen

einfach
schnell

RÜHRTEIG • 1 SPRINGFORM (24–26 CM ⌀) = 12 STÜCKE

Für den Rührteig (S. 74)
100 g Edelbitterschokolade
200 g Weizenmehl Type 405
1 EL Speisestärke
3 TL Backpulver
1 Prise Salz
125 g Butter oder Margarine
125 g Zucker
3 Eier
100 g gemahlene
geschälte Mandeln
3 EL Schlagsahne
2 EL bittere Orangenkonfitüre
Backpapier oder Butter
bzw. Margarine zum Einfetten

Für den Guß und die Garnitur
5 EL Puderzucker
2 EL dunkler Kakao
2 EL frisch gepreßter Orangensaft
Zuckerschrift
Zuckerblümchen

• Die Sckokolade kühlen und dann fein reiben.
• Den Boden der Springform befeuchten und mit Backpapier belegen oder einfetten.
• Den Ofen vorheizen.
• Für den Rührteig nacheinander Schokolade, Mehl, Stärke, Backpulver, Salz, zimmerwarme Butter oder Margarine, Zucker, Eier, Mandeln, Sahne und Orangenkonfitüre in eine Schüssel geben und alles 4–5 Minuten mit den Rührbesen des Elektroquirls oder der Küchenmaschine schaumig schlagen.
• Den Teig in die Springform geben, die Oberfläche mit der Teigkarte glattstreichen, die Form einige Male auf die Arbeitsplatte aufstoßen, und den Teig backen.
• Etwa 3 Minuten nach dem Backen den Kuchen vom Rand der Form lösen und auf ein Kuchengitter stürzen.
• Für den Schokoladenguß Puderzucker und Kakao mit dem durchgesiebten Orangensaft verrühren. Den Guß auf den ausgekühlten Kuchen gießen und dann den Kuchen kühl stellen.
• Mit der Zuckerschrift auf den Muttertagskuchen eine kurze Widmung schreiben; anschließend die Zuckerblümchen darauf drücken.

Ofentemperatur: 170 °C
Einschubhöhe: Mitte
Backzeit: 35–45 Minuten

Stutenkerle

- einfach
- preiswert
- gefriergeeignet

HEFETEIG • 2 BLECHE = 6–8 STÜCK

Für den Hefeteig (S. 80)
4 EL Öl, z. B. Sojaöl
1 TL Salz
500 g Weizenmehl Type 550
200 ml Buttermilch oder Milch oder Wasser
1 Würfel Hefe (42 g) oder 2 Päckchen Trockenhefe
3 EL Zucker
1 Päckchen Vanillezucker
2 Eier, 1 Eiweiß
2–3 EL Mehl zum Ausformen
Butter bzw. Margarine zum Einfetten

Für die Garnitur und den Guß
6–8 Tonpfeifen
Sultaninen
1 Eigelb
1 EL Milch

- Die Bleche einfetten.
- Öl, Salz und Mehl in eine Schüssel geben. Buttermilch oder Milch oder Wasser in einem Gefäß etwas erwärmen, mit Hefe, Zucker, Vanillezucker, Eiern und Eiweiß verschlagen, zum Mehl gießen und bei niedriger, dann bei mittlerer Laufgeschwindigkeit mit den Knethaken des Elektroquirls oder der Küchenmaschine oder mit einem Löffel etwa 4–5 Minuten kräftig vermengen.
- Den Teig mit Mehl bestauben oder mit Wasser benetzen, mit einem Tuch zudecken und an einer warmen Stelle in etwa 40 Minuten bis zum doppelten Volumen gehen lassen.
- Den Teig erneut durchkneten, auf bemehlter Arbeitsfläche eine Rolle formen und in 6–8 Stücke schneiden.
- Die Teigstücke zu Ovalen ziehen, daumendick ausrollen, dann zu Männchen ausformen. Den Teig für die Beine längs bis knapp zur Mitte hin einschneiden und auch die Arme durch Einschnitte formen. Die typischen Köpfe der Stutenkerle sind relativ klein.
- Das Gebäck auf die Bleche geben, die Tonpfeifen darauf legen und für Augen, Mund und Knöpfe Sultaninen in den Teig drücken.
- Die Stutenkerle an einer warmen Stelle zugedeckt wieder gehen lassen; derweil den Ofen vorheizen.
- Eigelb mit Milch verschlagen, die Männchen damit bepinseln. Dann backen und auf einem Kuchengitter auskühlen lassen.

Ofentemperatur: 200 °C
Einschubhöhe: Mitte
Backzeit: 20–25 Minuten

Gut zu wissen:
Im Rheinland und in Westfalen erhält jedes Kind zum Nikolaus einen Stutenkerl. Die typischen weißen Tonpfeifen besorgen Sie sich am besten beim Bäcker.

Grittibänzen

- einfach
- gefriergeeignet

HEFETEIG • 2 BLECHE = 6 STÜCK

Für den Hefeteig (S. 80)
6 EL Öl, z. B. Sojaöl
1½ TL Salz
750 g Weizenmehl Type 550
250–300 ml Buttermilch oder Milch oder Wasser
1 Würfel Hefe (42 g) oder 2 Päckchen Trockenhefe
3–4 EL Zucker
1 Päckchen Vanillezucker
3 Eigelb, 1 Eiweiß
2–3 EL Mehl zum Ausformen
Backpapier oder Butter bzw. Margarine zum Einfetten

Für die Garnitur und den Guß
1 Eigelb
1 EL Milch
Mandeln, 6 kleine Reisigruten

- Die Bleche befeuchten und mit Backpapier belegen oder einfetten.
- Aus den Zutaten den Hefeteig wie oben beschrieben zubereiten und gehen lassen.
- Den Teig erneut mit etwas Mehl durchkneten; er muß recht fest sein.
- Auf bemehlter Arbeitsfläche eine Rolle formen und in 6 Stücke schneiden.
- Die Teigstücke daumendick zu Ovalen ausrollen, dann mit einer Schere maximal 30 cm große Männer- oder Frauenfiguren aus-

FÜR KLEINE UND GROSSE FESTE

schneiden. Den Teig für die Arme durch Einschnitte formen und halbrund an die Hüften legen.
- Aus Teigresten Beine, Haare, Mützen, Hüte, gedrehte Krawatten, Ärmelstulpen und Schürzen formen.
- Die Figuren auf die Bleche legen, dabei Abstand einhalten.
- Das Eigelb mit der Milch gut verschlagen, dann die Oberfläche der Figuren damit bestreichen.
- Das Gebäck mit Mandeln garnieren.
- An einer warmen Stelle etwa 10 Minuten zugedeckt gehen lassen, dann 20 Minuten kühl stellen. Den Ofen vorheizen.
- Die Grittibänzen je nach Größe kürzer oder länger mittelbraun backen und auf einem Kuchengitter auskühlen lassen.
- Dann eine kleine Reisigrute in die Armbeuge drücken.

Ofentemperatur: 200 °C
Einschubhöhe: Mitte
Backzeit: 20–35 Minuten

Hätten Sie's gewußt?
Im Gegensatz zu den einfachen Stutenkerlen werden die Schweizer Grittibänzen, die zum Samischlaus am 6. Dezember verschenkt werden, oft zusätzlich sehr reich mit bunten Belegkirschen, Haselnußkernen, Kürbiskernen, Korinthen, Pistazien und Sultaninen verziert. Der Formenvielfalt sind keine Grenzen gesetzt. Und wer es ganz gut meint, besprizt das Gebäck nach dem Backen außerdem mit einem dicken Guß aus Puderzucker und Eiweiß.

Stutenkerle

Grittibänzen

Hutzelbrot

x einfach
x gefriergeeignet

HEFETEIG • 1 BLECH = ETWA 20 SCHEIBEN

Für den Hefeteig (S. 80)
250 g Backpflaumen
250 g getrocknete Birnen
250 g getrocknete Feigen
1 l Wasser
1 EL Öl, z. B. Sonnenblumenöl
¼ TL Salz
500 g Weizenmehl Type 405
125 g Zucker
½ Würfel Hefe (21 g)
oder 1 Päckchen Trockenhefe
125 g Haselnußkerne
125 g gemahlene
ungeschälte Mandeln
125 g Korinthen
125 g Sultaninen
65 g kleingehacktes Orangeat
65 g kleingehacktes Zitronat
1 TL feingemahlener Anis
1 TL feingemahlener Zimt
Mehl zum Ausformen
Backpapier oder Butter
bzw. Margarine zum Einfetten
Für die Garnitur
Belegkirschen
geschälte Kürbiskerne
geschälte Mandeln
Pinienkerne

- Die Backpflaumen mit den Birnen und den Feigen über Nacht in Wasser quellen lassen, dann in ein Sieb geben. Das Einweichwasser nicht wegschütten.
- Das Blech befeuchten und mit Backpapier belegen oder einfetten.
- Das Öl mit dem Salz, dem Mehl und 100 g Zucker in eine Schüssel geben. Etwas Einweichwasser mit der Hefe und dem Zuckerrest verschlagen und dazugießen.
- Die Zutaten zunächst bei niedriger, dann bei mittlerer Laufgeschwindigkeit mit den Knethaken des Elektroquirls oder der Küchenmaschine oder mit einem kräftigen Löffel etwa 4–5 Minuten zu einem festen Hefeteig vermengen, dabei weiteres Einweichwasser nach Bedarf zugeben.
- Die eingeweichten Früchte grob zerkleinern, mit den Nüssen, den Mandeln, den Korinthen und Sultaninen, Orangeat, Zitronat und den Gewürzen von Hand in den Teig kneten und diesen zugedeckt etwa 60 Minuten an einem warmen Ort gehen lassen.
- Auf der bemehlten Arbeitsfläche aus dem Teig nach Belieben ein oder mehrere ovale Brote formen.
- Die Brote mit Belegkirschen, Kürbiskernen, Mandeln und Pinienkernen garnieren, dann auf das Blech legen und wieder zugedeckt 1–2 Stunden gehen lassen.
- Den Ofen vorheizen, die Hutzelbrote backen, eventuell zudecken und warm mit Einweichwasser bestreichen, damit sie einen schönen Glanz bekommen. Bis zum Verbrauch gut verpacken.

Ofentemperatur: 200 °C
Einschubhöhe: Mitte
Backzeit: 45–60 Minuten

Haselnußadventskranz

x gefriergeeignet

MÜRBETEIG • 1 BLECH = ETWA 15 STÜCKE

Für den Mürbeteig (S. 84)
300 g Weizenmehl Type 405
1 Prise Salz
1½ TL Backpulver
125 g Butter oder Margarine
100 g Zucker
1 Ei
2–3 EL Milch
oder Crème fraîche
Backpapier
eventuell Butter zum Einfetten

Für die Füllung
200 g gemahlene Haselnußkerne
100 g Zucker
1 Ei
1 Eiweiß
2–3 EL Rum
1–2 EL Wasser
½–1 TL feingemahlener Zimt, nach Belieben

Für den Guß
1 Eigelb
2 EL Wasser

Für die Garnitur
4 Korken
4 Kerzen
Alufolie

• Für den Teig die kühlen Zutaten mit den Knethaken des Elektroquirls oder der Küchenmaschine in knapp 1 Minute vermengen, zu einem flachen Kloß zusammendrücken und eingepackt mindestens 30 Minuten kühlen.
• Das Blech befeuchten und mit Backpapier belegen oder leicht einfetten.
• Die Haselnußkerne mit Zucker, Ei, Eiweiß, Rum, Wasser und nach Belieben Zimt zu einer streichfähigen Masse verrühren.
• Den Teig zwischen 2 Lagen Backpapier zu einem Rechteck mit etwa 30×50 cm ausrollen. Das obere Papier entfernen und die Teigränder gerade schneiden.
• Die Haselnußmasse mit der Teigkarte auf dem Teig verstreichen und diesen mit Hilfe des unteren Backpapiers von der Breitseite her aufrollen.
• Die Rolle auf das Blech heben und zu einem Kranz zusammenlegen.
• Aus den Teigresten Sterne verschiedener Größe ausstechen, die Unterseite der Plätzchen mit einem Teil des Eigelbs bepinseln und auf den Kuchen legen.
• Das restliche Eigelb mit Wasser verschlagen, den Kranz damit bestreichen und möglichst 1 Stunde kühl stellen.
• Den Ofen vorheizen und anschließend den Kranz backen.
• Nach dem Backen 4 Korken mit Alufolie umwickeln und senkrecht in den noch heißen Kranz drücken. Den Kranz auf einem Kuchengitter auskühlen lassen.
• Die Korken entfernen und statt dessen 4 rote Kerzen in den Kranz drücken und frische Tannenzweige dazulegen.

Ofentemperatur: 180 °C
Einschubhöhe: Mitte
Backzeit: 45–50 Minuten

Hinweis:
Dieser Kuchen schmeckt 1–2 Tage nach dem Backen am besten und bleibt recht lange frisch.

Lebkuchentorte

- einfach
- schnell
- preiswert
- gefriergeeignet

RÜHRTEIG • 1 SPRINGFORM (26–28 CM ⌀) = 12–16 STÜCKE

Für den Rührteig (S. 74)
300 g Lebkuchen- oder
würzige Plätzchenreste
2 Eier
1 EL Weizenmehl Type 405
1 TL Backpulver
1 Prise Salz
200 g Butter oder Margarine
50 g Zucker
1 TL feingeriebene
unbehandelte Zitronenschale
Backpapier oder Butter
bzw. Margarine zum Einfetten

Für die Füllung und die Garnitur
250 g Himbeer-
oder Johannisbeergelee
50 g Mandelstifte
Puderzucker zum Bestauben

- Den Boden der Springform befeuchten und mit Backpapier belegen oder einfetten. Den Ofen vorheizen.
- Die Lebkuchen- oder Plätzchenreste in einen Gefrierbeutel geben und mit einer Teigrolle zerdrücken.
- Die Eier trennen, die Eiweiße steifschlagen und kühlen.
- Eigelbe, Mehl, Backpulver, Salz, Fett, Zucker und Zitronenschale 4–5 Minuten mit den Rührbesen des Elektroquirls oder der Küchenmaschine schaumig schlagen, dann die Lebkuchenreste zufügen und den Eischnee unterheben.
- Etwas mehr als die Hälfte des Teiges in die Springform geben und die Oberfläche glätten.
- Aus dem restlichen Teig knapp fingerdicke Rollen formen, einige als Rand in die Form geben und mit einer Gabel abflachen.
- Die Mitte des Kuchens dick mit Gelee bestreichen.
- Die übrigen Rollen gitterartig auf den Kuchen legen, dann die Mandelstifte auf die Oberfläche streuen und den Kuchen im Ofen backen.
- 5 Minuten nach dem Backen die Torte vom Rand der Form lösen, auf einem Kuchengitter auskühlen lassen und leicht mit Puderzucker bestauben.

Ofentemperatur: 180 °C
Einschubhöhe: Mitte
Backzeit: 45–55 Minuten

Hinweise:
Mit dieser Torte lassen sich gut Kuchen- und Plätzchenreste, die beim Backen anfallen, verwerten. Je nach Feuchtigkeitsgehalt der Kuchen müssen Sie noch etwas Flüssigkeit wie Milch, Orangensaft oder Rum zufügen.

FÜR KLEINE UND GROSSE FESTE 385

Adventstorte

BISKUITMASSE • 1 SPRINGFORM (24 CM ⌀) = 12 STÜCKE

Für die Biskuitmasse (S. 88)
60 g Kokosraspel
5 Eier
150 g Zucker
1 EL Wasser
120 g Weizenmehl Type 405
½ TL Backpulver
1 Prise Salz
Backpapier oder Butter
bzw. Margarine zum Einfetten

Für die Füllung und die Garnitur
100 g Johannisbeergelee
500 g Schlagsahne
50 g feinster Zucker
1 Päckchen Vanillezucker
1–3 Päckchen Sahnefestiger, nach Belieben
50 g Kokosraspel
100 g Marzipanrohmasse
80 g Puderzucker
2–3 Tropfen grüne Speisefarbe
12 kleine rote Kerzen

- Die Kokosraspel ohne Fett unter stetigem Rühren in der Bratpfanne so schwach rösten, daß sie nur leicht Farbe annehmen.
- Den Boden der Springform befeuchten und mit Backpapier belegen oder einfetten.
- Den Ofen vorheizen.
- Die Eier mit Zucker und Wasser 4–5 Minuten mit den Schneebesen des Elektroquirls oder der Küchenmaschine weißschaumig schlagen.
- Das Mehl mit Backpulver und Salz vermengen und darauf sieben, die abgekühlten Kokosraspel dazugeben und diese Zutaten vorsichtig unter die Eimasse heben.
- Den Teig in die Form geben, glätten und backen.
- 3 Minuten nach dem Backen den Kuchen von der Form lösen, auf ein Kuchengitter stürzen und mit dem Formboden bedeckt und leicht beschwert bis zum folgenden Tag kühl stellen.
- Den Kuchen waagrecht durchschneiden und eine Hälfte mit der gebräunten Seite nach unten auf eine Tortenplatte legen.
- Das Gelee erwärmen, die Oberfläche damit bestreichen und trocknen lassen.
- Die Schlagsahne steifschlagen und mit Zucker, Vanillezucker und nach Belieben Sahnefestiger vermischen. Die Hälfte davon auf den unteren Boden streichen.
- Den zweiten Boden darauf legen, mit einem Brettchen etwas andrücken, und dann die Torte außen dick mit der übrigen Sahne bestreichen. Dabei das Messer ab und zu in heißes Wasser tauchen, damit die Oberfläche glatt wird.
- Die Kokosraspel darauf streuen.
- Die Marzipanrohmasse mit 60 g Puderzucker und grüner Speisefarbe verkneten, zwischen 2 Lagen Backpapier ausrollen und etwa 15 Sterne ausstechen.
- In 12 Sternen je ein kleines Loch ausstechen, 1 Kerze hineinsetzen und dann alle Kerzen sowie Sterne auf die Torte geben.
- Vor dem Anschneiden die Adventstorte mit Puderzucker bestauben.

Ofentemperatur: 180 °C
Einschubhöhe: Mitte
Backzeit: 30–35 Minuten

Hexenhäuschen

HONIGKUCHENTEIG • 3–4 BLECHE = 1 HÄUSCHEN

Für den Honigkuchenteig (S. 108)
500 g Honig
200 g brauner Rohzucker
2 EL Öl, z. B. Sojaöl
1 kg Weizenmehl Type 550
2 Päckchen Backpulver
oder 2 Päckchen Hirschhornsalz
und 2 EL Wasser
½ TL Salz
100 g gemahlene geschälte
oder ungeschälte Mandeln
oder Haselnußkerne
½ TL feingemahlener Ingwer
½ TL feingemahlene Muskatnuß
½ TL feingemahlene Nelken
½ TL feingemahlener Piment
4 TL feingemahlener Zimt
2 TL feingeriebene
unbehandelte Zitronenschale
2 Eier
Mehl zum Ausrollen
Backpapier oder Butter
bzw. Margarine zum Einfetten

Für den Guß und die Garnitur
2 EL Wasser
3 EL Zucker
500 g Puderzucker
2 Eiweiß
1–2 EL Zitronensaft
bunte Belegkirschen
Gelee- oder Fondantringe
Pinienkerne
bunte Schokoladenplätzchen
1 rotes Gelatineblatt
eventuell Zwirn, Watte
Dekorschnee
Marzipanfiguren, nach Belieben

- Für den Teig den Honig mit Zucker und Öl in einem Topf unter Rühren erwärmen, bis der Zucker nicht mehr knirscht. Den Topfinhalt abkühlen lassen, dabei gelegentlich umrühren.
- Die Bleche befeuchten und mit Backpapier belegen oder einfetten.
- Aus dünner Pappe Schablonen eines Hexenhauses schneiden; dafür sind 4 Wände, 2 Dachhälften, 4 Schornsteinteile sowie Tür und Fensterläden nötig. Die Seitenwände sollten etwa 8×12 cm groß, Front und Rückwand nicht breiter als 19 cm und nicht höher als 24 cm sein. Die Dachflächen müssen etwa 16×23 cm groß sein; sie sollen breit überhängen.
- Das Mehl mit Backpulver, Salz, Mandeln oder Nüssen, Gewürzen und Zitronenschale vermischen und die Eier mit der erkalteten Honigmasse dazugeben. Nach Belieben statt Backpulver in Wasser aufgelöstes Hirschhornsalz zufügen, dadurch werden die Teigränder runder und der Geschmack typischer.
- Die Zutaten mit den Knethaken des Elektroquirls oder der Küchenmaschine zum Teig vermischen und dann von Hand durchkneten. Portionsweise auf bemehlter Arbeitsplatte etwa 7,5 mm dick ausrollen. Die Schablonen auflegen und die Teile mit den entsprechenden Öffnungen sowie Ziegel ausschneiden.
- Den Teigrest für die Bodenplatte – rund ein Drittel der Gesamtmenge – auf Backpapier etwa in der Größe des Blechs ausrollen; die Ränder nicht beschneiden. Die Teile auf die Bleche legen.
- Den Ofen vorheizen, den Teig mehrmals einstechen und backen.
- Das Wasser mit dem Zucker aufkochen, die Honigkuchenteile noch heiß damit bestreichen, dann auf der Arbeitsplatte flach nebeneinander auskühlen lassen.
- Puderzucker, Eiweiße und Zitronensaft verrühren; der Guß muß die Konsistenz von Klebstoff haben. Mit einem feuchten Tuch bedecken, weil er sonst verkrustet.
- Die Schornsteinöffnung in einer Dachfläche ausschneiden.
- Stücke vom Gelatineblatt hinter die Fensteröffnungen kleben.
- Läden und Tür mit dem Guß auf die Wände, dann die Dekoration aus halbierten Belegkirschen, Gelee- oder Fondantringen, Pinienkernen und Schokoladenplätzchen auf Dach und Wände kleben und 1 Stunde trocknen lassen.
- Die Wände mit dem Guß auf der Bodenplatte befestigen und etwa 30 Minuten trocknen lassen; dabei kleine Klötzchen als Stützen neben die Wände stellen.
- Die Dachflächen auflegen. Sie bekommen mehr Halt, wenn Sie sie am First an 4 Stellen mit einer Nadel vorsichtig durchstechen, mit starkem Zwirn zusammennähen und die Fadenenden verknoten. Die Schornsteinwände aufkleben und etwas Watte hineinstecken. Ziegel sowie Eiszapfen aus Gußresten auf und an das Dach kleben.
- Zum Schluß Dekorschnee darüber geben und nach Belieben Marzipanfiguren dazustellen.
- Am folgenden Tag eventuell vorsichtig das Dach abheben und ein brennendes Teelicht hineinstellen, dazu die Watte entfernen.

Ofentemperatur: 180 °C
Einschubhöhe: Mitte
Backzeit: 12–18 Minuten

Dresdner Christstollen

gefriergeeignet

HEFETEIG • 1–2 BLECHE = 2–3 STOLLEN/ETWA 60 SCHEIBEN

Für den Hefeteig (S. 80)
1250 g Sultaninen
3 EL Rum
2 kg Weizenmehl Type 405
2 Päckchen Backpulver
1 EL Salz
1 Päckchen Stollengewürz
100 g Hefe
500 ml Milch
350 g Zucker
400 g Butter oder Margarine
225 g Kokosfett, Öl oder Schmalz
250–500 g gehackte Mandeln
50 g feingehackte bittere Mandeln
oder 10 Tropfen Bittermandelaroma
100 g feingehacktes Zitronat
1 TL feingeriebene
unbehandelte Zitronenschale
4 EL Zitronensaft
Alufolie

Für den Guß und die Garnitur
200 g Butter zum Bestreichen
250 g Puderzucker
2 EL feinster Zucker
2 EL Arrak
2–3 EL Wasser
Puderzucker zum Bestauben

- Die Sultaninen mit dem Rum begießen und über Nacht oder 2–3 Minuten im Mikrowellengerät quellen lassen.
- Das Mehl mit dem Backpulver, dem Salz und dem Stollengewürz vermischen. In die Mitte der Mischung eine Vertiefung drücken und die Hefe hineinbröckeln, dann die Hefe mit 100 ml lauwarmer Milch, 1 EL Zucker und etwas Mehl verrühren. Diesen Hefeansatz über Nacht zugedeckt an einer warmen Stelle gehen lassen.
- Die restliche Milch mit dem Fett im Topf erwärmen, bis das Fett schmilzt, und dann wieder etwas abkühlen lassen. Mit dem Rest des Zuckers zum Vorteig geben und einen geschmeidigen Hefeteig daraus kneten. Dann die Sultaninen, die Mandeln, das Zitronat, die Zitronenschale und den Zitronensaft darunterkneten.
- 2–3 längliche Ovale formen, der Länge nach doppelt zusammenlegen und auf ungefettete Bleche setzen, dabei möglichst große Abstände einhalten. Außenliegende Sultaninen ins Innere der Teigfalte drücken, damit sie nicht zu dunkel werden.
- Einen Streifen Alufolie drei-

fach falten, rund um jeden Stollen legen und mit Heftklammern zusammenhalten, damit der Teig nicht auseinanderläuft.
- Die Stollen zugedeckt an einem warmen Ort etwa 30 Minuten gehen lassen. Dann 1 Stunde in die Kälte stellen, damit das Fett erhärtet und der Stollen seine Form behält.
- Den Ofen vorheizen.
- Die Stollen zunächst bei 180 °C backen. Nach 20 Minuten Backzeit ein Gefäß mit heißem Wasser auf den Boden des Ofens stellen. Nach weiteren 50–60 Minuten die Temperatur auf 220 °C erhöhen und die Stollen noch 5–10 Minuten backen.
- Die Butter zerlassen und die noch heißen Stollen damit bepinseln.
- Den Puderzucker mit dem feinsten Zucker, Arrak und heißem Wasser verrühren, auf die Stollen gießen und etwas verstreichen.
- Bis zum Verzehr die Stollen sorgfältig in große Gefrierbeutel verpacken und kühl und an einer feuchten Stelle aufbewahren.
- Erst unmittelbar vor dem Aufschneiden mit Puderzucker bestauben.

Ofentemperatur: 180 °C
Einschubhöhe: Mitte
Backzeit: 70–80 Minuten
und
Ofentemperatur: 220 °C
Einschubhöhe: Mitte
Backzeit: 5–10 Minuten

Hätten Sie's gewußt?
Die typische Stollenform soll an das gewickelte Jesuskind erinnern.

Mandelstollen

HEFETEIG • 1–2 BLECHE UND 2–3 STOLLENFORMEN = 2–3 STOLLEN / ETWA 60 SCHEIBEN

Für den Hefeteig (S. 80)
1 kg Weizenmehl Type 405
1 Päckchen Backpulver
1 TL Salz
1 Päckchen Stollengewürz
50 g Hefe
oder 2 Päckchen Trockenhefe
250 ml Milch
120 g Zucker
400 g Butter oder Margarine
300 g kleingehackte geschälte Mandeln
25 g feingehackte bittere Mandeln oder 5 Tropfen Bittermandelaroma
200 g feingehacktes Zitronat
1 TL feingeriebene unbehandelte Zitronenschale
200 g Butter zum Bestreichen
Für den Guß und die Garnitur
wie für den Dresdner Stollen (siehe links)

- Aus den aufgeführten Zutaten den Teig für die Mandelstollen wie links beschrieben zubereiten.
- Die Bleche nicht einfetten, die Stollenformen dagegen gründlich mit Butter bestreichen und die Stollen damit während der ersten Hälfte der Backzeit zudecken.

Ofentemperatur: 180 °C
Einschubhöhe: Mitte
Backzeit: 70–80 Minuten
und
Ofentemperatur: 220 °C
Einschubhöhe: Mitte
Backzeit: etwa 10 Minuten

Variationen:
Zum Bestauben Dekorschnee statt Puderzucker nehmen, er bleibt weiß.
Für einen Marzipanstollen verkneten Sie 250 g Marzipanrohmasse mit 125 g Puderzucker und 2 EL Rum, formen daraus eine Rolle und legen sie längs auf das ausgeformte Oval, ehe Sie es zusammenschlagen.

Nougatstern

RÜHRTEIG • 1 STERNFORM (1,5 L INHALT) = 6–8 STÜCKE

Für den Rührteig (S. 74)
4 Eier
125 g Butter oder Margarine
200 g Zucker
200 g gemahlene
geschälte Mandeln
50 g grobgehackte
geschälte Mandeln
125 g Weizenmehl Type 405
2 TL Backpulver
1 Prise Salz
4 EL Milch
150 g Haselnußnougat
Butter bzw. Margarine
zum Einfetten
Paniermehl zum Ausstreuen

Für die Creme und die Garnitur
1 Korken
Alufolie
100 g Milchschokolade
100 g Haselnußnougat
125 g Butter
75 g Puderzucker
1 EL Nuß- oder Mandellikör
Schokoladenraspel zum Bestreuen
Puderzucker zum Bestauben
1 Kerze

• Die Sternform mit Butter oder Margarine sorgfältig einfetten, dann mit Paniermehl ausstreuen, den Ofen vorheizen.
• Die Eier trennen, die Eiweiße steifschlagen und kühl stellen.
• Die Butter oder Margarine mit Zucker und Eigelben mit den Rührbesen des Elektroquirls oder der Küchenmaschine 3–4 Minuten lang schaumig schlagen, dann die Mandeln darunterrühren.
• Das Mehl mit Backpulver und Salz vermischen und abwechselnd mit der Milch zufügen.
• Den Nougat in Würfel schneiden und mit dem Eischnee vorsichtig unter den Rührteig heben.
• Den Teig in die Form geben, glattstreichen und backen.
• Den Stern auf ein Kuchengitter stürzen. Einen Korken mit Alufolie umwickeln und hochkant in die Mitte des noch warmen Kuchens drücken, dann den Kuchen auskühlen lassen.
• Für die Creme die Schokolade schmelzen (S. 38), kurz kühl stellen und den Nougat in sehr kleine Würfel schneiden. Die Butter mit dem Puderzucker und dem Nuß- oder Mandellikör mit den Schneebesen des Elektroquirls schaumig schlagen und die ausgekühlte Schokolade und den Nougat daruntermischen.
• Den Stern waagrecht durchschneiden, mit einem Teil der Schokoladencreme füllen, mit dem Rest außen bestreichen und dann kühl stellen.
• Kurz vor dem Servieren den Stern mit Schokoladenraspeln bestreuen und leicht mit Puderzucker bestauben.
• Zum Schluß statt des Korkens die Kerze in die Mitte drücken und den Stern servieren.

Ofentemperatur: 180 °C
Einschubhöhe: Mitte
Backzeit: etwa 35–40 Minuten

Variation:
Den Rührteig können Sie auch in eine große Kastenform geben, die Backzeit verlängert sich dann um etwa 15 Minuten.

Mokkamond

RÜHRTEIG • 1 SPRINGFORM (22 CM ⌀) = 8–10 STÜCKE

Für den Rührteig (S. 74)
150 g Mokkaschokolade
4 Eier
125 g Butter oder Margarine
100 g Zucker
50 g Paniermehl
½ TL Backpulver
1 Prise Salz
200 g gemahlene geschälte Mandeln
Backpapier oder Butter bzw. Margarine zum Einfetten

Für die Creme und die Garnitur
400 ml Milch
40 g Speisestärke
1 Eigelb
150 g Mokkaschokolade
125 g Butter
75 g Puderzucker
1 EL Instantkaffee
1 EL Wasser
1 EL Kaffeelikör
50 g weiße Kuvertüre
Silberperlen

- Den Boden der Springform befeuchten und mit Backpapier belegen oder einfetten.
- Den Ofen vorheizen.
- Für den Rührteig die Schokolade schmelzen (S. 38).
- Die zimmerwarmen Zutaten mit der Schokolade zum Rührteig verarbeiten, in die Form geben, im Ofen backen und auf einem Kuchengitter über Nacht auskühlen lassen.
- Für die Mokkacreme die Milch mit der Stärke im Topf vermengen, unter Rühren 2–3 Minuten kochen und mit dem Eigelb legieren.
- Die Schokolade zerbröckeln, darin schmelzen, die Masse zugedeckt auf Raumtemperatur abkühlen lassen und durchpassieren.
- Die Butter und den Puderzucker mit den Schneebesen des Elektroquirls schaumig schlagen. Den Schokoladenpudding teelöffelweise darunterschlagen. Den Instantkaffee in heißem Wasser auflösen und mit dem Likör zufügen.
- Den Kuchen mit einer zweiten runden Form zum Mond zurechtschneiden, waagrecht durchschneiden, mit einem Teil der Creme füllen und mit dem Rest von außen bestreichen. Dann den Mond kühl stellen.
- Die Kuvertüre schmelzen (S. 34), sehr dünn auf eine Granit- oder Marmorplatte streichen. Vor dem endgültigen Erkalten mit einem Metallspachtel zu dünnen Röllchen abziehen und als Haare auf den Mond geben. Aus Silberperlen ein Gesicht markieren.

Ofentemperatur: 180 °C
Einschubhöhe: Mitte
Backzeit: etwa 25–35 Minuten

Baumstamm

x gefriergeeignet

BISKUITMASSE • 1 BLECH = 12–14 STÜCKE

Für die Biskuitmasse (S. 88)
4 Eier, Gewichtsklasse 4
1 EL Wasser
120 g Zucker
1 Päckchen Vanillezucker
1 Prise Salz
90 g Weizenmehl Type 405
30 g Speisestärke
½ TL Backpulver
Backpapier

Für die Füllung und die Garnitur
300 g Edelbitterschokolade
4–6 EL Puderzucker
1–2 EL Kirschwasser oder
Orangenlikör, z. B. Grand Marnier
300 g Schlagsahne
2–3 EL dunkler Kakao,
nach Belieben
5–8 rote Belegkirschen
Schokoblättchen
oder Stechpalmenblätter
Dekorschnee

- Das Blech befeuchten, mit Backpapier belegen und rundherum einen hochstehenden Rand knicken.
- Den Ofen vorheizen.
- Für die Biskuitmasse die kühlen Eier mit kaltem Wasser, Zucker, Vanillezucker und Salz mit den Schneebesen des Elektroquirls oder der Küchenmaschine 4–5 Minuten zu einer weißschaumigen Masse schlagen.
- Das Mehl mit der Stärke und dem Backpulver vermischen, auf die Eimasse sieben und vorsichtig so vermengen, daß die Masse schaumig bleibt.
- Die Masse auf das Blech geben und mit einer Teigkarte gleichmäßig verstreichen. Das Blech einige Male auf die Arbeitsplatte stoßen, damit große Luftblasen entweichen.
- Die Biskuitmasse backen. Sie ist gar, wenn beim Aufstupfen mit dem Finger ein leicht knisterndes Geräusch hörbar wird und sich die Oberfläche fest anfühlt. Der Teig darf nicht zu lange gebacken werden, weil er sonst austrocknet.
- Die Teigplatte auf ein zweites Backpapier stürzen, mit dem Backpapier und dem Blech bedeckt auskühlen lassen, damit kein Schwitzwasser entweicht und der Biskuit sich gut aufrollen läßt.
- Für die Füllung die Schokolade schmelzen (S. 38), etwa 3–4 EL Puderzucker, Kirschwasser oder Orangenlikör und Sahne zugeben und die Masse 1–2 Minuten mit den Schneebesen des Elektroquirls schlagen, dann etwa 1 Stunde lang kühl stellen, damit sie fest wird.
- Die Schokoladensahne wie Schlagsahne schlagen und mit dem restlichen Puderzucker abschmecken. Nach Belieben noch etwas dunklen Kakao zugeben.
- Die Hälfte der Masse in einen großen Spritzbeutel mit Sterntülle geben und kühlen.
- Blech und Papier von der Teigplatte nehmen. Eventuell harte Ränder abschneiden.
- Die restliche Creme gleichmäßig mit der Teigkarte auf den Kuchen streichen, dabei den hinteren Rand etwa 4 cm frei lassen und den Kuchen mit Hilfe des unteren Papiers von der Breitseite her behutsam aufrollen. Die Nahtstelle soll unten liegen.
- Die Schokoladencreme in Längsstreifen auf die Oberfläche spritzen. Die Enden des Kuchens schräg abschneiden und seitlich an den Baumstamm setzen.
- Den Kuchen mit halbierten roten Belegkirschen und Schokoblättchen oder Stechpalmenblättern schmücken.
- Den Baumstamm vor dem Aufschneiden 5–6 Stunden kühlen und kurz vor dem Servieren etwas Dekorschnee darauf streuen.

Ofentemperatur: 200 °C
Einschubhöhe: Mitte
Backzeit: 8–12 Minuten

Variationen:
Bereiten Sie von der Füllung die doppelte Menge zu. Geben Sie dann die Hälfte der Masse mit dem Spritzbeutel in kleine Schälchen und frieren diese als Mousse au Chocolat ein. Selbstverständlich können Sie den Baumstamm auch mit Mokkasahne, Mokka-Butter-Creme oder Schokoladen-Butter-Creme zubereiten. Zur Abwechslung die Biskuitmasse mit 2 EL dunklem Kakao anstelle von 30 g Stärke als Schokoladenbiskuit zubereiten. Wer auf seinen Cholesterinspiegel achten muß, kann ein oder mehrere Eigelbe gegen Eiweiße austauschen.

Hätten Sie's gewußt?
Der Baumstamm – in Frankreich Bûche de Noël genannt – fehlt auf keiner traditionellen französischen Weihnachtstafel.

Gut zu wissen:
Im Kühlschrank können Sie die Rolle 2–3 Tage, im Gefriergerät 2–3 Wochen aufbewahren. Frische und gefrorene Biskuitrollen schneiden Sie am besten mit einem Elektro- oder Sägemesser in Scheiben.

Weihnachtstorte

✗ gefriergeeignet

BISKUITMASSE • 1 SPRINGFORM (26 CM ⌀) = 12 STÜCKE

Für die Biskuitmasse (S. 88)
200 g gemahlene
geschälte Mandeln
4 Eier, Gewichtsklasse 4
2 Eiweiß
2 EL Wasser
100 g Zucker
1 Päckchen Vanillezucker
1 Prise Salz
80 g Weizenmehl Type 405
Backpapier

Für die Füllung
1 Päckchen Vanillepuddingpulver
500 ml Milch
2 EL Instantkaffee
125 g Zucker
2 Eigelb
200–250 g Butter
2 EL Kirschwasser

Für die Garnitur
Schokoladenpulver
Puderzucker
Schokoladenraspel

- Den Boden der Springform befeuchten und mit Backpapier belegen. Den Ofen vorheizen.
- Die Mandeln sehr hell rösten (S. 35) und kühl stellen.
- Für die Biskuitmasse die kühlen Eier und die Eiweiße mit kaltem Wasser, Zucker, Vanillezucker und Salz mit den Schneebesen des Elektroquirls oder der Küchenmaschine zu einer weißschaumigen Masse schlagen.
- Das Mehl auf die Eimasse sieben, die Mandeln darauf geben und die Zutaten so vermengen, daß die Masse luftig bleibt.
- Die Masse in die Form geben, Oberfläche glattstreichen und den Kuchen im Ofen backen.
- Den Boden umgedreht mit dem Backpapier und dem Boden der Form bedeckt und leicht beschwert über Nacht kühlen.
- Das Blech und das Papier vom Biskuitboden lösen, dann den Kuchen waagrecht zweimal durchschneiden.
- Für die Füllung das Puddingpulver mit etwas Milch anrühren, die restliche Milch mit Instantkaffee zum Kochen bringen und mit dem angerührten Pulver binden.
- Den Pudding mit der Hälfte des Zuckers süßen, mit den Eigelben legieren, auskühlen lassen und durch ein Sieb streichen.
- Die Butter mit dem restlichen Zucker schaumig rühren und den zimmerwarmen Mokkapudding und das Kirschwasser teelöffelweise dazugeben.
- Den Kuchen mit der Mokka-Butter-Creme schichtweise zusammensetzen und rundum bestreichen. Die Torte mindestens 4 Stunden kühl stellen.
- Einen Stern aus dickem Papier schneiden und auf die Torte legen. Den Rest der Oberfläche mit Schokoladenpulver und dann dünn mit Puderzucker bestauben. Das Papier vorsichtig abheben.
- Die Schokoladenraspel auf den Tortenrand drücken.

Ofentemperatur: 200 °C
Einschubhöhe: Mitte
Backzeit: 20–25 Minuten

Nußtorte mit Sahnefüllung

x gefriergeeignet

MÜRBETEIG • 6 BLECHE = 12 STÜCKE

Für den Mürbeteig (S. 84)
600 g Weizenmehl Type 405
2 TL Backpulver
1 TL Salz
400 g Butter oder Margarine
250 g Zucker
2 Eier
200 g gemahlene Haselnußkerne
2 Päckchen Vanillezucker
Mehl zum Ausrollen
Backpapier oder Butter
bzw. Margarine zum Einfetten

Für die Füllung
8 EL Aprikosenkonfitüre
500 g Schlagsahne
2 EL Zucker
1 Päckchen Vanillezucker
2 Päckchen Sahnefestiger,
nach Belieben
Puderzucker zum Bestauben

- Für den Mürbeteig alle kühlen Zutaten mit den Knethaken des Elektroquirls oder der Küchenmaschine knapp 1 Minute vermengen, zu einem Teigkloß zusammenpressen, flach drücken und zugedeckt 30 Minuten kühlen.
- Die Bleche befeuchten und mit Backpapier belegen oder einfetten.
- Den Teig in 6 Portionen teilen, jeweils zwischen 2 Lagen Backpapier oder auf leicht bemehlter Unterlage zu einer dünnen runden Platte ausrollen. Mit einem Topfdeckel mit 26 cm Ø kreisrunde Böden ausschneiden, auf die Bleche legen und einige Male mit einer Gabel einstechen.
- Aus Teigresten Sterne unterschiedlicher Größe ausstechen und mit Wasser auf den schönsten Boden kleben. Dieser muß später etwas länger backen, weil der Teig teilweise doppelt so dick ist. Die Bleche 30 Minuten kühl stellen.
- Den Ofen vorheizen.
- Die Böden im Ofen goldbraun backen und unbedingt auskühlen lassen. Dann nach Bedarf die Platten behutsam mit Hilfe des Topfdeckels etwas nachschneiden.
- Die Aprikosenkonfitüre durchpassieren, erwärmen und die 5 unverzierten Böden damit bestreichen.
- Die Sahne steifschlagen, den Zucker mit dem Vanillezucker und nach Belieben Sahnefestiger dazugeben.
- Die Böden mit der Schlagsahne schichtweise zu einer Torte zusammensetzen, den Boden mit den Sternen darauf legen und den Rand der Torte mit der Sahne bestreichen.
- Die Torte an einer kühlen Stelle über Nacht durchziehen lassen, dick mit Puderzucker bestauben und dann mit einem Elektromesser schneiden.

Ofentemperatur: 180 °C
Einschubhöhe: Mitte
Backzeit: je 12–18 Minuten

Variationen:
Die Sahne für die Füllung dieser Weihnachtstorte verändern Sie nach Ihren Vorlieben mit Eierlikör, Haselnußkrokant, gerösteten gemahlenen Haselnußkernen, geschmolzener oder geriebener Schokolade.

Berliner Silvesterkrapfen

HEFETEIG • 1 FRITEUSE = 12–15 STÜCK

Für den Hefeteig (S. 80)
4–5 EL Öl, z. B. Sojaöl
1/2 TL Salz
500 g Weizenmehl Type 405
125 ml Milch
1 Würfel Hefe (42 g)
oder 2 Päckchen Trockenhefe
2 EL Zucker
1 Ei
2 Eigelb
1 Päckchen Vanillezucker
2–3 Tropfen Bittermandelaroma
Mehl zum Ausrollen
Öl oder Fritierfett zum Fritieren

Für die Füllung und die Garnitur
4 EL Aprikosenkonfitüre
4 EL Puderzucker
1–2 EL Zitronensaft
1 TL Eiweiß
bunte Schokolinsen

• Das Öl mit Salz und Mehl in eine Schüssel geben.

• Die Milch erwärmen und mit Hefe, Zucker, Ei sowie Eigelben verschlagen und dazugießen.

• Den Vanillezucker und das Bittermandelaroma dazugeben.

• Alles mit den Knethaken des Elektroquirls oder der Küchenmaschine oder mit einem kräftigen Lochlöffel 4–5 Minuten vermengen, so daß sich der Teig vom Schüsselrand löst.

• Den Teig zugedeckt etwa 30 Minuten gehen lassen, bis er weich wie Watte ist, dann erneut kurz durchkneten und auf leicht bemehlter Unterlage etwa 0,5 cm dick ausrollen.

• Auf der Hälfte der Teigplatte mit einem Ausstecher oder Glas dicht nebeneinander runde Plätzchen mit etwa 7 cm Ø markieren.

• Jeweils etwa 1/2 TL Konfitüre in die Mitte geben, und die Ränder sorgfältig mit dem übrigen Eiweiß bepinseln.

• Die andere Teighälfte darüberklappen, und die Teigränder mit den Kanten der leicht geschlossenen Hände andrücken, dann die Plätzchen endgültig ausstechen.

• Die Hefeteilchen auf ein bemehltes Brett legen, zudecken und an einer warmen Stelle mindestens 20 Minuten bis zum doppelten Volumen gehen lassen.

• Die Ränder von eventuell aufgeplatzten Teilchen noch einmal fest zusammendrücken.

FÜR KLEINE UND GROSSE FESTE

- Das Fett in der Friteuse erhitzen und sicherheitshalber die Temperatur überprüfen, indem man ein Hölzchen hineinhält. Wenn kleine Luftperlen aufsteigen, ist das Fett heiß genug.
- Jeweils 2–3 Krapfen auf einmal schwimmend im heißen Öl auf beiden Seiten mittelbraun backen, dabei zweimal wenden.
- Die Krapfen zunächst auf einem Gitter, dann auf Küchenpapier sehr gut abtropfen lassen.
- Den Puderzucker mit Zitronensaft und Eiweiß dickflüssig verrühren, die Krapfen damit garnieren und Schokolinsen darauf drücken.

Fritiertemperatur: 180 °C
Backzeit: je 5–7 Minuten

Hinweis:
Sie können den Teig auch doppelt so dick ausrollen, dann runde Plätzchen ausstechen, und die Berliner erst nach dem Fritieren mit Hilfe einer langen Spezialspritze mit der Konfitüre füllen. Bei dieser Methode laufen Sie nicht Gefahr, daß das Gebäck aufplatzt und die Konfitüre im Fritierfett brodelt.

Holländische Silvesterkrapfen

✗ einfach
✗ schnell
✗ preiswert
✗ gefriergeeignet

HEFETEIG • 1 FRITEUSE = 20–25 STÜCK

Für den Hefeteig (S. 80)
2–3 EL Öl, z. B. Sojaöl
1/2 TL Salz
500 g Weizenmehl Type 405
300–400 ml Milch
1 Würfel Hefe (42 g)
oder 2 Päckchen Trockenhefe
2 EL Zucker
1 Ei
1 Päckchen Vanillezucker
75 g Korinthen
75 g Sultaninen
75 g kleingehacktes Zitronat
1 TL feingeriebene
unbehandelte Zitronenschale
1 saurer Apfel und
1 EL Zitronensaft, nach Belieben
Öl oder Fritierfett zum Fritieren
feiner Zucker zum Wenden
oder Puderzucker zum Bestauben

- Aus Öl, Salz, Mehl, Milch, Hefe, Zucker, Ei und Vanillezucker den Hefeteig wie links beschrieben zubereiten.
- Die Korinthen, die Sultaninen, das Zitronat und die Zitronenschale zum Schluß kurz unter den Teig schlagen.
- Nach Belieben den Apfel schälen, vierteln, entkernen, quer in Stückchen schneiden, mit Zitronensaft beträufeln und ebenfalls in den Teig mischen.
- Den Teig zugedeckt 30–40 Minuten gehen lassen, dann das Fritierfett erhitzen.
- Den Teig mit einem Eßlöffel in Form tischtennisballgroßer Häufchen in das heiße Fett geben und hellbraun backen.
- Nur 3–5 Krapfen zugleich fritieren, damit die Fettemperatur nicht zu stark absinkt und das Fett nicht in das Gebäck eindringt.
- Die Krapfen erst auf einem Kuchengitter, dann auf Küchenpapier abtropfen lassen, anschließend das noch warme Gebäck in feinem Zucker wenden oder mit Puderzucker bestauben.

Fritiertemperatur: 180 °C
Backzeit: je 5–7 Minuten

Hätten Sie's gewußt?
Diese Krapfen werden zu Silvester in beinahe jedem holländischen Haus gebacken; sie heißen dort Oliebollen, also Ölbällchen.
Das Fett im Gebäck macht den Silversterpunsch besser verträglich.

Tauftorte

RÜHRTEIG • 1 FETTPFANNE = 20–25 STÜCKE

Für den Rührteig (S. 74)
4 Eier, 4 Eigelb
400 g Butter oder Margarine
300 g Zucker
2 Päckchen Vanillezucker
oder 1 TL feingeriebene
unbehandelte Zitronenschale
4 EL Orangenlikör,
z. B. Grand Marnier, oder Rum
300 g Weizenmehl Type 405
100 g Speisestärke
1 Prise Salz
100 g gemahlene geschälte
Mandeln
Butter bzw. Margarine
zum Einfetten

Für die Füllung, den Guß und die Garnitur
300 g Aprikosenkonfitüre
400 g Puderzucker
1½ Eiweiß
1–3 EL Zitronensaft
1 kleines Stück frische Kokosnuß
Silberperlen, Zuckerblümchen

- Die Fettpfanne einfetten.
- Den Ofen vorheizen.
- Für den Rührteig die Eier trennen, die Eiweiße steifschlagen und kühl stellen.
- Das weiche Fett mit Zucker, Vanillezucker oder Zitronenschale, allen Eigelben und Orangenlikör oder Rum 4–5 Minuten schlagen.
- Das Mehl mit Stärke und Salz vermischen und mit den Mandeln zur Masse geben; dann den Eischnee unterheben.
- Etwa 4–5 EL Teig mit einem breiten Pinsel oder der Teigkarte sehr dünn auf die Fettpfanne streichen und 3–5 Minuten im Ofen goldgelb backen.
- Eine zweite dünne Teigschicht darauf streichen und wieder backen. Den Vorgang wiederholen, bis der Teig verbraucht ist.
- Die Temperatur reduzieren, und den Kuchen in 15–20 Minuten fertigbacken, dann die Garprobe machen.
- Den Kuchen mit einem Tuch bedeckt über Nacht kühl stellen.
- Die Aprikosenkonfitüre durchpassieren und etwas erwärmen.
- Die Kuchenplatte vom Blech lösen und quer in der Mitte teilen.
- Eine Teigplatte mit etwa der Hälfte der Konfitüre bestreichen, dann die zweite Platte darauf legen und leicht andrücken.
- Mit Hilfe einer Papierschablone und eines schmalen Messers eine Taube ausschneiden, die Oberfläche ebenfalls mit Konfitüre bestreichen und trocknen lassen.
- Puderzucker mit Eiweiß und Zitronensaft zu einem dickflüssigen Guß verrühren, zur Hälfte auf die Oberfläche und die Ränder gießen und trocknen lassen.
- Den Rest vom Guß sofort mit einem feuchten Tuch zudecken,

FÜR KLEINE UND GROSSE FESTE 399

damit er nicht antrocknet, und dann den Kuchen ein weiteres Mal mit dem Guß überziehen.
• Mit einem Sparschäler dünne Locken von der Kokosnuß schälen und an den Rand der Torte drücken.

• Die Konturen der Taube mit Silberperlen und Zuckerblümchen hervorheben, und ein Auge markieren.
• Die Torte vor dem Servieren mindestens 4–5 Stunden trocknen lassen.

Ofentemperatur: 200 °C
Einschubhöhe: oben
Backzeit: jeweils 3–5 Minuten
und
Ofentemperatur: 160 °C
Einschubhöhe: Mitte
Backzeit: 15–20 Minuten

Täuflingsbrot

RÜHRTEIG • 1 KASTENFORM (25 CM LÄNGE) = 16 STÜCKE

Für den Rührteig (S. 74)
4 Eier
200 g Butter oder Margarine
150 g Zucker
2–3 Tropfen Bittermandelaroma
300 g Weizenmehl Type 405
75 g Speisestärke
1 TL Backpulver
1 Prise Salz
50 g gemahlene geschälte Mandeln
Backpapier

Für die Füllung
200 g Marzipanrohmasse
100 g Puderzucker
2–3 TL Rosenwasser
100 g Johannisbeergelee

Für den Guß und die Garnitur
3 EL Aprikosenkonfitüre
200 g Puderzucker
1 Eiweiß
3–4 Tropfen Rumaroma
Marzipanrosen vom Konditor

• Die Kastenform befeuchten und mit Backpapier auskleiden.
• Die Marzipanrohmasse kühlen, fein reiben, mit Puderzucker und Rosenwasser verkneten und zwischen 2 Lagen Backpapier zu einem 22×18 cm großen Rechteck ausrollen.
• Das obere Backpapier entfernen, das Marzipan mit dem Johannisbeergelee bestreichen, mit Hilfe des unteren Backpapiers längs locker aufrollen, und die Rolle eingepackt kühl legen.
• Den Ofen vorheizen, und aus den Zutaten den Rührteig wie links beschrieben zubereiten.
• Zwei Drittel des Rührteigs in die Kastenform geben, die Oberfläche glattstreichen, und die Marzipanrolle hineinlegen.
• Den restlichen Teig daraufgeben, glattstreichen, der Länge nach mit dem Messer einritzen, und den Kuchen backen.
• Den Kuchen etwa 5 Minuten nach dem Backen aus dem Ofen nehmen, vom Rand der Form lösen und zum Auskühlen seitlich auf ein Gitter gleiten lassen.
• Die Aprikosenkonfitüre durchpassieren, eventuell mit etwas Wasser verrühren, erwärmen und auf den Kuchen streichen.
• Den Puderzucker mit leicht geschlagenem Eiweiß und Rumaroma recht dickflüssig rühren.
• Den Guß auf den ausgekühlten Kuchen gießen und verstreichen, dann Marzipanrosen darauf legen.

Ofentemperatur: 160 °C
Einschubhöhe: unten
Backzeit: 55–65 Minuten

Kindergeburtstagstorte

× einfach
× preiswert

BISKUITMASSE • 1 SPRINGFORM (26 CM ⌀) = 12 STÜCKE

Für die Biskuitmasse (S. 88)
2 Eier, Gewichtsklasse 4
1 EL Wasser
60 g Zucker
1 Päckchen Vanillezucker
1 Prise Salz
60 g Weizenmehl Type 405
¼ TL Backpulver
Backpapier oder Butter
bzw. Margarine zum Einfetten

Für die Füllung und den Belag
6–8 EL Himbeergelee
1 Päckchen Vanillepuddingpulver
500 ml Milch
4 EL Zucker
6–7 eingeweichte weiße
Gelatineblätter
400 g Schlagsahne
etwa 700 g frische oder
konservierte Früchte (Aprikosen,
Ananasstücke, Bananen, Erdbeeren, Kirschen, Kiwis, Mandarinorangen, Pfirsiche, Pflaumen)
1–2 EL Zitronensaft

Für den Guß und die Garnitur
1 Päckchen Tortenguß
250 ml klarer Obstsaft
1 EL Zucker
30 g Mandelblättchen

• Den Boden der Springform befeuchten und mit Backpapier belegen oder einfetten.
• Den Ofen vorheizen.
• Die kühlen Eier mit kaltem Wasser, Zucker, Vanillezucker und Salz mit den Schneebesen weißschaumig schlagen.
• Das Mehl mit dem Backpulver vermischen, auf die Eimasse sieben und vorsichtig unterheben.
• Die Masse in die Form geben, glattstreichen und backen.
• Den Kuchen umgedreht mit Backpapier und dem Boden der Form bedeckt sowie leicht beschwert auskühlen lassen, dann waagrecht durchschneiden.
• Das Gelee etwas erwärmen.
• Den oberen Kuchenboden mit der Kruste nach unten auf eine Platte legen und mit der Hälfte des Gelees bestreichen, dann einen Tortenring herumlegen.
• Aus Puddingpulver, Milch und Zucker nach Packungshinweisen einen Vanillepudding kochen.
• Die Gelatine ausdrücken und im Pudding schmelzen (S. 32).
• Den Pudding zugedeckt kühl stellen und dann durchsieben.
• Die Sahne steifschlagen und unter den gelierenden Pudding heben.
• Die Hälfte des Sahnepuddings auf dem Boden glattstreichen.
• Den zweiten Kuchenboden mit der Kruste nach oben darauf legen und erst mit dem Geleerest, dann mit dem Puddingrest bestreichen.
• Die Früchte vorbereiten, mit Zitronensaft benetzen und in Form eines Gesichts auf die Torte legen.
• Den Tortenguß mit Obstsaft und Zucker nach Packungshinweisen zubereiten und die Früchte dünn damit überziehen.
• Den Tortenring ablösen; die Mandelblättchen rösten (S. 35) und auf den Rand drücken.

Ofentemperatur: 200 °C
Einschubhöhe: unten
Backzeit: 20–25 Minuten

FÜR KLEINE UND GROSSE FESTE

Geburtstagstorte

- einfach
- schnell
- preiswert

BISKUITMASSE • 1 SPRINGFORM (26 CM ⌀) = 12 STÜCKE

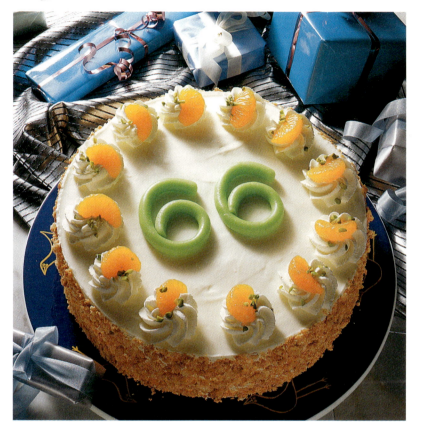

Für die Biskuitmasse (S. 88)
125 g gemahlene geschälte Mandeln
2 Eier, Gewichtsklasse 4
½ EL Wasser
60 g Zucker
1 Päckchen Vanillezucker
1 Prise Salz
30 g Weizenmehl Type 405
½ TL Backpulver
Backpapier oder Butter bzw. Margarine zum Einfetten

Für die Füllung
2–3 EL Aprikosen- oder Orangenkonfitüre
1 EL Aprikosen- oder Orangenlikör
750 g Quark
200–250 g Zucker
4–6 EL Orangenlikör, z. B. Cointreau
1 TL sehr fein geriebene unbehandelte Orangenschale
8–10 eingeweichte weiße Gelatineblätter
4 EL frisch gepreßter Orangensaft
500 g Schlagsahne

Für die Garnitur
200 g Schlagsahne
1 Päckchen Vanillezucker
1 EL Zucker
1 TL sehr fein geriebene unbehandelte Orangenschale
100 g Mailänder Amaretti (S. 476)
30 g feingehackte Pistazienkerne
Marzipanziffern
200 g Mandarinorangen

- Den Formboden befeuchten und mit Backpapier belegen oder einfetten, den Ofen vorheizen. Die Mandeln hell rösten (S. 35).
- Die Biskuitmasse wie links beschrieben zubereiten – dabei die Mandeln mit dem Mehl unterheben – und backen.
- 5 Minuten nach dem Backen den Biskuit vom Rand der Form lösen, stürzen und mit Papier und Formboden bedeckt sowie leicht beschwert über Nacht kühl stellen.
- Die Konfitüre pürieren, dann mit Likör erwärmen und auf den Biskuitboden streichen; eventuell einen Tortenring herumlegen.
- Den Quark durch ein Sieb streichen und mit 200 g Zucker, Likör und Orangenschale verschlagen.
- Die Gelatine mit Orangensaft schmelzen (S. 32) und darunterschlagen, dann die Sahne steifschlagen, unter die Masse heben und mit Zucker abschmecken.
- Die Masse auf den Biskuit geben und glattstreichen, dann die Form zudecken und kühl stellen.
- Den Tortenring abnehmen.
- Für die Garnitur die Sahne steifschlagen und mit Vanillezucker, Zucker und Orangenschale abschmecken.
- Die Sahne mit einem Spritzbeutel und der Sterntülle in Rosetten auf die Torte spritzen; mit etwa 2 EL den Tortenrand bestreichen.
- Die Amaretti grob zerdrücken und an den Tortenrand drücken.
- Die Torte mit Pistazien, Ziffern und Mandarinen garnieren.

Ofentemperatur: 200 °C
Einschubhöhe: Mitte
Backzeit: 20–25 Minuten

Hochzeitstorte

RÜHRTEIG • 3 SPRINGFORMEN (12, 20 UND 28 CM ⌀) = ETWA 40 STÜCKE

Für den Rührteig (S. 74)
350 g dunkle Kuvertüre
800 g Marzipanrohmasse
20 Eier
300 g Butter oder Margarine
250 g Zucker
4 Päckchen Vanillezucker
1 TL feingeriebene
unbehandelte Zitronenschale
500 g Weizenmehl Type 405
1 Päckchen Backpulver
1 Prise Salz
200 g kleingehackte Mandeln
200 g kleingehacktes Zitronat
Backpapier oder Butter
bzw. Margarine zum Einfetten

Für die Garnitur und den Guß
350 g Aprikosenkonfitüre
3 EL Aprikosenlikör
500 g Marzipanrohmasse
1,5 kg Puderzucker
2–3 EL Rosenwasser
5 Eiweiß
1½ EL Glycerin
1½ EL Zitronensaft
3–4 Tropfen Zitronenaroma
einige Tropfen Speisefarbe,
nach Belieben
Marzipanrosen vom Konditor sowie
Zuckerblümchen und Gold- oder
Silberperlen, nach Belieben

- Die Böden der Springformen befeuchten und mit Backpapier belegen oder einfetten.
- Den Ofen vorheizen.
- Für den Rührteig die Zutatenmenge teilen und jeweils nur eine Hälfte verarbeiten.
- Die Kuvertüre fein hacken; das Marzipan kühlen und reiben.
- Die Eier trennen, die Eiweiße steifschlagen und kühl stellen.
- Das weiche Fett mit Zucker und Eigelben 4–5 Minuten sehr schaumig schlagen, anschließend den Vanillezucker und die Zitronenschale dazugeben.
- Das Mehl mit Backpulver und Salz vermengen und nur kurz in die Masse mischen.
- Die Kuvertüre, die Marzipanrohmasse, die Mandeln und das Zitronat daruntermengen.
- Den Eischnee vorsichtig unter den Teig heben.
- Den Rührteig gleich hoch auf die beiden kleineren Formen verteilen und backen.
- Die Garprobe machen, und den kleineren Kuchen etwas früher aus dem Ofen nehmen.
- Die Kuchen zunächst 5 Minuten in der Form abkühlen lassen, dann die Formränder lösen.
- Die Kuchen auf ein mit Backpapier belegtes Brett stürzen und mit dem Papier sowie den Böden bedeckt über Nacht kühl stellen.
- Die zweite Zutatenhälfte ebenso verarbeiten, in der größten Form backen und kühl stellen.
- Die Konfitüre durchpassieren und mit dem Likör erwärmen.
- Die Oberflächen der Rührteigkuchen dünn damit bestreichen und trocknen lassen.
- Die Marzipanrohmasse für den Überzug kühlen und reiben, dann mit 300 g Puderzucker und Rosenwasser gründlich durchkneten.
- Das Marzipan portionsweise zwischen 2 Lagen Backpapier dünn ausrollen.
- Mit Hilfe von Topfdeckeln 3 runde Scheiben mit 12, 20 und 28 cm ⌀ ausschneiden.
- Den Rest der Masse wieder verkneten, ausrollen und Streifen mit 5 cm Breite und etwa 35, 60 und 85 cm Länge ausschneiden.
- Ehe das Marzipan trocken wird, die Scheiben und Streifen mit Hilfe des Backpapiers auf die Torten und um die Ränder legen und oben mit der Teigrolle, seitlich mit einem geradwandigen Glas andrücken.
- Für den Guß 4 Eiweiße leicht verschlagen, mit 800–900 g Puderzucker, 1 EL Glycerin, 1 EL Zitronensaft sowie einigen Tropfen Zitronenaroma dickflüssig glattrühren, mit einem feuchten Geschirrtuch bedecken und 1 Stunde stehenlassen; zwischendurch die Schüssel immer wieder einmal auf die Arbeitsplatte aufstoßen.
- Die Kuchen mit etwas Guß aufeinanderschichten, dann mit dem Guß dick überziehen und über Nacht trocknen lassen.
- Den Rest Puderzucker mit dem Eiweiß sowie einigen Tropfen Glycerin und Zitronensaft zu einem sehr dickflüssigen Guß verrühren.
- Einen Teil in einen kleinen Gefrierbeutel füllen, den Beutel verschließen, eine kleine Spitze abschneiden, und die Torte mit dem Guß verzieren.
- Den restlichen Guß nach Belieben mit Speisefarbe leicht tönen und mit einer kleinen Garnierspritze mit gezahnter Tülle auf die Torte spritzen.
- Nach Belieben Marzipanrosen, Zuckerblümchen und Gold- oder Silberperlen mit Guß auf die Torte kleben und trocknen lassen.

Ofentemperatur: 170 °C
Einschubhöhe: unten
Backzeit: jeweils 60–75 Minuten

Die Vollwert-Backstube

Vollkornmehle, Haferflocken, Rohzucker, Honig, Nüsse, Samen – alles Zutaten, die einen hohen Anteil an Ballaststoffen, Vitaminen und Mineralstoffen enthalten. Ein guter Grund, öfter Vollwertgebäck auf die Kaffeetafel zu bringen.

Würzige Mohnküchlein

BISKUITMASSE • 1 MULTIFORM = 10–12 STÜCK

Für die Biskuitmasse (S. 88)
50 g kleingehacktes Orangeat
50 g kleingehacktes Zitronat
2 EL Rum
250 g Schlagsahne, 2 EL Wasser
125 g frisch gemahlener Mohn
3 Eier
50 g flüssiger Honig
50 g brauner Rohzucker
125 g feines Weizenvollkornmehl Type 1700
1 Päckchen Vanillesoßenpulver
1 TL Weinsteinbackpulver
100 g grobgehackte Walnußkerne
1 Prise Salz
1/4 TL feingemahlener Ingwer
1/2 TL feingemahlener Zimt
1/2 TL feingeriebene unbehandelte Zitronenschale
Butter oder Margarine zum Einfetten

Für die Garnitur
4 EL Puderzucker, 1 EL Arrak
10–12 halbierte Walnußkerne

• Die Multiform sorgfältig einfetten, und den Ofen vorheizen.
• Das Orangeat und Zitronat mit dem Rum beträufeln.
• Die Sahne mit dem Wasser aufkochen und über den frisch gemahlenen Mohn gießen.
• Die Eier mit Honig und Zucker mit den Schneebesen 4–5 Minuten schlagen.
• Das Mehl mit Soßenpulver und Backpulver sieben, alle anderen Zutaten der Reihe nach hinzufügen und mit allen Gewürzen und der Mohnmasse darunterrühren.
• Die Masse bis etwa 1 cm unterhalb des Randes in die Formen geben, backen und die Küchlein ungefähr 3 Minuten danach herauslösen.
• Den Puderzucker mit Arrak zu einem ziemlich dicken Guß verrühren, jeweils einen Klecks auf die Küchlein geben, und die Walnußkerne darauf drücken.

Ofentemperatur: 180 °C
Einschubhöhe: Mitte
Backzeit: 25–35 Minuten

Vollkornwaffeln mit Quark

RÜHRTEIG • 1 HERZCHENWAFFELEISEN = ETWA 8 STÜCK

Für den Rührteig (S. 74)
100 g Butter oder Diätmargarine
2 EL flüssiger Honig
3 Eier
150 g Sahnequark
50 g feingehackte Walnüsse
1 Päckchen Vanillezucker
1 TL Weinsteinbackpulver
1 Prise Salz
100 g feines Weizenvollkornmehl Type 1700
80 g Weizenmehl Type 405
125 ml Milch
Puderzucker zum Bestauben
Speckschwarte oder Butter zum Einfetten

• Für den Rührteig die zimmerwarmen Zutaten 4–5 Minuten mit den Rührbesen des Elektroquirls oder der Küchenmaschine schaumig schlagen und 10–15 Minuten quellen lassen.
• Das Waffeleisen vorheizen und dann gründlich einfetten.

- Je 2 kleine Schöpfkellen Teig in der Form verteilen, das Eisen fest schließen, dann die Waffel hellbraun backen und zuckern.

Backzeit: je 4–5 Minuten

Variationen:
Ersetzen Sie die Mehlkombination durch je 60 g Weizenmehl der Typen 405 und 1700 und 60 g feine Haferflocken und die Walnüsse durch Haselnüsse oder Mandeln.

Hinweise:
Zu den Waffeln schmeckt Orangenkonfitüre oder Orangensalat und Schlagsahne. Verfeinern Sie die Sahne mit Orangenschale, Zucker und gerösteten Mandelblättchen.

Buchweizenwaffeln

x einfach
x schnell
x preiswert
x gefriergeeignet

RÜHRTEIG • 1 HERZCHENWAFFELEISEN = ETWA 12 STÜCK

Für den Rührteig (S. 74)
150 g Butter oder Diätmargarine
2 EL brauner Rohzucker
4 Eier
1 TL feingeriebene
unbehandelte Zitronenschale
oder 1 Päckchen Vanillezucker
125 g Weizenmehl Type 550
125 g feingemahlenes
Buchweizenmehl
1 TL Weinsteinbackpulver
1 Prise Salz
350 ml Buttermilch oder
Mineralwasser
Puderzucker zum Bestauben
Speckschwarte oder Butter
zum Einfetten

- Für den Rührteig die zimmerwarmen Zutaten 4–5 Minuten mit den Rührbesen des Elektroquirls oder der Küchenmaschine schaumig schlagen und 10 Minuten quellen lassen.
- Das Waffeleisen vorheizen und dann großzügig fetten, dabei besonders die Vertiefungen berücksichtigen.
- 2 kleine Schöpfkellen Teig hineingeben, und das Eisen fest schließen.
- Die Waffel in 3½–4 Minuten goldbraun backen, aus dem Waffeleisen nehmen und mit Puderzucker bestauben.
- Den Rest des Teiges genauso verarbeiten, und die Waffeln am besten frisch servieren.

Backzeit: je 3½–4 Minuten

Hinweis:
Zu Buchweizenwaffeln paßt Quark mit Heidelbeer- oder Preiselbeerkompott besonders gut.

Hätten Sie's gewußt?
Bei Buchweizen handelt es sich um die Samen eines Knöterichgewächses. Durch Kombination mit Weizenmehl und Eiern werden die Backeigenschaften des kleberfreien Buchweizenmehles verbessert.

Buchweizenwaffeln

Vollkornwaffeln mit Quark

Möhrenkuchen mit Walnüssen

✗ einfach
✗ schnell
✗ gefriergeeignet

RÜHRTEIG • 1 KASTENFORM (30 CM LÄNGE) = 15–20 SCHEIBEN

Für den Rührteig (S. 74)
400 g geputzte Möhren
4 Eier
250 ml Öl, z. B. Sonnenblumenöl
250 g brauner Rohzucker
1 TL feingeriebene
unbehandelte Orangenschale
1 TL feingeriebene
unbehandelte Zitronenschale
¼ TL feingemahlener Zimt
1 Prise feingeriebene Muskatnuß
4 EL Weizenmehl Type 405
150 g zarte Haferflocken
2 TL Weinsteinbackpulver
1 Prise Salz
125 g grobgehackte Walnußkerne
Puderzucker zum Bestauben
Backpapier oder Butter
bzw. Margarine zum Einfetten

- Die Kastenform innen befeuchten und mit Backpapier auskleiden oder einfetten.
- Den Ofen vorheizen.
- Die Möhren fein reiben.
- Die Eier teilen, die Eiweiße steifschlagen und kühl stellen.
- Das Öl mit Zucker, Eigelben und Gewürzen 4–5 Minuten mit den Rührbesen des Elektroquirls oder der Küchenmaschine schaumig schlagen.
- Das Mehl mit Haferflocken, Backpulver und Salz vermengen und unter die Eischaummasse mischen, dann die Möhren mit den Walnüssen und schließlich den Eischnee unterheben.
- Den Teig in die Kastenform geben, die Oberfläche glattstreichen, der Länge nach mit dem Messer einritzen, und den Teig backen. Falls die Oberfläche zu stark bräunt, zwischendurch mit Backpapier abdecken. Die Garprobe mit dem Hölzchen machen.
- 30 Minuten nach dem Backen den Kuchen aus dem Ofen nehmen, vom Rand der Form lösen, auf ein Kuchengitter gleiten lassen und mit Puderzucker bestauben.

Ofentemperatur: 160 °C
Einschubhöhe: unten
Backzeit: etwa 2 Stunden

Variation:
Nachdem Sie den Teig etwa 90 Minuten in einer Springform mit 24 cm Ø gebacken haben, verrühren Sie am folgenden Tag 40 g zimmerwarme Butter mit 200 g Doppelrahmfrischkäse, 2–3 EL flüssigem Honig und 200 g abgetropften zerkleinerten Ananaswürfeln. Die Masse auf den Kuchen streichen und mit Ananaswürfeln garnieren.
Gut zu wissen:
Wenn Sie die Eier nicht trennen, gewinnen Sie Zeit, doch wird der Kuchen dann etwas kompakter.

DIE VOLLWERT-BACKSTUBE 409

Müslikuchen

- einfach
- schnell
- preiswert
- gefriergeeignet

RÜHRTEIG • 1 KASTENFORM (25 CM LÄNGE) = 12–16 SCHEIBEN

Für den Rührteig (S. 74)
3 EL Öl, z. B. Sonnenblumenöl
125 g brauner Rohzucker
3 Eier
50 g Weizenmehl Type 405
100 g feines Weizenvollkornmehl Type 1700
150 g Müslimischung
2 TL Weinsteinbackpulver
1 Prise Salz
100 ml Milch oder Buttermilch
Backpapier oder Butter bzw. Margarine zum Einfetten

Für den Guß
2 EL brauner Rohzucker
2 EL Rum
2 EL Zitronensaft

- Die Kastenform innen befeuchten und mit Backpapier auskleiden oder einfetten.
- Den Ofen vorheizen.
- Aus den Zutaten wie links beschrieben einen Rührteig herstellen.
- Den Teig in die Kastenform geben, die Oberfläche glätten, und den Kuchen backen. Unbedingt die Garprobe machen, anschließend den fertiggebackenen Kuchen aus dem Ofen nehmen.
- Für den Guß den Rohzucker mit dem Rum erhitzen, bis der Zucker geschmolzen ist, dann den Zitronensaft zufügen.
- Den Kuchen einstechen, den Guß behutsam nach und nach darüber träufeln, und den Kuchen erst dann aus der Form lösen.

Ofentemperatur: 180 °C
Einschubhöhe: unten
Backzeit: 50–60 Minuten

Variation:
Für Müslischnitten streichen Sie die doppelte Teigmenge in die Fettpfanne, backen den Teig 30–35 Minuten und überziehen dann den Kuchen mit Honigschokoladenguß. Dafür 100 g Honigschokolade über einem Wasserbad schmelzen (S. 38).

Festliche Rüblitorte

BISKUITMASSE • 1 SPRINGFORM (24 CM ⌀) = 12 STÜCKE

Für die Biskuitmasse (S. 88)
300 g geputzte Möhren
250 g brauner Rohzucker
5 Eier
1 EL Arrak
1 TL feingeriebene
unbehandelte Zitronenschale
300 g gemahlene ungeschälte
Mandeln
60 g Weizenmehl Type 1050
1 TL Weinsteinbackpulver
1 Prise Salz
Backpapier oder Butter
bzw. Margarine zum Einfetten

Für den Guß und die Garnitur
300 g Puderzucker
3–4 EL Zitronensaft
50 g geröstete Mandelblättchen
125 g Marzipanrohmasse
etwas Möhrensaft
12 geschälte Pistazienkerne

- Den Boden der Springform befeuchten und mit Backpapier belegen oder einfetten.
- Den Ofen vorheizen.
- Die Möhren auf der Rohkostreibe möglichst fein reiben.
- Zucker und Eier 4–5 Minuten mit den Schneebesen des Elektroquirls oder der Küchenmaschine schaumig schlagen, und die Möhren daruntergeben.
- Erst Arrak mit Zitronenschale und Mandeln, dann Mehl mit Backpulver und Salz vermengen und jeweils darunterrühren.
- Den Teig in die Form geben, die Oberfläche glattstreichen.
- Den Kuchen im Ofen backen, 3 Minuten danach vom Rand der Springform lösen und auf einem Kuchengitter auskühlen lassen.
- Erst nach dem völligen Auskühlen und möglichst kurz vor dem Verzehr 200 g Puderzucker mit dem Zitronensaft glattrühren und über die Torte gießen.
- Die Mandelblättchen auf den Tortenrand drücken.

- Die Marzipanrohmasse mit dem Puderzucker und etwas frischem Möhrensaft verkneten.
- Die Pistazien in schmale Stifte schneiden.
- Aus der Marzipanmasse kleine Möhren modellieren, mit grünen Blättchen aus Pistazien garnieren und auf die Torte legen.

Ofentemperatur: 180 °C
Einschubhöhe: Mitte
Backzeit: 55–65 Minuten

Variationen:
Wenn Sie die Möhren gegen grobgeriebenen Kürbis oder feingeriebene Zucchini austauschen, schmeckt der Kuchen ebenfalls vorzüglich.

In eiligen Fällen garnieren Sie die Torte nur mit feinen Zitronenzesten.
Gut zu wissen:
Die Torte schmeckt 2–3 Tage nach dem Backen am besten und bleibt mehrere Tage angenehm feucht. Die Deckkraft vom Guß ist stärker, wenn Sie 1 EL Zitronensaft gegen Eiweiß austauschen.

Vollwertobstkuchen mit Sahneguß

✗ einfach
✗ schnell
✗ preiswert
✗ gefriergeeignet

HEFETEIG • 1 FETTPFANNE = 20–25 STÜCKE

Für den Hefeteig (S. 80)
2 EL Öl, z. B. Sojaöl
½ TL Salz
100 g Weizenmehl Type 405
300 g feines Weizenvollkornmehl Type 1700
100–150 ml Milch
1 Würfel Hefe (42 g) oder 2 Päckchen Trockenhefe
2 EL Honig
1 TL feingeriebene unbehandelte Zitronenschale
2 Eier
Backpapier oder Butter bzw. Margarine zum Einfetten

Für den Belag und den Guß
100 g Mandelblättchen
50 g Paniermehl
1–1,2 kg Äpfel, Aprikosen, Heidelbeeren, Johannisbeeren, Kirschen, Rhabarber, Stachelbeeren oder Zwetschgen (nach Belieben eine Sorte oder mehrere Sorten gemischt)
200 g Schlagsahne
2 EL Zucker
2 Eier, 2 EL Cognac
½ TL feingeriebene unbehandelte Zitronenschale

- Für den Hefeteig Öl, Salz und Mehl in eine Schüssel geben.
- Die lauwarme Milch mit Hefe, Honig, Zitronenschale und Eiern verschlagen und dazugießen.
- Alle Zutaten mit den Knethaken des Elektroquirls oder der Küchenmaschine in 4–5 Minuten zu einem geschmeidigen Hefeteig vermengen, noch kurz durchkneten und dann befeuchtet und zugedeckt an warmer Stelle ungefähr 30 Minuten bis zum doppelten Volumen gehen lassen.
- Die Fettpfanne befeuchten und mit Backpapier belegen oder einfetten.
- Den Teig ausrollen, in die Fettpfanne geben und einen Rand hochziehen. Einige Male einstechen und mit der Hälfte der Mandelblättchen und dem Paniermehl bestreuen.
- Die Früchte vorbereiten und in Streifen auf dem Teig verteilen.
- Für den Guß die Sahne mit Zucker, Eiern, Cognac und Zitronenschale verschlagen, über die Früchte gießen, und die restlichen Mandelblättchen darauf verteilen.
- Den Teig wieder etwa 30 Minuten gehen lassen, den Ofen vorheizen, den Kuchen backen.

Ofentemperatur: 200 °C
Einschubhöhe: Mitte
Backzeit: 40–50 Minuten

Vollwertapfelkuchen mit Guß

- einfach
- schnell
- preiswert
- gefriergeeignet

RÜHRTEIG • 1 SPRINGFORM (26–28 CM Ø) = 12 STÜCKE

Für den Rührteig (S. 74)
125 g Butter oder Diätmargarine
125 g flüssiger Honig
2 Eier
125 g Magerquark
100 g Schlagsahne
je 125 g Weizenmehl Type 405 und feines Weizenvollkornmehl Type 1700
2 TL Weinsteinbackpulver
1 Prise Salz
100 g gemahlene ungeschälte Mandeln oder Nußkerne
½ TL feingeriebene unbehandelte Zitronenschale
2–3 EL Milch, nach Bedarf
Backpapier oder Butter bzw. Margarine zum Einfetten

Für den Belag
750–1000 g Äpfel, z. B. Boskoop
3–4 EL Zitronensaft

Für den Guß und die Garnitur
200 g Joghurt oder Sahne
2 Eier
100 g kleingehackte geschälte Mandeln oder Nußkerne
1 EL flüssiger Honig
Puderzucker zum Bestauben

- Den Boden der Springform befeuchten und mit Backpapier belegen oder einfetten.
- Den Ofen vorheizen.
- Für den Rührteig das Fett mit Honig, Eiern, Quark und Sahne mit den Rührbesen des Elektroquirls oder der Küchenmaschine in etwa 4–5 Minuten schaumig schlagen.
- Mehl und Backpulver mit Salz mischen und mit den Mandeln oder Nüssen und der Zitronenschale in die Masse geben.
- Nach Bedarf Milch unterrühren, bis der Teig schwer reißend vom Löffel fällt.
- Den Teig in die Form geben und mit der Teigkarte glätten.
- Die Äpfel schälen, halbieren und entkernen. Die Rundungen einritzen, und die Früchte mit Zitronensaft benetzen. Die Äpfel sehr dicht mit der Rundung nach oben in den Teig drücken; den Kuchen 25–35 Minuten backen.
- Den Joghurt oder die Sahne mit Eiern, Mandeln oder Nüssen und Honig verschlagen, dann auf den Kuchen gießen und diesen weitere 20–25 Minuten backen.
- Den fertiggebackenen Kuchen auf einem Gitter auskühlen lassen und vor dem Schneiden mit Puderzucker bestauben.

Ofentemperatur: 180 °C
Einschubhöhe: unten
Backzeit: 25–35 Minuten
und
Ofentemperatur: 180 °C
Einschubhöhe: unten
Backzeit: 20–25 Minuten

Variationen:
Den Teig können Sie durch 2 EL kleingehackten kandierten Ingwer oder 1 TL feingeriebene unbehandelte Orangenschale oder Zimt geschmacklich verändern.

Vollwertapfelkuchen mit Nüssen

x einfach
x schnell

RÜHRTEIG • 1 SPRINGFORM (26–28 CM ⌀) = 12 STÜCKE

Für den Rührteig (S. 74)
Zutaten wie für den Vollwertapfelkuchen mit Guß (siehe links)

Für den Belag und die Garnitur
750–1000 g Äpfel, z. B. Boskoop
3–4 EL Zitronensaft
150 g gemahlene Haselnußkerne
1 EL brauner Rohzucker
½ TL feingemahlener Zimt
3 Eiweiß
Puderzucker zum Bestauben

- Wie links beschrieben die Form vorbereiten, den Ofen vorheizen.
- Den Rührteig wie links zubereiten, dabei nach Belieben 2 Eier durch 3 Eigelbe und 2–3 EL Milch oder Wasser austauschen.
- Den Teig in die Form geben und mit der Teigkarte glätten.
- Für den Belag die Äpfel schälen, um das Kernhaus herum grob reiben und mit Zitronensaft, Nüssen, Zucker und Zimt vermischen.
- Die Eiweiße steifschlagen und unter die Apfelmasse heben.
- Die Masse auf dem Kuchenteig verteilen, und den Teig im Ofen goldbraun backen.
- Den fertiggebackenen Kuchen auf einem Kuchengitter auskühlen lassen, dann mit Puderzucker bestauben.

Ofentemperatur: 180 °C
Einschubhöhe: unten
Backzeit: 45–55 Minuten

Variationen:
Tauschen Sie den Teig zur Abwechslung gegen eine Sandkuchenmasse aus 200 g Butter oder Diätmargarine, 200 g Zucker, 4 Eiern und je 100 g Weizenmehl der Typen 405 und 1700 aus, oder geben Sie wahlweise je 1 TL Ingwer, Orangenschale oder Zimt an den Teig.
Wer den Kuchen weniger kompakt und obstreicher liebt, streicht den Teig auf die Fettpfanne und gibt die doppelte Menge Belag darauf. Ebensogut können Sie den Teig auf der Fettpfanne zur einen Hälfte wie hier beschrieben, zur anderen wie auf der linken Seite belegen. Dann bekommen Sie 9–12 rechteckige Stücke Kuchen von jeder Sorte.

Birnenkuchen mit Dinkelstreusel

RÜHRTEIG • 1 SPRINGFORM (26–28 CM ⌀) = 12 STÜCKE

Für den Rührteig (S. 74)
150 g Butter oder Diätmargarine
100 g brauner Rohzucker
3 Eier
50 g frisch gemahlenes Dinkelmehl
125 g zarte Haferflocken
1½ TL Weinsteinbackpulver
1 Prise Salz
½ TL gemahlener Zimt oder Ingwer
Backpapier oder Butter
bzw. Margarine zum Einfetten

Für den Belag und die Garnitur
600–800 g reife Birnen
2–3 EL Zitronensaft
100 g getrocknete Aprikosen
50 g Mandelblättchen
40 g Butter
Puderzucker zum Bestauben

• Den Formboden befeuchten und mit Backpapier belegen oder einfetten. Den Ofen vorheizen.
• Das Fett mit Zucker und Eiern 4–5 Minuten mit den Rührbesen schlagen.
• Das Mehl mit Haferflocken, Backpulver, Salz und Gewürz vermengen und darunterrühren.
• Etwa zwei Drittel des Teiges in die Springform geben, und die Oberfläche glattstreichen.
• Die Birnen schälen, entkernen, in Schnitze schneiden und mit Zitronensaft benetzen.
• Die Aprikosen kleinhacken, unter die Birnen mengen, und die Mischung auf den Teig legen.
• Den Teigrest in Flöckchen auf dem Obst verteilen.
• Die Mandelblättchen darüber streuen, Butterflöckchen darauf setzen, und den Kuchen im Ofen backen.
• 3 Minuten nach dem Backen den Kuchen aus der Form lösen; ausgekühlt leicht mit Puderzucker bestauben.

Ofentemperatur: 180 °C
Einschubhöhe: Mitte
Backzeit: 50–60 Minuten

Variation:
Dieses Rezept können Sie auch mit Äpfeln und Korinthen backen.

Apfelkuchen mit Haferflocken

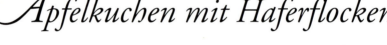

RÜHRTEIG • 1 SPRINGFORM (26–28 CM ⌀) = 12 STÜCKE

Für den Rührteig (S. 74)
125 g zarte Haferflocken
3 Eier
150 g Butter oder Diätmargarine
3–4 EL flüssiger Honig
2 EL gemahlene Haselnußkerne
50 g frisch gemahlenes feines Buchweizenmehl
2 TL Weinsteinbackpulver
1 Prise Salz
Backpapier oder Butter
bzw. Margarine zum Einfetten

Für den Belag und die Garnitur
800–1000 g mürbe Äpfel
2–3 EL Zitronensaft
50 g Sultaninen
40–50 g Mandelblättchen
50 g Butter
Puderzucker zum Bestauben

• Den Boden der Springform befeuchten und mit Backpapier belegen oder einfetten.
• Den Ofen vorheizen.
• Die Haferflocken ohne Fettzugabe in der Bratpfanne unter stetigem Rühren leicht rösten.
• Die Eier trennen, anschließend die Eiweiße steifschlagen und kühl stellen.
• Das Fett mit Honig und Eigelben 4–5 Minuten mit den Rührbesen schaumig schlagen.
• Die Nüsse dazugeben.
• Das Buchweizenmehl mit Backpulver, Salz und den Haferflocken vermengen und abwechselnd mit dem Eischnee darunterrühren.
• Den Teig in die vorbereitete Springform geben, und die Oberfläche glattstreichen.
• Die Äpfel schälen, vierteln, entkernen, in Schnitze schneiden, mit Zitronensaft benetzen und auf den Teig legen.
• Sultaninen und Mandelblättchen darüber streuen, Butterflöckchen darauf setzen, und den Kuchen backen, dabei die Oberfläche nach 30 Minuten abdecken.
• 3 Minuten nach dem Backen den Kuchen vom Rand lösen, auf einem Gitter auskühlen lassen; dann mit Puderzucker bestauben.

Ofentemperatur: 180 °C
Einschubhöhe: Mitte
Backzeit: 50–60 Minuten

Haferflockentorte mit Johannisbeeren

RÜHRTEIG • 1 SPRINGFORM (24 CM ⌀) = 12 STÜCKE

Für den Rührteig (S. 74)
100 g Sultaninen
3 EL Rum
120 g Butter oder Diätmargarine
200 g kernige Haferflocken
200 g zarte Haferflocken
2 EL Weizenmehl Type 550 oder 1050
2 Päckchen Weinsteinbackpulver
1 Prise Salz
150 g brauner Rohzucker
2 Eier
1 Päckchen Vanillezucker
250 ml Milch
Backpapier oder Butter bzw. Margarine zum Einfetten

Für die Füllung und die Garnitur
3 EL brauner Rohzucker
20 g Butter oder Diätmargarine
4 EL kernige Haferflocken
150 g Johannisbeerkonfitüre
500 g Schlagsahne
1 Päckchen Vanillezucker
400 g Johannisbeeren
2 EL kleingehackte Pistazienkerne

- Den Boden der Springform befeuchten und mit Backpapier belegen oder einfetten.
- Die Sultaninen mit Rum begießen und quellen lassen.
- 20 g Fett schmelzen, die kernigen Haferflocken darin unter stetigem Rühren nicht zu dunkel rösten, dann auskühlen lassen.
- Den Ofen vorheizen.
- Für den Rührteig die restlichen zimmerwarmen Zutaten in eine Schüssel geben und 3–4 Minuten mit den Rührbesen des Elektroquirls oder der Küchenmaschine schlagen.
- Sultaninen und die ausgekühlten Haferflocken hinzufügen.
- Den Teig in die Form füllen, glattstreichen und backen, dabei unbedingt die Garprobe machen.
- 3 Minuten nach dem Ende der Backzeit den Springformrand lösen, und den Kuchen umgekehrt auf einem Kuchengitter und mit dem Formboden bedeckt über Nacht kühl stellen.
- 1 EL Rohzucker mit Butter unter Rühren in der Pfanne hell karamelisieren, die Haferflocken darin rösten, dann kühlen.
- Den Kuchen waagrecht durchschneiden und 1 Boden dick mit der Konfitüre bestreichen.
- Die Sahne steifschlagen, mit 2 EL Rohzucker und Vanillezucker abschmecken und etwas davon in einen Spritzbeutel geben.
- Die Johannisbeeren waschen, trocknen, abstreifen und bis auf einige Beeren für die Garnitur mit der Hälfte der Sahne vermengen, dann auf dem Kuchen verteilen.
- Den zweiten Tortenboden in Segmente schneiden, darauf legen, und die Torte außen dünn mit Sahne bestreichen, so daß die Schnittstellen durchschimmern.
- Die gerösteten Haferflocken auf den Rand der Torte drücken.
- Mit großer Sterntülle Sahnelocken aufspritzen und die Torte mit Pistazien und Johannisbeeren garnieren.

Ofentemperatur: 180 °C
Einschubhöhe: unten
Backzeit: 60–70 Minuten

Buchweizentorte

RÜHRTEIG • 1 SPRINGFORM (24 CM ⌀) = 12 STÜCKE

Für den Rührteig (S. 74)
6 Eier
250 g Butter oder Diätmargarine
125 g brauner Rohzucker
200 g gemahlene
ungeschälte Mandeln
1 Päckchen Vanillezucker
2 EL Cognac oder Rum
250 g mittelfeines Buchweizenmehl
1 TL Weinsteinbackpulver
1 Prise Salz
Backpapier oder Butter
bzw. Margarine zum Einfetten

Für die Füllung und die Garnitur
450 g Preiselbeerkompott
600 g Schlagsahne
2–3 EL flüssiger Honig
Mark von ¼ Vanilleschote
2 EL kleingehackte Pistazienkerne

- Den Boden der Springform befeuchten und mit Backpapier belegen oder sehr sorgfältig einfetten.
- Den Ofen vorheizen.
- Für den Rührteig die Eier teilen, die Eiweiße zu Schnee schlagen und kühl stellen.
- Das zimmerwarme Fett mit Zucker und Eigelben 4–5 Minuten mit den Rührbesen des Elektroquirls oder der Küchenmaschine schaumig schlagen.
- Die Mandeln, Vanillezucker, Cognac oder Rum, Buchweizenmehl, Backpulver und Salz nacheinander unter die Masse rühren und die Eiweiße darunterheben.
- Den Teig in die Springform geben, die Oberfläche glattstreichen, und den Kuchen backen.
- Den Kuchen vom Formrand lösen und über Nacht auf einem Kuchengitter auskühlen lassen.

- Die Beeren abtropfen lassen.
- Für die Füllung die Sahne steifschlagen und mit Honig und Vanillemark abschmecken. Etwas davon für die Garnitur in einen Spritzbeutel geben und kühlen.
- Den Kuchen waagrecht teilen. Den weniger schönen Boden auf eine Tortenplatte heben, und einen Tortenring herumlegen.
- Die Preiselbeeren bis auf 3 EL mit der Hälfte der verbliebenen Sahne vermengen und auf den Kuchen streichen. Wahlweise erst Preiselbeeren und dann Schlagsahne auf den Kuchen geben.
- Den zweiten Boden in 12 Stücke schneiden, darauf legen und mit einem Brettchen andrücken.

- Den Tortenring entfernen, und einen Ring oder Trichter auflegen.
- Den Kuchen außerhalb des Geräts dünn mit Sahne bestreichen.
- Die ausgesparte Mitte der Torte mit Preiselbeeren belegen.
- Das Gerät abnehmen, Sahnetupfen aufspritzen, diese sowie den Tortenrand mit Pistazien bestreuen.

Ofentemperatur: 180 °C
Einschubhöhe: unten
Backzeit: 55–65 Minuten

Hinweis:
Wenn Sie die Torte nicht bald essen, geben Sie etwas Sahnefestiger oder Sofortgelatine in die Sahne.

Vollkornkuchen mit Quark

MÜRBETEIG • 1 SPRINGFORM (26 CM ∅) = 12 STÜCKE

Für den Mürbeteig (S. 84)
100 g Weizenmehl Type 405
100 g feines Weizenvollkornmehl Type 1700
50 g Hirsemehl
1 Prise Salz
125 g Butter
oder Diätmargarine
50 g brauner Rohzucker
3 Eigelb
2–3 EL Wasser, nach Bedarf
Backpapier oder Butter
bzw. Margarine zum Einfetten
Hülsenfrüchte
zum Blindbacken

Für die Füllung
1 kg Magerquark oder Schichtkäse
4 EL Öl, z. B. Sojaöl
100 g flüssiger Honig
5 Eier
100 g Sultaninen
100 g kleingehackte Mandeln
1 TL feingeriebene
unbehandelte Zitronenschale

• Den Magerquark oder Schichtkäse über Nacht abtropfen lassen.
• Für den Mürbeteig die kühlen Teigzutaten knapp 1 Minute mit den Knethaken des Elektroquirls oder der Küchenmaschine vermengen, dann zu einem Kloß verkneten, flach drücken und eingepackt 20 Minuten kühl stellen.
• Den Boden der Springform befeuchten und mit Backpapier belegen oder einfetten.
• Den Ofen vorheizen.
• Mit dem Teig den Boden und einen etwa 3 cm hohen Rand der Springform auskleiden, einige Male einstechen und kurz kühlen.
• Den Teigboden mit Backpapier und Hülsenfrüchten bedecken

Kartoffeltorte

Vollkornkuchen mit Quark

und 10–12 Minuten blindbacken, dann den Kuchen herausnehmen, die Ofentemperatur reduzieren, und die Hülsenfrüchte und das Papier entfernen.
• Für die Füllung 750 g Quark oder Schichtkäse abwiegen, den Rest anderweitig verwenden. Den Quark durchsieben und mit dem Öl, dem Honig und den Eiern verschlagen.
• Sultaninen, Mandeln und Zitronenschale daruntermischen, und die Füllung mit einer Teigkarte auf dem Kuchen glattstreichen.
• Die Form einige Male auf die Arbeitsplatte stoßen, und die Torte wieder in den Ofen schieben.
• Nach 20 Minuten die Quarkmasse mit einem scharfen Messer mit glatter Klinge innen vom Teigrand schneiden.
• Die Torte schnell wieder in den Ofen schieben, dabei unbedingt Zugluft vermeiden. Der Quark steigt ein zweites Mal auf.
• Die Garprobe machen, und die Torte im Ofen auskühlen lassen.

Ofentemperatur: 180 °C
Einschubhöhe: Mitte
Backzeit: 10–12 Minuten
und
Ofentemperatur: 160 °C
Einschubhöhe: Mitte
Backzeit: 65–75 Minuten

Kartoffeltorte

RÜHRTEIG • 1 SPRINGFORM (26 CM ⌀) = 12 STÜCKE

Für den Rührteig (S. 74)
250 g gegarte Kartoffeln
20 g Butter oder Diätmargarine
200 g brauner Rohzucker
3 Eier
50 g gemahlene Haselnußkerne
2–3 Tropfen Bittermandelaroma
1 EL Weizenvollkornmehl Type 1700
1 TL Weinsteinbackpulver
1 Prise Salz
Backpapier oder Butter bzw. Margarine zum Einfetten und Paniermehl zum Bestreuen

Für die Füllung und die Garnitur
250–300 g Sauerkirschkonfitüre
200 g Marzipanrohmasse
150 g Puderzucker
1 TL Rosenwasser
200 g helle Honigschokolade
20 g Kokosfett
30 g dunkle Honigschokolade

• Die gegarten Kartoffeln noch warm durch die Presse drücken oder durch ein Sieb streichen und zugedeckt über Nacht kühl stellen.
• Den Boden der Springform befeuchten und mit Backpapier belegen oder einfetten und dick mit Paniermehl bestreuen.
• Den Ofen vorheizen.
• Die Kartoffeln mit zimmerwarmem Fett, Zucker und Eiern 4–5 Minuten mit den Rührbesen des Elektroquirls oder der Küchenmaschine schaumig schlagen.
• Die restlichen Zutaten vermengen und hinzufügen.
• Den Teig in die Form geben, dabei die Oberfläche glattstreichen; backen.
• Die Garprobe machen, und 3 Minuten danach den Kuchen vom Springformrand lösen.
• Den Kuchen auf einem Gitter weitere 15 Minuten auskühlen lassen, auf eine Tortenplatte stürzen und völlig auskühlen lassen.
• Den Kuchen waagrecht aufschneiden, mit gut zwei Drittel der Konfitüre füllen und wieder zusammensetzen.
• Die restliche Konfitüre durch ein Sieb streichen, erwärmen, und die Oberfläche der Torte damit bestreichen.
• Das Marzipan kühlen, reiben, mit Puderzucker und Rosenwasser sorgfältig verkneten und zwischen 2 Lagen Backpapier ungefähr 7 cm größer als die Torte ausrollen, dabei das Papier ab und zu hochnehmen, damit es keine Falten wirft.
• Das obere Papier entfernen, und das Marzipan mit Hilfe des unteren Papiers auf die Torte legen, oben mit der Teigrolle und am Rand mit einem Glas andrücken. Das zweite Papier entfernen, und die überstehenden Marzipanränder abschneiden.
• Die helle Schokolade mit dem Kokosfett schmelzen (S. 38), auf die Torte gießen und verlaufen lassen, dann vorsichtig mit einer Winkelpalette mit glatter Klinge verstreichen.
• Die dunkle Honigschokolade in einem verschlossenen Gefrierbeutel schmelzen, eine Spitze des Beutels etwas abschneiden, und die Schokolade mit Zickzackbewegungen in verschiedenen Richtungen auf der Torte verteilen.
• Die Torte kühl stellen und schließlich mit einem heißen Messer schneiden.

Ofentemperatur: 180 °C
Einschubhöhe: Mitte
Backzeit: 25–35 Minuten

Pumpernickelkuchen

- einfach
- schnell
- preiswert
- gefriergeeignet

RÜHRTEIG • 1 SPRINGFORM (26 CM ⌀) = 12–14 STÜCKE

Für den Rührteig (S. 74)
100 g getrocknete Aprikosen
200 g abgelagerter Pumpernickel
150 ml dunkler Rotwein
6 Eier
200 g Butter oder Margarine
100 g flüssiger Honig oder Zucker
100 g gemahlene Mandeln
2 EL Aprikosenlikör
oder Aprikosenschnaps
1/2 TL frisch geriebener Ingwer
1 TL feingeriebene
unbehandelte Orangenschale
3 EL frisch gepreßter Orangensaft
1/2 TL feingemahlener Zimt
100 g mittelfeines Weizenvollkornschrotmehl Type 1700
1 TL Weinsteinbackpulver
1 Prise Salz
Puderzucker zum Bestauben
Backpapier oder Butter
bzw. Margarine zum Einfetten

- Die Aprikosen grob zerschneiden, und die Hälfte des Pumpernickels zerkrümeln.
- Beides mischen und mit Rotwein bedeckt in 2–3 Minuten im Mikrowellengerät oder über Nacht in der Küche quellen lassen.
- Den Ofen vorheizen.
- Den Rest des Pumpernickels ebenfalls zerbröseln und im Ofen 20–30 Minuten trocknen.
- Die Brösel abkühlen lassen, und dann die Ofentemperatur erhöhen.
- Den Boden der Springform befeuchten und mit Backpapier belegen oder einfetten.
- Die Eier trennen, die Eiweiße steifschlagen und kühl stellen.
- Das zimmerwarme Fett mit dem Honig oder Zucker und den Eigelben in einer Schüssel 4–5 Minuten mit den Rührbesen des Elektroquirls oder der Küchenmaschine schaumig schlagen.
- Die Mandeln, den Aprikosenlikör oder -schnaps, den Ingwer, Orangenschale und -saft sowie den Zimt dazugeben.
- Das Schrotmehl mit dem Backpulver und dem Salz vermengen und darunterrühren.
- Die getrockneten Pumpernickelbrösel und das Pumpernickel-Aprikosen-Gemisch in die Masse geben, dann den Eischnee vorsichtig unterheben.
- Den Teig in die Springform füllen, glattstreichen und 40–45 Minuten backen.
- Den Kuchen etwa 3 Minuten nach Ende der Backzeit aus dem Ofen nehmen und vom Rand der Form lösen.

- Das Gebäck auf einem Kuchengitter weitere 15 Minuten auskühlen lassen.
- Den Kuchen erst dann auf die Tortenplatte heben und nach dem völligen Auskühlen mit Puderzucker bestauben.

Ofentemperatur: 100 °C
Einschubhöhe: unten
Trockenzeit: 20–30 Minuten
und
Ofentemperatur: 180 °C
Einschubhöhe: unten
Backzeit: 40–45 Minuten

Variationen:
Tauschen Sie die Aprikosen gegen getrocknete Äpfel, Birnen oder entsteinte Backpflaumen aus, und wählen Sie dazu den entsprechenden Alkohol wie Apfelschnaps, Birnengeist oder Pflaumenschnaps.

Mokkavollwerttorte

RÜHRTEIG • 1 SPRINGFORM (24 CM ⌀) = 10–12 STÜCKE

Für den Rührteig (S. 74)
4 Eier
200 g Butter oder Diätmargarine
150 g brauner Rohzucker
2 EL dunkler Rübensirup
2 EL sehr starker Kaffee
1 EL Instantkaffee
250 g Weizenmehl Type 405
125 g mittelfeines oder grobes Weizenvollkornmehl Type 1700
1 Päckchen Weinsteinbackpulver
1 Prise Salz
Backpapier oder Butter bzw. Margarine zum Einfetten

Für die Garnitur
300 g Schlagsahne
2–3 EL brauner Rohzucker
1 TL Instantkaffee
50 g geröstete, kleingehackte geschälte Mandeln
1 TL Puderzucker
½ TL Instantkaffee

- Den Boden der Springform befeuchten und mit Backpapier auskleiden oder einfetten.
- Den Ofen vorheizen.
- Die Eier trennen, die Eiweiße steifschlagen und kühl stellen.
- Die Butter oder Margarine mit Rohzucker, Eigelben, Rübensirup, Kaffee und Instantkaffee 4–5 Minuten mit den Rührbesen des Elektroquirls oder der Küchenmaschine verschlagen.
- Beide Mehlsorten mit Backpulver und Salz mischen, dazugeben, und den Eischnee unterheben.
- Den Teig in die Springform geben, die Oberfläche glattstreichen, und den Kuchen backen.
- Sollte die Oberfläche zu rasch dunkeln, nach der halben Backzeit mit Backpapier abdecken.
- Die Garprobe machen, und 3 Minuten nach Beendigung der Backzeit den Kuchen vom Rand der Form lösen, dann bis zum folgenden Tag umgekehrt auf einem Kuchengitter auskühlen lassen.
- Für die Garnitur die Sahne steifschlagen, mit Rohzucker und Kaffee abschmecken und auf den Kuchen streichen, die gerösteten Mandeln an den Rand drücken.
- Den Puderzucker mit dem Instantkaffee mischen, und eine Schablone auf die Torte legen.
- Die Zucker-Kaffee-Mischung behutsam auf die Mokkavollwerttorte stauben.

Ofentemperatur: 170 °C
Einschubhöhe: unten
Backzeit: 100–120 Minuten

Gut zu wissen:
Mehrfach verwendbare Schablonen zum Garnieren von Torten gibt es zwar fertig im Fachhandel zu kaufen, doch können Sie diese leicht aus etwas dickerem Papier nach Ihren Wünschen, beispielsweise mit Herzchen, schneiden.

Aprikosenplätzchen

x einfach
x schnell
x preiswert
x gefriergeeignet

RÜHRTEIG • 2 BLECHE = 60–70 STÜCK

Für den Rührteig (S. 74)
125 g Butter oder Diätmargarine
125 g brauner Rohzucker
1 Ei
1 Päckchen Vanillezucker
4–6 EL Aprikosen- oder
Orangenlikör, z. B. Grand Marnier
300 g Weizenmehl Type 1050
2 TL Weinsteinbackpulver
1 Prise Salz
80 g getrocknete Aprikosen
40 g Mandelstifte
oder 30–35 g Mandeln
Puderzucker zum Bestauben
Backpapier oder Butter bzw.
Margarine zum Einfetten

• Die Bleche befeuchten und mit Backpapier belegen oder einfetten, und den Ofen vorheizen.
• Für den Rührteig das Fett mit Zucker, Ei, Vanillezucker und Aprikosen- oder Orangenlikör – alles zimmerwarm – mit den Rührbesen des Elektroquirls oder der Küchenmaschine 5 Minuten verschlagen.
• Das Mehl mit Backpulver und Salz vermischen und unterrühren.
• Die Aprikosen kleinhacken und kurz unter den Teig mengen.
• Mit einem Teelöffel im Abstand von 3 cm walnußgroße Teighäufchen auf die Bleche geben.
• Eine Mulde in jedes Plätzchen drücken, Mandelstifte oder je 1 Mandelhälfte hineinlegen.
• Die Plätzchen hell backen und leicht mit Puderzucker bestauben.

Ofentemperatur: 180 °C
Einschubhöhe: Mitte
Backzeit: 12–15 Minuten

Sultaninenplätzchen

x einfach
x schnell
x preiswert
x gefriergeeignet

RÜHRTEIG • 2 BLECHE = 50–60 STÜCK

Für den Rührteig (S. 74)
75 g Butter
oder Diätmargarine
100 g brauner Rohzucker
1 Ei
1 EL Milch
60 g geschälte Sesamsamen
150 g mittelfeines Weizenvollkornmehl Type 1700
½ TL Weinsteinbackpulver
1 Prise Salz
50 g Sultaninen
Backpapier oder Butter
bzw. Margarine zum Einfetten

• Die Bleche befeuchten und mit Backpapier belegen oder einfetten, und den Ofen vorheizen.
• Für den Rührteig Fett, Zucker, Ei, Milch und 50 g Sesamsamen wie oben beschrieben verschlagen.
• Die restlichen Zutaten zufügen, und wie oben beschrieben mit einem Teelöffel walnußgroße Teighäufchen auf die Bleche geben.
• Die Häufchen mit den restlichen Sesamsamen bestreuen, hell backen und auskühlen lassen.

Ofentemperatur: 180 °C
Einschubhöhe: Mitte
Backzeit: 15–17 Minuten

Nußtaler

x einfach
x schnell
x gefriergeeignet

MÜRBETEIG/MAKRONENMASSE • 2 BLECHE = 40–50 STÜCK

Für den Mürbeteig (S. 84)
100 g Haselnußkerne
75 g Weizenmehl Type 550
75 g mittelfeines Weizenvollkornmehl Type 1700
100 g Butter oder Diätmargarine
40 g brauner Rohzucker
1 EL Orangensaft oder Rum
1 Prise Salz
Mark von 1/2 Vanilleschote
Mehl zum Ausformen
Backpapier oder Butter
bzw. Margarine zum Einfetten

Für die Makronenmasse (S. 116)
1 Eiweiß
1 Prise Salz
1 TL Zitronensaft
75 g feiner brauner Rohzucker
75 g gemahlene Haselnußkerne

Für die Garnitur
100 g weiße Honigschokolade

- Die Bleche befeuchten und mit Backpapier belegen oder einfetten.
- Die Haselnüsse rösten (S. 35), die Häutchen auf einem Tuch abreiben, dann die Nüsse mahlen.
- Die gemahlenen Nüsse sowie die anderen Teigzutaten mit den Rührbesen des Elektroquirls oder der Küchenmaschine knapp 1 Minute vermischen, rasch zusammendrücken, in 2–3 Portionen teilen und zugedeckt 20 Minuten kühl stellen.
- Den Teig auf bemehlter Unterlage portionsweise 3–4 mm dick ausrollen.
- Mit möglichst geringem Teigverlust etwa 5 cm große Taler ausstechen und auf die Bleche legen.
- Den Ofen vorheizen.
- Das Eiweiß mit Salz steifschlagen, dann den Zitronensaft und die Hälfte des Zuckers zufügen, und die Masse glänzend schlagen.
- Den übrigen Zucker und die gemahlenen Haselnüsse darunterrühren, dabei soll die Masse schaumig bleiben.
- Die Masse auf die Plätzchen streichen, dann die Taler backen.
- Das Gebäck auf einem Gitter ausgebreitet auskühlen lassen.
- Die Schokolade in einem geschlossenen Gefrierbeutel schmelzen (S. 38), eine Spitze des Beutels abschneiden, und die Taler mit Schokoladenstreifen garnieren.

Ofentemperatur: 180 °C
Einschubhöhe: Mitte
Backzeit: 15–18 Minuten

Nußtaler

Sultaninenplätzchen

Grahamplätzchen

- einfach
- preiswert
- gefriergeeignet

MÜRBETEIG • 2 BLECHE = 50–60 STÜCK

Für den Mürbeteig (S. 84)
300 g Grahammehl Type 1700
150 g Butter oder Diätmargarine
150 g brauner Rohzucker
2 Eier
1 Eiweiß
100 g gemahlene
ungeschälte Mandeln
1 EL Rum
1 Prise Salz
½ TL feingemahlener Zimt
1 TL feingeriebene
unbehandelte Zitronenschale
Mehl zum Ausformen
Backpapier oder Butter
bzw. Margarine zum Einfetten

Für die Garnitur
1 Eigelb
2 EL Wasser
kleingehackte Mandeln
geschälte Sesamsamen
kleingehackte Pistazienkerne

• Die Bleche befeuchten und mit Backpapier belegen oder einfetten.
• Für den Mürbeteig alle Zutaten mit den Rührbesen des Elektroquirls oder der Küchenmaschine knapp 1 Minute vermischen, rasch zusammendrücken, in 2–3 Portionen teilen und zugedeckt 20 Minuten kühl stellen.
• Den Teig auf bemehlter Unterlage portionsweise 3–4 mm dick ausrollen, dann Formen ausstechen und auf die Bleche legen.
• Das Eigelb mit Wasser verschlagen und das Gebäck damit bepinseln, dann mit Mandeln, Sesamsamen und Pistazien bestreuen.
• Den Ofen vorheizen, die Plätzchen backen; auskühlen lassen.

Ofentemperatur: 180 °C
Einschubhöhe: Mitte
Backzeit: 10–12 Minuten

Grahamplätzchen
Liegnitzer Bomben
Honigsterne

DIE VOLLWERT-BACKSTUBE 425

Honigsterne

HONIGKUCHENTEIG • 4–5 BLECHE = 60–80 STÜCK

Für den Honigkuchenteig (S. 108)
100 g dunkler Honig
100 g Zuckerrübensirup
100 g brauner Rohzucker
150 g Butter oder Diätmargarine
300 g feines Weizenvollkornmehl Type 1700
150 g Weizenmehl Type 405
1 Päckchen Weinsteinbackpulver oder Hirschhornsalz
1 TL feingemahlener Ingwer
½ TL feingemahlener Zimt
1 Prise Salz
Mehl zum Ausformen
Backpapier oder Butter bzw. Margarine zum Einfetten

Für die Garnitur
1 Eigelb
2 EL Wasser
Belegkirschen, Mandelblättchen, Kürbiskerne

• Die Bleche befeuchten und mit Backpapier belegen oder einfetten, und den Ofen vorheizen.
• Für den Honigkuchenteig den Honig mit Sirup, Zucker und Fett erwärmen, dann kühl stellen.
• Die übrigen Zutaten mischen – dabei Hirschhornsalz in 1 EL Wasser auflösen –, die Honigmasse hinzufügen und alles mit den Knethaken des Elektroquirls oder der Küchenmaschine vermengen.
• Den Teig wie links beschrieben 4–5 mm dick ausrollen, dann Sterne ausstechen und auf die Bleche legen.
• Das Eigelb mit Wasser verschlagen, die Sterne damit bepinseln, mit Belegkirschen, Mandeln sowie Kürbiskernen garnieren und im Ofen backen.

Ofentemperatur: 180 °C
Einschubhöhe: Mitte
Backzeit: 10–12 Minuten

Liegnitzer Bomben

HONIGKUCHENTEIG • 1 BLECH = 18–20 STÜCK

Für den Honigkuchenteig (S. 108)
150 g dunkler Honig
100 g brauner Rohzucker
60 g Butter oder Diätmargarine
2 Eier
100 g Weizenmehl Type 1050
100 g feines Weizenvollkornmehl Type 1700
1 TL Weinsteinbackpulver
50 g kleingehackte Haselnußkerne
1 TL feingeriebene unbehandelte Orangenschale
2 EL frisch gepreßter Orangensaft
1 Prise Salz
50 g kleingehacktes Zitronat
Backpapier
extra-starke Alufolie
Für die Füllung
1 EL flüssiger Honig
1 EL Orangenkonfitüre
2 EL Orangenlikör, z. B. Cointreau
100 g gemahlene geschälte Mandeln
50 g kleingehackter kandierter Ingwer
Für die Garnitur
100 g Aprikosenkonfitüre
200 g dunkle Honigschokolade
kleingehackte Pistazienkerne

• Das Blech befeuchten und mit Backpapier belegen.
• Den Ofen vorheizen.
• Den Honig mit Zucker und Fett erwärmen, dann auskühlen lassen.
• Die übrigen Zutaten in einer Schüssel vermischen, und die Honigmasse mit den Knethaken des Elektroquirls darunterrühren.
• Aus doppelt gefalteten Streifen Alufolie 5 cm hohe Ringe mit 5 cm Ø formen und mit Heftklammern zusammenstecken, dann auf das Blech setzen und jeweils 1 TL Teig hineingeben.
• Die Zutaten für die Füllung vermengen, auf dem Teig verteilen und 1–2 TL Teig darüber geben.
• Die Bomben möglichst im konventionell beheizten Ofen backen und nach dem Auskühlen vorsichtig aus der Umhüllung lösen.
• Die Konfitüre durchpassieren, erwärmen, das Gebäck damit bepinseln und trocknen lassen.
• Die Schokolade schmelzen (S. 38), darauf geben, und die Pistazien darauf streuen.

Ofentemperatur: 180 °C
Einschubhöhe: Mitte
Backzeit: 30–35 Minuten

Leckeres aus der Diätküche

Wer auf Kohlenhydrate oder Cholesterin achten muß oder keine Mehlprodukte verträgt, findet hier Kuchen, Torten und Plätzchen, die auf seine Bedürfnisse Rücksicht nehmen und trotzdem hervorragend schmecken. Diät halten heißt nicht, daß man auf Gebäck verzichten muß.

Silberkuchen

BISKUITMASSE • 1 SPRINGFORM (22–24 CM ⌀) = 10–12 STÜCKE

- einfach
- schnell
- preiswert

Für die Biskuitmasse (S. 88)
30–40 g Mandelstifte
8 Eiweiß, Gewichtsklasse 3
1 EL Wasser
1 EL Zitronensaft
1 TL gemahlene Weinsteinsäure
125 g feiner Zucker
1 Päckchen Vanillezucker
1 Prise Salz
120 g Weizenmehl Type 405
1 TL Backpulver
Backpapier

Für die Garnitur
Puderzucker zum Bestauben

- Den Boden einer Springform befeuchten und mit Backpapier belegen, auf keinen Fall einfetten.
- Die Hälfte der Mandelstifte auf dem Boden verteilen.
- Den Ofen vorheizen.
- Für die Biskuitmasse die kühlen Eiweiße und Wasser mit den Schneebesen des Elektroquirls oder der Küchenmaschine sehr steif schlagen, dann Zitronensaft und Weinsteinsäure zugeben und weitere 30 Sekunden schlagen.
- Etwa drei Viertel des Zuckers zufügen, und die Baisermasse 3–5 Minuten schlagen, bis sie stark glänzt. Den restlichen Zucker, Vanillezucker und das Salz nur kurz unterschlagen.
- Das Mehl viermal mit dem Backpulver sieben, dann auf die Masse geben und vorsichtig mit einem Teigspatel untermischen, dabei keinesfalls die Luft herausrühren und die Zutaten nicht länger als unbedingt nötig mischen.
- Die Biskuitmasse in die Springform gießen, mit den restlichen Mandelstiften bestreuen, und die Form auf die Arbeitsplatte stoßen.
- Den Silberkuchen backen, die Garprobe machen, dann den Kuchen in der Form auf einem Gitter auskühlen lassen.
- Den Kuchen aus der Form lösen und vor dem Aufschneiden leicht mit Puderzucker bestauben.

Ofentemperatur: 170 °C
Einschubhöhe: Mitte
Backzeit: 35–45 Minuten

Variationen:
Die in England und den USA sehr beliebten Silberkuchen, auch Engelskuchen genannt, bäckt man dort in glattrandigen Napfkuchenformen. Das Wasser können Sie gegen sehr starken Mokka, 1 EL Mehl durch 1 EL dunklen Kakao austauschen. Statt Mehl kann man für den Kuchen auch die gleiche Menge gemahlene geschälte Mandeln nehmen. Den fertigen Kuchen können Sie mit Magerquark überziehen, der mit Vanillezucker und Süßstoff leicht abgeschmeckt und mit etwas Milch verschlagen wurde. Eventuell belegt man den Kuchen dann auch mit Früchten wie Aprikosen, Erdbeeren, Himbeeren, Kirschen oder Pfirsichen.
Hinweise:
Gemahlene Weinsteinsäure bekommen Sie in der Apotheke.
Für Menschen, die auf ihren Cholesterinspiegel achten müssen, ist dieser Kuchen ideal, weil er ohne Eigelb und tierische Fette gebacken wird.
Für Diabetiker tauscht man den Zucker gegen je 45 g Fruchtzucker und Diabetikersüße aus und bäckt den Kuchen in diesem Fall bei einer Ofentemperatur von 150 °C.

Brombeertorte mit Joghurtcreme

BISKUITMASSE • 1 SPRINGFORM (22 CM ⌀) = 8–12 STÜCKE

Für die Biskuitmasse (S. 88)
Halbe Zutatenmenge wie für den Silberkuchen (siehe links), aber ohne Mandelstifte

Für den Belag und die Garnitur
250 g Magerquark
300 g Magerjoghurt
1½–2 TL flüssiger Süßstoff
5 eingeweichte weiße Gelatineblätter
2–3 EL Zitronensaft
1–2 EL Kirschwasser, nach Belieben
400 g frische oder TK-Brombeeren
2 EL Aprikosenkonfitüre
30 g Mandelblättchen

- Wie links die Form vorbereiten, den Ofen vorheizen, dann die Biskuitmasse herstellen, in die Form geben und backen.
- Den Kuchen auskühlen lassen, aus der Form lösen, auf eine Tortenplatte setzen und einen Tortenring herumlegen.
- Den Quark mit Joghurt und Süßstoff gut verschlagen.
- Die eingeweichte Gelatine ausdrücken, mit Zitronensaft schmelzen (S. 32), in die Quark-Joghurt-Masse geben und nach Belieben mit Kirschwasser abschmecken.
- Die Hälfte der Masse auf den Boden gießen.
- Frische Brombeeren verlesen, nur wenn nötig waschen, TK-Beeren gefroren verarbeiten.
- Die Hälfte der Beeren auf der Creme verteilen, dann den Rest der Masse darüber geben, glätten und zugedeckt kühl stellen.
- Ehe die oberste Schicht völlig geliert, die restlichen Beeren darauf garnieren, und den Kuchen weitere 4–6 Stunden kühlen.
- Den Tortenring lösen, und den Kuchenrand mit durchpassierter Aprikosenkonfitüre bestreichen.
- Die Mandelblättchen goldgelb rösten (S. 35), an den Rand drücken, und die Torte bis zum Verzehr kühl stellen.

Ofentemperatur: 170 °C
Einschubhöhe: Mitte
Backzeit: 20–25 Minuten

Variationen:
Sie können statt der Brombeeren ebensogut Erdbeeren, Himbeeren oder rote Johannisbeeren nehmen.
Hinweise:
Dieser Kuchen enthält weder Eigelb noch Fett und ist darum ideal für Menschen, die auf einen niedrigen Cholesterinspiegel bedacht sind. Diabetiker tauschen den Zucker für den Teig gegen je 25 g Fruchtzucker und Diabetikersüße aus.

Quarkkuchen

RÜHRTEIG • 1 SPRINGFORM

x einfach
x gefriergeeignet

Für den Quarkrührteig (S. 74)
750 g Schichtkäse
oder Magerquark
200 g Äpfel, z. B. Glockenäpfel
2 EL Zitronensaft
3 Eier
200 g Butter oder Diätmargarine
1 EL flüssiger Süßstoff
50 g Fruchtzucker
1/2 TL feingeriebene
unbehandelte Zitronenschale
1 Päckchen Vanillepuddingpulver
2 TL Backpulver
Backpapier oder Butter
bzw. Margarine zum Einfetten
Alufolie

- Den Schichtkäse oder Quark in einem feinmaschigen Sieb abtropfen lassen.
- Die Springform befeuchten und mit Backpapier belegen oder einfetten.
- Den Ofen vorheizen.
- Die Äpfel schälen, vierteln, entkernen, in nicht zu schmale Schnitze teilen und mit dem Zitronensaft benetzen.
- Für den Quarkrührteig die Eier trennen, die Eiweiße steifschlagen und kühl stellen.
- Das Fett mit Süßstoff, Fruchtzucker und Eigelben mit den Rührbesen des Elektroquirls oder der Küchenmaschine in 4–5 Minuten schaumig schlagen.
- Die Zitronenschale mit Puddingpulver und Backpulver daruntergeben.
- Den abgetropften Schichtkäse oder Quark durchpassieren und mit den Apfelschnitzen und dem Eischnee darunterheben.
- Die Masse in die Form füllen, die Oberfläche glattstreichen, und den Kuchen backen; dabei die Oberfläche nach 30 Minuten mit Alufolie abdecken.
- Den Kuchen im Ofen auskühlen lassen und erst dann aus der Form lösen.

Ofentemperatur: 180 °C
Einschubhöhe: Mitte
Backzeit: 45–55 Minuten

Variationen:
Der Kuchen schmeckt auch mit anderen Früchten und kann durch Zufügen oder Aufstreuen von Mandelstiften oder -blättchen verfeinert werden.
Hinweis:
Dieser Kuchen ist kohlenhydratarm und mehlfrei und deshalb für Diabetiker bzw. Zöliakiepatienten ideal.

Quarkkuchen mit Birnen

x einfach
x gefriergeeignet

RÜHRTEIG • 1 SPRINGFORM (24 CM ⌀) = 8–10 STÜCKE

Für den Rührteig (S. 74)
500 g Magerquark
oder Schichtkäse
400 g frische weiche
oder konservierte Birnen
5 Eier
150 g Butter oder Margarine
1 EL flüssiger Süßstoff
50 g Fruchtzucker
150 g gemahlene geschälte
Mandeln
2–3 Tropfen Bittermandelaroma
1 TL feingeriebene
unbehandelte Orangenschale
1 Prise Salz
2 EL Mandelstifte zum Bestreuen
1 TL Diabetikersüße zum Bestreuen
Backpapier oder Butter
bzw. Margarine zum Einfetten

● Den Quark oder Schichtkäse über Nacht in einem feinmaschigen Sieb abtropfen lassen.
● Die Birnen schälen, halbieren und entkernen oder abtropfen lassen.
● Den Boden der Springform befeuchten und mit Backpapier belegen oder einfetten.
● Den Ofen vorheizen.
● Für den Rührteig die Eier trennen, die Eiweiße steifschlagen und kühl stellen.
● Den Quark durchpassieren und mit den restlichen zimmerwarmen Zutaten für den Teig, jedoch ohne die Birnen, 4–5 Minuten schaumig schlagen, dann den Eischnee unterheben.
● Den Teig in die Form füllen, und die Oberfläche mit einer Teigkarte glattstreichen.
● Zum Schluß die Birnen vierteln, mit der runden Seite nach oben auf die Quarkmasse legen, und Mandelstifte darüber streuen.
● Den Kuchen backen, dann aus dem Ofen nehmen und nach 3 Minuten vom Rand der Form lösen; auskühlen lassen und mit wenig Diabetikersüße bestreuen.

Ofentemperatur: 170 °C
Einschubhöhe: Mitte
Backzeit: 50–60 Minuten

Variation:
Sie können den Teig auch in einer Kastenform mit Aprikosen backen.
Hinweise:
Nur wenn Quark oder Schichtkäse sehr trocken ist, kann das gute Backergebnis garantiert werden. Dieser schmackhafte Kuchen ist kohlenhydratarm und mehlfrei und deshalb für Diabetiker bzw. Zöliakiepatienten ideal.

Mohnkuchen

- einfach
- schnell
- gefriergeeignet

RÜHRTEIG • 1 KASTENFORM (26 CM LÄNGE) = 16 SCHEIBEN

Für den Rührteig (S. 74)
200 g frisch gemahlener Mohn
4 EL frisch gepreßter Orangensaft
5 Eier
150 g Butter oder Diätmargarine
125 g Fruchtzucker
1 Prise Salz
1 TL feingeriebene unbehandelte Orangenschale
125 g gemahlene geschälte Mandeln
Backpapier oder Butter bzw. Margarine zum Einfetten

• Für den Rührteig den Mohn mit dem Orangensaft beträufeln und im Topf aufkochen oder zweimal 2 Minuten im Mikrowellengerät mit 600 W quellen lassen, dazwischen einmal umrühren, dann abkühlen lassen.
• Den Ofen vorheizen.
• Die Kastenform innen befeuchten und mit Backpapier auskleiden oder einfetten.
• Die Eier trennen, die Eiweiße steifschlagen und kühl stellen.
• Fett, Zucker, Salz und Eigelbe, alles zimmerwarm, 4–5 Minuten mit den Rührbesen des Elektroquirls oder der Küchenmaschine schaumig schlagen.
• Nacheinander Orangenschale, Mandeln und den Mohn zufügen, dann den Eischnee vorsichtig unterheben.
• Den Teig in die Kastenform geben, die Oberfläche glätten, den Kuchen hellbraun backen.
• Den Kuchen kurz in der Form abkühlen lassen, dann seitlich auf ein Kuchengitter gleiten lassen.

Ofentemperatur: 170 °C
Einschubhöhe: unten
Backzeit: 55–65 Minuten

Hinweis:
Dieser Kuchen ist sowohl für Diabetiker als auch für Zöliakiepatienten geeignet.

Gut zu wissen:
Mohn sollte, da er schnell ranzig wird, erst kurz vor dem Backen gemahlen werden. Gemahlene Mohnreste immer einfrieren.

Sherrykuchen

- einfach
- schnell
- preiswert
- gefriergeeignet

BISKUITMASSE • 1 KASTENFORM (26 CM LÄNGE) = 16 SCHEIBEN

Für die Biskuitmasse (S. 88)
3 Eier
3 EL Sherry
100 g Fruchtzucker
1 TL feingeriebene unbehandelte Zitronenschale
50 g gemahlene geschälte Mandeln
1 TL Backpulver
1 Prise Salz
100 g Weizenmehl Type 405 oder 1050
Backpapier oder Butter bzw. Margarine zum Einfetten

Für den Guß
125 ml trockener Sherry
2 EL Zitronensaft
1 TL flüssiger Süßstoff

• Den Ofen vorheizen, die Kastenform wie oben beschrieben vorbereiten.
• Für die Biskuitmasse die Eier, Sherry und Fruchtzucker mit den Schneebesen des Elektroquirls oder der Küchenmaschine weißschaumig schlagen.
• Zitronenschale und Mandeln zufügen, Backpulver und Salz mit Mehl mischen, darauf geben und vorsichtig unterheben.
• Den Teig in die Kastenform füllen, glattstreichen und im Ofen backen; dabei unbedingt die Hölzchenprobe machen.
• Den Kuchen mehrmals mit einem langen Hölzchen einstechen.
• Den Sherry mit Zitronensaft und Süßstoff vermischen und nach und nach auf den Kuchen träufeln, erst danach den Kuchen aus der Form nehmen.

Ofentemperatur: 170 °C
Einschubhöhe: unten
Backzeit: 25–35 Minuten

Variationen:
Der Kuchen kann auch mit gemahlenen Haselnüssen, Orangenschale sowie Vollkornmehl gebacken werden.

Hinweis:
Insbesondere bei der Zubereitung mit Vollkornmehl ist der Kuchen für Diabetiker sehr günstig.

Gewürzkuchen

- einfach
- schnell
- preiswert
- gefriergeeignet

RÜHRTEIG • 1 KASTENFORM (26 CM LÄNGE) = 16–20 SCHEIBEN

Für den Rührteig (S. 74)
250 g geputzte Möhren
2 Eier
200 g Weizenmehl Type 405
150 g Weizenvollkornmehl Type 1700
1 Päckchen Backpulver
1 Prise Salz
50 g Butter oder Diätmargarine
50 g Fruchtzucker
1 EL flüssiger Süßstoff
1 Prise geriebene Muskatnuß
1/4 TL feingemahlene Nelken
1–2 TL feingemahlener Zimt
1 Prise geriebener Piment
50 g grobgehackte Haselnußkerne
je 1 TL feingeriebene unbehandelte Zitronen- und Orangenschale
etwa 125 ml frisch gepreßter Orangensaft
Backpapier oder Butter bzw. Margarine zum Einfetten

- Den Ofen vorheizen, die Kastenform wie links beschrieben vorbereiten.
- Für den Rührteig die Möhren sehr fein reiben.
- Die Eier teilen, die Eiweiße steifschlagen und kühl stellen.
- Das Mehl mit Backpulver und Salz mischen.
- Fett, Fruchtzucker, Süßstoff und Eigelbe – alles zimmerwarm – 4–5 Minuten mit den Rührbesen des Elektroquirls oder der Küchenmaschine schaumig schlagen.
- Gewürze, Nüsse, Zitronen- und Orangenschale sowie die feingeriebenen Möhren hinzufügen.
- Die Mehlmischung abwechselnd mit dem Orangensaft und dem Eischnee dazugeben und unterrühren. Der Teig soll schließlich schwer reißend vom Löffel fallen.
- Den Teig in die Kastenform füllen, die Oberfläche glattstreichen, und den Kuchen backen.
- 3 Minuten nach dem Backen den Kuchen vom Rand der Form lösen und seitlich auf ein Kuchengitter gleiten lassen.

Ofentemperatur: 180 °C
Einschubhöhe: unten
Backzeit: 40–50 Minuten

Hinweise:
Dieser Kuchen ist wegen seines Vollkornmehlanteils vornehmlich für Diabetiker gedacht.
Durch die Möhrenzugabe ist der Kuchen angenehm feucht und hält sich deshalb auch lange frisch.

Mohnkuchen

Sherrykuchen
Gewürzkuchen

Schweizer Kartoffelkuchen

- einfach
- schnell
- preiswert
- gefriergeeignet

BISKUITMASSE • 1 SPRINGFORM (22 CM ⌀) = 8–10 STÜCKE

Für die Biskuitmasse (S. 88)
50 g am Vortag gekochte, geschälte Kartoffeln
2 Eier
100 g Zucker
2 EL Wasser
½ TL feingeriebene unbehandelte Zitronenschale
50 g feingemahlene Haselnußkerne
50 g Maisgrieß
5 g Johannisbrotkernmehl
2 TL Backpulver, 1 Prise Salz
Backpapier oder Butter bzw. Margarine zum Einfetten

Für die Garnitur
Puderzucker zum Bestauben
eventuell Früchte der Saison

- Die Form befeuchten und mit Backpapier belegen oder einfetten, und den Ofen vorheizen.
- Die Kartoffeln fein reiben.
- Die Eier, Zucker, Wasser und Zitronenschale mit den Schneebesen des Elektroquirls oder der Küchenmaschine 3–4 Minuten weißschaumig schlagen.
- Die Kartoffeln mit den Nüssen unterheben.
- Den Maisgrieß mit Johannisbrotkernmehl, Backpulver und Salz vermengen und zufügen.
- Den Teig in die Springform geben, die Oberfläche glattstreichen und im Ofen backen.
- Den Kuchen nach kurzer Zeit aus der Form lösen, leicht mit Puderzucker bestauben und eventuell mit Früchten garnieren.

Ofentemperatur: 170 °C
Einschubhöhe: unten
Backzeit: 35–45 Minuten

Hinweis:
Wenn Sie diesen Kuchen mit 80 g Fruchtzucker anstelle von normalem Zucker und bei 150 °C backen, dürfen nicht nur Normalköstler und Zöliakiepatienten, sondern auch Diabetiker davon essen. Zum Bestreuen nehmen Sie dann Diabetikersüße.

LECKERES AUS DER DIÄTKÜCHE

Schokoladentorte

× einfach
× schnell

RÜHRTEIG • 1 SPRINGFORM (24 CM ⌀) = 12 STÜCKE

Für den Rührteig (S. 74)
3 Eier
100 g Diabetiker-Edelbitter-
schokolade
200 g Butter oder Diätmargarine
100 g Diabetikersüße
100 g Fruchtzucker
2 EL dunkler Kakao
3 EL Rum
½ TL feingemahlener Zimt
300 g Weizenmehl Type 405
1 Prise Salz
1 Päckchen Vanillepuddingpulver
3 TL Backpulver
2–3 EL frisch gepreßter
Orangensaft
Backpapier oder Butter
bzw. Margarine zum Einfetten

Für die Garnitur
Orangenzesten
1 TL Diabetikersüße

- Die Springform wie links beschrieben vorbereiten, und den Ofen vorheizen.
- Die Eier trennen, die Eiweiße steifschlagen und kühl stellen.
- Die Schokolade grob zerbröckeln und schmelzen (S. 38).
- 1 EL Schokolade zurückbehalten, den Rest mit Fett, Diabetikersüße, Zucker und Eigelben 4–5 Minuten mit den Rührbesen des Elektroquirls oder der Küchenmaschine schaumig schlagen.
- Kakao, Rum und Zimt dazugeben; Mehl mit Salz, Pudding- und Backpulver mischen und abwechselnd mit dem Eischnee zufügen.
- So viel Orangensaft zugeben, daß der Teig schwer reißend vom Löffel fällt.
- Die Masse in die Form geben, glattstreichen und backen.

- Unbedingt die Garprobe machen, und den garen Kuchen bald aus der Form lösen.
- Den ausgekühlten Kuchen mit Streifen der restlichen geschmolzenen Schokolade, Orangenzesten und Diabetikersüße garnieren.

Ofentemperatur: 180 °C
Einschubhöhe: Mitte
Backzeit: 40–50 Minuten

Variation:
Der Kuchen schmeckt besser, wenn er vor dem Garnieren mit einer Mischung aus 2 EL Rum, 1 TL flüssigen Süßstoff und 100 ml gesiebtem, frisch gepreßtem Orangensaft beträufelt wird. Schlagsahne paßt gut dazu.
Hinweis:
Dieser Kuchen ist ideal für Diabetiker, schmeckt aber auch allen anderen Gästen.

Nußhäufchen

RÜHRTEIG • 1 BLECH = ETWA 20 STÜCK

Für den Rührteig (S. 74)
3 Eier
50 g Butter oder Diätmargarine
75 g Fruchtzucker
120 g gemahlene Haselnußkerne
3 g Johannisbrotkernmehl
Mark von ¼ Vanilleschote
Backpapier oder Butter
bzw. Margarine zum Einfetten

- Das Blech befeuchten und mit Backpapier belegen oder einfetten, und den Ofen vorheizen.
- Die Eier hart kochen, von der Schale befreien und möglichst fein hacken, dann mit den übrigen zimmerwarmen Zutaten mit den Schneebesen des Elektroquirls zu einem Teig vermischen.
- Aus dem Teig mit einem Teelöffel etwa 20 Häufchen auf das Blech setzen und backen.

Ofentemperatur: 180 °C
Einschubhöhe: oben
Backzeit: 10–15 Minuten

Variationen:
Diese Plätzchen können ebensogut mit Kokosraspeln oder gemahlenen Mandeln oder Walnußkernen gebacken werden.

Hinweis:
Das Johannisbrotkernmehl bekommen Sie unter verschiedenen Firmenbezeichnungen als Bindemittel in Apotheken oder Reformhäusern.

Mandelsterne

MÜRBETEIG • 1 BLECH = ETWA 30 STÜCK

Für den Mürbeteig (S. 84)
135 g geschälte Mandeln
60 g Weizenmehl Type 405
1 Prise Salz
50 g Butter oder Diätmargarine
30 g Diabetikersüße
1 TL flüssiger Süßstoff
1 Ei, Gewichtsklasse 3
1 EL weißer Rum oder Kirschwasser
Mark von ¼ Vanilleschote
Mehl zum Ausrollen
Backpapier oder Butter
bzw. Margarine zum Einfetten
Für die Garnitur
1 EL Diabetikersüße

- Die Mandeln blaßgelb rösten (S. 35), abkühlen lassen, mahlen und mit Mehl, Salz, Fett, Diabetikersüße, Süßstoff, Ei, Rum oder Kirschwasser und dem Mark der Vanilleschote mit den Rührbesen des Elektroquirls oder der Küchenmaschine knapp 1 Minute vermengen, zur Kugel zusammenpressen, flach drücken und eingepackt mindestens 1 Stunde kühlen.
- Ein Blech wie oben vorbereiten, und den Ofen vorheizen.

- Den Teig auf leicht bemehlter Unterlage etwa 4 mm dick ausrollen.
- 4–6 cm große Sterne ausstechen und auf das Blech legen.
- Die Sterne backen, auf einem Gitter auskühlen lassen und dünn mit Diabetikersüße bestauben.

Ofentemperatur: 200 °C
Einschubhöhe: oben
Backzeit: 10–12 Minuten

Variationen:
Sie können einige Mandeln ungeröstet in Stifte schneiden und damit die Plätzchen garnieren oder die Mandeln gegen Haselnuß-, Pekannuß- oder Walnußkerne austauschen. Statt diese Diabetikerplätzchen nur aus Weißmehl zu backen, können Sie ein Drittel des Mehles durch Weizenmehl der Type 1050 oder feines Weizenvollkornmehl der Type 1700 ersetzen, dann sind sie gesünder.

Nonplusultra-Plätzchen

RÜHRTEIG • 3 BLECHE = ETWA 60 STÜCK

Für den Rührteig (S. 74)
180 g Diätmargarine
1 EL Fruchtzucker
1/2 Ei, Gewichtsklasse 3
2 EL Schlagsahne
2 EL Milch
250 g Weizenmehl Type 405
1 Päckchen Trockenhefe
1 Messerspitze Salz
Mehl zum Ausrollen
Backpapier oder Butter bzw. Margarine zum Einfetten

Für den Guß und die Garnitur
1/2 Eigelb, 2 EL Wasser
grober Fruchtzucker
feingehackte geschälte Mandeln
Kümmelsamen oder Mohn
zum Bestreuen, nach Belieben

- Die Bleche befeuchten und mit Backpapier belegen oder mit Butter bzw. Margarine einfetten.
- Diätmargarine, Fruchtzucker, Ei, Schlagsahne und Milch – alles zimmerwarm – in 2–3 Minuten mit den Knethaken des Elektroquirls verschlagen.
- Das Mehl mit Hefe und Salz mischen, hinzufügen, darunterschlagen, und die Masse zu einem geschmeidigen Teig verkneten.
- Die Unterlage mit Mehl bestreuen, und den Teig darauf portionsweise 3–4 mm dick ausrollen, dann beliebige Plätzchen ausstechen und auf die Bleche legen.
- Eigelb mit Wasser verschlagen, die Plätzchen damit bepinseln, nach Belieben mit Fruchtzucker, Mandeln, Kümmel oder Mohn bestreuen und an warmem Ort 20 Minuten gehen lassen.
- Den Ofen vorheizen.
- Die Plätzchen nacheinander im Ofen backen, auf einem Kuchengitter ausgebreitet auskühlen lassen und bald servieren.

Ofentemperatur: 200 °C
Einschubhöhe: oben
Backzeit: 12–15 Minuten

Hinweise:
Die Plätzchen schmecken süß und pikant, eignen sich für Personen, die auf ihren Cholesterinspiegel achten müssen, und sind, möglichst ohne Fruchtzucker, ideal für Diabetiker.

Nonplusultra-Plätzchen

Mandelsterne

Kuchen ohne Backen

Daß feines Gebäck nicht unbedingt Ofenhitze benötigt, beweisen die folgenden Rezepte. Die meisten dieser Kuchen und Torten werden einfach im Kühlschrank fest, so daß man den Ofen für anderes frei hat oder ganz auf ihn verzichten kann. Noch schneller geht es mit Waffeln. In Minuten im Eisen zubereitet, sind sie auch ideal, wenn überraschend Besuch vor der Tür steht.

Neujährchen

RÜHRTEIG • 1 EISERKUCHENEISEN = ETWA 6 STÜCK

☒ einfach
☒ schnell
☒ preiswert

Für den Rührteig (S. 74)
125 g Weizenmehl Type 405
1 Prise Salz
25 g Butter oder Margarine
125 g Zucker
2 Eier
1 Päckchen Vanillezucker
oder 1 TL feingemahlener Zimt
1 EL Rum
125 ml Mineralwasser
Speckschwarte
oder Butter zum Einfetten

Für die Füllung
300 g Schlagsahne
2 EL Zucker
1 Päckchen Vanillezucker
250 g gemischte frische Beeren

• Für den Rührteig die zimmerwarmen Zutaten 4–5 Minuten mit den Rührbesen des Elektroquirls oder der Küchenmaschine schaumig schlagen, dann den Teig 10 Minuten quellen lassen.
• Das Eiserkucheneisen erwärmen.
• Das heiße Eisen reichlich fetten, dabei besonders die Vertiefungen berücksichtigen.
• 2–3 EL Teig in der Form verteilen, und das Waffeleisen schließen.
• Nach 2½–3 Minuten die nicht zu dunkle Waffel herausnehmen und sofort über einen Kochlöffelstiel walzenartig oder über die Spitze eines mit Alufolie überzogenen Pappkegels aufrollen.
• Aus dem restlichen Teig weitere Waffeln backen.
• Die Sahne steifschlagen, mit Zucker, Vanillezucker und den Beeren vermengen und kurz vor dem Verzehr in die Tüten geben.

Backzeit: je 2½–3 Minuten

Variationen:
Die Sahne zum Füllen läßt sich auch mit Mokkaextrakt, gerösteten gemahlenen Mandeln oder Nüssen oder geschmolzener Schokolade abschmecken.

Frühstückswaffeln

- einfach
- schnell
- preiswert
- gefriergeeignet

HEFETEIG • 1 HERZCHENWAFFELEISEN = 9–10 STÜCK

Für den Hefeteig (S. 80)

100 g Sultaninen
1 EL Rum
2 EL Öl
1 Prise Salz
250 g Weizenmehl Type 405
1 EL Vanillepuddingpulver
300–350 ml Milch
½ Würfel Hefe (21 g)
oder 1 Päckchen Trockenhefe
1 TL Zucker
2 Eier
1 TL feingeriebene
unbehandelte Zitronenschale
Zucker und Zimt zum Bestreuen
Speckschwarte
oder Butter zum Einfetten

- Die Sultaninen mit dem Rum beträufeln und quellen lassen.
- Das Öl mit dem Salz, dem Mehl und dem Puddingpulver in eine Schüssel geben.
- Die Milch erwärmen und mit der Hefe, Zucker, Eiern und Zitronenschale verschlagen und dazugießen.
- Diese Zutaten zunächst bei niedriger, dann bei mittlerer Laufgeschwindigkeit mit den Knethaken des Elektroquirls oder der Küchenmaschine etwa 4–5 Minuten vermengen.
- Zum Schluß die Sultaninen dazugeben.
- Den Teig mindestens 15 Minuten mit einem Tuch zugedeckt an einem warmen Ort gehen lassen.
- Das Waffeleisen vorheizen, bis die Kontrollampe erlischt.
- Das Gerät großzügig fetten, dabei besonders die Vertiefungen berücksichtigen.
- 2 kleine Schöpfkellen Teig in der Form verteilen, dann das Eisen schließen.
- Nach 3½–4 Minuten die goldbraune Waffel herausnehmen und mit Zucker und Zimt bestreuen.
- Aus dem Rest des Teiges weitere Waffeln backen und frisch servieren.

Backzeit: je 3½–4 Minuten

Hinweise:
In Kanada werden Frühstückswaffeln mit Ahornsirup beträufelt. Gut schmecken dazu auch Honig, leicht gesüßter Quark oder Vanilleschlagsahne und frische Früchte.

Gut zu wissen:
Da die Hitze beim Fetten die Borsten des Backpinsels beschädigt, ist eine Speckschwarte günstiger als Butter.

Sandwaffeln

- einfach
- schnell
- preiswert
- gefriergeeignet

RÜHRTEIG • 1 HERZCHENWAFFELEISEN = ETWA 6 STÜCK

Für den Rührteig (S. 74)
150 g Weizenmehl Type 405
½ TL Backpulver
1 Prise Salz
150 g Butter oder Margarine
80 g Zucker
3 Eier
1 EL Rum
½ TL feingeriebene unbehandelte Zitronenschale
Speckschwarte oder Butter zum Einfetten

Für die Garnitur
400 g frische oder TK-Himbeeren
2 EL Zucker
200 g Schlagsahne

- Für die Garnitur frische Himbeeren verlesen, TK-Himbeeren auftauen lassen, und die Beeren leicht zuckern.
- Für den Rührteig die zimmerwarmen Zutaten 2–3 Minuten mit den Rührbesen des Elektroquirls oder der Küchenmaschine schaumig schlagen und 10 Minuten quellen lassen.
- Das Waffeleisen vorheizen, bis die Kontrollampe erlischt.
- Das Gerät reichlich fetten, dabei besonders die Vertiefungen berücksichtigen.
- Je 2–3 EL Teig in der Form verteilen, und das Waffeleisen schließen.
- Nach 2½–3 Minuten die goldbraune Waffel herausnehmen und auf einem Kuchengitter auskühlen lassen, damit sie nicht weich wird.
- Die Sahne für die Garnitur steifschlagen und mit dem restlichen Zucker abschmecken.
- Die Früchte mit der Sahne zu den Waffeln reichen.

Backzeit: je 2½–3 Minuten

Variationen:
Wenn Sie 100 g Butter oder Margarine durch 125 ml Buttermilch oder Milch oder Mineralwasser ersetzen, sind die Waffeln kalorienärmer und preisgünstiger.
Für dänische Erdbeerwaffeln tauschen Sie 50 g Mehl gegen feines Weizenvollkornmehl der Type 1700 aus und servieren die Waffeln mit Sahnequark, der mit Vanillezucker und kleinen aromatischen Erdbeeren gemischt wurde.
Anis-, Ingwer- oder Zimtwaffeln bekommen Sie, wenn Sie 1 TL feingemahlenen Anis oder getrockneten Ingwer oder Zimt anstelle der Zitronenschale in den Teig geben.
Für Gewürzwaffeln mischen Sie mehrere der obengenannten Gewürze.
Für Mandelwaffeln geben Sie 2–3 Tropfen Bittermandelaroma zu und ersetzen 50 g Mehl durch 50 g gemahlene Mandeln.
Für Rumwaffeln erhöhen Sie die Rummenge auf 3 EL und reichen dann Rumfrüchte und leicht geschlagene Sahne dazu.
Für Schokoladenwaffeln geben Sie 1 EL dunklen Kakao in den Teig, dazu passen Eiskugeln.

Gut zu wissen:
Waffelteige mit hohem Fettgehalt ergeben sehr knusprige Waffeln. Der Zuckergehalt muß relativ niedrig sein, weil sie sonst zu rasch bräunen.

KUCHEN OHNE BACKEN 443

Waffeltorte mit Kiwis

x einfach
x schnell

RÜHRTEIG • 1 HERZCHENWAFFELEISEN = 5 STÜCKE

Für den Rührteig (S. 74)
100 g Weizenmehl Type 405
1/4 TL Backpulver
1 Prise Salz
100 g Butter oder Margarine
2 EL Zucker
2 Eier
1/2 TL feingeriebene
unbehandelte Orangenschale
1 EL dunkler Kakao
Speckschwarte
oder Butter zum Einfetten

Für die Füllung und die Garnitur
400 g Schlagsahne
2 EL Zucker
1 Päckchen Vanillezucker
4–6 Kiwis
Schokoladenstreusel

- Für den Rührteig die zimmerwarmen Zutaten bis auf den Kakao 4–5 Minuten mit den Rührbesen des Elektroquirls oder der Küchenmaschine schaumig schlagen und anschließend 10 Minuten quellen lassen.
- Das Waffeleisen auf der Stufe 4 1/2 vorheizen, dann reichlich fetten, dabei besonders die Vertiefungen berücksichtigen.
- 2 kleine Schöpfkellen Teig in der Form verteilen, und das Eisen schließen.
- Nach 3 1/2–4 Minuten die Waffel aus dem Eisen nehmen.
- 2 helle Waffeln so backen.
- Dann den Kakao durch ein Sieb zum restlichen Teig geben, gut verschlagen, und 2 Schokoladenwaffeln backen.
- 1 dunkle und 2 helle Waffeln vorsichtig in jeweils 5 Herzen schneiden.
- Die Sahne steifschlagen, mit Zucker und Vanillezucker abschmecken und in einen Spritzbeutel mit großer Sterntülle füllen.
- Die Kiwis schälen. Erst 3 schöne Scheiben daraus schneiden, diese halbieren, dann den Rest würfeln.
- Die unzerteilte Schokoladenwaffel auf einer Kuchenplatte mit Sahne bespritzen und mit Kiwiwürfeln belegen.
- 5 helle Herzen so genau wie möglich über die dunklen Herzen legen, diese mit Sahne garnieren und mit Kiwiwürfeln belegen.
- Mit 5 Schokoladenherzen ebenso verfahren.
- Zum Schluß die letzten 5 hellen Herzen auf den Tortenberg legen, mit Sahnerosetten, halbierten Kiwischeiben und Schokoladenstreuseln garnieren, und die Waffeltorte gleich servieren, so daß sie nicht aufweicht.

Backzeit: je 3 1/2–4 Minuten

Variationen:
Sie können die Sahne zusätzlich mit Likör oder Schokoladenpulver abschmecken und statt der Kiwiwürfel Ananasstückchen, Aprikosenschnitze, frische oder TK-Himbeeren oder entsteinte Sauerkirschen verwenden.

Kalter Hund

x einfach
x schnell
x preiswert
x gefriergeeignet

1 KASTENFORM (25 CM LÄNGE) = 16–20 STÜCKE

Für den Kalten Hund
200 g Edelbitterschokolade
150 g Kokosfett
80 g Puderzucker
1 Päckchen Vanillezucker
250–300 g rechteckige Butterkekse
Alufolie oder Backpapier

Für die Garnitur
40 g Mandelsplitter
Belegkirschen

• Für die Garnitur die Mandelsplitter goldgelb rösten (S. 35).
• Die Kastenform sorgfältig so mit Alufolie auslegen oder befeuchten und mit Backpapier auskleiden, daß ein Rand übersteht.
• Die Hälfte der Mandelsplitter auf dem Boden verteilen.
• Die Schokolade schmelzen (S. 38) und beiseite stellen.
• Das Kokosfett schmelzen und wieder etwas abkühlen lassen.
• Für die Schokoladenmasse die Schokolade mit den Schneebesen des Elektroquirls oder der Küchenmaschine schlagen und das Kokosfett in einem feinen Strahl ganz langsam dazugeben, damit sich eine Emulsion bildet.
• Den Puderzucker und Vanillezucker darunterschlagen.
• Eine dünne Schicht Schokoladenmasse in die Form geben und mit Keksen belegen.
• Nun fortwährend schichtweise Schokoladenmasse und Kekse in die Form geben, bis die Masse verbraucht ist.
• Die oberste Schicht des Kuchens soll aus Schokoladenmasse bestehen.
• Den Kalten Hund mit Mandelsplittern bestreuen.
• Die überstehende Alufolie oder das Backpapier auf die oberste Schicht decken, und die Form sogleich 24 Stunden kühl stellen.
• Den Kuchen aus der Form he-

KUCHEN OHNE BACKEN

ben, und die Umhüllung ablösen, dann den Kuchen mit Belegkirschen garnieren, bis zum Aufschneiden wieder kühl stellen und unbedingt bald verzehren.

Variationen:
Für Erwachsene können Sie die Schokoladenmasse für den Kalten Hund – er wird auch Kalte Schnauze, Keller-, Keks- oder Lukulluskuchen genannt – nach Belieben mit Instantkaffee, Kirschwasser, Rum, Orangen- oder Zitronenschale abschmecken.

Hinweise:
*Kalter Hund ist recht kalorienreich, darum sollten die Stücke nicht zu dick geschnitten werden. Erfahrungsgemäß lieben alle Kinder diesen Kuchen.
Auf die in früheren Rezepten übliche Zugabe von rohen Eiern sollte man wegen der damit verbundenen Salmonellengefahr verzichten.*

Schokoladenschnitten mit Nuß

1 KUCHENPLATTE = 8 STÜCKE

Für den Kuchen
100 g Edelbitterschokolade
125 g gemahlene Haselnüsse
60 g Butter oder Margarine
50 g Puderzucker
300 g Schlagsahne
1 EL Zucker
1 Päckchen Vanillezucker
150 g Löffelbiskuits, etwa 16 Stück
3 EL Rum oder Sherry

Für die Garnitur
1 TL Schokoladenpulver
50 g Edelbitterschokolade

- Die Schokolade schmelzen (S. 38), und die Haselnüsse hell rösten (S. 35).
- Butter oder Margarine mit Puderzucker, Schokoladenmasse und Nüssen mit den Schneebesen des Elektroquirls verschlagen.
- Die Sahne steifschlagen und mit Zucker und Vanillezucker abschmecken.
- 8 Löffelbiskuits dicht nebeneinander quer auf eine längliche Platte legen und mit dem Rum oder Sherry bepinseln.
- Erst etwas Schlagsahne, dann die Schokoladen-Nuß-Masse, dann etwas Sahne und die übrigen Löffelbiskuits quer darauf geben.
- Den Kuchen außen mit Sahne bestreichen; die restliche Sahne mit Hilfe eines Spritzbeutels und großer Sterntülle auf den Kuchen garnieren.
- Den Kuchen sehr sparsam mit Schokoladenpulver bestauben.
- Die Schokolade für die Garnitur schmelzen und dünn auf eine Steinplatte streichen.
- Die Masse etwas auskühlen lassen. Bevor sie erstarrt, mit einem Metallspatel zu großen Locken abziehen, und die Locken auf den Kuchen fallen lassen.
- Den Kuchen bis zum Schneiden kühl stellen; die Löffelbiskuits sollen durch die Feuchtigkeit der Sahne etwas weich werden.

Variationen:
Sie können andere Schokoladensorten nehmen oder zusätzlich Instantkaffee, Likör, Orangen- oder Zitronenschale unter die Schokoladenmasse geben. In eiligen Fällen tauschen Sie die Schokoladenraspel durch Borkenschokolade oder Schokoladenstreusel aus. Der Kuchen ist wesentlich kalorienärmer, wenn Sie die mit Rum oder Sherry bepinselten Löffelbiskuits nur mit Schokoladenquark aufeinanderschichten und mit Schlagsahne und Schokoladenpulver garnieren.

KUCHEN OHNE BACKEN

Pischinger Torte

8 STÜCKE

Für die Torte
150 g Edelbitterschokolade
200 g Butter
100 g Puderzucker
1 Päckchen Vanillezucker
1–2 EL Kirschwasser oder Rum
1 TL Instantkaffee
10 Karlsbader Waffelböden
(2 Packungen)
Alufolie oder Backpapier

Für den Guß
100 g Edelbitterschokolade

• Die Schokolade schmelzen (S. 38), etwas abkühlen lassen und mit der weichen Butter, Puderzucker, Vanillezucker, Kirschwasser oder Rum und Instantkaffee 3–5 Minuten schaumig schlagen.
• Die Waffeln mit der Schokoladenmasse zusammensetzen, die letzte Schicht nicht bestreichen.
• Ein Stück Alufolie oder Backpapier darauf legen, dann die Torte mit einem etwas größeren Brett bedeckt und leicht beschwert 6–8 Stunden kühlen.
• Die Schokolade für den Guß schmelzen, auf die Torte gießen, auch den Rand gleichmäßig bestreichen und wieder kühlen.

Variationen:
Sie können die Füllung für diese Torte durch Zufügen von gerösteten gemahlenen oder kleingehackten Mandeln oder Nüssen verändern.

Karlsbader Waffeltorte

1 TORTENRING = 8 STÜCKE

Für die Torte
100 g Edelbitterschokolade
2 Karlsbader Waffelböden
250 g Erdbeeren
1–2 Kiwis
2 EL kleingehackte geschälte Mandeln
300 g Schlagsahne

1 EL Zucker
1 Päckchen Vanillezucker
Minzeblättchen

• Die Schokolade in einem Gefrierbeutel schmelzen (S. 38). Eine Spitze des Beutels abschneiden, und die Masse spiralartig auf die Waffelböden gießen und verstreichen. Dann abkühlen lassen, und einen Waffelboden auf eine Tortenplatte geben.
• Einen Tortenring um den Boden legen.
• Die Erdbeeren waschen und

Wiener Waffeltorte

auf Küchenpapier trocknen, Stiele und Kelchblätter entfernen, dann halbieren oder vierteln.
- Die Kiwis schälen und würfeln, die Mandeln hell rösten (S. 35).
- Die Sahne steifschlagen, mit Zucker und Vanillezucker süßen.
- Die Erdbeeren, Kiwiwürfel und abgekühlte Mandeln unter die Sahne heben, auf den Waffelboden geben und glattstreichen.
- Den zweiten Waffelboden mit einem Sägemesser vorsichtig in 8 Stücke teilen, dann mit der Schokoladenseite nach oben darauf legen und ganz behutsam andrücken.
- Den Tortering lösen, und den Kuchen bald servieren, weil sonst die Waffelböden durch die Feuchtigkeit der Sahne durchweichen.

Wiener Waffeltorte

8 STÜCKE

Für die Torte
150 g Blockschokolade
250 ml Milch
1/2 Päckchen Vanillepuddingpulver
1 EL Zucker
200 g Butter oder Margarine
100 g Puderzucker
1 EL dunkler Kakao
1 Päckchen Vanillezucker
1–2 EL Kirschwasser oder Rum, nach Belieben
10 Karlsbader Waffelböden (2 Packungen)

Für die Garnitur
20 g Butter
100 g feiner Zucker
150 g kleingehackte geschälte Mandeln
Alufolie

- Die Schokolade grob zerschneiden und mit Milch, Puddingpulver und Zucker unter stetigem Rühren 2–3 Minuten aufkochen.
- Den Pudding abkühlen lassen, dabei ab und zu umrühren und durchpassieren.
- Die Butter mit Zucker, Kakao, Vanillezucker und nach Belieben Kirschwasser oder Rum mit den Schneebesen des Elektroquirls oder der Küchenmaschine etwa 5 Minuten schaumig schlagen.
- Den Pudding – er muß unbedingt die gleiche Temperatur wie die Creme haben – teelöffelweise unter kräftigem Schlagen zufügen.
- Die Waffelböden mit der Schokoladenbuttercreme zusammensetzen, auch außen damit bestreichen, und kühl stellen.
- Für die Garnitur aus Butter, Zucker und Mandeln eine goldbraune Krokantmasse bereiten (S. 33) und auf gebutterter Alufolie abkühlen lassen, dann in einen Gefrierbeutel geben und mit der Teigrolle zerdrücken.
- Die Oberfläche und den Rand der Torte damit bestreuen, und die Torte wieder kühl stellen.

Variationen:
Verfeinern Sie die Füllung mit gerösteten gemahlenen oder kleingehackten Mandeln oder Nüssen und Krokant, außerdem mit Orangenlikör und feingeriebener Orangenschale.

Karlsbader Waffeltorte

Pischinger Torte

Knuspertorte mit Weincreme

x einfach
x schnell

KROKANTMASSE • 1 SPRINGFORM (26 CM ⌀) = 12 STÜCKE

Für den Boden
60 g Butter oder Margarine
200 g feiner Zucker
100 g Mandelblättchen
75–100 g Cornflakes
Backpapier oder Butter
bzw. Margarine zum Einfetten

Für die Füllung und die Garnitur
350 ml Weißwein
100 g Zucker
3 Eigelb
4 EL Zitronensaft
8 eingeweichte weiße
Gelatineblätter
300 g Schlagsahne
½ Karambole
6–8 Kumquats
1 Mango (etwa 400 g)
etwa 20 grüne Weintrauben

- Den Boden der Springform befeuchten und mit Backpapier belegen oder einfetten.
- Fett und Zucker bei geringer Wärmezufuhr zunächst ohne Rühren in einem Topf schmelzen, dann rühren, die Mandeln zufügen und rösten, bis die Krokantmasse goldbraun ist. Den Topf von der Kochstelle ziehen, und die Cornflakes daruntermischen.
- Die Krokantmasse in die Form geben und schnell mit der Teigkarte auf den Boden drücken. Dabei ist wegen der Hitze große Vorsicht geboten.
- Für die Füllung den Weißwein mit Zucker, Eigelben und Zitronensaft mit den Schneebesen des Elektroquirls bei mittlerer Laufgeschwindigkeit über einem Wasserbad schlagen (S. 15), bis die Masse dicklich wird. Die Creme darf keinesfalls kochen, weil sonst das Eigelb gerinnt.
- Die eingeweichten Gelatineblätter ausdrücken und nacheinander zum Schmelzen in die heiße Creme geben (S. 32), dann diese zugedeckt kühl stellen.
- Die Schlagsahne steifschlagen und in die gelierende Weincreme mischen.
- Die Creme auf den Krokantboden gießen, die Oberfläche glattstreichen, und die Torte zugedeckt kühl stellen.
- Die Karambole und Kumquats

KUCHEN OHNE BACKEN 449

waschen und in dünne Scheiben schneiden, dabei die Kumquatkerne entfernen.
• Die Mango schälen und in schmale Schnitze schneiden.
• Die Trauben überbrühen, häuten, und die Kerne entfernen.
• Ehe die Oberfläche der Weincreme ganz fest ist, die Torte vorsichtig mit den buntgemischten Früchten garnieren; auf diese Weise haften sie an der Creme.
• Die Torte bis zum Verzehr unbedingt zugedeckt kühl stellen.

Hinweis:
Der Kuchen muß gegessen werden, solange die Früchte ihr appetitlich frisches Aussehen bewahren und der Boden knusprig ist.

Hätten Sie's gewußt?
Die Karambole stammt aus Asien; ihr Fruchtfleisch schmeckt je nach Reifegrad sauer oder süß.
Das Fleisch der Kumquat, die aus China und Japan kommt, hat einen bittersüßen Geschmack.
Die Heimat der Mango ist Indien; heute wird sie aus vielen tropischen Ländern importiert.

Knuspertorte mit Himbeeren

× einfach
× schnell

SCHOKOLADENKROKANT • 1 SPRINGFORM (26 CM ⌀) = 12 STÜCKE

Für den Boden
200 g Edelbitterschokolade
75–100 g Cornflakes
Backpapier oder Butter
bzw. Margarine zum Einfetten

Für die Füllung und die Garnitur
300 g frische oder TK-Himbeeren
500 ml Buttermilch
4–5 EL Zucker
1 TL feingeriebene
unbehandelte Zitronenschale
10–12 eingeweichte weiße
Gelatineblätter
200 g Schlagsahne
½ Päckchen Vanillezucker

• Den Boden der Springform befeuchten und mit Backpapier belegen oder einfetten.
• Die Schokolade schmelzen (S. 38), die Cornflakes daruntermischen.
• Zunächst 12 etwa haselnußgroße Häufchen für die Dekoration auf einen flachen Teller setzen, den Rest der Masse in die Springform geben und schnell mit der Teigkarte auf den Boden drücken.
• Für die Füllung frische Himbeeren verlesen, TK-Früchte auftauen lassen. Die Himbeeren bis auf 12 für die Garnitur pürieren und mit der zimmerwarmen Buttermilch, Zucker und Zitronenschale verrühren.
• Die Gelatine ausdrücken und mit 6 EL Sahne schmelzen (S. 32), unter Schlagen zufügen, und die Masse kühl stellen.
• Die restliche Sahne steifschlagen und bis auf wenige EL für die Garnitur unter die gelierende Masse heben, dann die Creme auf den Boden gießen, glätten, und die Torte zugedeckt 3–4 Stunden kühlen.
• Vorsichtig die Masse vom Formrand lösen, und die Torte auf eine Kuchenplatte geben.
• Die Sahne mit dem Vanillezucker süßen, als Rosetten darauf spritzen und diese mit Schokoladenhäufchen und Himbeeren garnieren.

Sommertörtchen

- einfach
- schnell
- preiswert

4 STÜCK

Für die Böden
4 große runde Spritzgebäckplätzchen oder 4 Scheiben Biskuitrolle (S. 132) oder Sandkuchen

Für den Belag und die Garnitur
250 g Sahnequark
1 EL feiner Zucker
1 Päckchen Vanillezucker
oder 1/2 TL feingeriebene
unbehandelte Zitronenschale
1 Gläschen Eierlikör, nach Belieben
100 g Schlagsahne
250–300 g Früchte (Aprikosen, Bananen, kleine Erdbeeren, Himbeeren, Heidel- oder Johannisbeeren)
1 EL Zucker
1 EL Zitronensaft
feingehackte Pistazienkerne
oder Schokoladenraspel

Variationen:
Statt Plätzchen oder Biskuitscheiben zu nehmen, können Sie das Rezept auch mit Nuß-, Schokoladen- oder Sandkuchen abwandeln.
Beträufeln Sie die Kuchenscheiben – besonders wenn sie ein wenig trocken sind – mit etwas Likör oder, wenn Kinder mitessen, mit frisch gepreßtem Orangensaft.
Feingehackte Pistazienkerne oder Schokoladenraspel sind durch geröstete Mandelblättchen oder -stifte austauschbar.

- Die Plätzchen oder Biskuit- oder Kuchenscheiben auf den Kuchentellern verteilen.
- Den Quark mit Zucker, Vanillezucker oder feingeriebener Zitronenschale und nach Belieben mit Eierlikör glattrühren.
- Die Sahne steifschlagen und daruntermengen, dann die Masse in einen Spritzbeutel geben und jeweils einen Kranz Quarksahne auf den Rand der Plätzchen oder der Kuchenscheiben spritzen.
- Die Früchte vorbereiten, nach Bedarf waschen und trocknen, und große Früchte halbieren.
- Den Zucker mit dem Zitronensaft darüber geben, dann die Früchte vorsichtig auf die Plätzchen oder Kuchenscheiben in die Sahnekränzchen legen.
- Die Pistazien oder Schokoladenraspel zum Schluß darauf streuen.

KUCHEN OHNE BACKEN 451

Champagnertorte mit Limetten

× einfach
× schnell

1 SPRINGFORM (26–28 CM ⌀) = 16 STÜCKE

Für den Boden
1 fertig gekaufter Biskuitboden

Für den Belag und die Garnitur
100 g Zitronengelee
2 unbehandelte Zitronen
50 ml Wasser
125–150 g Zucker
2 Eigelb
8–10 eingeweichte weiße Gelatineblätter
2 Pikkoloflaschen Sekt
80–100 ml Limetten- oder Zitronensaft
600 g Schlagsahne
1 Päckchen Vanillezucker
1–2 Limetten

- Das Gelee erwärmen und den Biskuitboden damit bestreichen, dann den Boden in die Springform legen.
- Die Zitronen waschen, dünn schälen, und die Schalen mit Wasser und 100 g Zucker zugedeckt 15 Minuten leise kochen lassen.
- Die Schalen herausnehmen, und die Flüssigkeit mit den Eigelben legieren.
- Die eingeweichten Gelatineblätter ausdrücken und nacheinander in der heißen Flüssigkeit schmelzen (S. 32).
- Die Masse etwas abkühlen lassen, den Sekt darunterrgeben, und die Creme mit Limetten- oder Zitronensaft und etwas Zucker abschmecken, dann kühl stellen.
- Die Sahne steifschlagen und mit dem restlichen Zucker und Vanillezucker abschmecken.
- Etwa drei Viertel davon unter die gelierende Masse heben, und die Creme auf den Biskuitboden gießen.
- Die Oberfläche mit der Teigkarte glattstreichen, und die Torte zugedeckt 4–5 Stunden kühlen.
- Den Kuchen aus der Springform lösen, und die restliche Sahne als Sahnelocken auf die Torte spritzen.
- 4 sehr dünne Limettenscheiben schneiden, vierteln und in die Sahne setzen.

Variation:
Noch schmackhafter wird die Creme, wenn Sie statt Zitronenschale Limettenschale verwenden.

Gut zu wissen:
Die kleinen grünschaligen Limetten werden ganzjährig aus den Tropen importiert. Sie haben sehr dünne Schalen und zeichnen sich durch ein feines Aroma aus.

Quarktorte mit Kumquats

- einfach
- schnell
- preiswert

1 SPRINGFORM (26–28 CM ⌀) = 12 STÜCKE

Für den Boden
200 g Gebäckreste, Butterkekse, Löffelbiskuits, Makronen, Plätzchen oder Zwiebäcke
75–100 g Butter
oder 3–4 EL Magerquark
Backpapier

Für den Belag
500 g Magerquark
5–6 EL Zucker
1 Gläschen Orangenlikör, z. B. Grand Marnier
1 TL feingeriebene unbehandelte Orangenschale
6–8 eingeweichte weiße Gelatineblätter
200 ml frisch gepreßter Orangensaft
100 g Schlagsahne

Für die Garnitur
200 g Sahnequark
1 Päckchen Vanillezucker
2–3 Kumquats

- Den Boden der Springform befeuchten und mit Backpapier belegen.
- Für den Tortenboden die Gebäckreste in einen Gefrierbeutel füllen, den Beutel gut verschließen, und das Gebäck mit einer Teigrolle zerkleinern.
- Die Krümel mit weicher Butter oder Magerquark verkneten, in die Springform geben, gleichmäßig auf den Boden drücken, und die Form kühl stellen.
- Für den Belag den Magerquark mit 4 EL Zucker, Orangenlikör und Orangenschale verschlagen.
- Die Gelatineblätter ausdrücken, mit dem Orangensaft schmelzen (S. 32), darunterschlagen, und die Masse bedeckt kühl stellen.
- Die Sahne steifschlagen, behutsam unter die gelierende Quarkmasse heben und süßen.
- Die Quarkmasse auf den Boden gießen, und die Form kühl stellen.
- Für die Garnitur den Sahnequark mit Vanillezucker verrühren und mit einem Spritzbeutel auf die Torte geben, dann die Kumquats in Scheiben schneiden und darauf legen.

Variationen:
Für den Belag können Sie den Orangensaft wahlweise durch 200 g pürierte Aprikosen, Erdbeeren, Heidelbeeren, Himbeeren, durch Holunder-, roten Johannisbeer- oder Quittensaft ersetzen. Außerdem können Sie 2 Dosen abgetropfte Mandarinorangen in die Quarkmasse mengen.

Hinweise:
Im Sommer fügen Sie 2 weitere Gelatineblätter dazu.
Den Zucker der Creme können Sie durch flüssigen Süßstoff ersetzen.

Birnentorte mit Makronen

- einfach
- schnell
- preiswert

1 TORTENRING = 10–12 STÜCKE

Für den Boden
75 g Butter
200 g kleine Haselnußmakronen
etwa 250 g große Haselnußmakronen

Für den Belag
500 g Sahnequark
3 EL feiner Zucker
1 Gläschen Birnenschnaps
½ TL feingeriebene unbehandelte Zitronenschale
6 eingeweichte weiße Gelatineblätter
2 EL Zitronensaft
3 weiche Birnen

Für die Garnitur
6 kleine Birnenhälften

- Einen Tortenring auf die Tortenplatte setzen.
- Die weiche Butter schaumig rühren, die kleinen Makronen zerbröckeln und darunterrühren.
- Die Masse auf die Tortenplatte geben und als Boden andrücken.
- Die großen Makronen mit der Rundung nach außen eng aneinander an den Tortenring drücken. Die Form kühl stellen.
- Für den Belag den Quark mit Zucker, Birnenschnaps und Zitronenschale verschlagen.
- Die Gelatine ausdrücken, mit Zitronensaft schmelzen (S. 32) und in die Quarkmasse geben.
- Die Birnen schälen, vierteln, entkernen, in Stücke schneiden und daruntermengen.
- Die Mischung in die Form füllen und zugedeckt kühl stellen.
- Die kleinen Birnen fächerartig schneiden und auf die Oberfläche der gelierenden Torte legen.
- Die Torte 3–4 Stunden kühlen, und den Ring abnehmen.

Variationen:
Statt Birnen können Sie Ananas, Aprikosen, beliebige Beeren, süße oder saure Kirschen, Mandarinorangen, Nektarinen, Pfirsiche oder gegarte Stachelbeeren nehmen.

Schokoladentorte mit Mokka

x einfach
x schnell

1 TORTENRING = 12 STÜCKE

Für den Boden
200 g Schokoladenkekse
75–100 g Butter

Für den 1. Belag
100 g weiße Schokolade
50 g Schlagsahne

Für den 2. Belag
200 g Edelbitterschokolade
50 g Butter
2 TL Instantkaffee
300 g Schlagsahne

Für die Garnitur
200 g Schlagsahne
1 EL Zucker
1 Päckchen Vanillezucker
1 TL Schokoladenpulver

- Den Tortenring auf eine Tortenplatte setzen.
- Die Schokoladenkekse in einen Gefrierbeutel geben, den Beutel gut verschließen, und die Kekse mit der Teigrolle zerkrümeln.
- Die zimmerwarme Butter mit den Krümeln mischen und als Boden flach auf die Platte drücken, dann kühl stellen.
- Die weiße Schokolade zerbröckeln, mit der Sahne schmelzen (S. 38), auf den Kuchenboden gießen und glattstreichen, dann den Kuchen wieder kühl stellen.
- Die Edelbitterschokolade zerbröckeln und mit der Butter schmelzen.
- Den Kaffee in 2 EL heißem Wasser lösen, mit der Sahne dazugeben, und die Masse gut verschlagen, dann etwa 60 Minuten kühl stellen.
- Die Mischung steifschlagen, auf dem weißen Schokoladenboden verteilen, mit einer nassen Teigkarte glattstreichen und mindestens 4 Stunden – besser über Nacht – zugedeckt kühl stellen.
- Für die Garnitur die Sahne steifschlagen, mit Zucker und Vanillezucker abschmecken und den Kuchen damit überziehen. Die Oberfläche nach Belieben mit einem Messer glätten oder mit dem Spatel wellenförmig garnieren.
- Das Schokoladenpulver durch ein Sieb so über die Sahne geben, daß noch weiße Stellen sichtbar bleiben.
- Vorsichtig den Tortenring mit dem Messer lösen und abnehmen.

Variationen:
Nach Belieben können Sie die Creme mit 2 EL Cognac, Kirschwasser oder Rum oder etwas Orangenlikör und -schale abschmecken.

Zitronenkuchen mit Frischkäse

x einfach
x schnell

1 TORTENRING = 12 STÜCKE

Für den Boden
200 g Gebäckreste, Butterkekse, Löffelbiskuits oder Makronen
75–100 g Butter

Für den Belag und die Garnitur
500 g Doppelrahmfrischkäse
150 g Zucker
2 TL feingeriebene unbehandelte Zitronenschale
125 ml Zitronensaft
6–8 eingeweichte weiße Gelatineblätter
125 ml Milch
200 g Schlagsahne
1 Zitrone

- Den Tortenring auf eine Tortenplatte setzen.
- Das Gebäck in einem verschlossenen Gefrierbeutel mit der Teigrolle zerdrücken, mit der zimmerwarmen Butter verkneten und in den Tortenring geben, dann den Kuchenboden gleichmäßig flach drücken und kühl stellen.
- Für den Belag den Frischkäse mit Zucker, Zitronenschale und Zitronensaft verschlagen.
- Die eingeweichten Gelatineblätter ausdrücken, mit der Milch schmelzen (S. 32) und unter Schlagen in die Frischkäsemischung geben. Die Schlagsahne steifschlagen und unterheben.
- Die Masse auf den Kuchenboden geben, glattstreichen und zugedeckt mindestens 6 Stunden – besser über Nacht – kühl stellen.
- Mit dünnen Zitronenscheiben garnieren.

Variationen:
Geben Sie zunächst ungefähr 250 g abgetropfte, sehr klein geschnittene Früchte wie Ananas, Aprikosen oder Pfirsiche auf den Boden.

Charlotte royal

x schnell

1 SCHÜSSEL (2 L INHALT) = 12 STÜCKE

Für die Umhüllung
1 Biskuitrolle (S. 132)
Butter zum Einfetten

Für die Füllung und die Garnitur
250 ml aromatischer Weißwein
100–125 g Zucker
8 eingeweichte weiße
Gelatineblätter
1–2 EL Zitronensaft
400 g Schlagsahne
1 Päckchen Vanillezucker
Belegkirschen oder Himbeeren

- Die Biskuitrolle in etwa 20 sehr dünne Scheiben schneiden.
- Eine halbkugelförmige Schüssel mit Butter einfetten und den Boden und die Wände der Schüssel dicht mit etwa 15 Biskuitscheiben belegen.
- 100 ml Wein mit 100 g Zucker erhitzen, die Gelatineblätter ausdrücken, einzeln nach und nach hinzufügen und in der Flüssigkeit schmelzen (S. 32).
- Den restlichen Wein und Zitronensaft darunterrühren, und die Masse kühl stellen.
- Die Sahne steifschlagen und drei Viertel davon in die gelierende Masse geben.
- Die Weincreme mit dem restlichen Zucker abschmecken, in die Schüssel gießen und mit der Teigkarte glattstreichen.
- Sowie die Oberfläche etwas geliert, die übrigen Biskuitscheiben darauf legen, leicht andrücken, und die Charlotte zugedeckt im Kühlschrank 4–5 Stunden erstarren lassen.
- Den Kuchen vorsichtig auf eine Platte stürzen.
- Den Rest der Sahne mit dem Vanillezucker mischen und in einen Spritzbeutel geben.
- Die Charlotte mit kleinen Sahnerosetten sowie Belegkirschen oder Himbeeren auf festliche Weise garnieren.

Variation:
Bereiten Sie zunächst die Biskuitrolle, und bestreichen Sie diese mit Orangenkonfitüre. Für die Creme nehmen Sie statt Weißwein Milch und statt Zitronensaft 2–3 TL Instantkaffee oder 2 EL dunklen Kakao. Diese Mokka- oder Schokoladencharlotte garnieren Sie dann mit Sahnerosetten und Schokoladenblättchen oder Schokoladenmokkabohnen.

Gestürzte Quarktorte

- einfach
- schnell
- preiswert

1 SCHÜSSEL (2 L INHALT) = 10–12 STÜCKE

Für die Quarkcreme
500 g Magerquark
4–6 EL Zucker
1 TL feingeriebene
unbehandelte Zitronenschale
oder 1 Päckchen Vanillezucker
6–8 eingeweichte weiße
Gelatineblätter
4 EL Zitronensaft
200 g Schlagsahne

Für den Boden
8–10 Scheiben Biskuitrolle, Nuß-
oder Schokoladenkuchen, Sandtorte oder etwa 20 Löffelbiskuits

Für die Garnitur
150–200 g gemischte Beeren
Puderzucker zum Bestauben

- Für die Quarkcreme den Quark durchsieben und mit Zucker und Zitronenschale oder Vanillezucker abschmecken.
- Die Gelatineblätter ausdrücken, mit dem Zitronensaft schmelzen (S. 32), vorsichtig unter die Quarkmasse schlagen, und die Masse kühl stellen.
- Die Sahne steifschlagen und unter die gelierende Masse heben.
- Die Creme noch einmal mit Zucker abschmecken und in eine kalt ausgespülte Schüssel geben.
- Die Kuchenscheiben oder Löffelbiskuits eng darauf legen und leicht andrücken, damit die Oberfläche plan ist, dann die Torte zugedeckt mindestens 6 Stunden kühl stellen.
- Danach die Quarkmasse mit einem Messer vorsichtig vom Schüsselrand lösen.
- Die Unterseite der Schüssel kurz in warmes Wasser tauchen, dann den Kuchen auf eine Tortenplatte stürzen.
- Die Torte mit Beeren garnieren und mit Puderzucker leicht bestauben.

Variationen:
Für Erwachsene wandeln Sie die Füllung mit etwas kleingehacktem kandiertem Ingwer geschmacklich ab. Entsprechend den Früchten können Sie der Masse durch 2–3 EL Eierlikör, Kirschwasser oder Orangenlikör, z. B. Grand Marnier, eine aparte Note verleihen.
Im Sommer fügen Sie der Quarkmasse 150 g pürierte Aprikosen, Erdbeeren oder Himbeeren zu.
Im Winter nehmen Sie für die Garnitur kandierte Ananas- und Ingwerstückchen, Engelwurz, Belegkirschen und 2–3 halbierte oder in Scheiben geschnittene Kumquats.
Für festliche Gelegenheiten verzieren Sie die leichtbekömmliche Torte mit Sahnerosetten.

Hinweise:
Dieses Rezept ist eine ideale Verwertung trocken gewordener Kuchenreste. Die Scheiben nehmen aus der Quarkmasse etwas Feuchtigkeit auf. Den Zucker der Füllung können Sie problemlos gegen flüssigen Süßstoff austauschen.
Im Sommer nehmen Sie stets die höhere Gelatinemenge, damit die Torte schnittfest wird.

Plätzchen für alle Gelegenheiten

*Eine große Auswahl an Kleingebäck erwartet Sie hier, ob zum Tee
im Garten an einem lauen Sommertag
oder zum Kaffee während der Advents- und Weihnachtszeit.
Die Rezepte fremder Länder lassen bestimmt angenehme
Urlaubserinnerungen wieder wach werden.*

Mailänder Teegebäck

x einfach
x schnell
x preiswert
x gefriergeeignet

MÜRBETEIG • 3 BLECHE = ETWA 70 STÜCK

Für den Mürbeteig (S. 84)
250 g Weizenmehl Type 405
½ TL Backpulver
1 Prise Salz
125 g Butter
125 g feiner Zucker
1 Ei und 1 Eigelb
oder 3 Eigelb
½ TL feingeriebene unbehandelte
Zitronenschale oder
Mark von ¼ Vanilleschote
Mehl zum Ausrollen
Backpapier oder Butter
bzw. Margarine zum Einfetten
Für den Guß und die Garnitur
1 Eigelb
1–2 EL Wasser
feingehackte geschälte Mandeln
oder Hagelzucker
oder Sonnenblumenkerne

• Für den Mürbeteig das Mehl mit Backpulver und Salz, kühlen Butterflöckchen, Zucker, Ei, Eigelb, Zitronenschale oder Vanillemark knapp 1 Minute mit den Knethaken des Elektroquirls oder der Küchenmaschine vermengen, dann rasch mit kühlen Händen zusammendrücken.
• 3 Teigklöße formen, diese flach drücken, einpacken und 30–40 Minuten kühlen.
• Die Bleche befeuchten und mit Backpapier belegen oder einfetten.
• Den Ofen vorheizen.
• Den Teig auf leicht bemehlter Unterlage oder zwischen 2 Lagen Backpapier 4–5 mm dick ausrollen und Formen ausstechen.
• Eigelb mit Wasser verschlagen, die Plätzchen damit bepinseln, mit Mandeln, Hagelzucker oder Sonnenblumenkernen bestreuen, auf die Bleche legen und backen.

Ofentemperatur: 200 °C
Einschubhöhe: Mitte
Backzeit: 10–12 Minuten

Ausstecherle

x einfach
x schnell
x preiswert
x gefriergeeignet

MÜRBETEIG • 4 BLECHE = ETWA 100 STÜCK

Für den Mürbeteig (S. 84)
375 g Weizenmehl Type 405
2 TL Backpulver
1 Prise Salz
125 g Butter oder Margarine
125 g Zucker
2 Eier
oder 1 Ei und 2 Eigelb
1 Päckchen Vanillezucker
Mehl zum Ausrollen
Backpapier oder Butter
bzw. Margarine zum Einfetten
Für den Guß und die Garnitur
300 g Puderzucker
2 EL Zitronensaft
4–5 EL Wasser
einige Tropfen Speisefarben,
nach Belieben
Liebesperlen
oder Nonpareille

• Den Mürbeteig wie oben beschrieben zubereiten und kühlen.
• Die Bleche befeuchten und mit Backpapier belegen oder einfetten.
• Den Ofen vorheizen.
• Den Teig auf einer leicht bemehlten Unterlage oder zwischen 2 Lagen Backpapier portionsweise etwa 4–5 mm dick ausrollen.
• Beliebige Formen ausstechen, dabei soweit möglich Teigreste vermeiden, und die Plätzchen auf die Bleche legen.
• Das Gebäck goldgelb backen und auf Kuchengittern flach ausgebreitet auskühlen lassen.
• Aus Puderzucker, Zitronensaft und Wasser einen dickflüssigen Guß rühren und auf 3–4 kleine Gefäße verteilen. Die Portionen mit jeweils 2–3 Tropfen Speisefarbe unterschiedlich färben.
• Die Plätzchen sorgfältig mit dem Guß bestreichen und mit Liebesperlen oder Nonpareille bestreuen.

Ofentemperatur: 200 °C
Einschubhöhe: Mitte
Backzeit: 10–15 Minuten

Variationen:
Statt die fertiggebackenen Plätzchen mit Guß zu bestreichen, können Sie auch die rohen Plätzchen mit einem Eigelbguß bepinseln und nach Belieben mit Hagelzucker, Kürbiskernen, Mandelblättchen, Mandelstiften oder Regenbogenzucker garnieren.

Geleeherzen

MÜRBETEIG • 2–3 BLECHE = ETWA 35 STÜCK

Für den Mürbeteig (S. 84)
250 g Weizenmehl Type 405
oder 550
½ TL Backpulver
1 Prise Salz
150 g Butter oder Margarine
100 g Zucker oder Puderzucker
1 Ei, 2 Eigelb
125 g gemahlene
geschälte Mandeln
1 Päckchen Vanillezucker
Mehl zum Ausrollen
Backpapier oder Butter
bzw. Margarine zum Einfetten

Für die Garnitur und den Guß
300 g Johannisbeergelee
2 eingeweichte rote
Gelatineblätter
150 g Puderzucker
2–3 EL Arrak
etwa 70 Pistazienkerne

- Für den Mürbeteig die Zutaten wie links beschrieben verarbeiten, portionsweise einpacken und kühlen.
- Die Bleche befeuchten und mit Backpapier belegen oder einfetten.
- Den Ofen vorheizen.
- Den gekühlten Teig auf einer bemehlten Unterlage oder zwischen 2 Lagen Backpapier ungefähr 3 mm dick ausrollen und Herzen gleicher Größe ausstechen.
- Die Plätzchen auf die Bleche legen, im Ofen backen und danach nebeneinander auf Gittern auskühlen lassen.
- Die Hälfte der Herzen mit einem Teil des Gelees bestreichen und mit den restlichen Plätzchen zusammensetzen.
- Die rote Gelatine ausdrücken, mit dem Tropfwasser erwärmen und mit dem restlichen Gelee verrühren.
- Die Oberfläche der Herzen gleichmäßig damit bepinseln und dann das Gebäck über Nacht in einem kühlen Raum trocknen lassen.
- Aus Puderzucker und Arrak einen Guß bereiten und die Herzen damit so dünn überziehen, daß das rote Gelee noch durchschimmert.
- Je 2 Pistazienkernhälften auf die noch feuchte Oberfläche der Herzen legen.

Ofentemperatur: 200 °C
Einschubhöhe: Mitte
Backzeit: 10–15 Minuten

Mailänder Teegebäck

Ausstecherle

Geleeherzen

Mandelbogen

RÜHRTEIG • 3 BLECHE = ETWA 50 STÜCK

Für den Rührteig (S. 74)
40 g Butter
15 g Weizenmehl Type 405
200 g feiner Zucker
3 Eiweiß, Gewichtsklasse 3
300 g Mandelblättchen
etwa 50 Oblaten mit 6–7 cm Ø
Backpapier

- Die Bleche befeuchten und mit Backpapier und Oblaten belegen.
- Den Ofen vorheizen.
- Für den Rührteig zunächst die Butter schmelzen, sie darf dabei aber nicht zu heiß werden. Anschließend die geschmolzene Butter zusammen mit dem Mehl, dem Zucker und den Eiweißen mit den Knethaken des Elektroquirls oder der Küchenmaschine kurz vermengen.
- Die Mandelblättchen dazugeben. Darauf achten, daß sie kaum zerbrechen.
- Mit einem Teelöffel Häufchen auf die Oblaten geben, dabei große Abstände einhalten, denn die Plätzchen laufen sehr breit auseinander.
- Die Oberfläche der Häufchen mit einem nassen Teigschaber flach drücken.
- Die Plätzchen blechweise im Ofen goldgelb backen.
- Unmittelbar nach dem Backen die Plätzchen mit den Oblaten über eine Teigrolle oder Flasche legen und etwas andrücken, damit sie die typische gebogene Form erhalten.

Ofentemperatur: 180 °C
Einschubhöhe: Mitte
Backzeit: jeweils 7–10 Minuten

Krokanttaler

RÜHRTEIG • 2–3 BLECHE = ETWA 35 STÜCK

Für den Rührteig (S. 74)
100 g Butter
100 g Weizenmehl Type 405
80 g feiner brauner Rohzucker
½ TL feingemahlener Zimt
1 Prise Salz
100 g Mandelblättchen
Backpapier

- Die Bleche mit Backpapier belegen, und den Ofen vorheizen.
- Für den Teig die zimmerwarme Butter und Mehl, Zucker, Zimt und Salz mit den Knethaken des Elektroquirls oder der Küchenmaschine kurz vermengen.
- Die Mandelblättchen darunterkneten.
- Aus der Masse Kugeln mit ungefähr 2 cm Ø formen, in großem Abstand auf die Bleche setzen und mit einem nassen Teigschaber etwas flach drücken.
- Anschließend die Plätzchen blechweise im Ofen backen, sie dürfen nicht zu dunkel werden.
- Die Krokanttaler erst nach dem vollständigen Auskühlen vom Backpapier lösen und dann vorsichtig verpacken.

Ofentemperatur: 180 °C
Einschubhöhe: Mitte
Backzeit: je 10–12 Minuten

Mandelbogen

Krokanttaler

Rumtaler

einfach · schnell

MÜRBETEIG • 2–3 BLECHE = ETWA 70 STÜCK

Für den Mürbeteig (S. 84)
250 g Weizenmehl Type 405
1 TL Backpulver
1 Prise Salz
125 g Butter oder Margarine
125 g Puderzucker
2 Eigelb
125 g gemahlene geschälte Mandeln
3 EL Rum
Mehl zum Ausformen
Backpapier oder Butter bzw. Margarine zum Einfetten

Für den Guß
200 g Puderzucker
1 Eiweiß
1–2 EL weißer Rum

Für die Garnitur
15–20 rote Belegkirschen
30–35 geschälte Pistazienkerne

• Für den Mürbeteig das Mehl mit Backpulver, Salz, dem kühlen Fett, dem Puderzucker, den Eigelben, den Mandeln und dem Rum mit den Knethaken des Elektroquirls oder der Küchenmaschine knapp 1 Minute vermengen.

• Den Teig auf bemehlter Arbeitsfläche zu einem Kloß und dann zu 5 cm dicken Rollen formen, einpacken und mindestens 2 Stunden oder über Nacht kühlen.

• Die Bleche befeuchten und mit Backpapier belegen oder einfetten, und den Ofen vorheizen.

• Die Teigrollen mit einem scharfen Messer in etwa 5–6 mm dicke Scheiben schneiden.

• Die Plätzchen auf die Bleche legen und mit den Fingerspitzen zu runden Talern nachformen, dann mit der Fingerkuppe in der Mitte etwas eindrücken und goldgelb backen.

• Aus Puderzucker, Eiweiß und Rum einen recht dickflüssigen Guß rühren und sorgfältig so auf die Plätzchen geben, daß die Ränder frei bleiben.

• Halbierte Belegkirschen oder Pistazienkerne auf den Guß drücken.

• Abschließend die Rumtaler über Nacht trocknen lassen und dann zwischen Lagen von Pergamentpapier verpacken.

Ofentemperatur: 180 °C
Einschubhöhe: Mitte
Backzeit: 15–18 Minuten

Haferflockenplätzchen

RÜHRTEIG • 2 BLECHE = ETWA 50 STÜCK

Für den Rührteig (S. 74)
125 g Butter oder Margarine
200 g zarte Haferflocken
180 g Zucker
1 Ei
1 EL Milch
150 g Weizenmehl Type 405
1 TL Backpulver
1 Prise Salz
Backpapier oder Butter
bzw. Margarine zum Einfetten

• Die Bleche befeuchten und mit Backpapier belegen oder einfetten.
• Den Ofen vorheizen.

• Für den Rührteig etwa 25 g Butter in einer großen Bratpfanne schmelzen und die Haferflocken unter stetigem Rühren darin hell rösten, dann abkühlen lassen.
• Das restliche zimmerwarme Fett mit dem Zucker, dem Ei und der Milch in einer Schüssel mit den Rührbesen des Elektroquirls oder der Küchenmaschine in 5 Minuten schaumig schlagen. Dann das Mehl mit Backpulver und Salz mischen und mit den Haferflocken kurz in die Masse geben.
• Mit einem Teelöffel im Abstand von etwa 4 cm walnußgroße Häufchen auf die Bleche geben.

• Die Plätzchen im Ofen goldbraun backen, dann auf einem Gitter ausbreiten und auskühlen lassen.

**Ofentemperatur: 180 °C
Einschubhöhe: Mitte
Backzeit: 15–18 Minuten**

*Variationen:
Drücken Sie vor dem Backen mit dem Zeigefinger eine Vertiefung in jedes Plätzchen, und geben Sie dann eine Haselnuß oder eine geschälte Mandel hinein. Damit die Nüsse oder Mandeln besser haften, wenden Sie sie zuvor in leicht geschlagenem Eiweiß.*

Haferflockenplätzchen mit Schokolade

RÜHRTEIG • 2 BLECHE = ETWA 50 STÜCK

Für den Rührteig (S. 74)
125 g Butter oder Margarine
160 g zarte Haferflocken
125 g brauner Rohzucker
1 Ei
1 Päckchen Vanillezucker
1 EL Milch
100 g Weizenmehl Type 405

1 TL Backpulver
1 Prise Salz
100 g Schokotröpfchen
Backpapier oder Butter
bzw. Margarine zum Einfetten
Für die Garnitur
75 g Schokolade
etwa 50 geröstete Walnußhälften

• Die Bleche befeuchten und mit Backpapier belegen oder einfetten.
• Den Ofen vorheizen.
• Wie oben beschrieben einen Rührteig aus den gerösteten Haferflocken und den anderen zimmerwarmen Zutaten bis auf

*Haferflocken-
plätzchen*

*Haferflockenplätzchen
mit Schokolade*

PLÄTZCHEN FÜR ALLE GELEGENHEITEN 465

die Schokotröpfchen herstellen. Diese erst anschließend kurz in den Teig mischen.

• Mit einem Teelöffel im Abstand von etwa 4 cm walnußgroße Häufchen auf die Bleche geben, eine Vertiefung in den Teig drücken und die Plätzchen im Ofen nicht zu dunkel backen. Auf einem Gitter auskühlen lassen.

• Die Schokolade schmelzen (S. 38), jeweils etwas in die Vertiefung der Plätzchen geben und eine Walnußhälfte hineindrücken.

Ofentemperatur: 180 °C
Einschubhöhe: Mitte
Backzeit: 15–18 Minuten

Mandelplätzchen mit Möhren

× einfach
× schnell
× preiswert
× gefriergeeignet

RÜHRTEIG • 2 BLECHE = ETWA 50 STÜCK

Für den Rührteig (S. 74)
200 g Möhren
125 g Butter oder Margarine
80 g brauner Rohzucker
1 Ei
1 Päckchen Vanillezucker
250 g Weizenmehl Type 1050
60 g Kleie
1 TL Backpulver
1 Prise Salz
125 g Mandelblättchen
Backpapier oder Butter
bzw. Margarine zum Einfetten

Für den Guß
100 g Puderzucker
1 EL Zitronensaft
1 EL Eiweiß

• Die Bleche befeuchten und mit Backpapier belegen oder einfetten, und den Ofen vorheizen.

• Die Möhren schälen, waschen und fein reiben, dann 125 g davon abwiegen; den Rest anderweitig verwenden.

• Für den Rührteig die zimmerwarmen Zutaten Fett, Zucker, Ei und Vanillezucker mit den Rührbesen des Elektroquirls oder der Küchenmaschine in 3–5 Minuten schaumig schlagen.

• Das Mehl mit Kleie, Backpulver und Salz mischen und mit den geriebenen Möhren kurz darunterrühren. Die Mandelblättchen vorsichtig in den Teig geben.

• Mit einem Teelöffel im Abstand von ungefähr 3 cm walnußgroße Häufchen auf die Bleche geben und die Plätzchen im Ofen nicht zu dunkel backen.

• Den Puderzucker mit dem Zitronensaft und dem Eiweiß zu einem dicken Guß verrühren und auf die Plätzchen träufeln.

Ofentemperatur: 180 °C
Einschubhöhe: Mitte
Backzeit: 20–25 Minuten

Variationen:
Die Möhren können Sie durch Zucchini oder Kürbis, die Mandeln durch Cashew-, Hasel-, Pekan- oder Walnüsse ersetzen.

Baumkuchenwürfel

RÜHRTEIG • 1 FETTPFANNE = ETWA 60 STÜCK

Für den Rührteig (S. 74)
2 Eier
2 Eigelb
200 g Butter
150 g feiner Zucker
50 g feingemahlene geschälte Mandeln
200 g Weizenmehl Type 405
1 TL Backpulver
1 Prise Salz
Mark von ¼ Vanilleschote
Backpapier oder Butter bzw. Margarine zum Einfetten

Für die Füllung
4 EL Orangenlikör, z. B. Cointreau
4–6 EL Orangenkonfitüre

Für den Guß
200 g dunkle Kuvertüre
250 g Puderzucker
1 Eiweiß
2 EL weißer Rum
etwa 30 kandierte Röschen
etwa 30 kandierte Veilchen

• Die Fettpfanne befeuchten und mit Backpapier belegen, dabei die Kanten rundum hochknicken, oder die Pfanne leicht einfetten.
• Den Ofen vorheizen.
• Für den Rührteig alle Zutaten etwa 4–5 Minuten mit den Rührbesen des Elektroquirls oder der Küchenmaschine zu einer schaumigen Masse verschlagen.
• Etwa 4–5 EL Teig mit einem breiten Pinsel oder einer Teigkarte sehr dünn auf die Pfanne streichen und 3–5 Minuten goldgelb backen.
• Die Fettpfanne herausnehmen, eine zweite dünne Teigschicht auf die erste streichen und wieder backen. Den Vorgang wiederholen, bis der Teig verbraucht ist.

Danach den Kuchen mit Alufolie zudecken und erneut 10–20 Minuten backen.
• Den Kuchen auf einem Kuchengitter auskühlen lassen, dann vom Papier oder Blech lösen.
• Der Länge nach in 3 Streifen schneiden. 2 Streifen mit etwas Orangenlikör beträufeln, leicht einziehen lassen und mit Orangenkonfitüre bestreichen. Die 3 Kuchenstreifen aufeinandersetzen, den unbehandelten oben.
• Das Gebäck mit Backpapier und einem leicht beschwerten Brettchen bedeckt über Nacht stehenlassen.
• Den Baumkuchen in etwa 2,5 cm große Quadrate oder 2×4 cm große Rechtecke schneiden, dabei zur Führung des Messers ein Lineal verwenden.
• Die Kuvertüre im Wasserbad schmelzen (S. 34).
• Die Hälfte des Gebäcks mit Hilfe einer großen, zweizinkigen Fleisch- oder einer Konfektgabel in der Kuvertüre wenden und auf einem Gitter über Alufolie abtropfen lassen.
• Aus Puderzucker, Eiweiß und Rum einen Guß rühren, und das restliche Gebäck ebenso behandeln.
• Das Gebäck mit kandierten Röschen und Veilchen garnieren.

Ofentemperatur: 180 °C
Einschubhöhe: oben
Backzeit: 30–40 Minuten

PLÄTZCHEN FÜR ALLE GELEGENHEITEN 467

Orangen- und Zitronenplätzchen

MÜRBETEIG • 1 BLECH = ETWA 70 STÜCK

Für den Mürbeteig (S. 84)
500 g Weizenmehl Type 405
2 TL Backpulver
1 Prise Salz
250 g Butter oder Margarine
150 g feiner Zucker
2 Eier
1 TL feingeriebene unbehandelte Zitronenschale
oder 1 TL feingeriebene unbehandelte Orangenschale
Mehl zum Ausrollen
Backpapier oder Butter bzw. Margarine zum Einfetten

Für die Füllungen
250 g gemahlene geschälte Mandeln
200 g feiner Zucker
1 TL feingeriebene unbehandelte Orangenschale
2 EL Orangensaft
1 TL feingeriebene unbehandelte Zitronenschale
2 EL Zitronensaft

Für den Guß und die Garnitur
250 g Puderzucker
2–3 EL Zitronensaft
2–3 EL Orangensaft
30 g Orangeat
30 g Zitronat
2 EL Pistazienkerne

- Für den Mürbeteig das Mehl und die übrigen kühlen Zutaten mit den Knethaken des Elektroquirls oder der Küchenmaschine knapp 1 Minute vermengen.
- Den Teig zu 2 flachen Klößen zusammendrücken und zugedeckt mindestens 30 Minuten oder besser sogar über Nacht kühlen.
- Für die Füllungen jeweils aus der Hälfte der Mandeln und des Zuckers mit Orangenschale und -saft bzw. mit Zitronenschale und -saft zwei streichfähige Marzipanmassen bereiten.
- Das Blech eventuell leicht einfetten; den Ofen vorheizen.
- Die Teigportionen zwischen 2 Lagen Backpapier oder auf bemehlter Unterlage so ausrollen, daß 2 Platten in Blechgröße entstehen.
- Die weniger schöne Platte auf das Blech legen, dabei eventuell das obere Backpapier abziehen.
- Eine Teighälfte mit Orangenmarzipan, die andere mit Zitronenmarzipan bestreichen. Die zweite Teigplatte darauf legen und mit der Teigrolle etwas andrücken.
- Mit einer Gabel mehrmals in den Teig stechen und diesen im Ofen goldgelb backen.
- Aus je der halben Puderzuckermenge mit Zitronensaft einen Zitronenguß und mit Orangensaft einen Orangenguß rühren.
- Das noch heiße Gebäck jeweils zur Hälfte mit dem entsprechenden Guß bepinseln.
- Orangeat und Zitronat in Streifen schneiden und darauf legen. Die Pistazien kleinhacken, darauf streuen und den Guß trocknen lassen. Dann das Gebäck in 5×5 cm große Quadrate schneiden und diese diagonal teilen.
- Das Gebäck über Nacht trocknen lassen und zwischen Lagen von Pergamentpapier verpacken.

Ofentemperatur: 200 °C
Einschubhöhe: Mitte
Backzeit: 25–30 Minuten

Shortbread

MÜRBETEIG • 1 BLECH = ETWA 50 STÜCK

Für den Mürbeteig (S. 84)
400 g Weizenmehl Type 405
1 TL Backpulver
1 Prise Salz
250 g Butter oder Margarine
125 g Zucker
½ TL feingeriebene
unbehandelte Zitronenschale
oder Mark von ¼ Vanilleschote
Mehl zum Ausrollen
Backpapier oder Butter
bzw. Margarine zum Einfetten

- Für den Mürbeteig das Mehl mit Backpulver, Salz, kühlen Fettflöckchen, Zucker und Zitronenschale oder Vanillemark knapp 1 Minute mit den Knethaken des Elektroquirls oder der Küchenmaschine vermengen, dann rasch mit kühlen Händen zu einem Teigkloß zusammendrücken und etwa 30–40 Minuten kühlen.
- Das Blech befeuchten und mit Backpapier belegen oder einfetten, und den Ofen vorheizen.
- Zwischen 2 Lagen Backpapier oder auf einer leicht bemehlten Unterlage den Teig zu einem ungefähr 1,5 cm dicken Rechteck ausrollen. Mit Hilfe des Backpapiers oder der Teigrolle die Teigplatte auf das Backblech heben.
- Um die für das schottische Gebäck typische Verzierung herzustellen, einige Male mit einer Gabel in gleichmäßigen Abständen in die Teigplatte einstechen.
- Den Teig mit einem Messer in etwa 2×6 cm große Rechtecke teilen, dabei darf er jedoch auf keinen Fall vollständig durchgeschnitten werden.
- Das Gebäck im Ofen goldgelb backen.
- Die Plätzchen auf einem Kuchengitter auskühlen lassen und dann auseinanderbrechen.

Ofentemperatur: 180 °C
Einschubhöhe: Mitte
Backzeit: 20–25 Minuten

Ingwerplätzchen

MÜRBETEIG • 2–3 BLECHE = ETWA 90 STÜCK

Für den Mürbeteig (S. 84)
250 g Weizenmehl Type 405
¼ TL Backpulver, 1 Prise Salz
200 g Butter oder Margarine
200 g brauner Rohzucker
1 Ei
50 g kleingehackter
kandierter Ingwer
50 g gehackte geschälte Mandeln
Mehl zum Ausformen
Backpapier oder Butter
bzw. Margarine zum Einfetten
Für die Garnitur
150 g Puderzucker
2–3 EL Orangenlikör, z. B. Cointreau
kleingehackter kandierter Ingwer

- Für den Mürbeteig die Zutaten wie oben beschrieben knapp 1 Minute vermengen.
- Den Teig rasch zusammenkneten, zu 2 Rollen mit etwa 4 cm Ø formen und eingepackt mindestens 2–3 Stunden, besser sogar über Nacht, kühl stellen.

PLÄTZCHEN FÜR ALLE GELEGENHEITEN 469

- Die Bleche befeuchten und mit Backpapier belegen oder einfetten, und den Ofen vorheizen.
- Die Rollen in knapp 1 cm dicke Scheiben schneiden, auf einer bemehlten Unterlage etwas nachformen und auf die Bleche legen.
- Im Ofen goldgelb backen und flach nebeneinander auf Kuchengittern auskühlen lassen.
- Für die Garnitur Puderzucker und Orangenlikör zu einem dickflüssigen Guß verrühren.
- Jeweils etwas Guß auf die Plätzchenmitte geben und einige Ingwerstückchen hineindrücken.

Ofentemperatur: 180 °C
Einschubhöhe: Mitte
Backzeit: 10–15 Minuten

Gut zu wissen:
Kandierten Ingwer kann man getrocknet oder in Zuckersirup eingelegt in Feinkostgeschäften kaufen. Beide Sorten lassen sich gut zum Backen verwenden.

Hätten Sie's gewußt?
Ingwerplätzchen werden in England sehr geschätzt. Diese Vorliebe stammt noch aus der Kolonialzeit.

Brownies

RÜHRTEIG • 1 FLACHE FORM 22×22 CM = 16 STÜCK

Für den Rührteig (S. 74)
100 g Edelbitterschokolade
250 g Butter oder Margarine
4 Eier
200 g Zucker
1 Päckchen Vanillezucker
150 g Weizenmehl Type 405
1 TL Backpulver
1 Prise Salz
150 g gehackte Walnußkerne
Backpapier oder Butter bzw. Margarine zum Einfetten

Für die Garnitur
100 g Nougat
16 Walnußhälften

- Für diese amerikanische Spezialität die Schokolade mit einem Messer zersplittern und mit dem Fett in einem kleinen Topf bei mäßiger Wärmezufuhr zergehen und dann abkühlen lassen.
- Die Form befeuchten und mit Backpapier auskleiden oder einfetten. Falls keine passende Form vorhanden ist, aus Backpapier mit hochgeknicktem Rand auf der Fettpfanne eine entsprechend große Form herstellen.
- Den Ofen vorheizen.
- Die Eier trennen. Die Eiweiße steifschlagen und anschließend kühl stellen.
- Die Schokolade mit der Butter, dem Zucker, den Eigelben und dem Vanillezucker mit den Rührbesen des Elektroquirls oder der Küchenmaschine in 4–5 Minuten schaumig schlagen. Dann das Mehl mit Backpulver und Salz sowie die Nüsse dazugeben und den Eischnee unterheben.
- Den Teig in der Form glattstreichen und backen.
- Das Gebäck noch lauwarm in der Form in 16 Quadrate schneiden und diese nach dem Auskühlen vorsichtig herausnehmen.
- Den Nougat über einem Wasserbad schmelzen (S. 15), auf jedes Brownie einen Kleks geben und eine eventuell geröstete Nußhälfte hineinsetzen.

Ofentemperatur: 180 °C
Einschubhöhe: Mitte
Backzeit: 30–40 Minuten

Variationen:
Sie können statt Nougat dicken Schokoladenguß oder Kuvertüre auf die Teigplatte streichen und die Walnüsse durch weiße Schokoladenraspel oder Schokoblättchen ersetzen.

Ingwerplätzchen

Brownies

Anzacplätzchen

- einfach
- schnell
- preiswert
- gefriergeeignet

RÜHRTEIG • 2 BLECHE = ETWA 40 STÜCK

Für den Rührteig (S. 74)
125 g Weizenmehl Type 405
1½ TL Backpulver
1 Prise Salz
100 g Butter oder Margarine
100 g Zucker
60 g Kokosraspel
60 g zarte Haferflocken
1 EL Zuckersirup
1–2 EL Wasser
1 Päckchen Vanillezucker
Backpapier oder Butter bzw. Margarine zum Einfetten

- Die Bleche befeuchten und mit Backpapier belegen oder einfetten, und den Ofen vorheizen.
- Für den Rührteig alle zimmerwarmen Zutaten mit den Rührbesen des Elektroquirls oder der Küchenmaschine 4–5 Minuten schaumig schlagen.
- Den Teig mit einem Teelöffel als walnußgroße Häufchen auf die Bleche setzen, dabei auf ausreichenden Abstand achten.
- Die Plätzchen im Ofen backen.

Ofentemperatur: 180 °C
Einschubhöhe: Mitte
Backzeit: 12–15 Minuten

Variationen:
Die Kokosraspel können Sie gegen gemahlene Mandeln und den Zuckersirup gegen Honig austauschen.

Hätten Sie's gewußt?
Dieses Rezept aus Australien und Neuseeland entstand 1914 in dem Australian and New Zealand Army Corps (ANZAC).

Nußplätzchen mit Whiskey

- einfach
- schnell
- gefriergeeignet

RÜHRTEIG • 3 BLECHE = 60–70 STÜCK

Für den Rührteig (S. 74)
350 g Sultaninen
125 ml Whiskey
180 g Weizenmehl Type 405
1½ TL Backpulver
1 Prise Salz
60 g Butter oder Margarine
100 g brauner Rohzucker
100 g gemahlene Mandeln
1 Päckchen Vanillezucker
2 TL feingemahlener Zimt
¼ TL feingeriebene Muskatnuß
¼ TL feingemahlene Nelken
100 g grobgehackte Walnußkerne
Backpapier oder Butter bzw. Margarine zum Einfetten

Für die Garnitur
100 g dunkle Kuvertüre
5 g Kokosfett

- Die Sultaninen mit dem Whiskey übergießen, dann zudecken und über Nacht quellen lassen oder 3 Minuten im Mikrowellengerät mit 600 W zugedeckt erhitzen, dabei nach der Hälfte der Zeit einmal umrühren.
- Die Bleche befeuchten und mit Backpapier belegen oder einfetten, und den Ofen vorheizen.
- Für den Rührteig alle zimmerwarmen Zutaten außer den Sultaninen und den Walnüssen mit den Rührbesen des Elektroquirls oder der Küchenmaschine 4–5 Minuten schaumig schlagen.
- Zunächst die Sultaninen mit der Flüssigkeit, dann die Walnüsse in den Teig mengen.
- Mit einem Teelöffel walnußgroße Häufchen auf die Bleche setzen und etwas zusammendrücken, weil sie sonst später leicht zerbröckeln.
- Im Ofen nicht zu dunkel backen, damit die Sultaninen nicht verbrennen.
- Die Plätzchen auf einem Kuchengitter ausgebreitet auskühlen lassen.
- Die Kuvertüre mit dem Kokosfett schmelzen (S. 34) und die Plätzchen damit beträufeln.

Ofentemperatur: 200 °C
Einschubhöhe: Mitte
Backzeit: 10–15 Minuten

Variationen:
Wenn Sie die Plätzchen härter mögen, geben Sie 1–2 kleine Eier oder Eigelbe zusätzlich in den Teig.
Den Whiskey können Sie problemlos durch Cognac ersetzen.

Gut zu wissen:
Mit Diätmargarine zubereitet und ohne Eier bzw. Eigelbe und Kuvertüre sind diese weichen amerikanischen Plätzchen cholesterinfrei. In fest verschlossenen Dosen verpackt halten sie 2–3 Wochen.

PLÄTZCHEN FÜR ALLE GELEGENHEITEN 471

Erdnußkekse

- einfach
- schnell
- preiswert
- gefriergeeignet

RÜHRTEIG • 2 BLECHE = 70–80 STÜCK

Für den Rührteig (S. 74)
200 g Weizenmehl Type 405
3 TL Backpulver
1 Prise Salz
100 g Butter oder Margarine
100 g Zucker
50 g brauner Rohzucker
1 Ei
4 EL Erdnußbutter, fein
oder mit groben Stücken
1 EL Milch
Backpapier oder Butter
bzw. Margarine zum Einfetten

• Die Bleche befeuchten und mit Backpapier belegen oder einfetten, und den Ofen vorheizen.
• Für den Rührteig alle zimmerwarmen Zutaten mit den Rührbesen des Elektroquirls oder der Küchenmaschine 5 Minuten verschlagen.
• Mit einem Teelöffel walnußgroße Häufchen auf die Bleche geben. Da die Plätzchen breit auseinanderlaufen, dabei etwa 3 cm Abstand einhalten. Die Häufchen mit einer nassen Gabel etwas flach drücken.
• Die Erdnußplätzchen goldbraun backen.

Ofentemperatur: 200 °C
Einschubhöhe: Mitte
Backzeit: 12–15 Minuten

Variation:
Statt der Erdnußbutter kann man für die Plätzchen auch 100 g grobgeriebenes Rohmarzipan verwenden.

Erdnußkekse

Nußplätzchen mit Whiskey

Marzipantaler

RÜHRTEIG • 2–3 BLECHE = ETWA 50 STÜCK

Für den Rührteig (S. 74)
200 g Marzipanrohmasse
200 g Butter oder Margarine
200 g sehr feiner Zucker
2 Eier
1 TL feingeriebene
unbehandelte Zitronenschale
1 Prise Salz
300 g Weizenmehl Type 405
Backpapier oder Butter
bzw. Margarine zum Einfetten

Für den Guß und die Garnitur
100 g dunkle Kuvertüre
5 g Kokosfett
kleingehackte Pistazienkerne

- Die Bleche befeuchten und mit Backpapier belegen oder einfetten.
- Den Ofen vorheizen.
- Für den Rührteig das Marzipan kühlen und dann grob reiben.
- Das Marzipan mit dem zimmerwarmen Fett, Zucker, Eiern und der Zitronenschale mit den Rührbesen des Elektroquirls oder der Küchenmaschine 3–4 Minuten schaumig schlagen. Dann das mit Salz gemischte Mehl darunterrühren.
- Den Teig in einen großen Spritzbeutel mit großer Sterntülle füllen, etwa 4 cm große Taler auf die Bleche spritzen und im Ofen hell backen.
- Die Kuvertüre schmelzen (S. 34) und mit dem Kokosfett verrühren, damit sie einen feinen Glanz bekommt. Das aus Frankreich stammende Gebäck zur Hälfte damit überziehen und mit den Pistazien bestreuen.

Ofentemperatur: 170 °C
Einschubhöhe: Mitte
Backzeit: 10–15 Minuten

PLÄTZCHEN FÜR ALLE GELEGENHEITEN 473

Katzenzungen

✗ preiswert

RÜHRTEIG • 3–4 BLECHE = ETWA 30 STÜCK

Für den Rührteig (S. 74)
100 g Butter oder Margarine
100 g Puderzucker
2 Eiweiß
100 g Weizenmehl Type 405
1 Prise Salz
Backpapier

• Die Bleche befeuchten, mit Backpapier belegen, und den Ofen vorheizen.
• Das zimmerwarme Fett mit Zucker und Eiweißen mit den Schneebesen des Elektroquirls schaumig schlagen. Das Mehl mit Salz mischen und darunterrühren.
• Den Rührteig in einen sehr großen Spritzbeutel mit glatter Tülle geben.
• In nicht zu kleinen Abständen etwa 7 cm lange Katzenzungen spritzen. Dabei die Spritze am Anfang und am Ende etwas länger auf dem Blech lassen, denn die Enden sollen dicker sein.
• Die Katzenzungen im Ofen backen. Dabei sollte der Teig flach auseinanderfließen, die Ränder sollen leicht gebräunt und die Mitte darf hell sein.
• Das zarte, aus Frankreich stammende Gebäck erst nach dem vollständigen Auskühlen sehr vorsichtig vom Backpapier lösen.

Ofentemperatur: 180 °C
Einschubhöhe: Mitte
Backzeit: 5–7 Minuten

Provenzalische Lavendelziegel

RÜHRTEIG • 3 BLECHE = 20–25 STÜCK

Für den Rührteig (S. 74)
100 g Butter oder Margarine
75 g feiner brauner Rohzucker
1 Päckchen Vanillezucker
75 g Weizenmehl Type 405
1 EL Speisestärke
½ TL Backpulver
1 Prise Salz
2 Eiweiß
1 EL getrocknete Lavendelblüten
Backpapier

• Die Bleche befeuchten, mit Backpapier belegen, und den Ofen vorheizen.
• Für den Rührteig das zimmerwarme Fett mit dem Zucker und dem Vanillezucker mit den Rührbesen des Elektroquirls oder der Küchenmaschine schaumig schlagen. Das Mehl mit Stärke, Backpulver und Salz vermengen, auf die Schaummasse sieben und darunterrühren.
• Die Eiweiße steifschlagen und mit den Lavendelblüten beifügen.
• Den Teig eßlöffelweise auf die Bleche geben und mit dem Löffelrücken dünn ausstreichen, dabei auf recht große Abstände achten.
• Den Teig blechweise backen, bis die Ränder bräunlich werden.
• Das Backpapier sogleich in Streifen schneiden und die zerbrechlichen Plätzchen mit dem Backpapier über dünne Flaschen oder eine Teigrolle vorsichtig rund biegen.

Ofentemperatur: 200 °C
Einschubhöhe: Mitte
Backzeit: je 3–5 Minuten

Katzenzungen

Provenzalische Lavendelziegel

Spanische Mandelmakronen

x einfach
x schnell

MAKRONENMASSE • 2 BLECHE = ETWA 80 STÜCK

Für die Makronenmasse (S. 116)
3 Eiweiß
1 Prise Salz
100 g feiner Zucker
1 TL Zitronensaft
75 g Puderzucker
200–250 g gemahlene geschälte Mandeln
feiner Zucker zum Bestreuen
35–40 geschälte Mandeln
80 Oblaten mit 4 cm Ø
Alufolie oder Backpapier

- Die Bleche mit Alufolie auskleiden oder befeuchten und mit Backpapier belegen. Oblaten darauf geben. Den Ofen vorheizen.
- Für die Makronenmasse Eiweiße und Salz sehr steif schlagen.
- 75 g feinen Zucker und Zitronensaft dazugeben und die Masse schlagen, bis sie stark glänzt.
- Den Puderzucker und die gemahlenen Mandeln darunterheben.
- Die Makronenmasse in einen Spritzbeutel mit großer glatter Tülle geben und etwa 80 Makronen auf die Bleche spritzen oder mit einem Teelöffel Häufchen darauf setzen.
- Eine Vertiefung in die Mitte jeder Makrone drücken, 1/2 Mandel hineinsetzen und die Makronen dünn mit dem restlichen Zucker bestreuen.
- Im Ofen nicht zu lange trocknen, denn dieses spanische Gebäck soll zwar außen trocken, jedoch innen noch etwas feucht und weich sein. Falls möglich, den Lüftungsregler öffnen.
- Nach dem Backen die Makronen vorsichtig von der Alufolie oder dem Backpapier lösen und auf einem Kuchengitter auskühlen lassen. Die Oblaten werden nicht entfernt, denn sie halten die Makronen feucht.

Ofentemperatur: 180 °C
Einschubhöhe: Mitte
Trockenzeit: 12–15 Minuten

Variationen:
Der Makronenmasse können Sie entweder 1 EL dunklen Kakao oder 1 TL aufgelösten Instantkaffee und 1 TL Mandellikör zufügen. Werden sie ohne Oblaten gebacken, können Sie je 2 Makronen mit durchpassierter, erwärmter Aprikosenkonfitüre zusammensetzen und dann in ein Papierförmchen geben. Für Eigelbmakronen tauschen Sie die 3 Eiweiße gegen 3–4 Eigelbe aus und verzichten auf den Zitronensaft. Spritzen Sie die cremige Masse mit dem Beutel und der Sterntülle auf mit Backpapier belegte Bleche.

Sevillanas

BISKUITMASSE • 1 FORM (30×20 CM) = 30–40 STÜCK

Für die Biskuitmasse (S. 88)
4 Eier
100 g Zucker
2 EL süßer Sherry
50 g Weizenmehl Type 405
1 TL Backpulver
1 Prise Salz
100 g gemahlene geschälte Mandeln
Backpapier

Für die Verpackung, den Guß und die Garnitur
etwa 40 Papierförmchen
60 g feiner Zucker
200 ml süßer Sherry
40–80 geschälte Pistazienkerne
40–80 Mimosenperlen

- Die Form befeuchten, mit Backpapier belegen, und den Ofen vorheizen.
- Eier, Zucker und Sherry mit den Schneebesen des Elektroquirls oder der Küchenmaschine in 4–5 Minuten zu einer weißen schaumigen Masse verschlagen.
- Das Mehl mit Backpulver, Salz und den Mandeln vermischen und mit einem Spatel so unter die Masse heben, daß sie schaumig bleibt.
- Die Masse mit einer Teigkarte gleichmäßig in der Form verstreichen und backen. Die Oberfläche soll goldbraun sein und beim Fingerdruck leise knistern.
- Die Teigplatte in der Form auskühlen lassen, dann in etwa 4 cm große Würfel schneiden und behutsam in die Papierförmchen legen.
- Die Biskuitteilchen mehrmals mit einer Gabel einstechen.
- Den Zucker mit einem Teil des Sherrys erwärmen, damit er schmilzt, dann den restlichen Sherry dazugeben und den Guß nach und nach auf die Biskuitwürfel träufeln.
- Nach kurzer Trockenzeit die Pistazien mit den Mimosenperlen am besten mit einer Pinzette auf dem Gebäck verteilen.

Ofentemperatur: 220 °C
Einschubhöhe: Mitte
Backzeit: 10–15 Minuten

Hinweis:
Frisch serviert, möglichst noch am Tag der Herstellung, schmecken diese süßen und weichen spanischen Plätzchen am besten.

476 PLÄTZCHEN FÜR ALLE GELEGENHEITEN

Cantuccini

× einfach
× schnell
× gefriergeeignet

RÜHRTEIG • 2 BLECHE = ETWA 120 STÜCK

Für den Rührteig (S. 74)
75 g Butter
250 g feiner Zucker
3 Eier
5 EL frisch gepreßter Orangensaft
Mark von 1/4 Vanilleschote
1 TL feingeriebene unbehandelte Orangenschale
1 TL feingeriebene unbehandelte Zitronenschale
1 TL Anis
500 g Weizenmehl Type 405
1 TL Backpulver
1 Prise Salz
200 g ungeschälte Mandeln
2 EL Milch zum Bestreichen
Backpapier oder Butter bzw. Margarine zum Einfetten

• Die Bleche befeuchten und mit Backpapier belegen oder einfetten.
• Den Ofen vorheizen.
• Für den Rührteig die zimmerwarme Butter, den Zucker, die Eier, den Orangensaft, das Vanillemark, die Orangen- und Zitronenschale und den Anis etwa 4–5 Minuten mit den Rührbesen des Elektroquirls oder der Küchenmaschine verschlagen. Das Mehl mit Backpulver und Salz und die ganzen Mandeln zunächst mit einem Eßlöffel in die Masse rühren, dann mit der Hand darunterkneten.
• Aus dem Teig 4 etwa 30 cm lange Rollen formen und mit genügendem Abstand auf die Bleche legen.
• Den Teig mit Milch bepinseln und im Ofen backen.
• Die noch heißen Rollen schräg in ungefähr 2 cm dicke Stücke schneiden und dann auf einem Kuchengitter vollständig auskühlen lassen.

Ofentemperatur: 180 °C
Einschubhöhe: oben
Backzeit: 30–40 Minuten

Hinweis:
Wenn Sie das Gebäck zu einem Glas Wein reichen möchten, reduzieren Sie die Zuckermenge auf die Hälfte.

Mailänder Amaretti

× einfach
× schnell

MAKRONENMASSE • 2 BLECHE = ETWA 80 STÜCK

Für die Makronenmasse (S. 116)
3 Eiweiß
1 Prise Salz
75 g feiner Zucker
1 TL Zitronensaft
75 g Puderzucker
50 g kleingehackte geschälte bittere Mandeln
200 g gemahlene geschälte Mandeln
feiner Zucker zum Bestreuen
Backpapier

• Die Bleche befeuchten und mit Backpapier belegen.
• Den Ofen vorheizen.
• Für die Makronenmasse die Eiweiße und das Salz mit den Schneebesen des Elektroquirls

PLÄTZCHEN FÜR ALLE GELEGENHEITEN 477

oder der Küchenmaschine sehr steif schlagen.

- Feinen Zucker und Zitronensaft dazugeben und die Masse schlagen, bis sie stark glänzt.
- Dann den Puderzucker und die bitteren und süßen Mandeln darunterheben, dabei möglichst wenig Luft herausrühren.
- Mit einem Teelöffel nußgroße Häufchen auf die Bleche setzen. Etwas Abstand einhalten, da die Masse breit verläuft.
- Die Amaretti dünn mit Zucker bestreuen.
- Die Plätzchen im Ofen nicht zu lange trocknen, denn Makronen sollen außen trocken, innen jedoch noch etwas feucht und weich sein. Falls vorhanden, beim Trocknen den Lüftungsregler öffnen.
- Die knusprig-trockenen Makronen vorsichtig vom Backpapier lösen und auf einem Kuchengitter auskühlen lassen.

Ofentemperatur: 180 °C
Einschubhöhe: Mitte
Trockenzeit: 20–25 Minuten

Hinweis:
Statt der bitteren Mandeln können Sie 50 g gemahlene Mandeln und 3–4 Tropfen Bittermandelaroma verwenden.
Das aus Piemont stammende Gebäck wird in Italien zum Espresso gereicht, aber auch zu Südwein, in den man die Amaretti kurz taucht.

Pignoli

MAKRONENMASSE • 1 BLECH = ETWA 24 STÜCK

Für die Makronenmasse (S. 116)
4 Eiweiß
200 g feiner Zucker
1 TL feingeriebene unbehandelte Zitronenschale
1 TL Zitronensaft
250 g gemahlene geschälte Mandeln
1 Prise Salz
Backpapier

Für die Garnitur
150–200 g Pinienkerne

- Das Blech befeuchten und mit Backpapier belegen.
- Die Eiweiße mit den Schneebesen des Elektroquirls oder der Küchenmaschine steifschlagen, die Hälfte des Zuckers, die Zitronenschale und den Zitronensaft zufügen und die Masse weiterschlagen, bis sie stark glänzt.
- Den Rest Zucker, die Mandeln und das Salz darunterrühren und die Masse in einen Topf geben.
- Die Makronenmasse unter Rühren erhitzen, bis sie zur Hälfte zusammenfällt, dann mit einem Spritzbeutel und glatter Tülle in Form von Hörnchen auf das Blech geben. Die Pignoli mit Pinienkernen bestreuen und trocknen. Sie dürfen nicht zu dunkel werden.

Ofentemperatur: 160 °C
Einschubhöhe: Mitte
Trockenzeit: 15–20 Minuten

Pignoli

Mailänder Amaretti

Griechische Mandelplätzchen

✗ einfach
✗ schnell
✗ gefriergeeignet

RÜHRTEIG • 3 BLECHE = ETWA 120 STÜCK

Für den Rührteig (S. 74)
200 g Butter oder Margarine
200 g sehr feiner Zucker
2 Eigelb, 1 Päckchen Vanillezucker
1 EL Anislikör, z. B. Ouzo
1 Prise Salz
375 g Weizenmehl Type 405
125 g gemahlene geschälte Mandeln
Backpapier oder Butter bzw. Margarine zum Einfetten

Für die Garnitur
3–4 EL Rosenwasser
Puderzucker zum Bestauben

• Für den Rührteig das zimmerwarme Fett mit dem Zucker, den Eigelben, dem Vanillezucker, dem Anislikör und dem Salz mit den Rührbesen des Elektroquirls oder der Küchenmaschine in 3–4 Minuten schaumig schlagen.

• Das Mehl mit den Mandeln mischen und darunterrühren; den Teig zugedeckt 20–30 Minuten kühl stellen.

• Die Bleche befeuchten und mit Backpapier belegen oder einfetten, und den Ofen vorheizen.

• Den Teig zur Rolle formen, in Scheiben schneiden und diese zu walnußgroßen Kugeln rollen. Die Plätzchen auf die Bleche legen, mit einer bemehlten Gabel etwas flach drücken und dann backen.

• Die warmen Plätzchen mit Rosenwasser besprengen und über Nacht einziehen lassen. Dann den Puderzucker dick darauf sieben.

Ofentemperatur: 180 °C
Einschubhöhe: Mitte
Backzeit: 15–20 Minuten

Sesamhäufchen

✗ einfach
✗ schnell

MAKRONENMASSE • 3 BLECHE = ETWA 120 STÜCK

Für die Makronenmasse (S. 116)
150 g gemischtes Backobst
50 g kleingehacktes Orangeat
50 g kleingehacktes Zitronat
75 g Haselnußblättchen
75 g Mandelblättchen
75 g geschälte Sesamsamen
100 g Weizenmehl Type 405
50 g Butter oder Margarine
125 ml Milch
125 g Schlagsahne
100 g flüssiger Mandelhonig
1 Päckchen Vanillezucker
6 Eiweiß
1 Prise Salz
Backpapier
etwa 120 Oblaten mit 4 cm Ø

Für die Garnitur
100 g dunkle Kuvertüre
5 g Kokosfett
50 g geschälte Sesamsamen

• Das Trockenobst kleinhacken und mit dem Orangeat, dem Zitronat, den Nuß- und Mandelblättchen, den Sesamsamen und dem Mehl vermengen.

• Das Fett mit Milch, Sahne, Honig und Vanillezucker in einen Topf geben und etwas erwärmen, damit die Zutaten schmelzen. Die Fruchtmischung dazugeben und alles unter Rühren 3–4 Minuten kochen lassen.

• Den Topf von der Kochstelle nehmen, und den Inhalt ganz abkühlen lassen.

• Die Bleche befeuchten und mit Backpapier belegen. Die Oblaten darauf verteilen, und den Ofen vorheizen.

• Die Eiweiße mit dem Salz steifschlagen, die erkaltete Fruchtmischung darauf geben und alles mit einer Gabel gut vermengen.

• Mit einem Teelöffel Häufchen auf die Oblaten setzen und die Masse mit feuchten Fingerspitzen etwas nachformen.

• Das Gebäck nicht zu lange backen, denn das Innere sollte noch leicht feucht bleiben.

• Die Kuvertüre mit Kokosfett schmelzen (S. 34), und die Makronen damit überziehen.

• Die Sesamsamen hell rösten (S. 35) und auf die noch feuchte Kuvertüre streuen.

• Die Plätzchen über Nacht trocknen lassen.

Ofentemperatur: 160 °C
Einschubhöhe: Mitte
Backzeit: 12–15 Minuten

Hätten Sie's gewußt?
In der Türkei werden diese Plätzchen zu Mokka oder Südwein gereicht.

Jan Hagel

RÜHRTEIG • 1 BLECH = ETWA 45 STÜCK

Für den Rührteig (S. 74)
150 g Butter oder Margarine
75 g Zucker
1 Päckchen Vanillezucker
1 EL Cognac oder Rum
200 g Weizenmehl Type 405
1 TL Backpulver
1 Prise Salz
Backpapier oder Butter
bzw. Margarine zum Einfetten

Für den Belag
25 g grober Zucker
50 g Mandelblättchen

• Das Blech befeuchten und mit Backpapier belegen oder einfetten; den Ofen vorheizen.

• Für den Rührteig das zimmerwarme Fett mit dem Zucker, dem Vanillezucker, dem Cognac oder Rum mit den Rührbesen des Elektroquirls oder der Küchenmaschine etwa 3–4 Minuten schaumig schlagen.

• Das Mehl mit dem Backpulver und Salz mischen und darunterrühren.

• Den Teig mit der Teigkarte auf das Blech streichen, dann mit dem Zucker und den Mandelblättchen bestreuen und backen.

• Das noch heiße Gebäck mit Hilfe eines Lineals in 4–5 cm große Rauten schneiden. Dann auf einem Kuchengitter auskühlen lassen.

Ofentemperatur: 180 °C
Einschubhöhe: Mitte
Backzeit: 12–16 Minuten

Belgische Zimtschnitten

MÜRBETEIG • 1 BLECH = ETWA 50 STÜCK

Für den Mürbeteig (S. 84)
150 g Weizenmehl Type 405
1 TL Backpulver
1 Prise Salz
120 g Butter oder Margarine
60 g Puderzucker
2 TL feingemahlener Zimt
70 g geschälte Mandeln
1 Eiweiß
Backpapier oder Butter
bzw. Margarine zum Einfetten

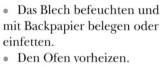

• Das Blech befeuchten und mit Backpapier belegen oder einfetten.

• Den Ofen vorheizen.

• Für den Mürbeteig das Mehl mit Backpulver, Salz, kühlen Fettflöckchen, Puderzucker und Zimt eine knappe Minute mit den Knethaken des Elektroquirls oder der Küchenmaschine vermengen, dann rasch mit kühlen Händen zu einem Teigkloß zusammendrücken.

• Den Teig unter einer 2. Lage Backpapier auf dem Backblech möglichst rechteckig etwa 4 mm dick ausrollen. Mit einem Teigrädchen ungefähr 3×6 cm große Rechtecke markieren und den Teig einige Male einstechen.

• Die Mandeln halbieren und auf die Rechtecke legen. Das Eiweiß verschlagen und die Teigplatte damit bepinseln.

• Das Gebäck im Ofen goldgelb backen.

• Die Belgischen Zimtschnitten auskühlen lassen und zum Schluß auseinanderbrechen.

Ofentemperatur: 180 °C
Einschubhöhe: Mitte
Backzeit: 8–10 Minuten

Jan Hagel

Belgische Zimtschnitten

Holländische Mandelplätzchen

RÜHRTEIG • 3 BLECHE = ETWA 35 STÜCK

Für den Rührteig (S. 74)
75 g Butter oder Margarine
250 g feiner Rohzucker
1 Päckchen Vanillezucker
125 g Weizenmehl Type 405
125 g grobgehackte ungeschälte Mandeln
½ TL Zimt
1 Prise Salz
Backpapier

- Die Bleche befeuchten und mit Backpapier belegen; den Ofen vorheizen.
- Für den Rührteig das zimmerwarme Fett mit dem Rohzucker und dem Vanillezucker mit den Rührbesen des Elektroquirls oder der Küchenmaschine in 3–4 Minuten schaumig schlagen.
- Das Mehl mit den Mandeln, Zimt und Salz vermengen und unter die schaumige Masse rühren.
- Den Teig mit einem Teelöffel in recht großen Abständen auf die Bleche geben, dann mit dem Löffelrücken etwas flach drücken.
- Die Plätzchen zunächst 5–6 Minuten auf der obersten, dann weitere 5–6 Minuten auf der untersten Schiene backen. Anschließend auf einem Kuchengitter auskühlen lassen.

Ofentemperatur: 180 °C
Einschubhöhe: oben und unten
Backzeit: 10–12 Minuten

Hinweis:
Diese feinen holländischen Plätzchen sollen breit auseinanderlaufen, damit sie zart und knusprig werden. Darum eventuell zunächst ein Probeplätzchen backen und nach Bedarf noch etwas Milch unter den Teig rühren, so daß er flüssiger wird. Brauner Rohzucker wird meist recht grob verkauft. Wenn Sie ihn langsam bei laufendem Motor in den Mixer rieseln lassen, wird er beinahe so fein wie Staub zerschlagen.

Dänische braune Kuchen

einfach
gefriergeeignet

HONIGKUCHENTEIG • 3–4 BLECHE = ETWA 100 STÜCK

Für den Honigkuchenteig (S. 108)
125 g Butter oder Margarine
125 g brauner Rohzucker
125 g Zuckerrohrsirup
400 g Weizenmehl Type 1050
50 g Speisestärke
50 g sehr klein gehacktes Orangeat
75 g grobgehackte Mandeln
½ Päckchen Pfefferkuchengewürz (15 g)
1 Prise Salz
1 TL Pottasche
2 EL Wasser
1 Ei
Mehl zum Ausformen
Backpapier oder Butter bzw. Margarine zum Einfetten

- Das Fett mit Zucker und Sirup aufkochen lassen, bis der Zucker geschmolzen ist, dann wieder etwas abkühlen lassen.
- Das Mehl mit Stärke, Orangeat, Mandeln, Pfefferkuchengewürz und Salz vermengen.
- Die Pottasche in Wasser auflösen und mit dem Ei und der Sirup-Zucker-Masse zum Mehl geben. Alle Zutaten mit den Knethaken des Elektroquirls oder der Küchenmaschine vermengen.
- Auf der bemehlten Arbeitsfläche aus dem Teig 3–4 Rollen mit etwa 4 cm Ø formen, diese einpacken und über Nacht kühl legen.
- Die Bleche befeuchten und mit Backpapier belegen oder einfetten.
- Den Ofen vorheizen.
- Die Rollen in etwa 5 mm dicke Scheiben schneiden und auf die Bleche legen. Die Plätzchen mit etwas Wasser bepinseln und backen.

Ofentemperatur: 200 °C
Einschubhöhe: Mitte
Backzeit: 10–15 Minuten

Schwedische Kardamomsterne

BISKUITMASSE • 2–3 BLECHE = ETWA 60 STÜCK

Für die Biskuitmasse (S. 88)
2 Eier, Gewichtsklasse 3
1 EL Kirschwasser
250 g Puderzucker
½ TL gemahlener Kardamom
1 Prise Salz
250–270 g Weizenmehl Type 405
1 TL Backpulver
Backpapier oder Butter bzw. Margarine zum Einfetten

- Die Bleche befeuchten und mit Backpapier belegen oder einfetten.
- Für die Biskuitmasse die kühlen Eier, Kirschwasser, Puder-

PLÄTZCHEN FÜR ALLE GELEGENHEITEN 483

zucker, Kardamom und Salz mit den Schneebesen des Elektroquirls oder der Küchenmaschine in 3–4 Minuten sehr schaumig schlagen.
• Das Mehl mit dem Backpulver dazugeben und mit den Knethaken untermengen.
• Die Zutaten zum Schluß mit den Händen kneten und zugedeckt ungefähr 15 Minuten lang ruhenlassen.
• Den Teig zwischen 2 Lagen Backpapier etwa 7–8 mm dick ausrollen, Sterne ausstechen und auf die Bleche legen.
• Die Plätzchen über Nacht bei Zimmertemperatur trocknen lassen. Sie sind zum Backen bereit, wenn an der Unterseite ein etwa 1 mm breites weißes Rändchen sichtbar ist.
• Den Ofen vorheizen; dann die Plätzchen darin trocknen. Danach auf einem Kuchengitter auskühlen lassen.

Ofentemperatur: 140 °C
Einschubhöhe: unten
Trockenzeit: 20–25 Minuten

Mutter Monsens Kuchen

RÜHRTEIG • 1 BLECH = ETWA 80 STÜCK

Für den Rührteig (S. 74)
300 g Butter oder Margarine
250 g Zucker
1 Päckchen Vanillezucker
4 Eier
250 g Weizenmehl Type 405
½ TL Backpulver
1 Prise Salz
60 g kleingehackte geschälte Mandeln
oder Haselnußblättchen
60 g Korinthen
Backpapier oder Butter bzw. Margarine zum Einfetten

• Das Blech befeuchten und mit Backpapier belegen oder einfetten. Den Ofen vorheizen.
• Für den Rührteig Fett mit Zucker, Vanillezucker und Eiern 3–4 Minuten mit den Rührbesen des Elektroquirls oder der Küchenmaschine schaumig rühren.
• Mehl mit Backpulver und Salz mischen und darunterrühren.
• Den Teig auf das Blech streichen, mit den Mandeln oder Nüssen und Korinthen bestreuen und im Ofen goldgelb backen.
• Das Gebäck auskühlen lassen, zunächst in 5 cm große Quadrate und dann in Dreiecke schneiden.

Ofentemperatur: 180 °C
Einschubhöhe: Mitte
Backzeit: 20–25 Minuten

Gut zu wissen:
Dieses weiche Gebäck aus Skandinavien schmeckt erst am Tag nach der Herstellung und hält sich, wenn es luftdicht verpackt und kühl aufbewahrt wird, 3–4 Wochen.

Schwedische Kardamomsterne

Mutter Monsens Kuchen

Thorner Schnitten

- einfach
- schnell
- gefriergeeignet

HONIGKUCHENTEIG • 2–3 BLECHE = ETWA 20 STÜCK

Für den Honigkuchenteig (S. 108)
75 g Honig
60 g brauner Rohzucker
2 EL Rum
1 EL Öl, z. B. Sojaöl
200 g Weizenmehl Type 1050
100 g Roggenmehl Type 1800
3 TL Backpulver
50 g gemahlene geschälte
oder ungeschälte Mandeln
1 TL feingemahlener Zimt
1/4 TL feingemahlene Nelken
1/4 TL feingemahlener Piment
1/4 TL feingemahlener Ingwer
1/4 TL feingemahlene Muskatnuß
1/2 TL feingeriebene
unbehandelte Orangenschale
1/2 TL feingeriebene
unbehandelte Zitronenschale
1 Prise Salz
Mehl zum Ausrollen
Backpapier oder Butter
bzw. Margarine zum Einfetten

Für die Garnitur und den Guß
2 EL Schlagsahne
2 EL Wasser
Haselnußkerne
Kürbiskerne
halbierte geschälte Mandeln
Pinienkerne
Sonnenblumenkerne

• Für den Honigkuchenteig den Honig mit Zucker, Rum und Öl in einem Topf unter Rühren erwärmen, bis der Zucker nicht mehr knirscht. Dann den Topfinhalt abkühlen lassen und dabei ab und zu umrühren.

• Die Bleche befeuchten und mit Backpapier belegen oder einfetten, und den Ofen vorheizen.

• In einer Schüssel das Mehl mit Backpulver, Mandeln, Gewürzen, Orangen- und Zitronenschale sowie Salz vermischen und die erkaltete Honigmasse dazugeben.

• Den Schüsselinhalt mit den Knethaken des Elektroquirls oder der Küchenmaschine vermischen.

• Zum Schluß den Teig von Hand durchkneten, dann portionsweise auf der bemehlten Arbeitsplatte etwa 6 mm dick ausrollen und Rechtecke mit 6×10 cm Größe ausschneiden.

• Die Plätzchen auf die Bleche legen. Die Sahne mit Wasser verschlagen und darauf pinseln.

• Die Schnitten nach Belieben mit Haselnußkernen, Kürbiskernen, Mandeln, Pinienkernen und Sonnenblumenkernen garnieren und im Ofen backen.

• Die Schnitten vorsichtig vom Blech heben und auf einem Kuchengitter flach nebeneinander auskühlen lassen.

• Die Plätzchen vor dem Verzehr möglichst 2–3 Wochen an einer feuchten Stelle lagern, damit das Gebäck weich wird.

Ofentemperatur: 180 °C
Einschubhöhe: Mitte
Backzeit: 10–12 Minuten

Preßburger Kipferl

x gefriergeeignet

MÜRBETEIG • 2 BLECHE = ETWA 60 STÜCK

Für den Mürbeteig (S. 84)
300 g Weizenmehl Type 405
1 TL Trockenhefe
1 Prise Salz
180 g Butter oder Margarine
50 g Zucker
4 Eigelb
1 Päckchen Vanillezucker
Mehl zum Ausrollen
Backpapier oder Butter
bzw. Margarine zum Einfetten

Für die Füllung
175 g feiner Zucker
175 g feingemahlene Haselnüsse
1 1/2 Eiweiß

Für den Guß
1 Eigelb
2 EL Milch oder Wasser

• Für den Mürbeteig das Mehl mit der Trockenhefe, dem Salz, der kalten Butter oder Margarine, dem Zucker, den Eigelben und dem Vanillezucker in eine Schüssel geben und knapp 1 Minute mit den Knethaken des Elektroquirls oder der Küchenmaschine vermengen.

• Die Zutaten mit kühlen Händen zusammendrücken, zu 3 Kugeln formen, etwas flach drücken und eingepackt ungefähr 30 Minuten kühl stellen.

• Für die Füllung den Zucker mit den Haselnüssen und den Eiweißen zu einer pastenartigen Masse verrühren.

• Die Bleche befeuchten und mit Backpapier belegen oder einfetten, und den Ofen vorheizen.

• Den Teig auf leicht bemehlter Unterlage oder zwischen 2 Lagen Backpapier portionsweise etwa 4–5 mm dick ausrollen und mit dem Teigrädchen 5 cm große Quadrate ausrädeln.

• Aus der Füllung 5 cm lange, fingerdicke Rollen formen und diagonal auf die Quadrate legen. Die beiden freien Ecken zur Mitte hin zusammenschlagen.

• Das Eigelb mit Milch oder Wasser verschlagen, die Plätzchen damit sorgfältig bepinseln und auf die Bleche legen.

• Das Gebäck im Ofen goldgelb backen und auf Kuchengittern auskühlen lassen.

Ofentemperatur: 180 °C
Einschubhöhe: Mitte
Backzeit: 15–20 Minuten

Variationen:
Diese Kipferl schmecken auch mit einer Mandel- oder Sonnenblumenkernfüllung, die nach dem gleichen Rezept mit entsprechenden Kernen statt mit Nüssen zubereitet und mit etwas feingehacktem Zitronat abgeschmeckt wird.

Linzer Kolatschen

MÜRBETEIG • 3–4 BLECHE = 60–65 STÜCK

Für den Mürbeteig (S. 84)
200 g Weizenmehl Type 405
1 Prise Salz
150 g Butter oder Margarine
5 EL feiner Zucker
2 Eigelb
1 TL feingeriebene
unbehandelte Zitronenschale
2 EL Semmelbrösel oder fein
zerdrückte helle Plätzchenreste
Mehl zum Ausformen
Backpapier oder Butter
bzw. Margarine zum Einfetten

Für die Füllung und die Garnitur
200 g Johannisbeergelee
Puderzucker zum Bestauben

• Für den Mürbeteig das Mehl mit dem Salz, der kühlen Butter oder Margarine, dem Zucker, den Eigelben, der Zitronenschale und den Semmelbröseln oder den Plätzchenresten mit den Knethaken des Elektroquirls oder der Küchenmaschine knapp 1 Minute lang vermengen.

• Die Masse zusammendrücken, auf leicht bemehlter Unterlage daraus daumendicke Rollen formen und diese zugedeckt mindestens 30 Minuten, besser über Nacht, kühl stellen.

• Die Bleche befeuchten und mit Backpapier belegen oder leicht einfetten.

• Die Rollen in etwa 2 cm breite Stücke schneiden, diese dann zu Kugeln rollen und auf die Bleche legen; den Ofen vorheizen.

• Mit einem bemehlten dünnen Kochlöffelstiel oder der Fingerkuppe in die Mitte der Kugeln jeweils eine Vertiefung eindrücken.

• Das Gelee in einen kleinen Gefrierbeutel geben und im Wasserbad etwas erwärmen; dann eine kleine Spitze abschneiden und das Gelee in die Vertiefungen spritzen. Sie können das Gelee aber auch mit einer Tortengarnierspritze mit kleiner glatter Tülle auf die Plätzchen verteilen.

• Die Kolatschen im Ofen goldgelb backen, auf einem Kuchengitter auskühlen lassen und mit Puderzucker bestauben.

Ofentemperatur: 180 °C
Einschubhöhe: Mitte
Backzeit: 20–25 Minuten

Variation:
Sie können den Teig auch vor dem Kühlen zu einem 2,5 cm dicken Block formen, diesen nach kurzem Kühlen in Würfel von 2,5 cm Kantenlänge schneiden und dann daraus die Kugeln rollen.

Spitzbuben

MÜRBETEIG • 4–5 BLECHE = ETWA 45 STÜCK

Für den Mürbeteig (S. 84)
250 g Weizenmehl Type 405
1 TL Backpulver
1 Prise Salz
125 g Butter oder Margarine
3–4 EL Zucker
1 Ei
1 Päckchen Vanillezucker
eventuell Mehl zum Ausrollen
Backpapier oder Butter
bzw. Margarine zum Einfetten

Für die Füllung und die Garnitur
125 g rotes Johannisbeergelee
Puderzucker zum Bestauben

• Aus den Zutaten den Mürbeteig wie oben beschrieben zubereiten und in 2–3 Portionen kühl stellen.

• Die Bleche befeuchten und mit Backpapier belegen oder leicht einfetten.

• Den Ofen vorheizen.

• Den gekühlten Mürbeteig portionsweise zwischen 2 Lagen Backpapier oder auf leicht bemehlter Unterlage etwa 3 mm dick ausrollen.

• Runde Plätzchen und Ringe gleicher Größe mit 4–5 cm Ø oder etwa 5 cm große Sterne und dazu passende Sterne mit Öffnungen ausstechen.

• Da die Ringe oder offenen Sterne schneller bräunen, beide Sorten getrennt auf die Bleche legen, goldgelb backen und auf Kuchengittern auskühlen lassen.

• Das Gelee etwas erwärmen und dann die runden Plätzchen bzw. die ganzen Sterne sehr sorgfältig damit bestreichen.

• Die Ringe oder die Sterne mit

PLÄTZCHEN FÜR ALLE GELEGENHEITEN

Öffnungen dick mit Puderzucker bestauben. Dann je einen Ring oder offenen Stern auf ein mit Gelee bestrichenes Plätzchen setzen.
• Die Plätzchen über Nacht ausgebreitet trocknen lassen und mit Zwischenlagen von Pergamentpapier verpacken.

Ofentemperatur: 180 °C
Einschubhöhe: Mitte
Backzeit: 10–12 Minuten

Variation:
Marillenringe, auch eine österreichische Spezialität, werden nach dem gleichen Rezept gebacken und mit durchpassierter Aprikosenkonfitüre zusammengesetzt.

Linzer Taler

MÜRBETEIG • 3–4 BLECHE = ETWA 50 STÜCK

Für den Mürbeteig (S. 84)
150 g Weizenmehl Type 405
150 g mittelfeines Weizenvollkornmehl Type 1700
½ TL Backpulver
1 Prise Salz
200 g Butter oder Margarine
150 g Zucker
2 Eier
200 g gemahlene Haselnußkerne
1 Päckchen Vanillezucker
2 EL Rum
2–3 TL Lebkuchengewürz
1 TL feingemahlener Zimt
Mehl zum Ausrollen
Backpapier oder Butter bzw. Margarine zum Einfetten

Für die Füllung und die Garnitur
300 g konservierte Preiselbeeren
50 g Johannisbeergelee
8 EL geröstete Haselnußblättchen

• Aus den Zutaten den Mürbeteig wie links beschrieben zubereiten und kühl stellen.
• Die Bleche mit Backpapier belegen oder leicht einfetten.
• Den Ofen vorheizen.
• Den gekühlten Mürbeteig in 2–3 Portionen zwischen 2 Lagen Backpapier oder auf leicht bemehlter Unterlage etwa 3 mm dick ausrollen.

• Runde Plätzchen mit gebogten Rändern ausstechen, auf die Bleche legen und backen. Die knusprigen Taler dann auf Kuchengittern flach nebeneinander liegend auskühlen lassen.
• Jeweils 2 Plätzchen mit Preiselbeeren zusammensetzen.
• Das Gelee etwas erwärmen und die Oberfläche der Plätzchen damit bestreichen, dann die Haselnußblättchen behutsam darauf drücken.

Ofentemperatur: 180 °C
Einschubhöhe: Mitte
Backzeit: 18–22 Minuten

Linzer Taler   *Spitzbuben*

Linzer Kolatschen

Totenbeinli

x einfach
x schnell
x gefriergeeignet

RÜHRTEIG • 2–3 BLECHE = ETWA 120 STÜCK

Für den Rührteig (S. 74)
250 g geschälte
oder ungeschälte Mandeln
125 g Butter oder Margarine
200 g Zucker
4 Eier, Gewichtsklasse 4
1 Päckchen Vanillezucker
1 TL feingemahlener Zimt
1 Prise Salz
500 g Weizenmehl Type 405
Backpapier oder Butter
bzw. Margarine zum Einfetten

Für den Guß
1 Eigelb
1 EL Wasser

- Die Bleche befeuchten und mit Backpapier belegen oder einfetten.
- Die Mandeln grob hacken.
- Die zimmerwarme Butter, Zucker und Eier mit den Schneebesen des Elektroquirls oder der Küchenmaschine schaumig rühren. Mandeln, Vanillezucker, Zimt, Salz und Mehl zugeben und alles von Hand verkneten.
- Den Teig in einen Gefrierbeutel geben, fest verschließen und dann im Beutel 1,5 cm dick ausrollen und kühlen.
- Den Ofen vorheizen.
- Den Beutel aufschneiden, den Teig einmal der Länge nach teilen, dann quer in kleinfingerbreite Streifen schneiden und auf die Bleche legen.
- Das Eigelb mit Wasser verschlagen, die Plätzchen sorgfältig damit bestreichen und nur hell backen, damit sie ihre mürbe Struktur nicht einbüßen.

Ofentemperatur: 180 °C
Einschubhöhe: Mitte
Backzeit: 10–12 Minuten

Engadiner

x einfach
x gefriergeeignet

MÜRBETEIG • 2 BLECHE = ETWA 60 STÜCK

Für den Mürbeteig (S. 84)
375 g Weizenmehl Type 405
1 Prise Salz
175 g Butter oder Margarine
125 g Zucker
1 Päckchen Vanillezucker
2 Eier
125 g Haselnußkerne
100 g Sultaninen

Mehl zum Ausformen
Backpapier oder Butter
bzw. Margarine zum Einfetten

- Für den Mürbeteig das Mehl mit dem Salz, dem kühlen Fett, dem Zucker, dem Vanillezucker und den Eiern mit den Knethaken des Elektroquirls oder der Küchenmaschine knapp 1 Minute vermengen.
- Die Haselnüsse grob hacken und mit den Sultaninen von Hand in den Teig kneten.
- Aus dem Teig auf leicht bemehlter Arbeitsplatte 4–5 cm dicke Rollen formen und diese

Totenbeinli

Engadiner

PLÄTZCHEN FÜR ALLE GELEGENHEITEN 489

eingepackt 2–3 Stunden oder besser über Nacht kühlen.
• Die Bleche befeuchten und mit Backpapier belegen oder einfetten, und den Ofen vorheizen.
• Die Teigrollen mit einem sehr scharfen Messer in 5–6 mm dicke Scheiben schneiden, auf die Bleche legen, etwas nachformen und dann im Ofen backen.
• Auf einem Gitter auskühlen lassen.

Ofentemperatur: 180 °C
Einschubhöhe: Mitte
Backzeit: 15–18 Minuten

Hinweis:
Wenn es schneller gehen soll, kühlen Sie die Rollen unter gelegentlichem Wenden zunächst etwa 40 Minuten im Gefrierfach, und schneiden Sie den Teig anschließend am besten mit einem Elektro- oder Keramikmesser in ungefähr 5–6 mm dicke Scheiben.

Basler Brunsli

MAKRONENMASSE • 2 BLECHE = ETWA 35 STÜCK

Für die Makronenmasse (S. 116)
2 Eiweiß
1 Prise Salz
200 g feiner Zucker
1/2 TL Zitronensaft
250 g gemahlene Haselnußkerne
1/4 TL feingemahlener Zimt
1 Prise feingemahlene Nelken
1 TL Kirschwasser
100 g Edelbitterschokolade
Backpapier

• Die Bleche befeuchten und mit Backpapier belegen.
• Für die Makronenmasse die Eiweiße und das Salz mit den Schneebesen des Elektroquirls oder der Küchenmaschine nur kurz verschlagen.
• Den feinen Zucker, den Zitronensaft, die Haselnußkerne, den Zimt, die Nelken und das Kirschwasser dazugeben.
• Die Schokolade über einem Wasserbad schmelzen (S. 15) und unter die Mischung rühren, dann die Masse zugedeckt kühlen.
• Nach etwa 30 Minuten die Masse portionsweise zwischen 2 Lagen Backpapier oder auf Zucker etwa 8 mm dick ausrollen, Vögel, Ringe oder Herzen ausstechen und auf die Bleche legen.
• Den Ofen vorheizen. Anschließend die Basler Brunsli nicht zu lang im Ofen trocknen, denn sie dürfen nicht hart werden.
• Nach dem Trocknen die Plätzchen flach nebeneinander auf einem Gitter auskühlen lassen und dann in fest verschließbaren Behältern aufbewahren.

Ofentemperatur: 160 °C
Einschubhöhe: oben oder Mitte
Trockenzeit: 8–12 Minuten

Hätten Sie's gewußt?
Alteingesessene Basler besitzen für dieses traditionelle Weihnachtsgebäck spezielle Formen.

Berner Leckerli

MAKRONENMASSE • 2–3 BLECHE = ETWA 60 STÜCK

Für die Makronenmasse (S. 116)
250 g feiner Zucker
3–4 EL dunkler Honig
125 g gemahlene Haselnußkerne
125 g gemahlene
geschälte Mandeln
100 g kleingehacktes Orangeat
1/2 TL feingemahlener Zimt
1 Prise Salz
3 Eiweiß, Gewichtsklasse 4
Mehl zum Ausrollen

etwa 60 Oblaten mit 6 cm Ø
Backpapier
Für den Guß
200 g feiner Zucker
125 ml Wasser

- Die Bleche befeuchten und erst mit Backpapier und dann mit den Oblaten belegen.
- Für die Makronenmasse den Zucker mit dem Honig bei milder Hitze schmelzen und in einer Schüssel mit den Nüssen, den Mandeln, dem Orangeat, dem Zimt und dem Salz vermengen.
- Die Eiweiße steifschlagen und unter die Mischung heben.
- Den Ofen vorheizen.
- Auf einer bemehlten Unterlage oder zwischen 2 Lagen Backpapier die Masse ungefähr 1 cm dick ausrollen.
- Runde Plätzchen ausstechen und auf die Oblaten legen.
- Die Leckerli hell backen.
- Inzwischen für den Guß den Zucker mit Wasser aufkochen, bis sich eine Haut bildet. Die noch heißen Leckerli vorsichtig mit dem heißen Sirup bepinseln, so daß die Oberfläche einen weißen Überzug bekommt.

Ofentemperatur: 180 °C
Einschubhöhe: Mitte
Backzeit: 20–25 Minuten

Haselnußlebkuchen

MAKRONENMASSE • 2 BLECHE = ETWA 70 STÜCK

Für die Makronenmasse (S. 116)
240 g gemahlene Haselnußkerne
240 g gemahlene
geschälte Mandeln
4 Eiweiß
1 Prise Salz
480 g Zucker
1 EL Speisestärke
50 g kleingehacktes Orangeat
50 g kleingehacktes Zitronat
1 EL Zitronensaft

1 EL feingemahlener Zimt
1/4 TL feingemahlener Sternanis
2 EL Weizenmehl Type 405
2 EL flüssiger Honig
Puderzucker zum Ausrollen
16–18 große rechteckige Oblaten
Backpapier
Für den Guß und die Garnitur
50 g Puderzucker
1 1/2 EL Zwetschgenwasser
Glanzbildchen, nach Belieben

- Die großen Oblaten in jeweils 4 Stücke schneiden. Die Bleche befeuchten und mit Backpapier belegen.
- Nüsse und Mandeln in einer Pfanne oder im Ofen unter Rühren etwas rösten (S. 35).
- Die Eiweiße und das Salz mit den Schneebesen des Elektroquirls oder der Küchenmaschine zu steifem Schnee schlagen, dann

PLÄTZCHEN FÜR ALLE GELEGENHEITEN 491

Nüsse und Mandeln sowie die übrigen Zutaten zunächst vermischen und hinzugeben.
• Die Schneebesen durch die Knethaken austauschen, dann alle Zutaten zu einer glatten Makronenmasse vermengen und 1 Stunde ruhen lassen.
• Die Arbeitsplatte und die Teigrolle mit Puderzucker bestauben und die Masse etwa 6 mm dick ausrollen. Rechtecke in passender Größe zu den Oblaten ausschneiden, die Lebkuchen auf den Oblaten auf die Bleche legen und 3–4 Stunden stehenlassen.
• Den Ofen vorheizen, dann die Lebkuchen darin backen. Sie sollen innen noch etwas feucht sein.
• Puderzucker und Zwetschgenwasser zum Guß verrühren, die Lebkuchen damit bestreichen und eventuell Glanzbildchen darauf kleben.

Ofentemperatur: 170 °C
Einschubhöhe: oben
Backzeit: 5–9 Minuten

Hätten Sie's gewußt?
Diese Haselnußlebkuchen oder Leckerli sind eine Schweizer Spezialität, die ursprünglich in Holzmodeln gebacken wurde. Die mit Glanzbildern beklebten Lebkuchen werden oft mit breiten Bändern an den Weihnachtsbaum gehängt.

Zürcher Leckerli

MAKRONENMASSE • 2 BLECHE = ETWA 60 STÜCK

Für die Makronenmasse (S. 116)
3 Eier, Gewichtsklasse 4
500 g feiner Zucker
1 Prise Salz
500–600 g feingeriebene geschälte Mandeln oder Haselnußkerne
1 TL unbehandelte feingeriebene Zitronenschale
100 g Himbeerkonfitüre zum Bestreichen
Backpapier, Mehl zum Bestauben

• Die Bleche befeuchten und mit Backpapier belegen oder mit Mehl bestauben.
• Für die Makronenmasse die Eier, den Zucker und das Salz mit den Schneebesen des Elektroquirls oder der Küchenmaschine zu einer dickschaumigen Masse verschlagen.
• Anschließend die Mandeln oder die Nüsse und die Zitronenschale zufügen. Die Masse sollte weder flüssig noch krümelig-trocken sein.
• Dann die Masse portionsweise vorsichtig zwischen 2 Lagen Backpapier etwa 5 mm dick ausrollen.
• Mit einem Zürcher Spezialmodel oder einem Teigrädchen Rechtecke mit etwa 3×5 cm ausschneiden.
• Die Hälfte der Plätzchen mit erwärmter Himbeerkonfitüre bestreichen, je ein unbestrichenes darauf legen und die beiden Rechtecke leicht zusammendrücken.
• Die Leckerli auf die Bleche legen und im warmen Zimmer 2–3 Tage trocknen lassen.
• Den Ofen vorheizen.
• Die Zürcher Leckerli nicht zu braun backen.

Ofentemperatur: 150 °C
Einschubhöhe: Mitte
Backzeit: 20–25 Minuten

Variation:
Bestreichen Sie die ausgekühlten Leckerli mit einem Guß aus 200 g Puderzucker und 3–4 EL Kirschwasser oder Zitronensaft.

Haselnußlebkuchen   *Berner Leckerli*

Kokosbusserln

x einfach
x schnell

MAKRONENMASSE • 1 BLECH = 60–70 STÜCK

Für die Makronenmasse (S. 116)
3 Eiweiß
1 Prise Salz
75 g feiner Zucker
½ TL Zitronensaft
75 g Puderzucker
200–250 g Kokosraspel
60–70 Oblaten mit 4 cm Ø,
nach Belieben
Backpapier

Für die Garnitur
100 g Edelbitterschokolade,
nach Belieben

- Das Blech befeuchten, erst mit Backpapier, dann nach Belieben mit Oblaten belegen.
- Den Ofen vorheizen.
- Für die Makronenmasse die Eiweiße und das Salz mit den Schneebesen des Elektroquirls oder der Küchenmaschine zunächst bei geringer, dann bei hoher Laufgeschwindigkeit steifschlagen.
- Den feinen Zucker und den Zitronensaft zufügen und die Masse so lange schlagen, bis sie stark glänzt und der Zucker nicht mehr knirscht.
- Den Puderzucker mit den Kokosraspeln mischen und unter die Schaummasse heben, so daß diese schaumig bleibt.
- Mit einem Teelöffel etwa walnußgroße Häufchen auf die Oblaten geben.
- Die Makronen im Ofen trocknen. Die Kokosbusserln dürfen nicht bräunen und müssen innen noch etwas feucht sein.
- Auf einem Kuchengitter auskühlen lassen.
- Nach Belieben, wenn die Makronen ohne Oblaten gebacken wurden, die Schokolade schmelzen (S. 38) und die Böden der Makronen hineintauchen. Man kann auch die Schokolade in einem Gefrierbeutel schmelzen, eine feine Spitze des Beutels abschneiden und die Plätzchen streifenartig mit der Schokolade verzieren.
- Beim Verpacken in Blechdosen Pergamentpapier zwischen die einzelnen Lagen legen, damit die Kokosbusserln ihr appetitliches Aussehen behalten.

Ofentemperatur: 150 °C
Einschubhöhe: Mitte
Trockenzeit: 15–18 Minuten

Variationen:
Für die Weihnachtszeit können Sie die Eiweißmasse mit einigen Tropfen roter, gelber oder grüner Speisefarbe tönen oder die Makronen unmittelbar vor dem Einschieben in den Ofen mit bunten Nonpareille bestreuen.
Für Kokos-Schoko-Busserln mischen Sie mit den Kokosraspeln 50 g dunklen Kakao oder feingeriebene Bitterschokolade in die Baisermasse.

Hinweis:
Bei größeren Mengen die Makronenmasse mit dem Spritzbeutel verteilen.

Gut zu wissen:
Das Backpapier schützt das Blech vor Verschmutzung, die Oblaten verhindern vorzeitiges Austrocknen.

PLÄTZCHEN FÜR ALLE GELEGENHEITEN 493

Walnußbusserln

MAKRONENMASSE • 2 BLECHE = ETWA 40–50 STÜCK

Für die Makronenmasse (S. 116)
125–150 g Walnußkerne
50 g dunkler Kakao
75 g Edelbitterschokolade
3 Eiweiß
1 Prise Salz
125 g feiner Zucker
1 TL Zitronensaft
1 Päckchen Vanillezucker
40–50 Oblaten mit 4 cm Ø
Backpapier

- Die Bleche befeuchten und erst mit Backpapier, dann mit den Oblaten belegen.
- Den Ofen vorheizen.
- Die Walnußkerne mahlen und mit dem Kakao vermengen.
- Die Schokolade grob zerhacken.
- Die Eiweiße mit dem Salz zu steifem Schnee schlagen, dann 2 EL des Zuckers, den Zitronensaft und den Vanillezucker dazugeben und schlagen, bis die Masse nicht mehr knirscht und glänzt.
- Die Nüsse mit Kakao, der Schokolade und dem restlichen Zucker behutsam mit dem Spatel untermischen und aus der Masse mit einem Teelöffel Häufchen auf die Oblaten setzen.
- Die Busserln im Ofen trocknen, sie müssen innen jedoch etwas feucht bleiben.
- Vor dem Verpacken auf einem Kuchengitter auskühlen lassen.

Ofentemperatur: 180 °C
Einschubhöhe: Mitte
Trockenzeit: 10–15 Minuten

Hinweise:
Die genaue Menge der Nüsse richtet sich immer nach der Größe der Eier; die Makronenmasse soll weder zu weich sein, weil dann die Makronen leicht verlaufen, noch zu fest, weil sie dann trocken sind. Wenn Sie die Nüsse zunächst im Ofen etwas rösten, ist das Aroma intensiver.

Variationen:
Drücken Sie auf jede Makrone eine Walnußhälfte, oder rühren Sie für Ingwermakronen *etwas kleingehackten kandierten Ingwer und feingeriebene unbehandelte Orangenschale in die Makronenmasse.*
Für Haselnußmakronen *geben Sie statt der Walnüsse, dem Kakao und der Schokolade 200–250 g gemahlene Haselnußkerne in die Eiweißmasse.*

Schokoladenbrötle

einfach

MAKRONENMASSE • 1 BLECH = ETWA 25 STÜCK

Für die Makronenmasse (S. 116)
160 g Edelbitterschokolade
5 Eiweiß
1 Prise Salz
100 g Zucker
Mark von ½ Vanilleschote
50 g Speisestärke
etwa 25 Oblaten mit 4 cm Ø
Backpapier

Für die Garnitur
60 g dunkle Kuvertüre

- Die Schokolade kühlen und fein reiben.
- Das Blech befeuchten und dann zuerst mit Backpapier, anschließend dicht mit den Oblaten belegen.
- Den Ofen vorheizen.
- Die Eiweiße und das Salz mit den Schneebesen des Elektroquirls oder der Küchenmaschine steifschlagen.
- Den Zucker mit dem Vanillemark mischen und dazugeben, dann die Masse erneut etwa 1 Minute schlagen.
- Die Schokolade mit der Speisestärke vermengen und unter die Masse ziehen.
- Mit einem Teelöffel nußgroße Häufchen auf die Oblaten geben.
- Die Brötle im Ofen trocknen und auf einem Kuchengitter auskühlen lassen.
- Die Kuvertüre in einen kleinen Gefrierbeutel geben, gut verschließen und im heißen Wasser schmelzen (S. 34). Eine kleine Spitze des Beutels abschneiden und feine Schokoladenstreifen über das Gebäck spritzen.

Ofentemperatur: 160 °C
Einschubhöhe: Mitte
Trockenzeit: 10–15 Minuten

Variation:
Nehmen Sie statt der Edelbitterschokolade Mokkaschokolade.

Marzipansterne

MAKRONENMASSE • 2 BLECHE = ETWA 40 STÜCK

Für die Makronenmasse (S. 116)
300 g Marzipanrohmasse
3 Eiweiß
1 Prise Salz
75 g feiner Zucker
75 g Puderzucker
150–200 g feingemahlene geschälte Mandeln
Backpapier

Für die Garnitur
feiner Zucker, nach Belieben
100 g gehackte rote Belegkirschen

- Für die Makronenmasse das Marzipan kühlen und mit einer feinen Rohkostreibe reiben.
- Die Bleche befeuchten und mit Backpapier belegen.
- Den Ofen vorheizen.
- Die Eiweiße und das Salz mit den Schneebesen des Elektroquirls oder der Küchenmaschine sehr steif schlagen.
- Den feinen Zucker dazugeben und die Masse schlagen, bis sie stark glänzt.
- Dann den Puderzucker, die Mandeln und das Rohmarzipan daruntermischen.
- Die Makronenmasse in einen Spritzbeutel mit einer sehr großen Sterntülle füllen und Sterne auf die Bleche spritzen; dabei den Spritzbeutel möglichst gerade halten.
- Die Sterne nach Belieben dünn mit Zucker bestreuen, jeweils mit einem Stückchen Belegkirsche garnieren und im Ofen trocknen.
- Die getrockneten Marzipansterne vorsichtig vom Backpapier nehmen und auf einem Kuchengitter auskühlen lassen.

Ofentemperatur: 160 °C
Einschubhöhe: Mitte
Trockenzeit: 18–20 Minuten

Variationen:
Für die Makronen können Sie 50 g der Mandeln gegen sehr fein gemahlene Haselnußkerne oder Pistazien austauschen.
Wer ein stärkeres Mandelaroma wünscht, kann zusätzlich einige Tropfen Bittermandelaroma oder ein paar besonders fein gehackte, geschälte bittere Mandeln zur Makronenmasse geben.

PLÄTZCHEN FÜR ALLE GELEGENHEITEN 495

Wespennester

× einfach

MAKRONENMASSE • 2 BLECHE = 35–40 STÜCK

Für die Makronenmasse (S. 116)
100 g Edelbitterschokolade
250 g grobgehackte ungeschälte Mandeln
250 g feiner Zucker
4 Eiweiß
1 Prise Salz
½ TL Zitronensaft
feiner Zucker zum Bestreuen
35–40 Oblaten mit 5 cm Ø
Backpapier

• Die Schokolade entweder mit einem Messer kleinschneiden oder kühlen und mit der groben Rohkostscheibe reiben.
• Die Mandeln mit 100 g Zucker unter Rühren im Topf hell rösten und dann kühl stellen.
• Die Bleche befeuchten, erst mit Backpapier, dann mit den Backoblaten belegen.
• Den Ofen vorheizen.
• Die Eiweiße mit dem Salz und dem Zitronensaft mit den Schneebesen des Elektroquirls oder der Küchenmaschine sehr steif schlagen.
• Den restlichen Zucker in den Eischnee geben und schlagen, bis die Masse stark glänzt.
• Dann mit dem Spatel vorsichtig die Mandeln und die Schokolade darunterheben, dabei möglichst wenig Luft herausrühren.
• Aus der Makronenmasse mit einem Teelöffel walnußgroße Häufchen auf die Oblaten setzen und dünn mit Zucker bestreuen.
• Die Wespennester im Ofen bei milder Hitze langsam trocknen, denn sie sollten innen nur noch ganz geringfügig feucht und weich sein. Falls vorhanden, den Lüftungsregler öffnen.
• Die knusprig-trockenen Makronen vorsichtig vom Backpapier lösen und auf einem Kuchengitter auskühlen lassen. Die Oblaten nicht entfernen, denn sie halten die Makronen feucht.

Ofentemperatur: 150 °C
Einschubhöhe: Mitte
Trockenzeit: 25–30 Minuten

Variationen:
Statt Mandeln nehmen Sie grobgehackte Hasel- oder Walnußkerne.

Marzipansterne

Wespennester

Schokoladenbrötle

Feine Haselnußtaler

× einfach
× schnell
× gefriergeeignet

MÜRBETEIG • 2–3 BLECHE = ETWA 70 STÜCK

Für den Mürbeteig (S. 84)
250 g Weizenmehl Type 405
2 TL Backpulver
1 Prise Salz
250 g Butter oder Margarine
200 g Zucker
250 g feingemahlene Haselnußkerne
2 EL Kakao
1 Päckchen Vanillezucker
2 TL feingemahlener Zimt
Mehl zum Ausformen
Backpapier oder Butter bzw. Margarine zum Einfetten
Für die Garnitur
etwa 70 Haselnußkerne
1 Eiweiß

• Für den Mürbeteig die kühlen Zutaten Mehl, Backpulver, Salz, Fett, Zucker, Nüsse, Kakao, Vanillezucker und Zimt etwa 1 Minute mit den Knethaken des Elektroquirls oder der Küchenmaschine vermischen.
• Die Masse mit bemehlten Händen zu einem Kloß zusammendrücken und 4 etwa daumendicke Rollen formen.
• Die Rollen eingepackt ungefähr 2–3 Stunden oder besser über Nacht kühlen.
• Die Bleche befeuchten und mit Backpapier belegen oder einfetten.

• Den Ofen vorheizen.
• Die Rollen in fingerbreite Stücke schneiden, auf der bemehlten Arbeitsfläche Kugeln daraus formen und diese etwas flach drücken.
• Die Haselnußkerne in Eiweiß tauchen und auf die Mitte einer jeden Kugel drücken, dann die Kugeln auf die Bleche legen.
• Die feinen Haselnußtaler nicht zu dunkel backen und auf einem Kuchengitter auskühlen lassen.

Ofentemperatur: 180 °C
Einschubhöhe: Mitte
Backzeit: 12–15 Minuten

Gewürztaler mit Nüssen

× einfach
× schnell
× gefriergeeignet

MÜRBETEIG • 3 BLECHE = 50–60 STÜCK

Für den Mürbeteig (S. 84)
375 g Weizenmehl Type 1050
3 TL Backpulver
100 g Butter oder Margarine
100 g Schweineschmalz
125 g brauner Rohzucker
75 g dunkler Zuckerrübensirup
75 g grobgehackte Haselnußkerne
1/4 TL feingemahlener Anis
1/4 TL feingemahlener Ingwer
1/2 TL feingemahlener Zimt
1 Prise Salz
Mehl zum Ausformen
Backpapier oder Butter bzw. Margarine zum Einfetten
Für die Garnitur
1 Eiweiß
75 g grobgehackte Haselnußkerne

• Das Mehl mit Backpulver, Fett, Schmalz, Zucker, Sirup, Haselnußkernen, Anis, Ingwer, Zimt und Salz in eine Schüssel geben und mit den Knethaken des Elektroquirls oder der Küchenmaschine knapp 1 Minute mischen.
• Den Teig mit kühlen Händen zusammenkneten, vierteln und

Feine Haselnußtaler

Gewürztaler mit Nüssen

PLÄTZCHEN FÜR ALLE GELEGENHEITEN 497

auf einer bemehlten Unterlage zu ungefähr 3–4 cm dicken Rollen formen.
• Das Eiweiß etwas verschlagen und die Rollen damit bestreichen.
• Anschließend die Rollen mit leichtem Druck in den Haselnüssen wenden und eingepackt 2–3 Stunden oder besser über Nacht kühlen.
• Die Bleche befeuchten und mit Backpapier belegen oder einfetten, und den Ofen vorheizen.
• Die Rollen in 6–8 mm dicke Scheiben schneiden und auf die Bleche verteilen. Dann mit den Fingerspitzen etwas zu runden Talern nachformen und backen.
• Die Plätzchen auf Kuchengittern auskühlen lassen.

Ofentemperatur: 180 °C
Einschubhöhe: Mitte
Backzeit: 12–15 Minuten

Mandelkugeln

MÜRBETEIG • 2 BLECHE = 45–50 STÜCK

Für den Mürbeteig (S. 84)
250 g Weizenmehl Type 405
½ TL Backpulver
1 Prise Salz
175 g Butter oder Margarine
125 g Zucker
oder brauner Rohzucker
2 Eiweiß
250 g gemahlene
geschälte Mandeln
Mehl zum Ausformen
Backpapier oder Butter
bzw. Margarine zum Einfetten

Für die Garnitur
45–50 geschälte Mandeln
1 Eiweiß
Puderzucker zum Bestauben

• Für den Mürbeteig die kühlen Zutaten mit den Knethaken des Elektroquirls oder der Küchenmaschine knapp 1 Minute lang vermengen und mit bemehlten Händen zum Kloß zusammendrücken.
• Aus dem Teig auf einer bemehlten Unterlage 3 Rollen mit etwa 3 cm Ø formen und diese zugedeckt 60 Minuten kühlen.
• Die Bleche befeuchten und mit Backpapier belegen oder einfetten. Den Ofen vorheizen.
• Die Rollen in 2 cm breite Stücke schneiden und zu Kugeln formen.
• Die Mandeln in dem Eiweiß wenden, damit sie besser haften, und jeweils 1 Mandel auf die Mitte der Plätzchen drücken.
• Die Kugeln auf die Bleche legen und im Ofen backen.
• Das Gebäck auf einem Kuchengitter auskühlen lassen und leicht mit Puderzucker bestauben.

Ofentemperatur: 200 °C
Einschubhöhe: Mitte
Backzeit: 12–15 Minuten

Variationen:
Statt Mandeln können Sie für dieses Rezept auch Cashew- oder Paranüsse oder Walnußkerne nehmen, die Sie am besten zuvor etwas rösten.

Mandelspritzgebäck

- einfach
- schnell
- gefriergeeignet

RÜHRTEIG • 3 BLECHE = 60–70 STÜCK

Für den Rührteig (S. 74)
250 g Butter oder Margarine
150 g feiner Zucker
2 Eigelb
1 EL Arrak oder Rum
1 Päckchen Vanillezucker
150 g gemahlene geschälte Mandeln
350 g Weizenmehl Type 405
1 Prise Salz
2–3 EL Milch
Backpapier oder Butter bzw. Margarine zum Einfetten

Für die Garnitur
150 g dunkle Kuvertüre
5 g Kokosfett

- Für den Rührteig das zimmerwarme Fett mit Zucker, Eigelben, Arrak oder Rum und Vanillezucker mit den Rührbesen des Elektroquirls oder der Küchenmaschine 4–5 Minuten schaumig schlagen. Die Mandeln, das Mehl und das Salz abwechselnd mit der Milch dazugeben. Es soll eine spritzfähige Masse entstehen.
- Die Bleche befeuchten und mit Backpapier belegen oder einfetten.
- Den Ofen vorheizen.
- Mit dem Spritzbeutel und der mittleren Sterntülle oder mit dem Fleischwolfvorsatz etwa 4–5 cm große Kränzchen auf die Bleche geben. Je dicker der Teig gespritzt wird, um so geringer ist später die Bruchgefahr.
- Die Plätzchen im Ofen backen und auf Kuchengittern auskühlen lassen.
- Die Kuvertüre schmelzen (S. 34) und mit dem Kokosfett verrühren, dann die Kränzchen zur Hälfte hineintauchen.

Ofentemperatur: 180 °C
Einschubhöhe: Mitte
Backzeit: 12–15 Minuten

Vanillekipferl

MÜRBETEIG • 3 BLECHE = ETWA 80 STÜCK

Für den Mürbeteig (S. 84)
275 g Weizenmehl Type 405
1 Prise Salz
200 g Butter
100 g feiner Zucker
100 g gemahlene geschälte oder ungeschälte Mandeln
Mehl zum Ausformen
eventuell Alufolie
Backpapier oder Butter bzw. Margarine zum Einfetten

Für die Garnitur
50 g feiner Zucker
Mark von 1/2 Vanilleschote

- Für den Mürbeteig das Mehl mit dem Salz, der kühlen, in kleine Flöckchen geteilten Butter, dem Zucker und den Mandeln in eine Schüssel geben.
- Diese Zutaten mit den Knethaken des Elektroquirls oder der Küchenmaschine knapp 1 Minute vermischen und dann rasch zum Teig verkneten. Dabei dürfen noch winzige Butterstückchen sichtbar bleiben.
- Den Teig in einen großen Gefrierbeutel geben, diesen verschließen und den Teig mit der Teigrolle zu einem daumendicken Rechteck ausformen und eingepackt mindestens 60 Minuten, besser über Nacht, kühlen.
- Die Bleche befeuchten und mit Backpapier belegen oder einfetten.
- Den Ofen vorheizen.
- Den Beutel seitlich aufschneiden, den Teig herausnehmen, längs in 3 Streifen schneiden.
- Die Streifen quer in fingerbreite Stäbchen schneiden.
- Die Stäbchen unter geringer Mehlzugabe mit kühlen Händen auf einer Steinplatte oder einem mit Alufolie bespannten Brett zu leicht gebogenen Kipferln oder Hörnchen formen.
- Die Kipferln auf die Bleche legen und im Ofen backen.
- Inzwischen Zucker und Vanillemark mischen und schließlich die noch heißen blaßgelben Kipferln darin wenden.
- Die Vanillekipferln vor dem Verpacken auf einem Rost auskühlen lassen.

Ofentemperatur: 180 °C
Einschubhöhe: Mitte
Backzeit: 10–12 Minuten

Falsches Butterbrot

MÜRBETEIG • 2 BLECHE = ETWA 70 STÜCK

Für den Mürbeteig (S. 84)
125 g Edelbitterschokolade
125 g Weizenmehl Type 405
1 Prise Salz
80 g Butter oder Margarine
100 g feiner Zucker
1 Ei
125 g gemahlene geschälte Mandeln
Mehl zum Ausformen
Backpapier oder Butter bzw. Margarine zum Einfetten

Für den Guß und die Garnitur
80 g Puderzucker
1–2 EL Wasser
oder 1–2 Eigelb, nach Belieben
Mark von 1/4 Vanilleschote
kleingehackte Pistazienkerne

- Für den Mürbeteig zunächst die Schokolade kühlen und dann reiben.
- Die geriebene Schokolade mit Mehl, Salz, Fett, Zucker, Ei und Mandeln mit den Knethaken des Elektroquirls oder der Küchenmaschine knapp 1 Minute vermischen.
- Die Masse mit leicht bemehlten Händen zu einem Teigkloß zusammenpressen, dann zu 2 Rollen mit 5–6 cm Ø formen und etwas flach drücken.
- Die Rollen eingepackt mindestens 2–3 Stunden, besser über Nacht, kühl stellen.
- Die Bleche befeuchten und mit Backpapier belegen oder einfetten.
- Den Ofen vorheizen.
- Die Rollen in 5 mm dicke Scheiben schneiden, zu Schnitten formen und auf die Bleche legen.
- Die Plätzchen im Ofen nicht zu dunkel backen, weil die Schokolade sonst bitter wird.
- Inzwischen für den Guß den Puderzucker mit Wasser oder nach Belieben mit den Eigelben und mit dem Vanillemark verrühren.
- Die Schnitten auf Kuchengittern auskühlen lassen und dann sorgfältig mit dem Guß, der wie Butter aussieht, bestreichen.
- Auf den noch feuchten Guß als „Schnittlauch" des falschen Butterbrotes Pistazienkerne streuen.
- Die Plätzchen gut trocknen lassen und beim Verpacken stets Lagen von Pergamentpapier dazwischenlegen.

Ofentemperatur: 180 °C
Einschubhöhe: Mitte
Backzeit: 12–15 Minuten

Hinweis:
Wenn Sie den Guß mit Eigelben bereiten, darauf achten, daß die Eier legefrisch sind, und dann das Gebäck recht bald verbrauchen.

PLÄTZCHEN FÜR ALLE GELEGENHEITEN 501

Mandelbrezeln

gefriergeeignet

MÜRBETEIG • 3–4 BLECHE = ETWA 70 STÜCK

Für den Mürbeteig (S. 84)
300 g Weizenmehl Type 405
1 Prise Salz
150 g Butter oder Margarine
4 EL Zucker
1 Päckchen Vanillezucker
2 Eier
80 g gemahlene geschälte Mandeln
1 Eiweiß zum Bepinseln
3 EL grober Zucker zum Bestreuen
Mehl zum Ausformen
Backpapier oder Butter
bzw. Margarine zum Einfetten

- Für den Mürbeteig alle kühlen Zutaten mit den Knethaken des Elektroquirls oder der Küchenmaschine knapp 1 Minute lang miteinander vermischen.
- Den Teig zu einem Kloß zusammendrücken, dann auf einer bemehlten Arbeitsfläche zu 2–3 etwa 6 cm dicken Rollen formen und diese für mindestens 30 Minuten kühlen.
- Die Bleche befeuchten und mit Backpapier belegen oder leicht einfetten. Den Ofen inzwischen vorheizen.
- Damit alle Brezeln annähernd die gleiche Größe bekommen, die Rollen quer in gleich breite, ungefähr kleinfingerdicke Streifen schneiden.
- Auf leicht bemehlter Unterlage bleistiftdicke, etwa 16–20 cm lange Stränge rollen und zu Brezeln schlingen.
- Das Eiweiß verschlagen und anschließend die Plätzchen damit bepinseln.
- Den Zucker auf einen flachen Teller geben und die Brezeln hineindrücken.
- Die Mandelbrezeln vorsichtig auf die Bleche legen und im Ofen goldgelb backen.

Ofentemperatur: 180 °C
Einschubhöhe: Mitte
Backzeit: 12–15 Minuten

Hinweis:
Wenn Sie den Teig durch Zugabe von ein wenig Milch etwas geschmeidiger machen, können Sie die Brezeln mit Hilfe eines großen Spritzbeutels und einer kleinen glatten Tülle auch direkt auf die Bleche spritzen. Das spart Zeit, und die Mandelbrezeln sind sehr gleichmäßig und, weil Sie beim Ausformen kein Mehl benötigen, zudem angenehm mürbe.

Variation:
Die Hälfte des Teiges können Sie zusätzlich mit 2 EL dunklem Kakao, 2 EL feinem Zucker und 1 EL Rum dunkel färben und dann zu <u>Schokoladenbrezeln</u> verarbeiten. Mit Schokoladenüberzug statt mit grobem Zucker schmecken sie noch besser.

Schwarzweißgebäck

x gefriergeeignet

MÜRBETEIG • 2–3 BLECHE = ETWA 70 STÜCK

Für den hellen Mürbeteig (S. 84)
250 g Weizenmehl Type 405
1 TL Backpulver
1 Prise Salz
125 g Butter oder Margarine
125 g Zucker
1 Ei
½ TL feingeriebene
unbehandelte Zitronenschale
oder Mark von ¼ Vanilleschote
1 EL dunkler Kakao
1 EL Zucker
1 EL Rum
1 Eiweiß
eventuell Mehl zum Ausrollen
Backpapier oder Butter
bzw. Margarine zum Einfetten

- Für den Mürbeteig das Mehl mit Backpulver, Salz, kühlen Fettflöckchen, Zucker, Ei, Zitronenschale oder Vanillemark knapp 1 Minute mit den Knethaken des Elektroquirls oder der Küchenmaschine vermengen, dann rasch mit kühlen Händen zum Teigkloß zusammendrücken und in 2 Portionen teilen.
- Für den dunklen Mürbeteig unter die eine Teighälfte Kakao, Zucker und Rum kneten.
- Die beiden Teigsorten zu Klößen formen, etwas flach drücken und eingepackt mindestens 30 Minuten kühl stellen.
- Zwischen 2 Lagen Backpapier oder auf leicht bemehlter Unterlage die Teigklöße 3–4 mm dick zu Rechtecken gleicher Größe ausrollen.
- Die helle Teigplatte mit Eiweiß bepinseln, die dunkle Teigplatte darauf legen und dann beide locker zu einer Rolle aufrollen. Diese mindestens 1–2 Stunden oder besser über Nacht kühlen.
- Die Bleche befeuchten und mit Backpapier belegen oder leicht einfetten.
- Den Ofen vorheizen.
- Die Rolle in knapp 1 cm dicke Scheiben schneiden und auf die vorbereiteten Bleche geben.
- Das Gebäck goldgelb backen.
- Die Plätzchen auf einem Kuchengitter auskühlen lassen.

Ofentemperatur: 180 °C
Einschubhöhe: Mitte
Backzeit: 10–15 Minuten

Variation:
Rollen Sie einen Teil des hellen Teiges dünn aus. Dann den restlichen hellen und dunklen Teig jeweils 1 cm dick ausrollen, daraus 1 cm breite Streifen schneiden, und alle Schnittkanten mit Eiweiß bepinseln. Jeweils 6, 9 oder 16 Streifen – 3–4 in einer Reihe und 2–4 aufeinander – zusammensetzen und mit dem hellen Teig einhüllen. Nach 2- bis 3stündigem Kühlen die Stange in knapp 1 cm dicke Scheiben schneiden.

Marzipantaschen

MÜRBETEIG • 3–4 BLECHE = ETWA 45 STÜCK

Für den Mürbeteig (S. 84)
150 g Weizenmehl Type 405
100 g mittelfeines Weizenvollkornmehl Type 1700
1 Prise Salz
150 g Butter oder Margarine
75 g Zucker
2 Eigelb
50 g gemahlene geschälte Mandeln
1 Päckchen Vanillezucker
eventuell Mehl zum Ausrollen
Backpapier oder Butter
bzw. Margarine zum Einfetten

Für die Füllung
300 g Marzipanrohmasse
50 g kleingehackte Pistazienkerne
100 g Puderzucker
2 EL Mandellikör, z. B. Amaretto

Für den Guß
100 g Puderzucker
2 EL Zitronensaft
2 EL kleingehackte Pistazienkerne

• Aus den Zutaten den Mürbeteig wie links beschrieben zubereiten und in 2–3 flachgedrückten Portionen etwa 30 Minuten kühlen.

• Die Bleche befeuchten und mit Backpapier belegen oder leicht einfetten. Den Ofen vorheizen.

• Für die Füllung die Marzipanrohmasse kühlen, fein reiben und mit Pistazien, Puderzucker und Mandellikör verrühren.

• Den Mürbeteig zwischen 2 Lagen Backpapier oder auf leicht bemehlter Unterlage etwa 3 mm dick ausrollen.

• Runde Plätzchen mit gebogten Rändern mit etwa 6 cm Ø ausstechen. Jeweils 1 TL Füllung auf die Mitte geben und die Scheiben zu Taschen zusammenlegen, dabei die Ränder etwas andrücken.

• Das Gebäck auf die Bleche legen und backen. Danach auf Kuchengittern flach nebeneinander liegend auskühlen lassen.

• Für den Guß Puderzucker und Zitronensaft glattrühren und die Plätzchen damit bestreichen. Die Pistazien darauf streuen.

Ofentemperatur: 180 °C
Einschubhöhe: Mitte
Backzeit: 20–22 Minuten

Variationen:
Geben Sie statt der Pistazien kleingehackte Mandeln, Haselnuß- oder Walnußkerne oder Nougatwürfel in die Marzipanrohmasse.
Außerdem können Sie die Masse mit feingeriebener Orangen- oder Zitronenschale und Orangenlikör statt mit Mandellikör abschmecken.

Mandelsterne

- einfach
- schnell
- gefriergeeignet

MÜRBETEIG • 2–3 BLECHE = ETWA 80 STÜCK

Für den Mürbeteig (S. 84)
250 g geschälte Mandeln
120 g Weizenmehl Type 405
1 Prise Salz
60 g Butter oder Margarine
100 g feiner Zucker
3 Eigelb
1 EL Kirschwasser oder weißer Rum
Mark von ¼ Vanilleschote
Mehl zum Ausrollen
Backpapier oder Butter bzw. Margarine zum Einfetten
Für die Garnitur
Puderzucker zum Bestauben

- Die Mandeln blaßgelb rösten (S. 35), abkühlen lassen, mahlen und mit Mehl, Salz, Fett, Zucker, Eigelben, Kirschwasser oder Rum und dem Mark der Vanilleschote mit den Knethaken des Elektroquirls oder der Küchenmaschine knapp 1 Minute vermengen.
- Die Masse zu 2–3 Klößen zusammenpressen, flach drücken und eingepackt etwa 30 Minuten kühlen.
- Die Bleche befeuchten und mit Backpapier belegen oder fetten.
- Den Ofen vorheizen.
- Den Teig auf leicht bemehlter Unterlage portionsweise etwa 4 mm dick ausrollen, dann etwa 4 cm große Sterne ausstechen und auf die Bleche legen.
- Die Sterne im Ofen hell backen, auf einem Gitter auskühlen lassen und leicht mit Puderzucker bestauben.

Ofentemperatur: 200 °C
Einschubhöhe: Mitte
Backzeit: 10–12 Minuten

Pistaziensterne

- einfach
- gefriergeeignet

MÜRBETEIG • 2 BLECHE = ETWA 40 STÜCK

Für den Mürbeteig (S. 84)
300 g Weizenmehl Type 405
1 Prise Salz
150 g Butter oder Margarine
100 g Puderzucker
3 EL Sahnejoghurt
60 g feingemahlene Pistazienkerne
1 Päckchen Vanillezucker
eventuell Mehl zum Ausrollen
Backpapier oder Butter bzw. Margarine zum Einfetten
Für die Füllung und die Garnitur
200 g Aprikosenkonfitüre
Puderzucker zum Bestauben
etwa 40 Pistazienkerne

- Für den Mürbeteig das Mehl mit dem Salz, der kalten Butter oder Margarine, dem Puderzucker, dem Joghurt, den Pistazien und dem Vanillezucker in eine Schüssel geben und knapp 1 Minute mit den Knethaken des Elektroquirls oder der Küchenmaschine vermengen.
- Die Zutaten mit kühlen Händen zusammenpressen, zu 2 Klößen formen, leicht flach drücken und eingepackt etwa 30 Minuten kühl stellen.
- Die Bleche befeuchten und mit Backpapier belegen oder einfetten, und den Ofen vorheizen.
- Den Teig auf einer leicht bemehlten Unterlage oder zwischen 2 Lagen Backpapier portionsweise 3–4 mm dick ausrollen.
- Sterne gleicher Größe ausstechen – dabei nach Möglichkeit Teigreste vermeiden –, auf die Bleche legen und backen.
- Das Gebäck auf Kuchengittern ausbreiten.
- Die Aprikosenkonfitüre durchpassieren, etwas erwärmen und die Hälfte der noch warmen Plätzchen damit bestreichen.
- Die übrigen Sterne darauf setzen, dann dick mit Puderzucker bestauben. Jeweils 1 Pistazie mit wenig Aprikosenkonfitüre auf die Mitte der Sterne drücken.

Ofentemperatur: 180 °C
Einschubhöhe: Mitte
Backzeit: 10–12 Minuten

Mandelsterne

Marmorierte Nougatsterne

MÜRBETEIG • 2 BLECHE = ETWA 40 STÜCK

Für den Mürbeteig (S. 84)
200 g Nougat
300 g Weizenmehl Type 405
½ TL Backpulver
100 g Butter oder Margarine
1 Ei
1 Päckchen Vanillezucker
1 Prise Salz
Mehl zum Ausrollen
Backpapier oder Butter
bzw. Margarine zum Einfetten

Für den Guß und die Garnitur
250 g Puderzucker
3–4 EL Zitronensaft
½ TL dunkler Kakao
Silberperlen

• Den Nougat kühlen und anschließend mit der Rohkostreibe schnell reiben.
• Das Mehl mit dem Backpulver, der weichen Butter oder Margarine, dem Ei, dem Vanillezucker und dem Salz zufügen.
• Alle Zutaten mit den Knethaken des Elektroquirls oder der Küchenmaschine rasch zu einer glatten Masse vermengen.
• Den Teig zu 2–3 Klößen zusammenpressen, leicht flach drücken und zugedeckt 30–40 Minuten kühlen.
• Die Bleche befeuchten und mit Backpapier belegen oder einfetten; den Ofen vorheizen.
• Auf leicht bemehlter Unterlage den Teig portionsweise 5–6 mm dick ausrollen und Sterne verschiedener Größe ausstechen, dabei Teigabfälle vermeiden.
• Die Plätzchen auf die Bleche legen und backen.
• Den Puderzucker mit dem Zitronensaft zu einem dickflüssigen Guß verrühren. Etwa 2 TL Guß beiseite stellen, mit dem Rest die Plätzchen sorgfältig bepinseln.
• Den beiseite gestellten Guß mit dem Kakao dunkel färben, mit einem Hölzchen jeweils 1 Tropfen davon auf die Mitte der noch feuchten Plätzchen geben und dann mit der Spitze des Hölzchens vorsichtig den dunklen Guß sternförmig zu den Rändern ausziehen, damit ein marmorartiges Muster entsteht. Jeweils eine Silberperle in die Mitte drücken.
• Die Plätzchen vor dem Verpacken unbedingt über Nacht trocknen lassen.

Ofentemperatur: 200 °C
Einschubhöhe: Mitte
Backzeit: 10–15 Minuten

Variation:
Für marmorierte Mandelsterne tauschen Sie den Nougat gegen 150 g feingemahlene geschälte Mandeln und 1 Eigelb aus. Färben Sie die 2 TL Guß nicht mit Kakao, sondern mit beliebiger Speisefarbe, und verzieren Sie die Sterne mit Goldperlen.

Marmorierte Nougatsterne

Pistaziensterne

Springerle und Chräbeli

 preiswert

BISKUITMASSE • 2–3 BLECHE = ETWA 30 UND 60 STÜCK

Für die Biskuitmasse (S. 88)
4 Eier
500 g Puderzucker
1 TL feingeriebene
unbehandelte Zitronenschale
1 Prise Salz
600–650 g Weizenmehl Type 405
2–3 EL Anis
Mehl zum Ausrollen
Backpapier

- Die Eier mit dem Puderzucker, der Zitronenschale und dem Salz mit den Schneebesen des Elektroquirls oder der Küchenmaschine 4–5 Minuten zu einer weißschaumigen Masse verschlagen.
- Erst etwa 550 g Mehl dazugeben, darunterrühren und verkneten. Die genaue Mehlmenge richtet sich nach der Eiergröße und der Mehlqualität; die Masse darf nicht zu flüssig, soll aber auch nicht bröckelig sein.
- Die Masse in 2 Portionen teilen, und für die Schweizer Chräbeli in die eine Teighälfte 1 EL Anis kneten. Die beiden Teige mit einem Tuch bedecken und 3–4 Stunden kühl stellen.
- Die Bleche befeuchten, mit Backpapier belegen und mit dem restlichen Anis bestreuen.
- Auf leicht bemehlter Unterlage den Teig für die Springerle portionsweise knapp 1 cm dick ausrollen und in Stücke schneiden, die der Größe der Springerleformen entsprechen.
- Die Holzformen bemehlen und die Teigstücke hineindrücken, dabei die überstehenden Ränder abschneiden. Die Teigvorräte stets mit dem Tuch bedeckt halten, damit sie nicht austrocknen. Die Teigreste immer mit etwas neuem Teig verkneten und dann gleich wieder verarbeiten.
- Die Springerle vorsichtig auf die Bleche legen, und mit einem Tuch bedeckt über Nacht an einer kühlen, trockenen Stelle stehenlassen.

- Für die Chräbeli aus der zweiten Teighälfte 3–4 ungefähr 5 cm breite und 1 cm dicke Brote formen und quer in fingerbreite Streifen schneiden. Die Streifen jeweils 2- bis 3mal schräg einschneiden und leicht gebogen auf die Bleche legen.
- Ebenfalls mit Tüchern bedeckt über Nacht ruhen lassen.
- Den Ofen vorheizen; die Plätzchen eher trocknen als backen. Sie sollten kleine Füßchen haben, doch muß die Oberfläche recht weiß bleiben.
- Damit die Springerle und Chräbeli weich werden, 1–2 Wochen an einem feuchten Ort oder zusammen mit Äpfeln oder Zitrusfrüchten in einer Dose lagern.

Ofentemperatur: 130 °C
Einschubhöhe: Mitte
Trockenzeit: 20–30 Minuten

Anislaiberl und Vanillebrötchen

✗ einfach
✗ schnell
✗ preiswert

RÜHRTEIG • 3–4 BLECHE = ETWA 100 STÜCK

Für den Rührteig (S. 74)
100 g Butter oder Margarine
200 g Puderzucker
2 Eier
1 Eigelb
1 Prise Salz
150 g gemahlene geschälte Mandeln
200 g Weizenmehl Type 405
1 TL Anis
Mark von ¼ Vanilleschote
Backpapier

- Die Bleche befeuchten und mit Backpapier belegen.
- Für den Rührteig die zimmerwarme Butter oder Margarine mit Puderzucker, Eiern, Eigelb und Salz mit den Rührbesen des Elektroquirls oder der Küchenmaschine verschlagen.
- Dann die Mandeln und das Mehl dazugeben und den Teig in 2 Portionen teilen.
- Für die Anislaiberl den Anis in die Hälfte des Teiges mischen.
- Für Vanillebrötchen das Vanillemark in die andere Teighälfte geben.
- In größeren Abständen mit einem Teelöffel Teighäufchen auf die Bleche geben, dabei eine Sorte rund, die andere oval formen.
- Die Bleche mit Tüchern zugedeckt an einer warmen Stelle bis zum folgenden Tag stehenlassen, damit die Gewürze durchziehen und sich kleine Füßchen bilden.
- Den Ofen vorheizen, dann die Plätzchen darin hell backen.
- Die meist nach dem Backen zu harten Plätzchen in unverschlossenen Dosen an einem feuchten Ort weich werden lassen.

Ofentemperatur: 200 °C
Einschubhöhe: Mitte
Backzeit: 10–12 Minuten

Zimtsterne

MAKRONENMASSE • 2–3 BLECHE = ETWA 80 STÜCK

Für die Makronenmasse (S. 116)
150 g Rohmarzipan
400–450 g gemahlene geschälte oder ungeschälte Mandeln
250 g feiner Zucker
3 TL feingemahlener Zimt
1 Prise Salz
4 Eiweiß
100–200 g gemahlene Mandeln zum Ausformen
Backpapier

Für den Guß
2 Eiweiß
125 g Puderzucker

- Für die Makronenmasse das Marzipan kühlen und reiben.
- Die Marzipanmasse mit den Mandeln, dem Zucker, dem Zimt, dem Salz und den Eiweißen zunächst mit den Rührbesen des Elektoquirls oder der Küchenmaschine mischen und von Hand verkneten. Die Masse zugedeckt kalt stellen.
- Die Bleche befeuchten und mit Backpapier belegen.
- Den Ofen vorheizen.
- Für den Guß die Eiweiße mit den Schneebesen des Elektroquirls oder der Küchenmaschine zu steifem Schnee schlagen und die Hälfte des Puderzuckers daruntermengen; die Masse soll stark glänzen. Schließlich den restlichen Puderzucker unterheben.
- Die Makronenmasse zwischen 2 Lagen Backpapier etwa 1,2 cm dick ausrollen. Damit die Masse nicht am Backpapier klebt, immer wieder gemahlene Mandeln dazwischen streuen.
- Die Makronenmasse gleichmäßig mit etwa drei Viertel des Gusses bepinseln, dann Sterne so ausstechen, daß kaum Abfälle entstehen. Dadurch erhalten alle Sterne einen gleichmäßigen Überzug, der bis zu den Kanten reicht.
- Die Sterne auf die Bleche legen.
- Die Reste mit weiteren 3–4 EL gemahlenen Mandeln verkneten und wiederum ausrollen, mit dem Rest des Gusses bepinseln und ausstechen. Die dabei anfallenden Reste verkneten und in Form von Häufchen als Zimtmakronen auf das Blech geben.
- Die Sterne im Ofen mehr trocknen als backen; Zimtsterne sollen möglichst weiß und innen etwas feucht sein.
- In Heißluftöfen können mehrere Bleche gleichzeitig getrocknet werden; dabei nach der halben Trockenzeit die Positionen der Bleche untereinander vertauschen.
- Die Zimtsterne flach nebeneinander auf Kuchengittern auskühlen lassen.

Ofentemperatur: 150 °C
Einschubhöhe: Mitte
Trockenzeit: 20–25 Minuten

Gut zu wissen:
Rezepte für dieses typische Weihnachtsgebäck gibt es fast so viele wie österreichische und süddeutsche Haushalte. Bei dieser Variante, bei der Marzipanrohmasse verwendet wird, sind die Sterne angenehm feucht.

Zitrusstangen

MÜRBETEIG • 1 BLECH = ETWA 40 STÜCK

Für den Mürbeteig (S. 84)
50 g Zitronat
200 g Weizenmehl Type 405
1 Prise Salz
125 g Butter oder Margarine
50 g Zucker
1 Eigelb
1 Päckchen Vanillezucker
1½ TL feingeriebene
unbehandelte Zitronenschale
Backpapier

Für den Guß
1 Eiweiß
60 g feiner Zucker
1 EL Zitronensaft
60 g Puderzucker

- Das Zitronat sehr fein hacken.
- Für den Mürbeteig das Mehl mit dem Salz, dem kühlen Fett, dem Zucker, dem Eigelb, dem Vanillezucker, der Zitronenschale und dem Zitronat in einer Schüssel mit den Knethaken des Elektroquirls oder der Küchenmaschine knapp 1 Minute vermengen, mit kühlen Händen rasch zu einem Teigkloß zusammenpressen und etwas flach drücken.
- Den Teig etwa 30 Minuten eingepackt kühl stellen.
- Das Blech befeuchten und mit Backpapier belegen, und den Ofen vorheizen.
- Für den Guß das Eiweiß sehr steif schlagen. Den Zucker und den Zitronensaft dazugeben und die Masse schlagen, bis sie glänzt.
- Dann den Puderzucker vorsichtig unter die dickschaumige Masse heben.
- Den Teig auf einer bemehlten Unterlage oder zwischen 2 Lagen Backpapier zu einer möglichst rechteckigen Form etwa 4 mm dick ausrollen und dann in gut daumenbreite und etwa 7 cm lange Stangen ausrädeln.
- Die Stangen auf das Blech legen und sorgfältig mit dem Zitronenguß bestreichen.
- Die Plätzchen im Ofen trocknen, dabei nach 5 Minuten die Oberfläche vorsichtig mit Backpapier zudecken, weil sonst der Guß bräunen würde.
- Die duftenden Plätzchen auf einem Kuchengitter auskühlen lassen. Zum Verpacken stets Pergamentpapier zwischen die einzelnen Lagen geben.

Ofentemperatur: 160 °C
Einschubhöhe: Mitte
Trockenzeit: 12–15 Minuten

Elisenlebkuchen

MAKRONENMASSE • 2 BLECHE = ETWA 40 STÜCK

Für die Makronenmasse (S. 116)
75 g geschälte Mandeln
200 g gemahlene ungeschälte Mandeln
50 g kleingehacktes Orangeat
50 g kleingehacktes Zitronat
¼ TL feingemahlene Nelken
¼ TL feingemahlener Zimt
½ TL feingeriebene unbehandelte Zitronenschale
1 Prise Salz
3 Eier
225 g brauner Rohzucker
etwa 40 Oblaten mit 7 cm Ø
Backpapier
Für die Garnitur
etwa 20 geschälte Mandeln

- Die Bleche befeuchten und mit Backpapier belegen.
- Den Ofen vorheizen.
- Die Mandeln für die Garnitur halbieren und auf einem Blech im Ofen 5–6 Minuten hell rösten.
- Für die Makronenmasse die geschälten Mandeln grob hacken.
- Die gehackten und die gemahlenen Mandeln mit Orangeat, Zitronat und Gewürzen vermengen.
- Die Eier mit dem Zucker über einem Wasserbad (S. 15) mit den Schneebesen des Elektroquirls in 6–8 Minuten zu einer dickschaumigen Masse schlagen.
- Die Mandel-Gewürz-Mischung dazugeben, und die Zutaten mit dem Spatel zu einer glatten Makronenmasse vermengen.
- Mit einem Eßlöffel Häufchen auf die Oblaten setzen und mit einem feuchten Messer glätten.
- Die Makronen mit den halbierten gerösteten Mandeln garnieren.
- Die Lebkuchen auf die Bleche geben und im Ofen trocknen; sie sollen danach innen noch etwas feucht sein.
- Vor dem Verpacken die Elisenlebkuchen über Nacht trocknen lassen.

Ofentemperatur: 150 °C
Einschubhöhe: Mitte
Trockenzeit: 20–25 Minuten

Variationen:
Diese Lebkuchen können Sie auch nach dem Backen mit geschmolzener Kuvertüre überziehen (S. 34) und dann mit den halbierten Mandeln garnieren. Oder garnieren Sie nur die Hälfte der Makronen mit halbierten gerösteten Mandeln, bevor Sie das Gebäck in den Ofen schieben. Dafür benötigen Sie etwa 10 Stück. Bereiten Sie dann aus 150 g Puderzucker und 2–3 EL Rum oder Zitronensaft einen Guß, mit dem Sie die ungarnierten Lebkuchen nach dem Auskühlen sorgfältig bepinseln. Zum Schluß drücken Sie rote oder grüne Belegkirschen, die Sie zuvor halbiert haben, auf den noch feuchten Guß. Sie brauchen dafür etwa 10 Kirschen.

Nürnberger Lebkuchen

RÜHRTEIG • 2 BLECHE = ETWA 40 STÜCK

Für den Rührteig (S. 74)
75 g Butter oder Margarine
200 g Zucker
1 Ei
2 Eigelb
375 g Weizenmehl Type 550
1 Päckchen Backpulver
1 Prise Salz
125 g geschälte Mandeln
1 Päckchen Vanillezucker
100 g kleingehacktes Zitronat
1 TL feingeriebene unbehandelte Zitronenschale
1 EL Zitronensaft
½ TL feingemahlener Zimt
¼ TL geriebene Muskatnuß
¼ TL feingemahlener Kardamom
eventuell Mehl zum Ausrollen
etwa 40 Oblaten mit 6–8 cm Ø
Backpapier

Für die Garnitur und den Guß
150 g Puderzucker
2 EL Rum
½–1 Eiweiß
etwa 10 Belegkirschen
2–3 TL Nonpareille

- Die Bleche befeuchten und zunächst mit dem Backpapier, dann mit den Oblaten belegen.
- Für den Rührteig die Butter oder Margarine mit dem Zucker, dem Ei und den Eigelben mit den Rührbesen des Elektroquirls oder der Küchenmaschine in 3–4 Minuten weißschaumig rühren.
- Die Rührbesen gegen Knethaken austauschen.
- Das Mehl mit Backpulver und Salz mischen und unter die Schaummasse mengen.
- Die Mandeln grob hacken, mit den restlichen Zutaten vermischen, zum Teig geben und mit dem Spatel kurz unterrühren.
- Den Lebkuchenteig mit den Händen verkneten und, falls er kleben sollte, 30 Minuten eingepackt kühl stellen.
- Den Ofen vorheizen.
- Den Teig zwischen 2 Lagen Backpapier oder auf bemehlter Unterlage fingerdick ausrollen.
- Runde Plätzchen in Größe der Oblaten ausstechen und auf die Bleche legen.
- Die Lebkuchen backen, dann flach nebeneinander liegend auf einem Gitter auskühlen lassen.
- Für den Guß den Puderzucker mit Rum und Eiweiß glattrühren.
- Die ausgekühlten Lebkuchen mit dem Guß sehr sorgfältig bepinseln und nach Belieben teils mit halbierten Belegkirschen und teils mit Nonpareille garnieren.

Ofentemperatur: 180 °C
Einschubhöhe: Mitte
Backzeit: 18–20 Minuten

Variationen:
Die Belegkirschen können Sie gegen geröstete geschälte Mandeln, Hasel- oder Walnußkerne austauschen und außerdem 2–3 EL Schokoladentröpfchen unter den Teig mischen. Überziehen Sie dann die Lebkuchen mit dunkler Kuvertüre (S. 34).

Baisersterne

✗ einfach
✗ preiswert

BAISERMASSE • 2 BLECHE = ETWA 50 STÜCK

Für die Baisermasse (S. 112)
3 Eiweiß
1 Prise Salz
90 g feiner Zucker
½ TL Ascorbinsäure
oder Gelierzucker
oder 1 TL Zitronensaft
90 g Puderzucker
½ TL Speisestärke
feiner Zucker zum Bestreuen
Backpapier

Für die Garnitur
100 g dunkle Kuvertüre
5 g Kokosfett
kleingehackte Pistazien
oder Nonpareille, nach Belieben

- Die Bleche befeuchten und mit Backpapier belegen.
- Den Ofen vorheizen.
- Für die Baisermasse die Eiweiße und das Salz mit den Schneebesen des Elektroquirls oder der Küchenmaschine sehr steif schlagen.
- Den feinen Zucker und Ascorbinsäure oder Gelierzucker oder Zitronensaft dazugeben.
- Die Masse schlagen, bis sie stark glänzt.
- Den Puderzucker mit der Stärke mischen, auf die Schaummasse sieben, und alles mit einem Teigspatel vorsichtig vermengen, ohne dabei die Luft herauszurühren.
- Aus der Baisermasse mit einem großen Spritzbeutel und sehr großer Sterntülle große Sterne auf die Bleche spritzen, dabei den Spritzbeutel gerade halten.
- Die Sterne dünn mit Zucker bestreuen.
- Die Bleche schnell in den Ofen schieben und, wenn vorhanden, den Lüftungsregler öffnen.
- Die Wärmezufuhr nach 2 Minuten ausschalten, und den Ofen während der nächsten 8 Stunden geschlossen halten.
- Die Baisers vorsichtig vom Backpapier abheben.
- Zum Garnieren die Kuvertüre mit dem Kokosfett schmelzen (S. 34), dann die Baisers mit den Spitzen hineintunken.
- Die Sterne mit den Spitzen nach unten auskühlen lassen, damit die Kuvertüre vor dem Umdrehen erstarrt und nicht an den Seiten herunterläuft.
- Die Baisers nach Belieben zusätzlich mit kleingehackten Pistazien oder Nonpareille garnieren. Dafür die Sternspitzen in die Garnitur drücken, ehe die Kuvertüre ganz erstarrt.

Ofentemperatur: 200 °C, nach 2 Minuten ausschalten
Einschubhöhe: Mitte
Trockenzeit: 8–10 Stunden

Hinweise:
Um Zeit zu sparen, heizen Sie den konventionell beheizten Ofen auf 100–120 °C vor und trocknen die Baisers darin 90–120 Minuten. Bei konventionellen Öfen können Sie jeweils nur 1 Blech einschieben, darum müssen Sie in diesem Fall die Zutaten halbieren und im Abstand von 2–10 Stunden verarbeiten.

Baisersterne *Christbaumkringel*

PLÄTZCHEN FÜR ALLE GELEGENHEITEN 513

Christbaumkringel

x einfach
x preiswert

BAISERMASSE • 2 BLECHE = ETWA 20 STÜCK

Für die Baisermasse (S. 112)
Zutaten wie für die Baisersterne
(siehe links)
Für die Garnitur
feiner Zucker
Nonpareille
oder Liebesperlen
rote Bändchen

- Die Bleche befeuchten und mit Backpapier belegen.
- Den Ofen vorheizen.
- Die Baisermasse wie links beschrieben zubereiten und in einen großen Spritzbeutel mit mittelgroßer Sterntülle füllen.
- Mit dem Spritzbeutel jeweils 5–6 cm große Kränzchen auf die Bleche spritzen, dabei Abstände einhalten, da die Baisermasse etwas auseinanderläuft.
- Die Kringel dünn mit feinem Zucker und Nonpareille oder Liebesperlen bestreuen, dann wie links beschrieben im Ofen trocknen und auskühlen lassen.
- Zum Aufhängen am Christbaum rote Bändchen durch die Öffnungen ziehen und verknoten.

**Ofentemperatur: 200 °C,
nach 2 Minuten ausschalten
Einschubhöhe: Mitte
Trockenzeit: 8–10 Stunden**

Variationen:
Die Baisermasse können Sie auch als Tupfen oder kleine Rosetten auf das Papier spritzen und so als „Schümli" – wie in der Schweiz üblich – zum Dekorieren von Süßspeisen nehmen.

Schokoherzli

x einfach
x preiswert

BAISERMASSE • 2 BLECHE = ETWA 20 STÜCK

Für die Baisermasse (S. 112)
Zutaten wie für die Baisersterne
(siehe links) und zusätzlich
1 EL dunkler Kakao
Für die Garnitur
Hagelzucker
oder Silberperlen, nach Belieben
rote oder silberne Bändchen

- Etwa 20 ungefähr 6 cm große Herzen mit Hilfe eines Ausstechförmchens auf die Unterseite des Backpapiers zeichnen, dabei Abstände einhalten, da die Baisermasse etwas auseinanderläuft.
- Die Bleche befeuchten und mit Backpapier belegen.
- Den Ofen vorheizen.
- Die Baisermasse wie links beschrieben zubereiten, dabei den Kakao mit Puderzucker und Stärke mischen und mit dem Spatel unter die Masse heben.
- Die Baisermasse in einen großen Spritzbeutel mit mittelgroßer Sterntülle geben.
- Herzchen auf die Bleche spritzen, nach Belieben sogleich vorsichtig mit Hagelzucker oder Silberperlen bestreuen und wie links beschrieben im Ofen trocknen.
- Für Christbaumschmuck jeweils ein rotes oder silbernes Bändchen durch die Öffnungen ziehen und verknoten.

**Ofentemperatur: 200 °C,
nach 2 Minuten ausschalten
Einschubhöhe: Mitte
Trockenzeit: 8–10 Stunden**

Schokoherzli

Adventsbaum

HONIGKUCHENTEIG • 1 BLECH = 24 STÜCK

- Die Butter oder Margarine mit dem Honig in einem Topf schmelzen, dann etwas abkühlen lassen.
- Das Blech befeuchten und mit Backpapier belegen.
- Den Ofen vorheizen.
- Die Eier mit dem Lebkuchengewürz und der Zitronenschale verschlagen, dann die Honigmasse darunterrühren.
- Das Mehl mit Backpulver, Salz, Haselnüssen, Sultaninen und Kakao vermengen, zur Honig-Eier-Masse geben und alles miteinander verrühren.
- Den Honigkuchenteig auf das Blech geben, mit der nassen Teigkarte glattstreichen und backen.
- Mit Hilfe eines Lineals aus dem lauwarmen Gebäck ein hohes spitzwinkliges Dreieck schneiden.
- Aus dem übrigen Kuchen einen Stern ausstechen, und die Reste anderweitig verwerten.
- Das Dreieck auf ein Brett legen und mit dem Lineal vom breiten Ende her in 6 Streifen mit je etwa 6 cm Höhe schneiden.
- Den unteren Streifen im rechten Winkel in 7 gleich breite Stücke schneiden, die beiden äußeren Stücke beiseite legen.
- Die beiden nächsten Streifen in jeweils 6 Stücke, den dann folgenden in 4 und den vorletzten Streifen in 2 Stücke schneiden.
- Für den Guß den Puderzucker mit den Eiweißen und Zitronenaroma glattrühren, etwas davon beiseite stellen und zudecken.
- Den restlichen Guß mit der Speisefarbe grün färben, und die Plätzchen damit überziehen.
- Die Schokoladenziffern wie auf der Abbildung darauf kleben.

Für den Honigkuchenteig (S. 108)
125 g Butter oder Margarine
250 g flüssiger Honig
2 Eier
1 TL Lebkuchengewürz
½ TL feingeriebene
unbehandelte Zitronenschale
375 g Weizenmehl Type 1050
1 Päckchen Backpulver
1 Prise Salz
100 g gemahlene Haselnußkerne
100 g Sultaninen
1 EL dunkler Kakao
Backpapier

Für den Guß
400 g Puderzucker
1½ Eiweiß
3–5 Tropfen Zitronenaroma
grüne Speisefarbe

Für die Garnitur
Schokoladenziffern 1–24, rote Belegkirschen und Mandelstifte

PLÄTZCHEN FÜR ALLE GELEGENHEITEN 515

- Die Ränder der einzelnen Plätzchen mit weißem Guß nachzeichnen; an waagrechten Markierungs- und den Außenlinien Eiszapfen aus Guß anbringen.
- Den Stern mit weißem Guß überziehen und auf die Spitze des Baumes legen.
- Die Belegkirschen vierteln und als Kerzen mit den Mandelstiften auf den Baum kleben.
- Den Adventsbaum unbedingt über Nacht an einem warmen Ort trocknen lassen.

Ofentemperatur: 180 °C
Einschubhöhe: Mitte
Backzeit: 18–22 Minuten

Variationen:
Sie können den Teig als <u>Lebkuchen auf dem Blech</u> backen und ihn vor oder nach dem Backen mit Belegkirschen, Kürbiskernen, Mandeln und Nüssen garnieren oder die gebackenen Kuchen zunächst mit geschmolzener Kuvertüre überziehen und mit Nonpareille oder Mandelstiften bestreuen.

Mandelbrot

BISKUITMASSE • 1 BLECH = ETWA 100 STÜCK

Für die Biskuitmasse (S. 88)
3 Eier, Gewichtsklasse 3
200 g Zucker
2 TL feingemahlener Zimt
¼ TL feingemahlener Piment
1 Prise Salz
250 g ungeschälte Mandeln
350–400 g Weizenmehl Type 405
1½ TL Backpulver
Backpapier oder Butter
bzw. Margarine zum Einfetten

Für den Guß
1 Eigelb
2 EL Wasser

- Das Blech befeuchten und mit Backpapier belegen oder einfetten.
- Den Ofen vorheizen.
- Für die Biskuitmasse die kühlen Eier, Zucker und Gewürze mit den Schneebesen in 3–4 Minuten gut schaumig schlagen.
- Die Schneebesen durch Knethaken austauschen, und die Mandeln unter die Masse mischen.
- Das Mehl mit Backpulver mischen und dazugeben.
- Die Masse mit den Händen kneten; sie sollte weder zu fest sein, denn dann krümelt das Gebäck, noch zu weich, sonst läuft sie zu breit auseinander.
- 3 je 4–5 cm breite Brote mit 30–40 cm Länge formen und auf das Blech legen.
- Eigelb und Wasser verschlagen und die Brote damit bepinseln.
- Die Brote im Ofen goldgelb backen. Je nach Backzeit und Bräunung wird das Gebäck weich oder knusprig.
- Die noch warmen Brote mit einem sehr scharfen Messer – Elektromesser sind dafür sehr gut geeignet – schräg in 1–2 cm breite Scheiben schneiden.

Ofentemperatur: 180 °C
Einschubhöhe: Mitte
Backzeit: 25–35 Minuten

Spekulatius

x preiswert
x gefriergeeignet

MÜRBETEIG • 2 BLECHE = 10–40 STÜCK

Für den Mürbeteig (S. 84)
200 g Weizenmehl Type 1050
¼ TL Backpulver
1 Prise Salz
100 g Butter
100 g feiner brauner Rohzucker
1 Eigelb
1–2 EL Milch
1 TL Spekulatiusgewürz
1 Päckchen Vanillezucker
Speisestärke zum Ausformen
Backpapier oder Butter
bzw. Margarine zum Einfetten
Mandelblättchen für die Bleche

- Für den Mürbeteig die kühlen Zutaten wie oben beschrieben vermischen, zusammenpressen, flach drücken und eingepackt kühlen.
- Die Bleche vorbereiten und mit Mandelblättchen bestreuen.
- Den Ofen vorheizen.
- Das Spekulatiusbrett mit Speisestärke bestauben, und den Teig in die Vertiefungen drücken.
- Den Teig mit einem scharfen Messer oder einem sehr dünnen, gespannten Draht entlang der Oberkante abschneiden.
- Die Plätzchen durch Aufschlagen des umgedrehten Bretts herausfallen lassen und auf die Bleche legen.
- Zum Entfernen der Stärkereste die Oberfläche ganz leicht mit Wasser bepinseln, und die Plätzchen je nach Größe und Stärke länger oder kürzer im Ofen backen.

Ofentemperatur: 180 °C
Einschubhöhe: Mitte
Backzeit: 10–18 Minuten

Spekulatius mit Marzipanfüllung

x gefriergeeignet

MÜRBETEIG • 1 BLECH = ETWA 60 STÜCK

Für den Mürbeteig (S. 84)
300 g Weizenmehl Type 1050
2 TL Backpulver
1 Prise Salz
150 g Butter oder Margarine
150 g feiner brauner Rohzucker
2 Eier
2 TL Spekulatiusgewürz
300 g gemahlene geschälte Mandeln
Mehl zum Ausrollen
Backpapier oder Butter
bzw. Margarine zum Einfetten

Für die Füllung
300 g Marzipanrohmasse
200 g Puderzucker
1 TL feingeriebene
unbehandelte Orangenschale
4–6 EL Orangensaft

Für die Garnitur
1 Eigelb
2 EL Wasser
etwa 30 geschälte Mandeln

- Für die Füllung die Marzipanrohmasse kühl stellen.
- Für den Mürbeteig das Mehl mit Backpulver, Salz, kühlem Fett, Zucker, Eiern, Gewürz und Mandeln mit den Knethaken des Elektroquirls oder der Küchenmaschine knapp 1 Minute vermischen.
- Den Teig mit leicht bemehlten Händen zu 2 Klößen zusammenpressen, diese etwas flach drücken und eingepackt kühl stellen.
- Das Blech befeuchten und mit Backpapier belegen oder mit Butter bzw. Margarine einfetten.
- Den Ofen vorheizen.
- Die Marzipanrohmasse fein reiben und mit dem Puderzucker, der Orangenschale und dem Orangensaft zu einer streichfähigen Masse glattrühren.
- Für die Garnitur die Mandeln halbieren oder in Stifte schneiden.
- Den Teig zwischen 2 Lagen Backpapier oder auf bemehlter Unterlage zu 2 Platten in Blechgröße ausrollen.
- Eine Teigplatte auf das Blech legen, die Marzipanmasse darauf streichen, dann die zweite Teigplatte darauf decken, und die Ränder zusammendrücken.
- Das Eigelb mit Wasser verschlagen und die Teigoberfläche damit dünn bepinseln.
- Den Teig mit einer Gabel mehrere Male einstechen, dann die Mandeln darauf drücken, und den Teig nicht zu dunkel backen.
- Das noch warme Gebäck mit Hilfe eines Lineals in Rechtecke schneiden.

Ofentemperatur: 180 °C
Einschubhöhe: Mitte
Backzeit: 40–45 Minuten

Honigkuchenpuppen

HONIGKUCHENTEIG • 2–3 BLECHE = ETWA 6 STÜCK

Für den Honigkuchenteig (S. 108)
250 g Honig
100 g brauner Rohzucker
1 EL Öl, z. B. Sojaöl
500 g Weizenmehl Type 550 oder 1050
1 Päckchen Backpulver
50 g gemahlene geschälte oder ungeschälte Mandeln
2 TL feingemahlener Zimt
1/4 TL feingemahlene Nelken
1/4 TL feingemahlener Piment
1 Messerspitze gemahlener Ingwer
1 Messerspitze feingemahlene Muskatnuß
1 TL feingeriebene unbehandelte Zitronenschale
1 Prise Salz
1 Ei
Mehl zum Ausrollen
Backpapier oder Butter bzw. Margarine zum Einfetten

Für die Garnitur
2 EL Schlagsahne
2 EL Wasser
Kürbiskerne
kleingehackte und halbierte geschälte Mandeln
Orangeat
Pinienkerne
Sultaninen
Zitronat
Belegkirschen
Schokoladenstreusel

Für den Guß, nach Belieben
100 g Puderzucker
1/2 Eiweiß
bunte Speisefarben

- Aus dünner Pappe Schablonen von 25 cm großen Figuren schneiden, es sollten mindestens 2 oder 3 zugleich auf ein Blech passen.

- Für den Honigkuchenteig den Honig mit dem Zucker und dem Öl in einem Topf unter Rühren erwärmen, bis der Zucker nicht mehr knirscht.
- Den Topfinhalt abkühlen lassen, dabei ab und zu umrühren.
- Die Bleche befeuchten und mit Backpapier belegen oder einfetten, und den Ofen vorheizen.
- Das Mehl mit Backpulver, Mandeln und Gewürzen vermischen.
- Das Ei mit der Honigmasse dazugeben, und alles mit den Knethaken des Elektroquirls oder der Küchenmaschine zu einem Teig verrühren.
- Den Teig von Hand durchkneten und portionsweise auf der bemehlten Arbeitsplatte etwa 1 cm dick ausrollen.
- Die Schablonen auflegen, und

PLÄTZCHEN FÜR ALLE GELEGENHEITEN 519

die Figuren mit einem Messer ausschneiden.
- Die Figuren auf die Bleche legen, dann die Sahne mit Wasser verschlagen und darauf pinseln.
- Die Puppen nach Belieben mit Kürbiskernen, kleingehackten und halbierten geschälten Mandeln, Orangeat, Pinienkernen, Sultaninen und Zitronat verzieren und im Ofen backen.
- Die Honigkuchenpuppen vorsichtig vom Blech heben und auf einem Kuchengitter flach nebeneinander auskühlen lassen.
- Nach Belieben den Puderzucker mit dem Eiweiß und Speisefarben zu einem recht dickflüssigen Guß verrühren.
- Aus Back- oder Pergamentpapier Spitztüten drehen, den Guß hineinfüllen, eine feine Spitze abschneiden, und die Figuren nach Belieben damit bespritzen, dann mit Belegkirschen und Schokoladenstreuseln fertig verzieren.
- Die Puppen nach dem Trocknen lagenweise zwischen Pergamentpapier verpacken.

Ofentemperatur: 180 °C
Einschubhöhe: Mitte
Backzeit: 20–25 Minuten

Gewürzigel

✗ gefriergeeignet

HONIGKUCHENTEIG • 3 BLECHE = ETWA 75 STÜCK

Für den Honigkuchenteig (S. 108)
125 g dunkler Honig
200 g brauner Rohzucker
250 g Butter oder Margarine
250 g Weizenmehl Type 1050
250 g Weizenvollkornmehl Type 1700
100 g kleingehackte ungeschälte Mandeln
100 g kleingehacktes Zitronat
3 TL Lebkuchengewürz
1 Prise Salz
2 TL Pottasche
3–4 EL Milch
Mehl zum Ausformen
Backpapier oder Butter bzw. Margarine zum Einfetten

Für den Guß
1 EL Zucker
2 EL Rosenwasser

Für die Garnitur
125 g Pinienkerne

- Für den Honigkuchenteig den Honig mit dem Zucker und dem Fett in einem Topf auf dem Herd oder in einem hitzebeständigen Gefäß im Mikrowellengerät bei 300 W in 2 Minuten schmelzen, dann abkühlen lassen.
- Mehl, Mandeln, Zitronat, Lebkuchengewürz und Salz in eine Schüssel geben.
- Die abgekühlte Honig-Zucker-Masse dazugeben, und die Zutaten mit den Knethaken des Elektroquirls oder der Küchenmaschine 4–5 Minuten verkneten.
- Den Teig 4–6 Tage an kühler Stelle zugedeckt aufbewahren, 12 Stunden vor der Verarbeitung in die warme Küche stellen.
- Die Bleche befeuchten und mit Backpapier belegen oder einfetten, und den Ofen vorheizen.
- Die Pottasche in zimmerwarmer Milch auflösen und mit kräftigen Bewegungen unter den Teig kneten. Nach Bedarf noch etwas Wasser hinzufügen, dann den Teig auf bemehlter Unterlage daumendick ausrollen, in etwa 2 cm große Würfel schneiden und zu Kugeln formen.
- Für den Guß den Zucker mit dem Rosenwasser verrühren und die Kugeln damit bepinseln.
- Die Pinienkerne wie Igelstacheln in die Kugeln stecken, und die Plätzchen im Ofen backen.
- Das Gebäck vor dem Verzehr an einem kühlen, feuchten Platz weich werden lassen.

Ofentemperatur: 180 °C
Einschubhöhe: Mitte
Backzeit: 20–25 Minuten

Feines Konfekt

*Ob als dekorative Ergänzung der Kaffeetafel oder als apartes
Mitbringsel, diese kleinen Köstlichkeiten kommen immer gut an.
Kindern bereiten Sie eine Freude mit bunten Lollis oder Sahnebonbons,
für Erwachsene machen Sie Mandelsplitter oder Krokanthäufchen.
Und mit etwas Geschick ist es gar nicht schwierig,
professionelle Ergebnisse zu erzielen.*

Gebrannte Mandeln

KONFEKTMASSE • 1 BLECH = 500 G KONFEKT

Für die Konfektmasse
250 g ungeschälte Mandeln
250 g Würfelzucker
5 EL Wasser
½ TL Zimt
einige Tropfen rote Speisefarbe, nach Belieben
Mandel- oder Nußöl zum Bepinseln
Alufolie

- Das Blech mit Alufolie belegen und dünn mit Öl bepinseln.
- Die Mandeln rösten, bis sich ein Teil der braunen Schale abreiben läßt (S. 35).
- In einem Edelstahltopf mit dickem Boden Zucker und Wasser unter Rühren mit dem Schneebesen zunächst bei schwacher, dann bei stärkerer Wärmezufuhr so lange kochen, bis sich die Masse in großen Blasen aus dem Besen fortblasen läßt.
- Die Mandeln unter Rühren mit einem Holzlöffel zur Masse geben und erwärmen, bis sie den Zucker aufgenommen haben.
- Den Topf von der Kochplatte nehmen, und den Zimt und nach Belieben die Speisefarbe zufügen.
- Den Topfinhalt weiterrühren, bis die Mandeln trocken geworden sind, dann die Mischung erneut erwärmen, bis sie glänzt.
- Die Mandeln auf das Blech schütten und vorsichtig mit Hilfe von 2 Gabeln voneinander lösen, dann luftdicht verpacken.

Sahnebonbons

KARAMELMASSE • 1 BLECH = ETWA 500 G KONFEKT

Für die Karamelmasse
300 g Zucker
2 Päckchen Vanillezucker
2 EL Honig
80 ml Wasser
250 g Schlagsahne
30 g Butter
Mandel- oder Nußöl zum Bepinseln
Alufolie
Cellophan

- Das Blech mit Alufolie belegen und dünn mit Öl bepinseln.
- Den Zucker mit dem Vanillezucker, dem Honig und dem Wasser bei starker Wärmezufuhr

FEINES KONFEKT 523

in einem Topf 2–3 Minuten sprudelnd kochen lassen, dann von der Kochstelle nehmen.
- In einem Topf mit großer Grundfläche die Sahne zum Kochen bringen, dann die Zuckermasse dazugießen, und die Mischung unter Rühren kochen, bis sie goldbraun ist.
- Die Butter darunterrühren, den Topf von der Kochstelle nehmen und probeweise einen Tropfen der Masse auf das Blech geben. Sollte die Masse nicht fest werden, nochmals unter Rühren kurz aufkochen lassen.
- Die Karamelmasse kleinfingerdick auf das Blech gießen und auf etwa 40 °C abkühlen lassen.
- Die Masse von der Alufolie lösen und mit einem eingeölten großen Messer zunächst in Streifen, dann mit einer eingeölten Schere in Quadrate schneiden.
- Die ausgekühlten Sahnebonbons einzeln in Cellophan wickeln.

Variationen:
Geben Sie 2 TL Instantkaffee oder 50 g dunklen Kakao dazu, oder ersetzen Sie den Honig durch 80 g Traubenzucker.

Hinweis:
Wenn Sie zusätzlich noch 2–3 EL geschmacksneutrales Öl beifügen, werden die Bonbons weicher.

Fruchtlutscher

BONBONMASSE • 1 BLECH = ETWA 8 STÜCK

Für die Bonbonmasse
100 ml Fruchtsaft, z. B. frisch gepreßter Orangensaft
250 g Zucker
3 TL Traubenzucker
½ TL Zitronensäure
einige Tropfen gelbe und rote Speisefarbe
etwa 8 Holzspießchen
Mandel- oder Nußöl zum Bepinseln
Cellophan

- Das Blech dünn mit Mandel- oder Nußöl bepinseln.
- Den Saft mit Zucker, Traubenzucker, Zitronensäure und Speisefarbe langsam erwärmen.
- Die Masse unter ständigem Rühren auf 149 °C erhitzen, dabei die Temperatur mit dem Zuckerthermometer kontrollieren.
- Sobald die Temperatur erreicht ist, den Topf in ein großes Gefäß mit kaltem Wasser stellen, damit die Masse nicht länger erhitzt wird.
- Die Masse mit einem Löffel in Form von Lutschern auf das Blech träufeln.
- Die Holzspießchen in die noch weiche Masse drücken und etwas Zuckersirup darauf träufeln, damit sie gut haften, dann die Masse auskühlen lassen.
- Die Lollis vorsichtig vom Blech lösen und in Cellophan verpacken.

Hinweis:
Wenn Sie für diese Lollis andere Fruchtsäfte als Orangensaft nehmen, müssen Sie eine entsprechende andere Lebensmittelfarbe verwenden.

Rauhreif- und Schokoladenfrüchte

- einfach
- schnell
- preiswert

PUDERZUCKERGUSS/SCHOKOLADENMASSE • 1 BLECH = ETWA 30 STÜCK

Für die Früchte
3–4 Aprikosen
1–2 Scheiben konservierte Ananas
125 g Erdbeeren
100 g Kirschen mit Stielen
125 g weiße und blaue Weintrauben
Mandel- oder Nußöl zum Bepinseln
Pralinenkapseln

Für die Zuckermasse
200 g Puderzucker
1/2 Eiweiß
1 TL Zitronensaft
1–2 EL Kirschwasser oder Himbeergeist
grober Zucker
feingehackte Pistazienkerne zum Wenden

Für die Schokoladenmasse
100 g Edelbitterschokolade

- Das Obst vorbereiten und, falls notwendig, mundgerecht zerkleinern, dabei die Kelchblätter der Erdbeeren nicht entfernen und die Stiele an den Kirschen und den Trauben belassen, dann mit Küchenpapier sorgfältig trocknen.
- Das Blech mit Öl bepinseln.
- Den Puderzucker mit Eiweiß, Zitronensaft und Kirschwasser oder Himbeergeist zu einem dickflüssigen Guß verrühren und mit einem feuchten Tuch abdecken.
- Einen Teil der Früchte einzeln zu drei Viertel in den Guß tunken und etwas abtropfen lassen.
- Den groben Zucker mit den Pistazien vermengen, und die gezuckerten Früchte darin wenden.
- Die Schokolade zerbröckeln und schmelzen (S. 38).
- Den Rest der Früchte in die dickflüssige Schokolade tauchen.
- Die Früchte auf dem geölten Blech etwas trocknen lassen, dann in die Pralinenkapseln setzen.

Kandierte Kumquats und Orangenschalen

SCHOKOLADENMASSE • 2 BLECHE = ETWA 400 G KONFEKT

Für die kandierten Kumquats und Orangenschalen
250 g Kumquats
3–4 unbehandelte Orangen
1 Tasse Zucker
1 Tasse Wasser
1 EL Zitronensaft
Alufolie oder Backpapier
Mandel- oder Nußöl zum Bepinseln

Für die Schokoladenmasse
200 g Kuvertüre
10 g Kokosfett

- Die Kumquats an ihrem Stielansatz kreuzweise einschneiden, die Kerne und den Saft herausdrücken.
- Die Orangen waschen und mit dem Sparschäler dick abschälen; Früchte anderweitig verwenden.
- Die Kumquats und die Orangenschalen 15 Minuten in einem Topf mit Wasser bedeckt kochen, dann herausnehmen und in einem Sieb abtropfen lassen.
- Diesen Vorgang noch zweimal wiederholen.
- Die Früchte und die Schalen aus dem Sieb nehmen und auf Küchenpapier trocknen.
- Die Orangenschalen in ungefähr 1 cm breite, kleinfingerlange Streifen schneiden.
- Den Zucker mit Wasser und Zitronensaft zum Kochen bringen.
- Die Kumquats und die Orangenschalen im Zuckersirup kochen, bis die Schalen glasig werden, dann auf einem Blech ausbreiten und an warmer Stelle über Nacht trocknen lassen.
- Die Früchte und die Schalen erneut im Zuckersirup aufkochen, abtropfen lassen und trocknen.
- Diesen Vorgang ein drittes Mal wiederholen.
- Das zweite Blech mit Alufolie oder Backpapier belegen und dünn mit Öl bepinseln.
- Die Kuvertüre schmelzen (S. 34), dann das Kokosfett unterrühren, und die Kumquats und die Orangenschalen mit einer großen Pinzette darin wenden.
- Die Früchte und die Schalen auf dem Blech trocknen lassen und gut verschlossen aufbewahren.

Gut zu wissen:
Die dattelförmigen Kumquats oder Zwergorangen werden aus Italien, Spanien und Israel importiert.

Marzipan

MARZIPANMASSE • 1 BLECH UND 1 TABLETT = ETWA 400 G MARZIPAN

Für die Marzipanmasse
250 g Mandeln
30–40 g bittere Mandeln oder
3–4 Tropfen Bittermandelaroma
125–150 g Puderzucker
2–3 EL Rosenwasser
Alufolie

• Die süßen und eventuell die bitteren Mandeln in einer Schüssel mit kochendem Wasser überbrühen und nach 2 Minuten in ein Sieb gießen.

• Die Schalen portionsweise entfernen, dabei die übrigen Mandeln zudecken.

• Die Mandeln auf einem Blech ausbreiten und 5–8 Minuten im Ofen bei 200 °C unter gelegentlichem Wenden trocknen.

• Die Mandeln drei- bis viermal mit der Mandelmühle zerkleinern und zwischen den Gängen jeweils 10 Minuten auf einem Tablett ausgebreitet ins Gefriergerät stellen.

• Eventuell das Bittermandelaroma, dann den Puderzucker und das Rosenwasser unter die Mandeln kneten, und die Masse zu kleinen Ziegeln formen.

• Das Marzipan sorgfältig in Alufolie verpacken und mindestens 5–6 Tage kühl lagern.

Gut zu wissen:
Bittere Mandeln können – in großen Mengen genossen – tödliche Wirkung haben. Insbesondere wenn Kinder mitessen, sollten Sie deshalb auf das synthetisch produzierte, unschädliche Bittermandelaroma ausweichen.

Gefüllte Walnüsse

MARZIPANMASSE • 1 BLECH = 45–50 STÜCK

Für die Marzipanmasse
200–250 g Walnußkerne
300 g Marzipan (siehe oben)
200 g helle Kuvertüre
1 TL Instantkaffee
1 TL Cognac oder Rum
10 g Butter
Alufolie
Mandel- oder Nußöl zum Bepinseln
Pralinenkapseln

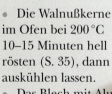

• Die Walnußkerne im Ofen bei 200 °C 10–15 Minuten hell rösten (S. 35), dann auskühlen lassen.

• Das Blech mit Alufolie belegen und mit Öl bepinseln.

• Das selbst hergestellte Marzipan einmal durchkneten.

• Aus der Masse einen etwa 2 cm dicken Ziegel formen und diesen der Länge nach zunächst in daumenbreite Streifen, dann quer in Würfel schneiden.

• Die Marzipanwürfel zu Kugeln rollen, und auf beide Seiten eine Walnußhälfte drücken.

• Die helle Kuvertüre dickflüssig schmelzen (S. 34).

• Den Instantkaffee im Cognac oder Rum auflösen und mit der Butter darunterrühren.

• Die gefüllten Nüsse zur Hälfte in die Kuvertüre tauchen und am Topfrand abstreifen.

• Die Nüsse auf dem Blech trocknen lassen, dann in die Pralinenkapseln setzen.

Marzipankartoffeln und -zapfen

x einfach
x schnell

MARZIPANMASSE • 1 BLECH = ETWA 22 KARTOFFELN UND 12 ZAPFEN

Für die Marzipanmasse
300 g Marzipanrohmasse
und 200 g Puderzucker
und 1–2 EL Rosenwasser
oder 500 g Marzipan (siehe links)
Schokoladenpulver zum Wenden
Pralinenkapseln

- Die Marzipanrohmasse kühlen, mit der Rohkostreibe zerkleinern und mit Puderzucker sowie Rosenwasser verkneten, oder das selbst hergestellte Marzipan einmal durchkneten.
- Aus der Masse einen etwa 2 cm dicken Ziegel formen und diesen zunächst der Länge nach in daumenbreite Streifen, dann quer in Würfel und Rechtecke schneiden.
- Mit kühlen Händen die Würfel zu Kugeln rollen und in Schokoladenpulver wenden, anschließend je 3 Kerben einschneiden.
- Die Marzipankartoffeln in Pralinenkapseln legen.
- Aus den Rechtecken Tannenzapfen formen, die an einer Seite etwas spitzer zulaufen.
- Mit einer Schere Schuppen einschneiden, dann das Schokoladenpulver darüber sieben und das Konfekt in Pralinenkapseln legen.
- Das Konfekt in Lagen zwischen Alufolie oder Pergamentpapier in fest verschließbare Dosen geben.

Marzipanfrüchte

MARZIPANMASSE • 1 BLECH = ETWA 10–12 STÜCKE

Für die Marzipanmasse
300 g Marzipanrohmasse
und 200 g Puderzucker
und 1–2 EL Rosenwasser
oder 500 g Marzipan (siehe links)
geschmacksneutrale Speisefarben (blau, braun, gelb, grün und rot)

Für die Garnitur
Nelken oder Korinthen
Cellophan

- Die Marzipanrohmasse kühlen, mit der Rohkostreibe zerkleinern und mit dem Puderzucker sowie dem Rosenwasser verkneten, oder das selbst hergestellte Marzipan einmal durchkneten.
- Aus der Masse eine Rolle formen und in 10–12 Stücke schneiden.
- Nach frischen Früchten oder Mustern aus der Konditorei mit Hilfe von Holzstäbchen, Löffelrücken und Messern Früchte formen und über Nacht trocknen.
- Die Speisefarben mit Wasser verdünnen und das Obst sortenweise damit bepinseln.
- Für die Stiele und Blütenansätze nach Belieben Nelken oder Korinthen eindrücken.
- Die Früchte einzeln in Cellophan wickeln, damit sie nicht trocken werden.

Marzipanpralinen

MARZIPANMASSE • 1 BRETT = 45–50 STÜCK

Für die Marzipanmasse
400 g Marzipanrohmasse
100–200 g feinster Zucker
2 EL feingehacktes Orangeat
1/2 TL feingeriebene
unbehandelte Orangenschale
2 EL Orangenlikör,
z. B. Grand Marnier
2 EL feingehackte
geschälte Pistazienkerne
oder feingehacktes Zitronat
2 EL Kirschwasser
50 g grobgehackte Walnußkerne
1/2 TL feingeriebene
unbehandelte Orangenschale
250 g dunkle Kuvertüre
oder Edelbitterschokolade
20 g Kokosfett, nach Belieben

Für die Garnitur
Orangenzesten
Pistazien
Silberperlen
kandierte Veilchen
Pralinenkapseln

- Die Marzipanrohmasse kühlen, mit der Rohkostreibe zerkleinern, mit dem Zucker verkneten und in 3 Portionen teilen.
- Das erste Drittel mit Orangeat, Orangenschale und Orangenlikör, das zweite Drittel mit feingehackten Pistazien oder feingehacktem Zitronat sowie Kirschwasser und das letzte Drittel mit Walnüssen und Orangenschale vermengen.
- Jede Sorte Marzipan für sich in einen kleinen Gefrierbeutel füllen, und den Beutel verschließen.
- Die einzelnen Marzipanmassen mit der Teigrolle zu 1,5–2 cm dikken rechteckigen Blöcken formen und diese kühl stellen.
- Die dunkle Kuvertüre oder Schokolade schmelzen (S. 34).
- Nach Belieben etwas Kokosfett zufügen, es erhöht den Glanz, beeinträchtigt aber den Geschmack.
- Das Marzipan in Würfel oder Rechtecke schneiden und mit einer Pralinengabel in die heiße Kuvertüre oder Schokolade tunken, dann auf einem feinen Drahtgitter trocknen lassen.
- Das Konfekt vor dem endgültigen Trocknen sortenweise nach Belieben mit Orangenzesten, Pistazien, Silberperlen oder kandierten Veilchen garnieren.
- Die Marzipanpralinen erst nach 24 Stunden in die Pralinenkapseln setzen und kühl stellen.

Marzipan-Dreierlei

MARZIPANMASSE • 1 BRETT = 50–60 PRALINEN

Für die Marzipanmasse
600 g Marzipanrohmasse
400 g Puderzucker
rote und grüne Speisefarbe
2 EL feingehackte rote Belegkirschen
2 EL feingehackte geschälte Pistazienkerne
1 Eiweiß zum Bestreichen
grober Kristallzucker zum Wenden
Alufolie
Pralinenkapseln
Backpapier

Variation:
Statt mit grüner und roter Speisefarbe tönen Sie das Marzipan mit gelber und roter Speisefarbe gelb und orange und ersetzen die Pistazien und Belegkirschen durch sehr fein gehackte oder feingeriebene unbehandelte Zitronen- und Orangenschale.
Hinweis:
Wenn man das Konfekt in geschmolzene Kuvertüre taucht, bleibt es noch länger feucht.

- Die Marzipanrohmasse kühlen, mit der Rohkostreibe zerkleinern, mit dem Puderzucker verkneten und in 3 Portionen teilen.
- Ein Drittel des Marzipans mit einigen Tropfen roter Speisefarbe und den Kirschen, das zweite Drittel mit grüner Speisefarbe und Pistazien verkneten, und das letzte Drittel belassen.
- Aus den Marzipanmassen 6 fingerdicke Rollen formen.
- Das Eiweiß etwas verschlagen, und die Marzipanrollen dünn damit bepinseln.
- Je 3 Rollen aufeinanderlegen, etwas zusammendrücken und in grobem Kristallzucker wenden.
- Das Marzipan in Alufolie einrollen und 1 Tag kühl stellen.
- Die kühlen Marzipanrollen mit einem scharfen Messer in etwa 1,5 cm dicke Scheiben schneiden, und diese in die Pralinenkapseln legen.
- Das Konfekt sofort zwischen Lagen von Backpapier in gut verschlossenen Behältern luftdicht verpacken, damit es nicht austrocknet.

Mandelsplitter

x einfach
x schnell

PRALINENMASSE • 3 BLECHE = 60–70 STÜCK

Für die Pralinenmasse
600 g Mandelstifte
6 EL Puderzucker
je 200 g Edelbitter-, Vollmilch- und weiße Schokolade
Backpapier
Pralinenkapseln
Alufolie oder Pergamentpapier

- Den Ofen auf 200 °C vorheizen.
- Die Bleche befeuchten und mit Backpapier belegen.
- Die Mandelstifte flach auf einem Blech ausbreiten, mit Puderzucker bestauben und unter gelegentlichem Wenden etwa 15 Minuten im Ofen rösten, bis sie hellbraun sind, dann kalt stellen.
- Inzwischen die Schokolade mit einem Messer zersplittern und sortenweise über einem Wasserbad schmelzen, dabei die Masse hin und wieder umrühren (S. 38).
- Jeweils ein Drittel der erkalteten Mandelstifte in die dunkle, mittelbraune und weiße Schokolade mengen.
- Die Masse teelöffelweise auf die beiden übrigen Bleche geben, dabei die Pralinen der Größe der Kapseln entsprechend mit den Fingerspitzen leicht nachformen.
- Die Mandelsplitter kühl stellen, dann in die Pralinenkapseln legen, sorgfältig zwischen Lagen von Alufolie oder Pergamentpapier verpacken und in einem verschlossenen Behälter kühl aufbewahren.

Nußknacker

x einfach
x schnell

PRALINENMASSE • 2 BLECHE = 40–60 STÜCK

Für die Pralinenmasse
300 g Haselnußkerne
2 EL Puderzucker
300 g Edelbitterschokolade
Backpapier
Pralinenkapseln
Alufolie oder Pergamentpapier

- Den Ofen auf 200 °C vorheizen.
- Die Bleche befeuchten und mit Backpapier belegen.
- Die Haselnußkerne auf einem Blech ausbreiten, sehr hell rösten, etwas abkühlen lassen, und mit einem Tuch die dunklen Häutchen abreiben (S. 35).
- Die Nüsse wieder auf das Blech geben, mit Puderzucker bestauben und noch einmal etwa 5 Minuten rösten.
- Die Edelbitterschokolade zerbröckeln und über einem Wasserbad schmelzen (S. 38).
- Die Nüsse in die geschmolzene Schokolade rühren.
- Die Masse mit einem Teelöffel häufchenweise auf das zweite Blech geben und dabei hoch ausformen.
- Die Nußknacker kühl stellen, dann in die Pralinenkapseln legen, sorgfältig zwischen Lagen von Alufolie oder Pergamentpapier verpacken und in einem verschlossenen Behälter kühl aufbewahren.

Mandelsplitter

Nußknacker

FEINES KONFEKT 531

Mandelbissen

✗ einfach
✗ schnell

PRALINENMASSE • 2 BLECHE = 50–60 STÜCK

Für die Pralinenmasse
100 g Sultaninen
2–3 EL Cognac
300 g Mandelstifte
2 EL Puderzucker
300 g Edelbitterschokolade
1 TL feingeriebene
unbehandelte Orangenschale
300 g helle Kuvertüre
zum Überziehen
Alufolie oder Backpapier
Mandel- oder Nußöl
zum Bepinseln
Pralinenkapseln
Alufolie oder
Pergamentpapier

• Die Bleche mit Alufolie oder Backpapier belegen und dünn mit Öl bepinseln.

• Die Sultaninen über Nacht im Cognac quellen lassen oder mit dem Cognac übergießen und 2 Minuten zugedeckt bei 600 W im Mikrowellengerät erwärmen.

• Die Mandelstifte auf einem Blech wie links beschrieben mit Puderzucker bestreut rösten und abkühlen lassen.

• Die Schokolade schmelzen (S. 38), dann die Sultaninen, die Mandelstifte und die Orangenschale darunterrühren.

• Die Pralinenmasse mit dem Teelöffel als kleine Häufchen auf das zweite Blech geben.

• Solange die Masse noch warm ist, die Pralinen mit den Fingerspitzen etwas zusammendrücken, dann kühl stellen und trocknen.

• Die Kuvertüre mit einem Messer grob zerschneiden und über einem Wasserbad unter stetigem Rühren schmelzen (S. 34).

• Die Häufchen mit einer langen Pralinengabel rasch in der warmen Kuvertüre wenden, die überflüssige Masse abstreifen, und die Mandelbissen wieder auf das Blech setzen.

• Das Konfekt in die Pralinenkapseln geben und wie links beschrieben verpacken.

Hinweise:
Wenn das Blech zuvor mit Alufolie oder Backpapier belegt und ganz dünn mit Öl bepinselt wurde, lösen sich die Pralinen später leichter. Die abgetropften Schokoladen- und Kuvertürereste können Sie wiederverwenten.

Sesamkrokant

x schnell

KARAMELMASSE • 1 BLECH ODER BRETT = ETWA 60 STÜCK

Für die Karamelmasse
250 g geschälte Sesamsamen
250 g feiner Zucker
250 g brauner Rohzucker
2 Päckchen Vanillezucker
125 g Schlagsahne
Butter zum Bestreichen
Alufolie
Cellophan oder Wachspapier

• Das Blech oder Brett mit Alufolie belegen und dünn mit Butter bestreichen.

• Die Sesamsamen im Backofen oder in der Pfanne hell rösten, bis sie zu duften beginnen (S. 35).

• Den Zucker mit Vanillezucker und Sahne in einem Topf mit dickwandigem Boden erst ohne zu rühren schmelzen, dann für 1–2 Minuten den Deckel auflegen.

• Den Deckel abnehmen, und die Masse mit einem Holzlöffel rühren, bis sie sich vom Rand löst und 150 °C erreicht. Die Temperatur wird am besten mit dem Zuckerthermometer gemessen.

• Den Topf von der Kochstelle ziehen, die Sesamsamen schnell darunter mischen, und die Karamelmasse mit einem kräftigen Schneebesen oder dem Elektroquirl schlagen, bis sie cremig wird.

• Mit einem Teelöffel walnußgroße Haufen der Masse auf die Alufolie geben und auskühlen lassen.

• Die Häufchen einzeln in Cellophan oder Wachspapier verpacken und luftdicht in gut schließenden Gläsern aufbewahren, damit sie nicht feucht und weich werden.

Krokanthäufchen

x schnell

KROKANTMASSE • 1 BLECH ODER BRETT = 20–25 STÜCK

Für die Krokantmasse
40 g kleingehackte Belegkirschen
40 g kleingehacktes Orangeat
75–100 g Mandelblättchen oder -splitter
250 g feinster Zucker
20 g Butter
100 g Schlagsahne
Mandel- oder Nußöl zum Bepinseln
Alufolie
Pralinenkapseln

Für die Garnitur
50 g Edelbitterschokolade

• Das Blech oder Brett mit Alufolie belegen, dünn mit Öl bepinseln, und den Ofen auf 100 °C vorheizen.

• Die Belegkirschen, das Orangeat und die Mandelblättchen oder -splitter im Ofen 10–20 Minuten trocknen und dann auskühlen lassen. Die Früchte sollen trocken, aber nicht hart, die Mandeln blaß goldbraun geröstet sein.

• Den Zucker in einem Topf mit dickwandigem Boden zunächst ohne zu rühren schmelzen, dann die Butter und die Schlagsahne hinzufügen.

• Die Masse mit einem Holzlöffel rühren, ohne dabei die Topfwandung zu berühren.

• Die getrockneten Belegkirschen und das Orangeat, dann die Mandeln in die Mischung geben.

• Die Mandelmenge läßt sich nie genau angeben, denn sie hängt vom Zerkleinerungsgrad ab. Die Masse darf nicht trocken und krümelig werden und soll zum Schluß goldbraun sein.

• Kurz ehe die Krokantmasse die gewünschte Farbe hat, den Topf von der Kochstelle ziehen. Da die Speicherhitze sehr hoch ist, verbrennt der Zucker schnell.

• Die Krokantmasse teelöffelweise auf die geölte Alufolie geben und nach Belieben mit den Fingerspitzen leicht zusammendrücken, solange sie noch weich ist. Dabei Vorsicht walten lassen, weil der Zucker sehr heiß ist.

• Die Schokolade in einem kleinen, fest verschlossenen Gefrierbeutel über einem Wasserbad schmelzen (S. 15).

• Vom Beutel eine feine Spitze abschneiden, und die Krokanthäufchen mit Hilfe dieser improvisierten Spritze mit Schokoladenstreifen garnieren.

• Das Konfekt auskühlen lassen, dann in Pralinenkapseln legen und bald verzehren, da es durch die Luftfeuchtigkeit schnell weich und klebrig wird.

FEINES KONFEKT 533

Variationen:
Statt der Mandeln können Sie ebensogut zerkleinerte Paranüsse, Haselnuß-, Pinien-, Pistazien- oder Walnußkerne nehmen.

Gut zu wissen:
Der Anteil kandierter Früchte darf nicht zu hoch sein, weil die Masse sonst schmierig wird.
Wer Krokantpralinen länger lagern möchte, muß sie in temperierte Kuvertüre tauchen oder mit Gummiarabikum aus der Apotheke überziehen und immer bei geringer Luftfeuchte verschlossen aufbewahren.

Müslibissen

× einfach
× schnell

MÜSLIMASSE • 1 BLECH = ETWA 45 STÜCK

Für die Müslimasse
300 g Honigschokolade
etwa 300 g geröstete knusprige Müslimischung
Backpapier
Pralinenkapseln

• Das Blech befeuchten und mit Backpapier belegen.
• Die Honigschokolade zunächst fein zerbröckeln und anschließend über einem Wasserbad unter gelegentlichem Rühren schmelzen (S. 15).
• Von der Müslimischung nur soviel hinzufügen, wie die Schokolade aufnimmt, ohne krümelig zu werden.
• Mit einem Teelöffel kleine hohe Häufchen in Größe der Pralinenkapseln auf das Backblech setzen, dabei die Masse leicht zusammendrücken, dann kühl stellen.
• Die Müslibissen in Pralinenkapseln setzen und an einem kühlen Ort gut verpackt aufbewahren.

Variationen:
Statt der Müslimischung lassen sich Corn-flakes, Puffmais oder Reiscrispies, auch mit anderen Schokoladensorten, zu Konfekt verarbeiten. Die Bodenfläche der Bissen können Sie zusätzlich in geschmolzene weiße Kuvertüre tauchen.

Müslibissen

Krokanthäufchen

Sesamkrokant

Trüffelvariationen

TRÜFFELMASSE • 1 FORM = ETWA 15 STÜCK

Für die Trüffelmasse
200 g Vollmilchschokolade
60 g Butter
2–3 EL Cognac oder Himbeergeist oder Kirschwasser
Klarsichtfolie
Pralinenkapseln

Für die Garnitur
Kakao, Schokoladenpulver, Schokoladenraspel oder Schokoladenstreusel zum Wenden

- Eine Form etwa in Größe einer Schokoladentafel mit Klarsichtfolie auskleiden.
- Die Vollmilchschokolade kühlen, reiben und schmelzen (S. 38), dann kühl stellen.
- Die zimmerwarme Butter mit den Schneebesen des Elektroquirls schaumig rühren, und die abgekühlte, cremige Schokolade teelöffelweise darunterschlagen, dann den Alkohol zugeben.
- Die Trüffelmasse in die Form gießen und glattstreichen, dann mit Folie zudecken und an kühler Stelle – jedoch möglichst nicht im Kühlschrank – in etwa 24 Stunden fest werden lassen.
- Die Masse aus der Form nehmen, schnell mit einem Messer in etwa 3 cm große Quadrate teilen, mit kühlen Händen vorsichtig zu Kugeln rollen und sogleich wieder kühl stellen.
- Die Hände zwischendurch mit Eiswürfeln oder einem Kühlakku nachkühlen.
- Die Kugeln sofort danach in Kakao, Schokoladenpulver, Schokoladenraspel oder Schokoladenstreusel wenden, in Pralinenkapseln legen und gleich wieder kühl stellen.

Variationen:
Für Honigtrüffel *geben Sie zusätzlich 1 EL aromatischen Heidehonig in die Buttertrüffelmasse und wenden diese Trüffel zum Schluß in gerösteten Mandelblättchen.*
Für Maraschinotrüffel *statt des vorgeschlagenen Alkohols 2 EL Maraschino nehmen und zum Schluß 2–3 EL abgetropfte, kleingehackte Maraschinokirschen unter die Buttertrüffelmasse mengen.*
Für Mokkatrüffel *2 TL Instantkaffee in 1 EL Cognac oder Whiskey auflösen und in die Buttertrüffelmasse geben.*

Cassisrosetten

schnell

KONFEKTMASSE • 1 BLECH ODER TABLETT = 55–60 STÜCK

Für die Konfektmasse
275 g weiße Kuvertüre
125 g Schlagsahne
100 g Butter
4–5 EL schwarzer Johannisbeerlikör, z. B. Crème de Cassis
einige Tropfen rote Speisefarbe
Regenbogenzucker
oder Zuckerblümchen
500 g Zucker für das Blech
Pralinenkapseln aus Stanniol

- Den Zucker auf das Blech oder Tablett geben und die Stanniolkapseln hineindrücken, damit sie nicht umkippen.
- Die Kuvertüre über einem Wasserbad schmelzen (S. 34).
- Die Sahne unter Rühren darin erwärmen, dann die Masse etwas abkühlen lassen.
- Die zimmerwarme Butter in kleinen Stückchen zufügen.
- Mit den Schneebesen des Elektroquirls die Konfektmasse schaumig schlagen, dann den Likör und die Speisefarbe dazugeben.
- Die Masse in einen großen Spritzbeutel mit breiter Sterntülle geben, in die Kapseln spritzen und mit Regenbogenzucker oder Zuckerblümchen garnieren.
- Die Rosetten bis zum Verzehr unbedingt kühl aufbewahren.

Eiskonfekt

einfach
schnell

KONFEKTMASSE • 1 BLECH ODER TABLETT = 55–60 STÜCK

Für die Konfektmasse
250 g Kokosfett
25 g Butter
70 g dunkler Kakao
80 g Magermilchpulver
300 g Puderzucker
1 EL Arrak oder Cointreau
3 Tropfen Vanillearoma
Silberperlen
oder Nonpareille, nach Belieben
500 g Zucker für das Blech
Pralinenkapseln aus Stanniol
Pergamentpapier

- Das Kokosfett in kleine Stücke zerteilen, über dem Wasserbad schmelzen (S. 15) und dann abkühlen lassen.
- Das Blech oder Tablett mit einer etwa fingerdicken Schicht Zucker bestreuen, anschließend die Pralinenkapseln hineindrücken. Die Kapseln behalten auf diese Weise ihre Form und kippen nicht so leicht um.
- Das Kokosfett mit Butter, Kakao, Magermilchpulver, Puderzucker, Arrak oder Cointreau und Vanillearoma in einen Rührbecher geben und mit dem Schneebesen schaumig schlagen.
- Die Pralinenmasse in einen Spritzbeutel füllen und in die Stanniolkapseln spritzen, dann nach Belieben mit Silberperlen oder Nonpareille garnieren.
- Das Blech oder Tablett mindestens 6 Stunden kühl stellen.
- Die Pralinen lagenweise mit Pergamentpapier verpacken und bis zum Verzehr unbedingt im Kühlschrank aufbewahren.

Variationen:
Die Masse können Sie mit Butter-, Bittermandel- oder Rumaroma, Instantkaffee, Orangen- oder Zitronenschale sowie hochprozentigen Likören oder Schnäpsen abwandeln.

Cassisrosetten   *Eiskonfekt*

Weißes Fruchtkonfekt

KONFEKTMASSE • 1 BLECH ODER TABLETT = ETWA 30 STÜCK

Für die Konfektmasse
300 g Backpflaumen, getrocknete Aprikosen und Datteln
1 EL Orangenlikör, z. B. Grand Marnier
40 g geröstete geschälte Mandeln
100 g weiße Kuvertüre
geröstete Mandel- und Pistazienstifte sowie Schokoladenraspel zum Wenden
Alufolie
Mandel- oder Nußöl zum Bepinseln
Pralinenkapseln
Pergamentpapier

- Das Blech oder Tablett mit Alufolie belegen und mit Öl bepinseln.
- Die Früchte abreiben, längs einschneiden, entkernen, innen mit einigen Likörtropfen befeuchten und mit Mandeln füllen.
- Die Kuvertüre über einem Wasserbad schmelzen (S. 34).
- Die Früchte mit einer großen Pinzette greifen, mit der unteren Hälfte in die Kuvertüre tauchen und etwas trocknen lassen.
- Die Mandel- und Pistazienstifte sowie die Schokoladenraspel getrennt auf Teller geben und das Konfekt hineindrücken, dann zum Trocknen auf das Blech oder Tablett legen.
- Das Konfekt 5–6 Stunden kühl stellen, dann in die Pralinenkapseln drücken und in gut schließenden Behältern zwischen Pergamentpapier aufbewahren.

Rohkostpralinen

KONFEKTMASSE • 1 BLECH ODER TABLETT = ETWA 50 STÜCK

Für die Konfektmasse
50 g getrocknete Äpfel
50 g getrocknete Aprikosen
50 g Backpflaumen
50 g getrocknete Birnen
50 g getrocknete Feigen
50 g geschälte Mandeln
50 g Cashewkerne
50 g Haselnußkerne
50 g Paranüsse
50 g Walnußkerne
2 EL Pinienkerne
2 EL Sonnenblumenkerne
150 g Edelbitterschokolade
150 g weiße Schokolade
500 g Zucker für das Blech
Pralinenkapseln aus Stanniol

- Das Blech oder Tablett mit einer etwa fingerdicken Schicht Zucker bestreuen, dann die Stanniolkapseln hineindrücken. Die Kapseln behalten auf diese Weise besser ihre Form und kippen nicht so leicht um.
- Die Trockenfrüchte kleinschneiden.
- Mandeln und Nüsse goldgelb rösten (S. 35) und grob hacken.
- Die Schokolade sortenweise in kleine Gefrierbeutel geben, die Beutel gut verschließen, und die

Schokolade im Wasserbad schmelzen (S. 38).
- Von den Beuteln jeweils eine kleine Spitze abschneiden.
- Die Schokolade nach und nach und sortenweise oder auch marmoriert gemischt auf die Böden der Förmchen spritzen.
- Die Früchte gemischt in die Schokolade drücken, dabei jeweils 5–6 Sorten auswählen und für ein appetitliches Aussehen sorgen.
- Zum Schluß jeweils einen passenden Schokoladentupfen auf die Früchte spritzen.
- Die Pralinen an kühler Stelle erstarren lassen, dann die Kapseln aus dem Zuckerbett nehmen.

Gefüllte Trockenfrüchte

MARZIPANMASSE • 1 BLECH ODER TABLETT = ETWA 50 STÜCK

Für die Früchte
400 g Trockenfrüchte,
z. B. getrocknete Aprikosen, Backpflaumen, Datteln und Feigen
100 g Marzipanrohmasse
50 g Puderzucker
1 TL Likör, z. B. Apricot Brandy oder Crème de Cassis
2–3 Tropfen gelbe und rote Speisefarbe, nach Belieben
Mandel- oder Nußöl zum Bepinseln
Alufolie
Pralinenkapseln

Für den Überzug
250 g Zucker
1 TL Honig oder Traubenzucker
60 ml Wasser

- Das Blech oder Tablett mit Alufolie belegen und mit Öl bepinseln.
- Die Früchte abreiben, und Datteln und Pflaumen entkernen.
- Die Marzipanrohmasse mit Puderzucker, Likör und nach Belieben Speisefarbe verkneten, pflaumensteingroße Stückchen formen, die Früchte damit füllen, und die Öffnungen zusammendrücken.
- Für den Überzug in einem kleinen, dickwandigen Topf den Zucker mit Honig oder Traubenzucker und Wasser bei mittlerer Wärmezufuhr unter Rühren erhitzen, bis er 150 °C heiß ist. Wenn man einige Tropfen in Eiswasser gibt und den Klumpen auseinanderzieht, sollten sich kaum mehr Fäden bilden. Die Temperatur läßt sich aber auch mit dem Zuckerthermometer überprüfen.
- Den Topf von der Kochstelle nehmen und in ein zweites Gefäß mit heißem Wasser stellen.
- Die Trockenfrüchte einzeln mit einer langen Pinzette oder Pralinengabel im Sirup wenden, auf der geölten Alufolie ablegen, nach etwa 2 Stunden in die Pralinenkapseln geben, trocken lagern und möglichst bald verzehren.

Variationen:
Für frische Kandierte Früchte *wenden Sie mit Küchenpapier trockengetupftes Obst wie geviertelte Ananasscheiben, Aprikosenhälften, Bananenstücke, große Erdbeeren, Kirschen, Kiwihälften oder Weintraubenbündel in der Zuckermasse.*

Gut zu wissen:
Dieses Rezept gelingt nur, wenn die Temperatur des Zuckersirups genau eingehalten wird und die Luftfeuchtigkeit niedrig ist.

Gefüllte Trockenfrüchte

Rohkostpralinen

Kristallkugeln

NOUGATMASSE • 1 TELLER = ETWA 60 STÜCK

Für die Nougatmasse
100 g Edelbitterschokolade
200 g Haselnußkerne
200 g feinster Zucker
1 Eiweiß
2 EL Cognac
sehr grober Kristallzucker
zum Wenden
Pralinenkapseln

- Die Schokolade 20 Minuten im Gefrierfach kühlen, und die Haselnüsse hellbraun rösten (S. 35).
- Die Schokolade und die Nüsse mit der Mandelmühle fein reiben.
- Zucker, Eiweiß und Cognac dazugeben, und die Zutaten mit den Fingerspitzen gleichmäßig vermischen.
- Die Masse zu einer daumendicken Rolle formen, in daumenbreite Stücke schneiden, und die Stücke zu Kugeln rollen.
- Die Kugeln auf dem Teller in grobem Zucker mit kreisenden Bewegungen wenden.
- Die Kristallkugeln vorsichtig in die Pralinenkapseln legen.

Mokkapralinen

KONFEKTMASSE • 1 TABLETT = ETWA 20 PRALINEN

Für die Konfektmasse
50 g Butter
1 Eigelb
1 Päckchen Vanillezucker
100 g Puderzucker
2 EL dunkler Kakao
140 g Mokkaschokolade
Puderzucker zum Bestauben
etwa 20 Schokoladenmokkabohnen
Pralinenkapseln

- Die zimmerwarme Butter mit dem Eigelb, Vanillezucker, Puderzucker und Kakao in einem kleinen Gefäß mit den Schneebesen des Elektroquirls zu einer schaumigen Masse verschlagen.
- Die Mokkaschokolade schmelzen (S. 38), etwas abkühlen lassen und nach und nach unter die Schaummasse rühren.
- Mit dem Spritzbeutel und glatter Tülle Häufchen in die Kapseln setzen, und die Pralinen auf dem Tablett im Gefriergerät in etwa 1 Stunde erstarren lassen.
- Die Pralinen mit Puderzucker bestauben und jeweils 1 Schokoladenmokkabohne in die Mitte setzen. Kühl aufbewahren und bald verzehren.

Kristallkugeln   *Mokkapralinen*

Kirschpralinen

KONFEKTMASSE • 2 BLECHE ODER TABLETTS = ETWA 30 STÜCK

Für die Pralinenfüllung
150 g Edelbitterschokolade
60 g feiner Zucker
2 EL Wasser
30 entsteinte Cognac-Kirschen
50 ml Cognac
Pralinenkapseln aus Stanniol
Alufolie

• Die Pralinenkapseln auf einem Blech oder Tablett und die Alufolie auf dem zweiten ausbreiten.
• Die Schokolade in einen kleinen Gefrierbeutel geben, diesen mit einem Clip verschließen, und die Schokolade in einem Wasserbad schmelzen (S. 38).
• Eine etwas größere Spitze von dem Beutel abschneiden und etwa 1 TL Schokoladenmasse in je eine Kapsel spritzen.
• Die Kapsel sogleich so schwenken, daß sich eine Schokoladenschicht auf den Boden und die Wandungen legt.
• Den Rest der Schokolade aus der Kapsel auf das zweite, mit Alufolie belegte Blech gießen.
• Die übrigen Kapseln genauso behandeln.
• Die Schokoladenreste auf der Folie etwa 2 mm dick glätten.
• Aus der noch weichen Platte mit einem Ausstecher mit sehr scharfen Kanten runde Plätzchen vom oberen Durchmesser der Pralinenkapseln ausstechen.
• Den Zucker bei schwacher Hitze mit dem Wasser erwärmen, bis er schmilzt, dabei die Kristalle immer wieder vom Topfrand lösen.
• Den Sirup bei milder Wärmezufuhr ohne zu rühren 10 Minuten erhitzen, erkalten lassen, und die Schokoladenwandungen innen damit auspinseln.
• Die Kapseln vorsichtig mit den Kirschen und dem Cognac füllen.
• Den Schokoladenrest im Beutel wieder verschließen und im Wasserbad schmelzen.
• Eine sehr kleine Spitze von dem Beutel abschneiden, und eine feine Schokoladenlinie auf den oberen Schokoladenrand spritzen.
• Ehe die Schokoladenmasse erhärtet, die Schokodeckel darauf setzen und etwas andrücken.
• Die Pralinen nicht kälter als 12 °C kühlen und dann sorgfältig in flachen Dosen verpacken.

Gut zu wissen:
Diese Anleitung gilt auch für Himbeerpralinen.

Pikante Kleinigkeiten

Für kleine Empfänge, für Partys oder für einen gemütlichen Abend zu Bier oder Wein ist dieses Gebäck ideal. Es kann oft schon einige Tage zuvor hergestellt werden, und man muß es dann nur noch kurz aufbacken.

Käseplätzchen

MÜRBETEIG • 1 BLECH = ETWA 30 STÜCK

Für den Mürbeteig (S. 84)
200 g Weizenmehl Type 405
1/2 TL Backpulver
200 g Butter oder Margarine
2 Eigelb
200 g sehr fein geriebener Käse, z.B. eine Mischung aus altem Gouda, Parmesan und Sbrinz
Salz
Backpapier oder Butter bzw. Margarine zum Einfetten
Mehl zum Ausrollen

Für den Guß und die Garnitur
1 Eigelb
2 EL Wasser
2 EL sehr fein geriebener Käse

- Für den Mürbeteig alle kühlen Zutaten knapp 1 Minute mit den Knethaken des Elektroquirls oder der Küchenmaschine vermengen. Die Salzzugabe richtet sich nach dem Salzgehalt des verwendeten Käses.
- Dann die Mischung mit kühlen Händen rasch zum Teigkloß zusammendrücken, etwas abflachen, in Alu- oder Klarsichtfolie einpacken und 20 Minuten kühlen.
- Das Blech befeuchten und mit Backpapier belegen oder einfetten.
- Den Ofen vorheizen.
- Den Teig auf einer leicht bemehlten Unterlage oder zwischen 2 Lagen Backpapier oder Klarsichtfolie etwa 4–5 mm dick ausrollen.
- Das Eigelb mit Wasser verschlagen, die Teigplatte damit bepinseln, mit Käse bestreuen und mit der Teigrolle etwas andrücken.
- Mit einem scharfrandigen Glas Halbmonde ausstechen und auf das Blech legen (S. 95).
- Die Plätzchen im Ofen nur hell backen, damit der Käse nicht bitter wird.
- Auf einem Kuchengitter auskühlen lassen und dann in dicht schließende Dosen verpacken.

Ofentemperatur: 170 °C
Einschubhöhe: Mitte
Backzeit: 12–15 Minuten

Variationen:
Die Plätzchen mit Eigelb bestreichen und mit Buchweizen, Hirse, Mohn, Kürbis- oder Sonnenblumenkernen oder Sesamsamen bestreuen.
Sie können den Teig auch mit dem Teigrädchen in Rechtecke oder Quadrate teilen.
Zur Abwechslung formen Sie eine 5 cm dicke Rolle, kühlen diese eingepackt etwa 60 Minuten und schneiden sie dann in Scheiben.

Gorgonzolaringe

MÜRBETEIG • 1 BLECH = ETWA 20 STÜCK

Für den Mürbeteig (S. 84)
250 g Weizenmehl Type 405
1/2 TL Backpulver
150 g Butter oder Margarine
180 g sehr fein geriebener Käse, z.B. alter holländischer Gouda oder Parmesan oder Sbrinz
1 Eigelb
30–50 g Schlagsahne
1 TL edelsüßes Paprikapulver
Salz
Backpapier oder Butter bzw. Margarine zum Einfetten
Mehl zum Ausrollen

Für den Guß und die Garnitur
1 Eigelb
2 EL Wasser
2 EL Sesamsamen

Für die Füllung
150 g Gorgonzola
200 g Doppelrahmfrischkäse
1–3 EL Schlagsahne, nach Bedarf
Salz

- Aus den Zutaten wie oben beschrieben den Mürbeteig herstellen und kühlen, das Blech vorbereiten, den Ofen vorheizen, und dann den Teig 4–5 mm dick ausrollen.
- Das Eigelb mit Wasser verschlagen, die Teigplatte damit bepinseln und mit den Sesamsamen bestreuen.
- Mit scharfrandigen Gläsern verschiedener Größe Ringe ausstechen und diese auf das Blech legen. Die Teigreste dabei immer wieder zusammenkneten, zu Kugeln formen und mit einer bemehlten Gabel flach drücken.

PIKANTE KLEINIGKEITEN 543

- Die Plätzchen im Ofen nur hell backen, weil sonst der Käse bitter wird, und auf einem Kuchengitter auskühlen lassen.
- Für die Füllung den Käse durchsieben, je nach Konsistenz mit etwas Sahne und nach Geschmack mit Salz verrühren.

Mit Hilfe eines Spritzbeutels mit glatter Tülle die Hälfte der Ringe auf der Unterseite mit Käsecreme bespritzen, dann einen zweiten Ring darauf drücken.
- Die Käseringe kühl stellen und bald servieren, da sie durch die Füllung schnell weich werden.

Ofentemperatur: 170 °C
Einschubhöhe: Mitte
Backzeit: 12–15 Minuten

Variation:
Sie können die Füllung auch aus Frischkäse mit edelsüßem Paprikapulver bereiten.

Belgische Salzbällchen

x einfach
x schnell
x preiswert
x gefriergeeignet

MÜRBETEIG • 1 BLECH = ETWA 30 STÜCK

Für den Mürbeteig (S. 84)
200 g Weizenmehl Type 405
1 TL Backpulver
150 g Butter oder Margarine
1 Eigelb
1 TL Salz
Backpapier oder Butter bzw. Margarine zum Einfetten
Mehl zum Ausformen

Für die Garnitur
1 Eiweiß
1 EL Wasser
Kümmel oder Sesamsamen oder Sonnenblumenkerne

- Aus den Zutaten den Mürbeteig wie links beschrieben herstellen, zu einem daumendicken Rechteck formen und eingepackt ungefähr 30 Minuten kühl stellen. Das Blech vorbereiten, und den Ofen vorheizen.
- Den Teig mit einem Messer in Würfel mit ungefähr 1,5–2 cm Kantenlänge schneiden, in der bemehlten Handfläche zu Kugeln rollen.
- Die Kugeln auf das Blech setzen, Eiweiß und Wasser verschlagen, die Oberfläche der Kugeln damit bepinseln und mit Kümmel, Sesamsamen oder Sonnenblumenkernen bestreuen. Anschließend die Garnitur etwas andrücken und die Salzbällchen im Ofen backen.
- Auf einem Gitter auskühlen lassen und so frisch wie möglich auftragen.

Ofentemperatur: 170 °C
Einschubhöhe: Mitte
Backzeit: 10–15 Minuten

Käseplätzchen

Belgische Salzbällchen

Gorgonzolaringe

Gedrehte Käsestangen

x schnell
x preiswert
x gefriergeeignet

BLÄTTERTEIG • 2 BLECHE = ETWA 24 STÜCK

Für den Blätterteig (S. 92)
300 g frischer, gekühlter oder TK-Blätterteig
Mehl zum Ausrollen
Backpapier

Für die Füllung
100 g sehr fein geriebener Käse, z. B. alter Gouda oder Sbrinz
1 Ei
2–3 EL Schlagsahne
Salz nach Belieben

- TK-Blätterteig bei Raumtemperatur auftauen lassen.
- Die Bleche befeuchten und mit Backpapier belegen.
- Den Blätterteig zwischen 2 Lagen Backpapier oder auf einer leicht bemehlten Unterlage zu einem großen Rechteck ausrollen.
- Für die Füllung den geriebenen Käse mit dem Ei und der Sahne zu einer streichfähigen Masse verrühren, salzen und auf die Hälfte des Teiges streichen. Die zweite Teighälfte darüber klappen und mit der Teigrolle leicht andrücken. Die Teigplatte eingepackt und flach liegend 10 Minuten im Gefriergerät kühlen.
- Den Teig mit einem scharfen Messer und einem Lineal in fingerbreite Streifen schneiden. Die Streifen dann spiralförmig drehen, auf die Bleche legen und wieder kühl stellen.
- Den Ofen vorheizen.
- Die Käsestangen mit Wasser besprühen und im Ofen 10–15 Minuten nicht zu dunkel backen. Zum Trocknen das Gebäck bei reduzierter Temperatur weitere 5–10 Minuten im Ofen lassen.

Ofentemperatur: 220 °C
Einschubhöhe: Mitte
Backzeit: 10–15 Minuten
und
Ofentemperatur: 160 °C
Einschubhöhe: Mitte
Trockenzeit: 5–10 Minuten

Hinweis:
Diese Käsestangen schmecken frisch am besten, bei späterem Verzehr sollten sie kurz aufgebacken werden.

Provenzalische Olivenschnecken

x schnell
x gefriergeeignet

BLÄTTERTEIG • 2 BLECHE = ETWA 24 STÜCK

Für den Blätterteig (S. 92)
300 g frischer, gekühlter oder TK-Blätterteig
Mehl zum Ausrollen
Backpapier

Für die Füllung
2 eingelegte Sardellenfilets
4 Knoblauchzehen
150 g entsteinte schwarze Oliven
1 getrocknete Chilischote
6 Salbeiblättchen
1 EL Kapern
1 TL Zitronensaft
½ TL feingerebelter Rosmarin
½ TL feingerebelter Thymian
100 ml Olivenöl
gemahlener schwarzer Pfeffer
Salz

- TK-Blätterteig bei Raumtemperatur auftauen lassen.
- Die Bleche befeuchten und mit Backpapier belegen oder kalt abspülen.
- Den Blätterteig zwischen 2 Lagen Backpapier oder auf leicht bemehlter Unterlage zu einem Rechteck ausrollen.
- Für die Füllung die Sardellenfilets kalt abspülen und abtropfen lassen. Die Knoblauchzehen abziehen. Dann die Sardellen, den Knoblauch, die Oliven, die Chilischote, die Salbeiblättchen und die Kapern sehr fein hacken. Mit Zitronensaft, Rosmarin, Thymian und Olivenöl zu einer breiartigen Masse vermischen und mit Pfeffer und Salz würzen.
- Die Paste auf den Teig streichen, dabei den hinteren Rand 2 cm breit frei lassen. Die Platte von der Längsseite her nur locker aufrollen, damit der Blätterteig später Raum zum Ausdehnen hat.
- Die Teigrolle einpacken und 40–50 Minuten im Gefriergerät kühlen, zwischendurch ein- bis zweimal wenden.
- Mit einem scharfen Messer die Rolle in 3–4 mm dicke Scheiben schneiden. Da die Schnecken aufgehen, nicht zu dicht nebeneinander auf die Bleche legen und wieder 20 Minuten kühl stellen.
- Den Ofen vorheizen.
- Die Olivenschnecken mit Wasser besprengen und im Ofen 10–15 Minuten nur hell backen, sonst schmecken sie bitter. Zum Trocknen das Gebäck bei reduzierter Temperatur weitere 5–10 Minuten im Ofen lassen.

Ofentemperatur: 220 °C
Einschubhöhe: Mitte
Backzeit: 10–15 Minuten
und
Ofentemperatur: 160 °C
Einschubhöhe: Mitte
Trockenzeit: 5–10 Minuten

Hinweis:
Provenzalische Olivenschnecken schmecken frisch am besten; wenn man sie auf Vorrat herstellt, müssen sie kurz vor dem Verzehr noch einmal aufgebacken werden.
Fertige provenzalische Olivenpaste erhalten Sie unter dem Namen Tapenade nicht nur in Südfrankreich oder Italien, sondern auch in vielen Feinkostgeschäften Europas.

Variation:
Sie können dieses Rezept auch zu Käseschnecken abwandeln. Dazu bestreichen Sie die Teigplatte mit einer Mischung aus je 120 g Butter und würzigem Reibkäse und 1 Eigelb. Die Masse können Sie beliebig mit Kümmel oder Kräutern würzen. Paprikapulver ist dafür ungeeignet, weil es durch den Zuckergehalt beim Backen zu schnell dunkelt.

PIKANTE KLEINIGKEITEN

Italienische Pizzacracker

× einfach
× schnell
× preiswert
× gefriergeeignet

FERTIGTEIG • 2 BLECHE = 36 STÜCK

Für den Teig und die Garnitur
400 g TK-Pizzateig
1 Eigelb
2 EL Wasser
Kümmel, gehackte Mandeln,
Mohn und Sonnenblumenkerne
Backpapier oder Butter
bzw. Margarine zum Einfetten
Mehl zum Ausrollen

- TK-Pizzateig bei Zimmertemperatur auftauen lassen.
- Die Bleche befeuchten und mit Backpapier belegen oder einfetten.
- Den Ofen vorheizen.
- Den Pizzateig zwischen 2 Lagen Backpapier, Klarsichtfolie oder auf leicht bemehlter Unterlage etwa 4 mm dünn ausrollen.
- Das Eigelb mit Wasser gut verschlagen. Die Teigplatte damit bestreichen und in 6×6 cm große Quadrate rädeln.
- Die Quadrate mit einer Mischung aus Kümmel, Mandeln, Mohn und Sonnenblumenkernen bestreuen, auf die Bleche legen und anschließend eventuell mit dem Teigrädchen jeweils drei- bis viermal der Länge nach einschneiden.
- Das Gebäck goldgelb backen und lauwarm servieren.

Ofentemperatur: 200 °C
Einschubhöhe: Mitte
Backzeit: 10–15 Minuten

Schwedische Käseplätzchen

× einfach
× schnell
× preiswert
× gefriergeeignet

RÜHRTEIG • 1 BLECH = ETWA 40 STÜCK

Für den Rührteig (S. 74)
200 g Butter oder Margarine
1 Ei
200 g sehr fein geriebener Käse,
z. B. alter Gouda oder Sbrinz
200 g Weizenmehl Type 405
oder 1050
½ TL Backpulver
Selleriesalz
Backpapier

Für den Guß
1 Eigelb
2 EL Wasser

- Das Blech befeuchten und mit Backpapier belegen, dabei die Kanten so falzen, daß ein etwa 21×21 cm großes Quadrat entsteht.
- Den Ofen vorheizen.
- Für den Rührteig die Butter oder Margarine und das Ei mit den Rührbesen des Elektroquirls oder der Küchenmaschine schaumig schlagen, dann den Käse (eine oder mehrere Sorten) sowie Mehl und Backpulver unterrühren und den Teig mit Selleriesalz abschmecken.

PIKANTE KLEINIGKEITEN 547

- Den Teig mit der Teigkarte auf dem Blech glattstreichen.
- Das Eigelb mit Wasser verschlagen, die Teigplatte vorsichtig damit bepinseln und im Ofen nur hell backen, damit der Käse nicht bitter schmeckt.
- Nach dem Backen mit Hilfe eines Lineals die Platte in 2×5 cm große Rechtecke schneiden.
- Auf einem Kuchengitter auskühlen lassen und bald servieren.

Ofentemperatur: 170 °C
Einschubhöhe: Mitte
Backzeit: 15–18 Minuten

Variation:
Den Teig in einem Gefrierbeutel zu einer daumendicken Platte ausformen, dann 1 Stunde kühlen. Den Beutel aufschneiden. Den Teig ein- bis zweimal der Länge nach in Streifen, dann quer in Scheiben schneiden und backen.

Blätterteighalbmonde

BLÄTTERTEIG • 2 BLECHE = ETWA 45 STÜCK

✗ einfach
✗ schnell
✗ preiswert
✗ gefriergeeignet

Für den Blätterteig (S. 92)
300 g frischer, gekühlter oder TK-Blätterteig
Mehl zum Ausrollen
Backpapier
Für den Guß
1 Eigelb
2 EL Wasser
Für die Garnitur
Kürbiskerne, Mandeln, Mandelstifte, Mohn, Sesamsamen, Sonnenblumenkerne, nach Belieben

- TK-Blätterteig bei Raumtemperatur auftauen lassen. Die Bleche befeuchten und mit Backpapier belegen oder kalt abspülen.
- Den Blätterteig auf leicht bemehlter Unterlage etwa 5 mm dick ausrollen.
- Eigelb und Wasser verschlagen, die Teigplatte damit bepinseln.
- Mit einem Ausstecher oder einem scharfrandigen Glas Halbmonde beliebiger Größe ausstechen (S. 95), nicht zu dicht nebeneinander auf die Bleche legen und je nach Verwendungszweck mit Kürbiskernen, Mandeln, Mandelstiften, Mohn, Sesamsamen oder Sonnenblumenkernen bestreuen, leicht andrücken und kühl stellen.
- Den Ofen vorheizen, dann die Halbmonde backen. Zum Trocknen die Temperatur reduzieren.

Ofentemperatur: 220 °C
Einschubhöhe: Mitte
Backzeit: 10–15 Minuten
und
Ofentemperatur: 160 °C
Einschubhöhe: Mitte
Trockenzeit: 5–7 Minuten

Hinweis:
Auf Vorrat hergestellte Blätterteighalbmonde kurz vor dem Verzehr noch einmal im Ofen aufbacken.
Gut zu wissen:
Diese Halbmonde, auch Fleurons genannt, werden, wenn sie nur mit Eigelb bestrichen sind, als Garnitur zu Geflügelfrikassee verwendet. Garniert reicht man sie zum Aperitif.

Blätterteighalbmonde

Schwedische Käseplätzchen

Blätterteigpasteten

x preiswert
x gefriergeeignet

BLÄTTERTEIG • 2 BLECHE = 8 STÜCK

Für den Blätterteig (S. 92)
600 g frischer, gekühlter oder TK-Blätterteig
40 g Butter
Mehl zum Ausrollen
Backpapier

Für den Guß
1 Eigelb
2 EL Wasser

- TK-Blätterteig bei Zimmertemperatur auftauen lassen.
- Die Bleche befeuchten und mit Backpapier belegen oder kalt abspülen.
- Wird der Blätterteig als Plattenware verarbeitet, diesen dünn mit Butter bestreichen und aufeinanderlegen. Dann den Blätterteig zwischen 2 Lagen Backpapier oder auf leicht bemehlter Unterlage etwa 5 mm dünn ausrollen.
- Mit zwei passenden runden Ausstechformen 8 Pastetenböden mit etwa 7 cm Ø und 24 Ringe mit 7 cm äußerem und 4 cm innerem Ø ausstechen. 8 der dabei anfallenden Plätzchen mit 4 cm Ø als spätere Pastetendeckel beiseite legen. Damit der Teig gut aufgeht, müssen die Ausstechformen sehr scharfe Ränder haben.
- Eigelb und Wasser verschlagen und die Ringe so damit bestreichen, daß die Flüssigkeit seitlich nicht herunterläuft. Jeweils 3 Ringe auf die Böden setzen. Die Deckel ebenfalls bestreichen.
- Die Pasteten und die Deckel auf die Bleche legen, die Böden innen vorsichtig mit einer Gabel einige Male einstechen, und die Pasteten etwa 30 Minuten kühl stellen.
- Den Ofen vorheizen. Das Gebäck mit Wasser besprengen und goldgelb backen. Zum Trocknen das Gebäck bei reduzierter Temperatur noch 5–7 Minuten im Ofen lassen. Die Deckel eventuell früher aus dem Ofen nehmen.

Ofentemperatur: 220 °C
Einschubhöhe: Mitte
Backzeit: 20–25 Minuten
und
Ofentemperatur: 160 °C
Einschubhöhe: Mitte
Trockenzeit: 5–7 Minuten

Variation:
Schneller kommen Sie zum Ziel, wenn Sie je eine rechteckige 5–7 mm dicke TK-Blätterteigplatte durchschneiden, so daß 2 Quadrate entstehen. Ein Quadrat mit Eigelb bestreichen, dann aus der Mitte ein 5–6 cm großes Plätzchen ausstechen. Den Rest auf das ganze mit Butter bestrichene Quadrat legen. Dann das runde Plätzchen und die quadratische Pastete backen.

Hinweise:
Blätterteigpasteten können Sie sehr gut einige Tage zuvor backen und kurz vor der Mahlzeit etwa 3 Minuten im heißen Ofen aufwärmen. Zum Füllen sind Brätklößchen, Champignon-, Fisch-, Hühner-, Kalbfleisch-, Krabben-, Puten- oder Schinkenfrikassee ebenso geeignet wie Wild- und Zungenragout oder Gemüsemischungen in holländischer Sauce. Sie brauchen für 4 Pasteten etwa 200 g Füllung und 250 ml Sauce. Die Pasteten sollten Sie entsprechend der Füllung mit Basilikum oder Dillzweigen, Cocktailtomaten und Zitronenschnitzen garnieren.

Schinkenkipferl

x einfach
x schnell
x preiswert
x gefriergeeignet

BLÄTTERTEIG • 1 BLECH = 8–12 STÜCK

Für den Blätterteig (S. 92)
250–300 g frischer, gekühlter oder TK-Blätterteig
Mehl zum Ausrollen
Backpapier

Für die Füllung
50 g magerer roher Schinken
50 g magerer gekochter Schinken
1 kleine Gewürzgurke

Für den Guß
2 EL Schlagsahne
2 EL Wasser

- TK-Blätterteig bei Raumtemperatur auftauen lassen.
- Ein Blech befeuchten und mit Backpapier belegen oder kalt abspülen.
- Den Teig auf einer bemehlten Unterlage oder zwischen 2 Lagen Backpapier 3–4 mm dick zu einer runden Platte ausrollen, dann wie eine Torte in 8–12 Segmente schneiden. Die Schmalseiten etwa 2 cm zur Mitte hin einschneiden und dann die beiden seitlichen Spitzen etwas auseinanderziehen.
- Für die Füllung den Schinken und die Gewürzgurke in sehr feine Streifen bzw. Stücke schneiden und mischen.
- Die Segmente an der Schmalseite mit etwas zusammengedrückter Füllung belegen, von dort ausgehend zu Kipferln rollen und diese leicht gebogen auf das Blech geben.
- Die Kipferl kühl stellen, und den Ofen vorheizen.
- Die Sahne mit Wasser mischen und die Kipferl damit bepinseln.
- Im Ofen goldbraun backen, dann noch 5–7 Minuten trocknen und lauwarm servieren.

Ofentemperatur: 220 °C
Einschubhöhe: Mitte
Backzeit: 10–15 Minuten
und
Ofentemperatur: 160 °C
Einschubhöhe: Mitte
Trockenzeit: 5–7 Minuten

Variationen:
Die Kipferl können Sie auch mit Quarkblätterteig backen oder mit 100 g Schafskäse, eventuell zusätzlich mit Knoblauch und Mittelmeerkräutern gewürzt, füllen.

Hinweis:
Gekühlter Blätterteig, der bereits zu kreisförmigen Platten ausgerollt angeboten wird, ist für diese Kipferl besonders praktisch.

Schinkentaschen mit Ananas

BLÄTTERTEIG • 1 BLECH = 12–15 STÜCK

Für den Blätterteig (S. 92)
450 g frischer, gekühlter
oder TK-Blätterteig
oder Quarkblätterteig
Mehl zum Ausrollen
Backpapier

Für die Füllung
100 g magerer gekochter Schinken
100 g Schnittkäse,
z. B. Emmentaler oder Gouda
4 EL Ananaswürfel
1 EL Schlagsahne

Für den Guß
1 Eigelb
1 EL Wasser

- TK-Blätterteig bei Zimmertemperatur auftauen lassen. Quarkblätterteig wie im Grundrezept beschrieben zubereiten (S. 92).
- Ein Blech befeuchten und mit Backpapier belegen oder kalt abspülen.
- Den Blätterteig auf der bemehlten Arbeitsplatte oder zwischen 2 Lagen Backpapier zu einem Rechteck von etwa 36×48 oder 30×50 cm ausrollen und anschließend in 10–12 cm große Quadrate schneiden oder runde Plätzchen ausstechen.
- Für die Füllung den Schinken von Schwarten und Fett befreien. Den Schinken und den Käse in ungefähr 5 mm kleine Würfel schneiden, die Ananaswürfel gut abtropfen lassen, noch etwas zerkleinern, mit Käse und Schinken mischen und je eine Hälfte der Teigstücke damit belegen.
- Die Ränder der Teigstücke mit der Sahne bepinseln, die Stücke zu Taschen zusammenklappen und die Kanten mit der bemehlten Gabel zusammendrücken. Die Taschen auf das Blech legen und etwa 20 Minuten kühl stellen.
- Den Ofen vorheizen.
- Das Eigelb mit Wasser verschlagen, die Taschen damit bepinseln. Die Oberfläche mehrmals einstechen, damit der Dampf entweichen kann. Das Gebäck mit Wasser besprengen und backen.
- Zum Trocknen das Gebäck bei reduzierter Temperatur weitere 5–7 Minuten im Ofen lassen.

Ofentemperatur: 220 °C
Einschubhöhe: Mitte
Backzeit: 10–15 Minuten
und
Ofentemperatur: 160 °C
Einschubhöhe: Mitte
Trockenzeit: 5–7 Minuten

Kräuterquarktaschen

BLÄTTERTEIG • 1 BLECH = 10–12 STÜCK

Für den Blätterteig (S. 92)
300 g frischer, gekühlter oder TK-Blätterteig oder Quarkblätterteig
Mehl zum Ausrollen
Backpapier

Für die Füllung und den Guß
1 kleine Zwiebel
250 g Magerquark
1 Ei, Gewichtsklasse 4
½ TL Salz
½ TL edelsüßes Paprikapulver
2–3 EL feingehackte Kräuter
(Basilikum, Dill, Kerbel, Petersilie und Schnittlauch)
2–3 EL Schlagsahne

- TK-Blätterteig auftauen lassen oder Quarkblätterteig nach dem Grundrezept (S. 92) herstellen.
- Ein Blech befeuchten und mit Backpapier belegen oder kalt abspülen.
- Den Teig zu einem Rechteck von 30×40 oder 36×48 cm ausrollen. Runde Plätzchen mit 10–12 cm Ø ausschneiden.
- Für die Füllung die Zwiebel schälen und sehr fein hacken. Mit Quark, Ei, Salz, Paprika und Kräutern verrühren und abschmecken.
- Je 1 TL der Füllung auf die Plätzchen geben, die Ränder mit Sahne bestreichen und die Plätzchen zur Hälfte zusammenlegen.
- Auf das Blech legen, mit Sahne bestreichen, 20 Minuten kühlen.
- Den Ofen vorheizen; die Taschen backen und trocknen.

Ofentemperatur: 220 °C
Einschubhöhe: Mitte
Backzeit: 15–20 Minuten
und
Ofentemperatur: 160 °C
Einschubhöhe: Mitte
Trockenzeit: 5–7 Minuten

PIKANTE KLEINIGKEITEN 551

Griechische Fetataschen

× einfach
× schnell
× preiswert
× gefriergeeignet

BLÄTTERTEIG • 2 BLECHE = 12–20 STÜCK

Für den Blätterteig (S. 92)
300 g frischer, gekühlter
oder TK-Blätterteig
Mehl zum Ausformen
Backpapier

Für die Füllung und den Guß
60 g Feta
12 Salbeiblätter
2 EL Pesto
1 Eigelb
1 EL Milch

• TK-Blätterteig bei Zimmertemperatur auftauen lassen. Die Bleche befeuchten und mit Backpapier belegen oder kalt abspülen.
• Den Feta in 12–20 Stücke schneiden. Die Salbeiblätter waschen, trocknen und eventuell halbieren.
• Den Blätterteig auf leicht bemehlter Unterlage oder zwischen 2 Lagen Backpapier dünn ausrollen und in 12–20 etwa 8–10 cm große Quadrate schneiden.
• Die Teigstücke mit Pesto bestreichen, dabei die Ränder frei lassen. Dann die Salbeiblätter und den Feta darauf legen.
• Das Eigelb mit Milch verrühren und die Ränder damit bepinseln. Die Taschen jeweils zu einem Dreieck falten, an den Kanten mit dem bemehlten Stiel eines Kochlöffels zusammendrücken und mit einem Hölzchen befestigen.
• Die Täschchen auf die Bleche legen, mit der Eimilch bepinseln und 20 Minuten kühl stellen.
• Den Ofen vorheizen, dann die Taschen backen und trocknen.

Ofentemperatur: 220 °C
Einschubhöhe: Mitte
Backzeit: 15–20 Minuten
und
Ofentemperatur: 160 °C
Einschubhöhe: Mitte
Trockenzeit: 5–7 Minuten

Gut zu wissen:
Feta, griechischer Schafskäse, und Pesto, eine Genueser Kräutersauce aus frischem Basilikum, Knoblauch, Olivenöl und Pinienkernen, sind fast in jedem Supermarkt erhältlich.

Links: Schinkentaschen mit Ananas; Mitte: Kräuterquarktaschen; rechts: Griechische Fetataschen

Vollkorn-Käse-Waffeln

RÜHRTEIG • 1 WAFFELEISEN = 9–10 STÜCK

Für den Rührteig (S. 74)
120 g Weizenmehl Type 405
120 g mittelfeines Weizen-vollkornmehl Type 1700
½ TL Backpulver
½ TL Salz
125 g Butter oder Margarine
4 Eier
60 g feingeriebener Parmesan oder Pecorino
2 EL feingehackte Kräuter
350–375 ml Buttermilch oder Milch
Speckschwarte oder Öl zum Einfetten

- Für den Rührteig die zimmerwarmen Zutaten ungefähr 2–3 Minuten mit den Rührbesen des Elektroquirls oder der Küchenmaschine in einer Schüssel schaumig schlagen.
- Den Teig 10 Minuten quellen lassen. Er soll die Konsistenz von dickflüssigem Pfannkuchenteig haben; eventuell Milch zugeben.
- Das Waffeleisen vorheizen und besonders die Vertiefungen reichlich einfetten.
- 1 große Schöpfkelle Teig in der Form verteilen und das Eisen zuklappen.
- Nach etwa 2 ½–3 Minuten die goldfarbene Waffel aus dem Eisen nehmen. Sie darf nicht zu dunkel werden, denn dann schmeckt sie bitter. Auf einem Kuchengitter etwas abkühlen lassen.
- Den restlichen Teig backen; dabei muß weniger eingefettet werden als beim ersten Backvorgang.

Backzeit: je 2 ½–3 Minuten

Variationen:
Für Schinkenwaffeln ersetzen Sie den Parmesan durch etwa 80 g sehr klein gewürfelten mageren rohen Schinken. Den Teig dann nur sparsam salzen.
Sie können auch etwa 60 g des Weizenvollkornmehls durch die gleiche Menge anderer Zutaten ersetzen, beispielsweise Amarant, ein vitamin- und mineralstoffreiches südamerikanisches Fuchsschwanzgewächs, Buchweizenschrot, das den Waffeln einen sehr leckeren nußartigen Geschmack verleiht, zerdrückte Hirsekörner, Quinoa, eine peruanische, sehr mineralstoffreiche Getreideart, oder geschälte Sesamsamen, die aus der nahöstlichen Küche stammen.

Friesländer Speckwaffeln

RÜHRTEIG • 1 WAFFELEISEN = 4–5 STÜCK

Für den Rührteig (S. 74)
50 g geräucherter, durchwachsener Speck
250 g Weizenmehl Type 405
2 TL Backpulver
1 Ei
250 ml Milch
Speckschwarte oder Öl zum Einfetten

- Den Speck in kleine Würfel schneiden, in einer Pfanne glasig, jedoch nicht braun anbraten und abtropfen lassen.
- Für den Rührteig die restlichen zimmerwarmen Zutaten 2–3 Minuten mit den Rührbesen des Elektroquirls oder der Küchenmaschine schaumig schlagen und 10 Minuten quellen lassen. Je nach Konsistenz etwas Milch zufügen, der Teig soll dickflüssig sein.
- Das Waffeleisen vorheizen, sorgfältig mit der Speckschwarte einreiben oder mit Öl einfetten.
- Den Teig mit den Speckwürfeln vermengen und wie oben beschrieben knusprige Waffeln daraus backen.

Backzeit: je 2 ½–3 Minuten

Variation:
Für Blitzwaffeln verzichten Sie auf den Speck und tauschen die Milch durch gleich viel Mineralwasser aus. Diese Waffeln sind angenehm knusprig und können auch mit Mehl der Type 1050 gebacken werden.

Gut zu wissen:
Zum Einfetten von Waffeleisen sind Speckschwarten besonders gut geeignet, denn durch die große Hitze werden Backpinsel schnell unbrauchbar. In Friesland werden diese Waffeln zum Bier und einem Klaren gereicht und außerdem mit Rübensirup begossen.

Würstchen im Hemd

BLÄTTERTEIG • 1 BLECH = 12 STÜCK

Für den Blätterteig (S. 92)
200 g frischer, gekühlter
oder TK-Blätterteig
20 g Butter
Mehl zum Ausrollen
Backpapier

Für den Guß und die Füllung
1 Eigelb
2 EL Wasser
12 Wiener Würstchen

- Ein Blech befeuchten und mit Backpapier belegen oder kalt abspülen, und den Ofen vorheizen.
- TK-Blätterteig bei Raumtemperatur auftauen lassen. Blätterteigscheiben dünn mit Butter bestreichen und aufeinanderlegen. Den Teig auf bemehlter Unterlage zu einem großen Rechteck ausrollen.
- Das Eigelb mit Wasser verschlagen, den Teig damit bepinseln und der Länge nach in 12 fingerbreite Streifen schneiden.
- Die Würstchen spiralartig mit je einem Streifen umwickeln, dann so auf das Blech legen, daß die Teigenden unten liegen.
- Die Würstchen nicht zu lange im Ofen backen, weil sie sonst einschrumpfen und trocken werden. Heiß mit Senf oder Tomatenketchup servieren.

Ofentemperatur: 200 °C
Einschubhöhe: Mitte
Backzeit: 15–20 Minuten

Variation:
Nach Wunsch die Würstchen einritzen und mit Käsestreifen füllen.

Elsässer Käseküchli

FERTIGTEIG • 1 BLECH = 12 STÜCK

Für den Fertigteig
1 kleine Dose Fertigfrischteig
für Brötchen (200 g)
Mehl zum Ausformen
Backpapier oder Butter
bzw. Margarine zum Einfetten

Für den Belag
1 Eigelb
2 EL Wasser
70 g Doppelrahmfrischkäse
1 Zwiebel
1 Knoblauchzehe, nach Belieben
40–50 g Frühstücksspeck
Petersilie

- Ein Blech befeuchten und mit Backpapier belegen oder einfetten.
- Die 4 Teigstücke aus der Dose nehmen, auf einer bemehlten Unterlage zweimal waagrecht durchschneiden, etwas flach drücken und auf das Blech legen.
- Das Eigelb mit Wasser verschlagen, die Scheiben damit bepinseln und an einer warmen Stelle 5–10 Minuten quellen lassen.
- Den Ofen vorheizen.
- Den Frischkäse in Flöckchen

PIKANTE KLEINIGKEITEN 555

auf den Küchli verteilen. Die Zwiebel und nach Belieben Knoblauch abziehen und würfeln. Den Speck von Schwarten befreien, kleinschneiden und mit Zwiebeln und Knoblauch auf den Käse geben.
- Das Gebäck hell backen, dann Petersilie hacken und darauf streuen. Möglichst noch lauwarm servieren.

Ofentemperatur: 180 °C
Einschubhöhe: Mitte
Backzeit: 15–20 Minuten

Variation:
Für Lachsküchli bestreichen Sie die Teigscheiben zunächst mit verschlagenem Eigelb. Dann die Fladen backen, lauwarm mit Frischkäse bestreichen, mit geräuchertem Lachs belegen und mit Dill garnieren.

Gorgonzolaschnecken

FERTIGTEIG • 1 BLECH = ETWA 25 STÜCK

Für den Fertigteig
300 g TK-Hefeteig
Mehl zum Ausrollen
Backpapier oder Butter
bzw. Margarine zum Einfetten
Für die Füllung und den Guß
150 g Gorgonzola
3–4 EL Schlagsahne
150 g grobgehackte Walnußkerne
1 Eigelb
2 EL Wasser

- Ein Blech befeuchten und mit Backpapier belegen oder einfetten.
- Den TK-Hefeteig auftauen lassen und auf einer bemehlten Unterlage zu einem etwa 45×30 cm großen Rechteck ausrollen.
- Den Käse mit der Gabel zerdrücken, mit der Sahne glattrühren und die Nüsse daruntergeben. Die Masse auf den Teig streichen und diesen von der Breitseite her locker aufrollen, damit er Platz zum Aufgehen hat.
- Die Rolle in knapp 2 cm dicke Scheiben schneiden, diese nicht zu dicht nebeneinander auf das Blech legen und nachformen.
- Das Eigelb mit dem Wasser verschlagen, die Teilchen damit bepinseln, an einem warmen Ort 20–30 Minuten gehen lassen und den Ofen vorheizen.
- Die Käseschnecken hell backen und möglichst lauwarm zum Verzehr reichen.

Ofentemperatur: 180 °C
Einschubhöhe: Mitte
Backzeit: 10–15 Minuten

Variationen:
Die Walnußkerne können gegen Haselnußkerne oder Mandeln oder Würfel aus magerem gekochtem Schinken und der Gorgonzola gegen andere Edelpilzkäse ausgetauscht werden.

Gorgonzolaschnecken

Elsässer Käseküchli

Frühlingsröllchen

× preiswert
× gefriergeeignet

STRUDELTEIG • 1 BLECH = 12 STÜCK

Für den Strudelteig (S. 96)
350 g doppelgriffiges Weizenmehl Type 405 oder 550
¼ TL Salz
1 Ei, Gewichtsklasse 4 oder 2 Eigelb
3 EL Öl, z. B. Sojaöl
125 ml warmes Wasser
1 EL Essig oder Zitronensaft
Öl, z. B. Sojaöl, zum Bestreichen
Mehl für das Geschirrtuch
Butter bzw. Margarine zum Einfetten

Für die Füllung
200 g Hühnerbrüstchen
2–3 EL Öl, z. B. Sojaöl
300 g gemischtes frisches oder TK-Gemüse, z. B. Austernpilze, Bambussprossen, Champignons, Erbsen, Frühlingszwiebeln, Lauch, Möhren, Mungobohnensprossen, Paprikaschoten, Wirsing, Zucchini
1 etwa 2 cm großes Stück frischer Ingwer
1 Knoblauchzehe
1 EL Speisestärke
4 EL Instantsoßenbinder
1 EL Sherry
1 EL Sojasauce
gemahlener weißer Pfeffer, Salz, nach Belieben

- Eine Schüssel oder einen Topf anwärmen.
- In einer zweiten Schüssel die Zutaten für den Strudelteig mit den Knethaken des Elektroquirls vermengen. Den Teig 10 Minuten lang gut von Hand kneten, zu 3 Kugeln formen und mit Öl bestreichen.
- Die Teigkugeln mit dem angewärmten Gefäß bedecken und 30 Minuten quellen lassen.
- Für die Füllung die Hühnerbrüstchen ungefähr 10 Minuten gefrieren, dann quer zur Faser in schmale Streifen schneiden und unter stetigem Rühren in 1–2 EL heißem Öl braten, bis sie weißlich aussehen. Das Fleisch abkühlen lassen.
- Das Gemüse waschen, putzen, in schmale Streifen oder Scheiben schneiden, im restlichen Öl in der Pfanne unter kräftigem Rühren nur kurz bißfest dünsten. TK-Gemüse nur auftauen lassen.
- Ingwer schälen, Knoblauch abziehen, kleinschneiden, mit Stärke, Instantsoßenbinder, Sherry und Sojasauce vermischen und mit dem Gemüse zum Fleisch geben. Die Flüssigkeit soll leicht gebunden sein. Mit Pfeffer und Salz nach Belieben abschmecken.
- Das Blech einfetten, den Ofen vorheizen. Damit das Gebäck gut bräunt, ein Schälchen mit heißem Wasser auf den Boden des Ofens stellen.
- Den Strudelteig portionsweise auf einem bemehlten Geschirrtuch möglichst rechtwinklig ausrollen, dann mit den Handrücken papierdünn ausziehen. Aus jeder Portion 4 Rechtecke schneiden.
- Die Teigstücke gut mit Öl bestreichen. Die Füllung etwas abtropfen lassen, zusammenpressen und streifenförmig auf das mittlere Drittel der Teigstücke verteilen, die Ränder anfeuchten und einschlagen; den Teig aufrollen und die Röllchen so auf das Blech legen, daß die Nahtstellen unten sind.
- Die Oberfläche mehrmals mit einer Gabel einstechen, erneut mit reichlich Öl bestreichen und die Röllchen backen. Noch heiß servieren.

Ofentemperatur: 225 °C
Einschubhöhe: Mitte
Backzeit: 25–35 Minuten

Hinweis:
Die Röllchen schmecken am besten mit einer süß-sauren asiatischen Sauce.

Türkische Gemüsestrudelchen

✗ preiswert

STRUDELTEIG • 1 BLECH = 12 STÜCK

Für den Strudelteig (S. 96)
Teigzutaten wie für die Asiatischen Frühlingsröllchen (siehe links)
Butter bzw. Margarine zum Einfetten

Für die Füllung und die Garnitur
1–2 Knoblauchzehen
150 g Lauch
150 g Möhren
150 g Staudensellerie
3 EL Instantsoßenbinder
3 EL Kapern
gemahlener weißer Pfeffer, Salz
12 Eigelb
Öl und 1 Eiweiß zum Bestreichen
1 EL Wasser
Sesamsamen

• Ein Gefäß anwärmen, den Strudelteig wie links beschrieben zubereiten, quellen lassen und portionsweise rechteckig ausziehen.

• 12 etwa 8×30 cm große Rechtecke aus dem Teig schneiden, mit Öl bepinseln und abdecken.

• Das Blech einfetten, und den Ofen vorheizen.

• Den Knoblauch abziehen und zerkleinern. Das Gemüse für die Füllung waschen, putzen, sehr fein schneiden und mit Instantsoßenbinder, Kapern, Knoblauch, Pfeffer und Salz vermengen.

• Etwa 1 EL Füllung auf das obere Ende jedes Teigstücks geben und zusammendrücken. Mit einem Teelöffel jeweils eine kleine Vertiefung formen und vorsichtig 1 Eigelb hineinsetzen; es sollte nicht zerlaufen. Das restliche Gemüse darüber häufen. Dann die Teigenden diagonal immer wieder so darüber klappen, daß fest verschlossene Dreiecke entstehen. Die Kanten sorgfältig zusammendrücken. Eventuell zuvor ein Papiermuster falten.

• Die Gemüsestrudelchen mehrmals mit Öl bepinseln und auf das Blech legen, dann backen. Dabei 3- bis 4mal mit Öl bepinseln. Kurz vor Ende der Backzeit das Eiweiß mit Wasser verschlagen, die Teilchen damit bestreichen und mit Sesamsamen bestreuen.

• Das Gebäck warm als Cocktailimbiß oder zu Salat reichen.

Ofentemperatur: 225 °C
Einschubhöhe: Mitte
Backzeit: 25–35 Minuten

Hinweis:
Die Gemüsefüllung für diese Teigtaschen, die in der Türkei Bricks genannt werden, kann man ändern, sie sollte jedoch schnell garend und sehr fein geschnitten sein.

Pikante Teigtaschen

- ✗ einfach
- ✗ schnell
- ✗ preiswert
- ✗ gefriergeeignet

BLÄTTERTEIG, HEFETEIG ODER MÜRBETEIG • 2 BLECHE = 8 STÜCK

Für den Blätterteig (S. 92)
400 g frischer, gekühlter oder TK-Blätterteig

Für den Hefeteig (S. 80)
2 EL Öl
½ TL Salz
350 g Weizenmehl Type 405 oder 1050
¾ Würfel Hefe (30 g) oder 1 Päckchen Trockenhefe
150–180 ml Milch oder Wasser
1 Ei

Für den Mürbeteig (S. 84)
300 g Weizenmehl Type 405
2 TL Backpulver
½ TL Salz
150 g Butter oder Margarine
1 Ei
3–5 EL Milch, nach Bedarf

Zum Ausformen
Mehl zum Ausrollen
Backpapier

Für den Guß
1 Eigelb
2 EL Wasser

Für die Erbsentaschen
1 kleine Zwiebel
2 EL Öl, z. B. Sonnenblumenöl
1 Knoblauchzehe
50 g magerer roher Schinken
125 g TK-Erbsen
gemahlener weißer Pfeffer
Salz
1 EL kleingezupftes Basilikum
2 EL kleingehackte Petersilie

Für die Fleischtaschen
1 mittelgroße Zwiebel
2 EL Öl, z. B. Sonnenblumenöl
1–2 Knoblauchzehen
200 g gemischtes Hackfleisch
2 EL Tomatenmark
50 ml Brühe
gemahlener weißer Pfeffer
Salz
½ TL Curry
2 EL Paniermehl
2 Eier
2 EL geriebener Emmentaler
2 EL kleingehackte Petersilie

Für die Schinkentaschen
100 g magerer roher Schinken
100 g Käse, z. B. Gouda
1 Ei
1 EL Sahne
gemahlener weißer Pfeffer

Für die Sardinentaschen
2 mittelgroße Zwiebeln
2 EL Öl, z. B. Sonnenblumenöl
1–3 Knoblauchzehen
½ grüne Paprikaschote
200 g konservierte Ölsardinen
gemahlener weißer Pfeffer
Salz
2 EL kleingehackte Petersilie

Für die Thunfischtaschen
1 mittelgroße Zwiebel
2 EL Öl, z. B. Sonnenblumenöl
1–2 Knoblauchzehen
400 g pürierte Tomaten
gemahlener weißer Pfeffer
Salz
200 g konservierter Thunfisch
2 EL kleingehackte Petersilie

● Die Bleche befeuchten und mit Backpapier belegen; wahlweise einen Teig zubereiten.

● TK-Blätterteig bei Raumtemperatur auftauen lassen.

● Für Hefeteig Öl, Salz und Mehl in eine Schüssel geben, die Hefe mit lauwarmer Milch oder Wasser und Ei verschlagen, zufügen und kräftig kneten. Den Teigkloß mit Mehl bestauben und zugedeckt an einer warmen Stelle gehen lassen.

● Für Mürbeteig die kühlen Zutaten etwa 45 Sekunden vermischen und rasch zum Teig verkneten. Eingepackt ungefähr 20 Minuten kühlen.

● Wahlweise eine Füllung zubereiten.

● Für Erbsentaschen die Zwiebel abziehen, kleinschneiden und in heißem Öl goldbraun braten. Die Knoblauchzehe abziehen, kleinhacken und kurz mitbraten. Den Schinken kleinschneiden, mit Erbsen, Pfeffer und Salz dazugeben und ohne Deckel unter Rühren 1–2 Minuten schmoren. Mit Basilikum und Petersilie abschmecken.

● Für Fleischtaschen die Zwiebel abziehen, kleinschneiden und in heißem Öl goldbraun braten. Die Knoblauchzehen abziehen, kleinhacken und kurz mitbraten. Dann Hackfleisch, Tomatenmark, Brühe und Gewürze dazugeben, alles 5–7 Minuten schmoren und in einer Schüssel mit Paniermehl, Eiern, Käse und Petersilie sorgfältig vermischen.

● Für Schinkentaschen den Schinken und den Käse kleinschneiden und mit Ei, Sahne und Pfeffer mischen.

● Für Sardinentaschen die Zwiebeln abziehen, kleinschneiden und in heißem Öl goldbraun braten. Die Knoblauchzehen abziehen, kleinhacken und kurz mitbraten. Die Paprikaschote putzen, waschen, trocknen und in sehr schmale Streifen schneiden, etwa 3 Minuten mitdünsten. Ölsardinen abtropfen lassen, von den Hauptgräten befreien, mit dem Gemüse mischen und alles mit Pfeffer, Salz und Petersilie abschmecken.

● Für Thunfischtaschen die Zwie-

PIKANTE KLEINIGKEITEN

bel abziehen, kleinschneiden und in einer Pfanne in heißem Öl goldbraun braten. Die Knoblauchzehen abziehen, kleinhacken und kurz mitbraten, Tomaten, Pfeffer und Salz dazugeben und alles ohne Deckel unter Rühren 7–8 Minuten schmoren, so daß die Feuchtigkeit verdampft. Dann mit fein zerpflücktem Thunfisch und Petersilie vermengen und abschmecken.

• Die gewählte Teigart sehr dünn auf der bemehlten Arbeitsfläche ausrollen und in 12–16 cm große Quadrate oder runde Plätzchen ähnlicher Größe schneiden.

• Jeweils 1–2 EL fest zusammengepreßter Füllung nach Wahl darauf geben.

• Das Eigelb mit dem Wasser verschlagen, die Kanten damit bepinseln, die Teigstücke zu dreieckigen Taschen oder Halbmonden zusammenlegen und die Kanten mit der Gabel oder dem Stiel eines Kochlöffels zusammendrücken.

• Das Gebäck auf das Blech legen und mit dem restlichen Ei bepinseln. Blätterteig- und Mürbeteigtaschen kühlen, Hefeteigtaschen zum Gehen warm stellen.

• Den Ofen vorheizen, und dann die Taschen backen.

Ofentemperatur: 200 °C
Einschubhöhe: Mitte
Backzeit: 20–25 Minuten

Variationen:

Außerdem können kleingehackte Braten- oder Zungenreste oder Kalbsbrät mit Kapern, kleingehackten Gewürzgurken, Tomatenpaprika, Zwiebeln und etwas Quark vermischt und für die Füllung verwendet werden.

Sie können auch runde Teigscheiben mit etwa 10 cm ⌀ ausstechen. Jeweils etwas Füllung auf die Mitte geben, die Ränder mit verschlagenem Eigelb bepinseln und ein zweites Plätzchen darauf legen und andrücken.

Gut zu wissen:

Alle diese Teigtaschen – in Spanien nennt man sie Empanadas, in Polen und Rußland Piroggen, in Portugal Rissoles – müssen sehr dünn ausgerollt und reichlich gefüllt werden, damit sie nicht zu trocken sind.

Die Taschen können warm, lauwarm oder kalt serviert werden.

Sie sind auch ideal für Picknicks, Wanderungen und als Reiseproviant. Mit Salat und frischer Tomatensauce ergeben sie eine vollständige Mahlzeit.

PIKANTE KLEINIGKEITEN

Minipizzen

FERTIGTEIG • 2 BLECHE = 12 STÜCK

x einfach
x schnell
x preiswert

Für den Fertigteig
1 große Dose Fertigfrischteig für Brötchen (400 g)
Olivenöl zum Bepinseln
Mehl zum Ausformen
Backpapier oder Butter bzw. Margarine zum Einfetten

Für den Belag und die Garnitur
1 Zwiebel
1 Knoblauchzehe
2–3 EL Öl, z. B. Olivenöl
250 g Fleischtomaten
1 EL Tomatenmark
feingerebelter Oregano
feingerebelter Thymian
gemahlener weißer Pfeffer, Salz
50 g Salami in Scheiben
100 g gekochter Schinken
250 g Mozzarella
12 grüne und 24 schwarze Oliven
frische Basilikumblättchen

• Die Bleche befeuchten und mit Backpapier belegen oder einfetten.
• Die Teigstücke aus der Dose nehmen, zweimal waagrecht teilen, mit bemehlten Händen so breit wie möglich flach drücken und auf den Blechen verteilen.
• Die Pizzen mit etwas Öl bepinseln und an einer warmen Stelle 5 Minuten quellen lassen.
• Den Ofen vorheizen.
• Zwiebel und Knoblauch abziehen, kleinschneiden und in Olivenöl leicht anbraten. Die Tomaten würfeln, mitdünsten und einkochen lassen. Das Tomatenmark und die Gewürze zugeben, dann alles auf die Pizzen verteilen.
• Salami und Schinken in Streifen, den Mozzarella in Scheiben schneiden und auf die Pizzen geben. Anschließend die Oliven darauf verteilen und noch etwas Öl darüber träufeln.
• Die Pizzen bei starker Hitze backen, dann die Basilikumblättchen zerzupfen und darauf streuen, gleich servieren.

Ofentemperatur: 225–250 °C
Einschubhöhe: Mitte
Backzeit: 10–15 Minuten

Variationen:
Wer einen rustikalen Boden liebt, nimmt 2 Dosen Bauernbrötchenfrischteig zu je 200 g.
Statt mit Brötchenteig aus der Dose backen Sie Minipizzen ebensogut mit 400 g Pizzateig (S. 570), den Sie ausrollen und rund ausstechen.

Garnelentörtchen

einfach

BLÄTTERTEIG • 10–12 FÖRMCHEN (8–12 CM ⌀) = 10–12 STÜCK

Für den Blätterteig (S. 92)
450 g frischer, gekühlter
oder TK-Blätterteig
Mehl zum Ausrollen
Backpapier
Hülsenfrüchte zum Blindbacken

Für die Füllung
300 g konservierte
oder TK-Garnelen
2–3 Frühlingszwiebeln
20 g Butter
200 g Schlagsahne
4 Eier
3 EL geriebener Hartkäse,
z. B. mittelalter Gouda
feingeriebene Muskatnuß
gemahlener weißer Pfeffer
Salz
einige Zweige frischer Dill

- TK-Blätterteig und TK-Garnelen auftauen lassen, die Garnelen erst nach dem Auftauen wiegen.
- Die Förmchen mit kaltem Wasser ausspülen, und den Ofen vorheizen.
- Den Teig auf bemehlter Unterlage oder zwischen 2 Lagen Backpapier bzw. Folie 4–5 mm dick ausrollen, runde Plätzchen mit 10–14 cm ⌀ ausschneiden und in die Förmchen drücken. Mehrfach einstechen, 10 Minuten im Gefriergerät kühlen, dann mit Backpapier und Hülsenfrüchten belegen.
- Die Torteletts auf dem Rost im Ofen 10–12 Minuten backen, Hülsenfrüchte und Backpapier wieder entfernen und den Teig erneut 3–5 Minuten backen.
- Die Frühlingszwiebeln putzen, waschen, in schmale Ringe schneiden und mit der Butter unter Rühren hell dünsten.
- Die Sahne mit Eiern, Käse und Gewürzen verschlagen.
- Zunächst die Zwiebeln, dann die Garnelen, schließlich die Sahne auf die Törtchen verteilen.
- Die Törtchen noch einmal für 20–25 Minuten in den Ofen schieben, dabei eventuell für 5–10 Minuten zudecken, damit die Oberfläche nicht zu dunkel wird.
- Nach dem Backen auf einem Kuchengitter etwas abkühlen lassen, dann vorsichtig aus den Förmchen heben. Den Dill fein zerzupfen, auf die Törtchen verteilen und sie warm servieren.

Ofentemperatur: 180 °C
Einschubhöhe: Mitte
Backzeit: 13–17 Minuten
und
Ofentemperatur: 180 °C
Einschubhöhe: Mitte
Backzeit: 20–25 Minuten

Variationen:
Den Teig können Sie auch in einer Tortenform mit 26–28 cm ⌀ zunächst blindbacken, dann füllen und fertigbacken.
Für <u>Lachstörtchen</u> *geben Sie statt Garnelen grobgewürfeltes rohes Lachsfilet und für* <u>Muscheltörtchen</u> *frische, gegarte oder TK-Muscheln auf die Törtchen.* <u>Thunfischtörtchen</u> *bereiten Sie mit 150 g abgetropftem konserviertem Thunfisch und 200 g würfelig geschnittenen Fleischtomaten.*
Für <u>asiatische Törtchen</u> *mischen Sie 100 g blanchierte Mungobohnenkeime, 10 g eingeweichte zerkleinerte Mu-Err-Pilze, 150 g zerkleinertes schnellgarendes gemischtes Gemüse und 100 g in Streifen geschnittenen mageren Schinken unter die Eiersahne. Dabei auf den Käse verzichten. Eventuell die Mischung mit Ingwer und Knoblauch abschmecken.*

Käsetörtchen

- einfach
- preiswert
- gefriergeeignet

MÜRBETEIG • 10–12 FÖRMCHEN (8–12 CM ⌀) = 10–12 STÜCK

Für den Mürbeteig (S. 84)
250 g Weizenmehl Type 405
1 Prise Salz
125 g Butter oder Margarine
1 Ei oder 2 Eigelb
3 EL feingehackte gemischte frische oder TK-Kräuter, nach Belieben
Butter bzw. Margarine zum Einfetten
eventuell Mehl zum Ausrollen
Backpapier
Hülsenfrüchte zum Blindbacken

Für die Füllung
2 Eier
1 Eigelb
150 g Schlagsahne
75 g Crème fraîche
1 TL Speisestärke
150 g geriebener mittelalter Gouda
1 EL feingehackte Petersilie
gemahlener weißer Pfeffer
Salz

• Für den Mürbeteig die kühlen Zutaten mit den Knethaken des Elektroquirls oder der Küchenmaschine knapp 1 Minute verkneten. Dann zu 3 Teigklößen zusammendrücken und abgeflacht und eingepackt 30 Minuten kühl stellen.

• Den Boden der Förmchen einfetten, den Ofen vorheizen.

• Den Teig auf bemehlter Unterlage oder zwischen Backpapier 3–4 mm dick ausrollen, runde Plätzchen – etwa 2 cm größer als die Förmchen – ausschneiden und in die Förmchen drücken. Mehrmals einstechen und 10 Minuten im Gefriergerät kühlen.

• Die Torteletts mit Backpapier belegen und mit Hülsenfrüchten füllen, auf dem Rost 10–12 Minuten blindbacken, dann Hülsenfrüchte und Backpapier entfernen und erneut 3–5 Minuten backen.

• Für die Füllung die Eier und das Eigelb mit Sahne, Crème fraîche, Stärke, Käse, Petersilie und Gewürzen verschlagen, abschmecken und auf dem vorgebackenen Teig in die Förmchen verteilen.

• Die Törtchen backen, eventuell zwischendurch kurz bedecken, damit die Oberfläche nicht zu dunkel wird. Vorsichtig aus den Förmchen heben und warm servieren.

Ofentemperatur: 180 °C
Einschubhöhe: Mitte
Backzeit: 13–17 Minuten
und
Ofentemperatur: 180 °C
Einschubhöhe: Mitte
Backzeit: 20–25 Minuten

Variation:
Statt Schlagsahne und Crème fraîche können Sie auch 50 g Schlagsahne und 200 g Hüttenkäse nehmen.

PIKANTE KLEINIGKEITEN

Spinattörtchen

✗ einfach
✗ preiswert

MÜRBETEIG • 10–12 FÖRMCHEN (8–12 CM ⌀) = 10–12 STÜCK

Für den Mürbeteig (S. 84)
Zutaten wie für die Käsetörtchen
(siehe links)
Für die Füllung
250 g TK-Blattspinat
1 kleine Zwiebel
1 Knoblauchzehe, nach Belieben
1–2 EL Öl, z. B. Sonnenblumenöl
2 Eier
100 g Crème fraîche
oder Schlagsahne
1 TL Speisestärke
50 g geriebener mittelalter Gouda
feingemahlene Muskatnuß, Salz
3 EL Pinienkerne

• Den TK-Spinat auftauen lassen.
• Den Mürbeteig wie links beschrieben herstellen, kühlen und ausrollen. Dann die vorbereiteten Förmchen damit auskleiden, den Ofen vorheizen und blindbacken.
• Für die Füllung die Zwiebel und den Knoblauch abziehen und kleinhacken. Die Zwiebel im heißen Öl hell dünsten, dann den Knoblauch zufügen. Den Spinat grob zerschneiden, sehr gut ausdrücken, zur Zwiebel-Knoblauch-Mischung geben, 3 Minuten dünsten und kühl stellen.

• Eier mit Crème fraîche oder Schlagsahne, Stärke, Käse und Gewürzen verschlagen, den Spinat zufügen, abschmecken, in die Förmchen verteilen und mit den Pinienkernen bestreuen.
• Die Törtchen wie links beschrieben backen.

Ofentemperatur: 180 °C
Einschubhöhe: Mitte
Backzeit: 13–17 Minuten
und
Ofentemperatur: 180 °C
Einschubhöhe: Mitte
Backzeit: 20–25 Minuten

Variationen:

Für Gemüsetörtchen *mischen Sie je 60 g vorgegarte Blumenkohl- und Brokkoliröschen, außerdem 50 g kleingewürfelte Möhren sowie TK-Erbsen unter die Eiersahne.*

Für Wirsingtörtchen *dünsten Sie 1 kleine gewürfelte Zwiebel mit 50 g Würfeln mageren Specks und lassen unter geringer Flüssigkeitszugabe 250 g feingehobelten Wirsing darin halbgar dünsten. Sie können auch 50 g kleingewürfelten gekochten Schinken zufügen. Diese Füllung nur sparsam salzen.*

Für Pilztörtchen *1 kleine Zwiebel und 1 Knoblauchzehe abziehen und würfeln. Die Zwiebel hell in 1 EL Öl dünsten, den Knoblauch dazugeben. Dann 250 g Pilze nach Wahl waschen, trocknen, hacken, mit etwas Zitronensaft beträufeln, unter Rühren 5 Minuten dünsten und danach kühl stellen. 2 Eier mit 150 g Schlagsahne, 1 TL Speisestärke, 50 g Reibkäse, 1 EL feingehackter Petersilie, Pfeffer und Salz verschlagen und mit den Pilzen vermengen.*

Pikante Windbeutel

x einfach
x gefriergeeignet

BRANDTEIG • 2 BLECHE = 30–40 STÜCK

Für den Brandteig (S. 104)
250 ml Milch oder Wasser
65 g Butter oder Margarine
oder 4 EL Öl, z. B. Olivenöl
½ TL Salz
150 g Weizenmehl Type 405
4–5 Eier, Gewichtsklasse 3 oder 4
1 TL Backpulver
Backpapier oder Butter
bzw. Margarine zum Einfetten
und Mehl zum Bestauben

Für die Garnitur vor dem Backen
2 EL kleingeschnittener Schinken
oder 2 EL feingeriebener Parmesan
oder Kümmel, Mohn, Sesamsamen
oder Sonnenblumenkerne

Für die Garnitur nach dem Backen
Dill, Kaviar, rote Paprikaschoten,
Petersilie oder Zitronenscheiben

Für die Avocadofüllung
2 Avocados
1 EL Zitronensaft
1 Schalotte, 1 Knoblauchzehe
gemahlener weißer Pfeffer, Salz
4 EL Schlagsahne

Für die Edelpilzkäsefüllung
1 EL Walnußöl
125 g Sahnequark
60 g Edelpilzkäse, z. B. Gorgonzola
oder Roquefort
2 EL geröstete gemahlene Mandeln
oder Walnußkerne

Für die Garnelenfüllung
200 g gegarte Garnelen
1 EL Zitronensaft
1 TL Dill
Salz
4 EL Schlagsahne

Für die Käse-Kapern-Füllung
250 g Doppelrahmfrischkäse
150 g Butter
1 EL Cognac
3 EL Kapern
Salz

Für die Käse-Kräuter-Füllung
400 g Doppelrahmfrischkäse
3 EL trockener Weißwein
3 EL Kräuter
gemahlener weißer Pfeffer
Salz

Für die Meerrettichfüllung
300 g Doppelrahmfrischkäse
1 geschälter kleiner Apfel
1 EL Zitronensaft
2–3 EL Meerrettich
Salz

Für die Quarkfüllung
250 g Sahnequark
gemahlener weißer Pfeffer
Salz
1 TL frischer Ingwer und 1 TL Curry
oder 3–4 EL feingehackte
gemischte Kräuter
oder edelsüßes Paprikapulver
oder 1 abgezogene
Knoblauchzehe

Für die Schinkenfüllung
150 g magerer
gekochter Schinken
1 Eigelb
1 EL Meerrettich
frisch gemahlener weißer Pfeffer
oder ½–1 TL grüne Pfefferkörner
Salz
4 EL Schlagsahne

PIKANTE KLEINIGKEITEN

- Die Bleche befeuchten und mit Backpapier belegen oder leicht einfetten und mit Mehl bestauben.
- Milch oder Wasser mit Butter oder Margarine oder Öl und Salz in einem geschlossenen Topf zum Kochen bringen.
- Das Mehl sieben. Den Topf von der Kochstelle nehmen und das Mehl auf einmal hineinschütten; dabei kräftig mit den Knethaken des Elektroquirls oder einem Lochlöffel rühren. Den Topf wieder auf den Herd stellen und die Masse unter Rühren in 1–2 Minuten zu einem Kloß abbrennen.
- Die Masse etwas abkühlen lassen, dann nach und nach die Eier darunterrühren, bis der Teig mit stark glänzenden Spitzen am Rührgerät hängt. Das Backpulver in die abgekühlte Masse geben.
- Aus der Masse mit einem Löffel walnußgroße Häufchen abnehmen oder mit einem Spritzbeutel und großer Sterntülle Rosetten mit genügend Abstand auf die Bleche setzen. Nach Belieben Schinken, Parmesan, Kümmel oder Samen darauf geben, die Bleche kühl stellen.
- Den Ofen vorheizen und ein feuerfestes Schälchen mit heißem Wasser auf den Boden des Ofens stellen.
- Das Gebäck mit 3–4 EL Wasser besprengen und backen.
- Den Ofen während dieser Zeit auf keinen Fall öffnen. Anschließend das Gebäck bei reduzierter Temperatur trocknen; dabei bei Heißluftöfen die Position der Bleche vertauschen.
- Nach dem Backen die Windbeutel auf einem Kuchengitter auskühlen lassen.
- Für die Füllungen – man sollte jeweils 2–3 Sorten bereiten – alle Zutaten sehr fein zerkleinern oder durchpressen und dann verrühren. Eventuell die Sahne steifschlagen und unterheben. Die Mischungen abschmecken.
- Cremeartige Füllungen mit dem Spritzbeutel unter stetigem, nicht zu festem Druck in die Windbeutel spritzen. Bei Füllungen, die Stückchen enthalten, die Windbeutel mit einem scharfen Messer oder einer Schere waagrecht aufschneiden und die Füllung mit einem Löffel oder Messer hineingeben.
- Entsprechend der jeweiligen Füllung die Windbeutel nach Belieben mit Dill, Kaviar, Paprikastückchen, Petersilie oder geviertelten dünnen Zitronenscheiben garnieren.

Ofentemperatur: 225 °C
Einschubhöhe: Mitte
Backzeit: 15 Minuten
und
Ofentemperatur: 160 °C
Einschubhöhe: unten
Trockenzeit: 6–8 Minuten

Hinweise:
Die Windbeutel sollte man möglichst bald reichen, weil sonst die Böden aufweichen.
Für festliche Bewirtungen können Sie die Windbeutel bereits einige Tage zuvor backen und in einem Gefrierbeutel gut verpackt einfrieren. Kurz vor dem Fest das Gebäck 5 Minuten im 200 °C heißen Ofen aufbacken, auskühlen lassen und im letzten Moment füllen.

PIKANTE KLEINIGKEITEN

Burgunder Käsekranz

- einfach
- schnell
- preiswert
- gefriergeeignet

BRANDTEIG • 1 BLECH = 8–12 STÜCKE

Für den Brandteig (S. 104)
250 ml Milch oder Wasser
65 g Butter oder Margarine
1/4 TL feingeriebene Muskatnuß
1/2 TL Salz
150 g Weizenmehl Type 405 oder 550 oder 1050
4–5 Eier, Gewichtsklasse 3 oder 4
125 g sehr fein geriebener Hartkäse, z. B. alter Gouda oder Sbrinz
1 TL Backpulver
Backpapier

Für die Garnitur
2 EL feingeriebener Parmesan oder Sonnenblumenkerne

• Das Blech mit Backpapier belegen.
• Für den Brandteig Milch oder Wasser, Butter oder Margarine mit Muskatnuß und Salz in einem geschlossenen Topf zum Kochen bringen.
• Das Mehl sieben. Den Topf von der Kochstelle nehmen, das Mehl auf einmal hineinschütten und dabei kräftig mit den Knethaken des Elektroquirls rühren. Den Topf wieder auf den Herd stellen und die Masse unter Rühren in 1–2 Minuten zum Kloß abbrennen, so daß sich ein weißer Film bildet.
• Die Masse erkalten lassen, dann nach und nach die Eier und den geriebenen Käse darunterrühren, bis der Teig mit stark glänzenden Spitzen am Rührgerät hängt.
• Das Backpulver in die ausgekühlte Masse geben.
• Den Teig kranzförmig mit einem Löffel oder Spritzbeutel auf das Blech geben. Mit Parmesan oder Sonnenblumenkernen bestreuen, dann kühl stellen.
• Den Ofen vorheizen, und ein feuerfestes Schälchen mit heißem Wasser auf den Boden des Ofens stellen.
• Den Kranz mit etwas Wasser besprengen und backen; dabei den Ofen nicht öffnen. Anschließend das Gebäck 7–8 Minuten bei reduzierter Temperatur trocknen lassen; dann aufschneiden.

Ofentemperatur: 225 °C
Einschubhöhe: Mitte
Backzeit: 25 Minuten
und
Ofentemperatur: 160 °C
Einschubhöhe: unten
Trockenzeit: 7–8 Minuten

Variation:
Wenn Sie 50 g des Mehles gegen 50 g feines Vollkornmehl austauschen, schmeckt der Kranz kerniger.
Gut zu wissen:
Wenn der Käsekranz beim Backen mit einer gefetteten und mit Paniermehl ausgestreuten Ringform zugedeckt wird, kann der Dampf nicht so bald entweichen, und das Gebäck geht sehr gut auf. Im 50 °C warmen Ofen können Sie den Käsekranz etwa 30 Minuten warm halten, ohne daß er zusammenfällt.

Käsewindbeutel

BRANDTEIG • 2 BLECHE = 30–40 STÜCK

x einfach
x schnell
x preiswert
x gefriergeeignet

Für den Brandteig (S. 104)
Zutaten wie für den Burgunder Käsekranz (siehe links)
Kümmel oder 2 EL feingeriebener Parmesan zum Bestreuen

- Die Bleche befeuchten und mit Backpapier belegen.
- Den Brandteig wie links beschrieben zubereiten, mit Salz abschmecken, dann mit einem Löffel oder einem Spritzbeutel etwa walnußgroße Häufchen in ausreichendem Abstand auf die Bleche setzen. Mit Kümmel oder Parmesan bestreuen und kühl stellen.
- Den Ofen vorheizen, und ein feuerfestes Schälchen mit heißem Wasser auf den Boden stellen.
- Die Käsewindbeutel wie links beschrieben zunächst bei starker Hitze backen, dann bei reduzierter Temperatur trocknen. Das Gebäck noch lauwarm zum Aperitif anbieten.

Ofentemperatur: 225 °C
Einschubhöhe: Mitte
Backzeit: 15 Minuten
und
Ofentemperatur: 160 °C
Einschubhöhe: unten
Trockenzeit: 7–8 Minuten

Variationen:
Geben Sie für Kräutergourgères zusätzlich 2 EL zerkleinertes Basilikum oder Petersilie in die Masse.
Drücken Sie für Pilz- oder Olivengourgères in jedes der Teighäufchen einen kleinen frischen Champignon oder eine gefüllte Olive.
Für Käse-Schinken-Pasteten geben Sie je 1 TL Teig auf das Blech, setzen 1/2 TL kleingehackten gekochten oder rohen Schinken darauf und bedecken diesen wieder mit Brandteig.
Gut zu wissen:
Nur mit abgelagertem, würzigem Hartkäse gelingen Windbeutel oder französische Gougères wirklich gut.

Pasteten, Pizzen und Wähen

Für eine festliche Pastete, eine duftende Pizza oder eine sättigende Wähe ernten Sie immer Lob. Und während das Essen im Ofen ist, können Sie sich um Ihre Gäste kümmern.

Neapolitanische Pizza

einfach · preiswert

HEFETEIG • 2 PIZZABLECHE (26–28 CM ⌀) = 4–8 STÜCKE/4–6 PORTIONEN

Für den Hefeteig (S. 80)
2–3 EL Öl, z. B. Olivenöl
½ TL Salz
250–300 g Weizenmehl Type 405 oder 1050
125–150 ml Wasser oder Milch
½ Würfel Hefe (21 g)
oder 1 Päckchen Trockenhefe
1 Messerspitze Zucker
Butter oder Margarine zum Einfetten
Mehl zum Ausformen

Für den Belag
2–3 EL Öl, z. B. Olivenöl
800–1200 g konservierte geschälte Tomaten
2 Knoblauchzehen
4–5 EL Tomatenmark oder 400 g pürierte konservierte Tomaten
200 g Mozzarella
5 Zweige frischer oder ½–1 TL feingerebelter Basilikum
feingerebelter Oregano
gemahlener schwarzer Pfeffer, Salz

- Die Bleche mit Butter oder Margarine einfetten.
- Für den Hefeteig Öl, Salz und Mehl in eine Schüssel geben.
- Die lauwarme Flüssigkeit mit Hefe und Zucker verschlagen und dazugießen.
- Alle Zutaten erst bei niedriger, dann bei mittlerer Laufgeschwindigkeit mit den Knethaken des Elektroquirls oder der Küchenmaschine etwa 4–5 Minuten vermengen und schließlich kurz mit der Hand durchkneten.
- Den Teig auf die Bleche geben und mit der bemehlten oder nassen Hand an die Ränder drücken oder mit einer bemehlten Spezialteigrolle darauf ausrollen.
- Den Teig einige Male mit einer Gabel einstechen, gleichmäßig mit etwas Olivenöl bepinseln und zugedeckt an warmer Stelle 30 Minuten gehen lassen, bis sich sein Volumen knapp verdoppelt hat.
- Den Ofen vorheizen.
- Die Tomaten gut abtropfen lassen und grob zerschneiden.
- Den Knoblauch abziehen, fein würfeln und mit dem abgetropften Tomatensaft sowie Tomatenmark oder pürierten Tomaten in einer großen Pfanne bei starker Wärmezufuhr unter Rühren zu einem dicken Mus einkochen.
- Den Mozzarella in Scheiben schneiden.
- Tomatenmus, Tomaten und Mozzarellascheiben der Reihe nach auf den Boden geben.
- Die Pizzen mit Olivenöl beträufeln, mit Basilikum, Oregano, schwarzem Pfeffer und Salz würzen und sogleich im sehr heißen Ofen backen, denn der Belag darf den Teig nicht aufweichen.
- Rand und Boden der fertigen Pizzen sollen hell gebräunt sein.

Ofentemperatur: 220–250 °C
Einschubhöhe: oben
Backzeit: 10–15 Minuten

PASTETEN, PIZZEN UND WÄHEN 571

Hinweise:
Die gleiche Teigmenge reicht auch für 1 großes Blech.
Wer sehr dünne Pizzaböden liebt, nimmt lediglich 250 g Mehl und 125 ml Flüssigkeit. Für kompaktere Pizzen benötigen Sie 350 g Mehl und etwa 175 ml Flüssigkeit.

Je mehr die Form gefettet wird, um so mürber wird die Kruste.
Bei niedrigen Raumtemperaturen lassen Sie den Teig an warmer Stelle etwa 15–30 Minuten gehen, ehe Sie ihn ausformen.
Für den Belag können Sie auch saftarme frische Eiertomaten nehmen.

Nur in sehr gut vorgeheizten Öfen backen Pizzen so rasch, daß die Böden nicht durchweichen.
Im Heißluftofen können beide Bleche – leicht versetzt – zugleich eingeschoben werden, sonst die zweite Pizza erst kurz vor der Fertigstellung der ersten belegen und dann backen.

Pizza Margherita

× einfach
× preiswert

HEFETEIG • 2 PIZZABLECHE (26–28 CM ⌀) = 4–8 STÜCKE/4–6 PORTIONEN

Für den Hefeteig (S. 80)
Zutaten wie für die Neapolitanische Pizza (siehe links)

Für den Belag
2–3 EL Öl, z. B. Olivenöl
800–1200 g konservierte geschälte Tomaten
2 Knoblauchzehen, nach Belieben
1 Zwiebel
4–5 EL Tomatenmark
oder 200 g pürierte konservierte Tomaten
150 g Mozzarella
100 g Salami
oder gekochter Schinken
10–12 gefüllte Oliven
gerebelter Basilikum, Oregano
gemahlener schwarzer Pfeffer
Salz

• Die Bleche vorbereiten, den Hefeteig wie links beschrieben herstellen, auf die Bleche geben und zugedeckt an warmer Stelle etwa 30 Minuten gehen lassen.
• Den Ofen vorheizen.
• Die Tomaten gut abtropfen lassen und grob zerschneiden.
• Nach Belieben die Knoblauchzehen abziehen und fein würfeln.
• Die Zwiebel abziehen, in Ringe schneiden und in einer großen Pfanne in 1 EL Olivenöl glasig braten, dann wie links beschrieben mit Knoblauch, Tomatensaft sowie Tomatenmark oder pürierten Tomaten dick einkochen.
• Mozzarella sowie Salami oder Schinken und Oliven in Scheiben oder Stücke schneiden.
• Den lockeren Pizzaboden nacheinander mit Tomatenmus, Tomaten, Mozzarella-, Salami- oder Schinkenscheiben und Oliven belegen, dann mit Olivenöl beträufeln, mit Basilikum, Oregano, Pfeffer und Salz würzen und wie links beschrieben backen.

Ofentemperatur: 220–250 °C
Einschubhöhe: oben
Backzeit: 10–15 Minuten

Hätten Sie's gewußt?
Die Pizza in ihrer heutigen Form entstand vermutlich vor rund 500 Jahren in Neapel als Armeleutekost. Ursprünglich wurde Weißbrotteig zu flachen Fladen ausgezogen, dann mit Olivenöl bepinselt und mit Tomatenmus belegt. Die weltweite Erfolgsgeschichte des Gerichts begann mit der amerikanischen Besetzung Italiens im Zweiten Weltkrieg. In den USA ist Pizza heute neben Hamburger und Hot dog das beliebteste Fastfood-Gericht: In über 50 000 Pizzerien werden dort täglich mehr als 36 ha Pizza gegessen. Diese Pizza wurde nach der italienischen Königin Margherita benannt.

Pizza Capricciosa

✗ einfach
✗ preiswert

HEFETEIG • 1 BLECH = 6–8 STÜCKE/4–6 PORTIONEN

Für den Hefeteig (S. 80)
2–3 EL Öl, z. B. Olivenöl
½ TL Salz
250–300 g Weizenmehl Type 405, 550 oder 1050
125–150 ml Wasser oder Milch
½ Würfel Hefe (21 g)
oder 1 Päckchen Trockenhefe
1 Messerspitze Zucker
Butter oder Margarine zum Einfetten
Mehl zum Ausformen

Für den Belag
2–3 EL Öl, z. B. Olivenöl
800–1200 g konservierte geschälte Tomaten
2 Knoblauchzehen, nach Belieben
4–5 EL Tomatenmark
oder 400 g pürierte konservierte Tomaten
200 g gekochter Schinken oder roher Schinken
4 Sardellenfilets
6 konservierte Artischockenherzen
etwa 12 schwarze Oliven
½–1 TL feingerebelter Oregano
gemahlener schwarzer Pfeffer
Salz

- Das Blech mit Butter oder Margarine einfetten.
- Das zimmerwarme Öl mit Salz und Mehl in eine Schüssel geben.
- Die lauwarme Flüssigkeit mit Hefe und Zucker verschlagen und dazugeben, alle Zutaten zuerst bei niedriger, dann bei mittlerer Laufgeschwindigkeit mit den Knethaken des Elektroquirls oder der Küchenmaschine ungefähr 4–5 Minuten vermengen und kurz mit der Hand durchkneten.
- Den Teig auf das Blech geben und mit der bemehlten oder nassen flachen Hand auch an die Ränder und in die Ecken drücken.
- Den Teig mit einer Gabel einstechen, dann mit etwas Olivenöl bepinseln, mit einem Tuch zudecken und an warmer Stelle ungefähr 30 Minuten gehen lassen, bis sich das Volumen knapp verdoppelt hat.
- Den Ofen vorheizen.
- Die Tomaten gut abtropfen lassen – dabei den Saft auffangen – und grob zerschneiden.
- Nach Belieben die Knoblauchzehen abziehen, fein würfeln und mit dem abgetropften Tomatensaft und Tomatenmark oder den pürierten Tomaten in einer großen Pfanne dick einkochen.
- Den Schinken von Schwarten und Fett befreien und mit den Sardellen in Streifen schneiden, die Artischocken abtropfen lassen und vierteln.
- Den Pizzaboden mit Tomatenmus, Tomaten, Schinken, Sardellen, Artischocken und Oliven der Reihe nach belegen, dann noch einmal mit Olivenöl beträufeln und mit Oregano, Pfeffer und Salz würzen.
- Die Pizza sogleich im heißen Ofen backen, denn der Belag darf den Teig nicht aufweichen.
- Ränder und Boden der fertigen Pizza sollen hell gebräunt sein.
- Die Pizza vom Blech nehmen und sofort in Stücke schneiden.

Ofentemperatur: 220–250 °C
Einschubhöhe: oben
Backzeit: 12–15 Minuten

Variationen:
Statt konservierter Tomaten können Sie frische Eiertomaten, statt Schinken Salamischeiben und statt Sardellen Thunfisch, Sardinen oder gegarte Muscheln auf der Pizza verteilen. Außerdem können Sie Eischeiben, Garnelen, Kapern, Pilze, Tintenfische, Basilikum, Rosmarin und Salbeiblättchen auf die Pizza geben – erlaubt ist, was gut schmeckt.

Pizza mit Pilzen

HEFETEIG • 1 BLECH = 6–8 STÜCKE/4–6 PORTIONEN

x einfach

Für den Hefeteig (S. 80)
Zutaten wie für die Pizza Capricciosa (siehe links)

Für den Belag
4–5 EL Öl, z. B. Olivenöl
4 EL Schlagsahne
2 EL Tomatenmark
1/2–1 TL gerebelter Oregano
300 g Pilze, z. B. Austernpilze, Champignons, Pfifferlinge oder Steinpilze
100 g magerer roher Schinken
100 g Emmentaler oder Gouda
2 Knoblauchzehen, nach Belieben
2 EL feingehackte Petersilie
gemahlener schwarzer Pfeffer
Salz

- Das Blech mit Butter oder Margarine einfetten.
- Den Hefeteig wie links beschrieben zubereiten.
- Den Teig auf das Blech geben und mit der bemehlten oder nassen flachen Hand auch an die Ränder und in die Ecken drücken.
- Den Teig einstechen, dann mit etwas Olivenöl bepinseln, zudecken und an warmer Stelle ungefähr 30 Minuten gehen lassen.
- Den Ofen vorheizen.
- Die Sahne mit Tomatenmark und Oregano verrühren und auf den weichen Pizzateig streichen.
- Die Pilze putzen, möglichst nicht waschen, sondern nur mit Küchenpapier abreiben und feinblättrig schneiden.
- Den Schinken von Schwarten und Fett befreien und mit dem Käse in Streifen schneiden.
- Nach Belieben die Knoblauchzehen abziehen, kleinhacken und zusammen mit den Pilzen, Schinken, Käse und Petersilie auf dem Pizzaboden verteilen, mit Pfeffer und Salz würzen und mit dem restlichen Öl beträufeln.
- Die Pizza sogleich im heißen Ofen backen, denn der Belag darf den Teig nicht aufweichen.
- Ränder und Boden der fertigen Pizza sollen hell gebräunt sein.
- Die Pizza in Stücke schneiden.

Ofentemperatur: 220–250 °C
Einschubhöhe: oben
Backzeit: 12–15 Minuten

Hinweise:
Bei niedrigen Raumtemperaturen lassen Sie den Teig an warmer Stelle etwa 15–30 Minuten gehen, ehe Sie ihn ausformen.
Sie können diese Pizzen mit der gleichen Zutatenmenge auch in einer runden Form auf dem Blech oder auf zwei Pizzaspezialblechen backen.

Pizza mit vier Käsesorten

x einfach
x preiswert

HEFETEIG • 1 BLECH = 6–8 STÜCKE/4–6 PORTIONEN

Für den Hefeteig (S. 80)
2–3 EL Öl, z. B. Olivenöl
1/2 TL Salz
300 g Weizenmehl Type 405 oder 1050
150 ml Milch oder Wasser
1/2 Würfel Hefe (21 g) oder 1 Päckchen Trockenhefe
1 Messerspitze Zucker
Butter oder Margarine zum Einfetten
Mehl zum Ausrollen

Für den Belag
2–3 EL Öl, z. B. Olivenöl
1–2 Knoblauchzehen, nach Belieben
400 g pürierte frische oder konservierte Tomaten
1/2–1 TL feingerebelter Oregano
gemahlener schwarzer Pfeffer
2 EL Tomatenmark
80 g in Scheiben geschnittener Büffelkäse, z. B. Mozzarella
80 g gewürfelter Butterkäse, z. B. Bel Paese
80 g Frischkäse, z. B. Ricotta
80 g geriebener Schnittkäse, z. B. mittelalter Gouda
10 schwarze Oliven, nach Belieben

• Das Blech mit Butter oder Margarine einfetten.
• Für den Hefeteig das Öl mit dem Salz und dem Mehl in eine Schüssel geben.
• Die lauwarme Flüssigkeit mit Hefe und Zucker verschlagen und dazugießen.
• Alle Zutaten zunächst bei niedriger, dann bei mittlerer Laufgeschwindigkeit mit den Knethaken des Elektroquirls oder der Küchenmaschine etwa 4–5 Minuten vermengen und kurz verkneten.
• Den Teig auf das Blech geben und mit der bemehlten oder nassen flachen Hand auch an die Ränder drücken oder mit der bemehlten Teigrolle darauf ausrollen, einige Male einstechen und dünn mit Olivenöl bepinseln.
• Den Pizzaboden mit einem Geschirrtuch zugedeckt an warmer Stelle gehen lassen, bis sich sein Volumen knapp verdoppelt hat.
• Den Ofen vorheizen.
• Nach Belieben den Knoblauch abziehen, zerdrücken und mit Tomaten, Oregano und Pfeffer unter Rühren einkochen.
• Den Teig mit Tomatenmark bestreichen, und das eingekochte Tomatenmus darauf geben.
• Die Käsesorten in kleinen Portionen nebeneinander auf das Tomatenmus geben und nach Belieben mit Oliven garnieren.
• Den Teigrand mit dem restlichen Öl bepinseln, die Pizza nochmals kurz gehen lassen und im sehr heißen Ofen backen.

Ofentemperatur: 220–250 °C
Einschubhöhe: Mitte
Backzeit: 10–12 Minuten

Variationen:
Sie können die Käsesorten beliebig variieren und zu den schwarzen noch grüne Oliven auf der Pizza verteilen.

PASTETEN, PIZZEN UND WÄHEN 575

Hinweise:
Aus der gleichen Teigmenge können Sie zwei runde Pizzen backen. Wenn Sie mehr Mehl und Flüssigkeit nehmen, wird der Boden nicht so dünn, sättigt aber mehr.
Je dicker die Fettschicht beim Einfetten und je fetthaltiger die Flüssigkeit für den Teig, um so mürber wird der Boden.
Bei niedrigen Raumtemperaturen lassen Sie den Teig an warmer Stelle etwa 15–30 Minuten gehen, ehe Sie ihn ausformen.

Ob eine Pizza gut gelingt, ist von der Ofentemperatur abhängig: je heißer der Ofen, um so schneller ist sie gebacken, und desto besser schmeckt sie. In konventionellen Öfen bäckt man die Pizza am besten auf der untersten Schiene und mit stärkerer Unterhitze.

Pissaladière

✗ einfach
✗ preiswert

BLÄTTER- ODER HEFETEIG • 1 BLECH = 8–12 STÜCKE/4–6 PORTIONEN

Für den Teig (S. 80/92)
Zutaten wie für die Pizza mit vier Käsesorten (siehe links), wahlweise 450 g Blätterteig

Für den Belag
3–4 große Gemüsezwiebeln
2 EL Öl, z. B. Olivenöl
3–4 EL Wasser
gemahlener weißer Pfeffer
Salz
6–8 Eiertomaten
½ TL feingerebelter Thymian
1 TL feingerebelter Oregano
150 g geriebener Bergkäse
90 g Sardellenfilets
30–40 schwarze Oliven
1 Ei

- Den Hefeteig wie links erläutert zubereiten, auf das gefettete Blech geben, einige Male einstechen, mit Öl bepinseln und zugedeckt an warmer Stelle gehen lassen; oder das Blech kalt abspülen, mit dem Blätterteig auskleiden und kühl stellen.
- Den Ofen frühzeitig vorheizen, und ein Gefäß mit heißem Wasser auf den Boden stellen.
- Die Zwiebeln abziehen und in dünne Ringe hobeln.
- In einer großen Pfanne das Öl erhitzen, bei mäßiger Hitze die Zwiebeln darin weich dünsten, mit 2–3 EL Wasser ablöschen, pfeffern, salzen und auf dem Teig verteilen; rundherum einen fingerbreiten Rand frei lassen.
- Die Tomaten quer in Scheiben schneiden und in gleichen Abständen auf die Zwiebeln legen, dann mit den Kräutern würzen, und den Käse darüber streuen.
- Die Sardellenfilets kurz abspülen, auf Küchenpapier trocknen und der Länge nach zwei- bis dreimal teilen.
- Die Sardellenstreifen diagonal im Abstand von 3–5 Fingern so auf den Käse legen, daß Rauten entstehen, und die Oliven in die Mitte geben.
- Das Ei mit 1 EL Wasser verschlagen und auf die Teigränder pinseln, dann den Teig eventuell kurz gehen lassen, anschließend backen und heiß aufschneiden.

Ofentemperatur: 220–250 °C
Einschubhöhe: Mitte
Backzeit: 10–15 Minuten

PASTETEN, PIZZEN UND WÄHEN

Vollkornpizza mit Zwiebeln

✗ einfach
✗ schnell
✗ preiswert

HEFETEIG • 1 BLECH = 6–8 STÜCKE/4–6 PORTIONEN

Für den Hefeteig (S. 80)
2–3 EL Öl, z. B. Olivenöl
1/2 TL Salz
125–150 g Weizenmehl Type 405 oder 550
125–150 g mittelfeines Weizenvollkornmehl Type 1700
140–160 ml Wasser oder Milch
1/2 Würfel Hefe (21 g)
oder 1 Päckchen Trockenhefe
1 Messerspitze Zucker
Butter bzw. Margarine zum Einfetten
Mehl zum Ausformen

Für den Belag
3–4 EL Öl, z. B. Olivenöl
800 g konservierte geschälte Tomaten
2 Knoblauchzehen
1 TL feingerebelter Oregano
1 TL feingerebelter Thymian
400 g Zwiebeln
100 ml trockener Weißwein
gemahlener schwarzer Pfeffer, Salz
150 g in Öl eingelegter Schafskäse
10–16 schwarze Oliven, nach Belieben

• Das Blech mit Butter oder Margarine einfetten.
• Das zimmerwarme Öl mit Salz und Mehl in eine Schüssel geben.
• Die lauwarme Flüssigkeit mit Hefe und Zucker verschlagen, dazugießen, und alles mit den Knethaken des Elektroquirls oder der Küchenmaschine oder mit einem Löffel 4–5 Minuten vermengen.
• Den Teig auf das Blech geben und mit der bemehlten oder nassen flachen Hand in die Ecken und an die Ränder drücken oder mit der bemehlten Teigrolle darauf ausrollen, dabei die Ränder etwas hochziehen.
• Den Teig einige Male einstechen, ganz dünn mit etwas Olivenöl bepinseln und mit einem Tuch bedeckt an einem warmen Ort gehen lassen, bis sich das Volumen knapp verdoppelt hat.
• Den Ofen vorheizen.
• Die Tomaten in einem Sieb abtropfen lassen – dabei den Saft auffangen – und etwas zerkleinern.
• Die Knoblauchzehen abziehen, kleinhacken, mit Tomatensaft, Oregano und Thymian in einer Pfanne unter Rühren 10–20 Minuten zu einem dicken Brei einkochen und abkühlen lassen.
• Die Zwiebeln abziehen, halbieren, in Ringe schneiden, in etwas Öl glasig dünsten, dann mit Wein ablöschen, würzen und bei mäßiger Hitze 10 Minuten dünsten.
• Das Tomatenmus auf den Pizzaboden geben, die Tomaten und Zwiebeln darauf verteilen und den Käse darauf bröckeln.
• Das restliche Olivenöl darüber träufeln, und nach Belieben schwarze Oliven darauf verteilen.
• Die Pizza sogleich im sehr heißen Ofen backen, bis Ränder und Boden hell gebräunt sind.
• Die Pizza vom Blech nehmen und in Stücke teilen.

Ofentemperatur: 220–250 °C
Einschubhöhe: oben
Backzeit: 12–15 Minuten

Vollkornpizza mit Gemüse

x einfach
x schnell
x preiswert

HEFETEIG • 1 BLECH = 6–8 STÜCKE/4–6 PORTIONEN

Für den Hefeteig (S. 80)
Zutaten wie für die Vollkornpizza mit Zwiebeln (siehe links)

Für den Belag
3–4 EL Öl, z.B. Olivenöl
200 g konservierte
oder TK-Maiskörner
350 g Möhren
½ TL Zucker
350 g kleine Zucchini
gemahlener weißer Pfeffer
Salz
200 g pürierte konservierte
Tomaten
100 g saure Sahne
1 EL getrocknete italienische
Kräuter
200 g geriebener mittelalter
Gouda

- Wie links beschrieben das Blech vorbereiten, den Pizzateig herstellen, auf das Blech geben, mehrere Male einstechen, ganz dünn mit Öl bepinseln und mit einem Tuch zugedeckt an einer warmen Stelle gehen lassen, bis sich das Volumen knapp verdoppelt hat.
- Den Ofen vorheizen.
- Den Mais abtropfen lassen.
- Die Möhren putzen, schälen, in dünne Scheiben schneiden und mit 1 EL Öl, Zucker und wenig Wasser in einem fest schließenden Topf mit dickem Boden ungefähr 5 Minuten dünsten.
- Die Zucchini putzen, waschen und in Scheiben oder Stifte schneiden.
- Den Mais mit den Möhren und Zucchini mischen und würzen.
- Die Tomaten mit Sahne und Kräutern verrühren und auf den Pizzaboden streichen.
- Das Gemüse darauf verteilen, mit Käse bestreuen und mit dem restlichen Öl beträufeln.
- Die Pizza sogleich im heißen Ofen backen, denn der Belag darf den Teig nicht aufweichen.
- Den Garzustand testen: Ränder und Boden der fertigen Pizza sollen hell gebräunt sein.

Ofentemperatur: 220–250 °C
Einschubhöhe: oben
Backzeit: 12–15 Minuten

Hinweise:
Wenn Sie den Pizzateig mit wenig Fett und mit Wasser statt Milch zubereiten, wird der Boden knusprig.
Bei niedrigen Raumtemperaturen lassen Sie den Teig, ehe Sie ihn ausformen, zunächst an warmer Stelle 15–30 Minuten gehen.
Die gleiche Teigmenge reicht auch für 2 runde Pizzen mit 26–28 cm Ø.
Bleche mit durchlöchertem Boden sollen die Krustenbildung fördern.
Es gibt runde Pizzableche mit 28–32 cm Ø, doch messen Sie erst die Größe Ihres Ofens aus, bevor Sie diese Bleche kaufen.
Weil Pizzen aus rustikalen Holzkohleöfen wie in Italien sehr gut schmecken, bieten Ofenfabrikanten Backsteine aus Schamotte an, die – aber nach sehr langer Aufheizzeit bei hohem Energieverbrauch – einen ähnlichen Effekt erzielen.

Calzoni aus Apulien

✗ preiswert

HEFETEIG • 1 BLECH = 4 STÜCKE/4 PORTIONEN

Für den Hefeteig (S. 80)
2 EL Öl, z.B. Olivenöl
½ TL Salz
400 g Weizenmehl Type 405
200 ml Milch oder Wasser
1 Würfel Hefe (42 g)
oder 2 Päckchen Trockenhefe
1 Messerspitze Zucker
Butter oder Margarine
zum Einfetten
Mehl zum Ausrollen
Öl oder Wasser zum Bestreichen

Für die Füllung
400 g konservierte Tomaten
500 g Zwiebeln
2 Knoblauchzehen, nach Belieben
4–5 EL Öl, z.B. Olivenöl
5 Sardellenfilets
100 g schwarze Oliven
2 EL kleingehackte Petersilie
½–1 TL gerebelter Oregano
gemahlener schwarzer Pfeffer
Salz
40 g geriebener Parmesan

Für den Guß
1 Eigelb
1 TL Öl, z.B. Olivenöl

- Das Blech mit Butter oder Margarine einfetten.
- Für den Hefeteig Öl, Salz und Mehl in eine Schüssel geben.
- Die lauwarme Flüssigkeit mit Hefe und Zucker verschlagen und dazugießen.
- Alle Zutaten zunächst bei niedriger, dann bei mittlerer Laufgeschwindigkeit mit den Knethaken des Elektroquirls oder der Küchenmaschine oder mit einem Löffel 4–5 Minuten vermengen.
- Den Teig mit Mehl bestäubt oder mit Öl oder Wasser benetzt zugedeckt 20–30 Minuten gehen lassen.
- Den Teig zu zwei großen runden Platten ausrollen und so auf das Blech legen, daß jeweils eine Hälfte übersteht, dabei an beiden Seiten ein bemehltes Tuch unterlegen.
- Den Teig auf dem Blech einige Male mit einer Gabel einstechen und gleichmäßig mit etwas Olivenöl bepinseln, dann zugedeckt an warmer Stelle 30–40 Minuten gehen lassen, bis sich das Volumen knapp verdoppelt hat.
- Den Ofen vorheizen.
- Für die Füllung die Tomaten in einem Sieb abtropfen lassen und etwas zerkleinern.
- Zwiebeln und nach Belieben Knoblauchzehen abziehen, würfeln und im heißen Öl unter stetigem Rühren glasig braten.
- Den Tomatensaft mit den Kernen zu den Zwiebeln geben und alles dick einkochen lassen.
- Sardellenfilets und Oliven in kleine Stücke schneiden.
- Das Zwiebelmus, Tomaten, Sardellen und Oliven vermischen und mit den Kräutern und Gewürzen abschmecken.
- Eine Hälfte der Calzoneböden auf dem Blech mit der Füllung so belegen, daß jeweils ein 2 Finger breiter Rand frei bleibt, anschließend den Käse darauf streuen.
- Die Teigränder mit Wasser bepinseln; die äußeren Teighälften darüberklappen und fest andrücken.
- Eigelb und Öl verschlagen und die Oberseite der Calzoni sorgfältig damit bepinseln, dann sofort im heißen Ofen hellbraun backen.
- Die Calzoni vom Blech nehmen und halbieren.

Ofentemperatur: 220–250 °C
Einschubhöhe: Mitte
Backzeit: 15–20 Minuten

PASTETEN, PIZZEN UND WÄHEN 579

Calzoni mit Pilzen

× preiswert

HEFETEIG • 1 BLECH = 4 STÜCKE/4 PORTIONEN

Für den Hefeteig (S. 80)
Zutaten wie für die Calzoni aus Apulien (siehe links) oder Vollkornhefeteig (S. 576)

Für die Füllung
200 g gekochter Schinken
1 mittelgroße Zwiebel
2 Knoblauchzehen
400 g Champignons
200 g Austernpilze
4–5 EL Öl, z. B. Olivenöl
2 EL kleingehackte Petersilie
1/2–1 TL gerebelter Oregano
gemahlener schwarzer Pfeffer, Salz
200 g Mozzarella
2 EL geriebener Parmesan

Für den Guß
1 Eigelb
1 TL Öl, z. B. Olivenöl

- Das Blech vorbereiten; den Hefeteig wie links beschrieben herstellen und ausformen.
- Den Ofen vorheizen.
- Den Schinken von Schwarten und Fett befreien und in Streifen schneiden.
- Zwiebel und Knoblauchzehen abziehen und würfeln.
- Champignons und Austernpilze putzen, nur wenn unbedingt nötig waschen und trocknen, dann in Scheiben schneiden.
- In einer großen Pfanne mit 1 EL Öl den Schinken anbraten, dann die Zwiebel und schließlich den Knoblauch dazugeben und alles einige Minuten unter gelegentlichem Rühren dünsten.
- Die Pilze zufügen und garen, bis die Flüssigkeit verdampft ist.
- Die Füllung mit Kräutern, Pfeffer und Salz würzen und auskühlen lassen; inzwischen den Mozzarella in Scheiben schneiden.
- Die Böden wie links beschrieben mit der Masse füllen, den Käse darauf geben, die Calzoni zusammenklappen, mit dem Guß bepinseln, backen und teilen.

Ofentemperatur: 220–250 °C
Einschubhöhe: Mitte
Backzeit: 15–20 Minuten

Variationen:
Für weitere Calzoni lassen Sie Ihrer Phantasie freien Lauf.

Flammekueche Elsässer Art

- einfach
- preiswert
- gefriergeeignet

HEFETEIG • 1 BLECH = 8–16 STÜCKE / 4–8 PORTIONEN

Für den Hefeteig (S. 80)
2 EL Öl, z. B. Sonnenblumenöl
½ TL Salz
350 g Weizenmehl Type 405
150–180 ml Milch oder Wasser
½ Würfel Hefe (21 g)
oder 1 Päckchen Trockenhefe
½ TL Zucker
Butter oder Margarine
zum Einfetten

Für den Belag
3–4 große Zwiebeln
80 g magerer geräucherter Speck
300 g Crème fraîche
2 Eigelb
1 EL Öl, z. B. Sonnenblumenöl
feingeriebene Muskatnuß
gemahlener weißer Pfeffer
Salz

- Für den Hefeteig Öl, Salz und Mehl in die Schüssel geben.
- Die lauwarme Flüssigkeit mit Hefe und Zucker verschlagen und dazugießen.
- Alle Zutaten mit den Knethaken des Elektroquirls oder der Küchenmaschine etwa 5 Minuten verkneten, so daß der Teig nicht mehr am Schüsselrand klebt, dann zugedeckt an warmer Stelle 30–50 Minuten gehen lassen.
- Das Blech einfetten.
- Inzwischen für den Belag die Zwiebeln abziehen und würfeln.
- Den geräucherten Speck würfeln und in einer großen Pfanne glasig auslassen.
- Die Zwiebelwürfel dazugeben und bei mäßiger Wärmezufuhr hell dünsten.
- Crème fraîche, Eigelbe, Öl und Gewürze miteinander verschlagen.
- Den Teig noch einmal gründlich kneten und mit nassen Händen in länglich-ovaler Form so auf das Blech drücken, daß dieses ganz bedeckt ist.
- Einen kleinen Rand formen und die Oberfläche einige Male mit einer Gabel einstechen.
- Den Teig nochmals 30 Minuten gehen lassen, bis sich das Teigvolumen verdoppelt hat.
- Den Ofen vorheizen.
- Zunächst die Speck-Zwiebel-Mischung, dann die Sahnemasse auf den Teig geben.
- Den Kuchen backen und noch heiß wie eine Torte oder erst längs und dann quer aufschneiden.

Ofentemperatur: 220 °C
Einschubhöhe: Mitte
Backzeit: 15–18 Minuten

Variationen:
Sie können statt Crème fraîche auch eine Mischung aus 125 g Sahnequark und 200 g Schlagsahne oder 200 g saurer Sahne nehmen.

Hinweis:
Im Elsaß, wo der Flammekueche in ländlichen Wirtschaften frisch und noch lauwarm aus dem Holzkohleofen angeboten wird, trinkt man einen Pinot noir, Riesling oder Silvaner zu dieser Spezialität.

Hätten Sie's gewußt?
Eigentlich ist Flammekueche im Elsaß ein typisches Resteessen an Backtagen. Die Bäuerin belegt die Reste vom Brotteig mit dem, was Garten und Speisekammer bieten.

PASTETEN, PIZZEN UND WÄHEN 581

Badischer Zwiebelkuchen

x einfach
x preiswert
x gefriergeeignet

HEFETEIG • 1 BLECH = 10–12 STÜCKE/6–12 PORTIONEN

Für den Hefeteig (S. 80)
4 EL Öl, z. B. Sojaöl
1 TL Salz
500 g Weizenmehl Type 550
250–300 ml Buttermilch, Milch oder Wasser
1 Würfel Hefe (42 g) oder 2 Päckchen Trockenhefe
1 TL Zucker
Mehl zum Ausformen
Butter oder Margarine zum Einfetten

Für den Belag
1 kg Zwiebeln
250 g durchwachsener geräucherter Speck
2 EL Öl
3–4 Eier
250 g saure Sahne
Kümmel, nach Belieben
gemahlener weißer Pfeffer
Salz

• Wie links beschrieben aus den Zutaten den Hefeteig zubereiten, auf das gefettete Blech geben und mit der nassen Hand auch in die Ecken und an die Ränder drücken oder mit der bemehlten Teigrolle darauf ausrollen, dann einstechen und zugedeckt an warmer Stelle 30–50 Minuten gehen lassen, bis sich das Volumen verdoppelt hat.
• Den Ofen vorheizen.
• Die Zwiebeln abziehen und – am besten mit der Küchenmaschine oder einem Gurkenhobel – in dünne Ringe schneiden.
• Den Speck würfeln und mit dem Öl in einem großen Topf auslassen, bis er glasig wird.
• Die Zwiebeln zufügen und bei mäßiger Wärme langsam schwach bräunen, dann auskühlen lassen.

• Die Eier mit saurer Sahne, nach Belieben Kümmel sowie Pfeffer und Salz verschlagen, unter die Zwiebeln rühren und die Masse gleichmäßig auf dem lockeren Teig verteilen.
• Den Kuchen sogleich im heißen Ofen backen.
• Ränder und Boden des fertigen Kuchens sollen hell gebräunt sein.
• Den Zwiebelkuchen heiß oder lauwarm servieren.

Ofentemperatur: 200 °C
Einschubhöhe: Mitte
Backzeit: 45–55 Minuten

Gut zu wissen:
Der Kuchen läßt sich gut einfrieren, eventuell auch Teig und Zwiebelmasse getrennt. Darum ist es praktisch, gleich eine ziemlich große Portion herzustellen. Zum Gefrieren den Zwiebelkuchen in einer Form, in der er später aufgebacken werden kann, und in extra-starke Alufolie verpacken. Die angegebene Menge können Sie auch in der Fettpfanne oder in zwei großen Springformen backen. Als Hauptgericht ergibt das Rezept 6–8, als Vorspeise 12 Portionen. In Baden ist Zwiebelkuchen mit jungem Wein eine Herbstspezialität.

Gemüseschnitten

- einfach
- schnell
- preiswert
- gefriergeeignet

BLÄTTERTEIG • 1 FETTPFANNE = 16–20 STÜCKE/6–8 PORTIONEN

Für den Blätterteig (S. 92)
450 g frischer, gekühlter
oder TK-Blätterteig
Backpapier
Mehl zum Ausformen, nach Belieben

Für den Belag
4 dünne Scheiben Frühstücksspeck
2–3 EL Olivenöl
4 große Zwiebeln, 1 Knoblauchzehe
400 g Lauch
400 g Möhren
400 g Zucchini
80 g geriebener Parmesan
5 EL Mehl
1 TL Backpulver
5 Eier
4 EL feingehackte Petersilie
feingeriebene Muskatnuß
Pfeffer, Salz
16–20 kleine Kirschtomaten
4 EL Sonnenblumenkerne

• Den TK-Blätterteig ausbreiten und bei Raumtemperatur auftauen lassen.
• Die Fettpfanne mit Backpapier belegen oder mit kaltem Wasser abspülen.
• Den Ofen vorheizen.
• Den Blätterteig zwischen zwei Lagen Backpapier oder auf bemehlter Unterlage etwas größer als die Fettpfanne ausrollen.
• Die Teigplatte in die Fettpfanne legen und auf allen Seiten einen fingerbreiten Rand formen, dann den Teig mehrere Male mit einer Gabel einstechen, damit er sich beim Backen nicht wirft, anschließend kühl stellen.
• Für den Belag den Speck von Schwarten befreien, in fingerbreite dünne Streifen schneiden, in der Pfanne in 1 EL Öl hellbraun braten und herausnehmen.
• Zwiebeln und Knoblauch abziehen, und den Knoblauch kleinschneiden.
• Die Zwiebeln in Ringe hobeln und in etwas Öl glasig braten, dabei unter Umständen etwas Wasser beifügen; den Knoblauch kurz mitbraten.
• Lauch, Möhren und Zucchini putzen und waschen. Den Lauch in sehr schmale Ringe schneiden, Möhren und Zucchini mit der Rohkostreibe grob reiben.
• Speck, Zwiebeln, Knoblauch, Lauch, Möhren und Zucchini mit Parmesan, Mehl, Backpulver, Eiern, Petersilie und Gewürzen vermengen, dabei ½ Eigelb zurückbehalten.
• Die Masse auf den Teig geben, und die Oberfläche glattstreichen.
• Die Kirschtomaten darauf verteilen und leicht mit Öl bepinseln, dann die Sonnenblumenkerne darüber streuen.
• Den Eigelbrest mit etwas Wasser verrühren und damit die Teigränder bestreichen.
• Das Gericht backen, dabei während der ersten 20 Minuten die Oberfläche mit Backpapier zudecken und nach weiteren 10 Minuten die Temperatur reduzieren.
• Den heißen Kuchen in Stücke schneiden und bald servieren.

Ofentemperatur: 220 °C
Einschubhöhe: Mitte
Backzeit: 30 Minuten
und
Ofentemperatur: 160 °C
Einschubhöhe: Mitte
Trockenzeit: 10 Minuten

Variationen:
Sie können die klassische Gemüsemischung nach Belieben durch kleine Brokkoliröschen, Champignonscheiben, TK-Erbsen, Frühlingszwiebeln, Maiskörner oder feine Streifen Paprikaschote austauschen.

Legen Sie zur Abwechslung Stückchen von gekochtem Schinken, Lachsstreifen oder Thunfischstücke auf den Teig, ehe Sie ihn mit der Gemüsemischung bedecken.
Sie können auch erst die Gemüsemasse in die Fettpfanne geben und diese mit der Blätterteigplatte bedecken. Dann den Teig mehrmals einschneiden, damit der Dampf entweichen kann.

Hinweis:
Diese Gemüseschnitten sind preiswert und für große Partys gut geeignet.

Schweizer Hausfrauenwähe

HEFETEIG • 1 SPRINGFORM (28 CM ⌀) = 8 STÜCKE/4 PORTIONEN

Für den Hefeteig (S. 80)
2–3 EL Öl, z. B. Sojaöl
½ TL Salz
250 g Weizenmehl Type 405
125 ml Buttermilch, Milch oder Wasser
½ Würfel Hefe (21 g) oder 1 Päckchen Trockenhefe
¼ TL Zucker
Mehl zum Ausformen
Butter oder Margarine zum Einfetten
Alufolie zum Zudecken

Für die Füllung
1 Stange Lauch
2 kleine Möhren
150 g Sellerie
1 Stange Staudensellerie
2 Zwiebeln
2 EL Öl, z. B. Sojaöl
300 g gemischtes Hackfleisch von Rind und Schwein
2 Eier
150 g Schlagsahne
feingeriebene Muskatnuß
gemahlener schwarzer Pfeffer, Salz
3–4 Tomaten

- Für den Hefeteig Öl, Salz und Mehl in eine Schüssel geben.
- Die lauwarme Flüssigkeit mit der Hefe und dem Zucker verschlagen und dazugießen.
- Alle Zutaten mit den Knethaken etwa 5 Minuten verkneten, dann zugedeckt an warmer Stelle 30–50 Minuten gehen lassen.
- Den Springformboden einfetten, den Hefeteig auf bemehlter Unterlage ausrollen, den Boden damit auskleiden, einen 2 Finger hohen Rand formen, und den Teig zugedeckt warm stellen.
- Den Ofen vorheizen.
- Lauch, Möhren, Sellerie und Staudensellerie putzen, zerkleinern und 10 Minuten möglichst im zugedeckten Dampfeinsatz über Wasserdampf etwas vorgaren oder dünsten.
- Die Zwiebeln abziehen, würfeln und im heißen Öl hell dünsten.
- Das Hackfleisch zufügen und braten, bis es krümelig ist.
- Die Eier mit Sahne, Muskatnuß, Pfeffer und Salz verrühren und mit dem Gemüse und dem Hackfleisch vermengen.
- Die Mischung auf den Teig geben und glattstreichen.
- Die Tomaten waschen und achteln, dabei die Stielansätze entfernen. Die Achtel kranzförmig in die Gemüsemischung drücken.
- Die Form mit Alufolie zudecken und die Wähe backen.
- Nach 20 Minuten Backzeit die Alufolie abnehmen und die Hausfrauenwähe fertigbacken.

Ofentemperatur: 200 °C
Einschubhöhe: unten
Backzeit: 30–40 Minuten

Festliche Hühnerpastete

✗ preiswert

BLÄTTERTEIG • 1 BLECH = 4 PORTIONEN

Für den Blätterteig (S. 92)
400 g frischer, gekühlter oder TK-Blätterteig
Mehl zum Ausformen
1 Eigelb
2 EL Wasser
Alufolie, Backpapier, Küchenpapier

Für die Füllung
400–500 g Hühnerbrüstchen
350 ml Hühnerbrühe
300 g Champignons
1 EL Zitronensaft
30 g Butter oder Margarine
40 g Mehl
2 EL trockener Sherry
2–3 EL Schlagsahne
feingeriebene Muskatnuß
Salz
1–2 Eigelb

Für die Garnitur
1 gefüllte Olive
1 Stückchen rote Paprikaschote

- Den TK-Blätterteig bei Zimmertemperatur auftauen lassen.
- Das Blech befeuchten und mit Backpapier belegen.
- Die Hälfte des Blätterteiges auf bemehlter Unterlage etwa 3 mm dick zu einem fast blechgroßen Oval ausrollen und auf das Blech legen, dann mehrmals einstechen.
- 2 oder 3 Bogen Küchenpapier zusammenknüllen und mit Alufolie umhüllen, so daß ein gut faustgroßer Ball entsteht.
- Den Ball leicht oval flach drücken und auf die Teigmitte legen.
- Die zweite Teighälfte zu einem etwas größeren Oval ausrollen.
- Das Eigelb mit dem Wasser verschlagen, die Teigränder damit bepinseln, und die Teigplatte umgekehrt über den Aluball und auf den Teigboden legen. Die Ränder sorgfältig andrücken.
- Mit einem scharfen Messer die Konturen eines Huhns ausschneiden. Wer unsicher im freihändigen Ausschneiden von Tieren ist, sollte zuvor ein Papiermuster anfertigen. In Lexika oder Kinderbüchern gibt es dafür brauchbare Vorlagen. Dort, wo der Aluball ist, mit einem Ausstechförmchen ein 4–5 cm großes Loch ausstechen.
- Die Teigreste flach aufeinanderlegen, wieder ausrollen, einen recht großen Flügel ausschneiden und seitlich auf das Blech legen. Nach Belieben außerdem einen kleinen Kamm ausschneiden und auf den Kopf kleben. Die Oberfläche mit dem restlichen Eigelb bepinseln, dann mit einer Schere vom Schwanz her die obere Teigdecke etwas einschneiden.
- Das Huhn 30 Minuten kühl stellen, und den Ofen vorheizen.
- Die Hühnerbrüstchen in kochender Hühnerbrühe – nach Belieben aus Würfeln – kurz garen, herausnehmen, abkühlen lassen und mundgerecht schneiden.
- Die Champignons putzen – wenn nötig waschen und gut trocknen, sonst lediglich abreiben –, halbieren oder vierteln und mit Zitronensaft beträufeln, dann nur kurz in der Hühnerbrühe dünsten und abtropfen lassen.
- In einem Topf Butter oder Margarine erhitzen, und das Mehl kurz darin anschwitzen.
- Von der Hühnerbrühe 400 ml abmessen, unter Rühren zufügen, und eine helle Sauce bereiten.
- Die Hühnerstücke und Pilze darin erhitzen.
- Die Pastete backen, dann die Temperatur reduzieren und die Pastete noch 5–10 Minuten im Ofen trocknen lassen.
- Den Aluball mit dem Küchenpapier vorsichtig aus dem Loch ziehen, dafür notfalls das Loch mit einer Schere vergrößern.
- Das Hühnerfrikassee mit Sherry, Sahne, Muskat und Salz abschmecken, mit den Eigelben legieren und vorsichtig so in die heiße Hühnerpastete füllen, daß der Teigrand nicht verschmiert wird. Dann das Loch mit dem Flügel bedecken.
- Mit einer halben Olive ein Auge markieren und ein Stückchen rote Paprikaschote in den Schnabel stecken.
- Das restliche Frikassee in einer Schüssel dazu reichen.
- Die heiße Pastete gleich auftragen, weil sonst die Füllung die Umhüllung aufweicht.
- Den Flügel abheben, die Füllung herausnehmen und das Blätterteighuhn aufschneiden.

Ofentemperatur: 220 °C
Einschubhöhe: Mitte
Backzeit: 20–25 Minuten
und
Ofentemperatur: 160 °C
Einschubhöhe: Mitte
Trockenzeit: 5–10 Minuten

Variationen:
Statt einer großen können Sie auch mehrere kleine Pasteten backen, doch müssen Sie dann darauf achten, daß später genug Füllung hineinpaßt. Außerdem müssen in diesem Fall die Hühnerstückchen auch kleiner geschnitten werden.

Quiche Lorraine

- einfach
- preiswert
- gefriergeeignet

MÜRBETEIG • 1 SPRINGFORM (24 CM ⌀) = 8–12 STÜCKE/4–6 PORTIONEN

Für den Mürbeteig (S. 84)
200 g Weizenmehl Type 405
½ TL Salz
120 g Butter oder Margarine
1 Eigelb
1–2 EL Wasser
Butter oder Margarine
zum Einfetten
Backpapier und Hülsenfrüchte
zum Blindbacken

Für den Belag
1 Eiweiß zum Bepinseln
150 g Crème fraîche
oder Schlagsahne
3 Eier
1 Eigelb
feingeriebene Muskatnuß
gemahlener weißer Pfeffer
Salz
150 g magerer Schinken
oder Schinkenspeck, in Scheiben
200 g geriebener Emmentaler

- Für den Mürbeteig die kühlen Zutaten mit den Knethaken des Elektroquirls oder der Küchenmaschine etwa 45 Sekunden vermischen, rasch zu einem Teig verkneten und eingepackt 20 Minuten kühl stellen.
- Den Boden der Form einfetten.
- Den Teig ausrollen und den Boden und einen 3–4 Finger hohen Rand damit auslegen.
- Den Teig einige Male einstechen und 10 Minuten kühl stellen.
- Den Ofen vorheizen.
- Den Teig mit Backpapier und Hülsenfrüchten bedecken und 10–12 Minuten blindbacken.
- Die Hülsenfrüchte und das Backpapier entfernen und etwas Eiweiß auf den Boden streichen.
- Für den Belag Crème fraîche oder Sahne mit Eiern, Eigelb und Gewürzen verschlagen, dabei nur sparsam salzen.
- Den Schinken oder Schinkenspeck von Fett und Schwarten befreien und in Stücke schneiden.
- Zunächst Schinken und Käse auf dem Boden verteilen, dann die Eiersahne darüber gießen.
- Die Quiche 25–35 Minuten backen, dabei eventuell zwischendurch 10 Minuten zudecken, weil sie sonst zu dunkel wird.
- Die fertige Quiche aus der Form lösen und heiß servieren.

Ofentemperatur: 180 °C
Einschubhöhe: Mitte
Backzeit: 10–12 Minuten
und
Ofentemperatur: 180 °C
Einschubhöhe: Mitte
Backzeit: 25–35 Minuten

Variation:
Quiche Lorraine wird in Frankreich auch mit Blätterteig gebacken.
Hinweis:
Um den Schinken zu entsalzen, können Sie ihn kurz in kochendem Wasser blanchieren.

Schweizer Käsequiche

- ✗ einfach
- ✗ preiswert
- ✗ gefriergeeignet

MÜRBETEIG • 1 PIEFORM (26 CM ⌀) = 6–12 STÜCKE/4–6 PORTIONEN

Für den Mürbeteig (S. 84)
200 g Weizenmehl Type 405
½ TL Salz
75 g Butterschmalz oder Schmalz
5–6 EL Wasser
Butter, Margarine zum Einfetten
Backpapier und Hülsenfrüchte zum Blindbacken

Für den Belag und den Guß
250 g Greyerzer
150 g Crème fraîche
oder Schlagsahne
150 ml Milch
2 Eier, 1 Eigelb
gemahlener weißer Pfeffer, Salz
gehackte Petersilie, nach Belieben

- Die Form vorbereiten; aus den Zutaten wie links beschrieben den Mürbeteig herstellen und kühl stellen, anschließend den Teig in die Form geben, einige Male mit einer Gabel einstechen und erneut kühlen.
- Den Ofen vorheizen.
- Den Teig mit Backpapier und Hülsenfrüchten 10–12 Minuten blindbacken, dann Hülsenfrüchte und Papier wieder entfernen.
- Den Käse grob raffeln und auf dem Teig verteilen.
- Die Crème fraîche oder Sahne mit Milch, Eiern, Eigelb und Gewürzen verschlagen und darauf gießen.
- Die Käsequiche im Ofen fertigbacken, dabei eventuell nach 15 Minuten zudecken.
- Die heiße Quiche in der Form auf den Tisch stellen und nach Belieben mit Petersilie bestreuen.

Ofentemperatur: 200 °C
Einschubhöhe: Mitte
Backzeit: 10–12 Minuten
und
Ofentemperatur: 200 °C
Einschubhöhe: unten
Backzeit: 25–35 Minuten

Variationen:
Den Guß können Sie zusätzlich mit 1–2 zerdrückten Knoblauchzehen oder gemischten Kräutern würzen.

Gut zu wissen:
Für eine Fettpfanne benötigen Sie die doppelte Zutatenmenge.
In England, Frankreich und der Schweiz wird Mürbeteig sehr oft ohne Eizugabe gebacken – dadurch ist er mürber und krümeliger. Sie können statt 2–3 EL Wasser 1–2 Eigelbe oder 1 Ei zufügen.

PASTETEN, PIZZEN UND WÄHEN

Spinatquiche

- einfach
- schnell
- preiswert

MÜRBETEIG • 1 SPRINGFORM (26 CM ⌀) = 8–12 STÜCKE/4–6 PORTIONEN

Für den Mürbeteig (S. 84)
200 g Weizenmehl Type 405
½ TL Salz
100 g Butter oder Margarine
1 Eigelb
2 EL Wasser
Backpapier oder Butter
bzw. Margarine zum Einfetten
Backpapier und Hülsenfrüchte
zum Blindbacken

Für den Belag und die Garnitur
600 g TK-Blattspinat
1 Zwiebel
1 Knoblauchzehe, nach Belieben
50 g Edelpilzkäse,
z. B. Roquefort
100 g saure Sahne
100 g Schlagsahne
3 Eier
1 Eiweiß
2 EL geriebener Parmesan

feingeriebene Muskatnuß
gemahlener weißer Pfeffer
Salz
2 EL Mandelblättchen
oder Pinienkerne

- Für den Belag den Spinat auftauen lassen und ausdrücken.
- Für den Mürbeteig die kühlen Zutaten mit den Knethaken des Elektroquirls oder der Küchenmaschine kurz vermischen, rasch zu einem Teig verkneten und eingepackt 20 Minuten kühl stellen.
- Die Form befeuchten, mit Backpapier belegen oder fetten.
- Mit dem Teig den Boden und einen 2–3 Finger hohen Rand der Form auskleiden, einige Male einstechen und 20 Minuten kühlen.

- Den Ofen vorheizen.
- Den Teig mit Backpapier und Hülsenfrüchten bedecken und 10–12 Minuten blindbacken.
- Zwiebel und nach Belieben Knoblauch abziehen und würfeln.
- Den Edelpilzkäse zerdrücken und mit saurer und süßer Sahne, den Eiern, ½ Eiweiß, Parmesan und Gewürzen verschlagen.
- Die Hülsenfrüchte und das obere Backpapier vom vorgebackenen Boden entfernen.
- Das restliche Eiweiß auf den Boden streichen, und den Spinat mit den Zwiebel- und Knoblauchwürfeln sowie Salz darauf geben.
- Die Käsemischung darüber gießen und mit den Mandelblättchen oder Pinienkernen bestreuen.
- Die Spinatquiche 30–35 Minuten backen und heiß in der Form auf den Tisch stellen.

Ofentemperatur: 180 °C
Einschubhöhe: Mitte
Backzeit: 10–12 Minuten
und
Ofentemperatur: 180 °C
Einschubhöhe: Mitte
Backzeit: 30–35 Minuten

Variation:
Statt Spinat können Sie auch blanchierte, grobgehackte Brokkoliröschen nehmen und außerdem einige kleine, in Achtel geschnittene Tomaten oder halbierte Cocktailtomaten mit der Schnittfläche nach unten auf das Gemüse setzen.
Hinweis:
Für ein großes Blech oder die Fettpfanne benötigen Sie die doppelte Zutatenmenge.

Italienische Tomatenquiche

× einfach
× schnell
× preiswert

MÜRBETEIG • 1 PIE-/SPRINGFORM (26 CM ⌀) = 8–12 STÜCKE/4–6 PORTIONEN

Für den Mürbeteig (S. 84)
250 g Mehl
½ TL Salz
50 g Butter oder Margarine
3 EL Öl, z. B. Olivenöl
1 Ei
Backpapier oder Butter
bzw. Margarine zum Einfetten
Mehl zum Ausrollen
Backpapier und Hülsenfrüchte
zum Blindbacken

Für den Belag
150 g roher Schinken
150 g Räucherkäse
500 g Fleischtomaten
300 g Ricotta oder Schichtkäse
100 g feingeriebener Parmesan
2 Eier
1 EL Olivenöl
½ TL gerebelter Oregano
gemahlener weißer Pfeffer, Salz
je 1–2 feingehackte Knoblauchzehen und Peperoni, nach Belieben
4 Basilikumzweige

• Die Zutaten für den Mürbeteig mit den Knethaken des Elektroquirls oder der Küchenmaschine knapp 1 Minute vermengen, zu einer flachen Kugel zusammendrücken und eingepackt kühlen.
• Die Pie- oder Springform befeuchten und mit Backpapier belegen oder einfetten.
• Den Teig auf bemehlter Fläche ausrollen, den Boden und einen 3 Finger hohen Rand der Form damit auskleiden, mehrmals einstechen und wieder kühl stellen.
• Den Ofen vorheizen.
• Den Boden mit Backpapier und Hülsenfrüchten belegen und blindbacken, dann die Hülsenfrüchte und das Papier entfernen, und den Ofen zurückschalten.
• Schinken und Räucherkäse in kleine Stücke schneiden.
• Die Tomaten grob zerkleinern, dabei den Saft etwas auspressen.
• Ricotta oder Schichtkäse durchsieben und mit Parmesan, Eiern, Öl und Gewürzen verschlagen.
• Schinken-, Käse- und Tomatenstücke vorsichtig daruntermengen und nach Belieben mit feingehacktem Knoblauch und Peperoni abschmecken.
• Die Masse auf den Boden streichen, und die Quiche backen, dabei die Oberfläche nach 15 Minuten mit Backpapier zudecken.
• Die Basilikumblättchen erst ganz zum Schluß über der Quiche zerzupfen; das zarte Grün sollte nicht geschnitten werden.

Ofentemperatur: 220 °C
Einschubhöhe: Mitte
Backzeit: 10–12 Minuten
und
Ofentemperatur: 160 °C
Einschubhöhe: Mitte
Backzeit: 25–35 Minuten

Rosmarintarte

- einfach
- schnell
- preiswert
- gefriergeeignet

MÜRBETEIG • 1 SPRINGFORM (24–26 CM ⌀) = 8–12 STÜCKE/4–6 PORTIONEN

Für den Mürbeteig (S. 84)
200 g Weizenmehl Type 405
50 g feines Weizenvollkornmehl Type 1700
½ TL Backpulver
½ TL Salz
125 g Butter oder Margarine
1 Ei
1–2 EL Wasser
Backpapier oder Butter bzw. Margarine zum Einfetten
Mehl zum Ausrollen
Backpapier und Hülsenfrüchte zum Blindbacken

Für den Belag
500 g Zwiebeln
5 Knoblauchzehen, nach Belieben
2 EL Olivenöl
500 g Quark, 20 % Fett i. Tr.
100 g geriebener Hartkäse, z. B. Emmentaler, mittelalter Gouda
2 Eier
1 Eigelb
2 EL Milch
1–3 EL feingehackter Rosmarin
gemahlener weißer Pfeffer
Salz
1 Eiweiß

- Für den Mürbeteig die kühlen Zutaten in einer Schüssel mit den Knethaken des Elektroquirls oder der Küchenmaschine etwa 45 Sekunden vermischen, rasch zu einem Teig verkneten und eingepackt 20 Minuten kühl stellen.
- Den Boden der Form befeuchten und mit Backpapier belegen oder einfetten.
- Den Teig auf bemehlter Unterlage ausrollen und in die Form geben, dabei einen 2 Finger hohen Rand formen, einige Male einstechen und erneut kühl stellen.
- Den Ofen vorheizen.
- Den Teig mit Backpapier und Hülsenfrüchten bedecken und 10–12 Minuten blindbacken.
- Inzwischen für den Belag die Zwiebeln abziehen, halbieren und in dünne Scheiben schneiden.
- Den Knoblauch nach Belieben abziehen und kleinhacken.
- Das Olivenöl in einer Pfanne erhitzen und Zwiebel und Knoblauch darin bei mäßiger Wärmezufuhr hell dünsten – der Pfanneninhalt soll nicht bräunen –, dann auskühlen lassen.
- Den Quark mit Käse, Eiern, Eigelb, Milch und Gewürzen verrühren.

Rosmarintarte

Lauch-Vollkorn-Pastete

- Die Zwiebel-Knoblauch-Mischung dazugeben.
- Die Hülsenfrüchte und das obere Backpapier vom vorgebackenen Boden entfernen.
- Das Eiweiß auf den Boden streichen, dann den Belag darauf geben und glätten.
- Die Rosmarintarte 25–35 Minuten backen, vorsichtig aus der Form lösen, auf eine Platte geben und warm servieren.

Ofentemperatur: 180 °C
Einschubhöhe: Mitte
Backzeit: 10–12 Minuten
und
Ofentemperatur: 180 °C
Einschubhöhe: Mitte
Backzeit: 25–35 Minuten

Variationen:
Statt Zwiebeln können Sie weiße Lauchringe in Öl dünsten und den Rosmarin ganz oder teilweise durch gemischte Kräuter oder Petersilie ersetzen.
Hinweis:
Für ein großes Blech oder die Fettpfanne benötigen Sie die doppelte Zutatenmenge.

Vollkornpastete mit Lauch

× einfach
× preiswert
× gefriergeeignet

MÜRBETEIG/BLÄTTERTEIG • 1 PIE-/SPRINGFORM (24–26 CM ⌀) = 8–10 STÜCKE

Für den Mürbeteig (S. 84)
125 g Weizenmehl Type 405
50 g feines Weizenvollkornmehl Type 1700
½ TL Salz
80 g Butter oder Margarine
1 Eigelb
2 EL Wasser
Butter oder Margarine zum Einfetten
Mehl zum Ausrollen
Backpapier und Hülsenfrüchte zum Blindbacken

Für den Belag
50 g magerer geräucherter Speck
1 kg Lauch
½ rote Paprikaschote
3 Eier
100 g Schlagsahne
75 g Joghurt oder Magerquark
100 g geriebener Emmentaler
¼ TL feingeriebene Muskatnuß
gemahlener weißer Pfeffer, Salz

Für die Blätterteigdecke
250 g frischer, gekühlter oder TK-Blätterteig
Mehl zum Ausrollen

- Wie links beschrieben aus den Zutaten den Mürbeteig zubereiten und kühl stellen.
- Die Form vorbereiten, den Teig ausrollen, in die Form geben, einstechen und erneut kühl stellen.
- Den Ofen vorheizen, und den Teig 10–12 Minuten blindbacken.
- Für den Belag den Speck würfeln, in der Pfanne auslassen und wieder herausnehmen.
- Den Lauch putzen und waschen. Das Weiße in fingerbreite Ringe schneiden, im verbliebenen Fett mit wenig Wasser bei geringer Wärmezufuhr dünsten und in einem Sieb gut abtropfen lassen.
- Die Paprikaschote putzen, waschen und in Ringe schneiden.
- 2 Eier und 1 Eiweiß mit Sahne, Joghurt oder Quark, Käse und Gewürzen verschlagen.
- Speckwürfel, Lauch und Paprika dazugeben, die Mischung auf den vorgebackenen Boden füllen und glattstreichen.
- Den Blätterteig kreisrund 1 cm größer als die Form ausrollen.
- Den Rand mit verschlagenem Eigelb bestreichen, die Platte umgedreht auf die Füllung legen, und den Rand andrücken.
- Die Oberfläche mit verschlagenem Eigelb bestreichen und einige Male einstechen, so daß der Dampf entweichen kann.
- Aus den Teigresten Verzierungen ausstechen und mit verschlagenem Eigelb darauf kleben.
- Die Pastete backen. Wenn nach 20–25 Minuten die Oberfläche hellbraun ist, die Temperatur reduzieren.
- Die Pastete für mindestens weitere 10 Minuten im Ofen belassen, damit der Blätterteig trocknet.

Ofentemperatur: 220 °C
Einschubhöhe: Mitte
Backzeit: 10–12 Minuten
und
Ofentemperatur: 220 °C
Einschubhöhe: Mitte
Backzeit: 20–25 Minuten
und
Ofentemperatur: 160 °C
Einschubhöhe: Mitte
Trockenzeit: 10–12 Minuten

Variationen:
Sie können statt des Specks 100 g gekochte Schinkenwürfel und statt des Reibkäses die gleiche Menge Edelpilzkäse unter die Mischung rühren.
Hinweis:
Zum Einfrieren den Boden blindbacken und den Lauch dünsten. Nach dem Auftauen den Lauch mit den übrigen frischen Belagzutaten vermengen und auf den Boden geben.

Lauchtarte

× einfach
× schnell
× preiswert
× gefriergeeignet

QUARK-ÖL-TEIG • 1 SPRINGFORM (28 CM ⌀) = 8–12 STÜCKE/4–6 PORTIONEN

Für den Quark-Öl-Teig (S. 100)
250 g Magerquark
250 g Weizenmehl Type 405
1 Päckchen Backpulver
½ TL Salz
1 Ei
4 EL Öl, z. B. Sonnenblumenöl
Butter oder Margarine
zum Einfetten
Mehl zum Ausrollen
Alufolie zum Zudecken

Für den Belag
1 kg Lauch
150 g Schinkenspeck
150 g Crème fraîche
3 Eier
1 Eigelb
100 g geriebener Emmentaler
¼ TL feingeriebene Muskatnuß
gemahlener weißer Pfeffer, Salz
1 Eiweiß zum Bepinseln

• Den Quark in einem feinmaschigen Sieb über Nacht gut abtropfen lassen, dann 175 g davon abwiegen und den Rest anderweitig verwerten.

• Die Zutaten für den Quark-Öl-Teig mit den Knethaken des Elektroquirls oder der Küchenmaschine knapp 1 Minute miteinander vermengen, dann den Teig mit der Hand zu einem Kloß zusammendrücken und etwa 30 Minuten zugedeckt kühl stellen.

• Den Boden der Form einfetten, und den Ofen vorheizen.

• Für den Belag den Lauch putzen, waschen, sehr gut abtropfen lassen und in daumenbreite Ringe schneiden.

• Den Schinkenspeck würfeln, auslassen und den Lauch darin etwa 10 Minuten dünsten, dann sehr gut abtropfen lassen.

• Die Crème fraîche mit Eiern, Eigelb, Käse und Gewürzen verschlagen.

• Den Teig auf bemehlter Unterlage ausrollen, den Boden und einen 4 cm hohen Rand der Form damit auskleiden, dann einige Male mit der Gabel einstechen und mit Eiweiß bepinseln.

• Den Lauch darauf geben, und die Eimischung darüber gießen.

• Die Tarte sofort im Ofen bakken, dabei nach 10 Minuten mit Alufolie zudecken, weil sonst die Oberfläche zu dunkel wird. Während der letzten 5 Minuten die Folie wieder abnehmen.

• Die Tarte vorsichtig aus der Form lösen und servieren.

Ofentemperatur: 200 °C
Einschubhöhe: unten
Backzeit: 25–30 Minuten

Hinweis:
Eine Lauchtarte in der Fettpfanne erfordert die doppelte Zutatenmenge.

PASTETEN, PIZZEN UND WÄHEN 593

Hackfleischrolle

- einfach
- schnell
- preiswert
- gefriergeeignet

QUARK-ÖL-TEIG • 1 BLECH = 8–12 STÜCKE/4–6 PORTIONEN

Für den Quark-Öl-Teig (S. 100)
Zutaten wie für die Lauchtarte (siehe links), aber Backpapier zum Ausrollen

Für die Füllung
1 Brötchen
2 Zwiebeln
1 Knoblauchzehe
1 EL Öl
400 g mageres gemischtes Hackfleisch von Rind und Schwein
1 Ei
gerebelter Basilikum oder Oregano
gemahlener schwarzer Pfeffer
Salz
200 g konservierte Tomaten-Paprika-Streifen
2 EL Milch zum Bepinseln

• Den Quark-Öl-Teig wie links beschrieben mit gut abgetropftem Quark zubereiten und nur kurz verkneten.
• Das Blech einfetten, und den Ofen vorheizen.
• Für die Füllung das Brötchen in reichlich Wasser einweichen und gut ausdrücken.
• Zwiebeln und Knoblauch abziehen und klein würfeln.
• Das Öl erhitzen, die Würfel darin andünsten, dann mit Brötchen, Hackfleisch und Ei mit den Knethaken des Elektroquirls vermischen und würzen.
• Den Teig auf Backpapier zu einem 35×40 cm großen Rechteck ausrollen, und die Füllung gleichmäßig darauf verteilen; dabei den hinteren Rand etwas frei lassen.
• Die Tomaten-Paprika-Streifen abtropfen lassen und auf die Füllung geben.
• Den Teig mit Hilfe des Backpapiers aufrollen, mit der Nahtstelle nach unten auf das Blech legen, mit Milch bepinseln, und die Seiten einschlagen und zudrücken.
• Die Rolle im Ofen goldbraun backen und mit Tomatensauce und grünem Salat servieren.

Ofentemperatur: 200 °C
Einschubhöhe: unten
Backzeit: 40–45 Minuten

Festliche Lachspastete

BLÄTTERTEIG • 1 BLECH = 4 PORTIONEN

Für den Blätterteig (S. 92)
500 g frischer, gekühlter oder TK-Blätterteig
Mehl zum Ausformen
1 Eigelb
2 EL Wasser
Backpapier, Küchenpapier

Für die Füllung
400 g frischer oder TK-Blattspinat
feingeriebene Muskatnuß
Salz
100 g Champignons
2 EL Zitronensaft
300 g Lachsfilet
300 g weißes Fischfilet, z.B. Scholle oder Seezunge

Für die Garnitur
½ gefüllte Olive
1–2 Dillzweige
1 Zitrone

- TK-Blätterteig bei Zimmertemperatur auftauen lassen.
- Das Blech befeuchten und mit Backpapier belegen.
- Wenn freihändiges Zeichnen schwerfällt, auf Papier einen ovalen Fisch mit Kopf, Schwanz und großen Flossen in Blechgröße zeichnen und ausschneiden.
- Die Hälfte des Blätterteiges auf bemehlter Unterlage etwa 3 mm dick zu einem länglichen Oval in Blechgröße ausrollen und auf das Blech legen. Den Teig einige Male einstechen und kühl stellen.
- Den Ofen vorheizen.
- Frischen Spinat putzen, waschen, 3–4 Minuten in reichlich kochendem Wasser blanchieren und abtropfen lassen. TK-Spinat auftauen und abtropfen lassen.
- Die Spinatblätter gut ausdrücken, in 2–3 Lagen übereinander als etwa 40 × 40 cm großes Rechteck auf Backpapier ausbreiten und mit Muskatnuß und Salz würzen.
- Die Champignons putzen, wenn nötig waschen und gut trocknen, dann sehr klein hacken, mit etwas Zitronensaft beträufeln, salzen und als 3 Finger breiten Streifen auf das mittlere Drittel des Spinats verteilen.
- Das Fischfilet von Gräten befreien, schnell waschen und mit Küchenpapier trocknen. Nach Bedarf die Stücke etwas abflachen, dann mit Zitronensaft beträufeln, salzen und schichtweise – erst rot, dann weiß – auf die Pilze legen.
- Den Spinat über dem Fisch zusammenlegen, und das Gemüse-Fisch-Paket mit Hilfe des Backpapiers auf den Teig geben.
- Das Eigelb mit dem Wasser verschlagen, und die Teigränder damit bestreichen.
- Die zweite Teigportion zu einem etwas größeren Oval ausrollen und auf die untere Teigplatte mit dem Spinat und Fisch legen, die Ränder sorgfältig andrücken.
- Mit einem Messer – eventuell mit Hilfe der Schablone – einen Fisch mit Kopf, Schwanz und großen Flossen ausschneiden.
- Aus den Teigresten Schuppen schneiden oder ausstechen.
- Die Oberfläche mit dem verschlagenen Eigelb bepinseln, die Schuppen auflegen, und die Oberfläche erneut bepinseln.
- Ein Auge sowie das Maul markieren. Durch das Loch zieht der Dampf ab, dadurch wird die Teigdecke schön knusprig.
- Die Pastete backen, dann die Temperatur reduzieren; die Pastete noch 5–10 Minuten im Ofen trocknen lassen.
- Zum Servieren das Auge mit einer halben Olive markieren, und Zitronenschnitze und Dillzweige dazulegen.
- Die Pastete quer in breite Streifen schneiden, damit die verschiedenen Farben der Füllung zur Geltung kommen.

Ofentemperatur: 220 °C
Einschubhöhe: Mitte
Backzeit: 20–25 Minuten
und
Ofentemperatur: 160 °C
Einschubhöhe: Mitte
Trockenzeit: 5–10 Minuten

Variationen:
Die Spinatblätter können Sie durch blanchierte zarte Wirsingblätter, deren Blattrippen abgeflacht wurden, ersetzen.
Statt eine große Pastete herzustellen, können Sie ebensogut mehrere kleine Fischpastetchen backen, doch müssen Sie dabei den Teig ziemlich dünn ausrollen und darauf achten, daß genug Füllung hineinpaßt.
Anstelle von Fischfilet können Sie die Pasteten auch mit großen Garnelen füllen. TK-Ware muß völlig auftauen und gut abtropfen, damit die Füllung den Teig nicht durchweicht.
Hinweise:
Dill-Sahne- oder Zitronenschaumsaucen sind ideale Ergänzungen.
Für den Heiligen Abend ist dieses Rezept eine festliche und praktische Bewirtung, denn die Pastete kann sehr gut vorbereitet werden. Geben Sie jedoch die abgetropfte Füllung erst im letzten Moment auf den Teig.

Allgäuer Krautstrudel

x schnell
x preiswert

STRUDELTEIG • 1 BLECH ODER 1 FORM = 15 STÜCKE/6–8 PORTIONEN

Für den Strudelteig (S. 96)
350 g doppelgriffiges Weizenmehl Type 405 oder 550
¼ TL Salz
1 Ei oder 2 Eigelb, Gewichtsklasse 4
3 EL Öl, z. B. Sonnenblumenöl
knapp 125 ml warmes Wasser
1 EL Essig oder Zitronensaft
Öl zum Bepinseln
150 g Butter oder Margarine zum Einfetten und Bestreichen
Mehl zum Ausrollen
100 ml Brühe oder Weißwein zum Begießen, nach Belieben
eventuell Alufolie zum Abdecken

Für die Füllung
200–300 g magerer geräucherter Speck
600 g Sauerkraut
1 EL Kümmel, nach Belieben
125 ml Brühe oder trockener Weißwein, z. B. Riesling

- Eine Schüssel oder einen Topf anwärmen.
- Für den Strudelteig die Zutaten in einer zweiten Schüssel mit den Knethaken des Elektroquirls oder den Fingerspitzen vermengen.
- Den Strudelteig 10 Minuten kräftig von Hand kneten, zu 2–3 Kugeln formen und mit Öl bepinseln.
- Die Teigkugeln mit dem angewärmten Gefäß bedecken oder in einem Gefrierbeutel an warmer Stelle mindestens 30 Minuten quellen lassen.
- Die Form einfetten, und den Ofen vorheizen.
- Ein feuerfestes Schälchen mit heißem Wasser auf den Ofenboden stellen.
- Inzwischen für die Füllung den Speck würfeln und in einem Topf hell anbraten.
- Das Sauerkraut kleinhacken und dazugeben, nach Belieben Kümmel beifügen.
- Brühe oder trockenen Weißwein dazugießen, und das Kraut zugedeckt 10 Minuten bei mäßiger Hitze schmoren lassen. Dosenware braucht nicht zusätzlich gegart zu werden.
- Das Kraut abschmecken und in einem Sieb abtropfen lassen.
- Den Teig portionsweise auf einem bemehlten Tuch ausrollen und mit den Handrücken papierdünn zu Rechtecken ausziehen.
- Butter oder Margarine zerlassen, und den Teig mit einem Teil davon bestreichen.
- Die Füllung so auf die Strudelblätter geben, daß die Seiten und die hinteren Ränder frei bleiben, dann die Ränder anfeuchten.
- Die Strudel mit Hilfe des Tuches aufrollen und in etwa 6 cm lange Stücke schneiden.
- Die Rollen aufrecht so in die Form setzen, daß sie nicht zu eng aneinanderstehen, und mit dem restlichen Fett bestreichen.
- Die Strudel backen. Falls sie zu schnell dunkeln, die Oberfläche mit Alufolie bedecken. Die Rollen nach Belieben alle 10 Minuten mit Brühe oder Wein begießen.
- Die Strudel heiß in der Form servieren.

Ofentemperatur: 225 °C
Einschubhöhe: Mitte
Backzeit: 35–45 Minuten

Variation:
Böhmische Krautstrudel werden auf gleiche Weise mit frischem, feingehobeltem und angedünstetem Weißkohl als große Strudel – also unzerschnitten – in der Auflaufform gebacken.

Schweizer Wirzstrudel

✗ schnell
✗ preiswert

STRUDELTEIG • 1 BLECH ODER 1 FORM = 18 STÜCKE/6–8 PORTIONEN

Für den Strudelteig (S. 96)
Zutaten wie für den Allgäuer Krautstrudel (siehe links)

Für die Füllung
750 g Quark
200 g durchwachsener geräucherter Speck
2 Eier
1 kg Wirsing
1 Knoblauchzehe, nach Belieben feingeriebene Muskatnuß, Salz
6 dünne, lange Möhren

- Den Quark über Nacht in einem Sieb gut abtropfen lassen.
- Wie links beschrieben den Strudelteig zubereiten und quellen lassen.
- Die Form einfetten, den Ofen vorheizen, und eine Schale mit heißem Wasser hineinstellen.
- Für die Füllung den Speck würfeln, hell auslassen und mit dem Quark und den Eiern verschlagen.
- Den Wirsing waschen, sehr fein hobeln oder schneiden, 2–3 Minuten blanchieren, gut abtropfen lassen und hinzufügen.
- Die Mischung nach Belieben mit zerdrücktem Knoblauch und Muskat und Salz abschmecken.
- Die Möhren schälen und längs in 4–5 mm dicke Stifte schneiden.
- Den Strudelteig – wie beschrieben – portionsweise ausrollen, ausziehen, mit Fett bestreichen, und die Füllung darauf verteilen.
- Die Möhrenstreifen in der späteren Längsrichtung der Strudel darauf legen.
- Die Ränder anfeuchten, die Strudel aufrollen, und die Ränder zusammendrücken.
- Die Strudel in die Form gleiten lassen, und die Oberfläche einige Male einstechen.
- Die Strudel mit dem restlichen Fett bestreichen, im Ofen backen und zwischendurch nach Belieben mit Brühe oder Wein begießen.
- Die Strudel 2–3 Minuten ruhen lassen, dann aufschneiden.

Ofentemperatur: 225 °C
Einschubhöhe: Mitte
Backzeit: 35–45 Minuten

Hinweis:
Die Wirzstrudel können Sie nach Belieben mit einer würzigen Speck-Zwiebel-Sauce servieren.

Hätten Sie's gewußt?
Wirzstrudel ist eine Schweizer Spezialität, die dort oft mit Wurstwürfeln angereichert wird.

Schinkenstrudel mit Brokkoli

x schnell
x preiswert

STRUDELTEIG • 1 BLECH ODER 1 FORM = 18 STÜCKE/6–8 PORTIONEN

Für den Strudelteig (S. 96)
350 g doppelgriffiges Weizenmehl
Type 405 oder 550
¼ TL Salz
1 Ei oder 2 Eigelb, Gewichtsklasse 4
3 EL Öl, z. B. Sonnenblumenöl
knapp 125 ml warmes Wasser
1 EL Essig oder Zitronensaft
Öl zum Bepinseln
150 g Butter oder Margarine
zum Einfetten und Bestreichen
Mehl zum Ausrollen
100 ml Milch oder Schlagsahne
zum Begießen, nach Belieben
1 Tomate zum Garnieren

Für die Füllung
1,5 kg Brokkoli
300 g gekochter Schinken
20 g Butter oder Margarine
3 Eier
1 EL Speisestärke
200 g Crème fraîche
6 EL feingeriebener Parmesan
feingeriebene Muskatnuß
gemahlener weißer Pfeffer, Salz

• Eine Schüssel oder einen Topf anwärmen.
• Für den Strudelteig die Zutaten in einer zweiten Schüssel mit den Knethaken des Elektroquirls oder den Fingerspitzen vermengen.
• Den Teig 10 Minuten kräftig mit den Händen kneten und schlagen, zu 2–3 Kugeln formen und mit Öl bepinseln.
• Die Teigkugeln mit dem angewärmten Gefäß bedecken oder in einem Gefrierbeutel an einem warmen Ort mindestens 30 Minuten quellen lassen.
• Das Blech oder die Form einfetten, und den Ofen vorheizen. Ein feuerfestes Schälchen mit heißem Wasser auf den Boden stellen.
• Inzwischen für die Füllung den Brokkoli putzen, waschen, und die Röschen grob hacken.
• Den Schinken ohne Schwarten in schmale Streifen schneiden und in heißer Butter oder Margarine etwas anbraten.
• Die Eier mit der Stärke, Crème fraîche, Parmesan, Gewürzen und Salz verrühren, den Brokkoli und den Schinken dazugeben, und die Füllung abschmecken.
• Den Teig portionsweise auf einem bemehlten Tuch ausrollen und dann mit den Handrücken zu papierdünnen Rechtecken ausziehen.
• Butter oder Margarine zerlassen, und den Teig mit einem Teil davon bestreichen.

PASTETEN, PIZZEN UND WÄHEN 599

- Die Füllung so auf den Teig verteilen, daß die Seiten und die hinteren Ränder frei bleiben.
- Die Ränder anfeuchten, und die Strudel mit Hilfe des Tuches aufrollen, dann die Ränder zusammendrücken.
- Die Strudel so auf das Blech oder in die Form gleiten lassen, daß die Nahtstellen unten liegen, und die Oberfläche einstechen.
- Die Strudel mit der restlichen zerlassenen Butter oder Margarine bestreichen, backen und nach Belieben alle 10 Minuten mit Milch oder Sahne begießen.
- Nach dem Backen die Strudel 2–3 Minuten ruhen lassen und anschließend in etwa 5 cm breite Stücke schneiden.
- Die Tomate waschen und in Schnitze schneiden, dabei die Stielansätze entfernen, und die Tomatenschnitze beim Anrichten dazulegen.

Ofentemperatur: 225 °C
Einschubhöhe: Mitte
Backzeit: 35–40 Minuten

Variationen:
Statt Schinken können Sie Lachsstreifen oder Kasseler nehmen.

Käsestrudel

× schnell
× preiswert

STRUDELTEIG • 1 BLECH ODER 1 FORM = 12–30 STÜCKE/6–8 PORTIONEN

Für den Strudelteig (S. 96)
Zutaten wie für den Schinkenstrudel mit Brokkoli (siehe links)

Für die Füllung
30 g Butter oder Margarine
3 Eier
1 EL Speisestärke
40 g feingeriebener Parmesan
200 g feingeriebener mittelalter Gouda
Salz
edelsüßes Paprikapulver
2 EL feingehackte Petersilie
300 g TK-Erbsen, nach Belieben

- Den Strudelteig wie links beschrieben herstellen, quellen lassen, Blech oder Form vorbereiten, und den Ofen vorheizen.
- Inzwischen für die Füllung die Butter oder Margarine mit Eiern und Stärke schaumig rühren.
- Den Käse dazugeben und mit Salz, Paprika und Petersilie abschmecken.
- Nach Belieben angetaute TK-Erbsen daruntermischen.
- Den Strudelteig wie links beschrieben portionsweise ausziehen und mit Fett bestreichen, dann die Füllung darauf verteilen.
- Die Strudel aufrollen, in die Form legen, einstechen, mit Fett bestreichen, im Ofen backen und nach Belieben alle 10 Minuten mit Milch oder Sahne begießen.
- Nach dem Backen die Strudel 2–3 Minuten ruhen lassen, dann in 2–5 cm breite Stücke schneiden und mit Tomatensauce, Tomatenachteln und Salat servieren.

Ofentemperatur: 225 °C
Einschubhöhe: Mitte
Backzeit: 30–35 Minuten

Variationen:
Anstatt der genannten Käsesorten können Sie auch Edelpilzkäse und statt TK-Erbsen beliebige leicht garende TK-Gemüse oder -Gemüsemischungen nehmen.

Syrischer Spinatstrudel

x schnell
x preiswert

STRUDELTEIG • 1 BLECH ODER 1 FORM = 12–18 STÜCKE/6–8 PORTIONEN

Für den Strudelteig (S. 96)
350 g doppelgriffiges Weizenmehl Type 405 oder 550
¼ TL Salz
1 Ei oder 2 Eigelb, Gewichtsklasse 4
3 EL Öl, z. B. Olivenöl
knapp 125 ml warmes Wasser
1 EL Essig oder Zitronensaft
Öl zum Bepinseln
150 g Butter oder Margarine zum Einfetten und Bestreichen
Mehl zum Ausrollen
100 ml Milch oder Schlagsahne, nach Belieben
2 Scheiben Käse, z. B. mittelalter Gouda, zum Gratinieren

Für die Füllung
600 g TK-Blattspinat
1 Zwiebel
1 Knoblauchzehe
1 EL Öl, z. B. Olivenöl
1–2 EL heller Instantsoßenbinder
3 Eigelb
2 EL Parmesan
250 g salzarmer Schafskäse, z. B. Feta

- Für die Füllung den TK-Spinat auftauen lassen.
- Eine Schüssel oder einen Topf anwärmen.
- Für den Strudelteig die Zutaten in einer zweiten Schüssel mit den Knethaken des Elektroquirls oder den Fingerspitzen vermengen.
- Den Teig 10 Minuten kräftig von Hand kneten und schlagen, zu 2–3 Kugeln formen und mit Öl bepinseln.
- Die Teigkugeln mit dem angewärmten Gefäß bedecken oder in einem Gefrierbeutel an einem warmen Ort mindestens 30 Minuten quellen lassen.

- Das Blech oder die Form einfetten, und den Ofen vorheizen. Ein feuerfestes Schälchen mit heißem Wasser auf den Boden stellen.
- Für die Füllung Zwiebel und Knoblauch abziehen, kleinschneiden und im Öl glasig dünsten.
- Den Spinat etwas ausdrücken, den Soßenbinder dazugeben und kurz aufkochen.
- Das Gemüse etwas abkühlen lassen, dann Eigelbe und Parmesan darunterrühren.
- Den Teig portionsweise auf einem bemehlten Tuch ausrollen und mit den Handrücken papierdünn zu Rechtecken ausziehen.
- Die Butter oder Margarine zerlassen, und den Teig mit einem Teil davon bestreichen.

- Den Spinat so auf dem Teig verteilen, daß Seiten und hintere Ränder frei bleiben, und den Schafskäse darüber bröckeln.
- Die Ränder anfeuchten, und die Seiten einschlagen.
- Die Strudel mit Hilfe des Tuches aufrollen, und die Ränder zusammendrücken.
- Die Strudel so auf das Blech oder in die Form gleiten lassen, daß die Nahtstellen unten liegen, und die Oberfläche einstechen.
- Die Strudel mit der restlichen zerlassenen Butter oder Margarine bestreichen und backen, dabei nach Belieben alle 10 Minuten mit Milch oder Sahne begießen.
- 5 Minuten vor Ende der Backzeit die Käsescheiben in Streifen

PASTETEN, PIZZEN UND WÄHEN **601**

schneiden, auf die Strudel legen und schmelzen lassen.
- Die Strudel 2–3 Minuten ruhen lassen, dann vorsichtig in etwa 3–5 cm breite Stücke schneiden.

Ofentemperatur: 225 °C
Einschubhöhe: Mitte
Backzeit: 30–40 Minuten

Variationen:
Syrische Frauen schneiden aus dem Teig kreisrunde Scheiben, streichen sie mit Öl ein und schichten sie abwechselnd mit der Füllung in eine irdene Auflaufform. Die letzte Schicht schneiden sie sternförmig ein. Statt Spinat paßt auch TK-Lauch in Rahmsauce.

Hinweise:
Zu dem Syrischen Spinatstrudel – auch Börek genannt – schmeckt eine Joghurtsauce mit kleingehacktem Knoblauch und Walnußkernen. Reste von diesem Spinatstrudel eignen sich wegen Nitritbildung weder zum Aufwärmen noch zum Einfrieren, darum wegwerfen.

Italienischer Fleischstrudel

✗ schnell
✗ preiswert

STRUDELTEIG • 1 BLECH ODER 1 FORM = 12–15 STÜCKE/6–8 PORTIONEN

Für den Strudelteig (S. 96)
Zutaten wie für den Syrischen Spinatstrudel (siehe links) und 2 EL Reibkäse, z. B. Sbrinz, zum Bestreuen

Für die Füllung
1 mittelgroße Zwiebel
1 EL Öl, z. B. Olivenöl
400 g gemischtes Hackfleisch, Rind und Schwein
400 g geschälte konservierte Tomaten
Basilikum und Oregano, gerebelt
edelsüßes Paprikapulver
Salz
1 Gemüsezwiebel
1 gelbe, 1 grüne und 2 rote Paprikaschoten
2–3 EL feingehackte gemischte Kräuter

- Ein Gefäß anwärmen, den Strudelteig wie links beschrieben herstellen und quellen lassen.
- Die Form vorbereiten, den Ofen vorheizen, und eine Schale mit heißem Wasser hineinstellen.
- Für die Füllung die Zwiebel abziehen, würfeln und in dem Öl hell andünsten.
- Das Hackfleisch zugeben und unter Rühren krümelig braten.
- Tomaten, Gewürze und Salz beifügen, und die Füllung ohne Deckel unter Rühren einkochen, dann abschmecken.
- Die Gemüsezwiebel und die Paprikaschoten vorbereiten und dünn hobeln bzw. in Streifen oder Ringe schneiden.
- Den Strudelteig wie links beschrieben portionsweise ausrollen, ausziehen und bestreichen.
- Die Fleischfüllung wie links beschrieben darauf streichen, und die Gemüse mit den Kräutern längs darauf verteilen.
- Die Strudel aufrollen, in die Form legen und einstechen.
- Die Fleischstrudel mit Fett bestreichen, backen – dabei nach Belieben alle 10 Minuten mit Milch oder Sahne begießen – und 10 Minuten vor Ende der Backzeit mit dem Reibkäse bestreuen.
- Nach dem Backen und kurzer Ruhezeit die Strudel aufschneiden.

Ofentemperatur: 225 °C
Einschubhöhe: Mitte
Backzeit: 35–45 Minuten

Variationen:
Rind- und Schweinefleisch können Sie durch Lammgehacktes austauschen. Geben Sie dann eine zerdrückte Knoblauchzehe und 1 Prise Zimt an das Fleisch. Beim Gemüse sorgen Sie durch Auberginen oder Zucchini für Abwechslung.

Entenpastete

x gefriergeeignet

MÜRBETEIG • 1 KASTENFORM (26 CM LÄNGE) = 12 STÜCKE

Für den Mürbeteig (S. 84)
400 g Weizenmehl Type 405
125 g Butter
50 g Schmalz
1 Ei
1 TL Salz
eventuell Mehl zum Ausrollen
Backpapier, Alufolie

Für die Füllung
500 g Entenbrust
500 g Hackfleisch vom Schwein
250 g Schlagsahne
1 kleine Zwiebel
150 g Entenleber
200 ml Sherry oder Portwein
4 EL frisch gepreßter Orangensaft
1 TL feingeriebene unbehandelte Orangenschale
½ TL feingerebelter Thymian
gemahlener schwarzer Pfeffer
Salz
50 g geschälte Pistazienkerne, nach Belieben

Für den Guß
1 Eigelb
2 EL Wasser

Für die Aspikmasse
3 eingeweichte weiße Gelatineblätter
200 ml Geflügelfond
2 EL trockener Sherry

- Die Entenbrust kühlen.
- Das Mehl mit kühler Butter, kaltem Schmalz, Ei und Salz knapp 1 Minute mit den Knethaken des Elektroquirls oder der Küchenmaschine vermengen, dann verkneten und 30 Minuten kühl stellen.
- Die Kastenform befeuchten und mit Backpapier auskleiden.
- Vier Fünftel des Teiges zwischen 2 Lagen Backpapier oder auf bemehlter Unterlage etwas größer als der Boden und die Seiten der Form in einem Stück ausrollen.
- Die Teigplatte – ohne die Ecken herauszuschneiden – so in die Form geben, daß oben die Ränder etwa 2 cm überstehen. Die Kanten mit einer Schere begradigen, und den Teig kühl stellen.
- Den Teigrest ausrollen, zu einer rechteckigen Platte in Größe der oberen Formöffnung ausrädeln und ebenfalls kühl stellen.
- Aus den Teigresten Verzierungen ausstechen und kühl stellen.
- Das Hackfleisch, die Sahne, einen Fleischwolf und die Schüssel der Küchenmaschine im Gefriergerät kühlen, dabei das Hackfleisch flach ausbreiten.
- Die Zwiebel abziehen und kleinhacken.
- Die Entenbrust von der Fettschicht befreien, dann das Fett würfeln und in der Pfanne auslassen; die Grieben entfernen.
- Das Entenfleisch in 2 cm große Würfel schneiden, kurz im Fett braten und wieder herausnehmen.
- Die Leber waschen, grob zerschneiden, im Fett rosig braten, herausnehmen und kühl stellen.
- Das Entenfett so aus der Pfanne gießen, daß der Satz zurückbleibt, mit Sherry oder Portwein ablöschen; mit Orangensaft und -schale auf etwa ein Viertel der ursprünglichen Menge einkochen; dann den Fond kühl stellen.
- Das Hackfleisch in kühler Umgebung noch dreimal durch die feinste Scheibe des Fleischwolfs drehen, dabei zwischendurch immer wieder flach ausgebreitet im Gefriergerät kühlen.
- Das Hack in die kalte Schüssel geben. Unter Rühren mit dem Rührbesen in einem feinen Strahl die kalte Sahne mit den Gewürzen und dem gekühlten Fond daruntermengen, dann abschmecken.
- Leberstücke, Entenbrustwürfel, Zwiebel und nach Belieben Pistazienkerne in die Masse geben.
- Die Masse so in die Form füllen, daß keine Luftlöcher entstehen, und die Form auf ein zusammengelegtes Tuch aufstoßen.
- Die überstehenden Teigränder über die Füllung klappen.
- Eigelb und Wasser verschlagen, die Ränder damit bepinseln, und die Teigdecke darauf legen, andrücken und mit Ei bepinseln.
- Die Verzierungen mit Ei bepinseln; die Pastete damit garnieren.
- Für den Dampfabzug 2 runde Löcher ausstechen und Schornsteine aus Alufolie hineinstecken.
- Den Ofen vorheizen, die Pastete backen, bei zu starker Oberflächenbräunung bedecken. In der Form auskühlen lassen.
- Für die Aspikmasse die Gelatineblätter ausdrücken und mit 4 EL Geflügelfond schmelzen (S. 32), dann mit dem Sherry zum restlichen Geflügelfond geben, nachwürzen und kühl stellen.
- Sowie die Gelatine zu gelieren beginnt, die Flüssigkeit mit Hilfe eines kleinen Trichters durch die Schornsteine in die Pastete gießen, damit die Hohlräume gefüllt werden, anschließend die Pastete über Nacht kühl stellen.

Ofentemperatur: 200 °C
Einschubhöhe: Mitte
Backzeit: 45–55 Minuten

Brötchen, Brezeln, Kipferl und Brot

Das eigene Brot backen macht Spaß. Es sind nicht viele Zutaten erforderlich, das fertige Gebäck ist frei von Zusatzstoffen, und der Duft, wenn es frisch aus dem Ofen kommt, ist unwiderstehlich.

Brioches

HEFETEIG • 20 BRIOCHEFÖRMCHEN = 20 BRIOCHES

gefriergeeignet

Für den Hefeteig (S. 80)
100 g Butter oder Margarine
½ TL Salz
350 g doppelgriffiges Weizenmehl Type 550
12 g Hefe
oder 1 Päckchen Trockenhefe
1½ EL Zucker
etwa 3 EL Milch oder Wasser
3 Eier, Gewichtsklasse 4
Butter bzw. Margarine zum Einfetten
Mehl zum Ausformen
1 Eigelb und
2 EL Wasser zum Bepinseln

- Für den Hefeteig die weiche Butter mit Salz und Mehl in eine Schüssel geben.
- Die Hefe mit Zucker, Milch oder Wasser und Eiern verschlagen, dazugeben und alles mit den Knethaken des Elektroquirls oder der Küchenmaschine 4–5 Minuten durchkneten. Der Teig muß sich vom Rand der Schüssel lösen.
- Den Teig mit einem gefetteten Backpapier zugedeckt im Kühlschrank über Nacht gehen lassen.
- Danach den Teig nochmals mit dem Elektroquirl oder der Küchenmaschine durchkneten und zugedeckt an einer warmen Stelle 30–50 Minuten bis zum doppelten Volumen gehen lassen.
- Die Förmchen großzügig mit Butter oder Margarine auspinseln.
- Den Teig mit bemehlten Händen zu einer Rolle formen und in 25 Scheiben schneiden.
- Auf leicht bemehlter Unterlage 20 Scheiben zu Kugeln rollen und diese dann in die Förmchen drücken.
- In die Mitte jeder Kugel mit dem Zeigefinger ein tiefes Loch drücken.
- Die übrigen 5 Scheiben jeweils in 4 Stücke schneiden, daraus kleine Kugeln formen und an einer Stelle einen spitzen Kegel aus den kleinen Kugeln ziehen. Diese Spitze tief in die Löcher der großen Teigkugeln drücken, dabei die Teigränder der großen Kugeln etwas zur Seite drücken.
- Das Eigelb mit Wasser gut verschlagen, und das Gebäck sorgfältig damit bepinseln.
- Anschließend die Förmchen mit dem gefetteten Backpapier bedecken und wiederum an einer

warmen Stelle 30–50 Minuten gehen lassen, bis sich das Volumen des Teiges verdoppelt hat.
- Den Ofen frühzeitig vorheizen und die Brioches auf einem Rost darin goldgelb backen.

Ofentemperatur: 220 °C
Einschubhöhe: Mitte
Backzeit: 15–20 Minuten

Variation:
Sie können den Briocheteig auch in einer großen Briocheform mit 18 cm Ø backen. Dann drücken Sie 3 Kugeln mit spitzkegeligen Ausbuchtungen in die große Teigkugel.
Hinweise:
Bei größeren Eiern genügen 2 Eier und 1 Eigelb, sonst wird der Teig zu flüssig. Nur bei genauem Messen und Wiegen und nur bei kleberreichem Mehl gelingen die Brioches gut. Wenn sie sich leicht aus den Förmchen lösen, sind sie gar.
Hätten Sie's gewußt?
Brioches sind für ein festliches französisches Frühstück unverzichtbar. Die Franzosen reißen das Köpfchen ab, füllen das Loch mit Butter und setzen die kleine Kugel wieder darauf.

Korinthenbrötchen

× einfach
× preiswert
× gefriergeeignet

HEFETEIG • 2 BLECHE = 12–16 BRÖTCHEN

Für den Hefeteig (S. 80)
3 EL Öl, z. B. Sonnenblumenöl
1 TL Salz
500 g Weizenmehl Type 550
200–250 ml Milch
1 Würfel Hefe (42 g)
oder 2 Päckchen Trockenhefe
1 TL Zucker
2 Eier
250 g Korinthen
Mehl zum Ausformen
Milch zum Bepinseln

- Das Öl mit Salz und Mehl in eine Rührschüssel geben.
- Die lauwarme Milch mit Hefe, Zucker und den Eiern gut verschlagen und zum Mehl gießen.
- Diese Zutaten mit den Knethaken des Elektroquirls oder der Küchenmaschine etwa 4–5 Minuten durchkneten.
- Die Korinthen zum Schluß untermischen und den Teig zugedeckt 30 Minuten gehen lassen.
- Die Bleche mit Mehl bestauben und auf der Tischkante aufstoßen.
- Den Teig erneut kurz durchkneten, zu einer Rolle formen und in 12–16 gleich große Stücke schneiden.
- Die Stücke mit bemehlten Händen zu Kugeln rollen und etwa 2 cm dicke Brötchen formen.
- Die Brötchen in größeren Abständen auf die Bleche legen, mit Milch bepinseln und an warmer Stelle zugedeckt mindestens 30 Minuten gehen lassen.
- Den Ofen vorheizen und ein Gefäß mit heißem Wasser auf den Boden des Ofens stellen, damit sich eine gute Kruste bildet. Dann die Brötchen mittelbraun backen.
- Die Brötchen auf einem Kuchengitter erkalten lassen und bald mit reichlich Butter reichen.

Ofentemperatur: 180 °C
Einschubhöhe: Mitte
Backzeit: 25–30 Minuten

Variationen:
Sie können diesen Teig auch in Multiformen oder in 45–55 Minuten als Brot in einer Kastenform backen.

Croissants

x gefriergeeignet

HEFETEIG • 2 BLECHE = 10–12 STÜCK

Für den Hefeteig (S. 80)
1 EL Öl, z.B. Sojaöl
1 TL Salz
500 g Weizenmehl Type 405
250–300 ml Milch
1 Würfel Hefe (42 g)
oder 2 Päckchen Trockenhefe
3 EL Zucker
200 g Butter
1 Eigelb und
1 EL Milch zum Bepinseln
Mehl zum Ausformen
Backpapier oder Butter
bzw. Margarine zum Einfetten

- Die Bleche befeuchten und mit Backpapier belegen oder leicht einfetten.
- Das Öl mit Salz und Mehl in eine Schüssel geben.
- Die lauwarme Milch mit Hefe und Zucker gut verschlagen und zum Mehl gießen.
- Diese Zutaten zunächst bei niedriger, dann bei mittlerer Laufgeschwindigkeit mit den Knethaken des Elektroquirls oder der Küchenmaschine 4–5 Minuten vermengen und zugedeckt 30–60 Minuten gehen lassen.
- Den Teig erneut kurz durchkneten und auf der bemehlten Arbeitsfläche zu einem Rechteck ausrollen.
- Die Teigplatte in der Mitte zu etwa zwei Dritteln mit 80 g der weichen Butter bestreichen.
- Die Platte längs, dann quer dreifach so zusammenfalten, daß die Butter innen liegt, und eingepackt 40–60 Minuten kühlen.
- Den Teig wieder ausrollen und wie zuvor mit weiteren 80 g weicher Butter bestreichen, wieder längs und quer dreifach zusammenlegen und erneut kühl stellen.
- Den Vorgang des Ausrollens und Zusammenlegens noch einmal wiederholen, dabei die letzte Butter aufstreichen. Den Teig wieder kühl stellen.
- Den Teig zu einem ungefähr 30×30 cm großen Quadrat ausrollen und nach einigen Minuten einmal längs durchschneiden.
- Aus den Streifen je 5–6 Dreiecke schneiden und diese in der Mitte der Grundseite 3 cm tief einschneiden. Die danebenliegenden Teigecken auseinanderziehen und die Croissants von der Grundseite zur Spitze so aufrollen, daß die Mitte relativ dick und die beiden Enden recht dünn sind. Dann die Teilchen leicht zu Hörnchen biegen.
- Die Croissants auf die Bleche legen und nochmals etwa 20 Minuten gehen lassen.
- Den Ofen vorheizen.
- Das Eigelb mit der Milch verschlagen, die Teilchen damit bepinseln und dann im Ofen backen.

BRÖTCHEN, BREZELN, KIPFERL UND BROT 609

Ofentemperatur: 220 °C
Einschubhöhe: Mitte
Backzeit: 12–15 Minuten

Variationen:
Sie können die Croissants vor dem Aufrollen mit gedünsteten Pilzen, Reibkäse und Schinkenstreifen oder mit Schokoladenstäbchen füllen.

Hinweise:
Damit dieses Rezept auch gut gelingt, müssen Teig und Butter unbedingt die gleiche Temperatur und Festigkeit haben.
Da die Herstellung relativ arbeitsintensiv ist und viel Geschicklichkeit erfordert, sollten Sie gleich die doppelte Portion zubereiten. Bei großen Teigmengen ist die Zubereitung einfacher.
Zum Einfrieren geben Sie die Croissants zuerst flach nebeneinander auf einem kleinen Tablett in das Gefriergerät. Auf diese Weise frieren sie sehr schnell durch. Erst danach die Croissants in Gefrierbeutel verpacken und fest verschließen.

Korinthenscones

RÜHRTEIG • 2 BLECHE = ETWA 25 STÜCK

Für den Rührteig (S. 74)
250 g Weizenmehl Type 405
1½ TL Backpulver
1 Prise Salz
60 g Butter oder Margarine
2 EL Zucker
1 Ei oder 2 Eigelb
100 ml Milch
1 TL feingeriebene unbehandelte Zitronenschale
75 g Korinthen
75 g kleingehackte geschälte Mandeln
30 g kleingehacktes Zitronat
Mehl zum Ausformen
Backpapier oder Butter bzw. Margarine zum Einfetten

• Die Bleche befeuchten und mit Backpapier belegen oder einfetten. Den Ofen vorheizen.
• Für den Rührteig die zimmerwarmen Zutaten bis auf die Korinthen, Mandeln und das Zitronat in einer Schüssel 4–5 Minuten mit den Rührbesen des Elektroquirls oder der Küchenmaschine schaumig schlagen.
• Die Korinthen, Mandeln und das Zitronat zum Schluß nur kurz unterheben.
• Den Teig auf der bemehlten Arbeitsplatte etwa daumendick ausrollen, dann runde Plätzchen mit 4–5 cm Ø ausstechen und auf die Bleche legen.
• Im Ofen backen. Das Gebäck nach der halben Backzeit mit Backpapier zudecken, damit die Korinthen an der Oberfläche nicht verbrennen.

Ofentemperatur: 180 °C
Einschubhöhe: Mitte
Backzeit: 15–20 Minuten

Gut zu wissen:
Dieses englische Gebäck kann man zum Nachmittagstee lauwarm mit Butter und Konfitüre reichen.

Korinthen-Quark-Brötchen

- einfach
- schnell
- preiswert
- gefriergeeignet

QUARK-ÖL-TEIG • 2 BLECHE = ETWA 16 BRÖTCHEN

Für den Quark-Öl-Teig (S. 100)
300 g Magerquark
100 g Korinthen
4 EL Rum
400 g Weizenmehl Type 405 oder 550
1 Päckchen und 2 TL Backpulver
1 TL Salz
8 EL Öl, z. B. Sonnenblumenöl
1 Ei
4–5 EL Milch
½ TL feingeriebene unbehandelte Zitronenschale
Mehl zum Ausformen
Backpapier oder Butter bzw. Margarine zum Einfetten

- Den Quark zugedeckt in einem feinmaschigen Sieb über Nacht gut abtropfen lassen, dann 200 g davon abwiegen, den Rest anderweitig verwerten.
- Die Korinthen mit dem Rum beträufeln und quellen lassen.
- Den Quark mit den übrigen Zutaten für den Teig in eine Schüssel geben und mit den Knethaken des Elektroquirls oder der Küchenmaschine etwa 50 Sekunden miteinander vermengen. Dann die Korinthen zufügen und untermischen.
- Den Teig mit der Hand zu einem Kloß zusammendrücken und ungefähr 30 Minuten lang zugedeckt kühl stellen.
- Die Bleche befeuchten und mit Backpapier belegen oder einfetten und den Ofen vorheizen.
- Auf der bemehlten Arbeitsfläche den Teig zu einer 8 cm dicken Rolle formen und in 16 daumendicke Scheiben schneiden. Diese mit bemehlten Händen zu runden Brötchen formen, auf die Bleche setzen, mit Wasser bepinseln und im Ofen backen.

Ofentemperatur: 200 °C
Einschubhöhe: Mitte
Backzeit: 15–20 Minuten

Schnelle Quarkbrötchen

- einfach
- schnell
- preiswert
- gefriergeeignet

QUARK-ÖL-TEIG • 1 BLECH = 6 BRÖTCHEN

Für den Quark-Öl-Teig (S. 100)
200 g Magerquark
150 g Weizenmehl Type 405 oder 550
1½ Päckchen Backpulver
½ TL Salz
2 EL Öl, z. B. Sojaöl
Mehl zum Ausformen
Backpapier oder Butter bzw. Margarine zum Einfetten

- Den Quark zugedeckt in einem feinmaschigen Sieb über Nacht gut abtropfen lassen und dann 150 g davon abwiegen. Den Rest anderweitig verwerten.
- Das Blech befeuchten und mit Backpapier belegen oder einfetten. Den Ofen vorheizen.
- Für den Quark-Öl-Teig alle Zutaten etwa 45 Sekunden mit den Knethaken des Elektroquirls oder der Küchenmaschine vermengen, dann rasch zum Teig verkneten.
- Den Teig zu einer Kugel formen, diese flach drücken und in 6 Stücke schneiden. Daraus mit bemehlten Händen daumendicke Brötchen formen.
- Die Brötchen mit dem Messer einmal der Länge nach einritzen, auf das Blech legen und mit Wasser bepinseln.
- Im Ofen goldbraun backen und lauwarm servieren.

Ofentemperatur: 180 °C
Einschubhöhe: Mitte
Backzeit: 15–20 Minuten

Schnelle Quarkbrötchen

BRÖTCHEN, BREZELN, KIPFERL UND BROT

Kümmel-Quark-Brötchen

RÜHRTEIG • 2 BLECHE = ETWA 20 BRÖTCHEN

Für den Rührteig (S. 74)
750 g Magerquark
1 Eiweiß
500 g Weizenmehl Type 1050
2 Päckchen Backpulver
3/4 TL Salz
1/2 TL gemahlener Kümmel
Kümmel zum Bestreuen
Mehl zum Ausformen
Backpapier oder Butter
bzw. Margarine zum Einfetten

• Den Quark über Nacht in einem feinmaschigen Sieb zugedeckt abtropfen lassen, dann genau 500 g davon abwiegen und den Rest anderweitig verwerten.
• Die Bleche befeuchten und mit Backpapier belegen oder einfetten und den Ofen vorheizen.
• Für den Rührteig den Quark und das Eiweiß mit den Knethaken des Elektroquirls oder der Küchenmaschine in einer Schüssel kurz miteinander verrühren. Dann das Mehl mit Backpulver, Salz und Kümmel gut vermischen, zum Quark geben und 50–60 Sekunden verkneten.
• Auf der bemehlten Arbeitsplatte aus dem Teig eine 8 cm dicke Rolle formen und in etwa 20 Scheiben schneiden.
• Die Scheiben zu flachen Brötchen formen und auf die Bleche legen.
• Die Oberfläche der Brötchen mit Wasser bestreichen und mit Kümmel bestreuen.
• Die Brötchen im Ofen backen und lauwarm servieren.

Ofentemperatur: 200 °C
Einschubhöhe: Mitte
Backzeit: 20–25 Minuten

Variationen:
Statt aus halbweißem Mehl können Sie diese Brötchen auch aus Weizenmehl Type 405 oder aus einer Mischung der Typen 405 und 1700 backen.
Bestreuen Sie die Brötchen zur Abwechslung nicht mit Kümmel, sondern mit Buchweizen, Hirse, Mohn, Sonnenblumenkernen oder Sesamsamen.

Korinthen-Quark-Brötchen

Kümmel-Quark-Brötchen

Sojabrötchen

☒ einfach
☒ preiswert
☒ gefriergeeignet

HEFETEIG • 1 BLECH = 16 BRÖTCHEN

Für den Hefeteig (S. 80)
1 EL Öl, z. B. Sonnenblumenöl
1 TL Meersalz
175 g Roggenmehl Type 1050
175 g Weizenmehl Type 1050
200–250 ml Joghurt, Milch
oder Wasser
1 Würfel Hefe (42 g)
oder 2 Päckchen Trockenhefe
1 TL Zucker
75 g Sojaschrot
Mehl zum Ausformen
Butter bzw. Margarine
zum Einfetten

• Für den Hefeteig das Öl mit Salz und Mehl in eine Schüssel geben.
• Die lauwarme Flüssigkeit (Joghurt, Milch oder Wasser) mit Hefe und Zucker verschlagen und auf das Mehl gießen.
• Alle Zutaten mit den Knethaken des Elektroquirls oder der Küchenmaschine etwa 5 Minuten verkneten. Der Teig muß sich vom Rand der Schüssel lösen.
• Zugedeckt an warmer Stelle etwa 30 Minuten gehen lassen.
• Ein Blech einfetten und mit etwas Sojaschrot bestreuen.
• Den Teig nochmals mit 50 g Sojaschrot durchkneten.
• Aus dem Teig eine etwa 6 cm dicke Rolle formen und diese in 16 Scheiben schneiden.
• Die Scheiben mit bemehlten Händen zu runden Brötchen ausformen und auf das Blech legen. Dabei auf genügend große Abstände achten. Die Brötchen vorsichtig mit Wasser bepinseln, mit dem Rest des Sojaschrots bestreuen. Dieses von Hand leicht andrücken.
• Den Teig zugedeckt wieder – je nach Außentemperatur – 45–60 Minuten gehen lassen.
• Den Ofen vorheizen.
• Die Brötchen im Ofen backen, dabei für die Krustenbildung eine kleine Schale mit heißem Wasser auf den Ofenboden stellen.
• Das fertige Gebäck auf einem Kuchengitter auskühlen lassen.

Ofentemperatur: 220 °C
Einschubhöhe: Mitte
Backzeit: 20–25 Minuten

Variationen:
Sie können statt Sojaschrot grobgehackte Mandeln oder Sonnenblumenkerne nehmen. Zur Abwechslung kann man die Hälfte der Hefe durch ein halbes Päckchen Sauerteig-Extrakt ersetzen, dann bleiben die Brötchen auch länger frisch.

Hätten Sie's gewußt?
Soja wird in vielen tropischen Ländern als eiweiß- und fetthaltiges Nahrungsmittel angebaut und zu Sojaschrot, -mehl, -milch und -quark oder Tofu und Öl verarbeitet.

Roggenbrötchen

☒ preiswert
☒ gefriergeeignet

HEFETEIG • 1 BLECH = 12 BRÖTCHEN

Für den Hefeteig (S. 80)
1 EL Öl, z. B. Sonnenblumenöl
1 TL Salz
250 g Roggenmehl Type 1800
250 g Weizenmehl Type 405
250–300 ml Wasser
½ Päckchen Sauerteig-Extrakt (25 g)
½ Würfel Hefe (21 g)
oder 1 Päckchen Trockenhefe
1 TL Zucker
Mehl zum Ausformen
Butter bzw. Margarine
zum Einfetten

Für die Garnitur
Hirse, Kümmel, Koriander, Mohn-, Sesamsamen oder Roggenschrot

• Für den sauren Hefeteig das Öl mit Salz und Mehl in eine Schüssel geben.
• Das lauwarme Wasser mit Sauerteig-Extrakt, Hefe und Zucker verschlagen und zur Mehlmischung gießen.
• Diese Zutaten mit den Knethaken des Elektroquirls oder der Küchenmaschine etwa 5 Minuten verkneten. Der Teig muß sich vom Rand der Schüssel lösen. Dann zugedeckt an warmer Stelle etwa 30 Minuten gehen lassen.
• Ein Blech einfetten.
• Den Teig nochmals durchkneten, eine etwa 6 cm dicke Rolle

BRÖTCHEN, BREZELN, KIPFERL UND BROT 613

formen, diese in 12 Scheiben schneiden. Die Scheiben mit bemehlten Händen zu Brötchen nachformen und auf das Blech legen, dabei genügend große Abstände einhalten. Die Brötchen mit Wasser bepinseln. Dann nach Belieben mit Hirse, Kümmel, Koriander, Mohn-, Sesamsamen oder Roggenschrot bestreuen. Diese Garnitur leicht andrücken.

• Den Teig zugedeckt wieder etwa 1 Stunde gehen lassen und den Ofen vorheizen.

• Die Brötchen im Ofen knusprig backen, dabei für die Krustenbildung eine Schale mit heißem Wasser auf den Ofenboden stellen.

• Das Gebäck auf einem Kuchengitter auskühlen lassen.

Ofentemperatur: 220 °C
Einschubhöhe: Mitte
Backzeit: 20–25 Minuten

Variation:
Sie können statt Sauerteig die doppelte Hefemenge nehmen oder zusätzlich gehackte Mandeln, Kürbis- oder Sonnenblumenkerne unterkneten.

Hinweis:
Die Brötchen werden fester und kerniger, wenn Sie das Roggenmehl durch grobes Roggenschrot Type 1800 austauschen, und feuchter, wenn Sie 2–3 EL trockenen Magerquark in den Teig geben.

Oben: Sojabrötchen; unten: Roggenbrötchen

Weizenkeimbrötchen

- einfach
- preiswert
- gefriergeeignet

HEFETEIG • 1 BLECH BZW. 1–2 MULTIFORMEN = 8–10 BRÖTCHEN

Für den Hefeteig (S. 80)
40 g Butter oder Margarine
4 EL saure Sahne
1 Päckchen Vanillezucker
1 TL feingemahlener Zimt
1/2 TL gemahlene Muskatnuß
1/2 TL Salz
250 g Weizenmehl Type 550
4 EL Weizenkeime
80 g Magermilchpulver
100–150 ml Milch
1/2 Würfel Hefe (21 g)
oder 1 Päckchen Trockenhefe
3 EL brauner Rohzucker
1 Ei
Mehl zum Ausformen
Butter bzw. Margarine
zum Einfetten

- Für den Hefeteig das Fett mit Sahne, Vanillezucker, Gewürzen, Salz, Mehl, Weizenkeimen und Magermilchpulver in eine Schüssel geben. Die lauwarme Milch mit Hefe, Zucker und Ei verschlagen und dazugießen. Dann alle Zutaten mit den Knethaken des Elektroquirls oder der Küchenmaschine etwa 4–5 Minuten vermischen und zu einem weichen Teigkloß kneten.
- Den Teig mit Wasser befeuchten oder mit Mehl bestauben und zudecken.
- Anschließend die Schüssel an einen warmen Platz stellen, bis sich nach etwa 30 Minuten das Volumen des Teiges verdoppelt hat.
- Das Blech oder die Vertiefungen der Multiformen sehr gut einfetten. Den Teig mit etwas Mehl verkneten, mit bemehlten Händen zu Kugeln formen und auf das Blech legen oder mit einem Löffel in die Formen geben.
- Erneut an warmer Stelle in 30–40 Minuten zugedeckt auf das doppelte Volumen gehen lassen. Inzwischen den Ofen vorheizen.
- Dann die Brötchen im Ofen goldbraun backen.
- Vom Blech oder aus den Multiformen nehmen und auf einem Gitter erkalten lassen.

Ofentemperatur: 200 °C
Einschubhöhe: Mitte
Backzeit: 20–25 Minuten

Variationen:
Die Brötchen können Sie ohne Zucker, dafür mit Kümmel, gehackten Mandeln oder Walnußkernen zubereiten.

Gut zu wissen:
Die von uns vorgeschlagenen Förmchen aus Großbritannien und den USA sind inzwischen auch hier unter den Bezeichnungen Muffin- oder Multiformen erhältlich. Sie sind sehr vielseitig verwendbar.

BRÖTCHEN, BREZELN, KIPFERL UND BROT 615

Vollkornbrötchen

HEFETEIG • 1–2 BLECHE BZW. 1–2 MULTIFORMEN = 12 BRÖTCHEN

Für den Hefeteig (S. 80)
2 EL Öl, z. B. Sojaöl
½ TL Salz
300 g Weizenmehl Type 405
75 g grobes Weizenvollkornmehl Type 1700
150–160 ml Milch
1 Würfel Hefe (42 g)
oder 2 Päckchen Trockenhefe
1 TL Zucker
1 Ei, nach Belieben
Backpapier oder Butter bzw. Margarine zum Einfetten

Für die Garnitur
Mohn- oder Sesamsamen

• Für den Hefeteig das Öl mit Salz und Mehl in eine Schüssel geben. Die lauwarme Milch mit Hefe, Zucker und nach Belieben mit einem Ei verschlagen und zum Mehl gießen.
• Anschließend alle Zutaten mit den Knethaken des Elektroquirls oder der Küchenmaschine 4–5 Minuten verkneten. Der Teig muß sich vom Schüsselrand lösen.
• Den Teig mit Wasser befeuchten oder mit Mehl bestauben. Die Schüssel zudecken und etwa 30 Minuten warm stellen, bis sich das Teigvolumen verdoppelt hat.
• Den Teig noch einmal gründlich durchkneten.
• Die Bleche befeuchten und mit Backpapier belegen oder die Bleche bzw. die Vertiefungen der Multiformen einfetten. Den Teig mit einem Löffel in 12 Portionen darauf geben. Man kann ihn auch mit bemehlten Händen zu 12 Kugeln formen.
• Die Brötchen vorsichtig mit Wasser bepinseln. Mohn- oder Sesamsamen darauf streuen und leicht andrücken.
• Den Teig nochmals an warmer Stelle etwa 30 Minuten gehen lassen, so daß sich das Volumen erneut verdoppelt.
• Den Ofen vorheizen.
• Im Ofen goldbraun backen. Ein Schälchen mit heißem Wasser auf dem Ofenboden fördert die gute Krustenbildung.
• Die fertigen Brötchen auf einem Kuchengitter abkühlen lassen und bald verzehren.

Ofentemperatur: 200 °C
Einschubhöhe: Mitte
Backzeit: 18–20 Minuten

Partysemmeln

x preiswert
x gefriergeeignet

HEFETEIG • 2 BLECHE = ETWA 20 SEMMELN

Für den Hefeteig (S. 80)
3 EL Öl
1 TL Salz
500 g Weizenmehl Type 405
1 Messerspitze Pfeffer
1 Messerspitze gemahlener Koriander
oder geriebene Muskatnuß
220–280 ml Milch
1 Würfel Hefe (42 g)
oder 2 Päckchen Trockenhefe
½ TL Zucker
1 Ei
Mehl zum Ausformen

Für die Garnitur
1 Eigelb und 2 EL Milch zum Bepinseln
grobes Salz, Kümmel und Mohn zum Bestreuen

- Die Bleche mit etwas Mehl bestauben.
- Das Öl mit Salz, Mehl und Gewürzen in eine Schüssel geben.
- Die lauwarme Milch mit Hefe, Zucker und dem Ei gut verschlagen und zur Mehlmischung gießen.
- Die Zutaten zunächst bei niedriger, dann bei mittlerer Laufgeschwindigkeit mit den Knethaken des Elektroquirls oder der Küchenmaschine etwa 4–5 Minuten vermengen.
- Den Teig kneten und zugedeckt an einem warmen Ort 30 Minuten gehen lassen.
- Dann den Teig erneut kurz durchkneten, zu einer Rolle formen und in etwa 20 Stücke schneiden. Daraus mit bemehlten Händen Brezeln, runde Brötchen oder kleine Kringel formen. Die Teilchen auf die Bleche legen.
- Das Eigelb mit der Milch verschlagen und damit die Teilchen bepinseln. Nach Belieben mit Salz, Mohn oder Kümmel bestreuen.
- Die Partysemmeln mit einem scharfen Messer kreuzweise einritzen.
- Den Teig an einem warmen Platz mindestens 30 Minuten erneut gehen lassen.
- Den Ofen vorheizen und dann die Brötchen mittelbraun backen. Ein Gefäß mit heißem Wasser auf

dem Boden des Ofens fördert die gute Krustenbildung.
- Die Partybrötchen auf einem Kuchengitter erkalten lassen und so frisch wie möglich reichen.

Ofentemperatur: 200 °C
Einschubhöhe: Mitte
Backzeit: 15–18 Minuten

Variationen:
Für eine Partytraube *formen Sie kleine runde Brötchen. Die Oberfläche mit Wasser bepinseln, dann jeweils einen Teil der Brötchen in Buchweizen, Kümmel, Mohn, Sesamsamen oder Sonnenblumenkerne drücken. Die Brötchen wie eine Traube auf ein gefettetes Blech legen; dabei auf Zwischenräume achten, weil der Teig noch aufgeht.*
Für Speckbrötchen *verzichten Sie auf Gewürze und Ei. Dafür 50 g durchwachsenen geräucherten Speck in Würfel schneiden, glasig braten und mit dem Fett unter den Teig kneten.*
Für Zwiebelbrötchen *statt Gewürze 1/2 Beutel Röstzwiebeln nehmen.*

Leinsamenbrötchen

✗ einfach
✗ preiswert
✗ gefriergeeignet

HEFETEIG • 2 BLECHE = 16 BRÖTCHEN

Für den Hefeteig (S. 80)
150 g Magerquark
200–250 ml Wasser oder Milch
50 g Leinsamen
1 EL Öl, z. B. Sonnenblumenöl
1 TL Salz
250 g Weizenmehl Type 405
250 g grobes oder mittelfeines Weizenvollkornmehl Type 1700
1 Würfel Hefe (42 g)
oder 2 Päckchen Trockenhefe
1/2 TL Zucker
Leinsamen zum Bestreuen
Backpapier oder Butter bzw. Margarine zum Einfetten

- Den Quark über Nacht in einem feinmaschigen Sieb abtropfen lassen, dann 100 g abwiegen.
- 100 ml Wasser oder Milch zum Kochen bringen. Den Leinsamen damit übergießen und zugedeckt 5 Minuten quellen lassen.
- Das Öl mit Salz und Mehl in eine Schüssel geben.
- Die restliche lauwarme Flüssigkeit mit Hefe und Zucker gut verschlagen. Dann Quark und Leinsamen dazugeben, alles vermengen und in die Schüssel gießen.
- Diese Mischung mit den Knethaken der Küchenmaschine zunächst bei geringer, dann bei mittlerer Laufgeschwindigkeit in etwa 4–5 Minuten zu einem lockeren Hefeteig verarbeiten.
- Den Teig zugedeckt an warmer Stelle gehen lassen, bis sich das Volumen verdoppelt hat.
- Die Bleche befeuchten und mit Backpapier belegen oder einfetten.
- Dann den Teig noch einmal 2–3 Minuten kneten und mit einem Eßlöffel 16 Brötchen auf die Bleche setzen. Die Oberfläche mit der nassen flachen Hand glätten und mit Leinsamen bestreuen.
- Die Brötchen wieder an warmer Stelle zugedeckt gehen lassen, bis sich das Volumen annähernd verdoppelt hat.
- Den Ofen vorheizen und ein kleines Gefäß mit heißem Wasser auf den Boden des Ofens stellen.
- Die Brötchen backen. Sie sind gar, wenn sie mittelbraun sind und sich leicht vom Blech lösen lassen.

Ofentemperatur: 200 °C
Einschubhöhe: Mitte
Backzeit: 25–30 Minuten

Südtiroler Vollkornfladen

HEFETEIG • 2 BLECHE = 8 STÜCK

- einfach
- preiswert
- gefriergeeignet

Für den Hefeteig (S. 80)
1 EL Öl, z. B. Maiskeimöl
1 TL Salz
150 g mittelfeines Weizenvollkornmehl Type 1700
350 g Weizenmehl Type 405
250–300 ml Milch oder Wasser
1 Würfel Hefe (42 g)
oder 2 Päckchen Trockenhefe
1 TL Zucker
2 EL Sesamsamen
oder Buchweizen zum Bestreuen
Mehl zum Ausformen
Butter bzw. Margarine zum Einfetten

• Für den Hefeteig das Öl mit Salz und den beiden Mehlsorten in eine Schüssel geben. Die lauwarme Flüssigkeit mit Hefe und Zucker verrühren und dazugießen. Dann alles mit den Knethaken des Elektroquirls oder der Küchenmaschine 4–5 Minuten zu einem glatten Teig verkneten.

• Den Teigkloß mit Wasser bepinseln oder mit Mehl bestauben, zudecken und an warmer Stelle in etwa 30 Minuten auf das doppelte Volumen gehen lassen.

• Die Bleche einfetten.

• Den Teig mit Mehl verkneten, zu einer Rolle formen, in 8 Stücke teilen und auf den Blechen zu daumendicken runden Fladen mit etwa 12 cm Ø flach drücken. Man kann den Teig auch mit einem Löffel in 8 Portionen auf die Bleche verteilen und mit einem nassen Teigschaber flach drücken.

• Die Oberfläche der Fladen vorsichtig mit Wasser bepinseln; Sesamsamen oder Buchweizen darauf streuen und diese Garnitur leicht andrücken.

• Die Fladen mehrmals mit der

BRÖTCHEN, BREZELN, KIPFERL UND BROT 619

Gabel einstechen und erneut zugedeckt etwa 30 Minuten gehen lassen.

• Den Ofen vorheizen und ein flaches Gefäß mit heißem Wasser in den Ofen stellen, damit sich eine gute Kruste bildet.

• Die Fladen in den Ofen schieben und nach 5 Minuten die Temperatur auf 200 °C reduzieren.

• Fladen, die eingefroren werden sollen, nicht zu dunkel backen, dann können sie nach dem Auftauen kurz aufgebacken werden.

Ofentemperatur: 220 °C
Einschubhöhe: Mitte
Backzeit: etwa 5 Minuten
und
Ofentemperatur: 200 °C
Einschubhöhe: Mitte
Backzeit: 20–25 Minuten

Kräuterfladen

HEFETEIG • 2 BLECHE = 8–16 STÜCK

Für den Hefeteig (S. 80)
250 g mehligkochende Kartoffeln
1–2 EL Öl, z. B. Olivenöl
½ TL Salz
150 g Weizenmehl Type 405
300 g mittelfeines Roggenvollkornmehl Type 1800
150–180 ml Wasser
½ Würfel Hefe (21 g)
oder 1 Päckchen Trockenhefe
½ TL Zucker
1 TL getrocknete gemischte Kräuter oder 4 EL feingehackte frische gemischte Kräuter
Mehl zum Ausformen
Butter bzw. Margarine zum Einfetten

• Für den sauren Hefeteig die Kartoffeln schälen, waschen, sehr fein reiben, gut ausdrücken und in eine Schüssel geben.

• Öl, Salz, Mehl und 100 ml Wasser hinzufügen.

• Diese Zutaten zu einem Teig verkneten und mindestens 10 Stunden, besser sogar 24 Stunden, zugedeckt ruhenlassen, damit sich die Säurebakterien bilden können.

• Das restliche lauwarme Wasser mit Hefe und Zucker verschlagen und dazugießen.

• Dann alle Zutaten mit den Knethaken des Elektroquirls oder der Küchenmaschine etwa 5 Minuten verkneten, bis sich der Teig vom Schüsselrand löst. Die Kräuter darunterkneten und den Teig zugedeckt an warmer Stelle etwa 40 Minuten gehen lassen.

• Zwei Bleche einfetten.

• Den Teig noch einmal gründlich kneten und in 8–16 Portionen teilen. Daraus mit bemehlten oder nassen Händen runde, flache Fladen formen, auf die Bleche legen und etwa 30 Minuten zugedeckt gehen lassen, bis sich das Teigvolumen verdoppelt hat.

• Den Ofen vorheizen und dann die Fladen im Ofen backen.

Ofentemperatur: 220 °C
Einschubhöhe: Mitte
Backzeit: 12–14 Minuten

Variationen:
Für <u>Gewürzfladen</u> tauschen Sie 100 g vom Roggenvollkornmehl durch dieselbe Menge zarte Haferflocken aus und geben statt der Kräuter jeweils nach Belieben ½ TL Anis, Fenchel, Koriander oder Kümmel in den Teig.
<u>Zwiebelfladen</u> werden genauso wie die Gewürzfladen zubereitet. Statt der Gewürze kneten Sie jedoch ungefähr 25–30 g Röstzwiebeln in den Hefeteig.

Salzbrezeln

- **preiswert**
- **gefriergeeignet**

HEFETEIG • 2 BLECHE = 10–12 STÜCK

Für den Hefeteig (S. 80)
1 EL Öl, z. B. Sonnenblumenöl
1 TL Salz
500 g Weizenmehl Type 405
oder 1050
300–375 ml Milch
1 Würfel Hefe (42 g)
oder 2 Päckchen Trockenhefe
½ TL Zucker
1–2 TL sehr grobes Salz
zum Bestreuen
Mehl zum Ausformen
Backpapier

- Das Öl mit dem Salz und dem Mehl in eine Schüssel geben. Anschließend die lauwarme Milch mit Hefe und Zucker verschlagen und dazugießen.
- Diese Zutaten mit den Knethaken des Elektroquirls oder der Küchenmaschine etwa 4–5 Minuten zu einem weichen Teigkloß miteinander vermengen.
- Den Teig mit Wasser befeuchten oder mit Mehl bestauben, zudecken und etwa 30 Minuten warm stellen, bis sich das Teigvolumen verdoppelt hat.
- Die Bleche befeuchten und mit Backpapier belegen.
- Den Teig in 10–12 Stücke teilen. Auf der leicht bemehlten Arbeitsplatte fingerdicke, etwa 50–55 cm lange Rollen formen und zu Brezeln verschlingen. Dabei müssen die Öffnungen relativ groß sein.
- Die Brezeln großzügig mit Wasser bepinseln, leicht mit grobem Salz bestreuen und dieses etwas andrücken.
- Die Brezeln auf die Bleche verteilen und nochmals an warmer Stelle gehen lassen, bis sich das Volumen verdoppelt hat.
- Den Ofen vorheizen.
- Das Gebäck im Ofen goldbraun backen. Dazu eine kleine feuerfeste Schüssel mit heißem Wasser auf den Boden des Ofens stellen, denn dadurch bräunen die Brezeln schneller, und die Kruste wird knuspriger.

Ofentemperatur: 220 °C
Einschubhöhe: oben
Backzeit: 18–20 Minuten

Variationen:
<u>Kümmelbrezeln</u> werden nach dem Ausformen mit Wasser oder einer Mischung aus Wasser und Eiweiß bepinselt und dick mit Kümmel bestreut. Nach Belieben können Sie zusätzlich ½ TL gemahlenen Kümmel unter den Teig kneten.
Für <u>Laugenbrezeln</u> kochen Sie in einem großen Emaille- oder rostfreien Stahltopf etwa 10 Minuten 2 EL Natron (Natriumcarbonat aus der Apotheke) in etwa 2 l Wasser auf und geben die gut aufgegangenen Brezeln einzeln für 20–30 Sekunden in die heiße Lauge. Vorsichtig mit dem Schaumlöffel herausheben, auf die vorbereiteten Bleche legen und dann mit sehr grobem Salz bestreuen. Diese Brezeln platzen oft während des Backens auf.

Hätten Sie's gewußt?
Brezeln gehören zu den ältesten Gebäckarten der Welt und gelten wegen ihrer verschlungenen Form als Sinnbild für langes Leben und Fruchtbarkeit.

Sesamkringel

x preiswert
x gefriergeeignet

HEFETEIG • 2 BLECHE = 8–10 STÜCK

Für den Hefeteig (S. 80)
3 EL Öl, z. B. Olivenöl
1 TL Salz
500 g Weizenmehl Type 550
250–300 ml Buttermilch, Milch oder Wasser
1 Würfel Hefe (42 g) oder 2 Päckchen Trockenhefe
½ TL Zucker
1 Eiweiß und 200 g Sesamsamen zum Bestreuen
Mehl zum Ausformen
Butter bzw. Margarine zum Einfetten

- Wie links beschrieben einen geschmeidigen Hefeteig zubereiten, gehen lassen und die Bleche vorbereiten.
- Dann den Teig wieder durchkneten und in 8–10 Stücke teilen. Auf bemehlter Arbeitsfläche aus jedem Stück eine 35–40 cm lange Rolle formen und zu einem Kreis legen. Die Enden gut zusammendrücken. Der lockere Teig dehnt sich beim Gehen stark aus, deshalb muß die Öffnung groß sein.
- Das Eiweiß in einem tiefen Teller mit etwas Wasser verschlagen und die Kringel darin wenden.
- Den Sesamsamen auf einen zweiten Teller geben. Die Kringel in den Sesam drücken, so daß dieser reichlich daran klebenbleibt, und auf die Bleche legen.
- Den Ofen vorheizen.
- Die Kringel zugedeckt an einem warmen Ort gehen lassen, bis sie watteweich sind, und dann appetitlich braun backen.

Ofentemperatur: 220 °C
Einschubhöhe: Mitte
Backzeit: 20–25 Minuten

Gut zu wissen:
Noch hübscher sehen diese Kringel aus, wenn Sie die Teigrollen doppelt so lang ausformen und zu einem doppelten Kranz verschlingen. Backen Sie für die nächste Party kleine, sehr helle Kringel, und frieren Sie sie ein. Dann müssen Sie diese nur noch kurz, bevor die Gäste kommen, im Ofen aufbacken.

Hätten Sie's gewußt?
In Griechenland und der Türkei sind Sesamkringel sehr beliebt. Dort werden sie in den Backstuben bis zum Verkauf oft auf lange Stangen gehängt, die horizontal aus der Wand herausragen.

Hefezopf

x preiswert
x gefriergeeignet

HEFETEIG • 1 BLECH = 15–20 SCHEIBEN

Für den Hefeteig (S. 80)
4 EL Öl, z. B. Sojaöl
1 TL Salz
500 g Weizenmehl Type 550
200–250 ml Buttermilch, Milch
oder Wasser
1 Würfel Hefe (42 g)
oder 2 Päckchen Trockenhefe
3 EL Zucker
1 Päckchen Vanillezucker
2 Eier, 1 Eiweiß
1 Eigelb und 1 EL Milch
zum Bepinseln
Mehl zum Ausformen
Butter bzw. Margarine
zum Einfetten

- Das Blech mit Butter oder Margarine einfetten.
- Das zimmerwarme Öl mit Salz und Mehl in eine Schüssel geben.
- Die lauwarme Flüssigkeit (Buttermilch, Milch oder Wasser) mit Hefe, Zucker, Vanillezucker, Eiern und Eiweiß verschlagen und dazugießen.
- Die Zutaten mit den Knethaken des Elektroquirls oder der Küchenmaschine etwa 4–5 Minuten vermengen.
- Den Teig mit Mehl bestauben oder mit Wasser benetzen, mit einem Tuch zudecken und an warmer Stelle 40 Minuten bis zum doppelten Volumen gehen lassen.
- Den Teig erneut durchkneten und auf der bemehlten Arbeitsfläche aus zwei Drittel des Teiges 3 etwa 40 cm lange Rollen formen.
- Die Rollen von der Mitte aus zu den Enden hin zum Zopf flechten und auf das Blech legen.
- Aus dem restlichen Teig ebenfalls 3 Rollen formen und diese zu einem gleich langen, jedoch dünneren Zopf flechten. Diesen von unten befeuchten und auf den dicken Zopf legen.
- Den Teig an einem warmen Ort erneut zugedeckt bis zum doppelten Volumen gehen lassen.
- Den Ofen vorheizen.
- Das Eigelb mit der Milch verschlagen, den Hefezopf vorsichtig damit bepinseln und backen. Den Garzustand mit einem Stäbchen testen, das Gebäck sollte appetitlich gebräunt sein.
- Vom Blech nehmen und vor dem Aufschneiden auf einem Kuchengitter auskühlen lassen.

Ofentemperatur: 200 °C
Einschubhöhe: Mitte
Backzeit: 35–40 Minuten

Frühstückszopf

x schnell
x preiswert
x gefriergeeignet

QUARK-ÖL-TEIG • 1 BLECH = 15–20 SCHEIBEN

Für den Quark-Öl-Teig (S. 100)
300 g Magerquark
125 g Sultaninen
2 EL Rum
400 g Weizenmehl Type 405
1 Päckchen Backpulver
1 Prise Salz
5 EL Öl, z. B. Weizenkeimöl
100 g Zucker
1 Ei
4 EL Milch
1 Päckchen Vanillezucker
1 TL feingeriebene
unbehandelte Zitronenschale
3 EL Milch zum Bepinseln
3 EL Mandelblättchen und
3 EL Hagelzucker
zum Bestreuen
Mehl zum Ausformen
Backpapier oder Butter
bzw. Margarine zum Einfetten

- Den Quark über Nacht in einem Sieb abtropfen lassen, dann 200 g davon abwiegen, den Rest anderweitig verwerten.
- Die Sultaninen mit dem Rum beträufeln und quellen lassen.
- In einer Schüssel Quark, Mehl, Backpulver, Salz, Öl, Zucker, Ei, Milch, Vanillezucker und Zitronenschale mit den Knethaken des Elektroquirls oder der Küchenmaschine knapp 1 Minute vermengen und zusammenkneten. Die eingeweichten Sultaninen zufügen, nur ganz kurz darunterkneten und den Teig kühl stellen.
- Ein Blech mit Backpapier belegen oder einfetten.
- Den Ofen vorheizen.
- Den Teigkloß mit Mehl bestauben, zu 4 langen Rollen formen und diese zu einem breiten Zopf flechten.
- Das Gebäck auf das Blech legen und mit der Milch bepinseln. Die Mandelblättchen und den Hagelzucker darüber streuen.
- Den Zopf im Ofen backen und dann auf einem Kuchengitter auskühlen lassen.

Ofentemperatur: 160 °C
Einschubhöhe: Mitte
Backzeit: etwa 30 Minuten

Gut zu wissen:
In Baden gehört der Zopf zum festlichen Frühstück am Sonntagmorgen. Sie können ihn bereits am Samstag vorbereiten, den geflochtenen Teig nachts im Kühlschrank ruhenlassen und am Sonntagmorgen backen.

Tsureki – Osterbrot

x einfach
x preiswert
x gefriergeeignet

HEFETEIG • 1 BLECH = 15–20 SCHEIBEN

Für den Hefeteig (S. 80)
1 EL Öl, z. B. Sojaöl
1 TL Salz
500 g Weizenmehl Type 550
1 Messerspitze gemahlener Kardamom
1 TL feingeriebene unbehandelte Orangen- oder Zitronenschale
250–300 ml Buttermilch, Milch oder Wasser
1 Würfel Hefe (42 g) oder 2 Päckchen Trockenhefe
1 TL Zucker
1 Ei
oder 2 Eigelb
2–3 EL Mehl zum Ausformen
Backpapier

Für die Garnitur und den Guß
1 hartgekochtes, rotgefärbtes Ei
1 EL Wasser
1 Eigelb
100 g Sesamsamen

- Das Blech befeuchten und mit Backpapier belegen oder mit Mehl bestauben.
- Das Öl mit Salz, Mehl, Kardamom und der Orangen- bzw. Zitronenschale in eine Schüssel geben.
- Die lauwarme Flüssigkeit (Buttermilch, Milch oder Wasser) mit der Hefe, dem Zucker und dem Ei oder Eigelb gut verschlagen und in die Schüssel gießen.
- Alle Zutaten zunächst bei niedriger, dann bei mittlerer Laufgeschwindigkeit mit den Knethaken des Elektroquirls oder der Küchenmaschine etwa 4–5 Minuten vermengen.
- Den Teig mit den Händen kräftig durchkneten und zugedeckt 30 Minuten gehen lassen.
- Anschließend den Teig erneut kurz durchkneten, auf der bemehlten Arbeitsfläche zu einer Rolle formen und diese längs in 3 Streifen schneiden. Die Streifen zu langen Strängen rollen, aus ihnen einen Zopf flechten und auf das Blech legen.
- An einem Ende des Zopfes eine

BRÖTCHEN, BREZELN, KIPFERL UND BROT 625

Mulde eindrücken und das rote Ei hineinsetzen.
- Eigelb und Wasser verschlagen und damit den Zopf sorgfältig bepinseln. Anschließend dick mit Sesam bestreuen.
- Den Teig an einem warmen Ort mindestens 30 Minuten bis zum doppelten Volumen gehen lassen.
- Den Ofen vorheizen und ein Gefäß mit heißem Wasser auf den Boden des Ofens stellen, damit sich eine gute Kruste bildet. Das Osterbrot mittelbraun backen.
- Das Brot auf einem Kuchengitter auskühlen lassen und so frisch wie möglich reichen.

Ofentemperatur: 200 °C
Einschubhöhe: Mitte
Backzeit: 30–35 Minuten

Wirbelrad

x preiswert
x gefriergeeignet

HEFETEIG • 1 BLECH = 10–12 STÜCKE

Für den Hefeteig (S. 80)
1 EL Öl, z. B. Sojaöl
1 TL Salz
500 g Weizenmehl Type 550
250–300 ml Buttermilch, Milch oder Wasser
1 Würfel Hefe (42 g)
oder 2 Päckchen Trockenhefe
3 EL Zucker
Milch zum Bepinseln
Mehl zum Ausformen
Backpapier oder Butter bzw. Margarine zum Einfetten

- Das Blech befeuchten und mit Backpapier belegen oder mit Mehl bestauben oder einfetten.
- Das Öl mit Salz und Mehl in eine Schüssel geben.
- Die lauwarme Flüssigkeit (Buttermilch, Milch oder Wasser) mit der Hefe und dem Zucker gut verschlagen und zum Mehl gießen.
- Alle Zutaten zunächst bei niedriger, dann bei mittlerer Laufgeschwindigkeit mit den Knethaken des Elektroquirls oder der Küchenmaschine etwa 4–5 Minuten vermengen.
- Den Teig zugedeckt 30 Minuten gehen lassen.
- Den Teig erneut kurz durchkneten, mit bemehlten Händen zu einer Rolle formen und in 9–12 gleich große Stücke schneiden. 7–9 dieser Stücke zu etwa 20 cm langen Rollen, die restlichen zu einer dickeren Rolle formen. Diese als Schnecke auf die Mitte des Blechs legen. Die anderen Rollen ebenfalls zu Schnecken formen und um das Mittelstück gruppieren. Die kleinen Schnecken an die große leicht andrücken und den Teig mit Milch bepinseln.
- Den Teig an einer warmen Stelle mindestens 30 Minuten gehen lassen.
- Den Ofen vorheizen und dann das Festgebäck mittelbraun backen. Ein Gefäß mit heißem Wasser auf den Ofenboden stellen, damit sich eine gute Kruste bildet.
- Das fertige Gebäck auf einem Kuchengitter auskühlen lassen und so frisch wie möglich reichen.

Ofentemperatur: 200 °C
Einschubhöhe: Mitte
Backzeit: 35–40 Minuten

Hätten Sie's gewußt?
Als traditionelles skandinavisches und österreichisches Neujahrsgebäck wurden Wirbelräder früher mit Durchmessern von über 50 cm gebacken.

Weißbrot

- einfach
- preiswert
- gefriergeeignet

HEFETEIG • 1 BLECH = ETWA 20 SCHEIBEN

Für den Hefeteig (S. 80)
1 TL Öl, z. B. Sojaöl
1 TL Salz
500 g Weizenmehl Type 405 oder 1050
250–300 ml Buttermilch, Milch oder Wasser
1 Würfel Hefe (42 g) oder 2 Päckchen Trockenhefe
1 TL Zucker
Mehl zum Ausformen

- Das Blech mit Mehl bestauben.
- Das Öl mit Salz und Mehl in eine Schüssel geben. Die lauwarme Flüssigkeit (Buttermilch, Milch oder Wasser) mit Hefe und Zucker verschlagen und dazugießen.
- Alle Zutaten zunächst bei niedriger, dann bei mittlerer Laufgeschwindigkeit mit den Knethaken des Elektroquirls oder der Küchenmaschine etwa 4–5 Minuten vermengen.
- Den Teig auf der bemehlten Arbeitsfläche zu einem Brotlaib formen, auf das Blech legen und mit Wasser benetzen.
- Den Brotlaib mit einem scharfen Messer zwei- bis dreimal schräg etwa 1 cm tief einritzen.
- Das Hefebrot an einer warmen Stelle mindestens 30 Minuten gehen lassen.
- Den Ofen vorheizen und dann das Brot goldbraun backen.
- Nach 15 Minuten die Ofentemperatur auf 200 °C zurückschalten und nach weiteren 15 Minuten das Brot erneut mit lauwarmem Wasser bepinseln, damit es eine knusprige Kruste bekommt.

Ofentemperatur: 250 °C
Einschubhöhe: unten
Backzeit: etwa 15 Minuten
und
Ofentemperatur: 200 °C
Einschubhöhe: unten
Backzeit: 20–25 Minuten

Variationen:
Falls Sie eine gegarte, bis zu 100 g schwere Kartoffel vom Vortag haben, können Sie diese fein gerieben zum Schluß in den Weißbrotteig kneten. Dadurch wird das Brot angenehm feucht und bleibt außerdem länger frisch.
Für Mohnbrot legen Sie den Brotlaib in eine gut gefettete Kastenform mit 26–28 cm Länge. Bepinseln Sie die Oberfläche mit Wasser, streuen dann reichlich Mohnsamen darauf und drücken diese etwas an.

BRÖTCHEN, BREZELN, KIPFERL UND BROT 627

Quarkbrot

x einfach
x preiswert
x gefriergeeignet

HEFETEIG • 1 KASTENFORM (16–18 CM LÄNGE) = 12–15 SCHEIBEN

Für den Hefeteig (S. 80)
1 EL Öl, z. B. Sojaöl
½ TL Salz
300 g Weizenmehl Type 1050
140–170 ml Milch
½ Würfel Hefe (21 g)
oder 1 Päckchen Trockenhefe
1 TL Honig
80 g Magerquark
1 EL Milch zum Bepinseln
Backpapier oder Butter
bzw. Margarine zum Einfetten

• Für den Hefeteig das Öl mit Salz und Mehl in eine Schüssel geben. Die lauwarme Milch zunächst mit Hefe und Honig, dann mit dem Quark verschlagen und dazugießen. Die Zutaten wie links beschrieben zum Teig vermengen und zugedeckt an warmer Stelle gehen lassen, bis sich das Volumen verdoppelt hat.
• Die Kastenform befeuchten und mit Backpapier auskleiden oder einfetten.
• Den Teig erneut durchkneten und in die Form geben. Mit Milch bepinseln. Nochmals an warmer Stelle etwa 30–40 Minuten zugedeckt gehen lassen, bis der Teig locker und weich wie Watte ist.
• Den Ofen vorheizen.
• Dann ein Schälchen mit heißem Wasser auf den Boden des Ofens stellen, das Brot einschieben und braun backen.
• Auf einem Kuchengitter auskühlen lassen.

**Ofentemperatur: 200 °C
Einschubhöhe: unten
Backzeit: 45–50 Minuten**

*Variationen:
Für eine 28 cm lange Form benötigen Sie die doppelte Zutatenmenge. Wenn Sie 40 g geriebenen Parmesan oder 4 EL feingehackten Dill oder 1 kleingewürfelte, goldgelb gebratene Zwiebel oder 25–30 g Röstzwiebeln hinzufügen, können Sie den Geschmack des Quarkbrotes verändern.*

Eddas Blitzbrot

- einfach
- schnell
- preiswert
- gefriergeeignet

HEFETEIG • 1 KASTENFORM (26–28 CM LÄNGE) = 18–20 SCHEIBEN

Für den Hefeteig (S. 80)
2 EL Öl, z. B. Sonnenblumenöl
1½–2 TL Salz
375 g Weizenmehl Type 405
375 g mittelfeines Weizenvollkornmehl Type 1700
1 TL gemahlenes Brotgewürz, z. B. Anis, Fenchel, Kardamom, Koriander und Kümmel, nach Belieben
350–400 ml Wasser oder Milch
1½ Würfel Hefe (63 g)
oder 2–3 Päckchen Trockenhefe
1 TL Zucker
1 EL Haferflocken zum Bestreuen
Backpapier oder Butter bzw. Margarine zum Einfetten

- Die Form befeuchten und mit Backpapier auskleiden oder einfetten und nach Belieben mit Haferflocken ausstreuen.
- Den Ofen vorheizen.
- Für den Hefeteig die zimmerwarmen Zutaten (Öl, Salz, Mehl und Gewürze) in eine Schüssel geben.
- Die lauwarme Flüssigkeit mit Hefe und Zucker gut verschlagen, so daß sich die Hefe auflöst. Die Mischung zum Mehl gießen.
- Alle Zutaten zunächst bei niedriger, dann bei mittlerer Laufgeschwindigkeit mit dem Knetwerkzeug der Küchenmaschine 4–5 Minuten kneten oder mit einem kräftigen Löffel vermengen und dann von Hand 4–5 Minuten durchkneten. Für den Elektroquirl ist die Masse zu schwer.
- Den Teig in die Form geben und die Oberfläche mit der nassen flachen Hand glätten.
- Die Haferflocken darauf streuen und etwas andrücken.
- Mit einem scharfen Messer den Teig längs einritzen.
- Das Brot auf einem Rost in den Ofen schieben und nach 3 Minuten die Wärmezufuhr ausschalten. Den Teig etwa 20–30 Minuten gehen lassen, bis sich das Volumen knapp verdoppelt hat.
- Dann die Temperatur auf 220 °C erhöhen und ein kleines Gefäß mit heißem Wasser auf den Boden des Ofens stellen. Das Brot mit etwas Wasser besprengen.
- Nach 15 Minuten die Temperatur auf 180 °C reduzieren und das Brot weitere 30 Minuten backen.
- Mit einem langen Hölzchen den Garzustand testen. Wenn keine Teigreste daran klebenbleiben, das Brot sich leicht aus der Form löst und goldbraun aussieht, ist es gar.
- Den Laib auf einem Kuchengitter auskühlen lassen.

Ofentemperatur: 50 °C
Einschubhöhe: unten
Gärzeit: 20–30 Minuten
und
Ofentemperatur: 220 °C
Einschubhöhe: unten
Backzeit: 15 Minuten
und
Ofentemperatur: 180 °C
Einschubhöhe: unten
Backzeit: 30 Minuten

BRÖTCHEN, BREZELN, KIPFERL UND BROT 629

Variationen:
Statt des mittelfeinen Weizenvollkornmehles können Sie auch feines oder grobes Weizenvollkornmehl nehmen.
Die Mehlmischung kann man außerdem verändern, indem man etwa 150 g des Weizenvollkornmehles wahlweise gegen die gleiche Menge Hafer- oder Weizenflocken, Maisgrieß, Buchweizen-, Dinkel- oder Grünkernmehl oder mittelfeines bzw. grobes Roggenvollkornmehl der Type 1800 austauscht.
Man kann dem Teig auch etwa 2–3 EL Lein-, Mohn-, Sesamsamen, gehackte Mandeln, Haselnuß-, Kürbis-, Sonnenblumen- oder Walnußkerne, Röstzwiebeln, Käse- oder Schinkenwürfel – eventuell mit Kräutern kombiniert – zufügen.
Zum Ausstreuen der Form und zum Bestreuen eignen sich außerdem Buchweizen, Hirse, grobgehackte Mandeln oder Nüsse, Mohn- und Sesamsamen, Sonnenblumenkerne oder vorgegarte Weizenkörner.

Für einen großen Weihnachtsfladen brauchen Sie die halbe Zutatenmenge. Bereiten Sie eine Springform mit 26–28 cm Ø vor, und drücken Sie den Teig mit nassen Händen als flachen Fladen in die Form. Streuen Sie dann mit Kürbiskernen die Umrisse eines Sterns auf den Teig und füllen diesen mit Buchweizen, Hirse, gehackten Mandeln, Mohnsamen oder Sonnenblumenkernen aus. Nach dem Gehen verkürzt sich die Backzeit auf 20–35 Minuten.
Für ein Glücksbrot formen Sie aus der halben Teigmenge mit nassen Händen 18 Kugeln. In 8 der Brötchen eine geschälte Mandel als Glücksbringer hineinstecken, ehe Sie die Kugeln nach Belieben in Buchweizen, Hirse, Mohnsamen, Kümmel, Kürbis- oder Sonnenblumenkerne drücken. Die Brötchen in beliebiger Reihenfolge in eine vorbereitete Springform mit 26–28 cm Ø legen und wie den Weihnachtsfladen backen.

Für eine Silvestertraube setzen Sie auf einem gefetteten Blech 12 Kugeln, einen Stiel und 1 Blatt zu einer Weintraube zusammen.
Hinweise:
Bei sehr niedrigen Raumtemperaturen lassen Sie den Teig zunächst an warmer Stelle 15–30 Minuten zugedeckt in der Schüssel gehen, ehe Sie ihn in die Form füllen.
Wenn Sie die Zutaten verdoppeln, können Sie den Teig in 3 Kastenformen mit etwa 22 cm Länge nebeneinander auf dem Rost backen. Die Luft muß zwischen den Formen zirkulieren können. Den Ofen gleich auf 225 °C heizen; die Gär- und Backzeit verlängert sich bei voller Ofenbeschickung insgesamt um etwa 10 Minuten, und das Brot bräunt nicht so gut.
Wenn Sie das Brot 5 Minuten vor Ende der Backzeit aus der Form nehmen und die restliche Zeit ohne Form und Papier auf dem Rost backen, bekommt es eine sehr gute Kruste.

Grahambrot

HEFETEIG • 1 KASTENFORM (28–30 CM LÄNGE) = 25–30 SCHEIBEN

Für den Hefeteig (S. 80)
80 ml Öl
1 TL Salz
200 g Weizenmehl Type 405
200 g Weizenmehl Type 1050
100 g feines
oder grobes Weizenvollkornmehl Type 1700
1 TL gemahlener Kümmel
½ TL gemahlener Anis
½ TL gemahlener Fenchel
200–250 ml Milch
1 Würfel Hefe (42 g)
oder 2 Päckchen Trockenhefe
1 TL Zucker
Backpapier oder Butter bzw. Margarine zum Einfetten

Für die Garnitur
Anis, Fenchel, Kümmel oder Sesamsamen, nach Belieben

• Die Kastenform befeuchten und mit Backpapier auslegen oder einfetten.
• Für den Hefeteig das Öl mit Salz, Mehl und den Gewürzen in eine Schüssel geben.
• Die lauwarme Milch mit Hefe und Zucker verschlagen und dazugießen.
• Alle Zutaten zunächst bei niedriger, dann bei mittlerer Laufgeschwindigkeit mit dem Knetwerkzeug der Küchenmaschine oder mit einem kräftigen Löffel etwa 4–5 Minuten vermengen und gut durchkneten.
• Den Teig in die Form geben und mit Wasser benetzen.
• Den Laib der Länge nach mit einem scharfen Messer etwa 1 cm tief einritzen und anschließend nach Belieben mit Gewürzen bestreuen.
• Den Hefeteig an einer warmen Stelle mindestens 30 Minuten gehen lassen.
• Den Ofen vorheizen und dann das Brot goldbraun backen.
• Das Grahambrot vorsichtig aus der Form lösen und auf einem Kuchengitter auskühlen lassen.

Ofentemperatur: 200 °C
Einschubhöhe: unten
Backzeit: 60–70 Minuten

Variation:
Aus dem Teig lassen sich auch Brötchen formen, die sich zum Einfrieren besonders gut eignen.

Vollwertbrot mit Kürbiskernen

HEFETEIG • 1 KASTENFORM (28–30 CM LÄNGE) = 25–30 SCHEIBEN

Für den Hefeteig (S. 80)
1 EL Öl, z. B. Walnußöl
1 TL Salz
250 g Weizenmehl Type 405
250 g mittelfeines
oder grobes Weizenvollkornmehl Type 1700
350 ml Milch
oder Wasser
1 Würfel Hefe (42 g)
oder 2 Päckchen Trockenhefe
1 TL Zucker
30 g Kürbiskerne
30 g Sonnenblumenkerne
Kürbiskerne zum Bestreuen
Backpapier oder Butter bzw. Margarine zum Einfetten

• Öl, Salz und Mehl in eine Schüssel geben. Lauwarme Milch bzw. Wasser mit Hefe und Zucker vermischen und dazugießen. Diese Zutaten mit dem Knetwerkzeug der Küchenmaschine oder einem kräftigen Lochlöffel vermengen und zu einem weichen Teig verkneten. Kürbis- und Sonnenblumenkerne zum Schluß zugeben.
• Den Teig befeuchten oder mit Mehl bestauben und zugedeckt an einem warmen Ort etwa 30 Minuten bis zum doppelten Volumen gehen lassen.
• Die Form befeuchten und mit Backpapier auskleiden oder einfetten, den Teig hineingeben und mit Kürbiskernen bestreuen.
• Den Teig erneut 30–40 Minuten warm stellen, bis sich das Volumen verdoppelt hat, und den Ofen vorheizen.
• Das Brot gut mit Wasser bepinseln und goldbraun backen. Etwas heißes Wasser in einer feuerfesten Schüssel auf dem Ofenboden fördert die Krustenbildung.
• Das fertige Brot auf einem Gitter auskühlen lassen.

Ofentemperatur: 220 °C
Einschubhöhe: unten
Backzeit: etwa 45 Minuten

Schweizer Mischbrot

x einfach
x preiswert
x gefriergeeignet

HEFETEIG • 1 BLECH = ETWA 30 SCHEIBEN

Für den Hefeteig (S. 80)
1 TL Öl, z. B. Sojaöl
3 TL Salz
600 g Weizenmehl Type 550
300 g Roggenmehl Type 1370
1 TL Anis oder Kümmel
1 TL Fenchel oder Kardamom
500 ml Buttermilch oder Wasser
1½ Würfel Hefe (63 g)
oder 2–3 Päckchen Trockenhefe
½ TL Zucker
Wasser oder Bier zum Bepinseln
Mehl zum Ausformen

- Ein Blech mit Mehl bestauben.
- Das Öl mit Salz, Weizen- und Roggenmehl und Gewürzen nach Wahl in eine Schüssel geben und mischen.
- Die lauwarme Buttermilch oder das Wasser mit Hefe und Zucker verschlagen, zur Mehlmischung gießen und dann mit dem Knetwerkzeug der Küchenmaschine oder einem kräftigen Lochlöffel etwa 5 Minuten vermengen und verkneten. Zum Schluß den Teig etwa 5 Minuten mit bemehlten Händen kräftig durchkneten und dabei einige Male auf die bemehlte Arbeitsplatte schlagen.
- Den Hefeteig mit Mehl bestauben und zugedeckt an einer warmen Stelle etwa 60 Minuten gehen lassen.
- Den Teig erneut durchkneten, zu einem länglichen Laib formen und auf das Blech legen. Wieder zudecken und an warmer Stelle etwa 40 Minuten gehen lassen, bis sich das Volumen verdoppelt hat.
- Den Ofen vorheizen und dann das Brot mittelbraun backen.
- Nach 30 und 50 Minuten das Brot mit Wasser oder Bier bepinseln, damit es schön knusprig wird.
- Das Brot ist gar, wenn am Hölzchen keine Teigreste klebenbleiben und beim Klopfen auf die Unterseite ein hohler Klang ertönt.

Ofentemperatur: 200 °C
Einschubhöhe: unten
Backzeit: etwa 60 Minuten

Variationen:
Zur Abwechslung können Sie das Brot vor dem letzten Gehen mit Anis, Koriander, Kümmel, Leinsamen, Mohn- oder Sesamsamen oder Sonnenblumenkernen bestreuen.

Links Grahambrot, in der Mitte Vollwertbrot mit Kürbiskernen, rechts Schweizer Mischbrot

Roggensauerteigbrot

HEFETEIG • 1 BLECH = 35–40 SCHEIBEN

- preiswert
- gefriergeeignet

Für den Sauerteig
1 kleine Zwiebel
50 g Roggenmehl
3–5 EL Wasser

Für den Hefeteig (S. 80)
1 TL Öl, z. B. Sojaöl
2 TL Meersalz
250 g feines Weizenvollkornmehl Type 1700
750 g mittelfeines Roggenvollkornmehl Type 1800
1 TL Fenchel
oder 1 TL Kümmel
750 ml Buttermilch oder Wasser
50 g Sauerteig
1 Würfel Hefe (42 g)
oder 2 Päckchen Trockenhefe
1 TL Zucker
Wasser oder Bier zum Bepinseln
Mehl zum Ausformen

• Für den Sauerteigansatz die Zwiebel abziehen, fein reiben und mit Roggenmehl und Wasser breiig rühren. Mit einem zusammengelegten feuchten Tuch bedecken und 2–3 Tage stehenlassen. Ab und zu umrühren.

• Ein Blech mit Mehl bestäuben.

• Für den sauren Hefeteig das Öl mit Salz, den beiden Mehlsorten und Gewürzen nach Wahl in eine Schüssel geben und mischen.

• Die lauwarme Flüssigkeit (Buttermilch oder Wasser) mit dem Sauerteig, der Hefe und dem Zucker gut verrühren, zur Mehlmischung gießen und dann alles mit dem Knetwerkzeug der Küchenmaschine oder einem Lochlöffel etwa 5 Minuten vermengen.

• Den Teig etwa 5 Minuten mit bemehlten Händen kräftig durchkneten und ihn dazwischen einige Male auf die bemehlte Arbeitsplatte schlagen.

• Den Hefeteig mit Mehl bestäuben und zugedeckt an einer warmen Stelle etwa 2–3 Stunden gehen lassen.

• Den Teig erneut durchkneten, zu einem länglichen Laib formen und auf das Blech legen. Zugedeckt 1–2 Stunden bis zum doppelten Volumen gehen lassen.

• Den Ofen frühzeitig vorheizen und ein Gefäß mit heißem Wasser auf den Boden stellen.

• Das Brot der Länge nach einritzen, mit Wasser bepinseln, in den Ofen schieben und backen.

- Nach 30 und 50 Minuten das Brot erneut mit Wasser oder Bier bepinseln, damit es knusprig wird.
- Das Brot ist gar, wenn es sich leicht vom Blech löst, keine Teigreste am Hölzchen klebenbleiben und es beim Klopfen auf die Unterseite hohl klingt.

Ofentemperatur: 200 °C
Einschubhöhe: unten
Backzeit: etwa 90 Minuten

Gut zu wissen:
Sauerteigbrot gelingt nur bei Raumtemperaturen zwischen 30 und 35 °C. Bewahren Sie etwas Teig bis zum nächsten Backtag auf. Er wird mit Roggenmehlzusatz erneut gesäuert.

Roggenvollkornbrot

HEFETEIG • 1 KASTENFORM (28–30 CM LÄNGE) = 20–25 SCHEIBEN

Für den Hefeteig (S. 80)
50 g Roggenkörner
1 TL Öl, z. B. Sojaöl
1 TL Meersalz
250 g feines Weizenvollkornmehl Type 1700
150 g mittelfeines Roggenvollkornmehl Type 1800
50 g Haferflocken
50 g Hirse
4 EL Kleie
300 ml Buttermilch oder Wasser
150 g Magerquark
1½ Würfel Hefe (63 g)
oder 2–3 Päckchen Trockenhefe
1 TL Zucker
Haferflocken zum Bestreuen
Mehl zum Ausformen

- Die Roggenkörner mit reichlich Wasser bedeckt über Nacht in einem Topf quellen lassen, dann 20 Minuten leise kochen und in einem Sieb abtropfen lassen.
- Eine Kastenform mit Mehl bestauben.
- Für den Hefeteig das Öl mit Salz, den beiden Mehlsorten, Haferflocken, Hirse und Kleie in einer Schüssel mischen. Die Roggenkörner darüber streuen.
- Die lauwarme Buttermilch oder das Wasser mit Quark, Hefe und Zucker gut verschlagen, zur Mehlmischung gießen und dann mit dem Knetwerkzeug der Küchenmaschine oder einem kräftigen Lochlöffel etwa 5 Minuten vermengen. Zum Schluß den Teig etwa 5 Minuten mit bemehlten Händen kräftig durchkneten und dabei mehrmals auf die bemehlte Arbeitsplatte schlagen, um die Bildung von Kleber zu aktivieren.
- Den Hefeteig mit Mehl bestauben und zugedeckt an einem warmen Ort gut 1 Stunde gehen lassen. Dann den Teig wieder durchkneten, zu einer Rolle formen und in die Form drücken. Zugedeckt 50–60 Minuten gehen lassen.
- Den Ofen frühzeitig vorheizen und ein Schälchen mit heißem Wasser auf den Boden stellen.
- Das Brot der Länge nach einritzen, mit Wasser bepinseln, mit Haferflocken bestreuen und im Ofen braun backen.
- Das Brot ist gar, wenn keine Teigreste am eingestochenen Hölzchen klebenbleiben und es beim Klopfen auf die Unterseite hohl klingt.
- Das fertige Brot nach kurzem Auskühlen auf ein Gitter stürzen.

Ofentemperatur: 220 °C
Einschubhöhe: unten
Backzeit: 50–60 Minuten

Hinweise:
Im Schnellkochtopf garen Körner in 5–10 Minuten.
Das Brot wird besser durchgebacken, wenn Sie die Temperatur nach etwa 10 Minuten auf 180 °C verringern.

Siebenkornbrot

× preiswert
× gefriergeeignet

HEFETEIG • 2 KASTENFORMEN (26–28 CM LÄNGE) = ETWA 40 SCHEIBEN

Für den Hefeteig (S. 80)
500 g feines Weizenvollkornmehl Type 1700
2 EL Backferment-Grundansatz
2 TL Backferment
1400 ml Wasser
100 g Gerstenkörner
100 g Haferkörner
100 g Hirsekörner
100 g Roggenkörner
100 g Weizenkörner
50 g Sesamsamen
50 g Leinsamen

4 EL Öl, z. B. Sonnenblumenöl
2 TL Salz
½ Würfel Hefe (21 g)
Alufolie
Backpapier oder Butter bzw. Margarine zum Einfetten

• Für den sauren Hefeteig die Hälfte des Mehles mit Backferment-Grundansatz, Backferment und 200 ml Wasser nach Herstellerangaben in einer Schüssel vermengen und zugedeckt über Nacht gären lassen.

• 1 l Wasser in einem Topf zum Kochen bringen, die Getreidekörner hineingeben und über Nacht quellen lassen. Dann 20 Minuten garen und abtropfen lassen.

• 2 Kastenformen befeuchten und mit Backpapier auslegen oder einfetten.

• Die ausgekühlten Körner mit dem restlichen Mehl, Sesam- und Leinsamen, Öl und Salz zum Vorteig geben. Die Hefe mit dem Rest des Wassers verrühren und dazugießen. Dann alle Zutaten mit dem Knetwerkzeug der Küchenmaschine etwa 10 Minuten vermengen.

• Den Teig 2–3 Minuten durchkneten, in die Kastenformen geben, mit gefetteter Alufolie zudecken und an warmer Stelle etwa 2 Stunden aufgehen lassen.

• Den Ofen vorheizen.

• Die Brote mit Alufolie bedeckt 40 Minuten backen und die Temperatur auf 220 °C erhöhen.

• Nach weiteren 40 Minuten die Alufolie entfernen, dann die Brote noch einmal 30 Minuten backen.

Ofentemperatur: 170 °C
Einschubhöhe: unten
Backzeit: etwa 40 Minuten
und
Ofentemperatur: 220 °C
Einschubhöhe: unten
Backzeit: etwa 70 Minuten

Hinweis:
Die für dieses Rezept erforderlichen Backfermente und übrigen Zutaten bekommen Sie im Reformhaus.

Irisches Brot

✗ einfach
✗ preiswert
✗ gefriergeeignet

HEFETEIG • 1 KASTENFORM (16–18 CM LÄNGE) = 12–15 SCHEIBEN

Für den Hefeteig (S. 80)
1 TL Öl, z. B. Maiskeimöl
1 TL Salz
1 EL Kümmel
200 g Weizenmehl Type 405
200 g Weizenmehl Type 1050
100 g feine Haferflocken
1 TL Backpulver
100–150 ml Milch
150 g Joghurt
1 Würfel Hefe (42 g)
oder 2 Päckchen Trockenhefe
1 TL Zucker
4 EL Sultaninen
Backpapier oder Butter
bzw. Margarine zum Einfetten

• Das Öl mit Salz, Kümmel, Mehl, Haferflocken und Backpulver in eine Schüssel geben. Die lauwarme Milch mit Joghurt, Hefe und Zucker verschlagen und dazugeben.

• Dann diese Zutaten mit dem Knetwerkzeug der Küchenmaschine oder einem kräftigen Lochlöffel 4–5 Minuten zu einem weichen Teig verkneten. Die Sultaninen kurz daruntermischen.

• Den Teig mit Wasser befeuchten oder mit Mehl bestauben und zugedeckt an warmer Stelle 30–40 Minuten gehen lassen, bis sich das Volumen verdoppelt hat.

• Eine Form befeuchten und mit Backpapier auskleiden oder einfetten.

• Den Teig in die Form geben, mit Wasser bestreichen und mit einem Messer rautenförmig etwa 1,5 cm tief einritzen. Erneut warm stellen, bis der Teig zum doppelten Volumen aufgegangen ist.

• Den Ofen vorheizen und dann das Brot darin goldbraun backen. Heißes Wasser in einem feuerfesten Gefäß auf dem Boden des Ofens fördert die Bildung einer guten Kruste.

Ofentemperatur: 200 °C
Einschubhöhe: unten
Backzeit: 45 Minuten

Variation:
In Irland wird das Brot auch aus festerem Teig ohne Sultaninen auf dem Blech gebacken.

Hätten Sie's gewußt?
Hafer, Gerste und Mais enthalten keinen Kleber und sind daher ohne Eiweiß- oder Weizenmehlbeigaben zum Backen ungeeignet. Fehlt das Eiweißgerüst, wird der Teig nämlich nicht porös.

Register

Die Umlaute ä, ö, ü werden wie a, o, u behandelt. **Fett** gedruckte Seitenzahlen verweisen auf ein Grundrezept, *kursiv* gedruckte Zahlen auf eine Variation.

A

Abbrennen 14
Adventsbaum 514
Adventstorte 385
Ahornsirup 17
Alkohol 17
Alufolie 63
Aluformen 62
Allgäuer Krautstrudel 596
Amaretti, Mailänder 476
Amerikaner 122
Ananas, Schinkentaschen mit 550
Ananas-Blitztorte 216
Ananaskuchen, gestürzter 217
Anis 17
Anislaiberl 507
Aniswaffeln *442*
Anzacplätzchen 470
Äpfel 17, 43
　Quarkkuchen mit 430
Apfelausstecher 66
Apfel im Schlafrock 218
Apfelkranzkuchen 142
Apfelkuchen *234*
　gedeckter 222
　mit Bienenstich 223
　mit Haferflocken 414
　mit Quark 329
　mit Sahneguß *264*
　mit Schokostreuseln 225
　mit Sonnenblumenkernen 224
　mit Streuseln 220
　Polnischer 172
　Schwäbischer 227
　versunkener 228
　Vollwertapfelkuchen mit Guß 412
　Vollwertapfelkuchen mit Nüssen 413
Apfelküchli Schweizer Art 371

Apfelrolle mit Sahne 230
Apfel-Sahne-Torte 228
Apfelschnitten 221
Apfelstriezel 218, *267*
Apfelstrudel bayerische Art 232
Apfeltaschen 218
Apfeltorte mit Nußbiskuit 231
Aprikosen
　Mascarponetorte mit 338
　Schokoladenrolle mit 191
Aprikosenkäsekuchen 324
Aprikosenkuchen 234
Aprikosenkuchen mit Sahneguß *264*
Aprikosen-Nuß-Kuchen *234*
Aprikosenplätzchen 422
Aprikosenstriezel *267*
Apulien, Calzoni aus 578
Aromatisieren 14
Arrak 17
Ascorbinsäure 17
Aufbewahren von Gebäck und Teigen 56–57
Auftauen von Gebäck 61
Ausstecherle 460
Ausstechförmchen 66

B

Backaromen 17
Backbegriffe 14–15
Backformen 47, 62–63
Backbretter 63
Backen mit Fertigprodukten **118**
Backobstkuchen 138
Backpapier 47–48, 63
Backpinsel 66
Backpflaumen, Mohnstrudel mit 170
Backpflaumenkuchen 139
Backpulver 17, 42
Badischer Zwiebelkuchen 581
Baiser, Stachelbeerkuchen mit 302
Baiserhaube
　Beerenkuchen mit 211
　Rhabarberkuchen mit 298
　Zitronentorte mit 310

Baisermasse **112**
Baisersterne 512
Baisertorte mit Mango 282
Baisertorte mit Orangen 359
Baisertorte mit Schokoladensahne 200
Beerenkuchen mit Baiserhaube 211
Christbaumkringel 513
Krokanttorte mit Buttercreme 352
Orangenbaisers 345
Pawlowa 246
Rhabarberkuchen mit Baiserhaube 298
Sahnebaisers 344
Schokoherzli 513
Walnußkaisertorte 184
Zitronentorte mit Baiserhaube 310
Baisersterne 512
Baisertorte
　mit Mango 282
　mit Orangen 359
　mit Schokoladensahne 200
Bananen 17
Bananenkuchen 136
Bananen-Schoko-Kuchen 139
Basler Brunsli 489
Baumkuchenwürfel 466
Baumstamm 392
Beeren 17
　Joghurttorte mit 213
　Quarkkuchen mit 325
Beerenkuchen mit Baiserhaube 211
Beerenobst 43
Beerenquarktorte 339
Beerentorte mit Joghurt 341
Beläge 49
Belegkirschen 17
Belgische Salzbällchen 543
Belgische Zimtschnitten 480
Berliner Silvesterkrapfen 396
Berner Himbeerwähe 254
Berner Leckerli 490
Beschwipster Orangenkuchen 287
Bestauben 14
Bienenstich 148
　Apfelkuchen mit 223

Birnen, Quarkkuchen mit 431
Birnen-Brombeer-Kuchen 240
Birnenkuchen *234*
  mit Dinkelstreuseln 414
  mit Frischkäse 238
  mit Krokant 236
  mit Mandelguß 237
  mit Quark 331
Birnentörtchen 239
Birnentorte mit Makronen 453
Biskuitmasse **88**
  Adventstorte 385
  Apfelrolle mit Sahne 230
  Apfeltorte mit Nußbiskuit 231
  Baumstamm 392
  Beerentorte mit Joghurt 341
  Biskuitomeletts mit Mascarponefüllung 318
  Biskuitrolle 132
  Brombeertorte mit Joghurtcreme 429
  Eierlikörtorte 362
  Erdbeer-Sahne-Torte 247
  Erdbeertorte mit Quark 335
  Feigentorte mit Quark 337
  Geburtstagstorte 401
  Heidelbeertorte mit Joghurt 253
  Heidelbeertorte mit Sahne 252
  Himbeersahnerolle 349
  Himbeerschnitten mit Sahne 254
  Himbeertorte mit Joghurt 340
  Himbeertorte mit Sahnejoghurt 258
  Kardamomsterne, Schwedische 482
  Kartoffelkuchen, Schweizer 434
  Käsesahnetorte 332
  Kindergeburtstagstorte 400
  Kirschtorte, Schwarzwälder 278
  Kirschtorte, Zuger 178
  Mandelbrot 515
  Mandelrolle mit Sahne 168
  Mandelschnitten mit Sahne 358
  Mangotorte mit Joghurt 336
  Mascarponetorte mit Kirschen 334
  Mohnküchlein, würzige 406
  Mokkasahnerolle 190
  Mokkatorte 205
  Nußrolle mit Himbeersahne 169
  Nußsahnerolle 168
  Orangenschnitten 320
  Pfirsichrolle mit Sahne 291

Biskuitmasse *(Forts.)*
  Pfirsichtorte mit Weincreme 290
  Preiselbeertorte 292
  Prinzregententorte 204
  Rüblitorte, festliche 410
  Sahnetorte mit Trauben 304
  Schokobuttercremetorte 354
  Schokoladenrolle mit Aprikosen 191
  Schwarze-Johannisbeer-Eistorte 301
  Schwarze-Johnnisbeer-Torte 300
  Schwarzwälder Kirschtorte 278
  Schwedische Kardamomsterne 482
  Schweizer Kartoffelkuchen 434
  Sevillanas 475
  Sherrykuchen 432
  Sherrystern 355
  Silberkuchen 428
  Springerle 506
  Weihnachtstorte 394
  Zitronencremetorte 305
  Zitronenquarkrolle 319
  Zitronenrolle mit Buttercreme 348
  Zuger Kirschtorte 178
Biskuitomeletts mit Mascarponefüllung 318
Biskuitrolle 132
Bittermandeln 18
Blanchieren 14
Blätterteig **92**
  Apfel im Schlafrock 218
  Apfelstriezel 218
  Apfeltaschen 219
  Birnentörtchen 239
  Blätterteighalbmonde 547
  Blätterteigpasteten 548
  Favoriten 130
  Fetataschen, Griechische 551
  Garnelentörtchen 561
  Gemüseschnitten 582
  Griechische Fetataschen 551
  Holländer Kirschtorte 361
  Hühnerpastete, festliche 584
  Käsestangen, gedrehte 544
  Kirschkuchen, gestürzter 274
  Kirschtorte, Holländer 361
  Kräuterquarktaschen 550
  Lachspastete, festliche 594
  Obsttörtchen, bunte 208
  Olivenschnecken, Provenzalische 545

Blätterteig *(Forts.)*
  Provenzalische Olivenschnecken 545
  Schinkenkipferl 549
  Schinkentaschen 550
  Schuhsohlen 128
  Schweineöhrchen 128
  Teigtaschen, pikante 558
  Windmühlen 129
  Würstchen im Hemd 554
Blätterteighalbmonde 547
Blätterteigpasteten 548
Bleche 47
Blindbacken 49
Blitzbrot, Eddas 628
Blitzhacker 66
Blitzwaffeln *552*
Blockschokolade 18
Böhmische Kolatschen 162
Brandteig **104**
  Apfelküchli Schweizer Art 371
  Brandteiggebäck, Schwedisches 131
  Brandteigküchlein 370
  Burgunder Käsekranz 566
  Eberswalder Spritzgebäck 372
  Erdbeerherzen 320
  Erdbeerwindbeutel *347*
  Favoriten 130
  Flockenschnitten 357
  Flockentorte 356
  Hagebuttenwindbeutel *347*
  Häschen *347*
  Herbstwindbeutel *347*
  Karamelwindbeutel *347*
  Käsekranz, Burgunder 566
  Käsewindbeutel 567
  Küken *347*
  Mandarinenherz 280
  Mokkawindbeutel *347*
  Preiselbeerwindbeutel *347*
  Schwäne, kleine *347*
  Schwedisches Brandteiggebäck 131
  Schokoladeneclairs 188
  Schokoladenprofiteroles 189
  Schokoladenwindbeutel *347*
  Spritzgebäck, Eberswalder 372
  Windbeutel 346
  Windbeutel, exotische *347*
  Windbeutel, grüne *347*
  Windbeutel, pikante 564
  Zitronenkränzchen *347*

Brandteiggebäck, Schwedisches 131
Brandteigküchlein 370
Branntwein 29
Bräune 50
braune Kuchen, Dänische 482
Brioche 606
Briocheförmchen 62
Brokkoli, Schinkenstrudel mit 598
Brombeerkuchen mit Sahneguß 264
Brombeertörtchen 241
Brombeertorte mit Joghurtcreme 429
Brot, Irisches 635
Brottorte, Tessiner 157
Brownies 469
Brunsli, Basler 489
Buchweizen 18
Buchweizentorte 417
Buchweizenwaffeln 407
Burgunder Käsekranz 566
Butter 18, 29, 42
Butterbrot, Falsches 500
Buttercreme 30
  feine *30*
  Krokanttorte mit 352
  Zitronenrolle mit 348
Buttercremetorte mit Orangen 351
Butterkuchen 146
Butterschmalz 18

C

Calzoni
  aus Apulien 578
  mit Pilzen 579
Cantuccini 476
Caracastorte 198
Cashewnüsse 18
Cassisrosetten 535
Champagnertorte mit Limetten 451
Charlotte Royal 456
Chräbeli 506
Christbaumkringel 513
Christstollen, Dresdner 388
Cognac 18
  Schokoladenkuchen mit 192
Cornflakestorte mit Preiselbeeren 293
Cremespitzen 66

Crème fraîche 18, 29
Cremes 31
Croissants 608

D

Dänische braune Kuchen 482
Dänische Erdbeerwaffeln *442*
Dekorierspritzen 66
Dekorperlen 18
Dekorschnee 18
Dinkel 18
Dinkelstreusel, Birnenkuchen mit 414
Donauwellen 196
Dreikönigskuchen 367
Dresdner Christstollen 388
Dundeekuchen 141
Durchpassieren 14

E

Eberswalder Spritzgebäck 372
Eddas Blitzbrot 628
Eier 19, 42
Eierlikörtorte 362
Eierschecke, Sächsische 149
Eigelbmakronen *474*
Einfrieren von Gebäck und Teigen 59–60
Einmalformen 62
Eischnee 31
Eiskonfekt 535
Eisroulade *349*
Eistorte mit Mandeln 180
Eiweiß 31
Elektromesser 67
Elektroofen 70
Elektroquirl 65
Elisenlebkuchen 510
Elsässer Käseküchli 554
Engadiner 488
Engadiner Nußtorte 174
Engelskuchen 428
Entenpastete 602
Erbsentaschen 558
Erdbeeren, Tiramisu mit 244
Erdbeerherzen 320
Erdbeer-Joghurt-Torte 244
Erdbeerkuchen
  mit Mandelguß 242
  mit Vanillecreme 242

Erdbeer-Sahne-Torte 247
Erdbeertorte mit Quark 335
Erdbeerwaffeln, Dänische *442*
Erdbeerwindbeutel 347
Erdnüsse 19
Erdnußkekse 471

F

Falsches Butterbrot 500
Favoriten 130
Fehler beim Backen 50
Feigentorte
  mit Quark 337
  mit Sahne 248
Feigenkuchen, Spanischer 249
Fertigprodukte, Backen mit **118**
Fetataschen, Griechische 551
Flammekueche Elsässer Art 580
Fleischstrudel, Italienischer 601
Fleischtaschen 558
Flockenschnitten 357
Flockentorte 356
Förmchen 47
Formen mit festen Teigen belegen 48
Formen mit weichen Teigen füllen 48
Frankfurter Kranz 350
Französischer Schokoladenkuchen 201
Französische Zitronentarte 308
Friesländer Speckwaffeln 552
Frischkäse
  Birnenkuchen mit 238
  Zitronenkuchen mit 454
Fritieren 14
Fritieröl 14, 19, 42
Friteuse 65
Früchte 43
  Gewürznapfkuchen mit 143
  Kandierte 44, *537*
  Trockenfrüchte 27, 44
Fruchtkonfekt, weißes 536
Fruchtlutscher 523
Fruchttorte
  bunte *214*
  exotische 214
Fruchtzucker 19
Frühlingsrollen 556

Frühstückswaffeln 441
Frühstückszopf 623
Füllungen 30–39, 49

G

Gabeln 67
Garnelen 19
Garnelentörtchen 561
Garprobe 51
Gasofen 70
Gebäck
  auffrischen 55
  mit dem Spritzbeutel füllen 53–54
  lagern 54–55
Gebrannte Mandeln 522
Geburtstagstorte 401
Gefriereigenschaften von Gebäck und Teigen 60
Gehen lassen 15
Gelatine 19, 31–32
Geleeherzen 461
Gelieren 15
Gemüse, Vollkornpizza mit 577
Gemüseschnitten 582
Gemüsestrudelchen, Türkische 557
Gemüsetörtchen 563
Getreidemühlen 65
Gewürzigel 519
Gewürzkuchen 433
Gewürzmischungen 19
Gewürznapfkuchen mit Früchten 143
Gewürzschnitten 154
Gewürztaler mit Nüssen 496
Gewürztorte 154
Gewürzwaffeln 442
Glasformen 62
Glasur 54
Glasurmesser 67
Gorgonzolaringe 542
Gorgonzolaschnecken 555
Grahambrot 630
Grahamplätzchen 424
Grappa 19
Griechische Fetataschen 551
Griechische Mandelplätzchen 478
Grießguß, Heidelbeerkuchen mit 250
Grittibänzen 380

Guß 32
  für Obsttörtchen 208
Gußeisenformen 62

H

Hackfleischrolle 593
Haferflocken 19
  Apfelkuchen mit 414
Haferflockenplätzchen 464
  mit Schokolade 464
Haferflockentorte mit Johannisbeeren 416
Hagebuttenwindbeutel 347
Hagelzucker 19
Hamburger Quarktorte 326
Häschen 347
Haselnußadventskranz 383
Haselnüsse 19
Haselnußlebkuchen 490
Haselnußmakronen 493
Haselnußsahnetorte 181
Haselnußtaler, feine 496
Hausfrauenwähe, Schweizer 583
Hefe 20, 42
Hefenapfkuchen 144
Hefeteig **80**
  Apfelkuchen mit Streuseln 220
  Badischer Zwiebelkuchen 581
  Berliner Silvesterkrapfen 396
  Bienenstich 148
  Birnen-Brombeer-Kuchen 240
  Blitzbrot, Eddas 628
  Böhmische Kolatschen 162
  Brioche 606
  Brot, Irisches 635
  Butterkuchen 146
  Calzoni aus Apulien 578
  Calzoni mit Pilzen 579
  Christstollen, Dresdner 388
  Croissants 608
  Dresdner Christstollen 388
  Eddas Blitzbrot 628
  Eierschecke, Sächsische 149
  Flammekueche Elsässer Art 580
  Frühstückswaffeln 441
  Grahambrot 630
  Grittibänzen 380
  Hausfrauenwähe, Schweizer 583
  Hefenapfkuchen 144
  Hefezopf 622
  Holländische Silvesterkrapfen 397
  Hutzelbrot 382

Hefeteig (Forts.)
  Irisches Brot 635
  Johannisbeerkuchen mit Sahneguß 264
  Kolatschen, Böhmische 162
  Korinthenbrötchen 607
  Kräuterfladen 619
  Leinsamenbrötchen 617
  Mandelstollen 389
  Mischbrot, Schweizer 631
  Mohnstriezel 163
  Neapolitanische Pizza 570
  Neujahrskranz 366
  Partysemmeln 616
  Pizza, Neapolitanische 570
  Pizza Capricciosa 572
  Pizza Margherita 571
  Pizza mit Pilzen 573
  Pizza mit vier Käsesorten 574
  Quarkbrot 627
  Roggenbrötchen 612
  Roggenvollkornbrot 633
  Sächsische Eierschecke 149
  Salzbrezeln 620
  Savarin 145
  Schweizer Hausfrauenwähe 583
  Schweizer Mischbrot 631
  Sesamkringel 621
  Siebenkornbrot 634
  Silvesterkrapfen, Berliner 396
  Silvesterkrapfen, Holländische 397
  Sojabrötchen 612
  Streuselkuchen 146
  Stutenkerle 380
  Südtiroler Vollkornfladen 618
  Tsureki-Osterbrot 624
  Vollkornbrötchen 615
  Vollkornfladen, Südtiroler 618
  Vollkornpizza mit Gemüse 577
  Vollkornpizza mit Zwiebeln 576
  Vollwertbrot mit Kürbiskernen 630
  Vollwertobstkuchen mit Sahneguß 411
  Weißbrot 626
  Weizenkeimbrötchen 614
  Wirbelrad 625
  Zwiebelkuchen, Badischer 581
Hefezopf 622
Heidelbeerkuchen 234, 251
  mit Grießguß 250
  mit Sahneguß 264
Heidelbeermuffins 125

Heidelbeertorte
  mit Joghurt 253
  mit Sahne 252
Heißluft-Elektroofen 70
Herbstwindbeutel 347
Hexenhäuschen 386
Himbeeren
  Knuspertorte mit 449
  Makronentorte mit 256
Himbeersahnerolle 349
Himbeerschnitten mit Sahne 254
Himbeertorte
  mit Joghurt 340
  mit Marzipan 257
  mit Sahnejoghurt 258
Himbeerwähe, Berner 254
Hirschhornsalz 20
Hochzeitstorte 402
Holländer Kirschtorte 361
Holländische Mandelplätzchen 481
Holländische Silvesterkrapfen 397
Holunderguß, Quarktorte mit 260
Holundertorte mit Sahne 261
Holzmodel 67
Honig 20, 29
Honigkuchenteig **108**
  Honigkuchenpuppen 518
  Honigsterne 425
  Liegnitzer Bomben 425
Honigkuchenpuppen 518
Honigsterne 425
Honigtrüffel *534*
Hühnerpastete, festliche 584
Hutzelbrot 382

I

Ingwer 20
Ingwerkuchen 156
Ingwermakronen *493*
Ingwerplätzchen 468
Ingwerwaffeln *442*
Instantmehl 20
Instantsoßenbinder 20
Irisches Brot 635
Italienische Pizzacracker 546
Italienischer Fleischstrudel 601
Italienische Tomatenquiche 589

J

Jan Hagel 480
Japonais-Torte 176
  mit Schokolade 177
Joghurt 29
  Beerentorte mit 341
  Heidelbeertorte mit 253
  Himbeertorte mit 340
  Mangotorte mit 336
Joghurtcreme, Brombeertorte mit 429
Joghurtschnitten 151
Joghurttorte mit Beeren 213
Johannisbeeren, Haferflockentorte mit 416
Johannisbeerglasur, Mohnkuchen mit 182
Johannisbeerkuchen *234*, *269*
  mit Sahneguß 264
Johannisbeertörtchen 262
Johannisbeerwähe 265

K

Kakaopulver 20
Kalter Hund 444
Kandierte Früchte 44, *537*
  Kumquats 524
  Orangenschalen 524
Karambole 20
Karamelwindbeutel *347*
Kardamom 21
Kardamomsterne, Schwedische 482
Karibikstrudel *322*
Karlsbader Waffeltorte 446
Kartoffelkuchen, Schweizer 434
Kartoffeltorte 419
Käse 20
Käsekranz, Burgunder 566
Käsekuchen mit Streuseln 327
Käseküchli, Elsässer 554
Käseplätzchen 542
  Schwedische 546
Käsequiche, Schweizer 587
Käsesahnetorte 332
Käse-Schinken-Pasteten 567
Käseschnecken *545*
Käsestangen, gedrehte 544
Käsestrudel 599
Käsetörtchen 562
Käsewindbeutel *567*

Kastenformen 62
Katzenzungen 473
Keramikformen 62
Keramikmesser 67
Kindergeburtstagstorte 400
Kipferl, Preßburger 485
Kirschen 43
  Mascarponetorte mit 334
Kirschkuchen *234*
  gestürzter 274
  mit Makronenguß 268
  mit Schokolade 273
  mit Streuseln 269
  versunkener 271
  vom Blech 268
  würziger 272
Kirschpralinen 539
Kirschstriezel 266
Kirschtorte
  Holländer 361
  mit Marzipan 277
  mit Sahnehaube 275
  Schwarzwälder 278
  Zuger 178
Kiwis 21, 43
  Waffeltorte mit 443
Klosterkuchen 136
Klosterschnitten *136*
Klostertorte, St. Galler 155
Knoblauchpressen 67
Knuspertorte
  mit Himbeeren 449
  mit Weincreme 448
Kokosbusserln 492
Kokosfleisch 43
Kokosflocken 21
Kokoshaube, Rhabarberkuchen mit 299
Kokosraspel 21, 29
Kokos-Schoko-Busserln *492*
Kolatschen
  Böhmische 162
  Linzer 486
Kombinationsgerät 70
Konfitüre 21
Koriander 21
Korinthen 21, 29
Korinthenbrötchen 607
Korinthen-Quark-Brötchen 610
Korinthenscones 609
Kranz, Frankfurter 350
Kräuterfladen *619*
Kräuterquarktaschen 550
Krautstrudel, Allgäuer 596

Kristallkugeln 538
Krokant 21, 33
  Birnenkuchen mit 236
Krokanthäufchen 532
Krokantkuchen vom Blech 167
Krokanttaler 462
Krokanttörtchen 160
Krokanttorte mit Buttercreme 352
Krümel, Rhabarberkuchen mit 296
Krustenbildung 50
Kuchenbleche s. Bleche
Kuchengitter 63
Küchenmaschine 40–41, 64
Küchenschere 66
Kuchen stürzen 51
Kuchen teilen 55
Küchenwaage 64
Küken *347*
Kümmel 21
Kümmelbrezeln *620*
Kümmel-Quark-Brötchen 611
Kumquats 21
  Kandierte 524
  Quarktorte mit 452
Kunststoffbeschichtungen 62
Kunststofformen 62
Kupferformen 62
Kürbiskerne, Vollwertbrot mit 630
Kurzzeitmesser 67
Kuvertüre 21, 34

L

Lachsküchli 555
Lachspastete, festliche 594
Lachstörtchen *561*
Lauch, Vollkornpastete mit 591
Lauchtarte 592
Laugenbrezeln *620*
Lavendelziegel, Provenzalische 473
Lebensmittelfarben 22
Lebkuchen
  auf dem Blech *515*
  Nürnberger 511
Lebkuchengewürz 22, 29
Lebkuchentorte 384
Leckerli, Berner 490
Leinsamen 22
Leinsamenbrötchen 617
Leipziger Lerchen 160
Liebesperlen 22
Liegnitzer Bomben 425
Likör 29

Limetten 22
  Champagnertorte mit 451
Linzer Kolatschen 486
Linzer Taler 487
Linzer Torte 155
Litermaße 67
Löffel 67
Löffelmaß 41

M

Madeleines 123
Mailänder Amaretti 476
Mailänder Teegebäck 460
Makronen, Birnentorte mit 453
Makronenguß, Kirschkuchen mit 268
Makronenmasse **116**
  Amaretti, Mailänder 476
  Basler Brunsli 489
  Berner Leckerli 490
  Brunsli, Basler 489
  Elisenlebkuchen 510
  Haselnußlebkuchen 490
  Japonais-Torte 176
  Japonais-Torte mit Schokolade 177
  Kirschtorte, Zuger 178
  Kokosbusserln 492
  Leckerli, Berner 490
  Leckerli, Zürcher 491
  Mailänder Amaretti 476
  Makronenschnitte mit Mango 283
  Makronentorte mit Himbeeren 256
  Makronentorte Romanoff, geeiste 185
  Mandelmakronen, Spanische 474
  Marzipansterne 494
  Pignoli 477
  Schokoladenbrötle 494
  Sesamhäufchen 478
  Spanische Mandelmakronen 474
  Walnußbusserln 493
  Wespennester 495
  Zimtsterne 508
  Zuger Kirschtorte 178
  Zürcher Leckerli 491
Makronenschnitte mit Mango 283
Makronentorte
  mit Himbeeren 256
  Romanoff, geeiste 185
Mandarinenherz 280

Mandarinen-Kokos-Torte 281
Mandarinenkuchen mit Quark 330
Mandelbissen 531
Mandelbogen 462
Mandelbrezeln 501
Mandelbrot 515
Mandelguß
  Birnenkuchen mit 237
  Erdbeerkuchen mit 242
Mandelkugeln 497
Mandelmakronen, Spanische 474
Mandelmühlen 67
Mandeln 22, 29, 34–35, 44–45
  Eistorte mit 180
  Gebrannte 522
  Stachelbeertörtchen mit 302
Mandel-Orangen-Küchlein 124
Mandelplätzchen
  Griechische 478
  Holländische 481
  mit Möhren 465
Mandelrolle mit Sahne 168
Mandelsandkuchen *133*
Mandelschnitten mit Sahne 358
Mandelsplitter 530
Mandelspritzgebäck 498
Mandelsterne 436, 504
Mandelstollen 389
Mandelstreusel *146*
Mandelstrudel *170*
Mandeltörtchen 161
Mandeltorte aus Santiago 173
Mandelwaffeln *442*
Mandelmakronen, Spanische 474
Mangos 22
  Baisertorte mit 282
  Makronenschnitte mit 283
Mangosahnetorte 284
Mangotorte mit Joghurt 336
Maraschinotrüffel *534*
Margarine 22, 29
Marillenstrudel 233
Marmorkuchen 194
Marzipan 36, 526
  Himbeertorte mit 257
  Kirschtorte mit 277
  Zwetschgenkuchen mit 313
Marzipancreme, Orangentarte mit 285
Marzipanfrüchte 527
Marzipanfüllung, Spekulatius mit 516
Marzipanguß 33, 53
  Pfirsichkuchen mit 288

Marzipankartoffeln 527
Marzipanpralinen 528
Marzipanrohmasse 22–23
Marzipansterne 494
Marzipanstollen *389*
Marzipantaler 472
Marzipantaschen 503
Marzipanzapfen 527
Mascarponefüllung, Biskuitomeletts mit 318
Mascarponetorte
  mit Aprikosen 338
  mit Kirschen 334
Mehl 41
Messen 41
Meßlöffel 68
Mikrowellengerät 70
Milch 23, 29
Minipizzen 560
Mixer 64
Mischbrot, Schweizer 631
Mohn 23, 36
Mohnbelag 162
Mohnbrot *626*
Mohnkuchen 432
  mit Johannisbeerglasur 182
  mit Orangen 183
Mohnküchlein, würzige 406
Mohnstriezel 163
Mohnstrudel 170
  mit Backpflaumen *170*
  Tessiner *170*
Möhren, Mandelplätzchen mit 465
Möhrenkuchen mit Walnüssen 408
Mokka, Schokoladentorte mit 454
Mokkabuttercreme *30*
Mokka-Eclairs *188*
Mokkaherz 369
Mokkamond 391
Mokkapralinen 538
Mokka-Sahne-Baisers *345*
Mokkasahnerolle 190
Mokkatorte 205
Mokkatrüffel *534*
Mokkavollwerttorte 421
Mokkawindbeutel *347*
Multiformen 62
Mungobohnensprossen 23
Mürbeteig **84**
  Apfelkuchen, gedeckter 222
  Apfelkuchen, Schwäbischer 227
  Apfelkuchen mit Bienenstich 223
  Apfelkuchen mit Schokostreuseln 225

Mürbeteig *(Forts.)*
  Apfelkuchen mit Sonnenblumenkernen 224
  Ausstecherle 460
  Beerenquarktorte 339
  Belgische Salzbällchen 543
  Belgische Zimtschnitten 480
  Berner Himbeerwähe 254
  Birnenkuchen mit Frischkäse 238
  Birnenkuchen mit Mandelguß 237
  Brombeertörtchen 241
  Butterbrot, Falsches 500
  Erdbeerkuchen mit Vanillecreme 242
  Eierlikörtorte 362
  Engadiner 488
  Engadiner Nußtorte 174
  Entenpastete 602
  Erdbeerkuchen mit Mandelguß 242
  Falsches Butterbrot 500
  Feigenkuchen, Spanischer 249
  Feigentorte mit Sahne 248
  Französische Zitronentarte 308
  Fruchttorte, bunte *214*
  Fruchttorte, exotische 214
  Geleeherzen 461
  Gewürztaler mit Nüssen 496
  Gorgonzolaringe 542
  Grahamplätzchen 424
  Hamburger Quarktorte 326
  Haselnußadventskranz 383
  Haselnußtaler, feine 496
  Heidelbeerkuchen 251
  Heidelbeerkuchen mit Grießguß 250
  Himbeertorte mit Sahnejoghurt 258
  Himbeerwähe, Berner 254
  Holundertorte mit Sahne 261
  Ingwerplätzchen 468
  Italienische Tomatenquiche 589
  Johannisbeertörtchen 262
  Johannisbeerwähe 265
  Käsekuchen mit Streuseln 327
  Käseplätzchen 542
  Käsequiche, Schweizer 587
  Käsetörtchen 562
  Kipferl, Preßburger 485
  Kirschstriezel 266
  Kirschtorte mit Marzipan 277
  Kolatschen, Linzer 486
  Krokanttörtchen 160
  Leipziger Lerchen 160

Mürbeteig *(Forts.)*
  Linzer Kolatschen 486
  Linzer Taler 487
  Mailänder Teegebäck 460
  Mandelbrezeln 501
  Mandelkugeln 497
  Mandelsterne 436, 504
  Mandeltörtchen 161
  Mangosahnetorte 284
  Marzipantaschen 503
  Mascarponetorte mit Aprikosen 338
  Mutzenmandeln 373
  Nougatsterne, marmorierte 505
  Nußtaler 423
  Nußtorte, Engadiner 174
  Nußtorte mit Sahnefüllung 395
  Obsttörtchen, bunte 208
  Orangenschnitten 467
  Orangentarte mit Marzipancreme 285
  Osterkränzchen 374
  Pfarrhaustorte, Zürcher 226
  Pinientorte 175
  Pistaziensterne 504
  Preßburger Kipferl 485
  Quarkkrapfen, Schweizer 372
  Quarktorte, Hamburger 326
  Quarktorte, schnelle 326
  Quarktorte mit Holunderguß 260
  Quiche Lorraine 586
  Quittenmustorte 294
  Quittentorte 295
  Rosmarintarte 590
  Rumtaler 463
  Salzbällchen, Belgische 543
  Sauerkirschtaschen 267
  Schwäbischer Apfelkuchen 227
  Schwäbischer Träubleskuchen 263
  Schwarzweißgebäck 502
  Schweizer Käsequiche 587
  Schweizer Quarkkrapfen 372
  Shortbread 468
  Spanischer Feigenkuchen 249
  Spekulatius 516
  Spekulatius mit Marzipanfüllung 516
  Spinatquiche 588
  Spinattörtchen 563
  Spitzbuben 486
  Stachelbeertörtchen mit Baiser 302
  Stachelbeertörtchen mit Mandeln 302

Mürbeteig *(Forts.)*
  Taler, Linzer 487
  Teegebäck, Mailänder 460
  Teigtaschen, pikante 558
  Tomatenquiche, Italienische 589
  Träubleskuchen, Schwäbischer 263
  Vanillekipferl 498
  Vollkornkuchen mit Quark 418
  Vollkornpastete mit Lauch 591
  Weincremetorte 363
  Zimtschnitten, Belgische 480
  Zitronencremetorte 309
  Zitronenschnitten 467
  Zitronentarte, Französische 308
  Zitronentorte mit Baiserhaube 310
  Zitrusstangen 509
  Zürcher Pfarrhaustorte 226
  Zweifruchttorte 360
  Zwetschgendatschi 312
  Zwetschgenkuchen, glasierter 311
  Zwetschgenkuchen mit Marzipan 313
Muscheltörtchen *561*
Muskatnüsse 23
Müslibissen 533
Müslikuchen 409
Müslischnitten 409
Mutter Monsens Kuchen 483
Muttertagsherz 378
Muttertagskuchen, Schweizer 379
Mutzemandeln 373

N

Napfkuchen
  Gewürznapfkuchen mit Früchten 143
  Hefenapfkuchen 144
  mit Schokolade 195
  Schoko-Napfkuchen 142
  Schoko-Napfkuchen mit Orangen 142
Napfkuchenformen 62
Neapolitanische Pizza 570
Nelken 23
Neujährchen 440
Neujahrskranz 366
Nonplusultra-Plätzchen 437
Nougat 23
Nougatstern 390

Nougatsterne, marmorierte 505
Nudelbretter 63
Nürnberger Lebkuchen 511
Nuß, Schokoladenschnitten mit 445
Nußbiskuit, Apfeltorte mit 231
Nüsse 29, 34–35, 44–45
  Gewürztaler mit 496
Nußhäufchen 436
Nußknacker 530
Nußkuchen
  mit Quark 331
  vom Blech 165
Nußplätzchen mit Whiskey 470
Nußsahnerolle 168
Nußstriezel 164
Nußtaler 423
Nußtorte
  Engadiner 174
  mit Sahnefüllung 395

O

Oblaten 23
Obstbranntwein 29
Obstkuchen, gemischter 212
Obstkuchen-Dreierlei 210
Obsttörtchen, bunte 208–209
Ofen 40, 70–71
Öl 23
Olivengourgeres *567*
Olivenschnecken, Provenzalische 545
Orangeat 24, 29
Orangenschale 29
Orangen
  Baisertorte mit 359
  Buttercremetorte mit 351
  Mohnkuchen mit 183
  Schoko-Napfkuchen mit 142
Orangenbaisers 345
Orangenkuchen, Beschwipster 287
Orangen-Möhren-Torte 286
Orangenplätzchen 467
Orangenschalen, Kandierte 524
Orangenschnitten 320
Orangentarte mit Marzipancreme 285
Orangentorte mit Quark 288
Osterkränzchen 374
Osterlämmchen 375
Osternest, Pariser 376

P

Paniermehl 24, 29, 42
Pannetone *144*
Papayas 24
Papierbackformen 63
Paranüsse 24
Parfümieren 15
Pariser Osternest 376
Parmesan 29
Partysemmeln 616
Pasteten
  Blätterteigpasteten 548
  Entenpastete 602
  Hühnerpastete, festliche 584
  Käse-Schinken-Pasteten 567
  Lachspastete, festliche 594
  Vollkornpastete mit Lauch 591
Pawlowa 246
Pekannüsse 24
Pfarrhaustorte, Zürcher 226
Pfirsichkuchen mit Marzipanguß 288
Pfirsichrolle mit Sahne 291
Pfirsichtorte mit Weincreme 290
Pie 15
Pignoli 477
Pilze, Calzoni mit 579
Pilzgourgeres *567*
Pilztörtchen *563*
Piment 24
Pinienkerne 24
Pinientorte 175
Pischinger Torte 446
Pissaladiere 575
Pistazienkerne 24
Pistaziensterne 504
Pizza
  Capricciosa 571
  Margherita 571
  mit Pilzen 571
  mit vier Käsesorten 571
  Neapolitanische 570
  Vollkornpizza mit Gemüse 577
  Vollkornpizza mit Zwiebeln 576
Pizzacracker, Italienische 546
Pizzaschneider 68
Polnischer Apfelkuchen 172
Pottasche 24
Pralinenkapseln 63
Preiselbeeren, Cornflakestorte mit 293
Preiselbeertorte 292
Preiselbeerwindbeutel *347*

Preßburger Kipferl 485
Prinzregententorte 204
Profiteroles Moskauer Art *189*
Provenzalische Lavendelziegel 473
Provenzalische Olivenschnecken 545
Puddingcreme *31*
Puderzucker 24–25, 29, 42
Puderzuckerguß *33, 524*
Pumpernickelkuchen 420
Punschtorte 153

Q

Quark 29
  Apfelkuchen mit 329
  Birnenkuchen mit 331
  Erdbeertorte mit 335
  Feigentorte mit 337
  Mandarinenkuchen mit 330
  Nußkuchen mit 331
  Orangentorte mit 288
  Rhabarberkuchen mit 328
  Vollkornkuchen mit 418
  Vollkornwaffeln mit 406
Quarkbrot 627
Quarkbrötchen, schnelle 610
Quarkcreme 457
Quarkkrapfen, Schweizer 372
Quarkkuchen
  mit Äpfeln 430
  mit Beeren 325
  mit Birnen 431
Quarkstrudel 322
Quark-Öl-Teig **100**
  Apfelschnitten 221
  Beerenkuchen mit Baiserhaube 211
  Frühstückszopf 623
  Hackfleischrolle 593
  Korinthen-Quark-Brötchen 610
  Lauchtarte 592
  Nußstriezel 164
  Obstkuchen-Dreierlei 210
  Quarkbrötchen, schnelle 610
  Quarkkuchen mit Beeren 325
  Quarktaschen 127
  Rosenkuchen 126
  -Schnecken 127
  Vollwertnußkranz 164
Quark-Öl-Teig-Schnecken 127
Quark-Streusel-Kuchen *146*
Quarktaschen 127

Quarktorte
  gestürzte 457
  mit Holunderguß 260
  mit Kumquats 452
  schnelle 326
Quiche Lorraine 586
Quittenmustorte 294
Quittentorte 295

R

Rahmstrudel *322*
Rauhreiffrüchte 524
Rehrücken 192
Rhabarberkuchen *234, 263, 269*
  gefüllter 296
  mit Baiserhaube 298
  mit Kokoshaube 299
  mit Krümeln 296
  mit Quark 328
  mit Sahneguß 264
Roggenbrötchen 612
Roggenmehl 25
Roggensauerteigbrot 632
Roggenvollkornbrot 633
Rohkostpralinen 536
Rohkostreiben 68
Rohzucker 25, 29
Rosenkuchen 126
Rosenwasser 25
Rosmarintarte 590
Rotweinschnitten vom Blech 150
Rüblitorte, festliche 410
Rührschüssel 63
Rührteig **74**
  Amerikaner 122
  Ananas-Blitztorte 216
  Anislaiberl 507
  Anzacplätzchen 470
  Apfelkranzkuchen 142
  Apfelkuchen, Polnischer 172
  Apfelkuchen, versunkener 228
  Apfelkuchen mit Haferflocken 414
  Apfelkuchen mit Quark 329
  Apfel-Sahne-Torte 228
  Aprikosenkuchen 234
  Aprikosenplätzchen 422
  Backobstkuchen 138
  Backpflaumenkuchen 139
  Bananenkuchen 136
  Bananen-Schokoladen-Kuchen 139

Rührteig *(Forts.)*
  Baumkuchenwürfel 466
  Beschwipster Orangenkuchen 287
  Birnenkuchen mit Dinkelstreuseln 414
  Birnenkuchen mit Krokant 236
  Birnenkuchen mit Quark 331
  Brottorte, Tessiner 157
  Brownies 469
  Buchweizentorte 417
  Buchweizenwaffeln 407
  Buttercremetorte mit Orangen 351
  Cantuccini 476
  Caracastorte 198
  Donauwellen 195
  Dreikönigskuchen 367
  Dundeekuchen 141
  Eistorte mit Mandeln 180
  Erdbeer-Joghurt-Torte 244
  Erdnußkekse 471
  Feigenkuchen, Spanischer 249
  Frankfurter Kranz 350
  Französischer Schokoladenkuchen 201
  Friesländer Speckwaffeln 552
  Gewürzkuchen 433
  Gewürznapfkuchen mit Früchten 143
  Gewürztorte 154
  Griechische Mandelplätzchen 478
  Haferflocken mit Johannisbeeren 416
  Haferflockenplätzchen 464
  Haferflockenplätzchen mit Schokolade 464
  Haselnußsahnetorte 181
  Heidelbeermuffins 125
  Himbeertorte mit Marzipan 257
  Hochzeitstorte 402
  Holländische Mandelplätzchen 481
  Ingwerkuchen 156
  Jan Hagel 480
  Joghurtschnitten 150
  Kartoffeltorte 419
  Käseplätzchen, Schwedische 546
  Katzenzungen 473
  Kirschkuchen, versunkener 271
  Kirschkuchen, würziger 272
  Kirschkuchen mit Makronenguß 268
  Kirschkuchen mit Schokolade 273
  Kirschkuchen mit Streuseln 269

Rührteig *(Forts.)*
Kirschkuchen vom Blech 268
Kirschtorte mit Sahnehaube 275
Klosterkuchen 136
Korinthenscones 609
Kranz, Frankfurter 350
Krokantkuchen vom Blech 167
Krokanttaler 462
Kuchen, Tiroler 137
Kümmel-Quark-Brötchen 611
Lavendelziegel, Provenzalische 473
Lebkuchen, Nürnberger 511
Lebkuchentorte 384
Linzer Torte 155
Madeleines 123
Makronentorte mit Himbeeren 256
Mandarinenkuchen mit Quark 330
Mandelbogen 462
Mandel-Orangen-Küchlein 124
Mandelplätzchen, Griechische 478
Mandelplätzchen, Holländische 481
Mandelplätzchen mit Möhren 465
Mandelspritzgebäck 498
Mandeltorte aus Santiago 173
Marmorkuchen 194
Marzipantaler 472
Mohnkuchen 432
Mohnkuchen mit Johannisbeerglasur 182
Mohnkuchen mit Orangen 183
Möhrenkuchen mit Walnüssen 408
Mokkaherz 369
Mokkamond 391
Mokkavollwerttorte 421
Müslikuchen 409
Mutter Monsens Kuchen 483
Muttertagsherz 378
Muttertagskuchen, Schweizer 379
Napfkuchen mit Schokolade 195
Neujährchen 440
Nonplusultra-Plätzchen 437
Nougatstern 390
Nürnberger Lebkuchen 511
Nußhäufchen 436
Nußkuchen mit Quark 331
Nußkuchen vom Blech 166
Nußplätzchen mit Whiskey 470
Obstkuchen, gemischter 212

Rührteig *(Forts.)*
Obsttörtchen, bunte 208–209
Orangenkuchen, Beschwipster 287
Orangen-Möhren-Torte 286
Osterlämmchen 375
Pfirsichkuchen mit Marzipanguß 288
Polnischer Apfelkuchen 172
Provenzalische Lavendelziegel 473
Pumpernickelkuchen 420
Punschtorte 153
Quarkkuchen mit Äpfeln 430
Quarkkuchen mit Birnen 431
Rehrücken 192
Rhabarberkuchen, gefüllter 296
Rhabarberkuchen mit Baiserhaube 298
Rhabarberkuchen mit Kokoshaube 299
Rhabarberkuchen mit Krümeln 296
Rhabarberkuchen mit Quark 328
Rotweinschnitten 150
Rührteigquartette 134
Rumtorte 152
Sachertorte, Wiener 199
Sandkuchen 133
Sandwaffeln 442
Santiago, Mandeltorte aus 173
Sauerkirschtorte 276
Schokoladenkuchen, Französischer 201
Schokoladenkuchen mit Cognac 192
Schokoladensahnetorte 202
Schokoladentorte 435
Schoko-Napfkuchen mit Orangen 142
Schwedische Käseplätzchen 546
Schweizer Muttertagskuchen 379
Spanischer Feigenkuchen 249
Speckwaffeln, Friesländer 552
Spiegeleierkuchen 235
Sultaninenkuchen 140
Sultaninenplätzchen 422
Täuflingsbrot 399
Tauftorte 398
Tessiner Brottorte 157
Tiramisu mit Erdbeeren 244
Tiroler Kuchen 137
Totenbeinli 488
Valentinsherz 368
Vanillebrötchen 507

Rührteig *(Forts.)*
Vollkorn-Käse-Waffeln 552
Vollkornwaffeln mit Quark 406
Vollwertapfelkuchen mit Guß 412
Vollwertapfelkuchen mit Nüssen 413
Waffeltorte mit Kiwis 443
Wiener Sachertorte 199
Zimtschnitten, mürbe 150
Zitronenkuchen, gefüllter 306
Zitronenkuchen mit Walnüssen 307
Zwetschgenkuchen mit Walnüssen 315
Rührteigquartette 134
Rumtaler 463
Rumtorte 152
Rumwaffeln *442*

S

Sachertorte, Wiener 199
Sächsische Eierschecke 149
Sahne 36
　Apfelrolle mit 230
　Feigentorte mit 248
　Heidelbeertorte mit 252
　Himbeerschnitte mit 254
　Holundertorte mit 261
　Mandelrolle mit 168
　Mandelschnitten mit 358
　Pfirsichrolle mit 291
　Nußrolle mit Himbeersahne 169
Sahnebaisers 344
Sahnebonbons 523
Sahnefestiger 25
Sahnefüllungen 37
Sahneguß 33
　Apfelkuchen mit *264*
　Aprikosenkuchen mit *264*
　Johannisbeerkuchen mit 264
　Vollwertobstkuchen mit 411
Sahnehaube, Kirschtorte mit 275
Sahnejoghurt, Himbeertorte mit 258
Sahnekirschtorte 276
Sahnetorte mit Trauben 304
Sahneverzierungen 37
Salzbällchen, Belgische 543
Salzbrezeln 620
Samen 34
Sandkuchen 133
Sandwaffeln 442

REGISTER

Sardinentaschen 558
Sauerkirschstrudel 270
Sauerkirschtaschen 267
Sauerteig 25
saure Sahne 29
Savarin 145
Scampi 25
Schaumlöffel 68
Schinkenkipferl 549
Schinkenstrudel mit Brokkoli 598
Schinkentaschen 558
  mit Ananas 550
Schlagsahne 25, 29
Schnapsgläser 68
Schneebesen 68
Schokoblättchen 37
Schokobuttercremetorte 354
Schokoherzli 513
Schokolade 25, 37–38
  Haferflockenplätzchen mit 464
  Kirschkuchen mit 273
  Napfkuchen mit 195
Schokoladenbrezeln *501*
Schokoladenbrötle 494
Schokoladenbuttercreme *30*
Schokoladeneclairs 188
Schokoladenfettglasur 26
Schokoladenfrüchte 524
Schokoladenguß *38*
Schokoladenkuchen
  mit Cognac 192
  Französischer 201
Schokoladenprofiteroles 189
Schokoladenpulver 26
Schokoladenrolle mit Aprikosen 191
Schokoladensahne, Baisertorte mit 200
Schokoladensahnetorte 202
Schokoladenschnitten mit Nuß 445
Schokoladenstreusel 26
Schokoladentorte 435
  mit Mokka 454
Schokoladenwaffeln 442
Schokoladenwindbeutel *347*
Schoko-Napfkuchen mit Orangen 142
Schokostreusel, Apfelkuchen mit 225
Schöpflöffel 68
Schuhsohlen 128
Schümli *513*
Schwäbischer Apfelkuchen 227

Schwäbischer Stachelbeerkuchen *263*
Schwäbischer Träubleskuchen 263
Schwäne, Kleine *347*
Schwarzblechformen 62
Schwarze-Johannisbeer-Eistorte 301
Schwarze-Johannisbeer-Torte 300
Schwarzwälder Kirschtorte 278
Schwarzweißgebäck 502
Schwedische Kardamomsterne 482
Schwedische Käseplätzchen 546
Schwedischer Nußkranz *164*
Schwedisches Brandteiggebäck 131
Schweineöhrchen 128
Schweizer Hausfrauenwähe 583
Schweizer Kartoffelkuchen 434
Schweizer Käsequiche 587
Schweizer Mischbrot 631
Schweizer Muttertagskuchen 379
Schweizer Quarkkrapfen 372
Schweizer Wirzstrudel 597
Sesamhäufchen 478
Sesamkringel 621
Sesamkrokant 532
Sesamsamen 26
Sevillanas 475
Sherry 26
Sherrykuchen 432
Sherrystern 355
Shortbread 468
Siebe 68
Siebenkornbrot 634
Silberkuchen 428
Silvesterkrapfen, Berliner 396
Silvesterkrapfen, Holländische 397
Silvestertraube 629
Sojabohnen 26
Sojabrötchen 612
Sommertörtchen 450
Sonnenblumenkerne 26, 29
  Apfelkuchen mit 224
Spanische Mandelmakronen 474
Spanischer Feigenkuchen 249
Sparschäler 68
Speckwaffeln, Friesländer 552
Speisestärke 26, 29
Spekulatius 516
  mit Marzipanfüllung 516
Spicknadeln 68
Spiegeleierkuchen 235
Spinatquiche 588
Spinatstrudel, Syrischer 600
Spinattörtchen 563
Spitzbuben 486

Springerle 506
Springformen 62
Spritzbeutel 68
Spritzgebäck, Eberswalder 372
Stabmixer 65
Stachelbeerkuchen *234*
  mit Baiser 302
  mit Sahneguß *264*
  Schwäbischer *263*
Stachelbeer-Makronenkuchen *269*
Stachelbeerstrudel *322*
Stachelbeertörtchen mit Mandeln 302
St.-Galler-Klostertorte *155*
Stollen s. Christstollen
Streusel 39
  Apfelkuchen mit 220
  Käsekuchen mit 327
  Kirschkuchen mit 269
Streuselkuchen 146
Striezel 15
Strudelteig **96**
  Allgäuer Krautstrudel 596
  Apfelstrudel bayerische Art 232
  Fleischstrudel, Italienischer 601
  Frühlingsröllchen 556
  Gemüsestrudelchen, Türkische 557
  Italienischer Fleischstrudel 601
  Karibikstrudel *322*
  Käsestrudel 599
  Krautstrudel, Allgäuer 596
  Mandelstrudel *170*
  Marillenstrudel 233
  Mohnstrudel 170
  Mohnstrudel, Tessiner *170*
  Mohnstrudel mit Backpflaumen *170*
  Quarkstrudel 322
  Rahmstrudel *322*
  Sauerkirschstrudel 270
  Schinkenstrudel mit Brokkoli 598
  Schweizer Wirzstrudel 597
  Spinatstrudel, Syrischer 600
  Stachelbeerstrudel *322*
  Strudel, Tessiner 170
  Syrischer Spinatstrudel 600
  Tessiner Mohnstrudel *170*
  Tessiner Strudel 170
  Topfenstrudel 322
  Türkische Gemüsestrudelchen 557
  Wirzstrudel, Schweizer 597

Strudelteig *(Forts.)*
  Zwetschgenstrudel 314
  Zwetschgenstrudel mit Marzipan 315
Stutenkerle 380
Südtiroler Vollkornfladen 618
Sultaninen 26, 29
Sultaninenkuchen 140
Sultaninenplätzchen 422
Süßstoff 26
Syrischer Spinatstrudel 600

T

Tarte 15
Täuflingsbrot 399
Tauftorte 398
Teegebäck, Mailänder 460
Teigbretter 63
Teig
  aufbewahren 57
  auf Vorrat 45
  ausformen 49
  ausrollen 45
  kühl stellen 46
Teigkämme 68
Teigkarten 69
Teigrädchen 68
Teigrollen 46, 69
Teigschaber 69
Teigspatel 69
Teigtaschen, pikante 558
Tessiner Brottorte 157
Tessiner Mohnstrudel *170*
Thorner Schnitten 484
Thunfischtaschen 558
Thunfischtörtchen 561
Tiramisu mit Erdbeeren 244
Tiroler Kuchen 137
Tomatenpaprika 27
Tomatenquiche, Italienische 589
Topfenstrudel 322
Törtchen, asiatische *561*
Torte, Pischinger 446
Tortelettförmchen 62
Tortenboden 51
Torten
  dekorieren 52
  füllen 52
Tortenguß 27
Tortenheber 69
Tortenringe 69
Tortenteiler 69

Totenbeinli 488
Trauben, Sahnetorte mit 304
Träubleskuchen, Schwäbischer 263
Träublestörtchen *263*
Trockenfrüchte 27, 44
Trockenhefe 27
Trüffelmasse 534
Trüffelvariationen 534
Tsureki-Osterbrot 624
Türkische Gemüsestrudelchen 557

U

Überzüge, glatte, auf Gebäck geben 53
Umgang mit Backrezepten 40
Unterheben 15
Unterziehen 15
Ursüße 27

V

Valentinsherz 368
Vanillebrötchen 507
Vanillecreme
  echte 31
  Erdbeerkuchen mit 242
Vanillekipferl 498
Vanilleschoten 27
Vanillezucker 27, 29, 39
Verpacken von Gebäck 58–59
Verzierungen 30–39
Vollkornbrötchen 615
Vollkornfladen, Südtiroler 618
Vollkorn-Käse-Waffeln 552
Vollkornkuchen mit Quark 418
Vollkornmehl 41
Vollkornpastete mit Lauch 591
Vollkornpizza
  mit Gemüse 577
  mit Zwiebeln 576
Vollkornwaffeln mit Quark 406
Vollwertapfelkuchen
  mit Guß 412
  mit Nüssen 413
Vollwertbrot mit Kürbiskernen 630
Vollwertnußkranz 164
Vollwertobstkuchen mit Sahneguß 411

W

Waage *41*
Waffeleisen 65
Waffeln 442
Waffeltorte
  Karlsbader 446
  mit Kiwis 443
  Wiener 447
Wähen
  Berner Himbeerwähe 254
  Johannisbeerwähe 265
  Schweizer Hausfrauenwähe 583
Walnußbaisertorte 184
Walnußbusserln 493
Walnüsse 27
  gefüllte 526
  Möhrenkuchen mit 408
  Zitronenkuchen mit 307
  Zwetschgenkuchen mit 315
Wasserbad 15
Weihnachtstorte 394
Weincreme
  Knuspertorte mit 448
  Pfirsichtorte mit 290
Weincremetorte 363
Weinsteinbackpulver 27
Weißblechformen 62
Weißbrot 626
Weizenkeimbrötchen 614
Weizenmehl 27
Wespennester 495
Wiener Sachertorte 199
Wiener Waffeltorte 447
Windbeutel 346
  Erdbeerwindbeutel *347*
  exotische *347*
  grüne *347*
  Hagebuttenwindbeutel *347*
  Häschen *347*
  Herbstwindbeutel *347*
  Karamelwindbeutel *347*
  Käsewindbeutel 567
  Küken *347*
  Mokkawindbeutel *347*
  pikante 564
  Preiselbeerwindbeutel *347*
  Schokoladenwindbeutel *347*
  Schwäne, kleine *347*
  Zitronenkränzchen *347*
Windmühlen 129
Wirbelrad 625

Wirsingtörtchen *563*
Wirzstrudel, Schweizer 597
Würstchen im Hemd 554

Z

Zestenschneider 69
Zimt 28
Zimtschnitten
　Belgische 480
　mürbe 150
Zimtsterne 508
Zimtwaffeln *442*
Zitronat 28
Zitronencremetorte 309
Zitronenkränzchen *347*
Zitronenkuchen
　gefüllter 306
　mit Frischkäse 454
　mit Walnüssen 307
Zitronenplätzchen 467
Zitronenquarkrolle 319
Zitronenrolle mit Buttercreme 348
Zitronenschale 29
Zitronentarte, Französische 308
Zitronentorte
　mit Baiserhaube 310
　mit Sahne 305
Zitrusfrüchte 39
Zitruspresse 69
Zitrusstangen 509
Zucker 28, 29, 42
Zuckeraustauschstoffe 28
Zuckerthermometer 69
Zuger Kirschtorte 178
Zürcher Leckerli 491
Zürcher Pfarrhaustorte 226
Zutaten 16–29
Zweifruchttorte 360
Zwetschgendatschi 312
Zwetschgenkuchen *234*
　glasierter 311
　mit Marzipan 313
　mit Walnüssen 315
Zwetschgenstrudel 314
　mit Marzipan 315
Zwiebelfladen *619*
Zwiebelkuchen, Badischer 581
Zwiebeln 29
　Vollkornpizza mit 576

Bildnachweis

Einband:

Studio Teubner

Innenteil:

Studio Teubner:

2–9, 12/13, 14, 16–30, 33 l, 36, 37 u, 39 u, 44 u, 51 u, 56, 59 u, 66 l+m, 67 o, 68 r o, 69 r u, 72/73, 120–159, 186–207, 211, 226, 250, 252, 257, 261, 263, 267, 294, 303, 311, 312, 314, 316–365, 404–427, 438–605

Ulrich Kopp:

15, 31, 32, 33 r, 34, 35, 37 o, 38, 39 o (3), 41, 42, 43, 44 o (2), 45, 46, 47, 48, 49, 51 o (2), 52, 53, 54, 55, 57, 58, 59 o(2), 60, 61, 62/63, 64/65, 66 r, 67 u, 68 l+u, 69 o (2), 74–119, 208–210, 212–225, 227–249, 251, 253–256, 259, 260, 262, 264–266, 268–293, 295–301, 304–310, 313, 315, 366-403, 428–437, 606–635

Studio Döbbelin:
160–185

Gaggenau Werke Haus- und Lufttechnik GmbH:
70

Herbert Alfke:
10

Wir danken den Firmen Porzellanfabriken Hutschenreuther, Ikea Deutschland Verkaufs-GmbH & Co., MERKANTILE Edgar Lindenau GmbH, Rosenthal AG und Villeroy & Boch für die Bereitstellung von Geschirr, Bestecken und Deko, den Firmen Aurora Mühlen GmbH, Herta GmbH, Pillsbury Vertriebs GmbH und Ruf GmbH für Testmaterial, den Firmen Heinrich Böker GmbH und Kuhn-Rikon-Metallwarenfabrik AG für Geräte sowie den Firmen Siemens AG (Glaskeramikkochfeld) und Robert Bosch Hausgeräte GmbH (Küchengeräte).